Suma
contra os
Gentios
III
Tomás de Aquino

Tomás de Aquino

Suma
contra os
Gentios

Volume III

**DEUS ENQUANTO É O FIM DE TODAS AS COISAS
O GOVERNO DE DEUS
DEUS GOVERNA AS NATUREZAS INTELIGENTES**

Edições Loyola

Título original:
Summa contra gentiles

O texto latino é o da Editio Leonina.

Dados Internacionais de Catalogação na Publicação (CIP)
(Câmara Brasileira do Livro, SP, Brasil)

Tomás de Aquino, Santo, 1225-1274.
  Suma contra os gentios, III / Santo Tomás de Aquino ; tradução Maurílio José de Oliveira Camello. -- São Paulo : Edições Loyola, 2015.

  Título original: Summa contra gentiles : Liber III
  ISBN 978-85-15-04353-8

  1. Apologética - História - Idade Média, 600-1500 2. Igreja Católica - Doutrinas - Obras anteriores a 1800 3. Tomás de Aquino, Santo, 1225?-1274. Suma de teologia I. Título.

15-10787   CDD-189.4

Índices para catálogo sistemático:
  1. Tomismo : Filosofia escolástica   189.4

Edições Loyola Jesuítas
Rua 1822, 341 – Ipiranga
04216-000 São Paulo, SP
T 55 11 3385 8500/8501 • 2063 4275
editorial@loyola.com.br
vendas@loyola.com.br
www.loyola.com.br

Todos os direitos reservados. Nenhuma parte desta obra pode ser reproduzida ou transmitida por qualquer forma e/ou quaisquer meios (eletrônico ou mecânico, incluindo fotocópia e gravação) ou arquivada em qualquer sistema ou banco de dados sem permissão escrita da Editora.

ISBN 978-85-15-04353-8

2ª edição: 2021

© EDIÇÕES LOYOLA, São Paulo, Brasil, 2016

Plano geral da obra

Volume I INTRODUÇÃO [cc. 1 a 9]
A EXISTÊNCIA DE DEUS [cc. 10 a 13]
A ESSÊNCIA DE DEUS [cc. 14 a 27]
AS PERFEIÇÕES DE DEUS [cc. 28 a 102]

Volume II INTRODUÇÃO [cc. 1 a 5]
O PRINCÍPIO DA EXISTÊNCIA DAS COISAS [cc. 6 a 38]
A DISTINÇÃO E DIVERSIDADE DAS COISAS [cc. 39 a 45]
A NATUREZA DAS COISAS ENQUANTO SE REFERE À LUZ DA FÉ [cc. 46 a 101]

Volume III PROÊMIO [c. 1]
DEUS ENQUANTO É O FIM DE TODAS AS COISAS [cc. 2 a 63]
O GOVERNO DE DEUS [cc. 64 a 110]
DEUS GOVERNA AS NATUREZAS INTELIGENTES [cc. 111 a 163]

Volume IV PROÊMIO [c. 1]
O MISTÉRIO DA TRINDADE [cc. 2 a 26]
ENCARNAÇÃO E SACRAMENTOS [cc. 27 a 78]
A RESSURREIÇÃO E O JUÍZO [cc. 79 a 97]

Tradutores da edição brasileira

Tradutores:
Volume I   Joaquim F. Pereira
Volume II   Maurílio José de Oliveira Camello
Volume III Maurílio José de Oliveira Camello
Volume IV   Joaquim F. Pereira

Ordem e método desta obra

A intenção do sábio deve tratar das **duas verdades** sobre as coisas divinas e da destruição dos erros contrários. **Uma dessas verdades pode ser investigada pela razão**, mas **a outra excede toda sua capacidade**. Digo duas verdades sobre as coisas divinas em relação ao nosso conhecimento, que conhece as coisas divinas de várias maneiras.

Procede-se no tratado da **primeira verdade** [que pode ser investigada pela razão] por razões demonstrativas que possam convencer o adversário.

Mas, no tratado da **segunda verdade** [que excede a razão], não se pretende convencer o adversário com razões, mas resolver as razões que ele tem contra a verdade, uma vez que **a razão natural** não pode contradizer **a verdade de fé**.

Portanto, em **primeiro lugar** trataremos da verdade que a fé professa e **a razão investiga**, com demonstrativas e prováveis razões, recolhidas dos livros dos filósofos e dos santos.

Depois, prosseguindo do mais conhecido ao menos conhecido, trataremos da **verdade que excede a razão**, resolvendo as razões dos adversários e declarando, ajudados por Deus, a verdade de fé com argumentos prováveis e de autoridade.

Entre as verdades sobre Deus deve ter prioridade, como fundamento de toda obra, o **tratado da existência de Deus**. Se isso não é estabelecido, toda consideração sobre as coisas divinas é necessariamente eliminada.

Pretendendo, portanto, descobrir, por via racional, as verdades sobre Deus que **a razão humana pode investigar**, ocorre:
- em **primeiro lugar**, considerar aquelas que lhe convém em si mesmo — LIVRO I,
- em **segundo lugar**, como as criaturas procedem dEle — LIVRO II, e
- em **terceiro lugar**, a ordenação das criaturas a Ele, como fim — LIVRO III.

As verdades sobre Deus que **excedem a razão** serão o objeto do LIVRO IV.

SUMMA CONTRA GENTILES

LIBER III

SUMA CONTRA OS GENTIOS

LIVRO III

PROÊMIO (1)

Capitulum I

Deus magnus Dominus et rex magnus super omnes deos. Quoniam non repellet Dominus plebem suam. Quia in manu eius sunt omnes fines terrae, et altitudines montium ipsius sunt. Quoniam ipsius est mare et ipse fecit illud, et siccam manus eius formaverunt. Psalm. xciv.

Unum esse primum entium, totius esse perfectionem plenam possidens, quod Deum dicimus, in superioribus est ostensum, qui ex sui perfectionis abundantia omnibus existentibus esse largitur, ut non solum primum entium, sed et principium omnium esse comprobetur. Esse autem aliis tribuit non necessitate naturae, sed secundum suae arbitrium voluntatis, ut ex superioribus est manifestum. — Unde consequens est ut factorum suorum sit Dominus: nam super ea quae nostrae voluntati subduntur, dominamur. Hoc autem dominium super res a se productas perfectum habet, utpote qui ad eas producendas nec exterioris agentis adminiculo indiget, nec materiae fundamento: cum sit totius esse universalis effector.

Eorum autem quae per voluntatem producuntur agentis, unumquodque ab agente in finem aliquem ordinatur: bonum enim et finis est obiectum proprium voluntatis, unde necesse est ut quae ex voluntate procedunt, ad finem aliquem ordinentur. Finem autem ultimum unaquaeque res per suam consequitur actionem, quam oportet in finem dirigi ab eo qui principia rebus dedit per quae agunt. — Necesse est igitur ut Deus, qui est in se universaliter perfectus et omnibus entibus ex sua potestate esse largitur, omnium entium rector existat, a nullo utique directus: nec est aliquid quod ab eius regimine excusetur, sicut nec est

Capítulo 1

Deus, grande Senhor e grande rei sobre todos os deuses. Porque não rejeitará o Senhor seu povo. Porque em sua mão estão todos os limites da terra, e as alturas dos montes são d'Ele. Porque d'Ele é o mar e Ele mesmo o fez, suas mãos formaram a terra[1].

Mostrou-se, no exposto anteriormente, que há o primeiro dos entes, possuindo a perfeição plena de todo o ser, o qual chamamos Deus, que da abundância de sua perfeição doa o ser a todos os existentes, de modo que se comprova que não apenas é o primeiro dos entes, mas também é o princípio de todos. Atribui, porém, o ser aos outros não por necessidade de natureza, mas segundo o arbítrio de sua vontade, como foi manifestado nas exposições anteriores[2]. — Donde, é consequente que seja o Senhor de suas obras, pois dominamos sobre aquelas coisas que se submetem à nossa vontade. Tem, contudo, perfeito esse domínio sobre as coisas por ele produzidas, como quem não precisa para produzi-las nem de ajuda de agente exterior, nem de fundamento de matéria, uma vez que é o produtor universal de todo o ser.

Ora, daquelas coisas que são produzidas pela vontade do agente, cada uma é ordenada a um fim pelo agente, pois o bem e o fim são o objeto próprio da vontade, Donde, é necessário que aquelas coisas, que procedem da vontade, sejam ordenadas a algum fim. Ora, qualquer coisa alcança seu fim último por sua ação, que é necessário seja dirigida por aquele que deu às coisas os princípios pelos quais agem. — É necessário, portanto, que Deus, que é em si universalmente perfeito e que, por seu poder, doa o ser a todos os entes, exista como regente de todos os entes, não dirigido por nenhum: nem há algo que se escuse de

---

[1] Salmo 94,3 ss.
[2] Livro II, cap. 23.

aliquid quod ab ipso esse non sortiatur. Est igitur, sicut perfectus in essendo et causando, ita etiam et in regendo perfectus.

Huius vero regiminis effectus in diversis apparet diversimode, secundum differentiam naturarum.

Quaedam namque sic a Deo producta sunt ut, intellectum habentia, eius similitudinem gerant et imaginem repraesentent: unde et ipsa non solum sunt directa, sed et seipsa dirigentia secundum proprias actiones in debitum finem. Quae si in sua directione divino subdantur regimini, ad ultimum finem consequendum ex divino regimine admittuntur: repelluntur autem si secus in sua directione processerint.

Alia vero, intellectu carentia, seipsa in suum finem non dirigunt, sed ab alio diriguntur. Quorum quaedam, incorruptibilia existentia, sicut in esse naturali pati non possunt defectum, ita in propriis actionibus ab ordine in finem eis praestitutum nequaquam exorbitant, sed indeficienter regimini primi regentis subduntur: sicut sunt corpora caelestia, quorum motus semper uniformiter procedunt.

Alia vero, corruptibilia existentia, naturalis esse pati possunt defectum, qui tamen per alterius profectum suppletur: nam, uno corrupto, aliud generatur. Et similiter in actionibus propriis a naturali ordine deficiunt, qui tamen defectus per aliquod bonum inde proveniens compensatur. Ex quo apparet quod nec illa quae ab ordine primi regiminis exorbitare videntur, potestatem primi regentis evadunt: nam et haec corruptibilia corpora, sicut ab ipso Deo condita sunt, ita potestati eius perfecte subduntur.

Hoc igitur, divino repletus spiritu, Psalmista considerans, ut nobis divinum regimen demonstraret, *primo* describit nobis primi regentis perfectionem: naturae quidem, in hoc quod dicit Deus, potestatis, in hoc quod dicit

seu governo, como não há algo que não tenha saído de seu próprio ser. Portanto, assim como é perfeito no ser e no causar, assim também é perfeito no governar.

O efeito desse governo aparece nas diversas coisas de modo diverso, segundo a diferença das naturezas[3].

Algumas, com efeito, são de tal modo produzidas por Deus que, tendo intelecto, geram a semelhança d'Ele e representam a imagem; donde, também elas não apenas são dirigidas, mas dirigem a si mesmas, segundo as próprias ações, para o fim devido. Se essas, em sua direção, se submetem ao governo divino, são admitidas a alcançar, do governo divino, o fim último, mas repelidas, se procederem ao contrário de sua direção.

As outras coisas, carentes de intelecto, não se dirigem a si mesmas para seu fim, mas são dirigidas por outro. Algumas delas, existentes incorruptíveis, como não podem sofrer defeito no ser natural, assim nas ações próprias em ordem ao fim determinado para elas não exorbitam de modo algum, mas se submetem sem nenhuma falha ao governo do primeiro regente, como são os corpos celestes, cujos movimentos procedem sempre uniformemente.

Há outras coisas, porém, que como corruptíveis, podem sofrer defeito do ser natural, que, porém, é suprido por benefício de outro, pois, corrompido um, outro é gerado. E, semelhantemente, nas ações próprias falham na ordem natural, mas esse defeito é compensado por algum bem daí proveniente. Disso manifesta-se que nem aquelas coisas que parecem exorbitar da ordem do primeiro governo, escapam do poder do primeiro regente, pois também esses corpos corruptíveis, assim como são criados pelo próprio Deus, assim se submetem perfeitamente a seu poder.

Cheio do espírito divino, o Salmista, considerando, pois, isso, para nos demonstrar o governo divino, descreve *em primeiro lugar* a perfeição do primeiro regente: de sua natureza, no que diz *Deus*; de seu poder, no que diz

---

[3] Aristóteles (384-322 a.C.), em Metafísica V, 1-2, questão 1, artigo 2.

magnus Dominus, quasi nullo indigens ad suae potestatis effectum producendum; auctoritatis, in hoc quod dicit *rex magnus super omnes deos*, quia, etsi sint multi regentes, omnes tamen eius regimini subduntur.

Secundo autem nobis describit regiminis modum. Et quidem quantum ad intellectualia, quae, eius regimen sequentia, ab ipso consequuntur ultimum finem, qui est ipse: et ideo dicit, quia *non repellet Dominus plebem suam*. Quantum vero ad corruptibilia, quae, etiam si exorbitent interdum a propriis actionibus, a potestate tamen primi regentis non excluduntur, dicit, quia *in manu eius sunt omnes fines terrae*. Quantum vero ad caelestia corpora, quae omnem altitudinem terrae excedunt, idest corruptibilium corporum, et semper rectum ordinem divini regiminis servant, dicit, et *altitudines montium ipsius sunt*.

Tertio vero ipsius universalis regiminis rationem assignat: quia necesse est ut ea quae a Deo sunt condita, ab ipso etiam regantur. Et hoc est quod dicit, *quoniam ipsius est mare* etc.

Quia ergo in primo libro de perfectione divinae naturae prosecuti sumus; in secundo autem de perfectione potestatis ipsius, secundum quod est rerum omnium productor et Dominus: restat in hoc tertio libro prosequi de perfecta auctoritate sive dignitate ipsius, secundum quod est rerum omnium finis et rector. — Erit ergo hoc ordine procedendum: ut *primo* agatur de ipso secundum quod est rerum omnium finis. — *Secundo*, de regimine universali ipsius, secundum quod omnem creaturam gubernat. — *Tertio*, de speciali regimine, prout gubernat creaturas intellectum habentes.

grande Senhor, como de nada precisando para produzir o efeito de seu poder; de sua autoridade, no que diz *rei grande sobre todos os deuses*, porque, embora haja muitos regentes[4], todos, porém, se submetem a seu governo.

Em segundo lugar, nos descreverá o modo do governo. E certamente quanto aos entes intelectuais, que, seguindo o seu governo, são por ele levados ao fim último, que é ele próprio, e assim diz, que *Deus não repele seu povo*. Já quanto às coisas corruptíveis, que, mesmo que exorbitem às vezes pelas próprias ações, não são, porém, excluídas do poder do primeiro regente, diz que *na sua mão estão todos os limites da terra*. Quanto aos corpos celestes, que excedem toda a altura da terra, isto é, dos corpos corruptíveis, e sempre conservam a ordem reta do governo divino, diz, *são d'Ele as alturas dos montes*.

Em terceiro lugar, destaca a razão do seu governo universal, porque é necessário que aquelas coisas que foram criadas por Deus, sejam também por Ele regidas. E isso é o que diz, porque *d'Ele é o mar* etc.

Dado, pois, que tratamos no Livro I da perfeição da natureza divina, no II da perfeição de seu poder, segundo o qual é produtor de todas as coisas e Senhor, resta, neste Livro III, tratar da perfeita autoridade ou dignidade d'Ele, enquanto é o fim e o regente de todas as coisas. Dever-se-á, pois, proceder nesta ordem: — Em *primeiro lugar*, trata-se d'Ele mesmo, enquanto é o fim de todas as coisas. — Em *segundo*, do governo universal d'Ele, enquanto governa toda criatura[5] — Em *terceiro*, do governo especial, enquanto governa as criaturas que têm intelecto[6].

---

4 Cf. 1 Coríntios 8,5.
5 Cf. cap. 64.
6 Cf. cap. 111.

DEUS ENQUANTO É O FIM DE TODAS AS COISAS (2 a 63)

Capitulum II
Quod omne agens agit propter finem

Ostendendum est igitur primo, quod omne agens in agendo intendit aliquem finem.

In his enim quae manifeste propter finem agunt, hoc dicimus esse finem in quod tendit impetus agentis: hoc enim adipiscens dicitur adipisci finem, deficiens autem ab hoc dicitur deficere a fine intento; sicut patet in medico agente ad sanitatem, et homine currente ad certum terminum.

Nec differt, quantum ad hoc, utrum quod tendit in finem sit cognoscens, vel non: sicut enim signum est finis sagittantis, ita est finis motus sagittae. Omnis autem agentis impetus ad aliquid certum tendit: non enim ex quacumque virtute quaevis actio procedit, sed a calore quidem calefactio, a frigore autem infrigidatio; unde et actiones secundum diversitatem activorum specie differunt. Actio vero quandoque quidem terminatur ad aliquod factum, sicut aedificatio ad domum, sanatio ad sanitatem: quandoque autem non, sicut intelligere et sentire. Et si quidem actio terminatur ad aliquod factum, impetus agentis tendit per actionem in illud factum: si autem non terminatur ad aliquod factum, impetus agentis tendit in ipsam actionem. Oportet igitur quod omne agens in agendo intendat finem: quandoque quidem actionem ipsam; quandoque aliquid per actionem factum.

Adhuc. In omnibus agentibus propter finem, hoc esse ultimum finem dicimus, ultra quod agens non quaerit aliquid: sicut actio medici est usque ad sanitatem, ea vero consecuta, non conatur ad aliquid ulterius. Sed in actione cuiuslibet agentis est invenire aliquid ultra quod agens non quaerit aliquid: alias enim actiones in infinitum tenderent; quod quidem est impossibile, quia, cum infinita non sit pertransire, agens agere non inciperet;

Capítulo 2
Todo agente age em razão de um fim

Deve-se mostrar, pois, em primeiro lugar, que todo agente ao agir intenta algum fim.

Com efeito, naquelas coisas que agem manifestamente em razão de um fim, dizemos que o fim é aquilo a que tende o impulso do agente, e ao alcançá-lo, diz-se que alcançou o fim, mas, se falhar nisso, diz se que falhou no fim intencionado, como se evidencia no médico que age para a saúde, e no homem que corre para determinada meta.

Nem difere quanto a isso se aquilo que tende a um fim é cognoscente, ou não, pois assim como o alvo é o fim do flecheiro, assim é o fim do movimento da flecha. Ora, todo impulso do agente tende a algo certo, pois qualquer ação não procede de qualquer potência, mas a calefação, do calor, o resfriamento, do frio; donde, também as ações diferem em espécie segundo a diversidade das coisas ativas. A ação às vezes termina em uma obra, como a edificação na casa, a cura na saúde; às vezes, porém, não, como conhecer e sentir. E se a ação termina em uma obra, o impulso do agente tende pela ação àquela obra; mas se não termina em uma obra, o impulso do agente tende à própria ação. É necessário, portanto, que todo agente ao agir intente um fim: às vezes a própria ação, às vezes algo feito pela ação.

Ainda. Em todos os agentes em razão de um fim, dizemos que é o último fim aquele, além do qual o agente não busca outra coisa, como a ação do médico é até a saúde, conseguida a qual, não se esforça para algo, ulteriormente. Mas, na ação de qualquer agente está o encontrar algo além do qual o agente não busca outra coisa; do contrário, as ações tenderiam ao infinito, o que é certamente impossível, porque, *como não se pode passar o infinito*[1],

---

[1] Aristóteles (384-322 a.C.), em Analíticos Posteriores I, 22, 82b, 38-39.

nihil enim movetur ad id ad quod impossibile est pervenire. Omne igitur agens agit propter finem.

Amplius. Si actiones agentis procedant in infinitum, oportet quod vel ex istis actionibus sequatur aliquod factum, vel non. Si quidem sequatur aliquod factum, esse illius facti sequetur post infinitas actiones. Quod autem praeexigit infinita, impossibile est esse: cum non sit infinita pertransire. Quod autem impossibile est esse, impossibile est fieri: et quod impossibile est fieri, impossibile est facere. Impossibile est igitur quod agens incipiat facere aliquod factum ad quod praeexiguntur actiones infinitae.

Si autem ex illis actionibus non sequitur aliquod factum, oportet ordinem huiusmodi actionum esse vel secundum ordinem virtutum activarum, sicut si homo sentit ut imaginetur, imaginatur autem ut intelligat, intelligit autem ut velit: vel secundum ordinem obiectorum, sicut considero corpus ut considerem animam, quam considero ut considerem substantiam separatam, quam considero ut considerem Deum. Non autem est possibile procedere in infinitum neque in virtutibus activis, sicut neque in formis rerum, ut probatur in II metaph., forma enim est agendi principium: neque in obiectis, sicut neque in entibus, cum sit unum primum ens, ut supra probatum est. Non est igitur possibile quod actiones in infinitum procedant. Oportet igitur esse aliquid quo habito conatus agentis quiescat. Omne igitur agens agit propter finem.

Item. In his quae agunt propter finem, omnia intermedia inter primum agens et ultimum finem sunt fines respectu priorum et principia activa respectu sequentium. Si igitur conatus agentis non est ad aliquid determinatum, sed actiones, sicut dictum est, procedunt in infinitum, oportet principia activa in infinitum procedere. Quod est impossibile, ut supra ostensum est. Necesse est igitur quod conatus agentis sit ad aliquid determinatum.

o agente não começaria a agir; nada, pois, é movido àquilo a que é impossível chegar. Portanto, todo agente age em razão de um fim.

Ademais. Se as ações do agente procedem ao infinito, é necessário que ou dessas ações se siga algo feito, ou não. Se segue algo feito, o ser desse feito se segue após infinitas ações. Ora, o que pré-exige infinitos, é impossível que seja, pois *não se pode passar o infinito*. E o que é impossível ser, é impossível ser feito, e o que é impossível ser feito, é impossível fazer. Portanto, é impossível que o agente comece a fazer algo feito para o que são pré-exigidas ações infinitas.

Se, portanto, daquelas ações não se segue algo feito, é necessário que a ordem de tais ações seja ou segundo a ordem das potências ativas, como se o homem sente para imaginar, imagina para conhecer, conhece para querer; ou segundo a ordem dos objetos, por exemplo, se considero o corpo para considerar a alma, que considero para considerar a substância separada, que considero para considerar Deus. Contudo, não é possível proceder ao infinito nem nas potências ativas, como nem nas formas das coisas, como se prova no livro da Metafísica[2], pois a forma é princípio de agir, nem nos objetos, como nem nos entes, pois é um só o ente primeiro, como foi provado[3]. Não é, pois, possível que as ações procedam ao infinito. É necessário, portanto, que haja algo em cuja a posse descanse o esforço do agente. Portanto, todo agente age em razão do fim.

Igualmente. Naquelas coisas que agem em razão do fim, todos os intermediários entre o primeiro agente e o último fim, são fins em relação aos antecedentes e princípios ativos em relação aos seguintes. Se, portanto, o esforço do agente não é para algo determinado, mas, como foi dito, as ações procedem ao infinito, é necessário que os princípios ativos procedam ao infinito. O que é impossível, como foi mostrado. É necessário, portanto, que o esforço do agente seja para algo determinado.

---

[2] Aristóteles (384-322 a.C.), em Metafísica II, 2, 994a, 5-11.
[3] Livro I, cap. 42.

Adhuc. Omne agens vel agit per naturam, vel per intellectum. De agentibus autem per intellectum non est dubium quin agant propter finem: agunt enim praeconcipientes in intellectu id quod per actionem consequuntur, et ex tali praeconceptione agunt; hoc enim est agere per intellectum. Sicut autem in intellectu praeconcipiente existit tota similitudo effectus ad quem per actiones intelligentis pervenitur, ita in agente naturali praeexistit similitudo naturalis effectus, ex qua actio ad hunc effectum determinatur: nam ignis generat ignem, et oliva olivam. Sicut igitur agens per intellectum tendit in finem determinatum per suam actionem, ita agens per naturam. Omne igitur agens agit propter finem.

Amplius. Peccatum non invenitur nisi in his quae sunt propter finem: nec enim imputatur alicui ad peccatum si deficiat ab eo ad quod non est; medico enim imputatur ad peccatum si deficiat a sanando, non autem aedificatori aut grammatico. Sed peccatum invenimus in his quae fiunt secundum artem, sicut cum grammaticus non recte loquitur; et in his quae sunt secundum naturam, sicut patet in partubus monstruosis. Ergo tam agens secundum naturam, quam agens secundum artem et a proposito, agit propter finem.

Item. Si agens non tenderet ad aliquem effectum determinatum, omnes effectus essent ei indifferentes. Quod autem indifferenter se habet ad multa, non magis unum eorum operatur quam aliud: unde a contingente ad utrumque non sequitur aliquis effectus nisi per aliquid determinetur ad unum. Impossibile igitur esset quod ageret. Omne igitur agens tendit ad aliquem determinatum effectum, quod dicitur finis eius.

Sunt autem aliquae actiones quae non videntur esse propter finem, sicut actiones ludicrae et contemplatoriae, et actiones quae absque attentione fiunt, sicut confricatio barbae et huiusmodi: ex quibus aliquis opinari potest quod sit aliquod agens non propter finem. Sed sciendum quod actiones contemplativae non sunt propter alium finem, sed ipsae

Ainda. Todo agente ou age por natureza, ou por intelecto. Ora, dos agentes pelo intelecto não há dúvida que agem em razão do fim, pois agem preconcebendo no intelecto aquilo que conseguem pela ação, e agem por tal pré-concepção, e isso é agir por intelecto. Ora, como no intelecto preconcebendo existe total semelhança do efeito ao qual se chega pelas ações do inteligente, assim, no agente natural, preexiste a semelhança natural do efeito, pela qual a ação é determinada para este efeito, pois o fogo gera o fogo, e a oliveira, a oliveira. Assim como, pois, o agente pelo intelecto tende a um fim determinado por sua ação, assim o agente por natureza. Portanto, todo agente age em razão do fim.

Ademais. O pecado não se acha senão naquelas ações que são em razão do fim, pois não se imputa a alguém o pecado, se falha naquilo a que não é, ao médico se imputa o pecado se falha no curar, não, porém, ao construtor ou ao gramático. Mas, encontramos pecado naquelas coisas que se fazem segundo a arte, como quando o gramático não fala corretamente, e naquelas coisas que são segundo a natureza, como se evidencia nos partos monstruosos. Logo, tanto o que age segundo a natureza, quanto o que age segundo a arte e de propósito, age em razão do fim.

Igualmente. Se o agente não tendesse a um efeito determinado, todos os efeitos lhe seriam indiferentes. O que, porém, se relaciona com muitas coisas indiferentemente, não produz uma delas mais que outra; donde, de um indiferente para ambas não se segue efeito algum a não ser que seja determinado por algo a um sentido. Portanto, seria impossível que agisse. Todo agente, portanto, tende a um efeito determinado, que se chama seu fim.

Há, porém, algumas ações que não parecem ser em razão do fim, como as ações lúdicas e contemplativas, e as ações que se fazem sem atenção, como coçar a barba e semelhantes, das quais alguém pode opinar que haja algum agente que não age em razão do fim. Contudo, deve-se saber que as ações contemplativas não são em razão de outro fim, mas elas mesmas

são o fim. — As ações lúdicas, porém, às vezes são fim, como quando alguém apenas brinca pelo prazer que há no jogo, mas às vezes são em razão de um fim, como quando brincamos para depois melhor estudarmos. — Já as ações que se fazem sem atenção, não provêm do intelecto, mas de alguma súbita imaginação ou princípio natural, como a desordem de humor excitando o prurido é causa do coçar a barba, que se faz sem atenção do intelecto. E essas tendem a algum fim, mesmo que fora da ordem do intelecto.

Por isso se exclui o erro dos antigos filósofos da natureza, que afirmavam que todas as coisas se faziam por necessidade da natureza, eliminando totalmente a causa final das coisas[4].

Capítulo 3
Todo agente age em razão do bem

Deve-se mostrar, em seguida do que se disse, que todo agente age por causa de um bem.

Com efeito, foi mostrado que todo agente age por causa de um fim, porque qualquer agente tende a algo determinado. E isso a que o agente tende determinadamente, é necessário que lhe seja conveniente, pois não tenderia a ele, senão por lhe se conveniente. Mas, o que é conveniente a alguém, é o bem para ele. Portanto, todo agente age por causa do bem.

Além disso. O fim está naquilo em que descansa o apetite do agente ou movente, e daquilo que é movido. Ora, pertence à razão de bem que termine o apetite, pois *o bem é aquilo que todas as coisas desejam*[5]. Logo, toda ação e movimento são por causa do bem.

Ainda. Toda ação e movimento parecem ordenar-se, de algum modo, para o ser, ou para que seja conservado segundo a espécie ou o indivíduo, ou para que seja adquirido. Ora, aquilo mesmo que é ser, é bom. E por isso todas as coisas desejam ser. Portanto, toda ação e movimento são por causa do bem.

---

[4] Aristóteles (384-322 a.C.), em Física II, 8, 198b, 10-16.
[5] Aristóteles (384-322 a.C.), em Ética I, 1094a, 3.

Amplius. Omnis actio et motus est propter aliquam perfectionem. Si enim ipsa actio sit finis, manifestum est quod est perfectio secunda agentis. Si autem actio sit transmutatio exterioris materiae, manifestum est quod movens intendit aliquam perfectionem inducere in re mota; in quam etiam tendit mobile, si sit motus naturalis. Hoc autem dicimus esse bonum quod est esse perfectum. Omnis igitur actio et motus est propter bonum.

Item. Omne agens agit secundum quod est actu. Agendo autem tendit in sibi simile. Igitur tendit in actum aliquem. Actus autem omnis habet rationem boni: nam malum non invenitur nisi in potentia deficiente ab actu. Omnis igitur actio est propter bonum.

Adhuc. Agens per intellectum agit propter finem sicut determinans sibi finem: agens autem per naturam, licet agat propter finem, ut probatum est, non tamen determinat sibi finem, cum non cognoscat rationem finis, sed movetur in finem determinatum sibi ab alio. Agens autem per intellectum non determinat sibi finem nisi sub ratione boni: intelligibile enim non movet nisi sub ratione boni, quod est obiectum voluntatis. Ergo et agens per naturam non movetur neque agit propter aliquem finem nisi secundum quod est bonum: cum agenti per naturam determinetur finis ab aliquo appetitu. Omne igitur agens propter bonum agit.

Item. Eiusdem rationis est fugere malum et appetere bonum: sicut eiusdem rationis est moveri a deorsum et moveri sursum. Omnia autem inveniuntur malum fugere: nam agentia per intellectum hac ratione aliquid fugiunt, quia apprehendunt illud ut malum; omnia autem agentia naturalia, quantum habent de virtute, tantum resistunt corruptioni, quae est malum uniuscuiusque. Omnia igitur agunt propter bonum.

Adhuc. Quod provenit ex alicuius agentis actione praeter intentionem ipsius, dicitur a casu vel fortuna accidere. Videmus autem

Ademais. Toda ação e movimento são por causa de alguma perfeição. Se, pois, a própria ação é fim, é manifesto que é perfeição segunda do agente. Se, contudo, a ação é transmutação de matéria exterior, é manifesto que o movente tenciona introduzir alguma perfeição na coisa movida, para a qual também tende o móvel, se o movimento é natural. Ora, dizemos bem o que é perfeito. Portanto, toda ação e movimento são por causa do bem.

Igualmente. Todo agente age segundo está em ato. Ora, agindo tende ao semelhante a si. Logo, tende para algum ato. Mas, todo ato tem razão de bem, pois o mal não se acha senão na potência deficiente de ato. Logo, toda ação é por causa do bem.

Ainda. O agente por intelecto age em razão de um fim, como determinando para si um fim, mas o agente por natureza, embora aja em razão de um fim, como foi provado[6], não determina, porém, para si um fim, pois não conhece a razão de fim, mas é movido a um fim a ele determinado por outro. Ora, o agente por intelecto não determina para si um fim senão sob a razão de bem, pois o inteligível não move senão sob razão de bem, que é objeto da vontade. Logo, também o agente por natureza não é movido nem age por causa de um fim, senão segundo que é bom, já que ao agente por natureza o fim é determinado por outro apetite. Logo, todo agente age em razão de um fim.

Igualmente. É da mesma razão fugir ao mal e desejar o bem, como é da mesma razão ser movido para baixo e ser movido para cima. Ora, todas as coisas fogem ao mal, pois os agentes por intelecto fogem de algo pela razão que apreendem que isso é mau; mas todos os agentes naturais, quanto têm de virtude, tanto resistem à corrupção, que é o mal para cada um. Logo, todas as coisas agem por causa do bem.

Ainda. O que provém da ação de algum agente fora de sua intenção, diz-se que acontece por acaso ou sorte. Ora, vemos nas obras

---

[6] Cf. capítulo anterior.

in operibus naturae accidere vel semper vel frequentius quod melius est: sicut in plantis folia sic esse disposita ut protegant fructus; et partes animalium sic disponi ut animal salvari possit. Si igitur hoc evenit praeter intentionem naturalis agentis, hoc erit a casu vel fortuna. Sed hoc est impossibile: nam ea quae accidunt semper vel frequenter, non sunt casualia neque fortuita, sed quae accidunt in paucioribus. Naturale igitur agens intendit ad id quod melius est. Et multo manifestius quod agit per intellectum. Omne igitur agens intendit bonum in agendo.

Item. Omne quod movetur ducitur ad terminum motus a movente et agente. Oportet igitur movens et motum ad idem tendere. Quod autem movetur, cum sit in potentia, tendit ad actum, et ita ad perfectum et bonum: per motum enim exit de potentia in actum. Ergo et movens et agens semper in movendo et agendo intendit bonum.

Hinc est quod Philosophi definientes bonum dixerunt: bonum est quod omnia appetunt. Et dionysius, IV cap., de divinis nominibus, dicit quod omnia bonum et optimum concupiscunt.

Capitulum 4
Quod malum est praeter intentionem in rebus

Ex hoc autem apparet quod malum in rebus incidit praeter intentionem agentium.

Quod enim ex actione consequitur diversum ab eo quod erat intentum ab agente, manifestum est praeter intentionem accidere. Malum autem diversum est a bono, quod intendit omne agens. Est igitur malum praeter intentionem eveniens.

Item. Defectus in effectu et actione consequitur aliquem defectum in principiis actionis: sicut ex aliqua corruptione seminis sequitur partus monstruosus, et ex curvitate cruris sequitur claudicatio. Agens autem agit secundum

da natureza acontecer, ou sempre ou mais frequentemente, o que é melhor, como nas plantas as folhas serem dispostas de modo tal que protejam os frutos, e as partes dos animais são dispostas de modo que o animal possa salvar-se. Se isso, pois, acontece sem a intenção do agente natural, será por acaso ou sorte. Ora, isso é impossível, pois aquelas coisas que acontecem sempre ou frequentemente não são casuais nem fortuitas, mas as que acontecem poucas vezes[7]. Portanto, o agente natural tende para aquilo que é melhor. E muito mais manifestamente aquele que age por intelecto. Portanto, todo agente tende ao bem ao agir.

Igualmente. Tudo aquilo que é movido é conduzido ao termo do movimento pelo movente e agente. É necessário, pois, que movente e movido tendam à mesma coisa. Aquilo que é movido, como está em potência, tende ao ato, e assim ao perfeito e ao bem, pois pelo movimento passa da potência ao ato. Logo, também o movente e agente sempre ao mover e agir tendem ao bem.

Daqui é que os Filósofos definindo o bem disseram: *o bem é aquilo que todas as coisas desejam*. E Dionísio diz *que todas as coisas desejam o bom e o ótimo*[8].

Capítulo 4
O mal está nas coisas fora da intenção

É claro, do que foi exposto, que o mal se dá nas coisas fora da intenção dos agentes.

Com efeito, o que se segue de uma ação diversamente do que era intencionado pelo agente, é claro que se dá fora da intenção. Ora, o mal é diverso do bem, que todo agente tenciona. Portanto, o mal advém fora da intenção.

Igualmente. O defeito no efeito e na ação segue um defeito nos princípios da ação; por exemplo, de alguma corrupção do sêmen segue-se o parto monstruoso, e da tortuosidade da perna segue-se a claudicação. Ora, o agente

---

[7] Aristóteles (384-322 a.C.), em Física II, 5, 196b, 10-17.
[8] Dionísio Areopagita (séc. V-VI), em Os Nomes Divinos, 7, MG 3, 704B.

quod habet de virtute activa, non secundum id quod defectum virtutis patitur. Secundum autem quod agit, sic intendit finem. Intendit igitur finem correspondentem virtuti. Quod igitur sequitur respondens defectui virtutis, erit praeter intentionem agentis. Hoc autem est malum. Accidit igitur malum praeter intentionem.

Adhuc. Ad idem tendit motus mobilis et motio moventis. Mobile autem tendit per se ad bonum: ad malum autem per accidens et praeter intentionem. Quod quidem maxime in generatione et corruptione apparet. Materia enim, cum est sub una forma, est in potentia ad formam aliam et privationem formae iam habitae: sicut, cum est sub forma aeris, est in potentia ad formam ignis et privationem formae aeris. Et ad utrumque transmutatio materiae terminatur simul: ad formam quidem ignis secundum quod generatur ignis, ad privationem autem formae aeris secundum quod corrumpitur aer. Non autem intentio et appetitus materiae est ad privationem, sed ad formam: non enim tendit ad impossibile; est autem impossibile materiam tantum sub privatione esse, esse vero eam sub forma est possibile. Igitur quod terminetur ad privationem est praeter intentionem; terminatur autem ad eam inquantum pervenit ad formam quam intendit, quam privatio alterius formae de necessitate consequitur. Transmutatio igitur materiae in generatione et corruptione per se ordinatur ad formam, privatio vero consequitur praeter intentionem. Et similiter oportet esse in omnibus motibus. Et ideo in quolibet motu est generatio et corruptio secundum quid: sicut, cum aliquid alteratur de albo in nigrum, corrumpitur album et fit nigrum. Bonum autem est secundum quod materia est perfecta per formam, et potentia per actum proprium: malum autem secundum quod est privata actu debito. Omne igitur quod movetur intendit in suo motu pervenire ad bonum, pervenit autem ad malum praeter intentionem. Igitur, cum omne agens et movens intendat ad bonum, malum provenit praeter intentionem agentis.

age segundo o que tem de potência ativa, não segundo o que sofre pela deficiência da mesma. Ora, assim tenciona o fim segundo aquilo que age. Portanto, tenciona o fim correspondente à potência. O que, pois, segue respondendo à deficiência da potência, será fora da intenção do agente. Mas isso é o mal. O mal acontece, pois, fora da intenção.

Ainda. Ao mesmo tende o movimento do que é movido e a moção do que move. Ora, o que é movido tende por si ao bem, mas ao mal por acidente e fora de intenção. O que é manifesto maximamente na geração e na corrupção. A matéria, com efeito, como está sob uma só forma, está em potência para outra forma e para a privação da forma que já tem. Assim, quando está sob a forma de ar, está em potência para a forma de fogo e para a privação da forma de ar. E para uma e outra coisa a transmutação da matéria termina simultaneamente, para a forma do fogo segundo é gerado o fogo, para a privação da forma de ar segundo o ar se corrompe. A intenção e o apetite da matéria não são para a privação, mas para a forma, pois não tende ao impossível; ora, é impossível que a matéria esteja só sob a privação, mas é possível estar ela sob a forma. Portanto, o que tem o limite na privação está fora da intenção, mas termina nessa enquanto chega à forma que tenciona, à qual, por necessidade, segue a privação de outra forma, fora de intenção. Portanto, a transmutação da matéria na geração e corrupção por si se ordena à forma, já a privação se segue fora da intenção. E semelhantemente é necessário dar-se em todos os movimentos. E assim, em qualquer movimento, há geração e corrupção segundo um aspecto; por exemplo, quando algo se altera do branco para o negro, corrompe-se o branco e faz-se o negro. Ora, o bem existe quando a matéria é completada pela forma, e a potência pelo ato próprio, mas o mal, quando a matéria está privada do ato devido. Portanto, tudo o que é movido tenciona em seu movimento chegar ao bem, mas chega ao mal sem intenção. Logo, como todo agente e movente tende ao bem, o mal provém sem a intenção do agente.

Amplius. In agentibus per intellectum et aestimationem quamcumque, intentio sequitur apprehensionem: in illud enim tendit intentio quod apprehenditur ut finis. Si igitur perveniatur ad aliquid quod non habet speciem apprehensam, erit praeter intentionem: sicut, si aliquis intendat comedere mel, et comedat fel credens illud esse mel, hoc erit praeter intentionem. Sed omne agens per intellectum tendit ad aliquid secundum quod accipit illud sub ratione boni, sicut ex superioribus patet. Si ergo illud non sit bonum, sed malum, hoc erit praeter intentionem. Agens igitur per intellectum non operatur malum nisi praeter intentionem. Cum igitur tendere ad bonum sit commune agenti per intellectum et per naturam, malum non consequitur ex intentione alicuius agentis nisi praeter intentionem.

Hinc est quod dionysius dicit, IV cap. De div. Nom., quod malum est praeter intentionem et voluntatem.

Ademais. Nos agentes por intelecto e por alguma estimativa, a intenção segue a apreensão, pois a intenção tende àquilo que é apreendido como fim. Se, pois, chega a algo que não tem a representação apreendida, será sempre fora da intenção, como se alguém pretende comer mel e come fel, crendo que era mel, isso será fora da intenção. Mas todo agente por intelecto tende a algo, segundo o apreende sob a razão de bem, como se evidencia do exposto anteriormente[9]. Se aquilo, pois, não é bom, mas mau, isso será fora da intenção. Portanto, o agente por intelecto não opera o mal senão fora da intenção. Como, pois, tender ao bem é comum ao agente por intelecto e ao agente por natureza, o mal não se segue da intenção de um agente, senão fora da intenção.

Daqui é que diz Dionísio que *o mal está fora da intenção e da vontade*[10].

Capitulum V et VI
Rationes quibus videtur probari quod malum non sit praeter intentionem (et solutio ipsarum)

Sunt autem quaedam quae huic sententiae adversarii videntur.

Quod enim accidit praeter intentionem agentis, dicitur esse fortuitum et casuale et in paucioribus accidens. Malum autem fieri non dicitur fortuitum et casuale, neque ut in paucioribus accidens, sed semper vel in pluribus. In naturalibus enim semper generationi corruptio adiungitur. In agentibus etiam per voluntatem in pluribus peccatum accidit: cum difficile sit secundum virtutem agere, sicut attingere centrum in circulo, ut dicit Aristoteles, in II ethicorum. Non igitur videtur malum esse proveniens praeter intentionem.

Item. Aristoteles in III eth., expresse dicit quod malitia est voluntarium. Et hoc probat per hoc quod aliquis voluntarie operatur iniusta,

Capítulos 5 e 6
Razões pelas quais parece provar-se que o mal não está fora da intenção (e a solução delas)

Há algumas razões que parecem contrárias a essa opinião.

Com efeito, o que acontece fora da intenção do agente, diz-se que é fortuito e casual e acontece poucas vezes. Ora, não se diz que o mal se faz fortuito e casual, nem que acontece poucas vezes, mas sempre ou no mais das vezes. Nas coisas naturais, com efeito, a corrupção sempre se segue à geração. Também nos agentes por vontade o pecado acontece muitas vezes, pois *é difícil agir segundo a virtude, como atingir o centro no círculo*, como diz Aristóteles[11]. Não parece, pois, que o mal provenha fora da intenção.

Igualmente. Aristóteles[12] diz expressamente que *a malícia é coisa voluntária*. E prova isso pelo fato de que alguém realiza volunta-

---
9   Cf. capítulo anterior.
10 Dionísio Areopagita (séc. V-VI), em Os Nomes Divinos, 4, MG 3, 732 C.
11 Aristóteles (384-322 a.C.), em Ética II, 9, 1109a, 24-26.
12 Aristóteles (384-322 a.C.), em Ética III, 7, 1113b, 14-17; b, 21-25. — 1114a, 11-12.

irrationabile autem est operantem voluntarie iniusta non velle iniustum esse, et voluntarie stuprantem non velle incontinentem esse; et per hoc quod legislatores puniunt malos quasi voluntarie operantes mala. Non videtur igitur malum praeter voluntatem vel intentionem esse.

Praeterea. Omnis motus naturalis habet finem intentum a natura. Corruptio autem est mutatio naturalis, sicut et generatio. Finis igitur eius, qui est privatio habens rationem mali, est intentus a natura: sicut etiam forma et bonum, quae sunt generationis finis.

[Capitulum VI] Ut autem positarum rationum solutio manifestior fiat, considerandum est quod malum considerari potest vel in substantia aliqua, vel in actione ipsius. Malum quidem in substantia aliqua est ex eo quod deficit ei aliquid quod natum est et debet habere: si enim homo non habet alas, non est ei malum, quia non est natus eas habere; si etiam homo capillos flavos non habet, non est malum, quia etsi natus sit habere, non tamen est debitum ut habeat; est tamen malum si non habeat manus, quas natus est et debet habere, si sit perfectus, quod tamen non est malum avi. Omnis autem privatio, si proprie et stricte accipiatur, est eius quod quis natus est habere et debet habere. In privatione igitur sic accepta semper est ratio mali.

Materia autem, cum sit potentia ad omnes formas, omnes quidem nata est habere, nulla tamen est ei debita: cum sine quavis una earum possit esse perfecta in actu. Quaelibet tamen earum est debita alicui eorum quae ex materia constituuntur: nam non potest esse aqua nisi habeat formam aquae, nec potest esse ignis nisi habeat formam ignis. Privatio igitur formae huiusmodi, comparata ad materiam, non est malum materiae: sed comparata ad id cuius est forma, est malum eius, sicut privatio formae ignis est malum ignis. Et quia tam privationes quam habitus et formae non dicuntur esse nisi secundum quod sunt in subiecto, si quidem privatio sit malum

riamente coisas injustas, pois *é irracional que alguém realizando voluntariamente coisas injustas não queira ser injusto, e o que estupra voluntariamente não queira ser incontinente,* e pelo fato de que os legisladores punem os maus como voluntariamente realizando coisas más. Portanto, não parece que o mal esteja fora da vontade e da intenção.

Além disso. Todo movimento natural tem o fim intencionado pela natureza. Ora, a corrupção é mudança natural, como também a geração. Portanto, seu fim, que é a privação tendo razão de mal, é intencionado pela natureza, como também a forma e o bem, que são o fim da geração.

[Capítulo 6] Para que se torne mais clara a solução das razões expostas, há de se considerar que o mal pode estar ou em alguma substância, ou na ação dessa. O mal em uma substância provém de que lhe falta algo que deve ter por natureza: se, pois, o homem não tem asas, não lhe é um mal, porque não é determinado por natureza a tê-las; se também o homem não tem cabelos louros, não é um mal, porque, mesmo que esteja determinado a ter, porém, não é devido que tenha; mas é um mal que não tenha mão, porque é determinado e deve ter, se é perfeito, mas não é um mal para a ave. Ora, toda privação, se se toma em sentido próprio e estrito, é daquilo que alguém é determinado a ter e deve ter. Portanto, na privação assim entendida há sempre a razão de mal.

A matéria, como é potência para todas as formas, é determinada a ter todas, mas nenhuma lhe é devida, pois, mesmo sem uma delas em particular, pode ser perfeita em ato. Entretanto, qualquer uma delas é devida às coisas que se constituem de matéria, pois não pode haver água se não tem a forma de água, nem pode haver fogo se não tem a forma de fogo. A privação, portanto, de tal forma, comparada à matéria, não é um mal à matéria, mas comparada àquilo de que é forma, é mal para ele, como a privação da forma de fogo é mal para o fogo. E porque tanto as privações quanto os hábitos e formas não se dizem ser senão enquanto estão num sujeito, se a priva-

per comparationem ad subiectum in quo est, erit malum simpliciter: sin autem, erit malum alicuius, et non simpliciter. Hominem igitur privari manu, est malum simpliciter: materia autem privari forma aeris, non est malum simpliciter, sed est malum aeris. Privatio autem ordinis aut commensurationis debitae in actione, est malum actionis. Et quia cuilibet actioni est debitus aliquis ordo et aliqua commensuratio, necesse est ut talis privatio in actione simpliciter malum existat.

His igitur visis, sciendum est quod non omne quod est praeter intentionem, oportet esse fortuitum vel casuale, ut prima ratio proponebat. Si enim quod est praeter intentionem, sit consequens ad id quod est intentum vel semper vel frequenter, non eveniet fortuito vel casualiter: sicut in eo qui intendit dulcedine vini frui, si ex potatione vini sequatur ebrietas, non erit fortuitum nec casuale; esset autem casuale si sequeretur ut in paucioribus.

Malum ergo corruptionis naturalis, etsi sequatur praeter intentionem generantis, consequitur tamen semper: nam semper formae unius est adiuncta privatio alterius. Unde corruptio non evenit casualiter neque ut in paucioribus: licet privatio quandoque non sit malum simpliciter, sed alicuius, ut dictum est. Si autem sit talis privatio quae privet id quod est debitum generato, erit casuale et simpliciter malum, sicut cum nascuntur partus monstruosi: hoc enim non consequitur de necessitate ad id quod est intentum, sed est ei repugnans; cum agens intendat perfectionem generati.

Malum autem actionis accidit in naturalibus agentibus ex defectu virtutis activae. Unde si agens habet virtutem defectivam, hoc malum consequitur praeter intentionem, sed non erit casuale, quia de necessitate est consequens ad talem agentem: si tamen tale agens vel semper vel frequenter patitur hunc virtutis defectum. Erit autem casuale si hic defectus raro talem comitatur agentem.

ção é um mal por comparação ao sujeito no qual está, será um mal simplesmente; se não, contudo, será o mal de uma coisa, e não mal simplesmente. Portanto, ser o homem privado da mão é um mal simplesmente, mas a matéria ser privada da forma de ar, não é um mal simplesmente, mas é um mal do ar. Ora, a privação da ordem ou da devida comensuração na ação, é um mal da ação. E porque a qualquer ação é devida alguma ordem e alguma comensuração, é necessário que tal privação na ação seja um mal simplesmente.

Vistas, pois, essas coisas, deve-se saber que nem tudo o que é fora da intenção, é necessário que seja fortuito ou casual, como propunha a *primeira* razão. Com efeito, se o que é fora da intenção, é consequente àquilo que é intencionado ou sempre ou frequentemente, não acontecerá fortuitamente ou casualmente, como naquele que intenciona fruir da doçura do vinho, se da bebida do vinho se segue a embriaguês, isso não será fortuito nem casual, mas seria casual se se acontecesse poucas vezes.

Logo, o mal da corrupção natural, embora aconteça fora da intenção do gerador, se dará sempre, pois sempre à forma de uma coisa está adjunta a privação de outra. Donde, a corrupção não acontece casualmente nem poucas vezes, embora a privação às vezes não é o mal simplesmente, mas de algo, como foi dito. Se, porém, a privação é tal que prive aquilo que é devido ao gerado, será casual e simplesmente mal, como quando nascem partos monstruosos, pois isso não acontece por necessidade com relação àquilo que é intencionado, mas é-lhe repugnante, uma vez que o agente intenciona a perfeição do gerado.

Entretanto, o mal da ação acontece nos agentes naturais por deficiência da potência ativa. Donde, se o agente tem a potência deficiente, esse mal acontece fora da intenção, mas não será casual, porque por necessidade é consequente a tal agente se tal agente ou sempre ou frequentemente sofre esse defeito de potência. Será, contudo, casual se esse defeito acompanha raramente tal agente.

In agentibus autem voluntariis intentio est ad bonum aliquod particulare, si debet sequi actio: nam universalia non movent, sed particularia, in quibus est actus. Si igitur illud bonum quod intenditur, habeat coniunctam privationem boni secundum rationem vel semper vel frequenter, sequitur malum morale non casualiter, sed vel semper vel frequenter: sicut patet in eo qui vult uti femina propter delectationem, cui delectationi adiuncta est inordinatio adulterii; unde malum adulterii non sequitur casualiter. Esset autem casuale malum si ad id quod intendit, sequeretur aliquod peccatum ut in paucioribus: sicut cum quis, proiiciens ad avem, interficit hominem.

Quod autem huiusmodi bona aliquis intendat ut in pluribus quibus privationes boni secundum rationem consequuntur, ex hoc provenit quod plures vivunt secundum sensum, eo quod sensibilia sunt nobis manifesta, et magis efficaciter moventia in particularibus, in quibus est operatio: ad plura autem talium bonorum sequitur privatio boni secundum rationem.

Ex quo patet quod, licet malum praeter intentionem sit, est tamen voluntarium, ut secunda ratio proponit, licet non per se, sed per accidens. Intentio enim est ultimi finis, quem quis propter se vult: voluntas autem est eius etiam quod quis vult propter aliud, etiam si simpliciter non vellet; sicut qui proiicit merces in mari causa salutis, non intendit proiectionem mercium, sed salutem, proiectionem autem vult non simpliciter, sed causa salutis. Similiter propter aliquod bonum sensibile consequendum aliquis vult facere inordinatam actionem, non intendens inordinationem, neque volens eam simpliciter, sed propter hoc. Et ideo hoc modo malitia et peccatum dicuntur esse voluntaria, sicut proiectio mercium in mari.

Eodem autem modo patet solutio ad tertiam obiectionem. Nunquam enim invenitur mutatio corruptionis sine mutatione genera-

Nos agentes voluntários, contudo, a intenção é para algum bem particular se deve seguir-se a ação, pois bens universais não movem, mas os particulares, nos quais está o ato. Se, pois, aquele bem que se intenciona, tem conjunta a privação de bem segundo a razão ou sempre ou frequentemente, segue-se o mal moral não casualmente, mas ou sempre ou frequentemente, como fica claro naquele que quer usar de uma mulher em razão do prazer, prazer ao qual está adjunta a desordem de adultério; donde, o mal do adultério não se segue casualmente. Seria, porém, um mal casual se com relação àquilo que se intenciona, seguisse poucas vezes algum pecado, como quando alguém, atirando numa ave, mata um homem.

Que alguém intencione semelhantes bens frequentes vezes nas quais se seguem as privações de bem segundo a razão, decorre de que muitos vivem segundo o sentido, na medida em que os sensíveis nos são manifestos, e movem mais eficazmente nas ações particulares, nas quais está a operação, mas para muitos de tais bens segue-se a privação de bem segundo a razão.

Disso se evidencia que, embora haja o mal fora da intenção, é, porém, voluntário, como propõe a *segunda* razão, embora não por si, mas por acidente. Com efeito, a intenção é do fim último, que alguém quer em razão de si, mas a vontade é daquilo também que alguém quer em razão de outra coisa, mesmo que não quisesse simplesmente; por exemplo, aquele que joga as mercadorias no mar por causa da salvação, não tenciona o lançamento das mercadorias, mas a salvação, não quer o lançamento simplesmente, mas por causa da salvação. Semelhantemente, para conseguir algum bem sensível, alguém quer fazer uma ação desordenada, não intencionando a desordem, nem a querendo simplesmente, mas por causa disso. E assim, por esse modo, a malícia e o pecado se dizem ser voluntários, como o lançamento das mercadorias no mar.

Ora, do mesmo modo fica clara a solução para a *terceira* objeção. Com efeito, jamais se encontra a mutação da corrupção sem a mu-

tação da geração, e, por conseguinte, nem o fim da corrupção sem o fim da geração. Logo, a natureza não tenciona o fim da corrupção separadamente do fim da geração, mas simultaneamente ambos. Não é, com efeito, da intenção absoluta da natureza que não haja a água, mas que haja o ar, no qual existindo não há água. Que seja, pois, o ar, a natureza intenciona-o por si mesmo; que, porém, não haja a água, não intenciona senão enquanto é conjunto a ele que haja o ar. Assim, portanto, as privações da natureza não são intencionadas por si mesmas, mas por acidente, mas as formas o são em si mesmas.

Evidencia-se, pois, do exposto que aquilo que é simplesmente um mal, é totalmente fora da intenção nas obras da natureza, como os partos monstruosos; aquilo que não é mal simplesmente, mas para alguém, não é intencionado pela natureza por si mesmo, mas por acidente.

Capítulo 7
O mal não é uma essência

Pelo que foi dito é manifesto que nenhuma essência é má por si mesma.

Com efeito, o mal, como foi dito[13], não é senão *privação daquilo a que algo é determinado e deve ter*, pois tal para todos é o uso deste nome *mal*. Ora, a privação não é uma essência, mas é a *negação na substância*[14]. Portanto, o mal não é uma essência nas coisas.

Ainda. Cada coisa tem o ser segundo sua essência. Mas enquanto tem o ser, tem algo de bom, pois, se o bem é aquilo que todas as coisas desejam, é necessário dizer que *há* o bem, já que todas as coisas desejam ser. Segundo isso, portanto, cada bem é aquilo que tem essência. Ora, o bem e o mal se opõem. Nada, portanto, é mau, enquanto tem essência. Portanto, nenhuma essência é má.

Ademais. Toda coisa ou é agente, ou é produzida. O mal, porém, não pode ser agente,

---

[13] Cf. cap. 6.
[14] Aristóteles (384-322 a.C.), em Metafísica III, 2, 1004a, 15-16.

quia quicquid agit, agit inquantum est actu existens et perfectum. Et similiter non potest esse factum: nam cuiuslibet generationis terminus est forma et bonum. Nulla igitur res secundum suam essentiam est mala.

Item. Nihil tendit ad suum contrarium: unumquodque enim appetit quod est sibi simile et conveniens. Omne autem ens agendo intendit bonum, ut ostensum est. Nullum igitur ens, inquantum huiusmodi, est malum.

Adhuc. Omnis essentia est alicui rei naturalis. Si enim est in genere substantiae, est ipsa natura rei. Si vero sit in genere accidentis, oportet quod ex principiis alicuius substantiae causetur, et sic illi substantiae erit naturalis: licet forte alteri substantiae non sit naturalis, sicut caliditas est naturalis igni, licet sit innaturalis aquae. Quod autem est secundum se malum, non potest esse alicui naturale. De ratione enim mali est privatio eius quod est alicui natum inesse et debitum ei. Malum igitur, cum sit eius quod est naturale privatio, non potest esse alicui naturale. Unde et quicquid naturaliter inest alicui, est ei bonum, et malum si ei desit. Nulla igitur essentia est secundum se mala.

Amplius. Quicquid habet essentiam aliquam, aut ipsummet est forma, aut habet formam aliquam: per formam enim collocatur unumquodque in genere vel specie. Forma autem, inquantum huiusmodi, habet rationem bonitatis: cum sit principium actionis; et finis quem intendit omne faciens; et actus quo unumquodque habens formam perfectum est. Quicquid igitur habet essentiam aliquam, inquantum huiusmodi, est bonum. Malum igitur non habet essentiam aliquam.

Item. Ens per actum et potentiam dividitur. Actus autem, inquantum huiusmodi, bonum est: quia secundum quod aliquid est actu, secundum hoc est perfectum. Potentia etiam bonum aliquid est: tendit enim potentia ad actum, ut in quolibet motu apparet; et est

pois o que age, age enquanto é existente em ato e perfeito. E semelhantemente não pode ser produzido, pois o termo de qualquer geração é a forma e o bem. Portanto, nenhuma coisa é má segundo sua essência.

Igualmente. Nada tende a seu contrário, pois cada coisa deseja o que é semelhante a si e conveniente. Ora, todo agente ao agir intenciona o bem, como foi mostrado[15]. Portanto, nenhum ente, enquanto tal, é mau.

Ainda. Toda essência é natural a alguma coisa. Se, pois, está no gênero da substância, é a própria natureza da coisa. Se, porém, está no gênero do acidente, é necessário que seja causado pelos princípios de uma substância, e assim será natural àquela substância, embora talvez a uma outra substância não seja natural, como o calor é natural ao fogo, embora não seja natural à água. Ora, o que é mau por si mesmo, não pode ser natural a alguma coisa. Da razão, com efeito, do mal é a privação daquilo que é determinado a estar em alguma coisa, e a ela devido. Portanto, o mal, como é a privação daquilo que é natural, não pode ser natural à coisa. Donde, também o que está presente naturalmente a alguma coisa, é bem para ela, e mal se lhe falta. Portanto, nenhuma essência é má em si mesma.

Ademais. Tudo o que tem uma essência, ou ele mesmo é forma, ou tem uma forma, pois pela forma se põe cada coisa no gênero e na espécie. Ora, a forma, enquanto tal, tem razão de bondade, pois é princípio da ação, e fim que intenciona todo aquele que faz, e ato em que cada coisa que tem forma é perfeita. Toda coisa, pois, que tem uma essência, enquanto tal, é boa. Portanto, o mal não tem essência alguma.

Igualmente. O ente se divide por ato e potência. O ato, enquanto tal, é bom, pois enquanto uma coisa está em ato, segundo isso é perfeita. A potência também é algum bem, pois a potência tende ao ato, como é manifesto em qualquer movimento, e é também propor-

---

[15] Cf. cap. 3.

etiam actui proportionata, non ei contraria; et est in eodem genere cum actu; et privatio non competit ei nisi per accidens. Omne igitur quod est, quocumque modo sit, inquantum est ens, bonum est. Malum igitur non habet aliquam essentiam.

Amplius. Probatum est in secundo huius, quod omne esse, quocumque modo sit, est a Deo. Deum autem esse perfectam bonitatem, in primo ostendimus. Cum igitur boni effectus malum esse non possit, impossibile est aliquod ens, inquantum est ens, esse malum.

Hinc est quod Gen. 1,31 dicitur: vidit Deus cuncta quae fecerat, et erant valde bona; et Eccle. 3,11: cuncta fecit bona in tempore suo; et I Tim. 4,4: omnis creatura Dei bona. — Et dionysius, cap. IV de div. Nom., dicit quod malum non est existens, scilicet per se, nec aliquid in existentibus, quasi accidens, sicut albedo vel nigredo.

Per hoc autem excluditur error Manichaeorum, ponentium aliquas res secundum suas naturas esse malas.

Capitulum VIII et IX
Rationes quibus videtur probari quod malum sit natura vel res aliqua (et solutio ipsarum)

Videtur autem quibusdam rationibus praedictae sententiae posse obviari.

Ex propria enim differentia specifica unumquodque speciem sortitur. Malum autem est differentia specifica in aliquibus generibus, scilicet in habitibus et actibus moralibus: sicut enim virtus secundum suam speciem est bonus habitus, ita contrarium vitium est malus habitus secundum suam speciem; et similiter de actibus virtutum et vitiorum. Malum igitur est dans speciem aliquibus rebus. Est igitur aliqua essentia, et aliquibus rebus naturalis.

cionada ao ato, não contrária a ele, e está no mesmo gênero que o ato, e a privação não lhe compete senão por acidente. Portanto, tudo aquilo que é, de qualquer modo que seja, enquanto é ente, é bom. Portanto, o mal não tem essência alguma.

Ademais. Foi provado[16] que todo ser, de qualquer modo que seja, provém de Deus. Mostramos[17] que Deus é a perfeita bondade. Como, pois, o mal não pode ser efeito do bem, é impossível que algum ente, enquanto é ente, seja mau.

Daqui é que se diz no Gênesis: *Viu Deus todas as coisas que fizera, e eram muito boas*[18], e no Eclesiástico: *Fez todas as coisas boas em seu tempo*[19], e em I Timóteo: *Toda criatura de Deus é boa*[20]. — E Dionísio[21] diz que o mal não é existente, a saber por si, nem alguma coisa nos existentes, como um acidente, como a brancura ou a negritude.

Por isso, pois, se exclui o erro dos Maniqueus, que afirmaram que algumas coisas são más, segundo sua natureza.

Capítulos 8 e 9
Razões pelas quais parece provar-se que o mal é uma natureza ou alguma coisa (e solução delas)

Parece que se pode refutar com algumas razões a opinião acima.

Com efeito, da própria diferença específica cada coisa recebe a espécie. Ora, o mal é diferença específica em alguns gêneros, a saber, nos hábitos e atos morais, pois assim como a virtude segundo sua espécie é um hábito bom, assim o vício contrário é um hábito mau segundo sua espécie, e semelhantemente a respeito dos atos das virtudes e dos vícios. Portanto, o mal é o que dá espécie a algumas coisas. Portanto, é uma essência, e natural em algumas coisas.

---

[16] Livro II, cap. 15.
[17] Livro I, caps. 28 e 41.
[18] Gênese 1,31.
[19] Eclesiástico 3,11.
[20] 1 Timóteo 4,4.
[21] Dionísio Areopagita (séc. V-VI), em Os Nomes Divinos, 4, 19; MG 3, 716 CD.

Praeterea. Utrumque contrariorum est natura quaedam: si enim nihil poneret, alterum contrariorum esset privatio vel negatio pura. Sed bonum et malum dicuntur esse contraria. Malum igitur est natura aliqua.

Item. Bonum et malum dicuntur esse genera contrariorum ab Aristotele, in praedicamentis. Cuiuslibet autem generis est essentia et natura aliqua: nam non entis non sunt species neque differentiae, et ita quod non est, non potest esse genus. Malum igitur est aliqua essentia et natura.

Adhuc. Omne quod agit, est res aliqua. Malum autem agit inquantum malum: repugnat enim bono et corrumpit ipsum. Malum igitur, inquantum malum, est res aliqua.

Amplius. In quibuscumque invenitur magis et minus, oportet quod sint res aliquae habentes ordinem: negationes enim et privationes non suscipiunt magis et minus. Invenitur autem inter mala unum altero peius. Oportet igitur, ut videtur, quod malum sit res aliqua.

Praeterea. Res et ens convertuntur. Est autem malum in mundo. Ergo est res aliqua et natura.

[Capitulum IX] Has autem rationes non difficile est solvere.

Malum enim et bonum in moralibus specificae differentiae ponuntur, ut prima ratio proponebat, quia moralia a voluntate dependent: secundum hoc enim aliquid ad genus moris pertinet, quod est voluntarium. Voluntatis autem obiectum est finis et bonum. Unde a fine speciem moralia sortiuntur: sicut et naturales actiones a forma principii activi, ut calefactio a calore. Quia igitur bonum et malum dicuntur secundum universalem ordinem ad finem, vel privationem ordinis, oportet quod in moralibus primae differentiae sint bonum et malum. Unius autem generis oportet esse unam mensuram primam. Moralium autem mensura est ratio. Oportet igitur quod a fine rationis dicantur aliqua in moralibus bona vel mala. Quod igitur in moralibus sortitur spe-

Além disso. Cada um dos contrários é certa natureza, pois, se nada houvesse, um dos contrários seria privação ou pura negação do outro. Mas o bem e o mal se diz que são contrários. Logo, o mal é uma natureza.

Igualmente. O bem e o mal são ditos por Aristóteles[22] *gêneros de contrários*. Ora, pertence a qualquer gênero uma essência ou natureza, pois do não ente não há espécies nem diferenças, e assim o que não é, não pode ser gênero. Portanto, o mal é uma essência e natureza.

Ainda. Tudo o que age, é uma coisa. Mas, o mal age enquanto mal, pois repugna ao bem e o corrompe. Portanto, o mal, enquanto mal, é uma coisa.

Ademais. Em todas as coisas em que se acha o mais e o menos, é necessário que sejam coisas que têm ordem, pois as negações e as privações não recebem mais e menos. Ora, acha-se entre os males um pior do que o outro. Portanto, é necessário, como aparece, que o mal seja alguma coisa.

Além disso. Coisa e ente se convertem. Ora, há o mal no mundo. Logo, é uma coisa e uma natureza.

[Capítulo 9] Entretanto, não é difícil refutar essas razões.

Com efeito, o mal e o bem apresentam nas coisas morais diferenças específicas, como propunha a *primeira* razão, porque as coisas morais dependem da vontade, pois algo pertence ao gênero do moral enquanto é voluntário. Ora, o objeto da vontade é o fim e o bem. Donde, as coisas morais recebem a espécie do fim, como também as ações naturais da forma do princípio ativo, como a calefação do calor. Portanto, uma vez que o bem e o mal se dizem segundo ordenação geral ao fim, ou privação de ordenação, é necessário que, nas coisas morais, as primeiras diferenças sejam o bem e o mal. Ora, de um só gênero é necessário que seja uma só a medida primeira. Mas, das coisas morais a medida é a razão. Portanto, é necessário que segundo o fim da razão

---

[22] Aristóteles (384-322 a.C.), em Predicamentos, 11, 14a, 23-25.

ciem a fine qui est secundum rationem, dicitur secundum speciem suam bonum: quod vero sortitur speciem a fine contrario fini rationis, dicitur secundum speciem suam malum. Finis autem ille, etsi tollat finem rationis, est tamen aliquod bonum: sicut delectabile secundum sensum, vel aliquid huiusmodi. Unde et in aliquibus animalibus sunt bona; et homini etiam cum sunt secundum rationem moderata; et contingit quod est malum uni, esse bonum alteri. Et ideo nec malum, secundum quod est differentia specifica in genere Moralium, importat aliquid quod sit secundum essentiam suam malum: sed aliquid quod secundum se est bonum, malum autem homini, inquantum privat ordinem rationis, quod est hominis bonum.

Ex quo etiam patet quod malum et bonum sunt contraria secundum quod in genere Moralium accipiuntur: non autem simpliciter accepta, sicut secunda ratio proponebat, sed malum privatio est boni, inquantum est malum.

Eodem etiam modo potest accipi dictum quod malum et bonum, prout sunt in moralibus, sunt genera contrariorum, ex quo tertia ratio procedebat. Omnium enim contrariorum Moralium vel utrumque est malum, sicut prodigalitas et illiberalitas; vel unum bonum et alterum malum, sicut liberalitas et illiberalitas. Est igitur malum morale et genus et differentia, non secundum quod est privatio boni rationis, ex quo dicitur malum; sed ex natura actionis vel habitus ordinati ad aliquem finem qui repugnat debito fini rationis; sicut homo caecus est hominis individuum non inquantum est caecus, sed inquantum est hic homo; et irrationale est differentia animalis non propter privationem rationis, sed ratione talis naturae ad quam sequitur remotio rationis.

Potest etiam dici quod Aristoteles dicit malum et bonum esse genera, non secundum propriam opinionem, cum inter prima decem genera, in quorum quolibet invenitur

sejam ditos aqueles bens ou males nas coisas morais. Se, portanto, nas coisas morais a espécie é recebida do fim, que é segundo a razão, se diz o bem segundo sua espécie, se, porém, recebe a espécie do fim contrário ao fim da razão, se diz mal segundo sua espécie. Ora, aquele fim, mesmo que afaste o fim da razão, é, contudo, algum bem, como o deleitável segundo o sentido, ou algo semelhante. Donde, também em alguns animais há bens, e no homem também, enquanto sejam moderados segundo a razão; e acontece que o mal para um é bem para o outro. E assim nem o mal, de acordo com a diferença específica no gênero das coisas morais, implica algo que seja mau segundo sua espécie, mas algo que em si mesmo é bom, mas mal para o homem, enquanto priva da ordem da razão, que é o bem do homem.

Fica claro, também, por isso que o mal e o bem são contrários conforme são entendidos no gênero das coisas morais, mas não entendidos simplesmente, como propunha a *segunda* razão, porém o mal enquanto é mal é privação do bem.

Também do mesmo modo pode-se entender o dito que o mal e o bem, enquanto estão nas coisas morais, são *gêneros dos contrários*, do que procedia a *terceira* razão. Com efeito, de todos os contrários das coisas morais ou ambos são mal, como a prodigalidade e avareza, ou um é bom e o outro mau, como a liberalidade e a avareza. Portanto, o mal moral é gênero e diferença, não enquanto é privação da razão de bem, pelo que se diz mal, mas da natureza da ação ou do hábito ordenado a algum fim, que repugna ao devido fim da razão, como o homem cego é distinto de homem, não enquanto é cego, mas enquanto é este homem, e irracional é a diferença do animal não por causa da privação da razão, mas por razão de tal natureza à qual se segue a ausência da razão.

Pode-se também dizer que Aristóteles afirma que o mal e o bem são gêneros, não segundo a opinião própria, porque entre os primeiros dez gêneros, em algum dos quais se acha

aliqua contrarietas, ea non connumeret; sed secundum opinionem Pythagorae, qui posuit bonum et malum esse prima genera et prima principia, et in utroque eorum posuit esse decem prima contraria: sub bono quidem finitum, par, unum, dextrum, masculinum, quiescens, rectum, lucem, quadratum, et ultimo bonum; sub malo autem, infinitum, impar, plurale, sinistrum, femininum, motum, curvum, tenebras, altera parte longius, et ultimo malum. Sic autem et in pluribus librorum logicorum locis utitur exemplis, secundum sententiam aliorum Philosophorum, quasi probabilibus secundum illud tempus. — Habet tamen et hoc dictum aliquam veritatem: nam impossibile est quod probabiliter dicitur, secundum totum esse falsum. Omnium enim contrariorum unum est perfectum, et alterum diminutum, quasi privationem quandam habens admixtam: sicut album et calidum sunt perfecta, frigidum vero et nigrum sunt imperfecta, quasi cum privatione significata. — Quia igitur omnis diminutio et privatio ad rationem mali pertinet; omnis autem perfectio et complementum ad rationem boni: semper in contrariis alterum sub bono videtur comprehendi, alterum ad rationem mali accedere. Et secundum hoc bonum et malum genera contrariorum omnium esse videntur.

Per hoc etiam patet qualiter malum repugnat bono, ex quo quarta ratio procedebat. Secundum enim quod formae et fini, quae habent rationem boni, et sunt agendi vera principia, est adiuncta privatio contrariae formae et finis contrarii, actio quae sequitur ex tali forma et tali fine, attribuitur privationi et malo: per accidens quidem, nam privatio, secundum quod huiusmodi, non est alicuius actionis principium. — Propter quod bene in IV cap. De div. Nom., dicit dyonisius, quod malum non pugnat contra bonum nisi virtute boni, secundum se vero est impotens et infirmum, quasi nullius actionis principium. — Malum

alguma contrariedade, não os enumera[23], mas segundo a opinião de Pitágoras[24], que afirmou que *o bem e o mal* eram os primeiros gêneros e primeiros princípios, e em ambos afirmou haver os dez primeiros contrários: *sob o bem* o finito, o par, o uno, o direito, o masculino, o repouso, o reto, a luz, o quadrado e por último o bom; *sob o mal*, o infinito, o ímpar, o plural, o esquerdo, o feminino, o movimento, o curvo, as trevas, o alongado em outra parte, e por último, o mal. Assim, em diversos lugares dos livros sobre a lógica, Aristóteles usa exemplos de acordo com a sentença de outros Filósofos, como os mais prováveis segundo aquele tempo. — Tem, entretanto, esse dito uma verdade, pois é impossível que o que é dito com probabilidade, seja totalmente falso. Com efeito, de todos os contrários um é perfeito, e o outro diminuído, como tendo misturada alguma privação, como o branco e o cálido são perfeitos, já o frio e o negro são imperfeitos, como se conotassem alguma privação. — Porque toda diminuição e privação pertence à razão de mal, mas toda perfeição e complemento à razão de bem, sempre nos contrários um parece compreender-se sob o bem, e o outro à razão de mal. E de acordo com isso o bem e o mal parecem ser os gêneros de todos os contrários.

Fica claro, também, por isso de que modo o mal repugna ao bem, do que procedia a *quarta* razão. Com efeito, segundo se acrescentam à forma e ao fim, — que têm razão de bem e são verdadeiros princípios do agir, — a privação da forma e do fim contrário, a ação, que se segue de tal forma e de tal fim, se atribui à privação e ao mal, mas por acidente, pois a privação, enquanto tal, não é princípio de ação alguma. — Em razão disso, diz bem Dionísio[25] que *o mal não pugna contra o bem senão em virtude do bem, em si mesmo, porém, é impotente e fraco*, uma vez que não é princípio de ação alguma. — Diz-se, porém,

---

[23] Aristóteles (384-322 a.C.), em Categorias, 4; I b, 25-27.
[24] Cf. Aristóteles (384-322 a.C.), em Metafísica I, 5, 986a, 22-26.
[25] Dionísio Areopagita (séc. V-VI), em Os Nomes Divinos, 4, MG 3, 720 A.

que o mal corrompe o bem não só agindo em virtude do bem, como foi exposto, mas formalmente em si mesmo, como se diz que a cegueira corrompe a vista, porque é a própria corrupção da vista, modo pelo qual se diz que a brancura colore a parede, porque é a própria cor da parede.

Diz-se, entretanto, que uma coisa é mais ou menos má que outra, por afastamento do bem. Com efeito, assim aquelas coisas que implicam privação, aumentam e diminuem, como o *desigual* e o *dessemelhante*, pois se diz *mais desigual o que é mais distante da igualdade*, e do mesmo modo *mais dessemelhante o que se afasta da semelhança*. Donde, também se diz mais mau o que é mais privado de bem, como mais distante do bem. Ora, as privações aumentam não porque tenham uma essência, como as qualidades e as formas, como procedia a *quinta* razão, mas por aumento da causa da privação; por exemplo, o ar é mais escuro quanto mais obstáculos forem interpostos à luz, pois assim mais longe dista da participação da luz.

Diz-se também que há mal no mundo, não porque tenha uma essência, ou como uma coisa que exista, como procedia a *sexta* razão, mas pela razão que se diz que uma coisa é má pelo próprio mal; por exemplo, se diz que há a cegueira e qualquer privação, porque o animal é cego pela cegueira. O *ente*, pois, se diz duplamente, como ensina o Filósofo[26]. De um modo, enquanto significa a essência da coisa, e se divide pelos dez predicamentos, e assim privação alguma pode ser dita ente. De outro modo, enquanto significa a verdade da composição, e assim o mal e a privação se dizem ente, enquanto se diz que uma coisa é privada por causa da privação.

Capítulo 10
A causa do mal é o bem

Do anteriormente exposto se pode concluir que o mal não é causado senão pelo bem.

---

[26] Aristóteles (384-322 a.C.), em Metafísica IV, 7, 1017a, 22-35.

Si enim alicuius mali est causa malum; malum autem non agit nisi virtute boni, ut probatum est: oportet ipsum bonum esse causam primariam mali.

Adhuc. Quod non est, nullius est causa. Omnem igitur causam oportet esse ens aliquod. Malum autem non est ens aliquod, ut probatum est. Malum igitur non potest esse alicuius causa. Oportet igitur si ab aliquo causetur malum, quod illud sit bonum.

Item. Quicquid est proprie et per se alicuius causa, tendit in proprium effectum. Si igitur malum esset per se alicuius causa, tenderet in proprium effectum, scilicet malum. Hoc autem est falsum: nam ostensum est quod omne agens intendit bonum. Malum igitur per se non est causa alicuius, sed solum per accidens. Omnis autem causa per accidens reducitur ad causam per se. Solum autem bonum potest esse per se causa, sed malum non potest esse per se causa. Malum igitur causatum est a bono.

Praeterea. Omnis causa vel est materia, vel forma, vel agens, vel finis. Malum autem non potest esse neque materia neque forma: ostensum est enim supra quod tam ens actu, quam ens in potentia, est bonum. Similiter non potest esse agens: cum unumquodque agat secundum quod est actu et formam habet. Neque etiam potest esse finis: cum sit praeter intentionem, ut probatum est. Malum igitur non potest esse alicuius causa. Si igitur aliquid sit causa mali, oportet quod sit a bono causatum.

Cum autem malum et bonum sint opposita; unum autem oppositorum non potest esse causa alterius nisi per accidens, sicut frigidum calefacit, ut dicitur in VIII physicorum: sequitur quod bonum non possit esse causa activa mali nisi per accidens.

Com efeito, se o mal é causa de algum mal e se, como foi provado[27], o mal não age senão em virtude do bem, é necessário que o mesmo bem seja a causa primária do mal.

Ainda. O que não é não é causa de coisa alguma. Portanto, é necessário que toda causa seja um ente. Ora, o mal não é um ente, como foi provado[28]. Portanto, o mal não pode ser causa de coisa alguma. É necessário, pois, que se o mal é causado por alguma coisa, que ela seja o bem.

Igualmente. Qualquer coisa que seja propriamente e por si causa de algo, tende para o efeito próprio. Se, pois, o mal fosse por si mesmo causa de alguma coisa, tenderia para seu efeito próprio, ou seja, o mal. Ora, isso é falso, pois foi mostrado[29] que todo agente tenciona o bem. Logo, o mal não é por si mesmo causa de coisa alguma, mas só por acidente. Toda causa, porém, por acidente se reduz à causa por si[30]. Ora, só o bem pode ser causa por si, mas o mal não pode ser causa por si. Portanto, o mal é causado pelo bem.

Além disso. Toda causa ou é matéria, ou forma, ou agente, ou fim. Ora, o mal não pode ser nem matéria nem forma, pois foi mostrado[31], que tanto o ente em ato, quanto o ente em potência, é bem. Semelhantemente não pode ser agente, pois cada coisa age enquanto está em ato e tem a forma. Nem também pode ser fim, pois é fora da intenção, como foi provado[32]. Portanto, o mal não pode ser causa de alguma coisa. Se, pois, alguma coisa é causa do mal, é necessário que seja causada pelo bem.

Como, porém, o mal e o bem são opostos, mas um dos opostos não pode ser causa do outro senão por acidente; por exemplo, o frio aquece, como se diz no livro da Física[33], segue-se que o bem não pode ser causa ativa do mal senão por acidente.

---

[27] Cf. capítulo anterior.
[28] Cf. cap. 7.
[29] Cf. cap. 3.
[30] Cf. S. Tomás de Aquino (1225-1274), em Suma Teológica I, q .49, a. 3, arg. 5.
[31] Cf. cap. 7.
[32] Cf. cap. 4.
[33] Aristóteles (384-322 a.C.), em Física VIII, 1, 251a, 31-32.

Hoc autem accidens in naturalibus potest esse et ex parte agentis; et ex parte effectus.

Ex parte quidem agentis, sicut cum agens patitur defectum virtutis, ex quo sequitur quod actio sit defectiva et effectus deficiens: ut, cum virtus membri digerentis est debilis, sequitur imperfecta decoctio et humor indigestus, quae sunt quaedam mala naturae. Accidit autem agenti, inquantum est agens, quod virtutis defectum patiatur: non enim agit secundum quod deficit ei virtus, sed secundum quod habet aliquid de virtute; si enim penitus virtute careret, omnino non ageret. Sic igitur malum causatur per accidens ex parte agentis, inquantum agens est deficientis virtutis. Propter quod dicitur quod malum non habet causam efficientem, sed deficientem: quia malum non sequitur ex causa agente nisi inquantum est deficientis virtutis, et secundum hoc non est efficiens. In idem autem redit si defectus actionis et effectus proveniat ex defectu instrumenti, vel cuiuscumque alterius quod requiritur ad actionem agentis, sicut cum virtus motiva producit claudicationem propter tibiae curvitatem: utroque enim agens agit, et virtute et instrumento.

Ex parte vero effectus, malum ex bono causatur per accidens, tum ex parte materiae effectus; tum ex parte formae ipsius.

Si enim materia sit indisposita ad recipiendam impressionem agentis, necesse est defectum sequi in effectu: sicut cum monstruosi partus sequuntur propter materiae indigestionem. Nec hoc imputatur ad aliquem defectum agentis, si materiam indispositam non transmutat ad actum perfectum: unicuique enim agenti naturali est virtus determinata secundum modum suae naturae, quam si non excedat, non propter hoc erit deficiens in virtute, sed tunc solum quando deficit a mensura virtutis sibi debitae per naturam.

Ex parte autem formae effectus, per accidens malum incidit inquantum formae alicui de necessitate adiungitur privatio alterius formae, unde simul cum generatione unius rei,

Entretanto, nas coisas naturais, esse acidente pode se dar tanto da parte do agente quanto da parte do efeito.

Da parte do agente, quando o agente sofre defeito da potência, do que se segue que a ação seja defectiva e o efeito deficiente; por exemplo, quando a potência do membro digestivo é fraca, segue-se a imperfeita digestão e um humor indigesto, que são males da natureza. Ora, isso acontece ao agente, enquanto é agente, que sofre defeito da potência, pois não age pelo que lhe falta da potência, mas pelo que tem da potência; se, pois, carecesse totalmente da potência, não agiria de modo algum. Assim, pois, o mal é causado por acidente da parte do agente, enquanto o agente é deficiente de potência. Por causa disso se diz que o mal não tem causa eficiente, mas deficiente, porque o mal não se segue da causa agente senão enquanto é deficiente de potência, e segundo isso não é eficiente. Ora, volta-se ao mesmo se o defeito da ação e do efeito provém do defeito do instrumento, ou de qualquer outra coisa que é requerida para a ação do agente; por exemplo, quando a virtude motora produz a claudicação em razão da tíbia torta, pois em ambos o agente age, pela potência e pelo instrumento.

Da parte do efeito, o mal é causado pelo bem por acidente, tanto da parte da matéria do efeito, quanto da parte da própria forma.

Se, pois, a matéria é indisposta para receber a impressão do agente, é necessário que o defeito se siga ao efeito; por exemplo, quando os partos monstruosos se seguem em razão da indisposição da matéria. Não se atribua isso a algum defeito do agente, se a matéria indisposta não passa ao ato perfeito, pois a qualquer agente natural pertence uma potência determinada segundo o modo de sua natureza, e se não a excede, nem por causa disso será deficiente na potência, mas então apenas quando lhe falta a medida da potência a si devida pela natureza.

Da parte da forma do efeito, o mal incide por acidente enquanto a uma forma se acrescenta por necessidade a privação de outra forma, Donde, simultaneamente com a geração

necesse est alterius rei sequi corruptionem. Sed hoc malum non est malum effectus intenti ab agente, sicut in praecedentibus patet, sed alterius rei.

Sic igitur in naturalibus patet quod malum per accidens tantum causatur a bono. Eodem autem modo et in artificialibus accidit. Ars enim in sua operatione imitatur naturam, et similiter peccatum in utraque invenitur.

In moralibus autem videtur aliter se habere. Non enim ex defectu virtutis sequi videtur morale vitium: cum infirmitas virtutis morale vitium vel totaliter tollat, vel saltem diminuat; infirmitas enim non meretur poenam, quae culpae debetur, sed magis misericordiam et ignoscentiam; voluntarium enim oportet esse moris vitium, non necessarium. — Si tamen diligenter consideretur, invenietur quantum ad aliquid simile, quantum vero ad aliquid dissimile. Dissimile quidem quantum ad hoc, quod vitium morale in sola actione consideratur, non autem in aliquo effectu producto: nam virtutes morales non sunt factivae, sed activae. Artes autem factivae sunt: et ideo dictum est quod in eis similiter peccatum accidit sicut in natura. Malum igitur morale non consideratur ex materia vel forma effectus, sed solum consequitur ex agente.

In actionibus autem moralibus inveniuntur per ordinem quatuor activa principia. Quorum unum est virtus executiva, scilicet vis motiva, qua moventur membra ad exequendum imperium voluntatis. Unde haec vis a voluntate movetur, quae est aliud principium. Voluntas vero movetur ex iudicio virtutis apprehensivae, quae iudicat hoc esse bonum vel malum, quae sunt voluntatis obiecta, unum ad prosequendum movens, aliud ad fugiendum. Ipsa autem vis apprehensiva movetur a re apprehensa. Primum igitur activum principium in actionibus moralibus est res apprehensa; secundum vis apprehensiva; tertium voluntas; quartum vis motiva, quae exequitur imperium rationis.

de uma coisa, é necessário seguir-se a corrupção de outra. Mas esse mal não é mal do efeito intencionado pelo agente, como é evidente pelo exposto[34], mas de outra coisa.

Assim, pois, nas coisas naturais evidencia-se que o mal por acidente só é causado pelo bem. Ora, acontece do mesmo modo também nas coisas artificiais. Com efeito, a arte em sua operação imita a natureza, e semelhantemente acha-se o pecado em uma e outra.

Nas coisas morais, porém, parece dar-se diferentemente. Com efeito, por defeito de virtude parece que não se segue o vício moral, porque a enfermidade da virtude ou tolhe totalmente o vício, ou ao menos diminui, pois a enfermidade não merece a pena que é em razão culpa, mas antes a misericórdia e o perdão; com efeito, é necessário que o vício moral seja voluntário, não necessário. — Se, contudo, se considera diligentemente, vê-se que em algo é semelhante e em algo dessemelhante. Dessemelhante, enquanto o vício moral se considera apenas na ação, não, porém, em algum efeito produzido, pois as virtudes morais não são produtivas, mas ativas. As artes, porém, são produtivas, e assim foi dito que nelas semelhantemente o pecado acontece como na natureza. Portanto, o mal moral não é considerado efeito da matéria ou da forma, mas apenas é alcançado pelo agente.

Nas ações morais dão-se por ordem quatro princípios ativos. Deles um é a *potência executiva*, isto é, a força motora, pela qual são movidos os membros para executar a ordem da vontade. Donde, essa força é movida pela *vontade*, que é outro princípio. A vontade é movida pelo juízo da *potência apreensiva*, que julga que isso é bom ou mau, que são os objetos da vontade, um que move para prosseguir, outro para fugir. A própria potência apreensiva é movida pela *coisa apreendida*. Portanto, *o primeiro* princípio ativo nas ações morais é a *coisa apreendida*, *o segundo é a potência apreensiva*, *o terceiro*, *a vontade*, o *quarto*, *a força motora*, que executa a ordem da razão.

---

[34] Cf. cap. 6.

Actus autem virtutis exequentis iam praesupponit bonum vel malum morale. Non enim ad mores huiusmodi actus exteriores pertinent nisi secundum quod sunt voluntarii. Unde, si voluntatis sit actus bonus, et actus exterior bonus dicetur: malus autem, si ille sit malus. Nihil autem ad malitiam moralem pertineret si actus exterior deficiens esset defectu ad voluntatem non pertinente: claudicatio enim non est vitium moris, sed naturae. Huiusmodi igitur virtutis exequentis defectus moris vitium vel totaliter excusat, vel minuit.

Actus vero quo res movet apprehensivam virtutem, immunis est a vitio moris: movet enim secundum ordinem naturalem visibile visum, et quodlibet obiectum potentiam passivam. Ipse etiam actus apprehensivae virtutis, in se consideratus, morali vitio caret: cum eius defectus vitium morale vel excuset vel minuat, sicut et defectus exequentis virtutis; pariter enim infirmitas et ignorantia excusant peccatum vel minuunt.

Relinquitur igitur quod morale vitium in solo actu voluntatis primo et principaliter inveniatur: et rationabiliter etiam ex hoc actus moralis dicatur, quia voluntarius est. In actu igitur voluntatis quaerenda est radix et origo peccati moralis.

Videtur autem hanc inquisitionem consequi difficultas.

Cum enim actus deficiens proveniat propter defectum activi principii, oportet praeintelligere defectum in voluntate ante peccatum morale. Qui quidem defectus si sit naturalis, semper inhaeret voluntati: semper igitur voluntas in agendo moraliter peccabit; quod actus virtutum falsum esse ostendunt. Si autem defectus sit voluntarius, iam est peccatum morale, cuius causa iterum inquirenda restabit: et sic ratio in infinitum deducet. Oportet ergo dicere quod defectus in voluntate praeexistens non sit naturalis, ne sequatur voluntatem in quolibet actu peccare; neque etiam casualis et fortuitus, non enim esset in nobis morale peccatum, casualia enim sunt impraemeditata et extra rationem. Est igitur voluntarius. Non

O ato da *potência executiva* já pressupõe o bem ou o mal moral. Com efeito, tais atos exteriores não pertencem à moral, senão enquanto são voluntários. Donde, se o ato da vontade é bom, também o ato exterior é dito bom, porém mau, se aquele é mau. Ora, nada pertenceria à malícia moral, se o ato exterior fosse falho por defeito não pertencente à vontade, pois a claudicação não é vício moral, mas da natureza. Portanto, tal defeito da potência executiva ou exclui o vício moral totalmente, ou diminui.

Já o ato pelo qual a coisa move *a potência apreensiva*, é imune ao vício moral, pois o visível move a vista segundo a ordem natural, e qualquer objeto move a potência passiva. Também o próprio ato da potência apreensiva, em si considerado, carece de vício moral, porque seu defeito ou escusa o vício moral ou o diminui, assim como o defeito da *potência executiva*, pois igualmente a enfermidade e a ignorância escusam o pecado ou o diminuem.

Resta, portanto, que o vício moral se acha apenas no ato de vontade em primeiro lugar e principalmente; também racionalmente por isso o ato se diz moral, porque é voluntário. Portanto, no ato da vontade deve-se buscar a raiz e a origem do pecado moral.

Parece, contudo, que a essa inquisição segue-se certa dificuldade.

Com efeito, como o ato deficiente provém em razão do defeito do princípio ativo, é necessário pré-conhecer o defeito na vontade antes do pecado moral. Se esse defeito é natural, sempre inere à vontade, pois sempre a vontade ao agir pecará moralmente, o que os atos das virtudes mostram ser falso. Se, porém, o defeito é voluntário, já é pecado moral, cuja causa de novo se deverá a inquirir, e desse modo a razão procederia ao infinito. Logo, é necessário dizer que o defeito pré-existente na vontade não é natural, de modo que não se siga que a vontade peca em qualquer ato, nem também casual e fortuito, de modo que não haveria em nós o pecado moral, pois as coisas casuais são não premeditadas e fora da razão.

tamen peccatum morale: ne cogamur in infinitum procedere.

Quod quidem qualiter esse possit, considerandum est.

Cuiuslibet siquidem activi principii perfectio virtutis ex superiori activo dependet: agens enim secundum agit per virtutem primi agentis. Cum igitur secundum agens manet sub ordine primi agentis, indeficienter agit: deficit autem in agendo si contingat ipsum ab ordine primi agentis deflecti; sicut patet in instrumento cum deficit a motu agentis. Dictum est autem quod in ordine actionum Moralium duo principia voluntatem praecedunt: scilicet vis apprehensiva; et obiectum apprehensum, quod est finis. Cum autem unicuique mobili respondeat proprium motivum, non quaelibet vis apprehensiva est debitum motivum cuiuslibet appetitus, sed huius haec, et illius alia. Sicut igitur appetitus sensitivi proprium motivum est vis apprehensiva sensualis, ita voluntatis proprium motivum est ratio ipsa.

Rursus, cum ratio multa bona et multos fines apprehendere possit; cuiuslibet autem sit proprius finis: et voluntatis erit finis et primum motivum, non bonum quodlibet, sed bonum quoddam determinatum. Cum igitur voluntas tendit in actum mota ex apprehensione rationis repraesentantis sibi proprium bonum, sequitur debita actio. Cum autem voluntas in actionem prorumpit ad apprehensionem apprehensivae sensualis; vel ipsius rationis aliquod aliud bonum repraesentantis a proprio bono diversum; sequitur in actione voluntatis peccatum morale.

Praecedit igitur in voluntate peccatum actionis defectus ordinis ad rationem; et ad proprium finem. Ad rationem quidem, sicut cum, ad subitam apprehensionem sensus, voluntas in bonum delectabile secundum sensum tendit. Ad finem vero debitum, sicut cum ratio in aliquod bonum ratiocinando devenit quod non est, vel nunc vel hoc modo, bonum, et tamen voluntas in illud tendit quasi in proprium bonum. Hic autem ordinis defectus vo-

É, portanto, voluntário. Não, porém, pecado moral, para que não sejamos forçados a proceder ao infinito.

Deve-se considerar de que modo isso possa ser.

A perfeição de qualquer princípio ativo da virtude depende do ativo superior, pois o agente segundo age por virtude do agente primeiro. Como, pois, o agente segundo permanece sob a ordem do agente primeiro, age indefectivelmente, mas falha ao agir se acontece que ele se desvia da ordem do agente primeiro, como se evidencia no instrumento, quando falha ao movimento do agente. Foi dito, porém, que na ordem dos atos morais dois princípios precedem a vontade, isto é, a potência apreensiva, e o objeto apreendido, que é fim. Como a cada um dos móveis corresponde o motivo próprio, não é qualquer potência apreensiva que é o motivo devido de qualquer apetite, mas deste uma, daquela outra. Como, pois, o motivo próprio do apetite sensitivo é a potência apreensiva sensível, assim da vontade o motivo próprio é a razão mesma.

Por outro lado, como a razão pode apreender muitos bens e muitos fins e de cada coisa há um fim próprio, também da vontade o fim e primeiro motivo será não qualquer bem, mas um bem determinado. Portanto, como a vontade tende ao ato movida pela apreensão da razão, que representa a si seu bem próprio, segue-se a devida ação. Entretanto, quando a vontade se precipita na ação para o objeto apreendido da potência apreensiva sensível, ou da mesma razão que representa um outro bem diverso do próprio, segue-se o pecado moral na ação da vontade.

Portanto, na vontade o defeito de ordenação à razão e ao fim próprio precede o pecado da ação. De ordenação à razão; por exemplo, quando da súbita apreensão do sentido, a vontade tende ao bem deleitável segundo o sentido. De ordenação ao fim devido; por exemplo, quando a razão raciocinando chega a algum bem, que não é, ou agora ou deste modo, bem, e, entretanto, a vontade tende a ele como seu próprio bem. Ora, esse defeito de ordenação é

luntarius est: nam in potestate ipsius voluntatis est velle et non velle. Itemque est in potestate ipsius quod ratio actu consideret, vel a consideratione desistat; aut quod hoc vel illud consideret. Nec tamen iste defectus est malum morale: si enim ratio nihil consideret, vel consideret bonum quodcumque, nondum est peccatum, quousque voluntas in finem indebitum tendat. Quod iam est voluntatis actus.

Sic igitur tam in naturalibus quam in moralibus patet quod malum a bono non causatur nisi per accidens.

Capitulum XI
Quod malum fundatur in bono

Ex praemissis etiam ostendi potest quod omne malum est in aliquo bono fundatum.

Malum enim non potest esse per se existens: cum non sit essentiam habens, ut supra ostensum est. Oportet igitur quod malum sit in aliquo subiecto. Omne autem subiectum, cum sit substantia quaedam, bonum quoddam est, ut ex praemissis patet. Omne igitur malum in bono aliquo est.

Adhuc. Malum privatio quaedam est, ut ex praemissis patet. Privatio autem et forma privata in eodem subiecto sunt. Subiectum autem formae est ens in potentia ad formam, quod bonum est: nam in eodem genere sunt potentia et actus. Privatio igitur, quae malum est, est in bono aliquo sicut in subiecto.

Amplius. Ex hoc dicitur aliquid malum, quia nocet. Non autem nisi quia nocet bono: nocere enim malo bonum est, cum corruptio mali sit bona. Non autem noceret, formaliter loquendo, bono, nisi esset in bono: sic enim caecitas homini nocet inquantum in ipso est. Oportet igitur quod malum sit in bono.

Item. Malum non causatur nisi a bono, et per accidens tantum. Omne autem quod est per accidens, reducitur ad id quod est per

voluntário, pois está no poder da mesma vontade querer e não querer. E também está em seu poder que a razão considere em ato, ou desista da consideração, ou considere este ou aquele. Entretanto, este defeito não é mal moral, pois, se a razão nada considera, ou considera um bem qualquer, ainda não há pecado, até que a vontade tenda ao fim indevido. O que é já um ato da vontade.

Portanto, assim, tanto nas coisas naturais quanto nas morais, evidencia-se que o mal não é causado pelo bem, senão por acidente.

Capítulo 11
O mal se funda no bem

Do exposto também se pode mostrar que todo mal é fundado em algum bem.

Com efeito, o mal não pode ser existente por si, porque não tem essência, como foi mostrado[35]. É necessário, pois, que o mal esteja em algum sujeito. Ora, todo sujeito, porque é uma substância, é um bem, como se evidencia do exposto[36]. Portanto, todo mal está em algum bem.

Ainda. O mal é certa privação, como se evidencia do exposto[37]. Ora, a privação e a forma privada estão no mesmo sujeito. O sujeito, porém, da forma é o ente em potência para a forma, que é o bem, pois, no mesmo gênero, estão a potência e o ato. Portanto, a privação, que é o mal, está em algum bem como em seu sujeito.

Ademais. *Uma coisa se diz má porque é nociva*[38]. Ora, ela é assim porque prejudica ao bem; com efeito, prejudicar ao mal é um bem, já que a corrupção do mal é boa. Ora não prejudicaria, falando formalmente, ao bem, se não estivesse no bem, pois a cegueira prejudica ao homem enquanto está nele. Portanto, é necessário que o mal esteja no bem.

Igualmente. O mal não é causado senão pelo bem, e só por acidente. Ora, tudo o que é por acidente, reduz-se àquilo que é por si.

---

[35] Cf, cap. 7.
[36] Cf. cap. 9.
[37] Cf. Capítulo 9.
[38] Santo Agostinho (354-431), em Enquirídio para Lourenço, 12, ML 40, 237.

se. Oportet igitur semper cum malo causato, quod est effectus boni per accidens, esse bonum aliquod quod est effectus boni per se, ita quod sit fundamentum eius: nam quod est per accidens, fundatur supra id quod est per se. Sed cum bonum et malum sint opposita; unum autem oppositorum non possit esse alterius subiectum, sed expellat ipsum: videbitur alicui primo aspectu esse inconveniens si bonum subiectum mali esse dicatur.

Non est autem inconveniens, si veritas perquiratur. Nam bonum communiter dicitur sicut et ens: cum omne ens, inquantum huiusmodi, sit bonum, ut probatum est. Non est autem inconveniens ut non ens sit in ente sicut in subiecto: privatio enim quaelibet est non ens, et tamen subiectum eius est substantia, quae est ens aliquod. Non tamen non ens est in ente sibi opposito sicut in subiecto. Caecitas enim non est non ens universale, sed non ens hoc, quo scilicet tollitur visus: non est igitur in visu sicut in subiecto, sed in animali. Similiter autem malum non est sicut in subiecto in bono sibi opposito, sed hoc per malum tollitur: sed in aliquo alio bono; sicut malum moris est in bono naturae; malum autem naturae, quod est privatio formae, est in materia, quae est bonum sicut ens in potentia.

Portanto, é necessário sempre que, com o mal causado, que é efeito por acidente do bem, haja um bem que é efeito do bem por si, de modo que seja seu fundamento, pois o que é por acidente, funda-se sobre o que é por si. Entretanto, como o bem e o mal são opostos e um dos opostos não pode ser sujeito do outro, mas o expele, parecerá a alguém de primeira vista ser inconveniente se se diz que o bem é sujeito do mal.

Não é, contudo, inconveniente, se se pesquisa a verdade. Com efeito, o bem comumente se diz como o ente, dado que todo ente, enquanto tal, é bom, como foi provado[39]. Não é, pois, inconveniente que o não-ente esteja no ente como no sujeito, pois qualquer privação é não-ente, e, entretanto, seu sujeito é a substância, que é certo ente. O não-ente, porém, não está no ente a si oposto como no sujeito. Com efeito, a cegueira não é não-ente universal, mas este não-ente, pelo qual se tira a visão; não está, pois, na vista como em sujeito, mas no animal. Semelhantemente, o mal não está no bem a si oposto como no sujeito, mas este é retirado pelo mal, mas nalgum outro bem, como o mal moral está no bem da natureza, mas o mal da natureza, que é a privação da forma, está na matéria, que, como ente em potência, é um bem.

Capitulum XII
Quod malum non totaliter consumit bonum

Patet autem ex praedictis quod, quantumcumque multiplicetur malum, nunquam potest totum bonum consumere.

Semper enim oportet quod remaneat mali subiectum, si malum remanet. Subiectum autem mali est bonum. Manet igitur semper bonum.

Sed cum contingat malum in infinitum intendi; semper autem per intensionem mali minuatur bonum: videtur in infinitum per malum diminui bonum. Bonum autem quod per malum diminui potest, oportet esse finitum: nam infinitum bonum non est capax

Capítulo 12
O mal não consome totalmente o bem

Do que foi dito se evidencia que, por mais que o mal se multiplique, jamais pode consumir todo o bem.

Com efeito, sempre é necessário que permaneça o sujeito do mal, se o mal permanece. Ora, o sujeito do mal é o bem. Logo, o bem sempre permanece.

Entretanto, como se dá que o mal se estende infinitamente, e sempre pelo crescimento do mal o bem diminui, parece que o bem diminui pelo mal infinitamente. Ora, é necessário que o bem, que pode ser diminuído pelo mal, seja finito, pois o bem infinito não é

[39] Cf. cap. 7.

mali, ut in primo libro ostensum est. Videtur igitur quod quandoque totum tollatur bonum per malum: nam si ex finito aliquid infinities tollatur, oportet illud quandoque per ablationem consumi.

Non autem potest dici, ut dicunt quidam, quod sequens ablatio, secundum eandem proportionem facta qua et prior, in infinitum procedens, bonum non possit consumere, sicut in continui divisione contingit: nam si ex bicubitali linea dimidium subtraxeris, itemque ex residuo dimidium, et sic in infinitum procedas, semper aliquid adhuc dividendum remanebit. Sed tamen in hoc divisionis processu semper posterius subtractum oportet esse minus secundum quantitatem: dimidium enim totius, quod prius subtrahebatur, maius est secundum quantitatem absolutam quam dimidium dimidii, licet eadem proportio maneat. Hoc autem in diminutione qua bonum per malum diminuitur, nequaquam potest accidere. Nam quanto bonum magis per malum fuerit diminutum, erit infirmius: et sic per secundum malum magis diminui poterit. Rursusque malum sequens contingit esse aequale, vel maius priore: unde non semper secundo subtrahetur a bono per malum minor boni quantitas, proportione servata eadem.

Est igitur aliter dicendum. Ex praemissis enim manifestum est quod malum totaliter bonum cui oppositum est tollit, sicut caecitas visum: oportet autem quod remaneat bonum quod est mali subiectum. Quod quidem, inquantum subiectum est, habet rationem boni, secundum quod est potentia ad actum boni quod privatur per malum. Quanto igitur minus fuerit in potentia ad illud bonum, tanto minus erit bonum. Subiectum autem fit minus potentia ad formam, non quidem per solam subtractionem alicuius partis subiecti; neque per hoc quod aliqua pars potentiae subtrahatur; sed per hoc quod potentia impeditur per contrarium actum ne in actum formae

capaz de mal, como foi mostrado[40]. Portanto, parece que às vezes é retirado todo o bem pelo mal, pois se do finito algo é retirado indefinidamente, é necessário que ele às vezes seja consumido por subtração.

Ora, não se pode dizer, como dizem alguns, que a subtração seguinte, feita segundo a mesma proporção que a primeira, procedendo ao infinito, não possa consumir o bem, como acontece na divisão do contínuo, pois, se da linha de dois côvados subtraíres a metade, e de novo do resto a metade, e assim procedas ao infinito, sempre permanecerá algo ainda a dividir. Entretanto, neste processo de divisão sempre o subtraído posteriormente é necessário que seja menor segundo a quantidade, pois a metade do todo, que antes era subtraída, é maior segundo a quantidade absoluta que a metade da metade, embora a mesma proporção permaneça. Ora, na diminuição na qual o bem é diminuído pelo mal, isso não pode acontecer de modo algum. Com efeito, quanto mais o bem for diminuído pelo mal, será mais fraco, e assim por um segundo mal poderá ser mais diminuído. E por outro lado o mal seguinte será igual, ou maior que o anterior; donde, nem sempre pelo mal seguinte se subtrai do bem uma quantidade menor de bem, mantida a mesma proporção.

Portanto, deve-se dizer diferentemente. Com efeito, do exposto[41] é manifesto que o mal retira totalmente o bem ao qual está oposto, como a cegueira retira a visão, mas é necessário que permaneça o bem que é sujeito do mal. Enquanto é sujeito, este tem razão de bem, conforme é potência ao ato do bem que é privado pelo mal. Portanto, quanto menos estiver em potência para aquele bem, tanto menos será bom. Ora, o sujeito faz-se menos potência para a forma, não certamente pela subtração apenas de alguma parte do sujeito, nem pelo fato de que alguma parte é subtraída à potência, mas enquanto a potência é impedida pelo ato contrário a que possa ir ao

---

[40] Livro I, cap. 29.
[41] Cf. capítulo anterior.

exire possit, sicut subiectum tanto est minus potentia frigidum, quanto in eo magis calor augetur.

Diminuitur igitur bonum per malum magis apponendo contrarium quam de bono aliquid subtrahendo: quod etiam convenit his quae sunt dicta de malo. Diximus enim quod malum incidit praeter intentionem agentis, quod semper intendit aliquod bonum, ad quod sequitur exclusio alterius boni, quod est ei oppositum. Quanto igitur illud bonum intentum ad quod praeter intentionem agentis sequitur malum, magis multiplicatur, tanto potentia ad bonum contrarium diminuitur magis: et sic magis per malum dicitur diminui bonum.

Haec autem diminutio boni per malum non potest in naturalibus in infinitum procedere. Nam formae naturales et virtutes omnes terminatae sunt, et perveniunt ad aliquem terminum ultra quem porrigi non possunt. Non potest igitur neque forma aliqua contraria, neque virtus contrarii agentis in infinitum augeri, ut ex hoc sequatur in infinitum diminutio boni per malum.

In moralibus autem potest ista diminutio in infinitum procedere. Nam intellectus et voluntas in suis actibus terminos non habent. Potest enim intellectus intelligendo in infinitum procedere: unde mathematicae numerorum species et figurarum infinitae dicuntur. Et similiter voluntas in volendo in infinitum procedit: qui enim vult furtum committere, potest iterum velle illud committere, et sic in infinitum. Quanto autem voluntas magis in fines indebitos tendit, tanto difficilius redit ad proprium et debitum finem: quod patet in his in quibus per peccandi consuetudinem iam est habitus vitiorum inductus. In infinitum igitur per malum moris bonum naturalis aptitudinis diminui potest. Nunquam tamen totaliter tolletur, sed semper naturam remanentem comitatur.

ato da forma, como o sujeito é tanto menos em potência frio, quanto nele mais o calor aumenta.

Mais diminui, pois, o bem pelo mal pela adição do contrário, que subtraindo algo do bem, o que também convém àquelas coisas que são ditas sobre o mal. Dissemos, com efeito[42], que o mal incide sem a intenção do agente, que sempre tenciona algum bem ao qual segue a exclusão de outro bem, que lhe é oposto. Na medida em que, portanto, aquele bem intencionado, ao qual segue o mal sem a intenção do agente, mais é multiplicado, tanto mais a potência ao bem contrário diminui, e assim mais se diz que o bem é diminuído pelo mal.

Entretanto, essa diminuição do bem pelo mal não pode nas coisas naturais proceder ao infinito. Com efeito, as formas naturais e todas as potências são limitadas, e chegam a algum limite além do qual não podem progredir. Não pode, pois, nem uma forma contrária, nem a potência do agente contrário aumentar ao infinito, de modo que disso se siga ao infinito a diminuição do bem pelo mal.

Nas coisas morais, porém, essa diminuição pode proceder ao infinito. O intelecto e a vontade, com efeito, não têm limites em seus atos. Pode, pois, o intelecto ao conhecer proceder ao infinito; donde, as espécies dos números da matemática e das figuras se dizem infinitas. E de modo semelhante a vontade ao querer procede ao infinito, pois aquele que quer cometer um furto, pode novamente querê-lo cometer, e assim ao infinito. Ora, quanto mais a vontade tende a fins indevidos, tanto mais dificilmente retorna ao próprio e devido fim, o que se evidencia naqueles que pelo costume de pecar têm o habito induzido dos vícios. Portanto, pelo mal moral o bem da disposição natural pode diminuir ao infinito. Entretanto, esta não será retirada totalmente, mas sempre acompanha a natureza que permanece.

---

[42] Cf. cap. 4.

Capitulum XIII
Quod malum habet aliquo modo causam

Ex praedictis autem ostendi potest quod, etsi malum non habeat causam per se, cuiuslibet tamen mali oportet esse causam per accidens.

Quicquid enim est in aliquo ut in subiecto, oportet quod habeat aliquam causam: causatur enim vel ex subiecti principiis, vel ex aliqua extrinseca causa. Malum autem est in bono sicut in subiecto, ut ostensum est. Oportet igitur quod malum habeat causam.

Item. Quod est in potentia ad utrumque oppositorum, non constituitur in actu alicuius eorum nisi per aliquam causam: nulla enim potentia facit se esse in actu. Malum autem est privatio eius quod quis natus est et debet habere: ex hoc enim unumquodque dicitur malum esse. Est igitur malum in subiecto quod est in potentia ad ipsum et ad suum oppositum. Oportet igitur quod malum habeat aliquam causam.

Adhuc. Quicquid inest alicui praeter suam naturam, advenit ei ex aliqua alia causa: omnia enim in his quae sunt sibi naturalia permanent nisi aliquid aliud impediat; unde lapis non fertur sursum nisi ab aliquo proiiciente, nec aqua calefit nisi ab aliquo calefaciente. Malum autem semper inest praeter naturam eius cui inest: cum sit privatio eius quod natum est aliquid et debet habere. Igitur oportet quod malum semper habeat aliquam causam, vel per se vel per accidens.

Amplius. Omne malum consequitur ad aliquod bonum: sicut corruptio sequitur ad aliquam generationem. Sed omne bonum habet aliquam causam, praeter primum bonum, in quo non est aliquod malum, ut in primo libro ostensum est. Omne igitur malum habet aliquam causam, ad quam sequitur per accidens.

Capítulo 13
De certo modo, o mal tem causa

Do exposto pode-se mostrar que, embora o mal não tenha uma causa por si, é necessário, porém, que de qualquer mal haja uma causa por acidente.

Com efeito, tudo aquilo que está em algo como em um sujeito, é necessário que tenha uma causa, pois é causado ou pelos princípios do sujeito, ou por alguma causa extrínseca. Ora, o mal está no bem como em um sujeito, como foi mostrado[43]. Portanto, é necessário que o mal tenha uma causa.

Igualmente. O que está em potência para ambos os opostos, não é constituído em ato de um deles senão por alguma causa, pois nenhuma potência se faz ser em ato. Ora, o mal é privação daquilo a que alguém está determinado e deve ter, pois a partir disso cada coisa é dita má. O mal está, portanto, no sujeito que está em potência para ele e para seu oposto. É necessário, pois, que o mal tenha uma causa.

Ainda. Tudo aquilo que está em um sujeito, fora de sua natureza, lhe advém por alguma outra causa, pois todas as coisas permanecem naquilo que lhes é natural, a não ser que algo o impeça; donde, a pedra não se lança para cima a não ser por alguém que a projeta, nem a água aquece senão por algo que a aqueça. Ora, o mal sempre está presente fora da natureza daquele em que está, porque é a privação daquilo a que está determinado e deve ter. Portanto, é necessário que o mal sempre tenha uma causa, ou por si ou por acidente.

Ademais. Todo mal segue a algum bem[44], como a corrupção segue a alguma geração. Mas todo bem tem uma causa, exceto o primeiro bem, no qual não há mal algum, como foi mostrado[45]. Portanto, todo mal tem uma causa da qual provém por acidente.

---

[43] Cf. cap. 11.
[44] Cf. cap. 10.
[45] Livro I, cap. 39.

Capitulum XIV
Quod malum est causa per accidens

Ex eisdem etiam patet quod malum, etsi non sit causa per se, est tamen causa per accidens.

Si enim aliquid est causa alicuius per se, id quod accidit ei, est causa illius per accidens: sicut album quod accidit aedificatori, est causa domus per accidens.

Omne autem malum est in aliquo bono. Bonum autem omne est alicuius aliquo modo causa: materia enim est quodammodo causa formae, et quodammodo e converso; et similiter est de agente et fine. Unde non sequitur processus in infinitum in causis, si quodlibet est alicuius causa, propter circulum inventum in causis et causatis secundum species diversas causarum. Malum igitur est per accidens causa.

Adhuc. Malum est privatio quaedam, ut ex praedictis patet. Privatio autem est principium per accidens in rebus mobilibus, sicut materia et forma per se. Malum igitur est alicuius causa per accidens.

Praeterea. Ex defectu causae sequitur defectus in effectu. Defectus autem in causa est aliquod malum. Non tamen potest esse causa per se: quia res non est causa per hoc quod est deficiens, sed per hoc quod est ens; si enim tota deficeret, nullius esset causa. Malum igitur est alicuius causa non per se, sed per accidens.

Item. Secundum omnes species causarum discurrendo, invenitur malum esse per accidens causa. In specie quidem causae efficientis quia propter causae agentis deficientem virtutem sequitur defectus in effectu et actione. In specie vero causae materialis, quia ex materiae indispositione causatur in effectu defectus. In specie vero causae formalis, quia uni formae semper adiungitur alterius formae privatio. In specie vero causae finalis, quia indebito fini adiungitur malum, inquantum per ipsum finis debitus impeditur. Patet igitur

[46] Cf. cap. 7.

Capítulo 14
O mal é causa por acidente

Das mesmas coisas se evidencia que o mal, embora não seja causa por si, é, porém, por acidente.

Com efeito, se uma coisa é causa por si de outra, o que lhe advém é causa desta por acidente, como o branco que sobrevém ao construtor, é causa da casa por acidente.

Todo mal está em algum bem. Mas todo bem é, de certo modo, causa de alguma coisa, pois a matéria é, de certo modo, causa da forma, e vice-versa, e semelhantemente se passa com o agente e com o fim. Donde, não se segue o processo ao infinito nas causas, se algo é causa de outro, em razão do círculo existente nas causas e nos causados, segundo as diversas espécies das causas. Portanto, o mal é causa por acidente.

Ainda. O mal é certa privação, como se evidencia do que antes foi dito[46]. Ora, a privação é um princípio por acidente nas coisas móveis, assim como a matéria e a forma o são por si. Portanto, o mal é causa por acidente de alguma coisa.

Além disso. Do defeito da causa segue-se o defeito no efeito. Ora, o defeito na causa é um mal. Mas, não pode ser causa por si, porque a coisa não é causa enquanto é deficiente, mas enquanto é ente; se, com efeito, inteira falhasse, não seria causa de nada. Portanto, o mal é causa de alguma coisa não por si, mas por acidente.

Igualmente. Discorrendo segundo todas as espécies de causas, acha-se que o mal é causa por acidente. Na espécie da *causa eficiente*, porque, em razão da potência deficiente da causa agente segue-se o defeito no efeito e na ação. Na espécie da *causa material*, porque da indisposição da matéria o defeito é causado no efeito. Na espécie da *causa formal*, porque a uma forma sempre se acrescenta a privação de outra forma. Na espécie da *causa final*, porque ao fim indevido se acrescenta o mal, enquanto por ele é impedido o fim devido. Evidencia-se,

quod malum est causa per accidens, et non potest esse causa per se.

Capitulum XV
Quod non est summum malum

Ex hoc autem patet quod non potest esse aliquod summum malum, quod sit omnium malorum principium.

Summum enim malum oportet esse absque consortio omnis boni: sicut et summum bonum est quod est omnino separatum a malo. Non potest autem esse aliquod malum omnino separatum a bono: cum ostensum sit quod malum fundatur in bono. Ergo nihil est summe malum.

Adhuc. Si aliquid est summe malum, oportet quod per essentiam suam sit malum: sicut et summe bonum est quod per suam essentiam bonum est. Hoc autem est impossibile: cum malum non habeat aliquam essentiam, ut supra probatum est. Impossibile est igitur ponere summum malum, quod sit malorum principium.

Item. Illud quod est primum principium, non est ab aliquo causatum Omne autem malum causatur a bono, ut ostensum est. Non est igitur malum primum principium.

Amplius. Malum non agit nisi virtute boni, ut ex praemissis patet. Primum autem principium agit virtute propria. Malum igitur non potest esse primum principium.

Praeterea. Cum id quod est per accidens, sit posterius eo quod est per se, impossibile est quod sit primum id quod est per accidens. Malum autem non evenit nisi per accidens et praeter intentionem, ut probatum est. Impossibile est igitur quod malum sit primum principium.

Adhuc. Omne malum habet causam per accidens, ut probatum est. Primum autem

portanto, que o mal é causa por acidente, e não pode ser causa por si.

Capítulo 15
Não há o sumo mal

Disso se evidencia que não pode haver um sumo mal, que seja princípio de todos os males.

Com efeito, é necessário que o sumo mal seja sem mistura de qualquer bem, como também o sumo bem é o que é totalmente separado do mal. Ora, não pode haver um mal totalmente separado do bem, pois foi mostrado[47] que o mal se funda no bem. Logo, nada é sumo mal.

Ainda. Se algo é sumo mal, é necessário que seja mal por sua essência, como o sumo bem é aquilo que por sua essência é o bem; ora, isto é impossível, porque o mal não tem uma essência, como foi provado[48]. É impossível, portanto, afirmar o sumo mal, que seja princípio dos males.

Igualmente. Aquilo que é primeiro princípio, não é causado por outro. Ora, todo mal é causado pelo bem, como foi mostrado[49]. Não é, portanto, o mal o primeiro princípio.

Ademais. O mal não age senão em virtude do bem, como se evidencia do exposto[50]. Ora, o primeiro princípio age por virtude própria. O mal, portanto, não pode ser o primeiro princípio.

Além disso. *Como aquilo que é por acidente, é posterior ao que é por si*[51], é impossível que seja primeiro o que é por acidente. Ora, o mal não ocorre senão por acidente e fora da intenção, como foi provado[52]. Portanto, é impossível que o mal seja o primeiro princípio.

Ainda. Todo mal tem causa por acidente, como foi provado[53]. Ora, o primeiro princípio

---

[47] Cf. cap. 11.
[48] Cf. cap. 8.
[49] Cf. cap. 10.
[50] Cf. cap. 9.
[51] Aristóteles (384-322 a.C.), em Física II, 6, 198a, 7-8.
[52] Cf. cap. 4.
[53] Cf. cap. 13.

principium non habet causam neque per se neque per accidens. Malum igitur non potest esse primum principium in aliquo genere.

Item. Causa per se prior est ea quae per accidens. Sed malum non est causa nisi per accidens, ut ostensum est. Malum igitur non potest esse primum principium.

Per hoc autem excluditur error Manichaeorum, ponentium aliquod summum malum, quod est principium primum omnium malorum.

Capitulum XVI
Quod finis cuiuslibet rei est bonum

Si autem omne agens agit propter bonum, ut supra probatum est, sequitur ulterius quod cuiuslibet entis bonum sit finis. Omne enim ens ordinatur in finem per suam actionem: oportet enim quod vel ipsa actio sit finis; vel actionis finis est etiam finis agentis. Quod est eius bonum

Amplius. Finis rei cuiuslibet est in quod terminatur appetitus eius. Appetitus autem cuiuslibet rei terminatur ad bonum: sic enim Philosophi diffiniunt bonum, quod omnia appetunt. Cuiuslibet igitur rei finis est aliquod bonum.

Item. Illud ad quod aliquid tendit cum extra ipsum fuerit, et in quo quiescit cum ipsum habuerit, est finis eius. Unumquodque autem, si perfectione propria careat, in ipsam movetur, quantum in se est: si vero eam habeat, in ipsa quiescit. Finis igitur uniuscuiusque rei est eius perfectio. Perfectio autem cuiuslibet est bonum ipsius. Unumquodque igitur ordinatur in bonum sicut in finem.

Praeterea. Eodem modo ordinantur in finem ea quae cognoscunt finem, et ea quae finem non cognoscunt: licet quae cognoscunt finem, per se moveantur in finem; quae autem non cognoscunt, tendunt in finem quasi ab alio directa, sicut patet de sagittante et sagitta. Sed ea quae cognoscunt finem, semper ordi-

não tem causa nem por si nem por acidente. Portanto, o mal não pode ser primeiro princípio em gênero algum.

Igualmente. A causa por si é anterior à que é por acidente. Mas, o mal não é causa senão por acidente, como foi mostrado[54]. Portanto, o mal não pode ser o primeiro princípio.

Por isso é excluído o erro dos Maniqueus[55], que afirmam um sumo mal, que é princípio primeiro de todos os males.

Capítulo 16
O bem é o fim de qualquer coisa

Se todo agente age por causa do fim, como foi provado[56], segue-se depois que o bem de qualquer ente é o fim. Com efeito, todo ente se ordena para o fim por sua ação, pois é necessário que ou a própria ação seja o fim, ou o fim da ação seja também o fim do agente. O que é o seu bem.

Ademais. O fim de qualquer coisa é aquilo em que termina seu apetite. Ora, o apetite de qualquer coisa termina no bem, pois assim os Filósofos definem o bem: *aquilo que todas as coisas desejam*[57]. Portanto, o fim de qualquer coisa é um bem.

Igualmente. Aquilo para o que uma coisa tende, enquanto está fora dela, e em que descansa, quando o tem, é seu fim. Ora, cada coisa, se carece da perfeição própria, move-se para ela, quanto depende de si, e se a tem, nela descansa. Logo, o fim de cada coisa é sua perfeição. Ora, a perfeição de cada coisa é o seu bem. Cada coisa, portanto, se ordena ao bem como ao fim.

Além disso. Do mesmo modo são ordenadas ao fim aquelas coisas que conhecem o fim, e as que não o conhecem, embora aquelas que conhecem o fim movem-se por si mesmas ao fim, mas as que não conhecem, tendem ao fim como dirigidas por outra coisa, como se evidencia com relação ao flecheiro e a flecha.

---

[54] Cf. cap. 14.
[55] Cf. Santo Agostinho (354-431) em Sobre as Heresias a Quodvultdeus, ML 42. Por um período aderiu ao maniqueísmo, contra ele depois escreveu obras de polêmica e de refutação.
[56] Cf. cap. 3.
[57] Aristóteles (384-322 a.C.), em Ética I, 1, 1094a, 3.

nantur in bonum sicut in finem: nam voluntas, quae est appetitus finis praecogniti, non tendit in aliquid nisi sub ratione boni, quod est eius obiectum. Ergo et ea quae finem non cognoscunt, ordinantur in bonum sicut in finem. Finis igitur omnium est bonum.

Entretanto, aquelas coisas que conhecem o fim, sempre se ordenam ao bem, como ao fim, pois a vontade, que é o apetite do fim pré-conhecido, não tende a algo senão sob a razão de bem, que é seu objeto. Logo, também aquelas coisas, que não conhecem o fim, são ordenadas ao bem, como ao fim. Portanto, o fim de todas as coisas é o bem.

Capitulum XVII
Quod omnia ordinantur in unum finem, qui est Deus

Ex hoc autem apparet quod omnia ordinantur in unum bonum sicut in ultimum finem.

Si enim nihil tendit in aliquid sicut in finem nisi inquantum ipsum est bonum, ergo oportet quod bonum inquantum bonum sit finis. Quod igitur est summum bonum, est maxime omnium finis. Sed summum bonum est unum tantum, quod est Deus: ut in primo libro probatum est. Omnia igitur ordinantur sicut in finem in unum bonum quod est Deus.

Item. Quod est maximum in unoquoque genere, est causa omnium illorum quae sunt illius generis; sicut ignis, qui est calidissimus, est causa caliditatis in aliis corporibus. Summum igitur bonum, quod est Deus, est causa bonitatis in omnibus bonis. Ergo et est causa cuiuslibet finis quod sit finis: cum quicquid est finis, sit huiusmodi inquantum est bonum. Propter quod autem est unumquodque, et illud magis.

Deus igitur maxime est omnium rerum finis.

Adhuc. In quolibet genere causarum causa prima est magis causa quam causa secunda: nam causa secunda non est causa nisi per causam primam. Illud igitur quod est causa prima in ordine causarum finalium, oportet quod sit magis causa finalis cuiuslibet quam causa finalis proxima. Sed Deus est prima

Capítulo 17
Todas as coisas se ordenam a um só fim, que é Deus

Do exposto se manifesta que todas as coisas se ordenam a um só bem como ao fim último.

Com efeito, se nada tende a algo como ao fim, senão enquanto isso é o bem, é necessário, pois, que o bem, enquanto bem, seja o fim. Aquilo, portanto, que é o sumo bem, é maximamente o fim de todas as coisas. Mas, o sumo bem é um somente, que é Deus, como foi provado[58]. Portanto, todas as coisas se ordenam, como ao fim, para um só bem que é Deus.

Igualmente. *O que é o máximo em qualquer gênero, é causa de todas as coisas que são daquele gênero*[59], como o fogo, que é quentíssimo, é causa do aquecimento nos outros corpos. Logo, o sumo bem, que é Deus, é causa da bondade em todos os bens. Portanto, também é causa de qualquer fim, que seja fim, porque tudo o que é fim, assim é, enquanto é bom. Ora, *aquilo por causa do que uma coisa é tal, o é mais do que ela*[60]. Portanto, Deus é maximamente o fim de todas as coisas.

Ainda. Em qualquer gênero de causas, a causa primeira é mais causa do que a causa segunda, pois a causa segunda não é causa senão pela causa primeira. Aquilo, pois, que é causa primeira na ordem das causas finais, é necessário que seja mais causa final de qualquer coisa do que a causa final próxima. Ora,

---

[58] Livro I, cap. 42.
[59] Aristóteles (384-322 a.C.), em Metafísica I, 1, 993b, 24-25.
[60] Aristóteles (384-322 a.C.), em Analíticos Posteriores I, 2, 72a, 29-30.

causa in ordine causarum finalium: cum sit summum in ordine bonorum. Est igitur magis finis uniuscuiusque rei quam aliquis finis proximus.

Amplius. In omnibus finibus ordinatis oportet quod ultimus finis sit finis omnium praecedentium finium: sicut, si potio conficitur ut detur aegroto, datur autem ut purgetur, purgatur autem ut extenuetur, extenuatur autem ut sanetur; oportet quod sanitas sit finis et extenuationis et purgationis et aliorum praecedentium. Sed omnia inveniuntur in diversis gradibus bonitatis ordinata sub uno summo bono, quod est causa omnis bonitatis: ac per hoc, cum bonum habeat rationem finis, omnia ordinantur sub Deo sicut fines praecedentes sub fine ultimo. Oportet igitur quod omnium finis sit Deus.

Praeterea. Bonum particulare ordinatur in bonum commune sicut in finem: esse enim partis est propter esse totius; unde et bonum gentis est divinius quam bonum unius hominis. Bonum autem summum, quod est Deus, est bonum commune, cum ex eo universorum bonum dependeat: bonum autem quo quaelibet res bona est, est bonum particulare ipsius et aliorum quae ab ipso dependent. Omnes igitur res ordinantur sicut in finem in unum bonum, quod est Deus.

Item. Ad ordinem agentium sequitur ordo in finibus: nam sicut supremum agens movet omnia secunda agentia, ita ad finem supremi agentis oportet quod ordinentur omnes fines secundorum agentium: quidquid enim agit supremum agens, agit propter finem suum. Agit autem supremum actiones omnium inferiorum agentium, movendo omnes ad suas actiones, et per consequens ad suos fines. Unde sequitur quod omnes fines secundorum agentium ordinentur a primo agente in finem suum proprium. Agens autem primum rerum omnium est Deus, ut in secundo probatum

Deus é a causa primeira na ordem das causas finais, porque é o sumo bem na ordem dos bens. É, portanto, mais fim de cada coisa do que algum fim próximo.

Ademais. Em todos os fins ordenados, é necessário que o fim último seja o fim de todos os fins precedentes; por exemplo, se a poção se prepara para que seja dada ao doente, mas é dada para que seja purgado, mas é purgado para que seja enfraquecido, é enfraquecido para que se sare; é necessário que a saúde seja o fim tanto do enfraquecimento quanto da purgação e dos outros precedentes. Ora, todas as coisas se acham ordenadas nos diversos graus de bondade sob um único sumo bem, que é a causa de toda bondade, e, por isso, como o bem tem razão de fim, todas as coisas são ordenadas sob Deus, como fins precedentes sob o fim último. Portanto, é necessário que o fim de todas as coisas seja Deus.

Além disso. O bem particular se ordena ao bem comum como ao fim, pois o ser da parte é em razão do ser do todo; donde, também *o bem da nação é mais divino que o bem de um só homem*[61]. Ora, o sumo bem, que é Deus, é o bem comum, porque d'Ele depende o bem do universo, mas o bem pelo qual toda coisa é boa, é o bem particular dela e das outras coisas que dela dependem. Portanto, todas as coisas se ordenam como ao fim para um só bem, que é Deus.

Igualmente. Segundo a ordem dos agentes segue-se a ordem nos fins, pois como o agente supremo move todos os agentes segundos, assim é necessário que se ordenem ao fim do agente supremo todos os fins dos agentes segundos, pois qualquer coisa que faz o agente supremo faz por causa de seu fim. Ora, o agente supremo faz as ações de todos os agentes inferiores, movendo todos às suas ações e, por conseguinte, a seus fins. Donde, se segue que todos os fins dos agentes segundos sejam ordenados pelo agente primeiro a seu próprio fim. Ora, o agente primeiro de todas as coi-

---

[61] Aristóteles (384-322 a.C.), em Ética I, 1, 1094b, 10.

est. Voluntatis autem ipsius nihil aliud finis est quam sua bonitas, quae est ipsemet, ut in primo probatum est. Omnia igitur quaecumque sunt facta vel ab ipso immediate, vel mediantibus causis secundis, in Deum ordinantur sicut in finem. Omnia autem entia sunt huiusmodi: nam, sicut in secundo probatur, nihil esse potest quod ab ipso non habeat esse. Omnia igitur ordinantur in Deum sicut in finem.

Adhuc. Finis ultimus cuiuslibet facientis, inquantum est faciens, est ipsemet: utimur enim factis a nobis propter nos; et si aliquid aliquando propter aliud homo faciat, hoc refertur in bonum suum vel utile vel delectabile vel honestum. Deus autem est causa factiva rerum omnium, quorundam quidem immediate, quorundam autem mediantibus aliis causis, ut ex praemissis est manifestum. Est igitur ipsemet finis rerum omnium.

Praeterea. Finis inter alias causas primatum obtinet, et ab ipso omnes aliae causae habent quod sint causae in actu: agens enim non agit nisi propter finem, ut ostensum est. Ex agente autem materia in actum formae reducitur: unde materia fit actu huius rei materia, et similiter forma huius rei forma, per actionem agentis, et per consequens per finem. Finis etiam posterior est causa quod praecedens finis intendatur ut finis: non enim movetur aliquid in finem proximum nisi propter finem postremum. Est igitur finis ultimus prima omnium causa. Esse autem primam omnium causam necesse est primo enti convenire, quod Deus est, ut supra ostensum est. Deus igitur est ultimus omnium finis.

Hinc est quod dicitur Proverb. 16,4: universa propter semetipsum operatus est Deus.

---

62 Livro II, cap. 15.
63 Livro I, cap. 74.
64 Livro II, cap. 15.
65 Livro II, cap. 15.
66 Cf. cap. 2.
67 Livro II, cap. 15
68 Provérbios 16,4.

sas é Deus, como foi provado[62]. Mas não há nenhum outro fim da sua vontade senão sua bondade, que é ele mesmo, como foi provado[63]. Portanto, todas as coisas que são feitas ou imediatamente por ele, ou mediante as causas segundas, ordenam-se a Deus, como fim. Ora, todos os entes são tais, pois, como foi provado[64], nada pode ser que d'Ele não tenha o ser. Portanto, todas as coisas se ordenam a Deus como ao fim.

Ainda. O fim último de qualquer operante, enquanto opera, é ele mesmo, pois usamos das coisas feitas por nós por causa de nós, e se algo, algumas vezes, o homem faz por causa de outra coisa, isso se refere ao seu bem ou útil, ou deleitável ou honesto. Ora, Deus é causa produtora de todas as coisas, de algumas imediatamente, de outras mediante outras causas, como foi esclarecido do exposto[65]. É, pois, Ele mesmo o fim de todas as coisas.

Além disso. O fim possui o primado entre as outras causas, e é a partir d'Ele que todas as outras causas são causas em ato, pois o agente não age senão por causa do fim, como foi mostrado[66]. Ora pelo agente a matéria é reduzida a ato da forma; donde, a matéria se faz em ato matéria desta coisa, e semelhantemente a forma, forma desta coisa, por ação do agente, e, por conseguinte, pelo fim. Também o fim posterior é causa que o fim precedente seja intencionado como fim, pois uma coisa não se move ao fim próximo senão por causa do fim posterior. Portanto, o fim último é a primeira causa de todas as coisas. É necessário, porém, que a causa primeira de todas as coisas convenha ao ente primeiro, que é Deus, como foi mostrado[67]. Portanto, Deus é o último fim de todas as coisas.

Daqui é que se diz em *Provérbios*: *Deus fez todas as coisas por causa de si mesmo*[68]. E no

Et Apoc. Ult.: ego sum alpha et omega, primus et novissimus.

Capitulum XVIII
Quomodo Deus sit finis rerum

Restat igitur inquirendum quomodo Deus sit omnium finis. Quod quidem ex praemissis fiet manifestum.

Sic enim est ultimus finis omnium rerum quod tamen est prius omnibus in essendo. Finis autem aliquis invenitur qui, etiam si primatum obtineat in causando secundum quod est in intentione, est tamen in essendo posterius. Quod quidem contingit in quolibet fine quem agens sua actione constituit: sicut medicus constituit sanitatem per suam actionem in infirmo, quae tamen est finis eius. Aliquis autem finis invenitur qui, sicut est praecedens in causando, ita etiam in essendo praecedit: sicut dicitur finis id quod aliquid sua actione vel motu acquirere intendit, ut locum sursum ignis per suum motum, et civitatem rex per pugnam. Deus igitur sic est finis rerum sicut aliquid ab unaquaque re suo modo obtinendum.

Adhuc. Deus est simul ultimus rerum finis, et primum agens, ut ostensum est. Finis autem per actionem agentis constitutus, non potest esse primum agens, sed est magis effectus agentis. Non potest igitur Deus sic esse finis rerum quasi aliquid constitutum, sed solum quasi aliquid praeexistens obtinendum.

Amplius. Si aliquid agat propter rem aliquam iam existentem, et per eius actionem aliquid constituatur, oportet quod rei propter quam agit aliquid acquiratur ex actione agentis: sicut si milites pugnant propter ducem, cui acquiritur victoria, quam milites suis actionibus causant. Deo autem non potest aliquid acquiri ex actione cuiuslibet rei: est enim sua bonitas omnino perfecta, ut in primo libro ostensum est. Relinquitur igitur quod Deus sit finis rerum, non sicut aliquid constitutum aut

último capítulo do *Apocalipse*: *Eu sou o alfa e o ômega, o primeiro e último*[69].

Capítulo 18
Como Deus é o fim das coisas

Resta, portanto, por inquirir como Deus é o fim de todas as coisas. O que certamente fica esclarecido do exposto.

Com efeito, é o último fim de todas as coisas o que é anterior a todas no ser. Ora, há um fim que, mesmo que tenha o primado no causar enquanto está na intenção, é, entretanto, posterior no ser. Isso acontece em qualquer fim que o agente constitui em sua ação; por exemplo, o médico restitui a saúde por sua ação no enfermo, a qual, porém, é seu fim. Mas, há outro fim que, como precede no causar, é também precedente no ser, como se diz fim aquilo que alguma coisa por sua ação ou movimento busca conseguir; por exemplo, o fogo busca o lugar para cima por seu movimento, o rei busca a cidade pela batalha. Deus, portanto, é fim das coisas como algo a ser obtido por cada coisa, a seu modo.

Ainda. Deus é simultaneamente o último fim das coisas, e primeiro agente, como foi mostrado[70]. Ora, o fim constituído pela ação do agente, não pode ser o primeiro agente, mas é, antes, efeito do agente. Portanto, Deus não pode ser assim fim das coisas, como algo constituído, mas só como algo pré-existente a ser obtido.

Ademais. Se uma coisa age por causa de algo já existente, e pela ação desse alguma coisa é constituída, é necessário que da ação do agente seja adquirido algo para a coisa pela qual age; por exemplo, se os soldados lutam por causa do chefe, ao qual se dá a vitória, que os soldados causam por suas ações. Ora, a Deus não pode algo ser dado por ação de qualquer coisa, pois sua bondade é totalmente perfeita, como foi mostrado[71]. Resta, portanto, que Deus seja o fim das coisas, não como algo

---

[69] Apocalipse 22,13.
[70] Cf. capítulo anterior.
[71] Livro I, caps. 37 ss.

effectum a rebus, neque ita quod aliquid ei a rebus acquiratur, sed hoc solo modo, quia ipse rebus acquiritur.

Item. Oportet quod eo modo effectus tendat in finem quo agens propter finem agit. Deus autem qui est primum agens omnium rerum, non sic agit quasi sua actione aliquid acquirat, sed quasi sua actione aliquid largiatur: quia non est in potentia ut aliquid acquirere possit, sed solum in actu perfecto, ex quo potest elargiri. Res igitur non ordinantur in Deum sicut in finem cui aliquid acquiratur, sed ut ab ipso ipsummet suo modo consequantur, cum ipsemet sit finis.

Capitulum XIX
Quod omnia intendunt assimilari Deo

Ex hoc autem quod acquirunt divinam bonitatem, res creatae similes Deo constituuntur. Si igitur res omnes in Deum sicut in ultimum finem tendunt ut ipsius bonitatem consequantur, sequitur quod ultimus rerum finis sit Deo assimilari.

Amplius. Agens dicitur esse finis effectus inquantum effectus tendit in similitudinem agentis: unde forma generantis est finis generationis. Sed Deus ita est finis rerum quod est etiam primum agens earum. Omnia igitur intendunt, sicut ultimum finem, Deo assimilari.

Item. In rebus evidenter apparet quod esse appetunt naturaliter: unde et si qua corrumpi possunt, naturaliter corrumpentibus resistunt, et tendunt illuc ubi conserventur, sicut ignis sursum et terra deorsum. Secundum hoc autem esse habent omnia quod Deo assimilantur, qui est ipsum esse subsistens: cum omnia sint solum quasi esse participantia. Omnia igitur appetunt quasi ultimum finem Deo assimilari.

constituído ou realizado por elas, nem como algo que elas dão para Ele, mas apenas deste modo pelo qual Ele mesmo se dá às coisas.

Igualmente. É necessário que o efeito tenda ao fim do modo como o agente age por causa do fim. Ora, Deus que é o primeiro agente de todas as coisas, não age como se por sua ação adquira algo, mas como por sua ação algo é distribuído, porque não está em potência para poder adquirir algo, mas somente em ato perfeito, pelo qual possa distribuir. As coisas, portanto, não se ordenam a Deus como ao fim para o qual se adquire algo, mas para conseguir a Deus por Ele mesmo, a seu modo, porque Ele mesmo é o fim.

Capítulo 19
Todas as coisas buscam assemelhar-se a Deus

Pelo fato de obterem a bondade divina, as coisas criadas são constituídas semelhantes a Deus. Se, pois, todas as coisas tendem para Deus como seu último fim, de modo a obter sua bondade, segue-se que o último fim das coisas é assemelhar-se a Deus.

Ademais. Diz-se que o agente é o fim do efeito enquanto o efeito tende à semelhança do agente; donde, *a forma do que gera é o fim da geração*[72]. Ora, Deus é de tal modo fim das coisas que é também o primeiro agente delas. Portanto, todas as coisas buscam assemelhar-se a Deus como fim último.

Igualmente. Manifesta-se, com evidência, nas coisas que *desejam naturalmente ser*[73]; donde, também, se em algo podem corromper-se, resistem naturalmente ao que corrompe, e tendem para onde se conservam, como o fogo para cima e a terra para baixo. Segundo isso, todas as coisas têm ser enquanto se assemelham a Deus, a Ele que é o próprio ser subsistente, uma vez que todas as coisas somente são como participantes do ser. Todas as coisas, pois, desejam, como fim último, assemelhar-se a Deus.

---

[72] Aristóteles (384-322 a.C.), em Física II, 7, 198a, 25-26.
[73] Aristóteles (384-322 a.C.), em Ética IX, 7, 1168a, 7-8.

Praeterea. Res omnes creatae sunt quaedam imagines primi agentis, scilicet Dei: agens enim agit sibi simile. Perfectio autem imaginis est ut repraesentet suum exemplar per similitudinem ad ipsum: ad hoc enim imago constituitur. Sunt igitur res omnes propter divinam similitudinem consequendam sicut propter ultimum finem.

Adhuc. Omnis res per suum motum vel actionem tendit in aliquod bonum sicut in finem, ut supra ostensum est. In tantum autem aliquid de bono participat, in quantum assimilatur primae bonitati, quae Deus est. Omnia igitur per motus suos et actiones tendunt in divinam similitudinem sicut in finem ultimum.

Capitulum XX
Quomodo res imitentur divinam bonitatem

Patet ergo ex his quae dicta sunt quod assimilari ad Deum est ultimus omnium finis. Id autem quod proprie habet rationem finis, est bonum. Tendunt igitur res in hoc quod assimilentur Deo proprie inquantum est bonus.

Bonitatem autem creaturae non assequuntur eo modo sicut in Deo est, licet divinam bonitatem unaquaeque res imitetur secundum suum modum. Divina enim bonitas simplex est, quasi tota in uno consistens. Ipsum enim divinum esse omnem plenitudinem perfectionis obtinet, ut in primo libro probatum est. Unde, cum unumquodque in tantum sit bonum in quantum est perfectum, ipsum divinum esse est eius perfecta bonitas: idem enim est Deo esse, vivere, sapientem esse, beatum esse, et quicquid aliud ad perfectionem et bonitatem pertinere videtur, quasi tota divina bonitas sit ipsum divinum esse. Rursumque ipsum divinum esse est ipsius Dei existentis substantia.

In aliis autem rebus hoc accidere non potest. Ostensum est enim in secundo quod nulla

Além disso. Todas as coisas criadas são imagens do primeiro agente, ou seja, de Deus, pois *o agente produz o semelhante a si*. Ora, a perfeição da imagem está em que represente seu modelo por semelhança a ele, pois para isso se constitui a imagem. Logo, todas as coisas existem para conseguirem a semelhança divina, como por causa do fim último.

Ainda. Toda coisa, por seu movimento ou ação, tende para algum bem, como para o fim, como foi mostrado[74]. Algo, porém, participa do bem tanto quanto se assemelha à primeira bondade, que é Deus. Portanto, todas as coisas, por seus movimentos e ações, tendem para a semelhança divina, como para o fim último.

Capítulo 20
Como as coisas imitam a bondade divina

Evidencia-se, das coisas que foram ditas, que assemelhar-se a Deus é o fim último de tudo. Ora, o que propriamente tem razão de fim é o bem. Logo, as coisas tendem a assemelhar-se a Deus, propriamente, enquanto Ele é bom.

Entretanto, as criaturas não conseguem a bondade do modo como existe em Deus, embora cada coisa imite a bondade divina, segundo o seu modo. Com efeito, a bondade divina é simples, consistindo como que toda numa só coisa. O ser divino, pois, possui toda a plenitude de perfeição, como foi provado[75]. Donde, como cada coisa é tão boa quanto é perfeita, o mesmo ser divino é sua bondade perfeita, pois em Deus identifica-se o ser, o viver, o ser sábio, o ser feliz, e qualquer coisa que pareça pertencer à perfeição e à bondade, como se toda a bondade divina fosse o próprio ser divino. E mais, o próprio ser divino é a substância do próprio Deus existente.

Nas outras coisas, porém, isso não pode acontecer. Foi mostrado[76], com efeito, que

---

[74] Cf. cap. 16.
[75] Livro I, cap. 28.
[76] Livro II, cap. 15.

substantia creata est ipsum suum esse. Unde, si secundum quod res quaelibet est, bona est; non est autem earum aliqua suum esse: nulla earum est sua bonitas, sed earum quaelibet bonitatis participatione bona est, sicut et ipsius esse participatione est ens.

Rursus. Non omnes creaturae in uno gradu bonitatis constituuntur.

Nam quorundam substantia forma et actus est: scilicet cui secundum id quod est, competit esse actu et bonum esse. Quorundam vero substantia ex materia et forma composita est: cui competit actu esse et bonum esse, sed secundum aliquid sui, scilicet secundum formam. Divina igitur substantia sua bonitas est; substantia vero simplex bonitatem participat secundum id quod est; substantia autem composita secundum aliquid sui.

In hoc autem tertio gradu substantiarum iterum diversitas invenitur quantum ad ipsum esse. Nam quorundam ex materia et forma compositorum totam materiae potentiam forma adimplet, ita quod non remanet in materia potentia ad aliam formam: et per consequens nec in aliqua alia materia potentia ad hanc formam. Et huiusmodi sunt corpora caelestia, quae ex tota materia sua constant.

Quorundam vero forma non replet totam materiae potentiam: unde adhuc in materia remanet potentia ad aliam formam; et in alia materiae parte remanet potentia ad hanc formam; sicut patet in elementis et elementatis. Quia vero privatio est negatio in substantia eius quod substantiae potest inesse, manifestum est quod cum hac forma quae non implet totam materiae potentiam, adiungitur privatio formae: quae quidem adiungi non potest substantiae cuius forma implet totam materiae potentiam; neque illi quae est forma per suam essentiam; et multo minus illi cuius essentia est ipsum suum esse. Cum autem manifestum sit quod motus non potest esse ubi non est potentia ad aliud, quia motus est actus existentis in potentia; itemque manifestum sit quod malum est ipsa privatio boni:

nenhuma substância criada é seu próprio ser. Donde, se qualquer coisa é boa, enquanto é, e nenhuma delas é seu ser, nenhuma delas é sua bondade, mas qualquer uma delas é boa por participação da bondade, como também é ente, por participação de seu ser.

De outro modo. Não se constituem todas as criaturas num grau único de bondade. Com efeito, a substância de algumas é forma e ato, ou seja, a ela compete, segundo o que é, ser em ato e ser boa. De outras, porém, a substância é composta de matéria e forma, a ela compete ser em ato e ser boa, mas segundo algo de si, ou seja, segundo a forma. Portanto, a substância divina é sua bondade, assim a substância simples participa segundo o que é, mas a substância composta, segundo algo de si.

Nesse terceiro grau das substâncias acha-se novamente a diversidade quanto ao próprio ser. Com efeito, daquelas compostas de matéria e forma, a forma preenche toda a potência da matéria, de modo que não permanece na matéria, potência para outra forma e, por conseguinte, nem em outra matéria potência para esta forma. E tais são os corpos celestes, que constam de toda sua matéria. — De umas, porém, a forma não preenche toda a potência da matéria, donde, permanece ainda na matéria potência para outra forma, e, em outra parte da matéria, permanece potência para esta forma; por exemplo, nos elementos e em seus compostos. Uma vez que a privação é negação na substância daquilo que pode estar na substância, é claro que, como nesta forma que não preenche toda a potência da matéria, acrescenta-se a privação da forma, privação que, porém, não pode ser acrescentada à substância, cuja forma preenche toda a potência da matéria; nem àquela que é forma por sua essência, e muito menos àquela cuja essência é seu próprio ser. Como, porém, é claro que o movimento não pode estar onde não há potência para outra coisa, porque o movimento é *o ato do existente em potência*[77], e do mesmo

---

[77] Aristóteles (384-322 a.C.), em Física III, 1, 201a, 10-11.

modo é claro que o mal é a própria privação do bem, é evidente que, nesta última ordem de substâncias, o bem é mutável e tem mistura do mal oposto, o que não pode acontecer nas ordens superiores das substâncias. Portanto, esta substância, mencionada no último modo, possui o último grau de ser, como também o último grau de bondade.

Também entre as partes da substância, composta de matéria e forma, acha-se uma ordem de bondade. Com efeito, como a matéria é ente em potência considerada em si mesma, e a forma o seu ato, a substância composta existe em ato pela forma, segue-se: que a forma será boa segundo ela mesma, a substância composta enquanto tem a forma em ato, e a matéria enquanto está em potência para a forma. E embora cada ente seja bom enquanto é ente, não é necessário, porém, que a matéria, que é ente só em potência, seja boa só em potência. Com efeito, ente se diz absolutamente, mas o bem também consiste numa ordem, pois, uma coisa não é só dita boa porque é fim, ou porque alcança o fim, mas, mesmo que não tenha chegado ainda ao fim, se diz bom, enquanto é ordenado ao fim. Logo, a matéria não pode ser dita simplesmente ente pelo fato de ser ente em potência, no qual está implicada a ordem ao ser, mas pode ser dita simplesmente boa, em razão da própria ordem.

Nisso fica claro que o bem, de algum modo, é de âmbito mais amplo que ente, por causa disso diz Dionísio *que o bem se estende para as coisas existentes e não existentes*[78]. Com efeito, a própria não existência, ou seja, a matéria enquanto é entendida como sujeita à privação, deseja o bem, ou seja, o ser. Disso se evidencia que também seja boa, pois nada deseja o bem se não é bom.

Também de outro modo a bondade da criatura é inferior à bondade divina. Com efeito, como se disse, Deus encerra em seu próprio ser a suma perfeição da bondade. A coisa criada, porém, não possui sua perfeição numa coisa só, mas em muitas, pois *o que é*

---

[78] Dionísio Areopagita (séc. V-VI), em Os Nomes Divinos, 4, 1, MG 3, 693b.

in infimis invenitur. Unde Deus secundum idem dicitur esse virtuosus, sapiens et operans, creatura vero secundum diversa: tantoque perfecta bonitas alicuius creaturae maiorem multiplicitatem requirit, quanto magis a prima bonitate distans invenitur. Si vero perfectam bonitatem non potest attingere, imperfectam retinebit in paucis. Et inde est quod, licet primum et summum bonum sit omnino simplex; substantiaeque ei in bonitate propinquae, sint pariter et quantum ad simplicitatem vicinae: infimae tamen substantiae inveniuntur simpliciores quibusdam superioribus eis, sicut elementa animalibus et hominibus, quia non possunt pertingere ad perfectionem cognitionis et intellectus, quam consequuntur animalia et homines.

Manifestum est ergo ex dictis quod, licet Deus secundum suum simplex esse perfectam et totam suam bonitatem habeat, creaturae tamen ad perfectionem suae bonitatis non pertingunt per solum suum esse, sed per plura. Unde, licet quaelibet earum sit bona inquantum est, non tamen potest simpliciter bona dici si aliis careat quae ad ipsius bonitatem requiruntur: sicut homo qui, virtute spoliatus, vitiis est subiectus, dicitur quidem bonus secundum quid, scilicet inquantum est ens et inquantum est homo, non tamen bonus simpliciter, sed magis malus. Non igitur cuilibet creaturarum idem est esse et bonum esse simpliciter: licet quaelibet earum bona sit inquantum est. Deo vero simpliciter idem est esse et esse bonum.

Si autem res quaelibet tendit in divinae bonitatis similitudinem sicut in finem; divinae autem bonitati assimilatur aliquid quantum ad omnia quae ad propriam pertinent bonitatem; bonitas autem rei non solum in esse suo consistit, sed in omnibus aliis quae ad suam perfectionem requiruntur, ut ostensum est: manifestum est quod res ordinantur in Deum sicut in finem non solum secundum esse substantiale, sed etiam secundum ea quae ei acci-

único no supremo, acha-se múltiplo nos inferiores[79]. Donde, se diz que Deus é virtuoso, sábio e operante segundo a mesma razão, mas a criatura segundo diversas: a perfeita bondade de uma criatura requer tão maior multiplicidade, quanto mais se acha distante da bondade primeira. Se, pois, não pode atingir a bondade perfeita, reterá a imperfeita em poucas coisas. E daí é que, embora o primeiro e sumo bem seja totalmente simples, as substâncias próximas a Ele na bondade, são igualmente também próximas quanto à simplicidade, mas há substâncias inferiores mais simples que algumas superiores a elas, como os elementos com relação aos animais e homens, porque não podem atingir a perfeição do conhecimento e do intelecto, que os animais e os homens alcançam.

Do exposto fica claro, portanto, que, embora Deus, segundo o seu ser simples, tenha a perfeição e toda sua bondade, as criaturas, porém, não atingem a perfeição de sua bondade apenas por seu ser, mas por várias coisas. Donde, embora qualquer uma delas seja boa enquanto é, não pode, contudo, ser simplesmente dita boa, se carece de coisas que se requerem para sua bondade, como o homem, que, despojado de virtude, está sujeito aos vícios, é dito bom segundo um aspecto, a saber, enquanto é ente e enquanto é homem, mas não simplesmente bom, mas antes mau. Portanto, não é idêntico para qualquer das criaturas ser e ser boa simplesmente, embora qualquer delas seja boa enquanto é. Entretanto, em Deus, é idêntico simplesmente ser e ser bom.

Se qualquer coisa tende à semelhança da bondade divina, como ao fim, e se assemelha à divina bondade quanto a tudo que se refere à própria bondade, mas como a bondade da coisa não consiste só em seu ser, mas em todas as coisas que se requerem para sua perfeição, como foi mostrado, é manifesto que as coisas se ordenam a Deus como ao fim, não só segundo o ser substancial, mas também segundo aquelas coisas que lhe ocorrem referentes

---

[79] Dionísio Areopagita (séc. V-VI), em Os Nomes Divinos, 5, 7, MG 3, 821b.

dunt pertinentia ad perfectionem; et etiam secundum propriam operationem, quae etiam pertinet ad perfectionem rei.

Capitulum XXI
Quod res intendunt naturaliter assimilari Deo in hoc quod est causa

Ex his autem apparet quod res intendunt divinam similitudinem etiam in hoc quod sunt causae aliorum.

Tendit enim in divinam similitudinem res creata per suam operationem. Per suam autem operationem una res fit causa alterius. Ergo in hoc etiam res intendunt divinam similitudinem, ut sint aliis causae.

Adhuc. Res tendunt in divinam similitudinem inquantum est bonus, ut supra dictum est. Ex bonitate autem Dei est quod aliis esse largitur: unumquodque enim agit inquantum est actu perfectum. Desiderant igitur generaliter res in hoc Deo assimilari, ut sint aliorum causae.

Amplius. Ordo ad bonum boni rationem habet, ut ex dictis est manifestum. Unumquodque autem per hoc quod est causa alterius, ordinatur ad bonum: bonum enim solum causatur per se, malum autem per accidens tantum, ut ostensum est. Esse igitur aliorum causa est bonum. Secundum autem quodlibet bonum ad quod aliquid tendit, intendit divinam similitudinem: cum quodlibet bonum creatum sit ex participatione divinae bonitatis. Intendunt igitur res divinam similitudinem in hoc quod sunt aliorum causae.

Item. Eiusdem rationis est quod effectus tendat in similitudinem agentis, et quod agens assimilet sibi effectum: tendit enim effectus in finem in quem dirigitur ab agente. Agens autem intendit sibi assimilare patiens non solum quantum ad esse ipsius, sed etiam quantum ad causalitatem: sicut enim ab agente conferuntur effectui naturali principia per quae subsistat, ita principia per quae aliorum

Capítulo 21
As coisas buscam naturalmente assemelhar-se a Deus, enquanto é causa

Do exposto é manifesto que as coisas buscam a semelhança divina também enquanto são causas de outras.

Com efeito, a coisa criada tende à semelhança divina por sua operação. Ora, por sua operação uma coisa se torna causa de outra. Logo, também nisso as coisas buscam a semelhança divina, de modo a serem causas para outras.

Ainda. As coisas tendem à semelhança divina enquanto Deus é bom, como foi dito[80]. Ora, é da bondade de Deus que ele doe o ser a outros entes, pois cada ente age enquanto é perfeito em ato. Portanto, as coisas desejam geralmente assemelhar-se Deus, de modo a ser causas de outras.

Ademais. A ordenação ao bem tem razão de bem, como é manifesto do que foi dito[81]. Ora, cada ente pelo que é causa de outro, ordena-se ao bem, pois só o bem é causado por si e o mal apenas por acidente, como foi mostrado[82]. Portanto, ser causa de outros é um bem. Ora, segundo qualquer bem a que se tende, busca-se a semelhança divina, porque qualquer bem criado é por participação da bondade divina. Portanto, as coisas buscam a semelhança divina no que são causas de outras.

Igualmente. É da mesma razão que o efeito tenda à semelhança do agente, e que o agente assemelhe-se ao efeito, pois o efeito tende ao fim a que é dirigido pelo agente. Ora, o agente busca assemelhar-se ao paciente não só quanto ao ser desse, mas também quanto à causalidade, pois como pelo agente são conferidos ao efeito natural os princípios pelos quais subsiste, assim também os princípios

---

[80] Cf. capítulo anterior.
[81] Ibidem.
[82] Cf. cap. 10.

sit causa; sicut enim animal, dum generatur, accipit a generante virtutem nutritivam, ita etiam virtutem generativam. Effectus igitur tendit in similitudinem agentis non solum quantum ad speciem ipsius, sed etiam quantum ad hoc quod sit aliorum causa. Sic autem tendunt res in similitudinem Dei sicut effectus in similitudinem agentis, ut ostensum est. Intendunt igitur res naturaliter assimilari Deo in hoc quod sunt causae aliorum.

Praeterea. Tunc maxime perfectum est unumquodque quando potest alterum sibi simile facere: illud enim perfecte lucet quod alia illuminare potest. Unumquodque autem tendens in suam perfectionem, tendit in divinam similitudinem. Per hoc igitur unumquodque tendit in divinam similitudinem, quod intendit aliorum causa esse. Quia vero causa, inquantum huiusmodi, superior est causato, manifestum est quod tendere in divinam similitudinem per hunc modum ut sit aliorum causa, est superiorum in entibus.

Item. Prius est unumquodque in se perfectum quam possit alterum causare, ut iam dictum est. Haec igitur perfectio ultimo accidit rei, ut aliorum causa existat. Cum igitur per multa tendat res creata in divinam similitudinem, hoc ultimum ei restat, ut divinam similitudinem quaerat per hoc quod sit aliorum causa.

Unde dionysius dicit, III cap. Caelestis hierarchiae, quod omnium divinius est Dei cooperatorem fieri: secundum quod apostolus dicit, I corinth. 3,9: Dei adiutores sumus.

pelos quais é causa de outros; por exemplo, o animal, enquanto é gerado, recebe do gerador a potência nutritiva, como também a potência geradora. Portanto, o efeito tende à semelhança do agente não só quanto a sua espécie, mas também quanto a que seja causa de outros. Ora, assim tendem as coisas à semelhança de Deus, como o efeito à semelhança do agente, como foi mostrado[83]. Portanto, as coisas buscam naturalmente assemelhar-se a Deus no que são causas de outras.

Além disso. Cada coisa é então maximamente perfeita quando pode fazer outra coisa semelhante a si, pois brilha perfeitamente aquilo que pode iluminar os outros. Ora, cada coisa, tendendo à sua perfeição, tende à semelhança divina. Portanto, cada coisa tende à semelhança divina pelo que busca ser causa das outras. Dado, pois, que a causa, enquanto tal, é superior ao causado, é manifesto que é próprio dos entes superiores tender à semelhança divina por este modo de ser causa de outros.

Igualmente. Antes que possa causar outra coisa, cada coisa seja perfeita em si mesma, como já foi dito. Logo, tal perfeição acontece por último à coisa, para que exista como causa de outras. Como, pois, por muitos meios a coisa criada tende à semelhança divina, resta-lhe este último para que buscar a semelhança divina em sendo causa de outras.

Donde, Dionísio diz[84] que *de todas as coisas é mais divino tornar-se cooperador de Deus*; segundo isso o Apóstolo diz: *somos coadjutores de Deus*[85].

Capitulum XXII
Quomodo diversimode res ordinantur in suos fines

Ex praemissis autem manifestum esse potest quod ultimum per quod res unaquaeque ordinatur ad finem, est eius operatio: diversimode tamen, secundum diversitatem operationis.

Capítulo 22
Como as coisas se ordenam diversamente para seus fins

Do exposto pode ser manifesto que o último pelo qual uma coisa se ordena ao fim, é sua operação, mas de diversas maneiras, segundo a diversidade da operação.

---

[83] Cf. cap. 19.
[84] Dionísio Areopagita (séc. V-VI), em Hierarquia Celeste, 3, 2, MG 3, 165 B.
[85] 1 Coríntios 3,9.

Nam quaedam operatio est rei ut aliud moventis, sicut calefacere et secare. Quaedam vero est operatio rei ut ab alio motae, sicut calefieri et secari. Quaedam vero operatio est perfectio operantis actu existentis in aliud transmutandum non tendens: quorum primo differunt a passione et motu; secundo vero, ab actione transmutativa exterioris materiae. Huiusmodi autem operatio est sicut intelligere, sentire et velle. Unde manifestum est quod ea quae moventur vel operantur tantum, sine hoc quod moveant vel faciant, tendunt in divinam similitudinem quantum ad hoc quod sint in seipsis perfecta; quae vero faciunt et movent, inquantum huiusmodi, tendunt in divinam similitudinem in hoc quod sint aliorum causae; quae vero per hoc quod moventur movent, intendunt divinam similitudinem quantum ad utrumque.

Corpora autem inferiora, secundum quod moventur motibus naturalibus, considerantur ut mota tantum, non autem ut moventia, nisi per accidens: accidit enim lapidi quod, descendens, aliquod obvians impellat. Et similiter est in alteratione et aliis motibus. Unde finis motus eorum est ut consequantur divinam similitudinem quantum ad hoc quod sint in seipsis perfecta, utpote habentia propriam formam et proprium ubi.

Corpora vero caelestia movent mota. Unde finis motus eorum est consequi divinam similitudinem quantum ad utrumque. Quantum quidem ad propriam perfectionem, inquantum corpus caeleste sit in aliquo ubi in actu in quo prius erat in potentia. — Nec propter hoc minus suam perfectionem consequitur, quamvis ad ubi in quo prius erat actu, remaneat in potentia. Similiter enim et materia prima in suam perfectionem tendit per hoc quod acquirit in actu formam quam prius habebat in potentia, licet et aliam habere desinat quam prius actu habebat: sic enim successive materia omnes formas suscipit ad quas est in potentia, ut tota eius potentia reducatur in actum successive, quod simul fieri non poterat. Unde, cum corpus caeleste sit in potentia ad ubi sicut materia prima ad formam, perfectionem

Com efeito, uma é a operação da coisa que move outra, como aquecer e cortar. Outra operação é a da coisa movida por outra, como ser aquecida e ser cortada. Ainda, outra operação é a perfeição do operante existente em ato, não tendente a transmudar-se em outro: dessas por primeiro difere pela paixão e pelo movimento; já em segundo, pela ação transmutativa da matéria exterior. Ora, semelhante operação é como conhecer, sentir e querer. Daí é manifesto que aquelas coisas, que só são movidas ou operadas, sem que movam ou façam, tendem à divina semelhança quanto a que são em si mesmas perfeitas, mas aquelas que fazem e movem, enquanto tais, tendem à divina semelhança no que são causas de outras; já aquelas que, por ser movidas, movem, buscam a semelhança divina segundo uma e outra maneira.

Os corpos inferiores, enquanto são movidos por movimentos naturais, são considerados como movidos apenas, mas não como motores, a não ser por acidente, pois acontece à pedra que, caindo, impulsione algo que está à frente. E semelhantemente se dá na alteração e outros movimentos. Donde, o fim do movimento delas é que consigam a semelhança divina quanto a que sejam perfeitas em si mesmas, como tendo forma própria e *lugar* próprio.

Já os corpos celestes movem movidos. Donde, o fim de seu movimento é conseguir a semelhança divina segundo ambas as maneiras. Quanto à própria perfeição, enquanto o corpo celeste está em algum *lugar* em ato, no qual antes estava em potência. — Nem por causa disso alcança menos sua perfeição, embora permaneça em potência para o *lugar* em que antes estava em ato. Semelhantemente, também a matéria prima tende à sua perfeição enquanto adquire em ato a forma que antes tinha em potência, mesmo que também deixe de ter a outra que antes tinha em ato; assim, pois, sucessivamente a matéria recebe todas as formas para as quais está em potência, de modo que toda sua potência seja reduzida a ato sucessivamente, o que simultaneamente não pudera ser feito. Donde, como o corpo

suam consequitur per hoc quod eius potentia tota ad ubi reducitur in actum successive, quod simul non poterat fieri.

Inquantum vero movendo movent, est finis motus eorum consequi divinam similitudinem in hoc quod sint causae aliorum. Sunt autem aliorum causae per hoc quod causant generationem et corruptionem et alios motus in istis inferioribus. Motus igitur corporum caelestium, inquantum movent, ordinantur ad generationem et corruptionem quae est in istis inferioribus. — Non est autem inconveniens quod corpora caelestia moveant ad generationem horum inferiorum, quamvis haec inferiora corpora sint caelestibus corporibus indigniora, cum tamen finem oporteat esse potiorem eo quod est ad finem. Generans enim agit ad formam generati: cum tamen generatum non sit dignius generante, sed in agentibus univocis sit eiusdem speciei cum ipso. Intendit enim generans formam generati, quae est generationis finis, non quasi ultimum finem: sed similitudinem esse divini in perpetuatione speciei, et in diffusione bonitatis suae, per hoc quod aliis formam speciei suae tradit, et aliorum sit causa. Similiter autem corpora caelestia, licet sint digniora inferioribus corporibus, tamen intendunt generationem eorum, et formas generatorum in actum educere per suos motus, non quasi ultimum finem: sed per hoc ad divinam similitudinem intendentes quasi ad ultimum finem, in hoc quod causae aliorum existant.

Considerandum autem quod unumquodque, inquantum participat similitudinem divinae bonitatis, quae est obiectum voluntatis eius, intantum participat de similitudine divinae voluntatis, per quam res producuntur in esse et conservantur. Superiora autem divinae bonitatis similitudinem participant simplicius et universalius: inferiora vero particularius et magis divisim. Unde et inter corpora caelestia et inferiora non attenditur similitudo secundum aequiparantiam, sicut in his quae sunt unius speciei: sed sicut universalis agentis ad

celeste está em potência para o *lugar*, como a matéria prima para a forma, alcança sua perfeição pelo fato de que toda sua potência para o *lugar* é reduzida a ato sucessivamente, o que simultaneamente não poderia ser feito.

Enquanto, porém, movendo movem, o fim do movimento é alcançar a semelhança divina no que são causa de outras coisas. Ora, são causas de outras coisas enquanto causam a geração e a corrupção e outros movimentos nos corpos inferiores. Portanto, o movimento dos corpos celestes, enquanto movem, são ordenados para a geração e a corrupção que está nos corpos inferiores. — Não há, contudo, inconveniente que os corpos celestes movam para a geração desses inferiores, embora esses corpos inferiores sejam menos nobres que os corpos celestes, porque é necessário que o fim seja mais elevado que aquilo que é para o fim. Com efeito, o que gera age para a forma do gerado, e o gerado não é mais digno que o que gera, embora nos agentes unívocos seja da mesma espécie que ele. Busca, pois, o que gera a forma do gerado, que é o fim da geração, não como último fim, mas a semelhança do ser divino na perpetuação da espécie, e na difusão de sua bondade, enquanto entrega a outros a forma de sua espécie, e é causa desses. Ora, semelhantemente, os corpos celestes, embora sejam mais dignos que os corpos inferiores, buscam, entretanto, a geração deles, e reduzir a ato, por seus movimentos, as formas dos gerados, não como fim último, mas buscando a semelhança divina como último fim, enquanto são causas dos outros.

Deve-se considerar que cada coisa, enquanto participa da semelhança da divina bondade, que é o objeto de sua vontade, participa da semelhança da vontade divina, pela qual as coisas são produzidas no ser e são conservadas. Ora, os entes superiores participam da semelhança da bondade divina de modo mais simples e universal, enquanto os inferiores de modo mais particular e dividido. Donde, também entre os corpos celestes e os inferiores não se visa a semelhança segundo a igualdade, como nas coisas que são da

particularem effectum. Sicut igitur agentis particularis in istis inferioribus intentio contrahitur ad bonum huius speciei vel illius, ita intentio corporis caelestis fertur ad bonum commune substantiae corporalis, quae per generationem conservatur et multiplicatur et augetur.

Cum vero, ut dictum est, quaelibet res mota, inquantum movetur, tendat in divinam similitudinem ut sit in se perfecta; perfectum autem sit unumquodque inquantum fit actu: oportet quod intentio cuiuslibet in potentia existentis sit ut per motum tendat in actum. Quanto igitur aliquis actus est posterior et magis perfectus, tanto principalius in ipsum appetitus materiae fertur. Unde oportet quod in ultimum et perfectissimum actum quem materia consequi potest, tendat appetitus materiae quo appetit formam, sicut in ultimum finem generationis.

In actibus autem formarum gradus quidam inveniuntur. Nam materia prima est in potentia primo ad formam elementi. Sub forma vero elementi existens est in potentia ad formam mixti: propter quod elementa sunt materia mixti. Sub forma autem mixti considerata, est in potentia ad animam vegetabilem: nam talis corporis anima actus est. Itemque anima vegetabilis est potentia ad sensitivam; sensitiva vero ad intellectivam. Quod processus generationis ostendit: primo enim in generatione est fetus vivens vita plantae, postmodum vero vita animalis, demum vero vita hominis. Post hanc autem formam non invenitur in generabilibus et corruptibilibus posterior forma et dignior. Ultimus igitur finis generationis totius est anima humana, et in hanc tendit materia sicut in ultimam formam. Sunt ergo elementa propter corpora mixta; haec vero propter viventia; in quibus plantae sunt propter animalia; animalia vero propter hominem. Homo igitur est finis totius generationis.

Quia vero per eadem res generatur et conservatur in esse, secundum ordinem pra-

mesma espécie, mas como o agente universal com relação ao efeito particular. Portanto, como a intenção do agente particular nestes inferiores, se limita ao bem desta espécie ou daquela, assim a intenção do corpo celeste se dirige ao bem comum da substância corporal, que é conservada pela geração, e multiplicada e aumentada.

Como, pois, segundo foi dito, qualquer coisa movida, enquanto é movida, tende à divina semelhança de modo que seja em si perfeita, mas perfeita é cada coisa enquanto se faz em ato, é necessário que a intenção de qualquer coisa existente esteja em potência, de modo que tenda pelo movimento ao ato. Portanto, quanto mais um ato é posterior e mais perfeito, tanto mais particularmente dirige-se para ele o apetite da matéria. Donde, é necessário que para o último e perfeitíssimo ato que a matéria pode alcançar, tenda o apetite da matéria pelo qual deseja a forma, como último fim da geração.

Entretanto, dão-se certos graus nos atos das formas. Com efeito, a matéria prima está em potência, em primeiro lugar, para a forma do elemento. Existente sob a forma do elemento, está em potência para a forma do misto: por causa disso os elementos são a matéria do misto. Sob a forma considerada do misto, porém, está em potência para a alma vegetal, pois a alma de tal corpo é ato. Igualmente, a alma vegetal está em potência para a sensitiva, e a sensitiva para a intelectiva. Mostra isso o processo da geração, pois, na geração, primeiramente, o feto é vivo por vida de planta, depois por vida de animal, finalmente por vida de homem. Mas depois dessa forma, não se acha nas coisas geráveis e corruptíveis uma forma posterior e mais digna. Portanto, o último fim de toda geração é a alma humana, e para essa tende a matéria, como última forma. São, pois, os elementos em vista aos corpos mistos, esses em vista dos vivos, nos quais as plantas são em vista dos animais, e os animais em vista do homem. Portanto, o homem é o fim de toda a geração.

E porque pelos mesmos princípios a coisa é gerada e conservada no ser, segundo a or-

emissum in generationibus rerum est etiam ordo in conservationibus earundem. Unde videmus quod corpora mixta sustentantur per elementorum congruas qualitates: plantae vero ex mixtis corporibus nutriuntur; animalia ex plantis nutrimentum habent; et quaedam etiam perfectiora et virtuosiora ex quibusdam imperfectioribus et infirmioribus. Homo vero utitur omnium rerum generibus ad sui utilitatem. Quibusdam quidem ad esum, quibusdam vero ad vestitum: unde et a natura nudus est institutus, utpote potens ex aliis sibi vestitum praeparare; sicut etiam nullum sibi congruum nutrimentum natura praeparavit nisi lac, ut ex diversis rebus sibi cibum conquireret. Quibusdam vero ad vehiculum: nam in motus celeritate, et in fortitudine ad sustinendos labores, multis animalibus infirmior invenitur, quasi aliis animalibus ad auxilium sibi praeparatis. Et super hoc omnibus sensibilibus utitur ad intellectualis cognitionis perfectionem. Unde et de homine in Psalmo dicitur, ad Deum directo sermone: omnia subiecisti sub pedibus eius. Et Aristoteles dicit, in I politicorum, quod homo habet naturale dominium super omnia animalia.

Si igitur motio ipsius caeli ordinatur ad generationem; generatio autem tota ordinatur ad hominem sicut in ultimum finem huius generis: manifestum est quod finis motionis caeli ordinatur ad hominem sicut in ultimum finem in genere generabilium et mobilium.

Hinc est quod deuteron. 4,19, dicitur quod Deus corpora caelestia fecit in ministerium cunctis gentibus.

Capitulum XXIII
Quod motus caeli est a principio intellectivo

Ex praemissis etiam ostendi potest primum motivum motus caeli esse aliquid intellectivum.

dem estabelecida nas gerações das coisas é também a ordem na sua conservação. Donde, vemos que os corpos mistos são sustentados pelas qualidades convenientes dos elementos: as plantas se nutrem dos corpos mistos, os animais têm sua nutrição das plantas, e alguns mais perfeitos e fortes, de outros mais imperfeitos e fracos. Já o homem usa de todos os gêneros para sua utilidade. De alguns para alimento, de outros para a veste, donde, também feito nu pela natureza, de modo a poder de outras coisas preparar para si a veste, assim também nenhuma nutrição conveniente lhe preparou a natureza, senão o leite, para que se conquistasse o alimento de diversas coisas. De algumas usa como veículo, pois na celeridade do movimento, e na fortaleza para manter os trabalhos, acha-se mais fraco que muitos animais, como se outros animais fossem preparados para seu auxílio. E, acima disso, usa de todas as coisas sensíveis para a perfeição do conhecimento intelectual. Donde, também a respeito do homem se diz no Salmo em palavra direta de Deus: *Submetestes todas as coisas a seus pés*[86]. E Aristóteles diz[87] que o homem tem o domínio natural sobre todos os animais.

Se, pois, o movimento do próprio céu é ordenado para a geração, mas toda a geração é ordenada ao homem como ao último fim desse gênero, é claro que o fim do movimento do céu se ordena ao homem, como ao fim último no gênero das coisas geráveis e das móveis.

Daí é que se diz no Deuteronômio[88] que Deus fez os corpos celestes *para o serviço de todas as nações*.

Capítulo 23
Como o movimento do céu vem de um princípio intelectivo

Do exposto também se pode mostrar que o primeiro motor do movimento do céu, é algo intelectivo.

---

[86] Salmo 8,8.
[87] Aristóteles (384-322 a.C.), em Política I, 5, 1254b, 10-13, 16-22. [A tradução do autor é livre.]
[88] Deuteronômio 4,19.

Nihil enim secundum propriam speciem agens intendit formam altiorem sua forma; intendit enim omne agens sibi simile. Corpus autem caeleste, secundum quod agit per motum suum, intendit ultimam formam, quae est intellectus humanus, quae quidem est altior omni corporali forma, ut ex praemissis patet. Corpus igitur caeli non agit ad generationem secundum propriam speciem, sicut agens principale, sed secundum speciem alicuius superioris agentis intellectualis, ad quod se habet corpus caeleste sicut instrumentum ad agens principale. Agit autem caelum ad generationem secundum quod movetur. Movetur igitur corpus caeleste ab aliqua intellectuali substantia.

Adhuc. Omne quod movetur, necesse est ab alio moveri, ut superius probatum est. Corpus igitur caeli ab alio movetur. Aut ergo illud aliud est omnino separatum ab eo: aut est ei unitum, ita quod compositum ex caelo et movente dicatur movere seipsum, inquantum una pars eius est movens et alia mota. Si autem sic est; omne autem movens seipsum est vivum et animatum: sequitur quod caelum sit animatum. Non autem alia anima quam intellectuali: non enim nutritiva, cum in eo non sit generatio et corruptio; neque sensitiva, cum non habeat organorum diversitatem. Sequitur ergo quod moveatur ab anima intellectiva. — Si autem movetur a motore extrinseco, aut illud erit corporeum, aut incorporeum. Et si quidem corporeum, non movet nisi motum: nullum enim corpus movet nisi motum, ut ex superioribus patet. Oportebit ergo et illud ab alio moveri. Cum autem non sit procedere in infinitum in corporibus, oportebit devenire ad primum movens incorporeum. Quod autem est penitus a corpore separatum, oportet esse intellectuale, ut ex superioribus patet. Motus igitur caeli, quod est primum corporeum, est ab intellectuali substantia.

Com efeito, nenhuma coisa operando segundo a própria espécie, busca uma forma mais elevada que sua forma, pois *todo agente busca o semelhante a si*. Ora, o corpo celeste, enquanto age por seu movimento, busca a forma última, que é o intelecto humano, a qual é certamente mais alta que toda forma corporal, como se evidencia do exposto[89]. Portanto, o corpo do céu não age para a geração, segundo a espécie própria, como agente principal, mas segundo a espécie de um agente intelectual superior ao qual se refere o corpo celeste, como instrumento para o agente principal. Ora, o céu age para a geração enquanto é movido. Portanto, o corpo celeste é movido por uma substância intelectual.

Ainda. É necessário que tudo que é movido, seja movido por outro, como foi provado[90]. Portanto, o corpo do céu é movido por outro. Logo, ou esse outro é totalmente separado d'Ele, ou é a ele unido, de modo que o composto de céu e movente é dito mover-se a si mesmo, enquanto uma parte d'Ele é motora e outra, movida. Ora, se assim é, como todo o que se move a si mesmo é vivo e animado, segue-se que o céu é animado. Entretanto, não por outra alma que a intelectual, e não pela nutritiva, porque nele não há geração e corrupção, nem pela sensitiva, porque não tem diversidade de órgãos. Segue-se, pois, que é movido por alma intelectiva. — Mas se é movido por motor extrínseco, ou esse será corpóreo, ou incorpóreo. E se corpóreo, não move senão movido, pois nenhum corpo move senão movido, como é claro pelo exposto[91]. Logo, será necessário que também ele seja movido por outro. Ora, como não se deve nos corpos proceder ao infinito, será necessário chegar a um primeiro motor incorpóreo. Ora, o que é completamente separado do corpo, é necessário que seja intelectual, como fica claro pelo exposto[92]. Portanto, o movimento do

---

[89] Cf. capítulo anterior.
[90] Livro I, cap. 13.
[91] Livro II, cap. 20.
[92] Livro I, cap. 44.

Item. Corpora gravia et levia moventur a generante et removente prohibens, ut probatur in VIII physicorum: non enim potest esse quod forma in eis sit movens et materia mota, nihil enim movetur nisi corpus. Sicut autem elementorum corpora sunt simplicia, et non est in eis compositio nisi materiae et formae, ita et corpora caelestia sunt simplicia. Si igitur moventur sicut gravia et levia, oportet quod moveantur a generante per se, et a removente prohibens per accidens. Hoc autem est impossibile: nam illa corpora ingenerabilia sunt, utpote non habentia contrarietatem; et motus eorum impediri non possunt. Oportet igitur quod moveantur illa corpora a moventibus per apprehensionem. Non autem sensitivam, ut ostensum est. Ergo intellectivam.

Amplius. Si principium motus caeli est sola natura, absque apprehensione aliqua, oportet quod principium motus caeli sit forma caelestis corporis, sicut et in elementis: licet enim formae simplices non sint moventes, sunt tamen principia motuum, ad eas enim consequuntur motus naturales, sicut et omnes aliae naturales proprietates. Non autem potest esse quod motus caelestis sequatur formam caelestis corporis sicut principium activum. Sic enim forma est principium motus localis, inquantum alicui corpori, secundum suam formam, debetur aliquis locus, in quem movetur ex VI suae formae tendentis in locum illum, quam quia dat generans, dicitur esse motor: sicut igni secundum suam formam competit esse sursum. Corpori autem caelesti, secundum suam formam, non magis congruit unum ubi quam aliud. Non igitur motus caelestis principium est sola natura. Oportet igitur quod principium motus eius sit aliquid per apprehensionem movens.

céu, que é o primeiro ente corpóreo, provém de uma substância intelectual.

Igualmente. Os corpos pesados e leves são movidos pelo que gera e remove o obstáculo, como se prova no livro da Física[93], pois não pode ser que a forma neles seja movente e a matéria movida, pois nada é movido senão o corpo. Ora, assim como os corpos dos elementos são simples, e neles não há composição senão de matéria e forma, também os corpos celestes são simples. Se, pois, são movidos como os pesados e os leves, é necessário que sejam movidos pelo que gera, por si, e pelo que remove o obstáculo, por acidente. Ora, isso é impossível, pois aqueles corpos são não geráveis, e como não tendo contrariedade, e seus movimentos não podem ser impedidos. Portanto, é necessário que sejam movidos aqueles corpos por moventes por meio da apreensão. Não, porém, apreensão sensitiva, como foi mostrado[94]. Logo, intelectiva.

Ademais. Se o princípio do movimento do céu é só a natureza, sem uma apreensão, é necessário que o princípio do movimento do céu seja a forma do corpo celeste, como nos elementos, embora as formas simples não sejam moventes, são, contudo, princípios dos movimentos, pois seguem-se a elas os movimentos naturais, como também todas as outras propriedades naturais. Ora, não pode dar-se que o movimento celeste siga a forma do corpo celeste, como princípio ativo. Assim, com efeito, a forma é princípio do movimento local, enquanto a algum corpo é devido, segundo sua forma, um lugar para o qual se mova por força de sua forma que tende àquele lugar, a qual porque dá o que gera, se diz ser o motor, como ao fogo, segundo sua forma, compete subir. Entretanto, ao corpo celeste, segundo sua forma, não convém um lugar mais do que outro. Portanto, a natureza só não é princípio do movimento celeste. Logo, é necessário que o princípio de seu movimento seja algo que mova por apreensão.

---

[93] Aristóteles (384-322 a.C.), em Física VIII, 4, 255b, 33-25ba, 2.
[94] Livro II, cap. 82.

Adhuc. Natura semper ad unum tendit: unde quae sunt a natura, semper sunt eodem modo, nisi impediantur; quod est in paucioribus. Quod igitur ex sui ratione habet difformitatem, impossibile est quod sit finis in quem tendit natura. Motus autem secundum rationem suam est huiusmodi: quod enim movetur, inquantum huiusmodi, dissimiliter se habet et nunc et prius. Impossibile est igitur quod natura intendat motum propter seipsum. Intendit igitur quietem per motum, quae se habet ad motum sicut unum ad multa: quiescit enim quod similiter se habet nunc et prius. Si igitur motus caeli sit a natura tantum, esset ordinatus in aliquam quietem. Cuius contrarium apparet: cum sit continuus. Non est igitur motus caeli a natura sicut a principio activo, sed magis a substantia intelligente.

Item. Omni motui qui est a natura sicut a principio activo, oportet quod, si accessus ad aliquid est naturalis, quod recessus ab eodem sit innaturalis et contra naturam: sicut grave accedit deorsum naturaliter, recedit autem inde contra naturam. Si igitur motus caeli esset naturalis, cum tendat ad occidentem naturaliter, contra naturam ab occidente recedens in orientem rediret. Hoc autem est impossibile: in motu enim caelesti nihil est violentum et contra naturam. Impossibile est igitur quod principium activum motus caelestis sit natura. Est igitur principium activum eius aliqua vis apprehensiva, et per intellectum, ut ex praedictis patet. Movetur igitur corpus caeleste a substantia intellectuali.

Non tamen est negandum motum caelestem esse naturalem. Dicitur enim esse motus aliquis naturalis, non solum propter activum principium, sed etiam propter passivum: sicut patet in generatione simplicium corporum. Quae quidem non potest dici naturalis ratione principii activi: movetur enim id naturaliter

Ainda. A natureza tende sempre ao mesmo, Donde, aquelas coisas que são naturais, sempre são do mesmo modo, a menos que sejam impedidas, o que se dá em poucos casos. Portanto, aquilo que tem por sua razão a desigualdade, é impossível que seja fim para o qual tende a natureza. Ora, o movimento, segundo sua razão, é assim, pois o que é movido, enquanto tal, se comporta diferentemente agora e depois. Portanto, é impossível que a natureza busque o movimento por ele mesmo. Busca, pois, o repouso pelo movimento, ela se tem para o movimento como o uno com relação ao múltiplo, pois repousa *aquilo que se comporta semelhantemente agora e depois.* Se, pois, o movimento do céu fosse natural, seria ordenado para algum repouso. O contrário disso é manifesto, porque é contínuo. Não procede, pois, o movimento do céu da natureza como de um princípio ativo, mas antes de uma substância inteligente.

Igualmente. A todo movimento que procede da natureza, como de um princípio ativo, é necessário que, se é natural o acesso a alguma coisa, que o retrocesso ao mesmo seja não natural e contra a natureza; por exemplo, o corpo pesado tende para baixo naturalmente, mas se afasta daí contra a natureza. Se, portanto, o movimento do céu fosse natural, ao tender para o ocidente naturalmente, afastando-se contra a natureza do ocidente, voltaria ao oriente. Ora, isso é impossível, pois no movimento celeste nada há de violento e contra a natureza. Portanto, é impossível que o princípio ativo do movimento celeste seja a natureza. É, pois, o princípio ativo d'Ele uma potência apreensiva, e pelo intelecto, como se evidencia do dito anteriormente. O corpo celeste é movido, portanto, por uma substância intelectual.

Entretanto, não se deve negar que o movimento celeste seja natural. Com efeito, um movimento é dito natural, não só por causa do princípio ativo, mas também por causa do passivo, como se evidencia na geração dos corpos simples. Essa certamente não pode dizer-se natural em razão do princípio ativo,

a principio activo cuius principium activum est intra, natura enim est principium motus in eo in quo est; principium autem activum in generatione simplicis corporis est extra. Non est igitur naturalis ratione principii activi, sed solum ratione principii passivi, quod est materia, cui inest naturalis appetitus ad formam naturalem. Sic ergo motus caelestis corporis, quantum ad activum principium, non est naturalis, sed magis voluntarius et intellectualis: quantum vero ad principium passivum est naturalis, nam corpus caeleste habet naturalem aptitudinem ad talem motum.

Hoc autem manifeste apparet si habitudo consideretur caelestis corporis ad suum ubi. Patitur enim et movetur unumquodque secundum quod est in potentia, agit vero et movet secundum quod est actu. Corpus autem caeleste, secundum suam substantiam consideratum, invenitur ut in potentia indifferenter se habens ad quodlibet ubi, sicut materia prima ad quamlibet formam, sicut praedictum est.

Aliter autem est de corpore gravi et levi, quod, in sua natura consideratum, non est indifferens ad omnem locum, sed ex ratione suae formae determinatur sibi locus. Natura igitur corporis gravis et levis est principium activum motus eius: natura vero corporis caelestis est motus ipsius passivum principium. Unde non debet alicui videri quod violenter moveatur, sicut corpora gravia et levia, quae a nobis moventur per intellectum. Corporibus enim gravibus et levibus inest naturalis aptitudo ad contrarium motum ei quo moventur a nobis, et ideo a nobis moventur per violentiam: licet motus corporis animalis, quo movetur ab anima, non sit ei violentus inquantum est animatum, etsi sit ei violentus inquantum est grave quoddam. Corpora autem caelestia non habent aptitudinem ad motum contrarium, sed ad illum quo moventur a substantia intelligente. Unde simul est voluntarius,

pois é movido por princípio ativo, naturalmente, aquilo de que o princípio ativo é interno, pois *a natureza é princípio do movimento em que está*[95], mas o princípio ativo na geração do corpo simples é externo. Não é, pois, natural em razão do princípio ativo, mas só em razão do princípio passivo, que é a matéria, na qual está presente o apetite natural para a forma natural. Assim, pois, o movimento do corpo celeste, quanto ao princípio ativo, não é natural, mas antes voluntário e intelectual; quanto, porém, ao princípio passivo, é natural, pois o corpo celeste tem aptidão natural para tal movimento.

Ora, isso manifestamente se vê, se é considerada a aptidão do corpo celeste para seu *lugar*. Com efeito, sofre e é movida cada coisa enquanto está em potência, mas age e move enquanto está em ato. Ora, o corpo celeste, considerado segundo sua substância, acha-se indiferentemente como em potência se havendo para qualquer *lugar*, como a matéria prima para qualquer forma, como foi dito antes[96].

Ora, diferentemente se dá com o corpo pesado e leve, que, considerado em sua natureza, não é indiferente para todo lugar, mas por razão de sua forma determina-se o lugar. A natureza, pois, do corpo pesado e leve é princípio ativo de seu movimento, ao passo que a natureza do corpo celeste é princípio passivo de seu próprio movimento. Donde, não deve a alguém parecer que se mova violentamente, como os corpos pesados e leves, que são movidos por nós pelo intelecto. Com efeito, aos corpos pesados e leves está presente a aptidão natural ao movimento contrário àquilo em que são movidos por nós, e assim são movidos por nós por violência; embora o movimento do corpo do animal, no que é movido pela alma, não lhe seja violento enquanto é animado, contudo lhe é violento, enquanto é certo peso. Ora, os corpos celestes não têm aptidão para o movimento contrário, mas para aquele no

---

[95] Aristóteles (384-322 a.C.), em Física II, 1, 192b, 21-22.
[96] Cf. capítulo anterior.

quantum ad principium activum; et naturalis, quantum ad principium passivum.

Quod autem motus caeli est voluntarius secundum activum principium, non repugnat unitati et conformitati caelestis motus, ex hoc quod voluntas ad multa se habet, et non est determinata ad unum. Quia sicut natura determinatur ad unum per suam virtutem, ita voluntas determinatur ad unum per suam sapientiam, qua voluntas dirigitur infallibiliter ad unum finem.

Patet etiam ex praemissis quod in motu caelesti non est contra naturam neque accessus ad aliquod ubi, neque recessus ab eo. Hoc enim accidit in motu gravium et levium propter duo: Primo quidem, quia intentio naturae est determinata in gravibus et levibus ad unum locum, unde, sicut naturaliter tendit in ipsum, ita contra naturam recedit ab eo. — Secundo, quia duo motus quorum unus accedit ad terminum, et alter recedit, sunt contrarii. Si autem accipiatur in motu gravium et levium non ultimus locus, sed medius, sicut ad ipsum acceditur naturaliter, ita ab ipso naturaliter receditur: quia totum stat sub una intentione naturae; et non sunt motus contrarii, sed unus et continuus.

Ita autem est in motu caelestium corporum: quia naturae intentio non est ad aliquod ubi determinatum, ut iam dictum est; motus etiam quo recedit corpus circulariter motum ab aliquo signo, non est contrarius motui quo illuc accedit, sed est unus motus et continuus. Unde quodlibet ubi in motu caeli est sicut medium, et non sicut extremum in motu recto.

Non differt autem, quantum ad praesentem intentionem, utrum corpus caeleste moveatur a substantia intellectuali coniuncta, quae sit anima eius, vel a substantia separata; et utrum unumquodque corporum caelestium moveatur a Deo immediate, vel nullum,

qual são movidos por uma substância inteligente. Donde, simultaneamente é voluntário, quanto ao princípio ativo, e natural, quanto ao princípio passivo.

Que, entretanto, o movimento do céu seja voluntário segundo o princípio ativo, não repugna à unidade e conformidade do movimento celeste, pelo fato de que a vontade se tem para muitas coisas, e não é determinada a uma só. Porque, como a natureza é determinada a uma só coisa por sua virtude, assim a vontade é determinada a uma só coisa por sua sabedoria, pela qual se dirige infalivelmente a um só fim.

Evidencia-se também do exposto que não é contra a natureza, movimento celeste, nem o acesso a algum *lugar*, nem o afastamento d'Ele. Com efeito, isso acontece no movimento dos pesados e leves por duas razões: Primeira, porque a intenção da natureza é determinada nos pesados e leves a um só *lugar*, Donde, como naturalmente tende para ele, assim contra a natureza d'Ele se afasta. — Segunda, porque dois movimentos são contrários quando um acede ao termo, e outro se afasta. Se, pois, se toma no movimento dos pesados e leves não o último *lugar*, mas o intermediário, assim como a esse acede naturalmente, assim d'Ele naturalmente se afasta, porque está todo sob uma só intenção da natureza, e não são movimentos contrários, mas um só e contínuo. Ora, assim se dá no movimento dos corpos celestes, porque a intenção da natureza não é para algum *lugar* determinado, como já foi dito; também o movimento no qual se afasta o corpo movido circularmente de um ponto assinalado, não é contrário ao movimento no qual d'Ele se aproxima, mas é um só movimento e contínuo. Donde, qualquer *lugar* no movimento do céu é como intermédio, e não como extremo no movimento retilíneo.

Não difere, porém, quanto à presente intenção, se o corpo celeste se mova por uma substância intelectual unida, que é sua alma, ou por uma substância separada, e se cada um dos corpos celestes seja movido por Deus imediatamente, ou nenhum, mas mediante

sed mediantibus substantiis intellectualibus creatis; aut primum tantum immediate a Deo, alia vero mediantibus substantiis creatis; dummodo habeatur quod motus caelestis est a substantia intellectuali.

Capitulum XXIV
Quomodo appetunt bonum etiam quae cognitione carent

Si autem corpus caeleste a substantia intellectuali movetur, ut ostensum est; motus autem corporis caelestis ordinatur ad generationem in inferioribus: necesse est quod generationes et motus istorum inferiorum procedant ex intentione substantiae intelligentis.

In idem enim fertur intentio principalis agentis, et instrumenti. Caelum autem est causa inferiorum motuum secundum suum motum, quo movetur a substantia intellectuali. Sequitur ergo quod sit sicut instrumentum intellectualis substantiae. Sunt igitur formae et motus inferiorum corporum a substantia intellectuali causatae et intentae sicut a principali agente, a corpore vero caelesti sicut ab instrumento.

Oportet autem quod species eorum quae causantur et intenduntur ab intellectuali agente, praeexistant in intellectu ipsius: sicut formae artificiatorum praeexistunt in intellectu artificis, et ex eis deriventur in effectus. Omnes igitur formae quae sunt in istis inferioribus, et omnes motus, derivantur a formis intellectualibus quae sunt in intellectu alicuius substantiae, vel aliquarum. Et propter hoc dicit boetius, in libro de Trin., quod formae quae sunt in materia, venerunt a formis quae sunt sine materia. Et quantum ad hoc verificatur dictum Platonis, quod formae separatae sunt principia formarum quae sunt in materia: licet Plato posuerit eas per se subsistentes, et causantes immediate formas sensibilium; nos

substâncias intelectuais criadas, ou apenas o primeiro imediatamente por Deus, e os outros, mediante substâncias criadas, desde que se tenha que o movimento celeste se dá por uma substância intelectual.

Capítulo 24
Como aquelas coisas que carecem de conhecimento desejam o bem

Se o corpo celeste é movido por uma substância intelectual, como foi mostrado[97], e o movimento do corpo celeste se ordena à geração nos corpos inferiores, é necessário que as gerações e os movimentos desses inferiores procedam da intenção da substância inteligente.

Com efeito, para o mesmo se dirige a intenção do agente principal e do instrumento. Ora, o céu é causa dos movimentos inferiores segundo seu movimento, com o qual é movido pela substância intelectual. Segue-se, pois, que ele é como instrumento da substância intelectual. Portanto, as formas e movimentos dos corpos inferiores são causados e intencionados por uma substância intelectual como agente principal e pelo corpo celeste como por instrumento.

Entretanto, é necessário que as espécies deles, que são causadas e intencionadas pelo agente intelectual, preexistam no seu intelecto, como as formas dos artefatos preexistem no intelecto do artífice, e delas derivem para os efeitos. Portanto, todas as formas que estão nesses inferiores, e todos os movimentos, são derivados das formas intelectuais que estão no intelecto de uma substância, ou de algumas. E por causa disso Boécio diz[98] que *as formas que estão na matéria, vieram das formas que são sem matéria*. E quanto a isso verifica-se o dito de Platão[99], que as formas separadas são os princípios das formas que estão na matéria, embora Platão as tenha afirmado por si subsistentes, e causadoras imediatamente das

---

[97] Cf. capítulo anterior.
[98] Boécio (480-524), em Sobre a Trindade, 2, ML 64, 1250D.
[99] Cf. Aristóteles (384-322 a.C.), em Metafísica I. 6, 987a, 30, 14.

vero ponamus eas in intellectu existentes, et causantes formas inferiores per motum caeli.

Quia vero omne quod movetur ab aliquo per se, non secundum accidens, dirigitur ab eo in finem sui motus; corpus autem caeleste movetur a substantia intellectuali; corpus autem caeleste causat per sui motum omnes motus in istis inferioribus: necessarium est quod corpus caeleste dirigatur in finem sui motus per substantiam intellectualem, et per consequens omnia inferiora corpora in proprios fines.

Sic igitur non est difficile videre qualiter naturalia corpora cognitione carentia moveantur et agant propter finem. Tendunt enim in finem sicut directa in finem a substantia intelligente, per modum quo sagitta tendit ad signum directa a sagittante. Sicut enim sagitta consequitur inclinationem ad finem determinatum ex impulsione sagittantis, ita corpora naturalia consequuntur inclinationem in fines naturales ex moventibus naturalibus, ex quibus sortiuntur suas formas et virtutes et motus. — Unde etiam patet quod quodlibet opus naturae est opus substantiae intelligentis: nam effectus principalius attribuitur primo moventi dirigenti in finem, quam instrumentis ab eo directis. Et propter hoc operationes naturae inveniuntur ordinate procedere ad finem, sicut operationes sapientis.

Planum igitur fit quod ea etiam quae cognitione carent, possunt operari propter finem; et appetere bonum naturali appetitu; et appetere divinam similitudinem; et propriam perfectionem. Non est autem differentia sive hoc sive illud dicatur. Nam per hoc quod tendunt in suam perfectionem, tendunt ad bonum: cum unumquodque in tantum bonum sit in quantum est perfectum. Secundum vero quod tendit ad hoc quod sit bonum, tendit in divinam similitudinem: Deo enim assimilatur aliquid inquantum bonum est. Bonum autem hoc vel illud particulare habet quod sit appetibile inquantum est similitudo primae

formas dos sensíveis; nós, porém, afirmamos que elas existem no intelecto, e causam as formas inferiores pelo movimento do céu.

Porque tudo o que é movido por outro, propriamente, não por acidente, é dirigido por ele ao termo de seu movimento, e porque o corpo celeste movido pela substância intelectual causa por seu movimento todos os movimentos nesses inferiores, é necessário que o corpo celeste seja dirigido ao termo de seu movimento pela substância intelectual, e, por conseguinte, todos os corpos inferiores para os próprios fins.

Assim, pois, não é difícil ver de que maneira os corpos naturais carentes de conhecimento são movidos e agem por causa do fim. Tendem, com efeito, ao fim como dirigidos por uma substância inteligente, pelo modo que a flecha tende ao alvo, dirigida pelo flecheiro. Assim como a flecha alcança a inclinação para o fim determinado pelo impulso do flecheiro, assim os corpos naturais alcançam a inclinação para os fins naturais pelos motores naturais, dos quais têm suas formas tanto as virtudes quanto os movimentos. — Donde, também se evidencia que qualquer obra da natureza é obra de uma substância inteligente, pois o efeito é atribuído principalmente ao primeiro motor que dirige ao fim, mais do que aos instrumentos por ele dirigidos. E por causa disso se vê que as operações da natureza procedem ordenadamente ao fim, como as operações de um sábio.

Torna-se evidente, portanto, que também as coisas que carecem de conhecimento, podem operar em vista do fim, não só desejando o bem por apetite natural, mas também desejando a semelhança divina como a perfeição própria. Não há, contudo, diferença em que se diga isto ou aquilo. Com efeito, enquanto tendem à sua perfeição, tendem ao bem, uma vez que cada coisa está no bem tanto quanto é perfeita. Já enquanto tende ao que é o bem, tende à semelhança divina, pois algo se assemelha a Deus enquanto é bom. Ora, este ou aquele bem particular é apetecível enquanto é semelhança da primeira bondade. Por cau-

bonitatis. Propter hoc igitur tendit in proprium bonum, quia tendit in divinam similitudinem, et non e converso. Unde patet quod omnia appetunt divinam similitudinem quasi ultimum finem.

Bonum autem suum cuiuslibet rei potest accipi multipliciter. — Uno quidem modo, secundum quod est eius proprium ratione individui. Et sic appetit animal suum bonum cum appetit cibum, quo in esse conservatur. — Alio modo, secundum quod est eius ratione speciei. Et sic appetit proprium bonum animal inquantum appetit generationem prolis et eius nutritionem, vel quicquid aliud operetur ad conservationem vel defensionem individuorum suae speciei. — Tertio vero modo, ratione generis. Et sic appetit proprium bonum in causando agens aequivocum: sicut caelum. — Quarto autem modo, ratione similitudinis analogiae principiatorum ad suum principium. Et sic Deus, qui est extra genus, propter suum bonum omnibus rebus dat esse.

Ex quo patet quod quanto aliquid est perfectioris virtutis, et eminentius in gradu bonitatis, tanto appetitum boni communiorem habet, et magis in distantibus a se bonum quaerit et operatur. Nam imperfecta ad solum bonum proprii individui tendunt; perfecta vero ad bonum speciei; perfectiora vero ad bonum generis; Deus autem, qui est perfectissimus in bonitate, ad bonum totius entis. Unde non immerito dicitur a quibusdam quod bonum, inquantum huiusmodi, est diffusivum: quia quanto aliquid invenitur melius, tanto ad remotiora bonitatem suam diffundit. Et quia in quolibet genere quod est perfectissimum est exemplar et mensura omnium quae sunt illius generis, oportet quod Deus, qui est in bonitate perfectissimus et suam bonitatem communissime diffundens, in sua diffusione sit exemplar omnium bonitatem diffundentium.

sa disso, pois, tende ao próprio bem, porque tende à divina semelhança, e não ao contrário. Donde, se evidencia que todas as coisas desejam a divina semelhança, como fim último.

O bem próprio de qualquer coisa pode ser entendido de muitos modos. — De um modo, enquanto é próprio dela, em razão do indivíduo. E assim o animal deseja seu bem, quando deseja o alimento, pelo qual é conservado no ser. — De outro modo, enquanto é d'Ele em razão da espécie. E assim deseja o próprio bem o animal enquanto deseja a geração da prole e sua alimentação, ou qualquer outra coisa que opere para a conservação ou defesa dos indivíduos de sua espécie. — De um terceiro modo, em razão do gênero. E assim um agente equívoco, como o céu, deseja o bem próprio, ao causar. — De um quarto modo, em razão da analogia de semelhança dos principiados com seu princípio. E assim Deus, que está fora do gênero, por causa de seu bem, dá o ser a todas as coisas.

Disso se evidencia que quanto mais uma coisa é de virtude mais perfeita, e mais eminente em grau de bondade, tanto mais tem o apetite mais comum do bem, e busca o bem e opera nas coisas mais distantes de si. Com efeito, as coisas imperfeitas tendem ao bem só do próprio indivíduo, mas as perfeitas ao bem da espécie e as mais perfeitas ao bem do gênero; Deus, porém, que é em bondade perfeitíssimo, ao bem de todo ente. Donde, alguns dizem, não imerecidamente, que *o bem, enquanto tal é difusivo*[100], porque quanto mais uma coisa é melhor, tanto mais difunde sua bondade às coisas mais remotas. E porque, *em qualquer gênero, o que é perfeitíssimo é o modelo e a medida de todas as coisas que são daquele gênero*[101], é necessário que Deus, que é perfeitíssimo em bondade e difusor universalmente de sua bondade, seja em sua difusão modelo de todos os que difundem a bondade.

---

[100] Dionísio Areopagita (séc. V-VI), em Os Nomes Divinos, 4, 1, MG 3, 693b.
[101] Aristóteles (384-322 a.C.), em Metafísica I, 1, 993b, 24-30.

Inquantum autem unumquodque bonitatem diffundit in alia, fit aliorum causa. Hinc etiam patet quod unumquodque tendens ad hoc quod sit aliorum causa, tendit in divinam similitudinem, et nihilominus tendit in suum bonum.

Non est ergo inconveniens si motus corporum caelestium, et actiones motorum eorum, dicantur esse aliqualiter propter haec corpora quae generantur et corrumpuntur, quae sunt eis indigniora. Non enim sunt propter haec sicut propter ultimum finem: sed, intendentes horum generationem, intendunt suum bonum, et divinam similitudinem tanquam ultimum finem.

Capitulum 25
Quod intelligere Deum est finis omnis intellectualis substantiae

Cum autem omnes creaturae, etiam intellectu carentes, ordinentur in Deum sicut in finem ultimum; ad hunc autem finem pertingunt omnia inquantum de similitudine eius aliquid participant: intellectuales creaturae aliquo specialiori modo ad ipsum pertingunt, scilicet per propriam operationem intelligendo ipsum. Unde oportet quod hoc sit finis intellectualis creaturae, scilicet intelligere Deum.

Ultimus enim finis cuiuslibet rei est Deus, ut ostensum est. Intendit igitur unumquodque sicut ultimo fini Deo coniungi quanto magis sibi possibile est. Vicinius autem coniungitur aliquid Deo per hoc quod ad ipsam substantiam eius aliquo modo pertingit, quod fit dum aliquid quis cognoscit de divina substantia, quam dum consequitur eius aliquam similitudinem. Substantia igitur intellectualis tendit in divinam cognitionem sicut in ultimum finem.

Item. Propria operatio cuiuslibet rei est finis eius: est enim secunda perfectio ipsius; unde quod ad propriam operationem bene se habet, dicitur virtuosum et bonum. Intelligere autem est propria operatio substantiae intellectualis. Ipsa igitur est finis eius. Quod igi-

Entretanto, enquanto cada coisa difunde a bondade em outras, torna-se causa delas. Daí também se evidencia que cada coisa que tende a ser causa de outras, tende à divina semelhança, e, não obstante, tende a seu bem. Não há, pois, inconveniente se o movimento dos corpos celestes e as ações de seus motores sejam de certo modo por causa destes corpos, que são gerados e se corrompem, e que são mais indignos que eles.

Com efeito, não são por causa destes como fim último, mas, buscando sua geração, buscam seu bem e a divina semelhança como fim último.

Capítulo 25
Conhecer a Deus é o fim de toda substância inteligente

Uma vez que todas as criaturas, mesmo as carentes de intelecto, se ordenam a Deus como ao fim último, e atingem esse fim enquanto participam de sua semelhança, as criaturas intelectuais atingem-no de um modo mais especial, a saber, por própria operação, conhecendo-o. Donde, é necessário que este seja o fim da criatura intelectual, a saber, conhecer a Deus.

Com efeito, o fim último de qualquer coisa é Deus, como foi mostrado[102]. Portanto, cada coisa busca, como fim último, unir-se a Deus quanto mais lhe for possível. Ora, uma coisa une-se mais proximamente a Deus enquanto atinge de algum modo a própria substância d'Ele, o que se faz quando alguém conhece algo da substância divina, mais do que quando alcança uma semelhança d'Ele. Portanto, a substância intelectual tende ao conhecimento divino, como ao fim último.

Igualmente. A operação própria de qualquer coisa é o seu fim dela, pois é a sua segunda perfeição; donde, se diz virtuoso e bom quem corresponde bem à própria operação, Ora, conhecer é a operação própria da substância intelectual. Essa é, pois, o fim dela.

---

[102] Cf. cap. 17.

tur est perfectissimum in hac operatione, hoc est ultimus finis: et praecipue in operationibus quae non ordinantur ad aliqua operata, sicut est intelligere et sentire. Cum autem huiusmodi operationes ex obiectis speciem recipiant, per quae etiam cognoscuntur, oportet quod tanto sit perfectior aliqua istarum operationum, quanto eius obiectum est perfectius. Et sic intelligere perfectissimum intelligibile, quod Deus est, est perfectissimum in genere huius operationis quae est intelligere. Cognoscere igitur Deum intelligendo est ultimus finis cuiuslibet intellectualis substantiae.

Potest autem aliquis dicere intellectualis quidem substantiae ultimum finem consistere in intelligendo optimum intelligibile: non tamen illud quod est optimum intelligibile huius vel illius intellectualis substantiae, est optimum intelligibile simpliciter, sed quanto aliqua intellectualis substantia est altior, tanto suum intelligibile optimum est altius. Et ideo forte suprema intellectualis substantia creata habet pro intelligibili optimo illud quod est optimum simpliciter, unde eius felicitas erit in intelligendo Deum: cuiuslibet vero inferioris substantiae intellectualis felicitas erit intelligere aliquod inferius intelligibile, quod est tamen altissimum eorum quae ab ipsa intelliguntur. Et praecipue intellectus humani videtur quod non sit intelligere optimum intelligibile simpliciter, propter eius debilitatem: habet enim se ad cognoscendum illud quod est maximum intelligibile sicut oculus noctuae ad solem.

Sed manifeste apparet quod finis cuiuslibet substantiae intellectualis, etiam infimae, est intelligere Deum. Ostensum est enim supra quod omnium entium ultimus finis in quem tendunt, est Deus. Intellectus autem humanus, etsi sit infimus in ordine intellectualium substantiarum, est tamen superior omnibus intellectu carentibus.

Cum ergo nobilioris substantiae non sit ignobilior finis, erit etiam intellectus humani

Aquilo, pois, que é perfeitíssimo nesta operação, isso é o fim último; e principalmente nas operações que não se ordenam para algumas obras, como é o conhecer e o sentir. Como, tais operações recebem a espécie dos objetos, pelas quais também são conhecidas, é necessário que tanto mais perfeita seja alguma dessas operações quanto mais perfeito for o objeto dela. E assim conhecer o inteligível perfeitíssimo, que é Deus, é o mais perfeito no gênero dessa operação, que é conhecer. Conhecer, portanto, conhecendo a Deus, é o fim último de toda substância intelectual.

Alguém pode dizer, entretanto, que o último fim de uma substância intelectual consiste no conhecer o ótimo inteligível, mas não aquilo que é o ótimo inteligível desta ou daquela substância intelectual, é o inteligível ótimo simplesmente, mas quanto mais alta é uma substância intelectual, tanto mais elevado é seu inteligível ótimo. E assim talvez a suprema substância intelectual criada tem por inteligível ótimo aquilo que é ótimo simplesmente, Donde, sua felicidade estará em conhecer a Deus, mas a felicidade de qualquer substância intelectual inferior é conhecer um inteligível inferior, que, porém, é o mais alto entre aqueles que são conhecidos por ela. E parece que não é próprio do intelecto humano principalmente conhecer o ótimo inteligível simplesmente, por causa de sua fraqueza: ele se comporta, com efeito, para conhecer aquilo que é o máximo inteligível, como *o olho da coruja em relação ao sol*[103].

Mas é manifestamente claro que o fim de qualquer substância intelectual, mesmo inferior, é conhecer a Deus. Com efeito, foi mostrado[104] que o último fim de todos os entes, ao qual tendem, é Deus. Ora, o intelecto humano, embora seja ínfimo na ordem das substâncias intelectuais, é, porém, superior a todas as coisas carentes de intelecto. Como, pois, não é próprio de uma substância mais nobre ter um fim menos elevado, o fim do intelecto humano

---

[103] Aristóteles (384-322 a.C.), em Metafísica I, 1, 993b, 9-10.
[104] Cf. cap. 17.

finis ipse Deus. Unumquodque autem intelligens consequitur suum finem ultimum per hoc quod ipsum intelligit, ut ostensum est. Intelligendo igitur pertingit intellectus humanus ad Deum sicut ad finem.

Adhuc. Sicut res intellectu carentes tendunt in Deum sicut in finem per viam assimilationis, ita substantiae intellectuales per viam cognitionis, ut ex praedictis patet. Res autem intellectu carentes, etsi tendant in similitudinem proximorum agentium, non tamen ibi quiescit naturae intentio, sed habet pro fine assimilationem ad summum bonum, ut ex dictis patet, etsi imperfectissime ad hanc similitudinem possint pertingere. Intellectus igitur quantumcumque modicum possit de divina cognitione percipere, illud erit sibi pro ultimo fine, magis quam perfecta cognitio inferiorum intelligibilium.

Amplius. Unumquodque maxime desiderat suum finem ultimum. Intellectus autem humanus magis desiderat, et amat, et delectatur in cognitione divinorum, quamvis modicum quidem de illis percipere possit, quam in perfecta cognitione quam habet de rebus infimis. Est igitur ultimus finis hominis intelligere quoquo modo Deum.

Adhuc. Unumquodque tendit in divinam similitudinem sicut in proprium finem. Illud igitur per quod unumquodque maxime Deo assimilatur, est ultimus finis eius. Deo autem assimilatur maxime creatura intellectualis per hoc quod intellectualis est: hanc enim similitudinem habet prae ceteris creaturis, et haec includit omnes alias. In genere autem huius similitudinis magis assimilatur Deo secundum quod intelligit actu, quam secundum quod intelligit in habitu vel potentia: quia Deus semper actu intelligens est, ut in primo probatum est. Et in hoc quod intelligit actu, maxime assimilatur Deo secundum quod intelligit ipsum Deum: nam ipse Deus intelligendo se

será então o próprio Deus. Cada ser inteligente alcança seu fim último pelo que conhece, como foi mostrado. Conhecendo, pois, atinge o intelecto humano a Deus, como ao fim.

Ainda. Assim como as coisas carentes de intelecto tendem a Deus como ao fim por via de semelhança, assim as substâncias intelectuais por via de conhecimento, como se evidencia do exposto. Entretanto, as coisas carentes de intelecto, mesmo que tendam à semelhança dos agentes próximos, não repousa aí a intenção da natureza, mas tem por fim a semelhança do sumo bem, como se evidencia do que foi dito[105], mesmo que imperfeitíssimamente possam chegar a essa semelhança. O intelecto, portanto, por menos que possa perceber do conhecimento divino, isso será para ele como fim último, mais que o conhecimento perfeito dos inteligíveis inferiores.

Ademais. Cada ente deseja ao máximo seu fim último. Ora, o intelecto humano mais deseja, e ama, e se compraz no conhecimento das coisas divinas, embora possa delas perceber bem menos do que no conhecimento perfeito, que tem das coisas ínfimas. É, pois, o último fim do homem conhecer a Deus de algum modo.

Ainda. Cada ente tende á divina semelhança como ao próprio fim. Aquilo, pois, pelo qual cada ente maximamente se assemelha a Deus é seu fim último. Ora, a Deus se assemelha Ao máximo a criatura intelectual pelo que é intelectual, pois, sobre todas as criaturas, tem essa semelhança e ela inclui todas as outras. No gênero dessa semelhança, porém, assemelha-se a Deus enquanto conhece em ato, mais do que enquanto conhece em hábito ou em potência, porque Deus é sempre inteligente em ato, como foi provado[106]. E, ao conhecer em ato, maximamente assemelha-se a Deus enquanto conhece o próprio Deus, pois Deus mesmo, conhecendo-se, conhece to-

[105] Cf. cap. 19.
[106] Livro I, cap. 56.

intelligit omnia alia, ut in primo probatum est. Intelligere igitur Deum est ultimus finis omnis intellectualis substantiae.

Item. Quod est tantum propter aliud diligibile, est propter illud quod est tantum propter se diligibile: non enim est abire in infinitum in appetitu naturae, quia desiderium naturae frustraretur, cum non sit possibile pertransire infinita. Omnes autem scientiae et artes et potentiae practicae sunt tantum propter aliud diligibiles: nam in eis finis non est scire, sed operari. Scientiae autem speculativae sunt propter seipsas diligibiles: nam finis earum est ipsum scire. Nec invenitur aliqua actio in rebus humanis quae non ordinetur ad alium finem, nisi consideratio speculativa. Nam etiam ipsae actiones ludicrae, quae videntur absque fine fieri, habent aliquem finem debitum, scilicet ut per eas quodammodo mente relevati, magis simus postmodum potentes ad studiosas operationes: alias esset semper ludendum, si ludus propter se quaereretur, quod est inconveniens.

Ordinantur igitur artes practicae ad speculativas, et similiter omnis humana operatio ad speculationem intellectus, sicut ad finem. In omnibus autem scientiis et artibus ordinatis ad illam videtur pertinere ultimus finis quae est praeceptiva et architectonica aliarum: sicut ars gubernatoria, ad quam pertinet finis navis, qui est usus ipsius, est architectonica et praeceptiva respectu navisfactivae. Hoc autem modo se habet philosophia prima ad alias scientias speculativas, nam ab ipsa omnes aliae dependent, utpote ab ipsa accipientes sua principia, et directionem contra negantes principia: ipsaque prima philosophia tota ordinatur ad Dei cognitionem sicut ad ultimum finem, unde et scientia divina nominatur. Est ergo cognitio divina finis ultimus omnis humanae cognitionis et operationis.

das as coisas, como foi provado[107]. Conhecer, pois, a Deus é o fim último de toda substância intelectual.

Igualmente. O que é desejável somente por causa de outra coisa, é desejável em vista daquilo somente que é por si mesmo desejável, pois não se deve ir ao infinito no apetite da natureza, porque se frustraria o desejo da natureza, pois não é possível percorrer infinitos. Ora, todas as ciências, artes e potências práticas são desejáveis apenas por causa de outra coisa, pois nelas o fim não é saber, mas operar. As ciências especulativas, porém, são desejáveis por si mesmas, pois o fim delas é o próprio saber. Nem se vê outra ação nas coisas humanas que não se ordene a outro fim, senão a consideração especulativa. Com efeito, mesmo as ações lúdicas, que parecem fazer-se sem um fim, têm um fim devido, ou seja, para que por meio delas de algum modo descansados na mente, estejamos, após, mais aptos para operações difíceis; do contrário, se estaria sempre jogando, se o jogo se buscasse por si mesmo, o que é inconveniente.

Portanto, as artes práticas se ordenam às especulativas, e semelhantemente toda operação humana à especulação do intelecto, como ao fim. Ora, em todas as ciências e artes ordenadas, parece pertencer o último fim àquela, que é preceptiva e arquitetônica das outras, como a arte governativa, à qual pertence o fim do navio, que é o uso d'Ele, e é arquitetônica e preceptiva com respeito à fabricação de navios. Desse modo, porém, se comporta a filosofia primeira com relação às outras ciências especulativas, pois dela todas as outras dependem, como dela recebendo seus princípios, e direção contra os que negam os princípios, e a mesma filosofia primeira se ordena toda ao conhecimento de Deus como ao fim último, Donde, também se chama *ciência divina*[108]. O conhecimento divino é, pois, o fim último de todo o conhecimento e operação humanos.

---

[107] Livro I, cap. 49.
[108] Aristóteles (384-322 a.C.), em Metafísica I, 2, 983a, 5.

Adhuc. In omnibus agentibus et moventibus ordinatis oportet quod finis primi agentis et motoris sit ultimus finis omnium: sicut finis ducis exercitus est finis omnium sub eo militantium. Inter omnes autem hominis partes, intellectus invenitur superior motor: nam intellectus movet appetitum, proponendo ei suum obiectum; appetitus autem intellectivus, qui est voluntas, movet appetitus sensitivos, qui sunt irascibilis et concupiscibilis, unde et concupiscentiae non obedimus nisi voluntatis imperium adsit; appetitus autem sensitivus, adveniente consensu voluntatis, movet iam corpus. Finis igitur intellectus est finis omnium actionum humanarum. Finis autem et bonum intellectus est verum: et per consequens ultimus finis primum verum. Est igitur ultimus finis totius hominis, et omnium operationum et desideriorum eius, cognoscere primum verum, quod est Deus.

Amplius. Naturaliter inest omnibus hominibus desiderium cognoscendi causas eorum quae videntur: unde propter admirationem eorum quae videbantur, quorum causae latebant, homines primo philosophari coeperunt, invenientes autem causam quiescebant. Nec sistit inquisitio quousque perveniatur ad primam causam: et tunc perfecte nos scire arbitramur quando primam causam cognoscimus. Desiderat igitur homo naturaliter cognoscere primam causam quasi ultimum finem. Prima autem omnium causa Deus est. Est igitur ultimus finis hominis cognoscere Deum.

Praeterea. Cuiuslibet effectus cogniti naturaliter homo scire causam desiderat. Intellectus autem humanus cognoscit ens universale. Desiderat igitur naturaliter cognoscere causam eius, quae solum Deus est, ut in secundo probatum est. Non est autem aliquis assecutus finem ultimum quousque naturale desiderium quiescat. Non sufficit igitur ad felicitatem hu-

Ainda. Em todos os agentes e motores ordenados é necessário que o fim do primeiro agente e motor seja o fim último de todos, como o fim do comandante do exército é o fim de todos os soldados sob ele. Ora, entre todas as partes do homem, o intelecto é o motor superior, pois o intelecto move o apetite, propondo-lhe seu objeto, o apetite intelectivo, que é a vontade, move os apetites sensitivos, que são o irascível e o concupiscível, Donde, também não obedecemos à concupiscência se não estiver presente o império da vontade, por sua vez o apetite sensitivo, advindo o consentimento da vontade, move então o corpo. Portanto, o fim do intelecto é o fim de todas as ações humanas. Ora, *o fim e o bem do intelecto é o verdadeiro*[109] e, por conseguinte, o fim último é o primeiro verdadeiro. É, pois, o fim último de todo homem, e de todas as operações e desejos d'Ele, conhecer o primeiro verdadeiro, que é Deus.

Ademais. Está presente naturalmente em todos os homens o desejo de conhecer as causas daquelas coisas que são vistas, Donde, por causa da admiração das coisas que são vistas, cujas causas se ocultavam, os homens por primeiro começaram a filosofar, mas, encontrando a causa, descansaram. Nem permanece a inquisição quando se chega à primeira causa, e então *julgamos saber perfeitamente, quando conhecemos a primeira causa*[110]. O homem, portanto, deseja naturalmente conhecer a primeira causa como o fim último. Ora, a primeira causa de todas as coisas é Deus. É, portanto, o último fim do homem conhecer a Deus.

Além disso. De qualquer efeito conhecido naturalmente o homem deseja saber a causa. Ora, o intelecto humano conhece o ente universal. Deseja, pois, naturalmente conhecer sua causa, que é Deus somente, como foi provado[111]. Ora, ninguém consegue o fim último enquanto não descansa o desejo natural. Não é suficiente, pois, para a felicidade humana, que

---

[109] Aristóteles (384-322 a.C.), em Ética VI, 2, 1139a, 27-29.
[110] Aristóteles (384-322 a.C.), em Metafísica I, 3, 983a, 25-26.
[111] Livro II, cap. 15.

manam, quae est ultimus finis, qualiscumque intelligibilis cognitio, nisi divina cognitio adsit, quae terminat naturale desiderium sicut ultimus finis. Est igitur ultimus finis hominis ipsa Dei cognitio.

Amplius. Corpus, quod naturali appetitu tendit in suum ubi, tanto vehementius et velocius movetur, quanto magis appropinquat fini: unde probat Aristoteles in I de caelo, quod motus naturalis rectus non potest esse ad infinitum, quia non magis moveretur postea quam prius. Quod igitur vehementius in aliquid tendit post quam prius, non movetur ad infinitum, sed ad aliquid determinatum tendit. Hoc autem invenimus in desiderio sciendi: quanto enim aliquis plura scit, tanto maiori desiderio affectat scire. Tendit igitur desiderium naturale hominis in sciendo ad aliquem determinatum finem. Hoc autem non potest esse aliud quam nobilissimum scibile, quod Deus est. Est igitur cognitio divina finis ultimus hominis. Ultimus autem finis hominis, et cuiuslibet intellectualis substantiae, felicitas sive beatitudo nominatur: hoc enim est quod omnis substantia intellectualis desiderat tanquam ultimum finem, et propter se tantum. Est igitur beatitudo et felicitas ultima cuiuslibet substantiae intellectualis cognoscere Deum.

Hinc est quod dicitur Matth. 5,8: beati mundo corde, quoniam ipsi Deum videbunt. Et Ioan. 17,3: haec est vita aeterna, ut cognoscant te, Deum verum. |Huic etiam sententiae Aristoteles in ultimo ethicorum, concordat, ubi ultimam hominis felicitatem dicit esse speculativam, quantum ad speculationem optimi speculabilis.

é o fim último, o conhecimento de qualquer inteligível, se não está presente o conhecimento divino, que termina o desejo natural como fim último. É, pois, o último fim do homem o próprio conhecimento de Deus.

Ademais. O corpo, que, por apetite natural, tende a seu *lugar*, tanto mais impetuosa e velozmente é movido, quanto mais se aproxima do fim, Donde, Aristóteles prova[112] que o movimento natural retilíneo não pode ser infinito, porque depois não moveria mais que antes. O que, portanto, tende para uma coisa mais impetuosamente depois que antes, não se move ao infinito, mas tende a algo determinado. Ora, encontramos isso no desejo de saber, pois quanto mais alguém sabe muitas coisas, tanto mais é afetado por maior desejo de saber. Tende, pois, o desejo natural do homem ao conhecer para um fim determinado. Ora, este não pode ser outra coisa que o mais nobre conhecível, que é Deus. Portanto, o conhecimento divino é o fim último do homem. Ora, o fim último do homem, e de qualquer substância intelectual chama-se *felicidade ou bem-aventurança*, pois isso é o que toda substância intelectual deseja como fim último, e só por si mesmo. Conhecer a Deus é, portanto, a bem-aventurança e a felicidade última de qualquer substância intelectual.

Daí é que se diz em Mateus: *Bem-aventurados os de coração limpo, porque eles verão a Deus*[113]. E em João: *Esta é a vida eterna, que te conheçam, Deus verdadeiro*[114]. Com essa sentença também concorda Aristóteles[115] no último livro da Ética, ao dizer que a última felicidade do homem *é uma contemplação, cujo objeto é o supremo contemplável*.

Capitulum 26
Utrum felicitas consistat in actu voluntatis

Quia vero intellectualis substantia sua operatione pertingit ad Deum non solum in-

Capítulo 26
Se a felicidade consiste em ato da vontade

Dado que a substância intelectual, por sua operação, chega a Deus não só conhecendo,

---

[112] Aristóteles (384-322 a.C.), em Sobre o Céu, 1, 8, 277a, 27-33.
[113] Mateus 5,8.
[114] João 17,3.
[115] Aristóteles (384-322 a.C.), em Ética X, 7, 1177a, 12-21.

mas também por ato da vontade, desejando e amando-o e n'Ele tendo o deleite, pode parecer a alguém que o fim último, e última felicidade do homem não esteja em conhecer a Deus, mas antes em amar, ou em outro ato da vontade relacionando-se com ele. Principalmente porque o objeto da vontade é o bem, que tem razão de fim, e o verdadeiro, que é objeto do intelecto, não tem razão de fim senão enquanto ele mesmo é bom. Donde, não parece que o homem consegue o fim último por ato do intelecto, mas antes por ato da vontade.

Além disso. A perfeição última da operação é o deleite, que aperfeiçoa a operação como a beleza aperfeiçoa a juventude, como diz o Filósofo[116]. Se, pois, a operação perfeita é o fim último, parece que o fim último seja mais segundo a operação da vontade que do intelecto.

Ainda. Parece que o deleite assim é desejado por si mesmo e jamais em razão de outra coisa, pois é estulto perguntar a alguém a razão de querer deleitar-se. Ora, essa é a condição do fim último, ou seja, que seja buscado por si mesmo. Portanto o fim último está mais na operação da vontade do que do intelecto, como parece.

Igualmente. No apetite do fim último maximamente todos concordam, porque é natural. Ora, muitos buscam o deleite mais do que o conhecimento. Portanto, mais parece ser o fim o deleite que o conhecimento.

Ademais. Parece que a vontade é mais elevada que o intelecto, pois a vontade move o intelecto para seu ato; o intelecto, com efeito, considera em ato as coisas que tem em hábito, quando alguém deseja. Portanto, a ação da vontade parece mais nobre que a ação do intelecto. Assim, parece que fim último, que é a bem-aventurança consiste mais no ato da vontade que no ato do intelecto.

Mostra-se claramente que isso é impossível. Com efeito, como a bem-aventurança é o bem próprio da natureza intelectual, é ne-

---

[116] Aristóteles (384-322 a.C.), em Ética X, 4, 1174b, 31-33.

secundum id intellectuali naturae conveniat quod est sibi proprium. Appetitus autem non est proprium intellectualis naturae, sed omnibus rebus inest: licet sit diversimode in diversis. Quae tamen diversitas procedit ex hoc quod res diversimode se habent ad cognitionem. Quae enim omnino cognitione carent, habent appetitum naturalem tantum. Quae vero habent cognitionem sensitivam, et appetitum sensibilem habent, sub quo irascibilis et concupiscibilis continetur. Quae vero habent cognitionem intellectivam, et appetitum cognitioni proportionalem habent, scilicet voluntatem. Voluntas igitur, secundum quod est appetitus, non est proprium intellectualis naturae: sed solum secundum quod ab intellectu dependet. Intellectus autem secundum se proprius est intellectuali naturae.

Beatitudo igitur vel felicitas in actu intellectus consistit substantialiter et principaliter, magis quam in actu voluntatis.

Adhuc. In omnibus potentiis quae moventur a suis obiectis, obiecta sunt naturaliter priora actibus illarum potentiarum: sicut motor naturaliter prior est quam moveri ipsius mobilis. Talis autem potentia est voluntas: appetibile enim movet appetitum. Obiectum igitur voluntatis est prius naturaliter quam actus eius. Primum igitur eius obiectum praecedit omnem actum ipsius. Non potest ergo actus voluntatis primum volitum esse. Hoc autem est ultimus finis, qui est beatitudo. Impossibile est igitur quod beatitudo sive felicitas sit ipse actus voluntatis.

Praeterea. In omnibus potentiis quae possunt converti in suos actus, prius oportet quod actus illius potentiae feratur in obiectum aliud, et postmodum feratur in suum actum. Si enim intellectus intelligit se intelligere, prius oportet poni quod intelligat rem aliquam, et consequenter quod intelligat se intelligere: nam ipsum intelligere quod intellectus intelligit, alicuius obiecti est; unde oportet quod vel procedatur in infinitum, vel, si est devenire ad primum intellectum, hoc non erit ipsum in-

cessário que convenha à natureza intelectual segundo o que lhe é próprio. Ora, o apetite não é próprio da natureza intelectual, mas está presente em todas as coisas, embora seja de modo diverso nas coisas diversas. Entretanto, essa diversidade procede do fato de que as coisas se comportam de modo diverso com relação ao conhecimento. Com efeito, aquelas que carecem totalmente de conhecimento, só têm o apetite natural. Já as que têm o conhecimento sensitivo, têm também o apetite sensível, sob o qual se compreendem o irascível e o concupiscível. Mas as que têm conhecimento intelectivo têm também o apetite proporcional ao conhecimento, ou seja, a vontade. Portanto, a vontade, enquanto é apetite, não é um próprio da natureza intelectual, mas só enquanto depende do intelecto. Ora, o intelecto por si mesmo é próprio da natureza intelectual. Portanto, a bem-aventurança ou a felicidade consiste no ato do intelecto substancial e principalmente, mais do que no ato da vontade.

Ainda. Em todas as potências que são movidas por seus objetos, os objetos são naturalmente anteriores aos atos dessas potências, como o motor é naturalmente anterior ao mover-se do próprio móvel. Ora, tal potência é a vontade, pois o desejável move o apetite. O objeto, pois, da vontade é anterior naturalmente ao ato dela. Portanto, seu primeiro objeto precede todo ato seu. Não pode, portanto, o ato da vontade ser o primeiro querido. Ora, esse é o fim último, que é a bem-aventurança. Portanto, é impossível que a bem-aventurança ou a felicidade seja o mesmo ato da vontade.

Além disso. Em todas as potências que podem converter-se em seus atos, é necessário antes que o ato dessa potência seja levado a outro objeto e, depois, seja levado a seu ato. Se, pois, o intelecto conhece que se conhece, é necessário antes que se afirme que conhece uma coisa, e consequentemente que conheça que se conhece, pois o próprio conhecer que o intelecto conhece, é de algum objeto; donde, é necessário que ou proceda ao infinito, ou, se deve chegar ao primeiro intelecto, isso não

telligere, sed aliqua res intelligibilis. Similiter oportet quod primum volitum non sit ipsum velle, sed aliquid aliud bonum. Primum autem volitum intellectualis naturae est ipsa beatitudo sive felicitas: nam propter hanc volumus quaecumque volumus. Impossibile est igitur felicitatem essentialiter in actu voluntatis consistere.

Amplius. Unumquodque secundum ea quae constituunt substantiam eius, habet naturae suae veritatem: differt enim verus homo a picto per ea quae substantiam hominis constituunt. Vera autem beatitudo non differt a falsa secundum actum voluntatis: nam eodem modo se habet voluntas in desiderando vel amando vel delectando, quicquid sit illud quod sibi proponitur ut summum bonum, sive vere sive falso; utrum autem vere sit summum bonum quod ut tale proponitur vel falso, hoc differt ex parte intellectus. Beatitudo igitur, sive felicitas, in intellectu essentialiter magis quam in actu voluntatis consistit.

Item. Si aliquis actus voluntatis esset ipsa felicitas, hic actus esset aut desiderare, aut amare, aut delectari.

Impossibile est autem quod desiderare sit ultimus finis. Est enim desiderium secundum quod voluntas tendit in id quod nondum habet: hoc autem contrariatur rationi ultimi finis. — Amare etiam non potest esse ultimus finis. Amatur enim bonum non solum quando habetur, sed etiam quando non habetur, ex amore enim est quod non habitum desiderio quaeratur: et si amor iam habiti perfectior sit, hoc causatur ex hoc quod bonum amatum habetur. Aliud igitur est habere bonum quod est finis, quam amare, quod ante habere est imperfectum, post habere vero perfectum. — Similiter autem nec delectatio est ultimus finis. Ipsum enim habere bonum causa est delectationis: vel dum bonum nunc habitum sentimus; vel dum prius habitum memoramur; vel dum in futuro habendum speramus. Non est igitur delectatio ultimus finis. Nullus ergo actus voluntatis potest esse substantialiter ipsa felicitas.

será o próprio conhecer, mas alguma coisa inteligível. Semelhantemente, é necessário que o primeiro querido não seja o mesmo querer, mas alguma outra coisa boa. Ora, o primeiro querido da natureza intelectual é a própria bem-aventurança ou felicidade, pois, por causa dela, queremos todas as coisas que queremos. É impossível, portanto, que a felicidade consista essencialmente no ato da vontade.

Ademais. Cada coisa, segundo aquilo que constitui a sua substância, tem a verdade de sua natureza, pois difere o homem verdadeiro do pintado por aquelas coisas que constituem a substância do homem. Ora, a verdadeira bem-aventurança não difere da falsa segundo o ato da vontade, pois do mesmo modo se tem a vontade ao desejar ou amar ou deleitar-se, seja qual for aquilo que se propõe como sumo bem, quer verdadeira quer falsamente, mas se verdadeiramente é o sumo bem que como tal é proposto, ou falsamente, isso difere da parte do intelecto. Portanto, a bem-aventurança ou felicidade consiste essencialmente mais no intelecto que no ato da vontade.

Igualmente. Se algum ato da vontade fosse a própria felicidade, tal ato seria ou desejar, ou amar, ou deleitar-se.

Ora, é impossível que o desejar seja o último fim. Com efeito, há o desejo, segundo a vontade tende para aquilo que ainda não tem, mas isso contraria a razão de fim último. — Amar também não pode ser o fim último. Com efeito, ama-se o bem não só quando se tem, mas também quando não se tem, pois é do amor que se busque por desejo o que não se tem, e se o amor do que se tem é mais perfeito, isso é causado pelo fato de que se tem o bem amado. Coisa diferente é ter o bem que é fim, e amar, que é, antes, ter o imperfeito, depois ter o perfeito. — Semelhantemente, entretanto, nem o deleite é o fim último. Com efeito, o próprio ter o bem é causa do deleite, ou enquanto sentimos o bem agora tido, ou enquanto nos lembramos do bem antes tido, ou enquanto esperamos tê-lo no futuro. O deleite, portanto, não é o fim último. Logo, nenhum ato da vontade pode ser substancialmente a própria felicidade.

Adhuc. Si delectatio esset ultimus finis, ipsa secundum seipsam esset appetenda. Hoc autem est falsum. Refert enim quae delectatio appetatur ex eo ad quod consequitur delectatio: nam delectatio quae consequitur bonas et appetendas operationes, bona est et appetenda; quae autem malas, mala et fugienda. Habet igitur quod sit bona et appetenda ex alio. Non est igitur ipsa ultimus finis, qui est felicitas.

Adhuc. Rectus ordo rerum convenit cum ordine naturae: nam res naturales ordinantur in suum finem absque errore. In naturalibus autem est delectatio propter operationem, et non e converso. Videmus enim quod natura illis operationibus animalium delectationem apposuit quae sunt manifeste ad fines necessarios ordinatae, sicut in usu ciborum, qui ordinatur ad conservationem individui, et in usu venereorum, qui ordinatur ad conservationem speciei: nisi enim adesset delectatio, animalia a praedictis usibus necessariis abstinerent. Impossibile ergo est quod delectatio sit ultimus finis.

Item. Delectatio nihil aliud esse videtur quam quietatio voluntatis in aliquo bono convenienti, sicut desiderium est inclinatio voluntatis in aliquod bonum consequendum. Sicut autem homo per voluntatem inclinatur in finem et quietatur in illo, ita corpora naturalia habent inclinationes naturales in fines proprios, quae quidem quietantur fine iam adepto. Ridiculum autem est dicere quod finis motus corporis gravis non sit esse in loco proprio, sed quietatio inclinationis qua in hoc tendebat. Si enim hoc principaliter natura intenderet ut inclinatio quietaretur, non daret eam; dat autem eam ut per hoc tendat in locum proprium; quo consecuto, quasi fine, sequitur inclinationis quietatio. Et sic quietatio talis non est finis, sed concomitans finem. Nec igitur delectatio est finis ultimus, sed concomitans ipsum. Multo igitur magis nec aliquis voluntatis actus est felicitas.

Adhuc. Si alicuius rei sit aliqua res exterior finis, illa eius operatio dicetur etiam finis ultimus per quam primo consequitur rem illam: sicut his quibus pecunia est finis, dicitur etiam

Ainda. Se o deleite fosse o fim último, ele seria desejável por si mesmo. Ora, isso é falso. Com efeito, é de se saber que deleite se deseja por aquilo de que se segue o deleite, pois o deleite que segue boas e desejáveis operações, é bom e desejável, mas aquele que segue as más, é mau e deve ser evitado. Portanto, deve ser bom e desejável a partir de outra coisa. Portanto, ele não é o fim último, que é a felicidade.

Ainda. A ordem reta das coisas convém com a ordem da natureza, pois as coisas naturais se ordenam a seu fim sem erro. Ora, nas coisas naturais o deleite é em vista da operação, e não o contrário. Vemos, com efeito, que a natureza colocou o deleite naquelas operações dos animais que são manifestamente ordenadas a fins necessários, como no uso dos alimentos, que se ordena à conservação do indivíduo, e no uso do sexo, que se ordena à conservação da espécie; com efeito, se não houvesse o deleite, os animais se absteriam dos mencionados usos necessários. Logo, é impossível que o deleite seja o fim último.

Igualmente. O deleite não parece ser outra coisa que o descanso da vontade em algum bem conveniente, como o desejo é a inclinação da vontade para conseguir algum bem. Ora, assim como o homem inclina-se pela vontade ao fim e descansa nele, assim os corpos naturais têm inclinações naturais aos fins próprios, eles certamente descansam, o fim já atingido. Ora, é ridículo dizer que o fim do movimento do corpo pesado não é estar em seu lugar próprio, mas o descanso da inclinação pela qual a esse tendia. Se, pois, a natureza buscasse isso de modo principal para que a inclinação se aquietasse, não a daria, mas a dá para que por isso tenda ao lugar próprio, conseguido o qual, como fim, segue-se a quietação da inclinação. E assim tal quietação não é fim, mas concomitante ao fim. Nem, portanto, o deleite é o fim último, mas concomitante a ele. Muito mais, portanto, ato algum da vontade é felicidade.

Ainda. Se de alguma coisa outra coisa é fim exterior, dir-se-á também fim último a sua operação, pela qual por primeiro se consegue aquela coisa; por exemplo, naquilo em que o

possidere pecuniam finis, non autem amare, neque concupiscere. Finis autem ultimus substantiae intellectualis est Deus. Illa igitur operatio hominis est substantialiter eius beatitudo vel felicitas, per quam primo attingit ad Deum. Hoc autem est intelligere: nam velle non possumus quod non intelligimus. Est igitur ultima felicitas hominis in cognoscendo Deum per intellectum substantialiter, non in actu voluntatis.

Iam igitur per ea quae dicta sunt, patet solutio in contrarium obiectorum.

Non enim, si felicitas per hoc quod habet rationem summi boni, est obiectum voluntatis, propter hoc necesse est quod sit substantialiter ipse actus voluntatis: ut prima ratio procedebat. Immo ex hoc ipso quod est primum obiectum, sequitur quod non sit actus eius, ut ex dictis apparet.

Neque etiam oportet quod omne id quo res quocumque modo perficitur, sit finis illius rei: sicut secunda ratio procedebat. Est enim aliquid perfectio alicuius dupliciter: uno modo, ut habentis iam speciem; alio modo, ut ad speciem habendam. Sicut perfectio domus secundum quod iam habet speciem, est id ad quod species domus ordinatur, scilicet habitatio: non enim domus fieret nisi propter hoc; unde et in definitione domus oportet hoc poni, si debeat definitio esse perfecta. Perfectio vero ad speciem domus, est tam id quod ordinatur ad speciem constituendam, sicut principia substantialia ipsius; quam id quod ordinatur ad speciei conservationem, sicut apodiacula, quae fiunt ad sustentationem domus; quam etiam illa quae faciunt ad hoc quod usus domus sit convenientior, sicut pulchritudo domus. Illud igitur quod est perfectio rei secundum quod iam habet speciem, est finis ipsius: ut habitatio est finis domus. Et similiter propria operatio cuiuslibet rei, quae est quasi usus eius, est finis ipsius. Quae autem sunt perfectiones rei ad speciem, non sunt finis rei: immo res est finis ipsarum; materia enim et forma sunt propter speciem. Licet enim forma sit finis generationis, non tamen est finis iam

dinheiro é fim, se diz que possuir o dinheiro também é fim, mas não amar, nem desejar. Ora, o fim último da substância intelectual é Deus. Portanto, a operação do homem é substancialmente sua bem-aventurança ou felicidade, aquela pela qual em primeiro atinge a Deus. Ora, isso é conhecer, pois não podemos querer o que não conhecemos. Portanto, a última felicidade do homem está substancialmente em conhecer a Deus pelo intelecto, não no ato da vontade.

Pelas coisas que foram ditas, evidencia-se, portanto, *a solução das objeções em contrário*.

Com efeito, se a felicidade, enquanto tem razão de sumo bem, não é o objeto da vontade, é necessário que, por causa disso, seja substancialmente o próprio ato da vontade, como a *primeira razão* procedia. Pelo contrário, pelo fato de ser o primeiro objeto, segue-se que não seja ato dela, como é claro do que foi dito.

Também não é necessário que tudo aquilo em que uma coisa, de algum modo, se aperfeiçoa, seja fim dessa coisa, como a *segunda razão* procedia. Com efeito, uma coisa é perfeição de outra, de duplo modo: de um modo, como tendo já a espécie; de outro modo, para ter a espécie. Como a perfeição da casa enquanto já tem a espécie, é aquilo a que a espécie da coisa se ordena, como a habitação, pois não se faria a casa senão por causa disso; donde, também na definição de casa é necessário afirmar isso, se a definição deve ser perfeita. A perfeição para a espécie de casa, contudo, é tanto o que se ordena para a constituição da espécie, como os princípios de sua substância, quanto o que se ordena para sua conservação, como as estacas, que se fazem para a sustentação da casa, como também aquelas coisas que se fazem para que o uso da casa seja mais conveniente, como a decoração da casa. Aquilo, pois, que é a perfeição da coisa enquanto já tem a espécie, é seu fim, como a habitação é o fim da casa. E semelhantemente a operação própria da qualquer coisa, que é como o seu uso, é o fim dela. Ora, essas que são as perfeições da coisa para a espécie não são fim da coisa, ao contrário a coisa é o fim delas, pois, a matéria e a forma

generati et speciem habentis: immo ad hoc quaeritur forma ut species sit completa.

Similiter conservantia rem in sua specie, ut sanitas et vis nutritiva, licet perficiant animal, non tamen sunt finis animalis, sed magis e converso. Ea etiam quibus aptatur res ad proprias operationes speciei perficiendas, et ad debitum finem congruentius consequendum, non sunt finis rei, sed magis e converso: sicut pulchritudo hominis, et robur corporis, et alia huiusmodi, de quibus dicit Philosophus, in I ethicorum, quod organice deserviunt felicitati.

Delectatio autem est perfectio operationis, non ita quod ad ipsam ordinetur operatio secundum suam speciem, sed ordinatur ad alios fines, sicut comestio ordinatur secundum suam speciem ad conservationem individui: sed est similis perfectioni quae ordinatur ad speciem rei; nam propter delectationem attentius et decentius operationi insistimus in qua delectamur. Unde in X ethicorum Philosophus dicit quod delectatio perficit operationem sicut decor iuventutem, qui quidem est propter eum cui inest iuventus, et non e converso. Neque autem quod delectationem non propter aliud volunt homines sed propter seipsam, est sufficiens signum quod delectatio sit ultimus finis: sicut tertia ratio concludebat. Nam delectatio, etsi non sit ultimus finis, est tamen ultimum finem concomitans: cum ex adeptione finis delectatio consurgat.

Non autem plures quaerunt delectationem quae est in cognoscendo, quam cognitionem. Sed plures sunt qui quaerunt delectationes sensibiles quam cognitionem intellectus et delectationem ipsam consequentem: quia ea quae exterius sunt, magis nota pluribus existunt, eo quod a sensibilibus incipit humana cognitio.

são em vista da espécie. Com efeito, embora a forma seja o fim da geração, não é, contudo, já o fim do gerado e do que tem a espécie; ao contrário, para isso a forma requer que a espécie esteja completa.

Semelhantemente, as perfeições que conservam a coisa em sua espécie, como a saúde e a força nutritiva, embora aperfeiçoem o animal, não são, porém, o fim do animal, mas antes o contrário. Aquelas também com as quais a coisa se torna apta para perfazer as operações próprias da espécie, e para conseguir mais convenientemente o devido fim, não são o fim da coisa, mas antes o contrário, como a beleza do homem, e a robustez do corpo, e outras semelhantes, das quais diz o Filósofo[117], que servem organicamente à felicidade.

O deleite é perfeição da operação, não de modo que a ele se ordene a operação segundo sua espécie, mas se ordena a outros fins, como o comer se ordena segundo sua espécie à conservação do indivíduo, mas é semelhante à perfeição que se ordena à espécie da coisa, pois por causa do deleite insistimos mais atenta e decentemente na operação em que nos deleitamos. Donde, ele dizer[118] que o deleite aperfeiçoa a operação como o decoro aperfeiçoa a juventude, o que é certamente em vista daquele no qual está presente a juventude, e não o contrário. E que os homens queiram o deleite não por causa de outra coisa, mas por si mesmo, não é suficiente sinal de que a deleite seja o fim último, como a *terceira razão* concluía. Com efeito, o deleite, embora não seja o fim último, é, porém, concomitante ao fim último, porque o deleite surge da posse do fim.

Muitos também não buscam o deleite que há no conhecer, mas o conhecimento. Entretanto, há muitos que buscam os deleites sensíveis mais que o conhecimento do intelecto e o deleite que o segue, porque as coisas que são mais exteriormente, são mais conhecidas a muitos, dado que o conhecimento humano começa pelas coisas sensíveis.

---

[117] Aristóteles (384-322 a.C.), em Ética I, 10, 1099b, 28.
[118] Aristóteles (384-322 a.C.), em Ética X, 4, 1174b, 31-33.

Quod autem quinta ratio proponit, voluntatem esse altiorem intellectu, quasi eius motivam, falsum esse manifestum est. Nam primo et per se intellectus movet voluntatem: voluntas enim, inquantum huiusmodi, movetur a suo obiecto, quod est bonum apprehensum. Voluntas autem movet intellectum quasi per accidens, inquantum scilicet intelligere ipsum apprehenditur ut bonum, et sic desideratur a voluntate, ex quo sequitur quod intellectus actu intelligit. Et in hoc ipso intellectus voluntatem praecedit: nunquam enim voluntas desideraret intelligere nisi prius intellectus ipsum intelligere apprehenderet ut bonum. Et iterum, voluntas movet intellectum ad operandum in actu per modum quo agens movere dicitur; intellectus autem voluntatem per modum quo finis movet, nam bonum intellectum est finis voluntatis; agens autem est posterior in movendo quam finis, nam agens non movet nisi propter finem. Unde apparet intellectum simpliciter esse altiorem voluntate: voluntatem vero intellectu per accidens et secundum quid.

Contudo, o que propõe a *quinta sazão*, que a vontade é mais elevada que o intelecto, como motora d'Ele, é claro que é falso. Com efeito, primeiramente e por si o intelecto move a vontade, pois a vontade, enquanto tal, é movida por seu objeto, que é o bem apreendido. A vontade, porém, move o intelecto como por acidente, ou seja, enquanto o próprio conhecer é apreendido como bem, e assim é desejado pela vontade, do que se segue que o intelecto conhece em ato. E nisso mesmo o intelecto precede a vontade, pois nunca a vontade desejaria o conhecer, se antes o intelecto não apreendesse o próprio conhecer como bem. E novamente, a vontade move o intelecto para operar em ato pelo modo que o agente se diz mover, mas o intelecto move a vontade pelo modo que o fim move, pois o bem conhecido é o fim da vontade, mas o agente no mover é posterior ao fim, uma vez que o agente não move senão por causa do fim. Donde, é claro que o intelecto é simplesmente mais elevado que a vontade, mas por acidente a vontade é mais elevada que o intelecto e segundo um aspecto.

Capitulum XXVII
Quod felicitas humana non consistit in delectationibus carnalibus

Ex praemissis autem apparet quod impossibile est felicitatem humanam consistere in delectationibus corporalibus, quarum praecipuae sunt in cibis et venereis.

Ostensum est enim quod secundum naturae ordinem delectatio est propter operationem, et non e converso. Si igitur operationes non fuerint ultimus finis, delectationes consequentes eas neque sunt ultimus finis, neque concomitantes ultimum finem. Constat autem quod operationes quas consequuntur praedictae delectationes, non sunt ultimus finis: ordinantur enim ad aliquos fines manifestos; sicut comestio ad conservationem corporis, coitus autem ad generationem prolis. Delectationes igitur praemissae non sunt ultimus finis, ne-

Capítulo 27
A felicidade humana não consiste nos deleites carnais

Do exposto fica claro que é impossível consistir a felicidade humana nos deleites corporais, dos quais os principais estão nos alimentos e no sexo.

Com efeito, foi mostrado[119] que, segundo a ordem da natureza, o deleite é em razão da operação, e não o contrário. Se, pois, as operações não forem o fim último, os deleites que as seguem não serão o fim último, nem concomitantes com o fim último. Ora, consta que as operações que os mencionados deleites seguem, não são o fim último, pois se ordenam a alguns fins manifestos, como o comer para a conservação do corpo, o coito para a geração da prole. Portanto, os deleites mencionados não são o fim último, nem concomitantes

---

[119] Cf. capítulo anterior.

que ultimum finem concomitantes. Non est igitur in his ponenda felicitas.

Adhuc. Voluntas est superior quam appetitus sensitivus: movet enim ipsum, sicut superius dictum est. In actu autem voluntatis non consistit felicitas, sicut iam supra ostensum est. Multo igitur minus in delectationibus praedictis, quae sunt in appetitu sensitivo.

Amplius. Felicitas est quoddam bonum hominis proprium: non enim bruta possunt dici felicia, nisi abusive. Delectationes autem praemissae sunt communes hominibus et brutis. Non est igitur in eis ponenda felicitas.

Item. Ultimus finis est nobilissimum eorum quae ad rem pertinent: habet enim rationem optimi. Hae autem delectationes non conveniunt homini secundum id quod est nobilissimum in ipso, quod est intellectus, sed secundum sensum. Non est igitur in talibus delectationibus ponenda felicitas.

Praeterea. Summa perfectio hominis esse non potest in hoc quod coniungitur rebus se inferioribus, sed per hoc quod coniungitur alicui rei altiori: finis enim est melior eo quod est ad finem. Delectationes autem praemissae consistunt in hoc quod homo secundum sensum coniungitur aliquibus se inferioribus, scilicet sensibilibus quibusdam. Non est igitur in talibus delectationibus felicitas ponenda.

Amplius. Quod non est bonum nisi secundum quod est moderatum, non est secundum se bonum, sed accipit bonitatem a moderante. Usus autem praedictarum delectationum non est bonus homini nisi sit moderatus: aliter enim hae delectationes se invicem impedirent. Non sunt igitur hae delectationes secundum se bonum hominis. Quod autem est summum bonum, est per se bonum: quia quod per se bonum est, melius est eo quod per aliud. Non sunt igitur tales delectationes summum hominis bonum, quod est felicitas.

com o fim último. Logo, não se há de colocar neles a felicidade.

Ainda. A vontade é superior ao apetite sensitivo, pois move a esse, como foi dito[120]. Ora, a felicidade não consiste no ato da vontade, como já foi mostrado[121]. Portanto, muito menos nos deleites mencionados, que estão no apetite sensitivo.

Ademais. A felicidade é o bem próprio do homem, pois os animais irracionais não podem ser ditos felizes, a não ser abusivamente. Ora, os deleites mencionados são comuns aos homens e aos animais irracionais. Portanto, não se há de colocar neles a felicidade.

Igualmente. O fim último é o mais nobre de tudo o que pertence à coisa, pois tem razão de ótimo. Ora, esses deleites não convêm ao homem segundo o que é nobilíssimo nele, que é o intelecto, mas segundo o sentido. Portanto, não se há de colocar a felicidade em tais deleites.

Além disso. A suma perfeição do homem não pode estar no unir-se às coisas a ele inferiores, mas enquanto se une a alguma coisa mais elevada, pois o fim é melhor do que aquilo que é para o fim. Ora, os mencionados deleites consistem em que o homem segundo o sentido se une a algumas coisas a ele inferiores, a saber, às sensíveis. A felicidade, portanto, não se deve colocar em tais deleites.

Ademais. O que não é bom senão enquanto é moderado, não é bom em si mesmo, mas recebe a bondade do que modera. Ora, o uso dos mencionados deleites não é bom para o homem se não for moderado, pois, do contrário, tais deleites se impediriam entre eles. Portanto, não são tais deleites por si mesmos o bem do homem. Ora, o que é o sumo bem, é por si mesmo bom, porque o que é bom por si mesmo, é melhor do que é por outro. Portanto, tais deleites não são o sumo bem do homem, que é a felicidade.

---

[120] Cf. cap. 25.
[121] Cf. capítulo anterior.

Item. In omnibus quae per se dicuntur, sequitur magis ad magis, si simpliciter sequatur ad simpliciter: sicut, si calidum calefacit, magis calidum magis calefacit, et maxime calidum maxime calefaciet. Si igitur delectationes praemissae essent secundum se bonae, oporteret quod maxime uti eis esset optimum. Hoc autem patet esse falsum: nam nimius usus earum reputatur in vitium, et est etiam corporis noxius, et similium delectationum impeditivus. Non sunt igitur per se bonum hominis. In eis igitur non consistit humana felicitas.

Praeterea. Actus virtutum sunt laudabiles ex hoc quod ad felicitatem ordinantur.

Si igitur in delectationibus praemissis consisteret humana felicitas, actus virtutis magis esset laudabilis in accedendo ad has delectationes quam in abstinendo ab eis. Hoc autem patet esse falsum: nam actus temperantiae maxime laudatur in abstinendo a delectationibus; unde ab hoc denominatur. Non est igitur in delectationibus praemissis hominis felicitas.

Amplius. Finis ultimus cuiuslibet rei Deus est, ut ex praemissis patet. Illud igitur oportet ultimum finem hominis poni, per quod maxime appropinquat ad Deum. Per praedictas autem delectationes homo impeditur a maxima appropinquatione ad Deum, quae fit per contemplationem, quam maxime praedictae delectationes impediunt, utpote ad sensibilia maxime hominem immergentes, et per consequens ab intelligibilibus retrahentes. Non est igitur in delectationibus corporalibus felicitas humana ponenda.

Per hoc autem excluditur error epicureorum in his voluptatibus felicitatem hominis ponentium: ex quorum persona dicit Salomon,

Igualmente[122]. Em todas as coisas que são por si mesmas, *o mais segue o mais, se o simplesmente segue o simplesmente*, como, se o quente aquece, o mais quente mais aquece, e o maximamente quente aquece maximamente. Se, pois, os mencionados deleites fossem bons por si mesmos, seria necessário que o usá-los maximamente fosse ótimo[123]. Ora, evidencia-se que isso é falso, pois o nímio uso deles se reputa vício, e é também nocivo ao corpo, e impeditivo de deleites semelhantes. Não são, pois, por si mesmos um bem do homem. A felicidade humana, portanto, não consiste neles.

Além disso. Os atos das virtudes são louváveis enquanto se ordenam à felicidade[124]. Se, pois, consistisse nos deleites mencionados a felicidade humana, o ato da virtude seria mais laudável em acessando a esses deleites do que em se abstendo deles.

Ora, evidencia-se que isso é falso, pois o ato de temperança é maximamente louvado no abster-se dos deleites; pois é denominado em razão disso. A felicidade do homem, portanto, não está nesses deleites mencionados.

Ademais. O fim último de qualquer coisa é Deus, como se evidencia do exposto[125]. É necessário que se afirme como último fim do homem aquilo pelo qual ao máximo se aproxima de Deus. Ora pelos mencionados deleites o homem é impedido da máxima aproximação de Deus, que se faz pela contemplação, que os deleites mencionados impedem ao máximo, como submergindo o homem ao máximo nas coisas sensíveis, e, por conseguinte, afastando das inteligíveis. Não se deve colocar, portanto, a felicidade humana nos deleites corporais.

Por isso também fica excluído o erro dos Epicuristas[126] que põem a felicidade do homem nesses deleites; da pessoa deles diz Salomão[127]:

---

[122] Pugio Fidei I, cap. 3, n. 7, p. 197.
[123] Pugio Fidei I, cap. 3, n. 8, p. 198.
[124] Aristóteles (384-322 a.C.), em Ética I, 12, 1101b, 10-12.14-18.
[125] Cf. cap. 17.
[126] Epicuristas — discípulos de Epicuro de Samos (341-270 a.C.), filósofo grego. Fundou em Atenas o Jardim, uma escola que afirmava como critério da moral as sensações e como princípio da felicidade os prazeres delas decorrentes.
[127] Eclesiastes 5,17.

Eccle. 5,17: hoc itaque visum est mihi bonum, ut comedat quis et bibat et fruatur laetitia ex labore suo et haec est pars illius. Et Sap. 2,9: ubique relinquamus signa laetitiae: quoniam haec est pars nostra, et haec est sors nostra.

Excluditur etiam error cerinthianorum qui in ultima felicitate, post resurrectionem, mille annos in regno Christi secundum carnales ventris voluptates fabulantur futuros: unde et chiliastae (quasi millenarii), sunt appellati.

Excluduntur etiam Iudaeorum et saracenorum fabulae, quae retributiones iustorum in praedictis voluptatibus ponunt: felicitas enim est virtutis praemium.

Capitulum XXVIII
Quod felicitas non consistit in honoribus

Ex praedictis etiam patet quod nec in honoribus est summum bonum hominis, quod est felicitas.

Finis enim ultimus hominis, et sua felicitas, est eius perfectissima operatio, ut ex superioribus patet. Honor autem hominis non consistit in sua operatione, sed alterius ad ipsum, qui ei reverentiam exhibet. Non est igitur felicitas hominis in honoribus ponenda.

Adhuc. Quod est propter alterum bonum et desiderabile, non est ultimus finis. Tale autem est honor: non enim aliquis recte honoratur nisi propter aliquod aliud bonum in eo existens. Et propter hoc homines honorari quaerunt, quasi boni alicuius quod in eis est testimonium habere volentes: unde et magis gaudent homines a magnis et sapientibus honorari. Non est igitur in honoribus felicitas hominis ponenda.

Amplius. Ad felicitatem per virtutem pervenitur. Operationes autem virtutum sunt voluntariae: aliter enim non essent laudabiles. Oportet igitur felicitatem esse aliquod bonum

Isto assim visto é o bem para mim, que alguém coma e beba e goze de alegria em seu trabalho e essa é sua parte. E na Sabedoria[128]: *onde deixamos os sinais de alegria, porque esta é nossa parte, e esta é nossa sorte.*

Fica excluído também o erro dos Cerintianos, os quais, na felicidade última, *após a ressureição, imaginavam viver mil anos no reino de Cristo segundo os prazeres carnais do ventre,* Donde, também são chamados Quiliastas (*como Milenários*)[129].

Ficam excluídas também as fábulas dos Judeus e Sarracenos[130], as quais colocam as retribuições dos justos nesses mencionados prazeres, pois a felicidade é o prêmio da virtude.

Capítulo 28
A felicidade não consiste nas honras

Evidencia-se também do exposto que não está nas honras o sumo bem do homem, que é a felicidade.

Com efeito, o fim último do homem, e sua felicidade, é sua operação perfeitíssima, como se evidencia do que foi dito[131]. Ora, a honra do homem não consiste em sua operação, mas de outrem para ele, o qual lhe exibe reverência. Portanto, a felicidade do homem não se deve pôr nas honras.

Ainda. O que é bom e desejável por causa de outro, não é o fim último. Ora, tal é a honra, pois alguém não é retamente honrado senão por causa de outro bem nele existente. E por causa disso os homens buscam ser honrados, como querendo ter testemunho de um bem que neles há; donde, também mais se alegram os homens sendo honrados pelos grandes e sábios. Não se deve colocar, pois, a felicidade do homem nas honras.

Ademais. Chega-se à felicidade pela virtude. Ora, as operações das virtudes são voluntárias, caso contrário não seriam louváveis. É necessário, portanto, que a felicidade seja um

---

[128] Sabedoria 2,9.
[129] Santo Agostinho (354-431), em Sobre as Heresias a Quodvultdeus, 8, ML 42.
[130] Sarracenos — Na Idade Média são denominadas as populações mulçumanas da África, da Espanha e do Oriente. Contra eles foram organizadas as Cruzadas, com o apoio dos monarcas e dos Papas.
[131] Cf. cap. 25.

ad quod homo sua voluntate perveniat. Hoc autem quod honorem assequatur, non est in potestate hominis, sed magis in potestate honorantis. Non est igitur in honoribus felicitas humana ponenda.

Item. Esse dignum honore non potest nisi bonis inesse. Honorari autem possunt etiam mali. Melius est igitur fieri honore dignum quam honorari. Non est igitur honor summum hominis bonum.

Praeterea. Summum bonum est perfectum bonum. Perfectum autem bonum non compatitur aliquod malum. Cui autem non inest aliquod malum, impossibile est esse malum. Impossibile est igitur esse malum cui adest summum bonum. Potest autem aliquis malus honorem consequi. Non est igitur honor summum hominis bonum.

Capitulum XXIX
Quod felicitas hominis non consistit in gloria

Ex quo etiam apparet quod nec in gloria, quae est in celebritate famae, consistit summum hominis bonum.

Est enim gloria, secundum tullium frequens de aliquo fama cum laude: et secundum Ambrosium, clara cum laude notitia. Ad hoc autem homines volunt innotescere cum laude et claritate quadam, ut ab eis quibus innotescunt honorentur. Est igitur gloria propter honorem quaesita. Si igitur honor non est summum bonum, multo minus gloria.

Adhuc. Laudabilia bona sunt secundum quae aliquis ostenditur ordinatus ad finem. Qui autem ordinatur ad finem, nondum est ultimum finem assecutus. Laus igitur non attribuitur ei qui iam est ultimum finem assecutus: sed magis honor, ut Philosophus dicit, in I ethicorum. Non potest igitur gloria esse summum bonum: cum principaliter in laude consistat.

bem ao qual o homem chegue por sua vontade. Ora, o que segue a honra, não está em poder do homem, mas antes no poder de quem honra. Não se deve, pois, colocar a felicidade humana nas honras.

Igualmente. Ser digno de honra não pode estar senão nos bons. Ora, os maus podem também ser honrados. É melhor, portanto, tornar-se digno de honra do que ser honrado. A honra não é, portanto, o sumo bem do homem.

Ademais. O sumo bem é o bem perfeito. Ora, o bem perfeito não é compatível com mal algum. Ora, àquele em que não está presente um mal, é impossível ser mau. Portanto, é impossível estar o mal naquele em que está presente o sumo bem. Ora, pode um mau conseguir a honra. Logo, a honra não é o sumo bem do homem.

Capítulo 29
A felicidade do homem não consiste na glória

Disso também fica claro que nem na glória, que há na celebridade da fama, consiste o sumo bem do homem.

Com efeito, a glória, segundo Túlio é *a fama frequente de alguém com louvor*[132], e, segundo Ambrósio, *a reputação notória com louvor*[133]. Ora, para isso os homens querem ser conhecidos com louvor e alguma notoriedade, de modo que sejam honrados por aqueles dos quais são conhecidos. A glória é, portanto, procurada por causa da honra. Se a honra, pois, não é o sumo bem, muito menos a glória.

Ainda. Os bens louváveis são aqueles segundo os quais alguém se mostra ordenado para o fim. Ora, quem se ordena para o fim, ainda não conseguiu o fim último. Portanto, não se atribui o louvor àquele que já conseguiu o fim último, mas antes a honra, como diz o Filósofo[134]. A glória não pode, portanto, ser o sumo bem, porque consiste principalmente no louvor.

---

[132] Cícero, Túlio (106-43 a.C.), em De Inventione, cap. 55, # 154.
[133] A frase atribuída ao Santo Ambrósio (340-397) é na verdade de Santo Agostinho (354-431), em Contra Maximino Ariano II, c.13, n.2, ML 42, 770.
[134] Aristóteles (384-322 a.C.), em Ética I, 12, 1101b, 18-23.

Amplius. Cognoscere nobilius est quam cognosci: non enim cognoscunt nisi quae sunt nobiliora in rebus; cognoscuntur autem infima. Non potest igitur summum hominis bonum esse gloria, quae consistit in hoc quod aliquis cognoscatur.

Item. Cognosci aliquis non desiderat nisi in bonis: in malis autem quaerit latere. Cognosci igitur bonum est et desiderabile propter bona quae in aliquo cognoscuntur. Illa igitur sunt meliora. Non est igitur gloria, quae in hoc consistit quod aliquis cognoscatur, summum hominis bonum.

Praeterea. Summum bonum oportet esse perfectum: cum quietet appetitum: cognitio autem famae, in qua gloria humana consistit, est imperfecta: est enim plurimum incertitudinis et erroris habens. Non potest igitur talis gloria esse summum bonum.

Item. Id quod est summum hominis bonum, oportet esse stabilissimum in rebus humanis: naturaliter enim desideratur diuturna boni constantia. Gloria autem, quae in fama consistit, est instabilissima: nihil enim est mutabilius opinione et laude humana.

Non est igitur talis gloria summum hominis bonum.

Capitulum XXX
**Quod felicitas hominis
non consistit in divitiis**

Ex hoc autem apparet quod nec divitiae sunt summum hominis bonum.

Non enim appetuntur divitiae nisi propter aliud: per se enim nihil boni inferunt, sed solum cum utimur eis, vel ad corporis sustentationem, vel ad aliquid huiusmodi. Quod autem est summum bonum, est propter se desideratum, et non propter aliud. Non sunt igitur divitiae summum hominis bonum.

Adhuc. Eorum possessio vel conservatio non potest esse summum hominis bonum quae maxime conferunt homini in hoc quod emittuntur. Divitiae autem in hoc maxime conferunt quod expenduntur: hoc enim earum

Ademais. Conhecer é mais nobre que ser conhecido, pois só conhecem as coisas mais nobres, e as ínfimas são conhecidas. Não pode, portanto, o sumo bem do homem ser a glória, que consiste em que alguém seja conhecido.

Igualmente. Alguém não deseja ser conhecido senão em coisas boas, mas nas más quer passar oculto. Portanto, ser conhecido é bom e desejável por causa das coisas boas que em alguém são conhecidas. Aquelas, pois, são melhores. Não é, pois, o sumo bem do homem a glória, que consiste em que alguém seja conhecido.

Além disso. É necessário que o sumo bem seja perfeito, porque aquieta o apetite, mas o conhecimento da fama, na qual consiste a glória humana, é imperfeita, pois tem muito de incerteza e de erro. Não pode, portanto, tal glória ser o sumo bem.

Igualmente. O que é o sumo bem do homem, é necessário que seja o mais estável nas coisas humanas, pois naturalmente se deseja a constância diuturna do bem. Ora, a glória, que consiste na fama, é o mais instável, pois nada é mais mutável que a opinião e o louvor humanos. Não é, portanto, tal glória o sumo bem do homem.

Capítulo 30
**A felicidade do homem
não consiste nas riquezas**

Disso também fica claro que nem as riquezas são o sumo bem do homem.

Com efeito, as riquezas não são desejadas senão por causa de outra coisa, pois por si mesmas não trazem nada de bom, mas apenas quando delas usamos, ou para o sustento do corpo, ou para outra coisa semelhante. Ora, o que é sumo bem, é por si mesmo desejado, e não por causa de outra coisa. Portanto, as riquezas não são o sumo bem do homem.

Ainda. Não pode ser o sumo bem do homem a posse ou a conservação daquelas coisas que maximamente aproveitam ao homem no que são gastas. Ora, as riquezas aproveitam maximamente enquanto são gastas, pois esta

usus est. Non potest igitur divitiarum possessio esse summum hominis.

Amplius. Actus virtutis laudabilis est secundum quod ad felicitatem accedit. Magis autem est laudabilis actus liberalitatis et magnificentiae, quae sunt circa pecunias, ex hoc quod pecuniae emittuntur, quam ex hoc quod conservantur: unde et ab hoc nomina harum virtutum sumuntur. Non consistit igitur hominis felicitas in possessione divitiarum.

Item. Illud in cuius consecutione summum hominis bonum est, oportet esse homine melius. Divitiis autem homo est melior: cum sint res quaedam ad usum hominis ordinatae. Non est igitur in divitiis summum hominis bonum.

Praeterea. Summum hominis bonum fortunae non subiacet: nam fortuita absque studio rationis eveniunt; oportet autem quod per rationem homo proprium finem consequatur. In consecutione autem divitiarum maximum locum habet fortuna. Non est igitur in divitiis humana felicitas constituta.

Amplius. Hoc evidens fit per hoc quod divitiae involuntarie amittuntur; et quod malis advenire possunt, quos necesse est summo bono carere; et quod instabiles sunt; et alia huiusmodi, quae ex superioribus rationibus colligi possunt.

Capitulum XXXI
Quod felicitas non consistit in potentia mundana

Similiter autem nec mundana potentia summum hominis bonum esse potest: cum etiam in ea obtinenda plurimum fortuna possit; et instabilis sit; et non subiaceat hominis voluntati; et plerumque malis adveniat; quae summo bono repugnant, ut ex praemissis patet.

é sua utilidade. Portanto, a posse das riquezas não pode ser o sumo bem.

Ademais. O ato da virtude é louvável enquanto se aproxima da felicidade. Ora, é mais louvável o ato da liberalidade e da magnificência, que são relativas ao dinheiro, mais pelo fato de que o dinheiro é gasto do que é conservado; donde, também por isso se tomam os nomes dessas virtudes. Portanto a felicidade do homem não consiste na posse das riquezas.

Igualmente. É necessário que seja melhor para o homem aquilo em cuja consecução está o sumo bem do homem. Ora, o homem é melhor que as riquezas, pois são coisas ordenadas ao uso do homem. Portanto, o sumo bem do homem não está nas riquezas.

Além disso. O sumo bem do homem não se subordina à sorte[135], pois as coisas fortuitas acontecem sem o cuidado da razão, mas é necessário que pela razão o homem consiga o próprio fim. A sorte, porém, tem o primeiro lugar na consecução das riquezas. Portanto, nas riquezas não está constituída a felicidade humana.

Ademais. Isso se torna evidente pelo fato de que as riquezas se perdem involuntariamente, e que podem pertencer aos maus, que é necessário que careçam do sumo bem, e porque são instáveis, e outras coisas semelhantes que podem ser coligidas das razões ditas[136].

Capítulo 31
A felicidade não consiste no poder mundano

Semelhantemente, nem o poder mundano pode ser o sumo bem do homem, já que, para o obter, pode muito a sorte; é instável, não se subordina à vontade do homem, e muitas vezes advém aos maus, coisa que repugna ao sumo bem, como se evidencia do anteriormente dito[137].

---

[135] Aristóteles (384-322 a.C.), em Ética I, 9, 1099b, 7-8.
[136] Cf. caps. 28 ss.
[137] Cf. cap. 28.

Item. Homo maxime dicitur bonus secundum quod ad summum bonum attingit. Secundum autem quod habet potentiam, non dicitur neque bonus neque malus: non enim est bonus omnis qui potest bona facere; neque malus est aliquis ex hoc quod potest mala facere. Summum igitur bonum non consistit in hoc quod est esse potentem.

Adhuc. Omnis potentia ad alterum est. Summum autem bonum non est ad alterum. Non est igitur potentia summum hominis bonum.

Amplius. Illud quo quis potest et bene et male uti, non potest esse summum hominis bonum: melius enim est quo nullus male uti potest. Potentia autem aliquis bene et male uti potest: nam potestates rationales ad opposita sunt. Non est igitur potestas humana summum hominis bonum.

Praeterea. Si aliqua potestas est summum bonum, oportet illam esse perfectissimam. Potestas autem humana est imperfectissima: radicatur enim in hominum voluntatibus et opinionibus, in quibus est maxima inconstantia. Et quanto maior reputatur potestas, tanto a pluribus dependet: quod etiam ad eius debilitatem pertinet; cum quod a multis dependet, destrui multipliciter possit. Non est igitur in potestate mundana summum hominis bonum.

Felicitas igitur hominis in nullo exteriori bono consistit: cum omnia exteriora bona, quae dicuntur bona fortunae, sub praedictis contineantur.

Capitulum XXXII
Quod felicitas non consistit in bonis corporis

Quod autem nec in corporis bonis, cuiusmodi sunt sanitas, pulchritudo et robur, sit hominis summum bonum, per similia manifeste apparet. Haec enim etiam bonis et malis communia sunt; et instabilia sunt; et voluntati non subiacent.

Praeterea. Anima est melior corpore, quod non vivit, nec praedicta bona habet, nisi per

Igualmente. O homem se diz ao máximo bom enquanto atinge o sumo bem. Ora, enquanto tem poder, não se diz nem bom nem mau, pois não é bom todo aquele que pode fazer coisas boas, nem é mau aquele que pode fazer coisas más. Portanto, o sumo bem não consiste no fato de ser poderoso.

Ainda. Todo poder é para outra coisa. Ora, o sumo bem não é para outra coisa. Portanto, o poder não é o sumo bem do homem.

Ademais. Aquilo de que alguém pode usar tanto de forma boa quanto má, não pode ser o sumo bem do homem, pois é melhor aquilo que não pode ser usado mal. Ora, do poder alguém pode usar bem ou mal, *pois os poderes da razão são para coisas opostas*[138]. O poder, portanto, não é o sumo bem do homem.

Além disso. Se um poder é o sumo bem, é necessário que ele seja perfeitíssimo. Ora, o poder humano é imperfeitíssimo, pois se radica nas vontades dos homens e nas opiniões, nas quais é máxima a inconstância. E quanto maior é reputado o poder, tanto mais depende de muitos, o que pertence também à sua fraqueza, porque aquilo que depende de muitos, pode ser de muitos modos destruído. Portanto, o sumo bem do homem não pode estar no poder mundano. Logo, a felicidade do homem não consiste em nenhum bem exterior, porque todos os bens exteriores, que se dizem *bens da sorte*, contêm-se sob o que foi anteriormente dito.

Capítulo 32
A felicidade não consiste nos bens do corpo

Por razões semelhantes, fica claro que o sumo bem do homem não está também nos bens do corpo, como são a saúde, a beleza e a robustez. Com efeito, esses bens são comuns aos bons e aos maus e são instáveis, e não se subordinam à vontade.

Além disso. A alma é melhor do que o corpo, que não vive nem tem os menciona-

---

[138] Aristóteles (384-322 a.C.), em Metafísica VIII, 2, 1046b, 4-5.

animam. Bonum igitur animae, sicut intelligere et alia huiusmodi, est melius quam bonum corporis. Non est igitur corporis bonum summum hominis bonum.

Adhuc. Haec bona sunt homini et aliis animalibus communia. Felicitas autem est proprium hominis bonum. Non est igitur in praemissis bonis hominis felicitas.

Amplius. Multa animalia, quantum ad bona corporis, sunt homine potiora: quaedam enim sunt velociora homine, quaedam robustiora, et sic de aliis. Si igitur in his esset summum hominis bonum, non esset homo optimum animalium: quod patet esse falsum. Non est igitur felicitas humana in bonis corporis consistens.

Capitulum XXXIII
Quod felicitas humana non consistit in sensu

Per eadem etiam apparet quod neque summum hominis bonum est in bonis sensitivae partis. Nam haec etiam bona sunt homini et aliis animalibus communia.

Item. Intellectus est melior sensu. Bonum igitur intellectus est melius quam bonum sensus. Non igitur summum hominis bonum in sensu consistit.

Adhuc. Maximae delectationes secundum sensum sunt in cibis et venereis, in quibus oporteret esse summum bonum, si in sensu esset. Non est autem in his. Non est igitur in sensu summum hominis bonum.

Amplius. Sensus diliguntur propter utilitatem, et propter cognitionem. Tota autem utilitas sensuum ad corporis bona refertur. Cognitio autem sensus ad intellectivam ordinatur: unde animalia intellectu carentia non delectantur in sentiendo nisi per comparationem ad utilitatem ad corpus pertinentem, secundum quod per sensus cognitionem consequuntur cibos vel venerea. Non est igitur in parte sensitiva summum hominis bonum, quod est felicitas.

dos bens, senão pela alma. Portanto, o bem da alma, como conhecer e outros semelhantes, é melhor que o bem do corpo. Portanto, o sumo bem do homem não é o bem do corpo.

Ainda. Esses bens são comuns ao homem e aos outros animais. Ora, a felicidade é bem próprio do homem. A felicidade do homem não está, pois, nos bens mencionados.

Ademais. Muitos animais, quanto aos bens do corpo, são superiores ao homem, pois alguns são mais velozes que o homem, alguns mais robustos, e assim de outros. Se, pois, nesses estivesse o sumo bem do homem, não seria o homem o mais perfeito dos animais, o que se evidencia ser falso. A felicidade humana, portanto, não consiste nos bens do corpo.

Capítulo 33
A felicidade humana não consiste no sentido

Por essas mesmas coisas é manifesto que o sumo bem do homem também não está nos bens da parte sensitiva. Com efeito, esses bens são comuns ao homem e aos outros animais.

Igualmente. O intelecto é melhor que o sentido. Portanto, o bem do intelecto é melhor que o bem do sentido. Logo, o sumo bem do homem não consiste no sentido.

Ainda. Os máximos deleites estão, segundo o sentido, nos alimentos e no sexo, nos quais seria necessário estivesse o sumo bem, se estivesse no sentido. Ora, não está neles. Portanto, o sumo bem do homem não está no sentido.

Ademais. Os sentidos são amados por causa da utilidade, e por causa do conhecimento. Ora, toda a utilidade dos sentidos refere-se aos bens do corpo. Ora, o conhecimento do sentido ordena-se ao intelectivo, Donde, os animais carentes de intelecto não se deleitam ao sentir senão por comparação à utilidade pertencente ao corpo, segundo o qual alcançam, pelo conhecimento dos sentidos, os alimentos e o sexo. Portanto, o sumo bem do homem, que é a felicidade, não está na parte sensitiva.

Capítulo 34
A felicidade última do homem não consiste nos atos das virtudes morais

É manifesto que tampouco nas operações morais consiste a felicidade última do homem.

Com efeito, a felicidade humana, se é a última, não é ordenável a um fim ulterior. Ora, todas as operações morais são ordenáveis a alguma outra coisa. O que se evidencia das que são as principais entre elas. Com efeito, as operações da fortaleza que estão nas atividades bélicas, ordenam-se à vitória e à paz, *pois seria estulto o guerrear por si mesmo*[139]. Semelhantemente, as operações da justiça se ordenam a conservar a paz entre os homens, de modo que cada um possua em repouso o que é seu. E semelhantemente se evidencia em todas as outras. Portanto, a felicidade última do homem não está nas operações morais.

Ainda. As virtudes morais destinam-se a que se conserve por elas o meio termo nas paixões interiores e nas coisas exteriores. Ora, não é possível que a moderação das paixões ou das coisas exteriores seja o fim último da vida humana, porque as mesmas paixões e coisas exteriores são ordenáveis a outra coisa. Portanto, não é possível que a felicidade última do homem esteja nos atos das virtudes morais.

Ademais. Como o homem é homem porque é possuidor de razão, é necessário que seu bem próprio, que é a felicidade, seja segundo aquilo que é próprio à razão. Ora, é mais próprio da razão o que ela tem em si mesma, do que o que faz em outro. Portanto, como o bem da virtude moral é algo estabelecido pela razão em coisas diversas dela, não poderia ser o melhor do homem que é a felicidade, mas, antes, o bem que está situado na própria razão.

Igualmente. Foi mostrado[140] que o fim último de todas as coisas é assemelharem-se a Deus. Portanto, aquilo segundo o que o homem maximamente se assemelha a Deus será

---

[139] Aristóteles (384-322 a.C.), em Ética X, 7, 1177b, 9-10.
[140] Cf. cap. 19.

non est secundum actus morales: cum tales actus Deo attribui non possint nisi metaphorice; non enim Deo convenit habere passiones, vel aliqua huiusmodi, circa quae sunt actus morales. Non est igitur ultima felicitas hominis, quae est ultimus eius finis, consistens in actibus moralibus.

Praeterea. Felicitas est proprium hominis bonum. Illud igitur quod est maxime proprium hominis inter omnia bona humana respectu aliorum animalium, est in quo quaerenda est eius ultima felicitas. Huiusmodi autem non est virtutum Moralium actus: nam aliqua animalia aliquid participant vel liberalitatis vel fortitudinis; intellectualis autem actionis nullum animal aliquid participat.

Non est igitur ultima hominis felicitas in actibus moralibus.

Capitulum XXXV
Quod ultima felicitas non sit in actu prudentiae

Ex hoc etiam apparet quod neque in actu prudentiae est ultima hominis felicitas.

Actus enim prudentiae est solum circa ea quae sunt Moralium virtutum. Non est autem in actibus Moralium virtutum ultima hominis felicitas. Neque igitur in actu prudentiae.

Adhuc. Ultima felicitas hominis est in optima hominis operatione. Optima autem hominis operatio, secundum id quod est proprium hominis, est in comparatione ad perfectissima obiecta. Operatio autem prudentiae non est circa obiecta perfectissima intellectus vel rationis: non enim est circa necessaria, sed circa contingentia operabilia. Non est igitur in eius operatione ultima hominis felicitas.

Amplius. Quod ordinatur ad alterum sicut ad finem, non est ultima hominis felicitas. Operatio autem prudentiae ordinatur ad al-

sua felicidade. Ora, isto não é segundo os atos morais, pois tais atos não podem ser atribuídos a Deus a não ser metaforicamente, pois não convém a Deus ter paixões, ou coisas semelhantes, em referência às quais são os atos morais. Portanto, a felicidade última do homem, que é seu fim último, não consiste nos atos morais.

Além disso. A felicidade é o bem próprio do homem. Aquilo, pois, que é maximamente próprio do homem entre todos os bens humanos, com relação aos outros animais, é aquilo em que se deve buscar sua felicidade última. Ora, tal não é o ato das virtudes morais, porque alguns animais participam em algo ou da liberalidade ou da fortaleza, mas nenhum animal participa em algo da ação intelectual. Portanto, a última felicidade do homem não está nos atos morais.

Capítulo 35
A felicidade última não está no ato da prudência

Disso também se manifesta que a felicidade última do homem não está no ato da prudência.

Com efeito, o ato da prudência é apenas sobre aquelas coisas que pertencem às virtudes morais. Ora, a última felicidade do homem não está nos atos das virtudes morais[141]. Nem, portanto, no ato da prudência.

Ainda. A felicidade última do homem está na operação melhor do homem. Ora, a operação melhor do homem, segundo o que é o próprio do homem, está em relação aos objetos mais perfeitos. Ora, a operação da prudência não é acerca dos objetos mais perfeitos do intelecto ou da razão, pois não é acerca das coisas necessárias, mas *das coisas contingentes operáveis*[142]. A última felicidade do homem, pois, não está em sua operação.

Ademais. O que se ordena ao outro como ao fim, não é a felicidade última do homem. Ora, a operação da prudência se ordena ao

---

[141] Cf. capítulo anterior.
[142] Aristóteles (384-322 a.C.), em Ética VI, 6, 1140b, 35-1141a, 1.

terum sicut ad finem: tum quia omnis practica cognitio, sub qua continetur prudentia, ordinatur ad operationem; tum etiam quia prudentia facit hominem bene se habere in his quae sunt ad finem eligenda, sicut patet per Aristotelem, in VI ethicorum. Non est igitur in operatione prudentiae ultima hominis felicitas.

Item. Animalia irrationabilia non participant aliquid felicitatis: sicut probat Aristoteles in I ethicor. Participant autem quaedam eorum aliquid prudentiae: ut patet per eundem in I metaphysicae. Igitur felicitas non consistit in operatione prudentiae.

Capitulum XXXVI
Quod felicitas non consistit in operatione artis

Patet etiam quod neque in operatione artis.

Quia etiam artis cognitio practica est. Et ita ad finem ordinatur, et ipsa non est ultimus finis.

Praeterea. Operationum artis fines sunt artificiata. Quae non possunt esse ultimus finis humanae vitae: cum magis nos sumus fines omnium artificialium; omnia enim propter hominis usum fiunt. Non potest igitur in operatione artis esse ultima felicitas.

Capitulum XXXVII
Quod ultima felicitas hominis consistit in contemplatione Dei

Si igitur ultima felicitas hominis non consistit in exterioribus, quae dicuntur bona fortunae; neque in bonis corporis; neque in bonis animae quantum ad sensitivam partem; neque quantum ad intellectivam secundum actum Moralium virtutum; neque secundum intellectuales quae ad actionem pertinent, scilicet artem et prudentiam: relinquitur quod ultima hominis felicitas sit in contemplatione veritatis.

outro como ao fim: quer porque todo conhecimento prático, sob o qual se contém a prudência, se ordena à operação, quer também porque a prudência faz com que o homem se comporte bem naquelas coisas que são para a escolha do fim, como fica claro por Aristóteles[143]. Portanto, a última felicidade do homem não está na operação da prudência.

Igualmente. Os animais irracionais não participam em algo da felicidade, como prova Aristóteles[144]. Ora, alguns deles participam em algo da prudência, como fica claro por ele mesmo[145]. Portanto, a felicidade não consiste na operação da prudência.

Capítulo 36
A felicidade não consiste na operação da arte

Evidencia-se também que não está na operação da arte.

Porque também o conhecimento da arte é prático. E assim se ordena para um fim, e ele mesmo não é o fim último.

Além disso. Os artefatos são os fins das operações da arte. Eles não podem ser o fim último da vida humana, porque, antes, nós é que somos fins de todos os artefatos, pois todos se fazem em vista ao homem. Não pode, portanto, a felicidade última estar na operação da arte.

Capítulo 37
A felicidade última do homem consiste na contemplação de Deus

Se, pois, a felicidade última do homem não consiste nas coisas exteriores, que se dizem bens da fortuna, nem em bens do corpo, nem em bens da alma quanto à parte sensitiva, nem quanto à intelectiva segundo o ato das virtudes morais, nem as virtudes intelectuais que pertencem à ação, ou seja, a arte e a prudência, resta que a felicidade última do homem está na contemplação da verdade.

---

[143] Aristóteles (384-322 a.C.), em Ética VI, 13, 1145a, 5-6.
[144] Aristóteles (384-322 a.C.), em Ética I, 10, 1099b, 32-1100a, 1.
[145] Aristóteles (384-322 a.C.), em Metafísica I, 1, 980a, 28b, 25.

Haec enim sola operatio hominis est sibi propria; et in ea nullo modo aliquod aliorum animalium communicat. Haec etiam ad nihil aliud ordinatur sicut ad finem: cum contemplatio veritatis propter seipsam quaeratur.

Per hanc etiam operationem homo suis superioribus coniungitur per similitudinem: quia haec tantum de operationibus humanis in Deo et in substantiis separatis est. Hac etiam operatione ad illa superiora contingit, cognoscendo ipsa quocumque modo. Ad hanc etiam operationem sibi homo magis est sufficiens: utpote ad eam in parum auxilio exteriorum rerum egens.

Ad hanc etiam omnes aliae humanae operationes ordinari videntur sicut ad finem. Ad perfectionem enim contemplationis requiritur incolumitas corporis, ad quam ordinantur artificialia omnia quae sunt necessaria ad vitam. Requiritur etiam quies a perturbationibus passionum, ad quam pervenitur per virtutes morales et per prudentiam; et quies ab exterioribus perturbationibus, ad quam ordinatur totum regimen vitae civilis. Ut sic, si recte considerentur, omnia humana officia servire videantur contemplantibus veritatem.

Non est autem possibile quod ultima hominis felicitas consistat in contemplatione quae est secundum intellectum principiorum, quae est imperfectissima, sicut maxime universalis, rerum cognitionem in potentia continens; et est principium, non finis humani studii, a natura nobis proveniens, non secundum studium veritatis. Neque etiam secundum scientias quae sunt de rebus infimis: cum oporteat felicitatem esse in operatione intellectus per comparationem ad nobilissima intelligibilia.

Relinquitur igitur quod in contemplatione sapientiae ultima hominis felicitas consistat, secundum divinorum considerationem. Ex quo etiam patet inductionis via quod supra rationibus est probatum, quod ultima felicitas

Com efeito, só essa operação do homem lhe é própria, e nela não participa, de modo algum, nenhum dos outros animais. Ela também em nada se ordena a outra coisa como ao fim, porque a contemplação da verdade é procurada em vista de si mesma.

Por essa operação também o homem se une, por semelhança, aos entes superiores, porque só ela, entre as operações humanas, está em Deus e nas substâncias separadas. Também por essa operação eleva-se aos entes superiores, conhecendo-os de algum modo. Com essa operação o homem é mais suficiente em si mesmo, enquanto para ela pouco necessita do auxílio das coisas exteriores.

Também para essa operação todas as outras operações humanas parecem ordenar-se, como ao fim. Com efeito, requer-se para a perfeição da contemplação a incolumidade do corpo, à qual se ordenam todos os utensílios que são necessários à vida. Requer-se também o repouso das perturbações das paixões, ao qual se chega pelas virtudes morais e pela prudência, e o repouso das perturbações exteriores, ao qual se ordena todo o regime da vida civil. De modo que, assim, se são retamente considerados, todos os ofícios humanos parecem servir à verdade da contemplação.

Entretanto, não é possível que a felicidade última do homem consista na contemplação, que é segundo o intelecto dos princípios, imperfeitíssima, como maximamente universal, contendo o conhecimento em potência das coisas, e é princípio, não fim, do estudo humano, proveniente a nós da natureza, não segundo o estudo da verdade. Nem tampouco segundo as ciências que tratam das coisas ínfimas, pois é necessário que a felicidade esteja na operação do intelecto, por comparação aos inteligíveis mais nobres.

Resta, portanto, que a felicidade última do homem consiste na contemplação da sabedoria, segundo a consideração das coisas divinas. Disso também se evidencia por via de indução o que por razões foi provado[146], que a felicida-

---

[146] Cf. cap. 25.

hominis non consistit nisi in contemplatione Dei.

Capitulum XXXVIII
Quod felicitas humana non consistit in cognitione Dei quae communiter habetur a pluribus

Inquirendum autem relinquitur in quali Dei cognitione ultima felicitas substantiae intellectualis consistit.

Est enim quaedam communis et confusa Dei cognitio, quae quasi omnibus hominibus adest: sive hoc sit per hoc quod Deum esse sit per se notum, sicut alia demonstrationis principia, sicut quibusdam videtur, ut in primo libro dictum est; sive, quod magis verum videtur, quia naturali ratione statim homo in aliqualem Dei cognitionem pervenire potest.

Videntes enim homines res naturales secundum ordinem certum currere; cum ordinatio absque ordinatore non sit, percipiunt, ut in pluribus, aliquem esse ordinatorem rerum quas videmus. Quis autem, vel qualis, vel si unus tantum est ordinator naturae, nondum statim ex hac communi consideratione habetur: sicut, cum videmus hominem moveri et alia opera agere, percipimus ei inesse quandam causam harum operationum quae aliis rebus non inest, et hanc causam animam nominamus; nondum tamen scientes quid sit anima, si est corpus, vel qualiter operationes praedictas efficiat. Non est autem possibile hanc cognitionem Dei ad felicitatem sufficere.

Felicis enim operationem oportet esse absque defectu. Haec autem cognitio est multorum errorum admixtionem suscipiens. Quidam enim rerum mundanarum non alium ordinatorem esse crediderunt quam corpora caelestia: unde corpora caelestia deos esse dixerunt.Quidam vero ulterius ipsa elementa et quae ex eis generantur: quasi aestimantes motus et operationes naturales quas habent,

de última do homem não consiste senão na contemplação de Deus.

Capítulo 38
A felicidade humana não consiste no conhecimento de Deus, que é possuído comumente por muitos

Resta, contudo, a inquirir em qual conhecimento de Deus consiste a felicidade da substância intelectual.

Há, com efeito, um conhecimento comum e confuso de Deus, que está presente em quase todos os homens, quer isso seja pelo fato de que Deus é conhecido por si mesmo, como os outros princípios da demonstração, como a alguns parece, como foi dito[147], quer porque, o que antes parece verdadeiro, o homem pode, imediatamente por razão natural, chegar a algum conhecimento de Deus.

Vendo, pois, os homens que as coisas naturais se processam segundo certa ordem, dado que não pode haver a ordenação sem o ordenador, percebem, na maioria das vezes, haver um ordenador das coisas que vemos. Mas, quem ou qual, ou se apenas um é o ordenador da natureza, ainda não se tem imediatamente dessa consideração comum; por exemplo, quando vemos um homem mover-se e produzir outras obras, percebemos que nele há certa causa dessas operações que não está nas outras coisas, e denominamos essa causa de alma, mas ainda não cientes do que seja alma, se é corpo, ou de que modo realiza as mencionadas operações. Ora, não é possível que esse conhecimento de Deus seja suficiente para a felicidade.

Com efeito, é necessário que a operação da pessoa feliz seja sem defeito. Mas tal conhecimento recebe mistura de muitos erros. — Alguns, com efeito, creram que não havia outro ordenador das coisas do mundo senão os corpos celestes, Donde, disseram que os corpos celestes eram deuses. — Outros, porém, posteriormente, creram que eram os mesmos elementos e aquelas coisas que são deles geradas,

---

[147] Livro I, cap. 10.

non ab alio ordinatore eis inesse, sed ab eis alia ordinari. Quidam vero, humanos actus non alicuius ordinationi subesse credentes nisi humanae, homines qui alios ordinant, deos esse dixerunt.Ista igitur Dei cognitio non sufficit ad felicitatem.

Amplius. Felicitas est finis humanorum actuum. Ad praedictam autem cognitionem non ordinantur humani actus sicut ad finem: immo quasi statim a principio omnibus adest. Non igitur in hac Dei cognitione felicitas consistit.

Item. Nullus propter hoc vituperabilis apparet quia felicitate careat: quinimmo carentes ea et in ipsam tendentes laudantur. Ex hoc autem quod praedicta Dei cognitione aliquis caret, maxime vituperabilis apparet: designatur enim per hoc maxime hominis stoliditas, quod tam manifesta Dei signa non percipit; sicut stolidus reputaretur qui, hominem videns, eum habere animam non comprehenderet. Unde et in Psalmo dicitur: dixit insipiens in corde suo: non est Deus. Non est igitur haec Dei cognitio quae ad felicitatem sufficiat.

Amplius. Cognitio quae habetur de re tantum in communi, non secundum aliquid sibi proprium, est imperfectissima, sicut cognitio quae haberetur de homine ex hoc quod movetur: est enim huiusmodi cognitio per quam res cognoscitur in potentia tantum; propria enim in communibus potentia continentur. Felicitas autem est operatio perfecta; et summum hominis bonum oportet esse secundum id quod est actu, et non secundum quod est potentia tantum; nam potentia per actum perfecta habet boni rationem. Non est igitur praemissa Dei cognitio ad felicitatem nostram sufficiens.

como que julgando que os movimentos e as operações naturais que têm, não estão neles por outro ordenador, mas são ordenadas pelos elementos. — Outros ainda, crendo que os atos humanos não são submetidos à ordenação de alguém, mas à humana, chamaram de deuses os homens que a outros ordenam. Portanto, esse conhecimento não basta para a felicidade.

Ademais. A felicidade é o fim dos atos humanos. Ora ao mencionado conhecimento não se ordenam os atos humanos como ao fim, mesmo porque desde o princípio, quase imediatamente, está presente em todos. A felicidade, portanto, não consiste nesse conhecimento de Deus.

Igualmente. Ninguém aparece como vituperável porque carece de felicidade, antes são louvados os que carecem dela e a buscam. Mas, aparece vituperável ao máximo se alguém carece do mencionado conhecimento de Deus, pois designa-se, por isso, sobretudo, a estupidez do homem, que não percebe tão manifestos sinais de Deus, como se julgaria estúpido quem, vendo um homem, não compreendesse que ele tem uma alma. Donde, também se diz no Salmo: *Diz o insipiente em seu coração: na há Deus*[148]. Portanto, não é esse conhecimento de Deus que basta para a felicidade.

Ademais. O conhecimento que se tem da coisa apenas em comum, não segundo algo próprio a ela, é imperfeitíssimo, como o conhecimento que se tivesse do homem pelo fato de mover-se, pois semelhante conhecimento é aquele pelo qual a coisa se conhece só em potência, pois o próprio está contido em potência no comum. Ora, a felicidade é operação perfeita, e é necessário que o sumo bem do homem seja segundo aquilo que está em ato, não segundo o que está só em potência, pois a potência reduzida ao ato tem razão de bem. Portanto, o mencionado conhecimento de Deus não é suficiente para nossa felicidade.

---

[148] Salmo 13,1.

Capitulum XXXIX
Quod felicitas humana non consistit in cognitione Dei quae habetur per demonstrationem

Rursus, est quaedam alia Dei cognitio, altior quam praemissa, quae de Deo per demonstrationem habetur, per quam magis ad propriam ipsius cognitionem acceditur: cum per demonstrationem removeantur ab eo multa, per quorum remotionem ab aliis discretus intelligitur.

Ostendit enim demonstratio Deum esse immobilem, aeternum, incorporeum, omnino simplicem, unum, et alia huiusmodi, quae in libro primo de Deo ostendimus. Ad propriam autem alicuius rei cognitionem pervenitur non solum per affirmationes, sed etiam per negationes: sicut enim proprium hominis est esse animal rationale, ita proprium eius est non esse inanimatum neque irrationale. Sed hoc interest inter utrumque cognitionis propriae modum, quod, per affirmationes propria cognitione de re habita, scitur quid est res, et quomodo ab aliis separatur: per negationes autem habita propria cognitione de re, scitur quod est ab aliis discreta, tamen quid sit remanet ignotum. Talis autem est propria cognitio quae de Deo habetur per demonstrationes.

Non est autem nec ista ad ultimam hominis felicitatem sufficiens. Ea enim quae sunt alicuius speciei, perveniunt ad finem illius speciei ut in pluribus: ea enim quae sunt a natura, sunt semper vel in pluribus, deficiunt autem in paucioribus propter aliquam corruptionem. Felicitas autem est finis humanae speciei: cum omnes homines ipsam naturaliter desiderent. Felicitas igitur est quoddam commune bonum possibile provenire omnibus hominibus, nisi accidat aliquibus impedimentum quo sint orbati. Ad praedictam autem cognitionem de Deo habendam per viam demonstrationis pauci perveniunt, propter impedimenta huius cognitionis, quae in principio libri tetigimus.

Capítulo 39
A felicidade humana não consiste no conhecimento de Deus que se tem por demonstração

Há ainda outro conhecimento de Deus, mais elevado que o mencionado, que se tem por demonstração a respeito de Deus, pelo qual se acede mais ao conhecimento d'Ele, porque pela demonstração se removem muitas coisas, por cuja remoção é conhecido distinto dos outros entes.

Com efeito, a demonstração mostra que Deus é imóvel, eterno, incorpóreo, totalmente simples, uno e predicados semelhantes, que mostramos sobre Deus[149]. Chega-se, porém, ao conhecimento próprio de uma coisa não só por afirmações, mas também por negações; por exemplo, é próprio do homem ser animal racional, como lhe é próprio não ser inanimado nem irracional. Mas interessa, entre ambos os modos de conhecimento próprio, que, por afirmações, obtido o conhecimento próprio da coisa, sabe-se o que é a coisa e como se separa das outras, mas pelas negações, obtido o conhecimento próprio da coisa, sabe-se que é distinta das outras, mas o que ela é permanece desconhecido. Ora, tal é o conhecimento próprio que se tem de Deus por demonstrações.

Estes conhecimentos não são suficientes para a felicidade última do homem. Com efeito, aquelas coisas que são de uma espécie, chegam ao fim dessa espécie na maioria das vezes, pois as que são pela natureza, são sempre ou na maioria das vezes, mas falham em poucas vezes, por causa de alguma corrupção. Ora, a felicidade é o fim da espécie humana, porque todos os homens a desejam naturalmente. Portanto, a felicidade é certo bem comum possível de chegar a todos os homens, a menos que lhes ocorra algum impedimento pelo qual sejam *privados*[150]. Mas, poucos chegam a ter o mencionado conhecimento de Deus, por via de demonstração, por causa de impedimentos

---

[149] Livro I.
[150] Aristóteles (384-322 a.C.), em Ética I, 9, 1099b, 2.

Non est igitur talis Dei cognitio essentialiter ipsa humana felicitas.

Adhuc. Esse in actu est finis existentis in potentia, ut ex praemissis patet. Felicitas igitur, quae est ultimus finis, est actus cui non adiungitur potentia ad ulteriorem actum. Talis autem cognitio per viam demonstrationis de Deo habita remanet adhuc in potentia ad aliquod ulterius de Deo cognoscendum, vel eadem nobiliori modo: posteriores enim conati sunt aliquid ad divinam cognitionem pertinens adiungere his quae a prioribus invenerunt tradita. Non est igitur talis cognitio ultima humana felicitas.

Amplius. Felicitas omnem miseriam excludit: nemo enim simul miser et felix esse potest. Deceptio autem et error magna pars miseriae est: hoc est enim quod omnes naturaliter fugiunt. Praedictae autem cognitioni quae de Deo habetur, multiplex error adiungi potest: quod patet in multis qui aliqua vera de Deo per viam demonstrationis cognoverunt, qui, suas aestimationes sequentes, dum demonstratio eis deesset, in errores multiplices inciderunt. Si autem aliqui fuerunt qui sic de divinis veritatem invenerunt demonstrationis via quod eorum aestimationi nulla falsitas adiungeretur, patet eos fuisse paucissimos: quod non congruit felicitati, quae est communis finis. Non igitur est in hac cognitione de Deo ultima hominis felicitas.

Praeterea. Felicitas in operatione perfecta consistit. Ad perfectionem autem cognitionis requiritur certitudo: unde scire aliter non dicimur nisi cognoscamus quod impossibile est aliter se habere, ut patet in I posteriorum. Cognitio autem praedicta multum incertitudinis habet, quod demonstrat diversitas sen-

desse conhecimento, de que tratamos no princípio do livro[151]. Portanto, tal conhecimento de Deus não é essencialmente a própria felicidade humana.

Ainda. Ser em ato é o fim do existente em potência, como se evidencia do exposto[152]. Logo, a felicidade, que é o fim último, é um ato ao qual não se acrescenta potência para o ato ulterior. Ora, tal conhecimento de Deus, obtido por via de demonstração, permanece ainda em potência para se conhecer, posteriormente, algo de Deus, ou o mesmo de modo mais nobre, pois os pensadores posteriores se esforçaram por acrescentar alguma coisa, pertinente ao conhecimento divino, àquelas que os anteriores haviam ensinado. Tal conhecimento, portanto, não é a felicidade última humana.

Ademais. A felicidade exclui toda miséria, pois ninguém pode ser simultaneamente miserável e feliz. Ora, o engano e o erro são grande parte da miséria, e isso é o que todos naturalmente evitam. Ao mencionado conhecimento que se tem de Deus, pode-se acrescentar multíplices erros, o que se evidencia em muitos que conheceram algumas coisas verdadeiras a respeito de Deus por via de demonstração, os quais, seguindo seus julgamentos, enquanto lhes faltava a demonstração, caíram em numerosos erros. Se houve, contudo, alguns que acharam a verdade sobre as coisas divinas por via de demonstração, de modo que a seu julgamento não se acrescentou falsidade alguma, é evidente que eles foram pouquíssimos, o que não convém à felicidade, que é o fim comum. Portanto, a felicidade última do homem não está nesse conhecimento de Deus.

Além disso. A felicidade consiste em operação perfeita. Ora, para a perfeição do conhecimento requer-se a certeza, Donde, não se diz que sabemos diferentemente uma coisa a não ser que conheçamos que é impossível que ela se comporta diferentemente, como está nos Analíticos Posteriores[153]. E o mencio-

---

[151] Livro I, cap. 4.
[152] Cf. caps. 20 e 22.
[153] Aristóteles (384-322 a.C.), em Analíticos Posteriores I, 2, 72b, 1-4.

tentiarum de divinis eorum qui haec per viam demonstrationis invenire conati sunt. Non est igitur in tali cognitione ultima felicitas.

Item. Voluntas cum consecuta fuerit ultimum finem, quietatur eius desiderium.

Ultimus autem finis omnis cognitionis humanae est felicitas. Illa igitur cognitio Dei essentialiter est ipsa felicitas, qua habita non restabit alicuius scibilis desideranda cognitio. Talis autem non est cognitio quam Philosophi per demonstrationes de Deo habere potuerunt: quia adhuc, illa cognitione habita, alia desideramus scire, quae per hanc cognitionem nondum sciuntur. Non est igitur in tali cognitione Dei felicitas.

Adhuc. Finis cuiuslibet existentis in potentia est ut ducatur in actum: ad hoc enim tendit per motum, quo movetur in finem. Tendit autem unumquodque ens in potentia ad hoc quod sit actu secundum quod est possibile. Aliquid enim est existens in potentia cuius tota potentia potest reduci in actum: unde huius finis est ut totaliter in actum reducatur; sicut grave, extra medium existens, est in potentia ad proprium ubi. — Aliquid vero cuius potentia tota non potest simul in actum reduci, sicut patet de materia prima: unde per suum motum appetit successive in actum diversarum formarum exire, quae sibi, propter earum diversitatem, simul inesse non possunt. Intellectus autem noster est in potentia ad omnia intelligibilia, ut in secundo dictum est. Duo autem intelligibilia possunt simul in intellectu possibili existere secundum actum primum, qui est scientia: licet forte non secundum actum secundum, qui est consideratio. Ex quo patet quod tota potentia intellectus possibilis potest reduci simul in actum. Hoc igitur requiritur ad eius ultimum finem, qui est felicitas. Hoc autem non facit praedicta cognitio quae de Deo per demonstrationem

nado conhecimento tem muito de incerteza, o que demonstra a diversidade das opiniões sobre as coisas divinas, daqueles que se esforçaram por achar essas coisas por via de demonstração. A felicidade última não está, pois, neste conhecimento.

Igualmente. Quando a vontade tiver alcançado o fim último, aquietará seu desejo. Ora, o fim último de todo conhecimento humano é a felicidade. Portanto, aquele conhecimento de Deus é essencialmente a própria felicidade, obtida a qual, não restará conhecimento a desejar-se de alguma coisa conhecível. Ora, tal não é o conhecimento que os Filósofos puderam ter de Deus por demonstrações, porque, ainda obtido aquele conhecimento, desejamos saber outras coisas, que ainda não se sabem por esse conhecimento. A felicidade não está, pois, nesse conhecimento de Deus.

Ainda. O fim de qualquer existente em potência é que seja reduzido a ato, pois para esse tende pelo movimento, em que é movido para o fim. Ora, cada ente em potência tende a que seja em ato, segundo é possível. Com efeito, existe em potência uma coisa cuja potência toda pode ser reduzida a ato, Donde, o fim dela é que totalmente seja reduzida a ato; por exemplo, o pesado, existindo fora do meio, está em potência para o lugar próprio.

Mas há coisa cuja potência toda não pode simultaneamente ser reduzida a ato, como se evidencia da matéria prima, Donde, por seu movimento deseja sucessivamente ir ao ato das diversas formas, as quais, por causa de sua diversidade, não podem estar simultaneamente nela. Entretanto, nosso intelecto está em potência para todos os inteligíveis, como foi dito[154]. Ora, dois inteligíveis podem simultaneamente existir no intelecto possível segundo o ato primeiro, que é a ciência, embora talvez não, segundo o ato segundo, que é a consideração. Disso fica claro que toda a potência do intelecto possível pode ser reduzida simultaneamente a ato. Isso se requer, pois, para seu fim último, que é a felicidade. Ora,

---

[154] Livro II, cap. 47.

haberi potest: quia, ea habita, adhuc multa ignoramus. Non est igitur talis cognitio Dei sufficiens ad ultimam felicitatem.

Capitulum XL
Quod felicitas humana non consistit in cognitione Dei quae est per fidem

Est autem et alia Dei cognitio, quantum ad aliquid superior cognitione praedicta, qua scilicet Deus ab hominibus per fidem cognoscitur.

Quae quidem quantum ad hoc cognitionem quae de Deo per demonstrationem habetur, excedit, quia quaedam de Deo per fidem cognoscimus ad quae, propter sui eminentiam, ratio demonstrans pervenire non potest, sicut in principio huius operis dictum est. Non est autem possibile neque in hac Dei cognitione ultimam hominis felicitatem consistere. Felicitas enim est perfecta intellectus operatio, sicut ex dictis patet. In cognitione autem fidei invenitur operatio intellectus imperfectissima quantum ad id quod est ex parte intellectus, quamvis maxima perfectio inveniatur ex parte obiecti: non enim intellectus capit illud cui assentit credendo. Non est igitur neque in hac Dei cognitione ultima hominis felicitas.

Item. Ostensum est supra quod ultima felicitas non consistit principaliter in actu voluntatis. In cognitione autem fidei principalitatem habet voluntas: intellectus enim assentit per fidem his quae sibi proponuntur, quia vult, non autem ex ipsa veritatis evidentia necessario tractus. Non est igitur in hac cognitione ultima hominis felicitas.

Adhuc. Qui credit, assensum praebet his quae sibi ab alio proponuntur, quae ipse non videt: unde fides magis habet cognitionem

isso não faz o mencionado conhecimento que se pode ter de Deus por demonstração, porque, obtido ele, ainda ignoramos muitas coisas. Portanto, tal conhecimento de Deus não é suficiente para a felicidade última.

Capítulo 40
A felicidade humana não consiste no conhecimento de Deus que é pela fé

Há, contudo, outro conhecimento de Deus, em algo superior ao mencionado conhecimento, a saber, aquele no qual Deus é conhecido pelos homens, por meio da fé.

Esse conhecimento excede, certamente, ao conhecimento que se tem de Deus por demonstração, porque às coisas que de Deus conhecemos pela fé, por causa de sua eminência, a razão não pode chegar demonstrando, como no princípio desta obra foi dito[155] Ora, não é possível também consistir a felicidade última do homem neste conhecimento de Deus. Com efeito, a felicidade é operação perfeita do intelecto, como se evidencia do que foi dito[156]. Mas no conhecimento da fé é imperfeitíssima a operação do intelecto, quanto àquilo que é da parte do intelecto, embora haja a perfeição máxima da parte do objeto, pois o intelecto não capta aquilo a que dá o assentimento, ao crer. Portanto, a felicidade última do homem também não está neste conhecimento de Deus.

Igualmente. Foi mostrado[157] que a felicidade última não consiste principalmente no ato da vontade. Ora, no conhecimento da fé a vontade tem a principalidade, pois o intelecto assente pela fé àquelas coisas que a ele são propostas, porque quer, mas não movido necessariamente pela evidência da própria verdade. A felicidade última do homem não está, portanto, neste conhecimento.

Ainda. Aquele que crê, dá o assentimento àquelas coisas que lhe são propostas por outro, as quais ele mesmo não vê, Donde, a fé

---

[155] Livro I, cap. 5.
[156] Cf. cap. 25.
[157] Cf. cap. 26.

auditui similem quam visioni. Non autem crederet aliquis non visis ab alio propositis nisi aestimaret eum perfectiorem cognitionem habere de propositis quam ipse habeat qui non videt. Aut igitur aestimatio credentis est falsa: aut oportet quod proponens habeat perfectiorem cognitionem propositorum. Quod et si ipse solum cognoscit ea quasi ab alio audiens, non potest hoc in infinitum procedere: esset enim vanus et absque certitudine fidei assensus; non enim inveniretur aliquod primum ex se certum, quod certitudinem fidei credentium afferret. Non est autem possibile fidei cognitionem esse falsam neque vanam, ut ex dictis patet in principio libri: et tamen, si esset falsa et vana, in tali cognitione felicitas non posset consistere.

Est igitur aliqua hominis cognitio de Deo altior cognitione fidei: sive ipse homo proponens fidem immediate videat veritatem, sicut Christo credimus; sive a vidente immediate accipiat, sicut credimus apostolis et prophetis. Cum igitur in summa Dei cognitione felicitas hominis consistat, impossibile est quod consistat in fidei cognitione.

Amplius. Per felicitatem, cum sit ultimus finis, naturale desiderium quietatur. Cognitio autem fidei non quietat desiderium, sed magis ipsum accendit: quia unusquisque desiderat videre quod credit. Non est igitur in cognitione fidei ultima hominis felicitas.

Praeterea. Cognitio de Deo dicta est finis inquantum ultimo fini rerum, scilicet Deo, coniungit. Per cognitionem autem fidei non fit res credita intellectui praesens perfecte: quia fides de absentibus est, non de praesentibus. Unde et apostolus dicit 2 Cor. 5, quod quandiu per fidem ambulamus, peregrinamur a Domino. Fit tamen per fidem Deus praesens affectui, cum voluntarie credens Deo assentiat: secundum quod dicitur Ephes. 3,17, ha-

mais tem o conhecimento semelhante ao ouvido que à visão. Ora, alguém não creria em coisas não vistas, propostas por outro, se não julgasse ter esse conhecimento mais perfeito das coisas propostas que ele mesmo, que não vê. Portanto, ou o julgamento de quem crê é falso, ou é necessário que o proponente tenha conhecimento mais perfeito das coisas propostas. Entretanto, se esse mesmo proponente só conhece as coisas como tendo ouvido de outro, não se pode ir ao infinito, pois seria vão e sem certeza o assentimento da fé, já que não se chegaria a um primeiro certo, que trouxesse por si mesmo a certeza de fé dos que creem. Ora, não é possível que o conhecimento da fé seja falso ou vão, como se evidencia do que foi dito no princípio do livro[158], e, entretanto, se fosse falso e vão, a felicidade não poderia consistir em tal conhecimento.

Há, pois, um conhecimento do homem a respeito de Deus mais elevado que o conhecimento da fé, quer o próprio homem propondo a fé imediatamente veja a verdade, como cremos em Cristo, quer receba de um vidente imediatamente, como cremos nos apóstolos e profetas. Como, pois, no sumo conhecimento de Deus consiste a felicidade do homem, é impossível que consista no conhecimento da fé.

Ademais. Pela felicidade, como é o fim último, aquieta-se o desejo natural. Ora, o conhecimento da fé não aquieta o desejo, mas antes o acende, porque cada um deseja ver o que crê. Não está, portanto, no conhecimento da fé a felicidade última do homem.

Além disso. O conhecimento de Deus foi dito fim enquanto une ao último fim das coisas, ou seja, Deus. Ora, pelo conhecimento da fé não se faz a coisa crida presente ao intelecto de modo perfeito, porque a fé é de coisas ausentes, não de presentes. Donde, dizer o Apóstolo: *Quando andamos pela fé, ausentamo-nos do Senhor*[159]. Ora, pela fé Deus se torna presente ao afeto, porque voluntariamente o que crê assente a Deus, conforme ele

---

[158] Livro I, cap. 7.
[159] 2 Coríntios 5,6.7.

bitare Christum per fidem in cordibus nostris. Non est ergo possibile quod in cognitione fidei ultima felicitas humana consistat.

Capitulum XLI
Utrum in hac vita homo possit intelligere substantias separatas per studium et inquisitionem scientiarum speculativarum

Habet autem et adhuc aliam cognitionem de Deo intellectualis substantia.

Dictum est enim in secundo libro quod intellectualis substantia separata, cognoscendo essentiam suam, cognoscit et quod est supra se, et quod est sub se secundum modum suae substantiae. Quod praecipue necesse est si illud quod est supra ipsam, sit causa eius: cum oporteat in effectibus similitudinem inveniri causae. Unde, cum Deus sit causa omnium substantiarum intellectualium creatarum, ut ex superioribus patet, necesse est quod intellectuales substantiae separatae, cognoscendo suam essentiam, cognoscant per modum visionis cuiusdam ipsum Deum: res enim illa per intellectum visionis modo cognoscitur, cuius similitudo in intellectu existit, sicut et similitudo rei corporaliter visae est in sensu videntis. Quicumque ergo intellectus apprehendit substantiam separatam cognoscendo de ea quid est, videt Deum altiori modo quam aliqua praedictarum cognitionum cognoscatur. Quia ergo quidam posuerunt ultimam felicitatem hominis esse in hac vita per hoc quod cognoscunt substantias separatas, considerandum est utrum homo in hac vita possit substantias separatas cognoscere.

Hoc autem quaestionem habet. Intellectus enim noster, secundum statum praesentem, nihil intelligit sine phantasmate, quod ita se habet ad intellectum possibilem, quo intelligimus, sicut se habent colores ad visum, ut patet ex his quae in secundo tractata sunt. Si igitur

diz: *Cristo habita pela fé em nossos corações*[160]. Não é, pois, possível que a felicidade humana última consista no conhecimento da fé.

Capítulo 41
Se pode o homem nesta vida conhecer as substâncias separadas, pelo estudo e inquisição das ciências especulativas

A substância intelectual, porém, tem ainda outro conhecimento de Deus.

Com efeito, foi dito[161] que a substância intelectual separada, conhecendo sua essência, conhece também o que está acima dela, e o que está abaixo dela, segundo o modo de sua substância. O que principalmente é necessário, é se aquilo que está acima dela é a sua causa, porque é necessário que se encontre nos efeitos a semelhança da causa. Donde, como Deus é a causa de todas as substâncias espirituais criadas, como se evidencia do que foi exposto[162], é necessário que as substâncias intelectuais separadas, conhecendo sua essência, conheçam, por modo de alguma visão, o próprio Deus, pois é conhecida por modo de visão aquela coisa cuja semelhança existe no intelecto, assim como a semelhança da coisa corporalmente vista está no sentido de quem vê. Qualquer intelecto, pois, apreende a substância separada, conhecendo dela *o que é*, vê a Deus de modo mais elevado do que é conhecido por algum dos mencionados conhecimentos. Porque, entretanto, alguns afirmaram[163] que a felicidade última do homem estava nesta vida enquanto se conhecem as substâncias separadas, deve-se considerar se o homem, nesta vida, pode conhecer as substâncias separadas.

Isso, porém, é questionável. Com efeito, nosso intelecto, segundo o estado presente, nada conhece sem o fantasma[164], que assim se relaciona com o intelecto possível, no qual conhecemos, como se relacionam as cores com a vista, como se evidencia daquelas coisas que

---

[160] Efésios 3,17.
[161] Livro II, cap. 96 ss.
[162] Livro II, cap. 15.
[163] Averrois [Ibn Roschd] (1126-1198), em Sobre a Alma III, 36, 48-57.
[164] Representações imaginativas.

per cognitionem intellectivam quae est ex phantasmatibus, possit pervenire aliquis nostrum ad intelligendas substantias separatas, possibile erit quod aliquis in hac vita intelligat ipsas substantias separatas; et per consequens, videndo ipsas substantias separatas, participabit modum illius cognitionis quo substantia separata, intelligens se, intelligit Deum.

Si autem per cognitionem quae est ex phantasmatibus, nullo modo possit pervenire ad intelligendas substantias separatas, non erit possibile quod homo in statu huius vitae praedictum modum divinae cognitionis assequatur. Quod autem ex cognitione quae est per phantasmata, ad intelligendum substantias pervenire possimus, aliqui diversimode posuerunt.

Avempace namque posuit quod per studium speculativarum scientiarum possumus, ex his intellectis quae per phantasmata cognoscimus, pervenire ad intelligendas substantias separatas. Possumus enim actione intellectus extrahere quidditatem rei cuiuslibet habentis quidditatem quae non est sua quidditas. Est enim intellectus natus cognoscere quamlibet quidditatem inquantum est quidditas: cum intellectus proprium obiectum sit quod quid est. Si autem illud quod primo per intellectum possibilem intelligitur, est aliquid habens quidditatem, possumus per intellectum possibilem abstrahere quidditatem illius primo intellecti; et si illa quidditas habeat quidditatem, possibile erit iterum abstrahere quidditatem illius quidditatis; et cum non sit procedere in infinitum, oportet quod stetur alicubi. Potest igitur intellectus noster pervenire via resolutionis ad cognoscendam quidditatem non habentem aliquam quidditatem. Talis autem est quidditas substantiae separatae. Potest igitur intellectus noster, per cognitionem horum sensibilium quae ex phantasmatibus ac-

foram tratadas no livro II[165] (Se, portanto, pelo conhecimento intelectivo, que procede dos fantasmas, pode algum de nós chegar a conhecer as substâncias separadas, será possível que ele conheça nesta vida as próprias substâncias separadas e, por conseguinte, vendo as mesmas substâncias separadas, participará do modo daquele conhecimento, no qual a substância separada, conhecendo-se, conhece a Deus.

Mas, se pelo conhecimento que procede dos fantasmas, não pode de modo algum chegar a conhecer as substâncias separadas, não será possível que o homem, no estado desta vida, atinja o mencionado modo do conhecimento divino. Outros, entretanto, afirmaram diversamente, que do conhecimento que procede dos fantasmas, podemos chegar a conhecer as substâncias.

Avempace afirmou, com efeito, que, pelo estudo das ciências especulativas, podemos chegar, das coisas conhecidas, que conhecemos por meio dos fantasmas, a conhecer as substâncias separadas[166]. Podemos, com efeito, pela ação do intelecto, extrair a quididade de qualquer coisa que tenha uma quididade que não é a sua quididade[167]. O intelecto, pois, é destinado a conhecer qualquer quididade enquanto é quididade, porque o objeto próprio do intelecto *é o que é*. Se, porém, aquilo que por primeiro é conhecido pelo intelecto possível, é uma coisa que tem quididade, podemos pelo intelecto possível abstrair a quididade da coisa por primeiro conhecida; e se aquela quididade tem quididade, será possível de novo abstrair a quididade daquele quididade, e porque não se deve proceder ao infinito, é necessário que se pare em algum lugar. Portanto, pode nosso intelecto chegar, por via de resolução, a conhecer a quididade que não tem outra quididade. Ora, tal é a quididade da substância separada. Pode, portanto, nosso intelecto, pelo conhecimento dos

---

[165] Livro II, caps. 59 e 74.
[166] Averrois [Ibn Roschd] (1126-1198), em Sobre a Alma III, 36, 426-459.
[167] Averrois [Ibn Roschd] (1126-1198), em Sobre a Alma III, 36, 322-334.

cipitur, pervenire ad intelligendas substantias separatas.

Procedit autem ad idem ostendendum per aliam similem viam. Ponit enim quod intellectum unius rei, ut puta equi, apud me et apud te multiplicatur solum per multiplicationem specierum spiritualium, quae sunt diversae in me et in te. Oportet igitur quod intellectum quod non sustentatur in aliqua huiusmodi specie, sit idem apud te et apud me. Sed quidditas intellecti quam intellectus noster natus est abstrahere, ut probatum est, non habet aliquam speciem spiritualem et individualem: cum quidditas intellecti non sit quidditas individui, neque spiritualis neque corporalis, cum intellectum, inquantum est huiusmodi, sit universale. Intellectus igitur noster natus est intelligere quidditatem cuius intellectus est unus apud omnes. Talis autem est quidditas substantiae separatae. Est igitur intellectus noster natus cognoscere substantiam separatam.

Si autem diligenter consideretur, viae istae frivolae invenientur. Cum enim intellectum, inquantum huiusmodi, sit universale, oportet quod quidditas intellecti sit quidditas alicuius universalis, scilicet generis vel speciei. Quidditas autem generis vel speciei horum sensibilium, cuius cognitionem intellectivam per phantasmata accipimus, comprehendit in se materiam et formam. Est igitur omnino dissimilis quidditati substantiae separatae, quae est simplex et immaterialis. Non est igitur possibile quod per hoc quod intelligitur quidditas rei sensibilis per phantasmata, intelligatur quidditas substantiae separatae.

Praeterea. Non est eiusdem rationis forma quae secundum esse non potest separari ab aliquo subiecto, cum illa quae separatur secundum esse a tali subiecto, licet utraque secundum considerationem accipiatur absque tali subiecto. Non enim est eadem ratio magnitudinis, et substantiae separatae, nisi ponamus magnitudines separatas medias inter species et sensibilia, sicut aliqui Platonici posuerunt. Quidditas autem generis vel speciei rerum sen-

sensíveis que se recebe dos fantasmas, chegar a conhecer as substâncias separadas.

Procede ele para mostrar a mesma coisa, por outra via semelhante. Afirma, com efeito, que o conceito de uma coisa como o do cavalo, junto a mim e junto a ti, se multiplica só pela multiplicação das espécies espirituais, que são diversas em mim e em ti. É necessário, portanto, que o conceito que não é sustentado em alguma espécie semelhante, seja o mesmo em mim e em ti. Mas a quididade do conceito, que nosso intelecto é destinado a abstrair, como foi provado, não tem uma espécie espiritual e individual, porque a quididade do conceito não é a quididade do indivíduo, nem espiritual nem corporal, porque o conceito, enquanto tal, é universal. Portanto, nosso intelecto é destinado a conhecer a quididade cujo conceito é um só em todos. Ora, tal é a quididade da substância separada. Nosso intelecto é, pois, destinado a conhecer a substância separada.

Se se considera diligentemente, essas vias são inconsistentes. Com efeito, o conceito, como é, enquanto tal, universal, é necessário que a quididade do conceito seja a quididade de um universal, a saber, do gênero ou da espécie. Ora, a quididade do gênero ou da espécie desses sensíveis, cujo conhecimento intelectivo recebemos pelos fantasmas, compreende em si a matéria e a forma. É, portanto, totalmente dessemelhante à quididade da substância separada, que é simples e imaterial. Não é possível, portanto, que pelo fato de que seja conhecida a quididade da coisa sensível pelos fantasmas, se conheça a quididade da substância separada.

Além disso. Não é da mesma razão a forma que, segundo o ser, não pode ser separada de um sujeito, e aquela que é separada, segundo o ser, de tal sujeito, embora ambas, segundo a consideração, sejam entendidas sem tal sujeito. Com efeito, não é a mesma a razão da grandeza, e da substância separada, a menos que afirmemos as grandezas separadas intermediárias entre as espécies e os sensíveis, como alguns Platônicos sustentaram. Ora, a

sibilium non potest separari secundum esse ab hac individuali materia: nisi forte, secundum Platonicos, ponamus rerum species separatas, quod est ab Aristotele improbatum. Est igitur omnino dissimilis quidditas praedicta substantiis separatis, quae nullo modo sunt in materia. Non igitur per hoc quod hae quidditates intelliguntur, substantiae separatae intelligi possunt.

Adhuc. Si quidditas substantiae separatae detur esse eiusdem rationis cum quidditate generis vel speciei istorum sensibilium, non poterit dici quod sit eiusdem rationis secundum speciem nisi dicamus quod species horum sensibilium sint ipsae substantiae separatae, sicut Platonici posuerunt. Remanet igitur quod non erunt eiusdem rationis nisi quantum ad rationem quidditatis inquantum est quidditas. Haec autem est ratio communis, generis scilicet et substantiae. Non igitur per has quidditates de substantiis separatis aliquid intelligi poterit nisi remotum genus ipsarum. Cognito autem genere, non propter hoc cognoscitur species nisi in potentia. Non poterit igitur intelligi substantia separata per intellectum quidditatum horum sensibilium.

Amplius. Maior est distantia substantiae separatae a sensibilibus quam unius sensibilis ab alio. Sed intelligere quidditatem unius sensibilis non sufficit ad intelligendam quidditatem alterius sensibilis: caecus enim natus, per hoc quod intelligit quidditatem soni, nullo modo potest pervenire ad intelligendam quidditatem coloris. Multo igitur minus per hoc quod intelligat aliquis quidditatem sensibilis substantiae, poterit intelligere quidditatem substantiae separatae.

Item. Si etiam ponamus quod substantiae separatae orbes moveant, ex quorum motibus causantur formae sensibilium, hic modus

quidditade do gênero ou da espécie das coisas sensíveis não pode ser separada, segundo o ser, desta matéria individual, a não ser talvez que, segundo os Platônicos, afirmemos as espécies separadas das coisas, o que é rejeitado por Aristóteles[168]. É, pois, totalmente dessemelhante a mencionada quidditade às substâncias separadas, que não estão, de nenhum modo, na matéria. Portanto, as substâncias separadas não podem ser conhecidas pelo fato de que são conhecidas essas quidditades.

Ainda. Se se dá que a quidditade da substância separada é da mesma razão que a quidditade do gênero ou da espécie desses sensíveis, não se poderá dizer que seja da mesma razão segundo a espécie, a não ser que digamos que as espécies desses sensíveis sejam as próprias substâncias separadas, como os Platônicos afirmaram. Permanece, pois, que não serão da mesma razão, a não ser quanto à razão da quidditade, enquanto é quidditade. Esta, com efeito, é a razão comum, ou seja, do gênero e da substância. Portanto, por essas quidditades das substâncias separadas algo não poderá ser conhecido senão removido o gênero delas. Ora, conhecido o gênero, não se conhece por causa disso a espécie, senão em potência. Não se poderá, pois, conhecer a substância separada pelo conhecimento das quidditades desses sensíveis.

Ademais. É maior a distância da substância separada com relação aos sensíveis que de um sensível a outro. Mas conhecer a quidditade de um sensível não é suficiente para conhecer a quidditade de outro sensível, pois o cego de nascença, pelo fato de que conhece a quidditade do sono, não pode de modo algum chegar a conhecer a quidditade da cor. Portanto, muito menos, pelo fato de alguém conhecer a quidditade de uma substância sensível, poderá conhecer a quidditade de uma substância separada.

Igualmente. Se afirmamos também que as substâncias separadas movem os mundos, por cujos movimentos são causadas as formas

---

[168] Aristóteles (384-322 a.C.), em Metafísica I, 9, 990a, 34-991a, 8.

cognitionis substantiae separatae ex sensibilibus non sufficit ad sciendam quidditatem ipsarum. Nam per effectum scitur causa vel ratione similitudinis quae est inter effectum et causam: vel inquantum effectus demonstrat virtutem causae. Ratione autem similitudinis, ex effectu non poterit sciri de causa quid est, nisi sit agens unius speciei: sic autem non se habent substantiae separatae ad sensibilia. Ratione autem virtutis, hoc etiam non potest esse nisi quando effectus adaequat virtutem causae: tunc enim per effectum tota virtus causae cognoscitur; virtus autem rei demonstrat substantiam ipsius. Hoc autem in proposito dici non potest: nam virtutes substantiarum separatarum excedunt effectus sensibiles omnes quos intellectu comprehendimus, sicut virtus universalis effectum particularem. Non est igitur possibile quod per sensibilium intellectum devenire possumus ad intelligendum substantias separatas.

Adhuc. Omnia intelligibilia in quorum cognitionem devenimus per inquisitionem et studium, ad aliquam scientiarum speculativarum pertinent. Si igitur per hoc quod intelligimus naturas et quidditates istorum sensibilium, pervenimus ad intelligendas substantias separatas, oportet quod intelligere substantias separatas contingat per aliquam scientiarum speculativarum. Hoc autem non videmus: non est enim aliqua speculativa scientia quae doceat de aliqua substantiarum separatarum quid est, sed solum quia sunt. Non est igitur possibile quod per hoc quod intelligimus naturas sensibilium, perveniamus ad intelligendas substantias separatas.

Si autem dicatur quod est possibile esse aliquam talem speculativam scientiam quamvis adhuc non sit inventa, hoc nihil est: quia non est possibile per aliqua principia nobis nota ad intelligendas substantias praedictas devenire. Omnia enim propria principia cuiuscumque scientiae dependent ex principiis primis indemonstrabilibus per se notis, quorum cognitio-

dos sensíveis, este modo de conhecimento da substância separada dos sensíveis não é suficiente para saber a quididade delas. Sabe-se, de fato, que por meio do efeito conhece-se a causa ou em razão da semelhança que há entre o efeito e a causa, ou enquanto o efeito demonstra a virtude da causa. Entretanto, por razão da semelhança, não se poderá pelo efeito saber-se pela causa o que é, a não ser que seja o agente de uma espécie, mas assim não se comportam as substâncias separadas em relação aos sensíveis. Em razão da virtude, porém, isso também não pode ser, senão quando o efeito se adéqua à virtude da causa, pois então pelo efeito se conhece toda a virtude da causa, mas a virtude da coisa demonstra sua substância. Ora, isso não pode ser dito ao propósito, pois as virtudes das substâncias separadas excedem todos os efeitos sensíveis que pelo intelecto compreendemos, como a virtude universal excede o efeito particular. Não é possível, portanto, que pelo conhecimento dos sensíveis possamos chegar ao conhecimento das substâncias separadas.

Ainda. Todos os inteligíveis a cujo conhecimento chegamos por inquisição e estudo, pertencem a alguma das ciências especulativas. Se, pois, pelo fato de que conhecemos as naturezas e quididades desses sensíveis, chegamos a conhecer as substâncias separadas, é necessário que o conhecer as substâncias separadas aconteça por alguma das ciências especulativas. Ora, não vemos isso: não há, com efeito, uma ciência especulativa que ensine a respeito de alguma das substâncias separadas *o que seja*, mas só *porque são*. Não é, portanto, possível que, pelo fato de conhecermos as naturezas dos sensíveis, cheguemos a conhecer as substâncias separadas.

Se, entretanto, se disser que é possível haver tal ciência especulativa, embora ainda não esteja inventada, isso não é nada, porque não é possível por alguns princípios a nós conhecidos chegar-se a conhecer as mencionadas substâncias. Com efeito, todos os princípios próprios de qualquer ciência dependem dos princípios primeiros indemonstráveis por si

nem a sensibilibus accipimus, ut patet in fine posteriorum. Sensibilia autem non sufficienter ducunt in cognitionem rerum immaterialium, ut per superiores rationes est probatum. Non est ergo possibile aliquam scientiam esse per quam ad intelligendas substantias separatas perveniri possit.

Capitulum XLII
Quod non possumus in hac vita intelligere substantias separatas sicut ponit Alexander

Quia vero Alexander posuit quod intellectus possibilis est generabilis et corruptibilis, utpote quaedam praeparatio naturae humanae consequens commixtionem elementorum, ut in secundo habitum est; non est autem possibile ut talis virtus supra materialia elevetur: posuit quod intellectus possibilis noster nunquam potest pervenire ad intelligendas substantias separatas; posuit tamen quod nos, secundum statum praesentis vitae, possumus substantias separatas intelligere.

Quod quidem ostendere nitebatur hoc modo. Unumquodque quando pervenerit ad complementum in sua generatione, et ad ultimam perfectionem suae substantiae, complebitur operatio sua propria, sive actio sive passio: sicut enim operatio substantiam sequitur, ita operationis perfectio perfectionem substantiae; unde animal, cum fuerit ex toto perfectum, poterit per se ambulare.

Intellectus autem habitualis, qui nihil est aliud quam species intelligibiles factae per intellectum agentem existentes in intellectu possibili, operatio est duplex: una ut faciat intellecta in potentia esse intellecta in actu, quam habet ex parte intellectus agentis; secunda est intelligere intellecta in actu; haec enim duo homo potest facere per habitum intellectualem. Quando igitur complebitur generatio intellectus in habitu, complebitur in ipso utraque

mesmos evidentes, cujo conhecimento recebemos dos sensíveis, como está claro no fim dos Analíticos Posteriores[169]. Ora, os sensíveis não levam suficientemente ao conhecimento das coisas imateriais, como foi provado pelas razões superiores. Logo, não é possível haver uma ciência pela qual se possa chegar a conhecer as substâncias separadas.

Capítulo 42
Não podemos nesta vida conhecer as substâncias separadas, como afirma Alexandre

Porque Alexandre afirmou que o intelecto possível é gerável e corruptível, como *certa preparação da natureza humana que segue a mistura dos elementos*, como se tratou no livro II[170], e não é possível que tal virtude se eleve sobre as coisas materiais, sustentou ele que nosso intelecto possível jamais pode chegar a conhecer as substâncias separadas, mas concedeu que nós, segundo o estado da vida presente, podemos conhecer as substâncias separadas[171].

Esforçou-se por mostrar isso do seguinte modo. Quando cada coisa chega ao acabamento em sua geração e à última perfeição de sua substância, completa sua operação própria, ou ação ou paixão: como, pois, a operação segue a substância, assim a perfeição da operação segue a perfeição da substância, Donde, o animal, tornando-se totalmente perfeito, pode andar por si mesmo. — Entretanto, do intelecto habitual, que não é outra coisa senão *as espécies inteligíveis feitas existentes pelo intelecto agente no intelecto possível é* dupla a operação: uma que faz as coisas conhecidas em potência ser conhecidas em ato, a qual ele tem da parte do intelecto agente; a segunda é conhecer as coisas conhecidas em ato; estas duas coisas o homem pode fazer pelo hábito intelectual. Quando, pois, se completa a geração do intelecto em hábito, completa-se

---

[169] Aristóteles (384-322 a.C.), em Analíticos Posteriores II, 9, 100a, 3b, 5.
[170] Livro II, cap. 62.
[171] Averrois [Ibn Roschd] (1126-1198), no lugar citado.

praemissarum operationum. Semper autem accedit ad complementum suae generationis, dum novas species intellectas acquirit.

Et sic necesse est quod quandoque sua generatio compleatur, nisi sit impedimentum: quia nulla generatio est ad infinitum tendens. Complebitur igitur quandoque utraque operationum intellectus in habitu, per hoc quod omnia intellecta in potentia faciet in actu, quod est complementum primae operationis; et per hoc quod intelliget omnia intelligibilia, et separata et non separata.

Cum autem intellectus possibilis non possit intelligere substantias separatas, secundum eius opinionem, ut iam dictum est; intendit quod intelligemus per intellectum in habitu substantias separatas, inquantum intellectus agens, qui ab ipso ponitur substantia separata, fiet forma intellectus in habitu et nobis ipsis; ita quod per eum intelligemus sicut nunc intelligimus per intellectum possibilem; et, cum de virtute intellectus agentis sit facere omnia intellecta in actu quae sunt intelligibilia potentia, et intelligere substantias separatas, in statu illo intelligemus substantias separatas, et omnia intelligibilia non separata.

Et secundum hoc, per hanc cognitionem quae est ex phantasmatibus, pervenimus in cognitionem substantiae separatae; non quasi et ipsa phantasmata et intellecta per ea sint medium aliquod ad cognoscendas substantias separatas, prout accidit in scientiis speculativis, sicut posuit opinio superior; sed inquantum species intelligibiles sunt quaedam dispositiones in nobis ad talem formam quae est intellectus agens. Et hoc est primum in quo differunt hae duae opiniones.

Unde, quando intellectus in habitu fuerit perfectus per huiusmodi species intelligibiles in nobis factas ab intellectu agente, fiet ipse intellectus agens nobis forma, ut dictum est. Et nominat ipsum intellectum adeptum, de quo dicunt Aristotelem dicere quod sit ab extrin-

nele uma e outra das mencionadas operações. Sempre, contudo, acede ao acabamento de sua geração, enquanto adquire novas espécies conhecidas.

E assim é necessário que, às vezes, sua geração se complete, se não houver impedimento, porque nenhuma geração tende ao infinito. Completa-se, portanto, às vezes, uma e outra operação do intelecto em hábito, enquanto todas as coisas conhecidas em potência ele faz em ato, que é o acabamento da primeira operação, e enquanto conhece todos os inteligíveis, separados e não separados.

Como, porém, o intelecto possível não pode conhecer as substâncias separadas, segundo a opinião d'Ele, como já foi dito, pretende que conheçamos pelo intelecto em hábito as substâncias separadas, enquanto intelecto agente, o qual ele afirma ser substância separada, se faz forma do intelecto em hábito e em nós mesmos; de modo que por ele conhecemos como agora conhecemos pelo intelecto possível, e, como é da virtude do intelecto agente fazer todas as coisas inteligíveis em ato, as quais são inteligíveis em potência, e conhecer as substâncias separadas, naquele estado conhecemos as substâncias separadas, e todos os inteligíveis não separados.

E, segundo isso, por esse conhecimento que provém dos fantasmas, chegamos ao conhecimento da substância separada; não como se os mesmos fantasmas e as coisas conhecidas por esses sejam um meio para conhecer as substâncias separadas, como acontece nas ciências especulativas, assim como afirmou a opinião superior[172], mas enquanto as espécies inteligíveis são certas disposições em nós para tal forma, que é o intelecto agente. E isso é *a primeira coisa em que diferem essas duas opiniões*.

Donde, quando o intelecto em hábito for perfeito por semelhantes espécies inteligíveis em nós feitas pelo intelecto agente, fará o próprio intelecto agente em nós a forma, como foi dito. E a esse chama *intelecto adquirido*, do qual dizem que Aristóteles afirma que é do

---

[172] Cf. capítulo anterior.

seco. Et sic, licet in scientiis speculativis non sit perfectio ultima humana, sicut superior ponebat opinio; per eas tamen homo disponitur ad ultimam perfectionem consequendam. Et hoc est secundum in quo differt secunda opinio a prima.

Tertio autem differt per hoc quod, secundum primam opinionem, intelligere intellectum agentem est causa quod continuetur nobiscum. Secundum vero hanc secundam opinionem, est e converso: nam propter hoc quod nobiscum continuatur ut forma, intelligimus ipsum et alias substantias separatas. Haec autem irrationabiliter dicuntur. Intellectus enim in habitu, sicut intellectus possibilis, ponitur ab Alexandro esse generabilis et corruptibilis. Aeternum autem non potest fieri forma generabilis et corruptibilis, secundum eum: propter hoc enim ponit intellectum possibilem, qui unitur nobis ut forma, esse generabilem et corruptibilem, intellectum vero agentem, qui est incorruptibilis, esse substantiam separatam. Cum igitur intellectus agens, secundum Alexandrum, ponatur esse quaedam substantia separata aeterna, impossibile erit quod intellectus agens fiat forma intellectus in habitu.

Praeterea. Forma intellectus, inquantum est intellectus, est intelligibile, sicut forma sensus est sensibile: non enim recipit aliquid intellectus, per se loquendo, nisi intelligibiliter sicut nec sensus nisi sensibiliter. Si igitur non potest intellectus agens esse intelligibile per intellectum in habitu, impossibile erit quod sit forma eius.

Item. Intelligere aliquo tripliciter dicimur. Uno modo, sicut intelligimus intellectu, qui est virtus a qua egreditur talis operatio: unde et ipse intellectus intelligere dicitur, et ipsum intelligere intellectus fit intelligere nostrum. Alio modo, sicut specie intelligibili: qua quidem dicimur intelligere, non quasi ipsa intelligat, sed quia vis intellectiva per eam perficitur in actu, sicut vis visiva per speciem coloris. Tertio modo, sicut medio per cuius cognitionem devenimus in cognitionem alterius.

exterior. E assim, embora nas ciências especulativas não esteja a perfeição última humana, como afirma a opinião superior, por elas, entretanto, o homem se dispõe a conseguir a última perfeição. E isso é *a segunda* coisa em que difere a segunda opinião da primeira.

Em *terceiro* lugar, difere pelo fato que, segundo a primeira opinião, conhecer o intelecto agente é causa que seja unido a nós. Mas, segundo essa segunda opinião, é o contrário, pois, em razão de que se une a nós como forma, nós o conhecemos e as outras substâncias separadas. Tais coisas são ditas irracionalmente. Com efeito, o intelecto em hábito, como o intelecto possível, afirma-se por Alexandre que é gerável e corruptível. Ora, segundo ele, o eterno não pode tornar-se forma gerável e corruptível; por causa disso, com efeito, afirma que o intelecto possível, que se une a nós como forma, é gerável e corruptível, já o intelecto agente, que é incorruptível, é uma substância separada. Como, pois, o intelecto agente, segundo Alexandre, se afirma ser uma substância separada eterna, será impossível que o intelecto agente se torne forma intelectual em hábito.

Além disso. A forma do intelecto, enquanto é intelecto, é inteligível, como a forma do sentido é sensível, pois o intelecto não recebe algo, propriamente falando, senão inteligivelmente, como tampouco o sentido, senão sensivelmente. Se, pois, não pode o intelecto agente ser inteligível pelo intelecto em hábito, será impossível que seja forma d'Ele.

Igualmente. Dizemos conhecer mediante alguma coisa de três modos. — De um modo, como conhecemos pelo intelecto, que é a potência da qual sai tal operação, Donde, se diz que o próprio intelecto conhece, e o mesmo conhecer do intelecto se torna nosso conhecer. — De outro modo, como na espécie inteligível: nela, com efeito, dizemos conhecer, não porque ela mesma conheça, mas porque a força intelectiva por ela se converte em ato, como a força visual pela espécie da cor. De um terceiro modo, como meio, por cujo conhecimento chegamos ao conhecimento de outra coisa.

Si igitur homo quandoque per intellectum agentem intelligat substantias separatas, oportet aliquo modorum dictorum hoc dici. Non autem dicitur hoc modo tertio: quia non concedit Alexander quod intelligat intellectum agentem vel intellectus possibilis, vel intellectus in habitu. Nec etiam secundo modo: quia intelligere per speciem intelligibilem attribuitur virtuti intellectivae cuius illa species intelligibilis est forma; non autem concedit Alexander quod intellectus possibilis, vel intellectus in habitu, intelligat substantias separatas; unde non potest esse quod sic intelligamus substantias separatas per intellectum agentem sicut intelligimus aliqua per speciem intelligibilem. Si autem sicut per virtutem intellectivam, oportet quod ipsum intelligere intellectus agentis sit intelligere hominis. Hoc autem esse non potest nisi ex substantia intellectus agentis et substantia hominis fiat unum secundum esse: impossibile enim est, si sint duae substantiae secundum esse diversae, quod operatio unius sit operatio alterius.

Erit igitur intellectus agens unum secundum esse cum homine. Non autem secundum esse accidentale: quia iam non esset intellectus agens substantia, sed accidens; sic enim ex colore et corpore fit unum secundum esse accidentale. Relinquitur igitur quod intellectus agens sit cum homine unum secundum esse substantiale. Erit igitur vel anima humana, vel pars eius, et non aliqua substantia separata, sicut Alexander ponit. Non igitur secundum opinionem Alexandri potest poni quod homo intelligat substantias separatas.

Amplius. Si intellectus agens quandoque fiet forma istius hominis, ita quod per ipsum intelligere possit, eadem ratione poterit fieri forma alterius hominis per ipsum similiter intelligentis. Sequetur ergo quod duo homines simul per intellectum agentem intelligent sicut per formam suam. Hoc autem est ita quod ipsum intelligere intellectus agentis sit intelligere intelligentis per ipsum, ut iam

Se, pois, o homem conhece substâncias separadas, algumas vezes, pelo intelecto agente, é necessário que isso se diga por algum dos modos referidos. — Entretanto, não se diz pelo terceiro modo, pois concede Alexandre que ou o intelecto possível, ou o intelecto em hábito conhece o intelecto agente. — Nem também pelo segundo modo, porque conhecer pela espécie inteligível se atribui à potência intelectiva da qual aquela espécie inteligível é forma; mas Alexandre não concede que o intelecto possível, ou o intelecto em hábito, conheça substâncias separadas; donde, não pode ser que assim conhecemos substâncias separadas pelo intelecto agente, como conhecemos outras coisas pela espécie inteligível. — Se pela virtude intelectiva, é necessário que o próprio conhecer do intelecto agente seja o conhecer do homem. Ora, isso não pode ser a menos que se faça da substância do intelecto agente e da substância do homem uma unidade segundo o ser, pois é impossível, se são duas substâncias diversas segundo o ser, que a operação de uma seja a operação de outra.

Será, portanto, o intelecto agente um só, segundo o ser, com o homem. Não, porém, segundo o ser acidental, porque já não seria o intelecto agente uma substância, mas acidente, pois, assim, da cor e do corpo se faz uma coisa só segundo o ser acidental. Resta, portanto, que o intelecto agente seja com o homem uma unidade segundo o ser substancial. Será, portanto, ou a alma humana, ou parte dela, e não alguma substância separada, como sustenta Alexandre. Logo, não se pode estabelecer, segundo a opinião de Alexandre, que o homem conhece substâncias separadas.

Ademais. Se o intelecto agente às vezes se faz forma deste homem, de modo que por ele possa conhecer, pela mesma razão poderá fazer-se forma de outro homem que por ele semelhantemente conheça. Segue-se, pois, que dois homens, ao mesmo tempo, conheçam pelo intelecto agente como por sua forma. Ora, isso é de modo que o próprio conhecer do intelecto agente seja o conhecer de quem

dictum est. Erit ergo idem intelligere duorum intelligentium. Quod est impossibile.

Ratio etiam sua frivola omnino est. Primo quidem quia, quando perficitur generatio alicuius generis, oportet quod perficiatur sua operatio, sed tamen secundum modum sui generis, non autem secundum modum generis altioris: cum enim perficitur generatio aeris, habet generationem et motum completum sursum, non tamen ut moveatur ad locum ignis. Similiter autem, cum completur generatio intellectus in habitu, complebitur eius operatio, quae est intelligere, secundum suum modum: non autem secundum modum quo intelligunt substantiae separatae, ut scilicet intelligat substantias separatas. Unde ex generatione intellectus in habitu non potest concludi quod homo quandoque intelligat substantias separatas.

Secundo, quia eiusdem virtutis est complementum operationis cuius est operatio ipsa. Si igitur intelligere substantias separatas sit complementum operationis intellectus in habitu, sequitur quod intellectus in habitu intelligat quandoque substantias separatas.

Quod Alexander non ponit: sequeretur enim quod intelligere substantias separatas contingeret per scientias speculativas, quae sub intellectu in habitu comprehenduntur.

Tertio, quia eorum quae generari incipiunt, completur generatio ut in pluribus: cum omnes generationes rerum sint a causis determinatis, quae consequuntur effectus suos vel semper vel in maiori parte.

Si igitur ad completionem generationis sequitur etiam complementum actionis, oportet etiam quod operatio completa consequatur ea quae generantur vel semper, vel in maiori parte. Intelligere autem substantias separatas non consequuntur qui ad generationem intellectus in habitu student, neque in pluribus neque semper: quinimmo nullus professus est se ad hanc perfectionem pervenisse. Non est igitur complementum operationis intellectus in habitu intelligere substantias separatas.

conhece por meio d'Ele, como já foi dito. Será, pois, o mesmo o conhecer de dois conhecedores. O que é impossível.

A razão também é totalmente inconsistente. *Em primeiro lugar*, porque, quando termina a geração de algum gênero, é necessário que termine sua operação, mas segundo o modo de seu gênero, mas não segundo o modo de gênero mais elevado, pois, quando termina a geração do ar, tem a geração e o movimento completo para cima, mas não para mover-se para o lugar do fogo. Ora, semelhantemente, quando se completa a geração do intelecto em hábito, completar-se-á sua operação, que é conhecer, segundo o seu modo, mas não segundo o modo pelo qual as substâncias separadas conhecem, ou seja, como conhece as substâncias separadas. Donde, da geração do intelecto em hábito não se pode concluir que o homem às vezes conhece as substâncias separadas.

Em segundo lugar, porque o complemento da operação é da mesma virtude que a mesma operação. Se, pois, conhecer substâncias separadas é complemento da operação do intelecto em hábito, segue-se que o intelecto em hábito conhece às vezes substâncias separadas. O que Alexandre não afirma: pois seguir-se-ia que conhecer substâncias separadas aconteceria pelas ciências especulativas, que são compreendidas sob o intelecto em hábito.

Em terceiro lugar, porque daquelas coisas que começam a ser geradas, completa-se a geração na maioria das vezes, porque todas as gerações das coisas são por causas determinadas, que atingem seus efeitos ou sempre ou na maior parte.

Se, pois, para o termo da geração se segue também o termo da ação, é necessário também que a operação completa atinja aquelas coisas que são geradas ou sempre, ou na maior parte. Ora, conhecer substâncias separadas não conseguem os que se esforçam para a geração do intelecto em hábito, nem na maioria das vezes, nem sempre: até mesmo ninguém testemunhou que tivesse chegado a essa perfeição. Conhecer substâncias separadas. não é, pois, o termo da operação do intelecto em hábito.

Capitulum XLIII
Quod non possumus in hac vita intelligere substantias separatas sicut ponit Averroes

Quia vero maxima difficultas est in opinione Alexandri ex hoc quod ponit intellectum possibilem in habitu totaliter corruptibilem, Averroes faciliorem viam se existimavit adinvenisse ad ostendendum quod quandoque intelligamus substantias separatas, ex hoc quod ponit intellectum possibilem incorruptibilem, et a nobis secundum esse separatum, sicut et intellectum agentem.

Ostendit enim primo, quod necesse est ponere quod intellectus agens se habeat ad principia naturaliter cognita a nobis vel sicut agens ad instrumentum, vel sicut forma ad materiam. Intellectus enim in habitu, quo intelligimus, non solum habet hanc actionem quae est intelligere, sed etiam hanc quae est facere intellecta in actu: utrumque enim experimur in nostra potestate existere. Hoc autem quod est facere intellecta in actu magis proprie notificat intellectum in habitu quam intelligere: quia prius est facere intellecta in actu quam intelligere. Sunt autem quaedam in nobis facta intellecta in actu naturaliter, non ex studio aut ex nostra voluntate, sicut prima intelligibilia. Haec autem facere intellecta actu non contingit per intellectum in habitu, per quem fiunt intellecta in actu ea quae scimus ex studio: sed magis sunt initium intellectus in habitu; unde et habitus horum intelligibilium ab Aristotele, in VI ethicorum, intellectus dicitur. Fiunt autem intellecta in actu per solum intellectum agentem. Per haec autem fiunt intellecta in actu alia, quae ex studio scimus. Facere igitur haec consequentia intellecta in actu est actio et intellectus in habitu, quantum ad prima principia; et ipsius intellectus agentis. Una autem actio non est duorum nisi unum eorum comparetur ad alterum sicut agens ad

Capítulo 43
Nesta vida não podemos conhecer as substâncias separadas, como afirma Averrois

Porque há uma enorme dificuldade na opinião de Alexandre quanto afirma que o intelecto possível em hábito é totalmente corruptível. Averrois[173] julgou ter encontrado uma via mais fácil para mostrar que às vezes conhecemos substâncias separadas, porque afirma incorruptível o intelecto possível e separado de nós, segundo o ser, como também o intelecto agente[174].

Mostra[175], *primeiro*, ser necessário afirmar que o intelecto agente se relaciona com os princípios conhecidos por nós naturalmente, ou como o agente com relação ao instrumento, ou como a forma com relação à matéria[176]. Com efeito, o intelecto em hábito, pelo qual conhecemos, não apenas tem essa ação que é conhecer, mas também a que é fazer os inteligíveis em ato, pois experimentamos que existem, em nosso poder, uma e outra. Isto de fazer os inteligíveis em ato caracteriza mais propriamente o intelecto em hábito que o conhecer, porque o fazer os inteligíveis em ato é anterior ao conhecer. Ora, há em nós alguns inteligíveis feitos em ato naturalmente, não por esforço ou por nossa vontade, como os primeiros inteligíveis. Fazer esses inteligíveis em ato não acontece pelo intelecto em hábito, pelo qual se fazem conhecidas em ato aquelas coisas que sabemos por esforço, mas são, antes, o início do intelecto em hábito; donde, também o hábito desses inteligíveis é dito intelecto por Aristóteles[177]. Fazem-se, porém, inteligíveis em ato apenas pelo intelecto agente. Ora, por esses fazem-se inteligíveis em ato os demais, que sabemos por esforço. Pôr em ato, portanto, esses inteligíveis posteriores é ação também do intelecto em hábito quanto aos primeiros princípios, e do mesmo inte-

---

[173] Averrois [Ibn Roschd] (1126-1198), em Sobre a Alma III, 36, 48.
[174] Averrois [Ibn Roschd] (1126-1198), em Sobre a Alma III, 5, 419-423.
[175] Averrois [Ibn Roschd] (1126-1198), em Sobre a Alma III, 36, 460-538.
[176] Averrois [Ibn Roschd] (1126-1198), em Sobre a Alma III, 36, 251-262.
[177] Aristóteles (384-322 a.C.), em Ética VI, 6, 1141a, 5.

instrumentum, vel sicut forma ad materiam. Oportet igitur quod intellectus agens comparetur ad prima principia intellectus in habitu vel sicut agens ad instrumentum, vel sicut forma ad materiam.

Quod quidem qualiter possit esse sic ostendit. Intellectus possibilis, cum sit, secundum eius positionem, quaedam substantia separata, intelligit intellectum agentem et alias substantias separatas, et etiam prima intellecta speculativa. Est igitur subiectum utrorumque. Quaecumque autem conveniunt in uno subiecto, alterum eorum est sicut forma alterius: sicut, cum color et lux sint in diaphano sicut in subiecto, oportet quod alterum, scilicet lux, sit quasi forma alterius, scilicet coloris. Hoc autem necesse est quando habent ordinem ad invicem: non in his quae per accidens coniunguntur in eodem subiecto, sicut albedo et musica. Sunt autem intellecta speculativa et intellectus agens ordinem ad invicem habentia: cum intellecta speculativa sint facta intellecta in actu per intellectum agentem. Habet se igitur intellectus agens ad intellecta speculativa quasi forma ad materiam. Oportet igitur quod, cum intellecta speculativa sint nobis copulata per phantasmata, quae sunt quoddam subiectum ipsorum, quod etiam intellectus agens continuetur nobiscum, inquantum est forma intellectorum speculativorum.

Quando igitur intellecta speculativa sunt in nobis solum in potentia, intellectus agens continuatur nobiscum solum in potentia.

Quando autem aliqua intellecta speculativa sunt in nobis in actu et aliqua in potentia, continuatur nobis partim actu et partim in potentia: et tunc dicimur moveri ad continuationem praedictam: quia quanto plura intellecta

lecto agente. Entretanto, não há uma ação só dos dois, a menos que um dos dois se relacione com o outro como o agente com o instrumento, ou como a forma com relação à matéria. Portanto, é necessário que o intelecto agente se relacione com os primeiros princípios do intelecto em hábito ou como o agente com relação ao instrumento, ou como a forma com relação à matéria.

Averrois mostra assim como isso se pode dar[178]. O intelecto possível, sendo, segundo sua opinião, uma substância separada, conhece o intelecto agente e outras substâncias separadas[179], e também os primeiros princípios especulativos. É, pois, sujeito de ambos. Ora, quaisquer coisas que convêm num sujeito, uma delas é como forma da outra, como, quando a cor e a luz estão no diáfano como num sujeito, é necessário que uma, a saber, a luz seja como forma da outra, isto é, da cor. Ora, isto é necessário quando têm referência recíproca: não naquelas coisas que por acidente se unem no mesmo sujeito, como a brancura e a música. Os princípios especulativos e o intelecto agente têm referência entre si, porque os princípios especulativos são feitos conhecidos em ato pelo intelecto agente. Portanto, o intelecto agente se relaciona com os princípios especulativos como a forma para com a matéria[180]. É necessário, pois, que, como os princípios especulativos nos são comunicados pelos fantasmas, que são um sujeito deles, também o intelecto agente se una conosco, enquanto é forma dos princípios especulativos conhecidos.

Quando, pois, os inteligíveis especulativos estão em nós só em potência, o intelecto agente se une a nós só em potência.

Quando, porém, alguns inteligíveis especulativos conhecidos estão em nós em ato, e uns em potência, une-se a nós em parte em ato e em parte, em potência, e então dizemos que são movidos à união mencionada, porque

---

[178] Averrois [Ibn Roschd] (1126-1198), em Sobre a Alma III, 36, 559-622.
[179] Livro II, cap. 59.
[180] Averrois [Ibn Roschd] (1126-1198), em Sobre a Alma III, 36, 581-585.

in actu fuerint in nobis facta, perfectius intellectus agens continuatur nobis. Hic autem profectus et motus ad continuationem fit per studium in scientiis speculativis, per quas vera intellecta acquirimus, et falsae opiniones excluduntur, quae sunt extra ordinem huius motus, sicut monstruosa extra ordinem naturalis operationis. Unde et ad hunc profectum iuvant se homines, sicut iuvant se invicem in scientiis speculativis.

Quando ergo omnia intellecta in potentia fuerint in nobis facta in actu, tunc intellectus agens perfecte copulabitur nobis ut forma, et intelligemus per ipsum perfecte, sicut nunc perfecte intelligimus per intellectum in habitu. Unde, cum ad intellectum agentem pertineat intelligere substantias separatas, intelligemus tunc substantias separatas, sicut nunc intelligimus intellecta speculativa. Et haec erit ultima hominis felicitas, in qua homo erit sicut quidam Deus.

Huius autem positionis destructio ex praemissis sufficienter apparet: procedit enim ex suppositione multorum quae in superioribus sunt improbata.

Primo quidem, supra ostensum est quod intellectus possibilis non est aliqua substantia separata a nobis secundum esse. Unde non oportebit quod sit subiectum substantiarum separatarum: praecipue cum Aristoteles dicat quod intellectus possibilis est in quo est omnia fieri; unde videtur quod sit subiectum solum illorum quae sunt facta intellecta.

Item. De intellectu agente etiam supra ostensum est quod non est aliqua substantia separata, sed pars animae: cui Aristoteles attribuit hanc operationem, scilicet facere intellecta in actu, quae est in nostra potestate. Unde non oportebit quod intelligere per intellectum agentem sit nobis causa quod pos-

quanto mais numerosos os princípios forem em nós feitos em ato, mais perfeitamente se une a nós o intelecto agente. Ora, esse processo e movimento para a união se faz por esforço nas ciências especulativas, pelas quais adquirimos os verdadeiros princípios, e são excluídas as falsas opiniões, que estão fora da ordem desse movimento, como as coisas monstruosas fora da ordem da operação natural. Donde, também para esse processo ajudam-se os homens, como se ajudam entre si nas ciências especulativas.

Quando, pois, todos os inteligíveis em potência forem feitos em nós em ato, então o intelecto agente se comunica perfeitamente conosco como forma, e conheceremos por ele perfeitamente, como agora perfeitamente conhecemos pelo intelecto em hábito. Donde, como pertence ao intelecto agente conhecer as substâncias separadas, conheceremos então as substâncias separadas, como agora conhecemos os inteligíveis especulativos. E essa será a última felicidade do homem, na qual o homem será *como um Deus*.

A destruição de tal opinião se evidencia suficientemente do exposto, pois procede da suposição de muitas coisas que foram anteriormente refutadas.

Primeiro, foi mostrado[181] que o intelecto possível não é uma substância separada de nós, segundo o ser. Por isso, não será necessário que seja sujeito de substâncias separadas, principalmente porque Aristóteles diz que o intelecto possível é *aquilo em que todas as coisas se fazem*[182], Donde, parece que seja sujeito só daquelas coisas que são feitas inteligíveis.

Igualmente. A respeito do intelecto agente também foi mostrado[183] que não é uma substância separada, mas parte da alma, à qual Aristóteles atribui tal operação, ou seja, fazer os inteligíveis em ato[184], a qual está em nosso poder. Donde, não será necessário que conhecer pelo intelecto agente seja em nós causa de que

---

[181] Livro II, cap. 59.
[182] Aristóteles (384-322 a.C.), em Sobre a Alma III, 5, 430a, 14-15.
[183] Livro II, cap. 76.
[184] Aristóteles (384-322 a.C.), em Sobre a Alma III, 5, 430a, 14-5.

simus intelligere substantias separatas: alias semper intelligeremus eas.

Adhuc. Si intellectus agens est substantia separata, non copulatur nobiscum nisi per species factas intellectas in actu, secundum eius positionem, sicut nec intellectus possibilis: licet intellectus possibilis se habeat ad illas species sicut materia ad formam, intellectus autem agens e converso sicut forma ad materiam. Species autem factae intellectae in actu copulantur nobiscum, secundum eius positionem, propter phantasmata, quae ita se habent ad intellectum possibilem sicut colores ad visum, ad intellectum vero agentem sicut colores ad lucem, ut ex verbis Aristotelis in III de anima patet. Non autem lapidi, in quo est color, potest attribui neque actio visus ut videat, neque actio solis ut illuminet. Ergo, secundum positionem praedictam, homini non poterit attribui neque actio intellectus possibilis ut intelligat; neque actio intellectus agentis ut intelligat substantias separatas, vel ut faciat intellecta in actu.

Amplius. Secundum positionem praemissam, intellectus agens non ponitur continuari nobiscum ut forma nisi per hoc quod est forma speculativorum intellectorum, quorum etiam ponitur forma per hoc quod eadem actio est intellectus agentis et illorum intellectorum, scilicet facere intellecta actu. Non igitur poterit esse forma nobis nisi secundum quod communicant in actione eius intellecta speculativa. Haec autem non communicant in operatione eius quae est intelligere substantias separatas, cum sint species rerum sensibilium: nisi redeamus ad opinionem Avempace, quod quidditates substantiarum separatarum possint cognosci per ea quae intelligimus de istis sensibilibus. Nullo igitur modo per viam praedictam poterimus intelligere substantias separatas.

Praeterea. Intellectus agens secundum alium ordinem comparatur ad intellecta spe-

possamos conhecer as substâncias separadas; caso contrário, sempre as conheceríamos.

Ainda. Se o intelecto agente é substância separada, não se comunica conosco a não ser por espécies feitas inteligíveis em ato, segundo sua opinião, como tampouco o intelecto possível, embora o intelecto possível se relacione com aquelas espécies como a matéria com a forma, mas o intelecto agente, ao contrário, como a forma com a matéria. Ora, as espécies feitas inteligíveis em ato comunicam-se conosco, segundo sua opinião, por causa dos fantasmas, que se relacionam com o intelecto possível como as cores com a vista, mas com o intelecto agente, como as cores com a luz, como se evidencia das palavras de Aristóteles[185]. Mas à pedra, na qual está a cor, não se pode atribuir nem a ação da visão para que veja, nem a ação do sol para que ilumine. Logo, segundo a referida opinião, não se pode atribuir ao homem nem a ação do intelecto possível para que conheça, nem a ação do intelecto agente para que conheça as substâncias separadas, ou para que faça os inteligíveis em ato.

Ademais. Segundo a referida opinião, não se afirma que o intelecto agente se une conosco como forma senão pelo fato de que é a forma dos inteligíveis especulativos, dos quais também se afirma a forma pelo fato de que a mesma ação é do intelecto agente e dos inteligíveis, ou seja, fazer os inteligíveis em ato. Não poderia, pois, ser a forma em nós senão segundo o que comunicam na sua ação os inteligíveis especulativos. Esses, porém, não comunicam na sua operação que é conhecer substâncias separadas, porque são espécies de coisas sensíveis: a não ser que voltemos à opinião de Avempace, de que as quididades das substâncias separadas podem ser conhecidas por aquelas coisas que conhecemos desses sensíveis. Portanto, de nenhum modo, pela via referida, poderíamos conhecer as substâncias separadas.

Além disso. Segundo a opinião d'Ele, o intelecto agente, segundo outra ordem, rela-

---

[185] Aristóteles (384-322 a.C.), em Sobre a Alma III, 5, 430a, 15-17.

culativa, quorum est factivus; et ad substantias separatas, quarum non est factivus, sed cognoscitivus tantum, secundum eius positionem. Non igitur oportet, si copuletur nobis per hoc quod est factivus intellectorum speculativorum, quod copuletur nobis secundum quod est cognoscitivus substantiarum separatarum: sed in tali processu est deceptio manifeste secundum accidens.

Adhuc. Si per intellectum agentem cognoscimus substantias separatas, hoc non est inquantum intellectus agens est forma huius vel illius intellecti speculativi, sed inquantum fit forma nobis: sic enim per ipsum possumus intelligere. Fit autem forma nobis etiam per prima intellecta speculativa, secundum quod ipse dicit. Ergo statim a principio homo potest per intellectum agentem intelligere substantias separatas.

Si autem dicatur quod non fit nobis perfecte forma per quaedam intellecta speculativa intellectus agens, ut per ipsum possimus intelligere substantias separatas: hoc non est nisi quia illa intellecta speculativa non adaequant perfectionem intellectus agentis in intelligendo substantias separatas. Sed nec omnia intellecta speculativa simul accepta adaequant illam perfectionem intellectus agentis secundum quod intelligit substantias separatas: cum omnia haec non sint intelligibilia nisi inquantum sunt facta intellecta; illa vero sunt intelligibilia secundum suam naturam. Non igitur per hoc quod omnia speculativa intelligibilia sciemus, oportebit quod ita perfecte intellectus agens fiat nobis forma quod per ipsum intelligamus substantias separatas. Vel, si hoc non requiritur, oportebit dicere quod, intelligendo quodlibet intelligibile, intelligamus substantias separatas.

ciona-se com os inteligíveis especulativos, dos quais é produtivo, e com as substâncias separadas, das quais não é produtivo, mas apenas conhecedor. Portanto, não é necessário, se comunica conosco pelo fato de ser produtivo dos princípios conhecidos especulativos, que se comunique conosco segundo é conhecedor das substâncias separadas, mas em tal processo há manifestamente o sofisma *segundo o acidente*.

Ainda. Se pelo intelecto agente conhecemos as substâncias separadas, tal não é enquanto o intelecto agente é forma deste ou daquele intelecto especulativo, mas enquanto se faz forma em nós, pois, assim, podemos conhecer por ele. Faz-se, porém, forma em nós também pelos primeiros inteligíveis especulativos, segundo o que ele mesmo diz. Logo, imediatamente desde o princípio, o homem pode pelo intelecto agente conhecer as substâncias separadas.

Se, porém se disser que o intelecto agente não se faz em nós perfeitamente forma por alguns inteligíveis especulativos, de modo que por ele podemos conhecer as substâncias separadas, isso não é senão porque aqueles inteligíveis especulativos não se adequam à perfeição do intelecto agente ao conhecer as substâncias separadas. Mas nem todos os inteligíveis especulativos simultaneamente recebidos se adéquam àquela perfeição do intelecto agente enquanto conhece as substâncias separadas, porque todos eles não são inteligíveis senão enquanto são feitos conhecidos; aquelas, porém, são inteligíveis segundo sua natureza. Portanto, não é pelo fato de que saberemos todos os inteligíveis especulativos, será necessário que assim, perfeitamente, o intelecto agente se torne em nós forma, de modo que por ele conheçamos as substâncias separadas. Ou, se isso não se requer, será necessário dizer que, conhecendo qualquer inteligível, conhecemos as substâncias separadas.

Capitulum XLIV
Quod ultima felicitas hominis non consistit in cognitione substantiarum separatarum qualem praedictae opiniones fingunt

Non est autem possibile neque felicitatem humanam in tali cognitione substantiarum separatarum ponere sicut praedicti Philosophi posuerunt.

Vanum enim est quod est ad finem quem non potest consequi. Cum igitur finis hominis sit felicitas, in quam tendit naturale ipsius desiderium, non potest poni felicitas hominis in eo ad quod homo pervenire non potest: alioquin sequeretur quod homo esset in vanum, et naturale eius desiderium esset inane, quod est impossibile. Quod autem intelligere substantias separatas homini sit impossibile secundum praedictas positiones, ex dictis est manifestum. Non est igitur in tali cognitione substantiarum separatarum felicitas hominis constituta.

Praeterea. Ad hoc quod intellectus agens uniatur nobis ut forma ita quod per ipsum intelligamus substantias separatas, requiritur quod generatio intellectus in habitu sit completa, secundum Alexandrum; vel quod omnia intellecta speculativa sint facta in nobis in actu, secundum Averroem; quae duo in idem redeunt, nam secundum hoc intellectus in habitu generatur in nobis, secundum quod intellecta speculativa fiunt in nobis in actu. Omnes autem species rerum sensibilium sunt intellectae in potentia. Ad hoc igitur quod intellectus agens copuletur alicui, oportet quod intelligat in actu per intellectum speculativum omnes naturas rerum sensibilium, et omnes virtutes, operationes et motus eorum. Quod non est possibile aliquem hominem scire per principia scientiarum speculativarum, per quas movemur ad continuationem intellectus agentis, ut ipsi dicunt: cum ex his quae nostris sensibus subsunt, ex quibus sumuntur principia scientiarum speculativarum, non possit

Capítulo 44
A felicidade última do homem não consiste no conhecimento das substâncias separadas, que as referidas opiniões imaginam

Entretanto, não é possível afirmar que a felicidade humana está em tal conhecimento das substâncias separadas, como sustentaram os referidos Filósofos[186].

Com efeito, é vão que algo seja para um fim que não pode ser alcançado. Uma vez que o fim do homem é a felicidade, para a qual tende o seu desejo natural, não se pode colocar a felicidade do homem naquilo a que o homem não pode chegar; caso contrário, seguir-se-ia que o homem existiria em vão, e seu desejo natural seria inane, o que é impossível. Que conhecer as substâncias separadas é impossível ao homem segundo as referidas opiniões, é manifesto do que foi dito. Portanto, a felicidade do homem não é constituída em tal conhecimento das substâncias separadas.

Além disso. Para que o intelecto agente se una a nós como forma, de modo que por ele conheçamos as substâncias separadas, requer-se que a geração do intelecto em hábito seja completa, segundo Alexandre[187], ou que todos inteligíveis especulativos sejam feitos em nós em ato, segundo Averrois[188]; opiniões que se reduzem ao mesmo, pois segundo isso o intelecto em hábito é gerado em nós, segundo os inteligíveis especulativos se fazem em nós em ato. Ora, todas as espécies das coisas sensíveis são conhecidas em potência. Para que o intelecto agente, se una a alguém, é necessário que conheça em ato pelo intelecto especulativo todas as naturezas das coisas sensíveis, e todas as virtudes, operações e movimentos delas. O que não é possível a algum homem saber pelos princípios das ciências especulativas, pelas quais somos movidos à união do intelecto agente, como os mesmos dizem, porque daquelas coisas que subsistem em nossos sentidos, das quais são tomados os princípios

---

[186] Cf. caps. 41 ss.
[187] Cf. cap. 42.
[188] Cf. capítulo anterior.

perveniri ad omnia praedicta cognoscenda. Est igitur impossibile quod aliquis homo ad illam continuationem perveniat per modum ab eis assignatum. Non est igitur possibile quod in tali continuatione sit hominis felicitas.

Adhuc. Dato quod talis continuatio hominis ad intellectum agentem sit possibilis qualem ipsi describunt, planum est quod talis perfectio paucissimis hominum advenit; in tantum quod nec ipsi, nec aliqui, quantumcumque in scientiis speculativis studiosi et periti, ausi sunt talem perfectionem de se profiteri. Quinimmo omnes plurima a se asserunt ignorata: sicut Aristoteles quadraturam circuli, et rationes ordinis caelestium corporum, in quibus, ut ipsemet dicit in II de caelo, non nisi topicas rationes reddere potest; et quid sit in eis necessarium et eorum motoribus, aliis reservat in XI metaphysicae. Felicitas autem est quoddam commune bonum, ad quod plures pervenire possunt, nisi sint orbati, ut Aristoteles dicit in I ethicorum. Et hoc etiam verum est de omni fine naturali alicuius speciei, quod ipsum consequuntur ea quae sunt illius speciei ut in pluribus. Non est ergo possibile quod ultima hominis felicitas in continuatione praedicta consistat. Patet autem quod nec Aristoteles, cuius sententiam sequi conantur praedicti Philosophi, in tali continuatione ultimam felicitatem hominis opinatus est esse.

Probat enim in I ethicorum quod felicitas hominis est operatio ipsius secundum virtutem perfectam: unde necesse fuit quod de virtutibus determinaret, quas divisit in virtutes morales et intellectuales. Ostendit autem in X quod ultima felicitas hominis est in speculatione. Unde patet quod non est in actu alicuius virtutis moralis; nec prudentiae nec artis, quae tamen sunt intellectuales. Relinquitur ergo quod sit operatio secundum sapientiam,

das ciências especulativas, não se pode chegar ao conhecimento de todas as referidas coisas. É, portanto, impossível que algum homem chegue àquela união pelo modo por eles designado. Não é possível, portanto, que em tal união esteja a felicidade última do homem.

Ainda. Dado que tal união do homem com o intelecto agente seja possível, tal como eles descrevem, é claro que tal perfeição chega a pouquíssimos homens, tanto que nem eles mesmos, nem outros, embora estudiosos e peritos nas ciências especulativas, ousaram confessar em si tal perfeição. Até mesmo todos afirmaram que muitas coisas eram por eles ignoradas, como Aristóteles, a quadratura do círculo[189], e as razões da ordem dos corpos celestes, nos quais, como ele próprio diz[190], não pôde alegar senão razões vulgares, e o que é neles necessário e em seus motores, reserva a outros[191]. Ora, a felicidade é certo bem comum, ao qual muitos podem chegar, a menos que estejam impossibilitados, como diz Aristóteles[192]. E isso é também verdadeiro de qualquer fim natural de uma espécie, que conseguem os indivíduos que são daquela espécie, na maioria das vezes. Logo, não é possível que a felicidade última do homem consista na referida união. — É claro que nem Aristóteles, cujo ensinamento os referidos Filósofos se esforçam por seguir, opinou estar em tal união a felicidade última do homem.

Com efeito, prova no livro da Ética[193] que a felicidade humana é uma operação segundo a virtude perfeita, Donde, foi necessário que discorresse acerca das virtudes, que dividiu em virtudes morais e intelectuais. E no livro X[194], que a felicidade última do homem está na especulação. Donde, evidencia que não está em ato de virtude moral, nem da prudência nem da arte, que, porém, são intelectuais. Resta, pois, que seja uma operação segundo a sabe-

---

[189] Aristóteles (384-322 a.C.), em Categorias, 7, 7b, 30-33.
[190] Aristóteles (384-322 a.C.), em Sobre O Céu e o Mundo II, 5, 287b, 28-288a, 12.
[191] Aristóteles (384-322 a.C.), em Metafísica XI, 8, 1073b, 13-17.
[192] Aristóteles (384-322 a.C.), em Ética I, 9, 1099b, 2.
[193] Aristóteles (384-322 a.C.), em Ética I, 13, 1102a, 5-7.
[194] Aristóteles (384-322 a.C.), em Ética X, 7, 1177a, 12-13. 17-19.

quae est praecipua inter tres residuas intellectuales, quae sunt sapientia, scientia et intellectus, ut ostendit in VI ethicorum: unde et in X ethicorum sapientem iudicat esse felicem. Sapientia autem, secundum ipsum, est una de scientiis speculativis, caput aliarum, ut dicit in VI ethicorum: et in principio metaphysicae scientiam quam in illo libro tradere intendit, sapientiam nominat. Patet ergo quod opinio Aristotelis fuit quod ultima felicitas quam homo in vita ista acquirere potest, sit cognitio de rebus divinis qualis per scientias speculativas haberi potest.

Ille autem posterior modus cognoscendi res divinas, non per viam scientiarum speculativarum, sed quodam generationis ordine naturali, est confictus ab expositoribus quibusdam.

Capitulum XLV
Quod non possumus in hac vita intelligere substantias separatas

Quia ergo secundum modos praedictos substantiae separatae non possunt cognosci a nobis in vita ista, inquirendum restat utrum aliquo modo in vita ista substantias ipsas separatas intelligere possimus.

Quod autem hoc sit possibile nititur ostendere themistius per locum a minori. Substantiae enim separatae sunt magis intelligibiles quam materialia: haec enim sunt intelligibilia inquantum sunt facta intellecta in actu per intellectum agentem; illa vero sunt secundum seipsa intelligibilia. Si ergo intellectus noster comprehendit haec materialia, multo magis natus est intelligere illas substantias separatas.

Haec autem ratio, secundum diversas opiniones de intellectu possibili, diversimode iudicanda est. Si enim intellectus possibilis non sit virtus a materia dependens; et sit

doria, que é a principal entre as restantes virtudes intelectuais, que são a sabedoria, a ciência e o intelecto, como mostra no livro VI[195]; donde, também no livro X[196] julga que o sábio é feliz. Ora, a sabedoria, segundo ele, é uma das ciências especulativas, cabeça delas, como diz no livro VI[197], e no princípio da Metafísica[198] nomeia sabedoria a ciência que pretende transmitir nesse livro. Evidencia-se, pois, que a opinião de Aristóteles foi que a felicidade última que o homem pode adquirir nesta vida, é o conhecimento das coisas divinas, qual se pode ter pelas ciências especulativas.

Aquele modo posterior de conhecer as coisas divinas, não pela via das ciências especulativas, mas por alguma ordem natural de geração, é imaginado por alguns expositores.

Capítulo 45
Nesta vida não podemos conhecer as substâncias separadas

Já que segundo os referidos modos não se pode conhecer as substâncias separadas nesta vida, resta por inquirir se de outro modo, nesta vida, podemos conhecer essas substâncias separadas.

Que isso seja possível esforça-se Temístio[199] por mostrar por argumento *a minori*. Com efeito, as substâncias separadas são mais inteligíveis do que as materiais, pois essas são inteligíveis enquanto são feitas inteligíveis em ato pelo intelecto agente, ao passo que aquelas são inteligíveis em si mesmas. Se, pois, nosso intelecto compreende essas substâncias materiais, muito mais é destinado a conhecer aquelas substâncias separadas.

Essa razão, segundo diversas opiniões a respeito do intelecto possível, deve ser julgada de modo diverso. Se, com efeito, o intelecto possível não é uma potência dependente da

---

[195] Aristóteles (384-322 a.C.), em Ética VI, 7, 1141a, 19-20.
[196] Aristóteles (384-322 a.C.), em Ética X, 9, 1179a, 30-32.
[197] Aristóteles (384-322 a.C.), em Ética VI, 7, 1141a, 19-20.
[198] Aristóteles (384-322 a.C.), em Metafísica I, 1, 981b, 28-29.
[199] Temístio (317-387), professor de Filosofia em Constantinopla, dedicou-se aos estudos da ética. Seus comentários à Aristóteles foram em forma de paráfrase. Comentou Sobre a Alma (De Anima), Sobre o Céu e o Mundo (De Caelo), e a Física.

iterum secundum esse a corpore separatus, ut Averroes ponit, sequetur quod nullum necessarium ordinem ad res materiales habeat; unde quae sunt magis intelligibilia in seipsis, erunt sibi magis intelligibilia. Sed tunc sequi videtur quod, cum nos a principio per intellectum possibilem intelligamus, quod a principio intelligamus, substantias separatas: quod patet esse falsum. Sed hoc inconveniens evitare Averroes nititur, secundum ea quae de eius opinione praedicta sunt: quae patet esse falsa ex praemissis.

Si autem intellectus possibilis non est a corpore separatus secundum esse, ex hoc ipso quod est tali corpori unitus secundum esse, habet quendam necessarium ordinem ad materialia, ut nisi per illa ad aliorum cognitionem pervenire non possit. Unde non sequitur, si substantiae separatae sint in seipsis magis intelligibiles, quod propter hoc sint magis intelligibiles intellectui nostro. Et hoc demonstrant verba Aristotelis in II metaphysicae. Dicit enim ibidem quod difficultas intelligendi res illas accidit ex nobis, non ex illis: nam intellectus noster se habet ad manifestissima rerum sicut se habet oculus vespertilionis ad lucem solis. Unde, cum per materialia intellecta non possint intelligi substantiae separatae, ut supra ostensum est, sequetur quod intellectus possibilis noster nullo modo possit intelligere substantias separatas.

Hoc etiam apparet ex ordine intellectus possibilis ad agentem. Potentia enim passiva ad illa solum est in potentia in quae potest proprium eius activum: omni enim potentiae passivae respondet potentia activa in natura; alias potentia passiva esset frustra, cum non possit reduci in actum nisi per activam; unde videmus quod visus non est susceptivus nisi colorum, qui illuminantur per lucem. In-

matéria, e é de novo, segundo o ser, separado do corpo, como Averrois sustenta, segue-se que não tem nenhuma ordem necessária com as coisas materiais; donde, aquelas coisas que são mais inteligíveis em si mesmas, serão para ele mais inteligíveis. Mas então parece seguir-se que, como nós desde o princípio conhecemos pelo intelecto possível, desde o princípio conhecemos as substâncias separadas, o que evidencia-se ser falso. Mas esse inconveniente Averrois se esforça por evitar, segundo aquelas coisas que foram referidas a respeito de sua opinião, as quais pelo exposto se evidencia serem falsas.

Entretanto, se o intelecto possível não está separado do corpo segundo o ser, pelo fato mesmo que é unido a tal corpo segundo o ser, tem alguma ordem necessária com as coisas materiais, para que não possa chegar, a não ser por elas, ao conhecimento de outras coisas. Donde, não se segue, se as substâncias separadas são em si mesmas mais inteligíveis, que por causa disso sejam mais inteligíveis ao nosso intelecto. E isso demonstram as palavras de Aristóteles[200]. Diz aí, com efeito, que a dificuldade de conhecer aquelas coisas *acontece em nós, não delas, pois nosso intelecto se relaciona com a mais manifesta das coisas como se relaciona o olho do morcego com a luz do sol*. Donde, como pelas coisas materiais conhecidas não se pode conhecer as substâncias separadas, como foi mostrado[201], segue-se que nosso intelecto possível não pode, de modo algum, conhecer as substâncias separadas.

Isso também se manifesta pela relação do intelecto possível com o agente. Com efeito, a potência passiva só está em potência para aquelas coisas para as quais pode seu princípio próprio ativo, pois a toda potência passiva corresponde uma potência ativa na natureza[202]; do contrário, a potência passiva seria vã, pois não pode ser reduzida a ato senão pela ativa; donde, vemos que a vista não é recep-

---

[200] Aristóteles (384-322 a.C.), em Metafísica II, 1, 1, 993b, 8-11.
[201] Cf. cap. 41.
[202] Livro II, cap. 22.

tellectus autem possibilis, cum sit virtus quodammodo passiva, habet proprium agens sibi respondens, scilicet intellectum agentem, qui ita se habet ad intellectum possibilem sicut se habet lux ad visum. Non est igitur intellectus possibilis in potentia nisi ad illa intelligibilia quae sunt facta per intellectum agentem. Unde et Aristoteles, in III de anima, describens utrumque intellectum, dicit quod intellectus possibilis est quo est omnia fieri, agens vero quo est omnia facere; ut ad eadem utriusque potentia referri intelligatur, huius activa, illius passiva. Cum ergo substantiae separatae non sint factae intellectae in actu per intellectum agentem, sed solum materialia, ad haec sola se extendit possibilis intellectus. Non igitur per ipsum possumus intelligere substantias separatas. Propter quod et Aristoteles congruo exemplo usus est: nam oculus vespertilionis nunquam potest videre lucem solis.

Quamvis Averroes hoc exemplum depravare nitatur, dicens quod simile non est de intellectu nostro ad substantias separatas, et oculo vespertilionis ad lucem solis, quantum ad impossibilitatem, sed solum quantum ad difficultatem. Quod tali ratione probat ibidem. Quia si illa quae sunt intellecta secundum se, scilicet substantiae separatae, essent nobis impossibiles ad intelligendum, frustra essent: sicut si esset aliquod visibile quod nullo visu videri posset. Quae quidem ratio quam frivola sit, apparet. Etsi enim a nobis nunquam illae substantiae intelligerentur, tamen intelliguntur a seipsis. Unde nec frustra intelligibiles essent: sicut nec sol frustra visibilis est, ut Aristotelis exemplum prosequamur, quia non potest ipsum videre vespertilio; cum possit ipsum videre homo et alia animalia.

tiva senão das cores, que são iluminadas pela luz. Ora, o intelecto possível, como é uma potência de certo modo passiva, tem o agente próprio a ele correspondente, ou seja, o intelecto agente, que se relaciona com o intelecto possível como a luz se relaciona com a vista. Portanto, o intelecto possível não está em potência senão para aqueles inteligíveis que são feitos pelo intelecto agente[203]. Donde, também Aristóteles[204], descrevendo ambos os intelectos, diz que o intelecto possível é aquilo em que *todas as coisas se fazem*, já o agente é aquele a que pertence *fazer todas as coisas*, de modo que se entenda referir-se às mesmas coisas a potência de ambos, de um ativa, de outro passiva. Como, pois, as substâncias separadas não são feitas inteligíveis em ato pelo intelecto agente, mas só as coisas materiais, só a essas se estende o intelecto possível. Logo, não podemos conhecer por ele as substâncias separadas. Por causa disso Aristóteles também usou de um exemplo adequado, pois o olho do morcego não pode ver jamais a luz do sol.

Embora Averrois[205] se esforce por falsificar esse exemplo, dizendo que o símile não é do nosso intelecto com relação às substâncias separadas, e do olho do morcego com relação à luz do sol, quanto à impossibilidade, mas só quanto à dificuldade. Prova isso, no mesmo lugar, pela seguinte razão. Porque se aquelas coisas que são inteligíveis em si mesmas, isto é, as substâncias separadas, nos fossem impossíveis de conhecer, seriam vãs, como se fosse algo visível, que de modo algum se pudesse ver. Essa razão se manifesta inconsistente. Com efeito, mesmo que aquelas substâncias jamais fossem conhecidas por nós, são por si mesmas conhecidas. Donde, nem seriam inteligíveis em vão, como nem o sol é visível em vão, para que sigamos o exemplo de Aristóteles, porque não pode vê-lo o morcego, já que o pode ver o homem e os outros animais.

---

[203] Livro II, cap. 60; Livro III, cap. 54.
[204] Aristóteles (384-322 a.C.), em Sobre a Alma III, 5, 430a, 14-15.
[205] Cf. Aristóteles (384-322 a.C.), em Metafísica II, 1.

Sic ergo intellectus possibilis, si ponitur corpori unitus secundum esse, non potest intelligere substantias separatas. Interest tamen qualiter de substantia ipsius sentiatur. Si enim ponatur esse quaedam virtus materialis generabilis et corruptibilis, ut quidam posuerunt, sequitur quod ex sua substantia determinatur ad intelligendum materialia. Unde necesse est quod nullo modo intelligere possit substantias separatas: quia impossibile erit ipsum esse separatum.

Si autem intellectus possibilis, quamvis sit corpori unitus, est tamen incorruptibilis et a materia non dependens secundum suum esse, sicut supra ostendimus; sequitur quod obligatio ad intelligendas res materiales accidat ei ex unione ad corpus. Unde, cum anima a corpore tali fuerit separata, intellectus possibilis intelligere poterit ea quae sunt secundum se intelligibilia, scilicet substantias separatas, per lumen intellectus agentis, quae est similitudo in anima intellectualis luminis quod est in substantiis separatis.

Et haec est sententia nostrae fidei de intelligendo substantias separatas a nobis post mortem, et non in hac vita.

Capitulum XLVI
Quod anima in hac vita non intelligit seipsam per seipsam

Videtur autem difficultas quaedam contra praedicta afferri ex quibusdam Augustini verbis, quae diligenter pertractanda sunt. Dicit enim in IX de trinitate libro: mens, sicut corporearum rerum notitias per sensus corporis colligit, sic incorporearum rerum per semetipsam. Ergo et seipsam per seipsam novit: quoniam est incorporea.

Ex his enim verbis videtur quod mens nostra se per seipsam intelligat, et intelligendo se, intelligat substantias separatas: quod est contra praeostensa. Inquirere ergo oportet quomodo anima nostra per seipsam intelligat se.

Assim, pois, o intelecto possível, se se afirma unido ao corpo segundo o ser, não pode conhecer as substâncias separadas. Interessa, contudo, como pensa de sua substância. Com efeito, se se afirma ser certa virtude material gerável e corruptível, como alguns sustentaram[206], segue-se que de sua substância é determinado para conhecer as coisas materiais. Donde, é necessário que de nenhum modo possa conhecer as substâncias separadas, porque é impossível que ele mesmo seja separado.

Mas, se o intelecto possível, apesar de unido ao corpo, é incorruptível e não dependente da matéria, segundo seu ser, como mostramos[207], segue-se que a obrigação de conhecer as coisas materiais lhe advém da união com o corpo. Donde, quando a alma for separada de tal corpo, o intelecto possível poderá conhecer aquelas coisas que são em si mesmas inteligíveis, ou seja, as substâncias separadas, pela luz do intelecto agente, que é uma semelhança na alma da luz intelectual que há nas substâncias separadas.

E essa é a doutrina de nossa fé a respeito do conhecimento por nós das substâncias separadas após a morte, e não nesta vida.

Capítulo 46
Nesta vida a alma não conhece a si mesma por si mesma

Uma dificuldade parece trazer-se contra o que foi dito, de umas palavras de Agostinho, que devem ser examinadas diligentemente. Ele diz: *Assim como a mente recolhe conhecimentos das coisas corpóreas pelos sentidos do corpo, assim das coisas incorpóreas, por si mesma. Logo conhece a si mesma por si mesma, porque é incorpórea*[208].

Com efeito, dessas palavras, parece que nossa mente se conhece por si mesma, e conhecendo-se, conhece as substâncias separadas, o que é contra o anteriormente mostrado.

---

[206] Cf. cap. 42.
[207] Livro II, cap. 79.
[208] Santo Agostinho (354-431), em Sobre a Trindade IX, 3, ML 42, 963.

Impossibile est autem dici quod per seipsam intelligat de se quid est. Per hoc enim fit potentia cognoscitiva actu cognoscens, quod est in ea id quo cognoscitur. Et si quidem sit in ea in potentia, cognoscit in potentia; si autem in actu, cognoscit actu; si autem medio modo, cognoscit habitu. Ipsa autem anima semper sibi adest actu, et nunquam in potentia vel in habitu tantum. Si igitur per seipsam anima seipsam cognoscit quid est, semper actu intelliget de se quid est. Quod patet esse falsum.

Adhuc. Si anima per seipsam cognoscit de se quid est; omnis autem homo animam habet: omnis igitur homo cognoscit de anima quid est. Quod patet esse falsum.

Amplius. Cognitio quae fit per aliquid naturaliter nobis inditum, est naturalis: sicut principia indemonstrabilia, quae cognoscuntur per lumen intellectus agentis. Si igitur nos de anima scimus quid est per ipsam animam, hoc erit naturaliter notum. In his autem quae sunt naturaliter nota, nullus potest errare: in cognitione enim principiorum indemonstrabilium nullus errat. Nullus igitur erraret circa animam quid est, si hoc anima per seipsam cognosceret. Quod patet esse falsum: cum multi opinati sint animam esse hoc vel illud corpus, et aliqui numerum, vel harmoniam. Non igitur anima per seipsam cognoscit de se quid est.

Amplius. In quolibet ordine, quod est per se est prius eo quod est per aliud, et principium eius. Quod ergo est per se notum, est prius notum omnibus quae per aliud cognoscuntur, et principium cognoscendi ea: sicut primae propositiones conclusionibus. Si igitur anima per seipsam de se cognoscit quid est, hoc erit per se notum, et per consequens primo notum et principium cognoscendi alia. Hoc autem patet esse falsum: nam quid est anima non supponitur in scientia quasi notum, sed proponitur ex

É necessário, portanto, inquirir como nossa alma se conhece por si mesma. Ora, é impossível dizer-se que por si mesma conhece de si o que é. Por isso, faz-se potência cognoscitiva conhecendo em ato, quando está nela aquilo em que conhece. E se está nela em potência, conhece em potência; se, contudo, em ato, conhece em ato; se, porém, por modo intermediário, conhece em hábito. Ora, a mesma alma sempre está em si em ato, e nunca em potência, ou em hábito apenas. Se, pois, a alma conhece a si mesma por si mesma o que é, sempre em ato conhecerá de si o que é. O que se evidencia ser falso.

Ainda. Se a alma conhece por si mesma de si o que é, e todo homem tem alma, logo todo homem conhece da alma o que é. O que se evidencia ser falso.

Ademais. O conhecimento que se faz por outra coisa naturalmente inata em nós, é natural, como os princípios indemonstráveis, que são conhecidos pelo lúmen do intelecto agente. Se, pois, sabemos da alma o que é pela própria alma, isso será naturalmente conhecido. Ora, naquelas coisas que são naturalmente conhecidas, ninguém pode errar, pois no conhecimento dos princípios indemonstráveis ninguém erra. Ninguém, pois, erraria a respeito da alma o que é, se a alma por si mesma o conhecesse. O que se evidencia ser falso, porque muitos opinaram que a alma era este ou aquele corpo, e alguns um número, ou a harmonia. Portanto, a alma não conhece por si mesma de si o que é.

Ademais. Em qualquer ordem, *o que é por si é anterior ao que é por outro, e princípio desse*[209]. Logo, o que é por si conhecido, é conhecido anteriormente a todas aquelas coisas que são conhecidas por outro, e o princípio de as conhecer, como as primeiras proposições às conclusões. Se, pois, a alma por si mesma conhece de si o que é, isso será conhecido por si, e, por conseguinte, por primeiro conhecido e princípio de conhecer as outras coisas. Ora, isso se evidencia ser falso, pois *o que é a al-*

---

[209] Aristóteles (384-322 a.C.), em Física VIII, 5, 257a, 30-31.

aliis quaerendum. Non igitur anima de seipsa cognoscit quid est per seipsam.

Patet autem quod nec ipse Augustinus hoc voluit. Dicit enim in X libro de Trin. Quod anima, cum sui notitiam quaerit, non velut absentem se quaerit cernere, sed praesentem se curat discernere: non ut cognoscat se, quasi non norit; sed ut dignoscat ab eo quod alterum novit. Ex quo dat intelligere quod anima per se cognoscit seipsam quasi praesentem, non quasi ab aliis distinctam. Unde et in hoc dicit aliquos errasse, quod animam non distinxerunt ab illis quae sunt ab ipsa diversa. Per hoc autem quod scitur de re quid est, scitur res prout est ab aliis distincta: unde et definitio, quae significat quid est res, distinguit definitum ab omnibus aliis. Non igitur voluit Augustinus quod anima de se cognoscat quid est per seipsam.

Sed nec Aristoteles hoc voluit.

Dicit enim in III de anima, quod intellectus possibilis intelligit se sicut alia. Intelligit enim se per speciem intelligibilem, qua fit actu in genere intelligibilium. In se enim consideratus, est solum in potentia ad esse intelligibile: nihil autem cognoscitur secundum quod est in potentia, sed secundum quod est actu. Unde substantiae separatae, quarum substantiae sunt ut aliquid actu ens in genere intelligibilium, de se intelligunt quid sunt per suas substantias: intellectus vero possibilis noster per speciem intelligibilem, per quam fit actu intelligens. Unde et Aristoteles, in III de anima, ex ipso intelligere demonstrat naturam intellectus possibilis, scilicet quod sit immixtus et incorruptibilis, ut ex praemissis patet.

Sic igitur, secundum intentionem Augustini, mens nostra per seipsam novit seipsam inquantum de se cognoscit quod est. Ex hoc enim ipso quod percipit se agere, percipit se

ma não se supõe na ciência como conhecido, mas se propõe para inquirir de outras coisas. A alma, portanto, não conhece de si o que é por si mesma.

É claro, ainda, que nem o mesmo Agostinho quis isso. Diz[210], com efeito, que *a alma, quando busca o conhecimento de si, não como ausente se busca, mas se considera presente, não para que se conheça, como se fosse desconhecida, mas para que se distinga daquilo que conheceu.* Disso dá a entender que a alma por si conhece a si mesma como presente, não como distinta das outras coisas. Por isso, também diz que muitos erraram, porque não distinguiram a alma daquelas coisas que são diversas dela[211]. E porque sabe da coisa o que ela é, sabe a coisa como distinta de outras. Donde, também a definição, que designa o que é a coisa, distingue o definido de todas as outras coisas. Agostinho, portanto, não quis que a alma conheça de si o que é por si mesma.

Mas nem Aristóteles quis isso.

Com efeito, ele diz: que *o intelecto possível se conhece como as outras coisas*[212]. Conhece-se pela espécie inteligível, na qual se faz em ato no gênero dos inteligíveis. Considerado em si, está apenas em potência para ser inteligível, mas nada conhece enquanto está em potência, mas enquanto está em ato. Donde, as substâncias separadas, substâncias que são como um ente em ato no gênero dos inteligíveis, de si conhecem o que são por suas substâncias, mas nosso intelecto possível conhece pela espécie inteligível, pela qual se faz cognoscente em ato. Donde, Aristóteles[213], demonstra a natureza do intelecto possível pelo mesmo entender, isto é, que é *não misturado e incorruptível*, como se evidencia do exposto[214].

Assim, pois, segundo a intenção de Agostinho, nossa mente por si mesma conhece a si mesma enquanto conhece de si que é. Do fato mesmo que se percebe agindo, percebe-se sen-

---

210 Santo Agostinho (354-431), em Sobre a Trindade X, 9, ML 42, 980.
211 Santo Agostinho (354-431), em Sobre a Trindade X, 7, ML 43, 978.
212 Aristóteles (384-322 a.C.), em Sobre a Alma III, 5, 430a, 2-3.
213 Aristóteles (384-322 a.C.), em Sobre a Alma III, 4, 429a, 18-24.
214 Livro II, cap. 59 ss.

esse; agit autem per seipsam, unde per seipsam de se cognoscit quod est. Sic ergo et de substantiis separatis anima, cognoscendo seipsam, cognoscit quia sunt: non autem quid sunt, quod est earum substantias intelligere. Cum enim de substantiis separatis hoc quod sint intellectuales quaedam substantiae cognoscamus, vel per demonstrationem vel per fidem, neutro modo hanc cognitionem accipere possemus nisi hoc ipsum quod est esse intellectuale, anima nostra ex seipsa cognosceret. Unde et scientia de intellectu animae oportet uti ut principio ad omnia quae de substantiis separatis cognoscimus.

Non autem oportet quod, si per scientias speculativas possumus pervenire ad sciendum de anima quid est, quod possimus ad sciendum quod quid est de substantiis separatis per huiusmodi scientias pervenire: nam intelligere nostrum, per quod pervenimus ad sciendum de anima nostra quid est, multum est remotum ab intelligentia substantiae separatae. Potest tamen per hoc quod scitur de anima nostra quid est, perveniri ad sciendum aliquod genus remotum substantiarum separatarum: quod non est earum substantias intelligere. Sicut autem de anima scimus quia est per seipsam, inquantum eius actus percipimus; quid autem sit, inquirimus ex actibus et obiectis per principia scientiarum speculativarum: ita etiam de his quae sunt in anima nostra, scilicet potentiis et habitibus, scimus quidem quia sunt, inquantum actus percipimus; quid vero sint, ex ipsorum actuum qualitate invenimus.

Capitulum XLVII
Quod non possumus in hac vita videre Deum per essentiam

Si autem alias substantias separatas in hac vita intelligere non possumus, propter connaturalitatem intellectus nostri ad phantasmata, multo minus in hac vita divinam essentiam videre possumus, quae transcendit omnes substantias separatas.

Huius autem signum hinc etiam accipi potest, quia quanto magis mens nostra ad

do, mas age por si mesma, Donde, por si mesma de si conhece que é. Assim, portanto, sobre as substâncias separadas, a alma, conhecendo a si mesma, conhece que são, não, porém, o que são, o que é conhecer a substância delas. Como, pois, a respeito das substâncias separadas, enquanto são intelectuais, algumas substâncias conhecemos, ou por demonstração ou pela fé, nem de um nem de outro modo tal conhecimento poderíamos receber, se nossa alma de si mesma não conhecesse o que é um ente intelectual. Donde, também da ciência sobre o intelecto da alma é necessário usar como de princípio para todas aquelas coisas que conhecemos sobre as substâncias separadas.

Ora, se pelas ciências especulativas podemos chegar a saber da alma *o que é*, não é necessário que possamos chegar por semelhantes ciências a saber *o aquilo que é* das substâncias separadas, pois nosso conhecer, pelo qual chegamos a saber de nossa alma o que é, é muito afastado do conhecimento da substância separada. Entretanto, pode-se, enquanto se sabe de nossa alma o que é, chegar a saber algum gênero afastado das substâncias separadas, o que não é conhecer as substâncias delas. Assim como sabemos da alma que é por si mesma, enquanto percebemos seus atos, e inquirimos o que seja dos atos e objetos pelos princípios das ciências especulativas, assim também daquelas coisas que estão em nossa alma, a saber, as potências e os hábitos, sabemos certamente que são, enquanto percebemos os atos, mas conhecemos o que são pela qualidade de seus mesmos atos.

Capítulo 47
Nesta vida não podemos ver a Deus por essência

Se nesta vida não podemos conhecer outras substâncias separadas, por causa da conaturalidade de nosso intelecto com os fantasmas, muito menos nesta vida podemos ver a essência divina, que transcende todas as substâncias separadas.

Um sinal disso pode também ser tomado de que, quanto mais nossa mente se eleva pa-

contemplanda spiritualia elevatur, tanto magis abstrahitur a sensibilibus. Ultimus autem terminus quo contemplatio pertingere potest, est divina substantia. Unde oportet mentem quae divinam substantiam videt, totaliter a corporalibus sensibus esse absolutam, vel per mortem vel per aliquem raptum.

Hinc est quod dicitur ex persona Dei, exodi 33,20: non videbit me homo et vivet.

Quod autem in sacra Scriptura aliqui Deum vidisse dicuntur, oportet intelligi hoc fuisse vel per aliquam imaginariam visionem; seu etiam corporalem, prout scilicet per aliquas corporeas species, vel exterius apparentes vel interius formatas in imaginatione, divinae virtutis praesentia demonstrabatur; vel etiam secundum quod aliqui per spirituales effectus aliquam cognitionem de Deo intelligibilem perceperunt.

Difficultatem autem afferunt quaedam verba Augustini, ex quibus videtur quod in hac vita possimus intelligere ipsum Deum. Dicit enim in IX libro de Trin., quod in aeterna veritate, ex qua omnia temporalia facta sunt, formam secundum quam sumus, et secundum quam vel in nobis vel in corporibus vera et recta ratione aliquid operamur, visu mentis aspicimus, atque inde conceptam rerum veracem notitiam apud nos habemus. In XII etiam confessionum dicit: si ambo videmus verum esse quod dicis, et ambo videmus verum esse quod dico, ubi quaeso, id videmus? nec ego utique in te, nec tu in me. Sed ambo in ipsa quae supra mentes nostras est, incommutabili veritate. In libro etiam de vera religione dicit quod secundum veritatem divinam de omnibus iudicamus. In libro autem soliloquiorum dicit quod prius est veritas cognoscenda, per quam possunt alia cognosci. Quod de veritate divina intelligere videtur. Videtur ergo ex verbis eius quod ipsum Deum, qui sua veritas est, videamus, et per ipsum alia cognoscamus.

ra contemplar as coisas espirituais, tanto mais se abstrai das sensíveis. Ora, o limite último a que a contemplação pode atingir, é a substância divina. Donde, é necessário que a mente que vê a substância divina, esteja totalmente liberada dos sentidos corporais, ou pela morte, ou por algum rapto.

Por isso é que se diz da pessoa de Deus: *Não me verá o homem e viverá*[215].

Mas que, na Sagrada Escritura, se diga que alguns viram a Deus, é necessário entender que isso se deu ou por alguma visão imaginária, ou mesmo corporal, a saber, enquanto por algumas espécies corpóreas, ou externamente visíveis ou internamente formadas na imaginação, a presença da virtude divina se demonstrava, ou também enquanto alguns por efeitos espirituais perceberam algum conhecimento inteligível de Deus.

Ora, trazem dificuldade algumas palavras de Agostinho, das quais parece que nesta vida podemos conhecer o próprio Deus. Com efeito, ele diz: *Na verdade eterna, pela qual todas as coisas temporais foram feitas, contemplamos, pela visão da mente, a forma segundo a qual somos, e segundo a qual ou em nós ou nos corpos por verdadeira e reta razão fazemos alguma coisa, e daí temos junto de nós concebido verdadeiro conhecimento das coisas*[216]. — Também no livro das Confissões diz: *Se ambos vemos ser o que dizes, e ambos vemos ser verdadeiro o que digo, onde, pergunto, vemos isso? Nem eu em ti, nem tu em mim. Mas ambos na verdade incomunicável que está acima de nossas mentes*[217]. — E no livro Da verdadeira Religião diz que *julgamos, segundo a verdade divina, sobre todas as coisas*[218]. — Já no livro dos Solilóquios diz que *primeiro se deve conhecer a verdade, pela qual se podem conhecer as outras coisas*[219]. Parece, pois, que de suas palavras vemos o mesmo Deus, que é sua verdade, e por ele conhecemos as outras coisas.

---

[215] Êxodo 33,20.
[216] Santo Agostinho (354-431), em Sobre a Trindade IX, 7, ML 42, 967.
[217] Santo Agostinho (354-431), em Confissões XII, 25, 35, ML 32, 840.
[218] Santo Agostinho (354-431), em Sobre a Verdadeira Religião, 31, 57, ML 34, 147.
[219] Santo Agostinho (354-431), em Solilóquios I, 15, 27, ML 32, 883.

Ad idem etiam pertinere videntur verba eiusdem quae ponit in XII de Trin., sic dicens: rationis est iudicare de istis corporalibus secundum rationes incorporales et sempiternas, quae, nisi supra mentem humanam essent, incommutabiles profecto non essent. Rationes autem incommutabiles et sempiternae alibi quam in Deo esse non possunt: cum solus Deus, secundum fidei doctrinam, sit sempiternus. Videtur igitur sequi quod Deum in ista vita videre possimus, et per hoc quod eum et in eo rationes rerum videmus, de aliis iudicemus.

Non est autem credendum quod Augustinus hoc in verbis praemissis senserit, quod in hac vita Deum per suam essentiam intelligere possimus. Qualiter igitur illam incommutabilem veritatem, vel istas rationes aeternas, in hac vita videamus, et secundum eam de aliis iudicemus, inquirendum est.

Veritatem quidem in anima esse, ipse Augustinus in libro soliloquiorum confitetur: unde ex aeternitate veritatis immortalitatem animae probat. Non solum autem sic veritas est in anima sicut Deus per essentiam in rebus omnibus dicitur; neque sicut in rebus omnibus est per suam similitudinem, prout unaquaeque res in tantum dicitur vera inquantum ad Dei similitudinem accedit: non enim in hoc anima rebus aliis praeferretur.

Est ergo speciali modo in anima inquantum veritatem cognoscit. Sicut igitur animae et res aliae verae quidem dicuntur in suis naturis, secundum quod similitudinem illius summae naturae habent, quae est ipsa veritas, cum sit suum intellectum esse: ita id quod per animam cognitum est, verum est inquantum illius divinae veritatis quam Deus cognoscit, similitudo quaedam existit in ipso.

Unde et Glossa super illud Psalmi, diminutae sunt veritates a filiis hominum, dicit quod, sicut ab una facie resultant multae in speculo, ita ab una prima veritate resultant multae veritates in mentibus hominum. Qua-

Ao mesmo também parece dizerem respeito as palavras d'Ele que dizem assim: *Cabe à razão julgar dessas coisas corporais, segundo as razões incorporais e sempiternas, que, se não estivessem acima da mente humana, não seriam realmente incomutáveis*[220]. Ora, as razões incomutáveis e sempiternas não podem estar em outro lugar senão em Deus, pois só Deus é sempiterno, segundo o ensinamento da fé. Parece, portanto, seguir-se que podemos ver a Deus nesta vida, e enquanto o vemos e n'Ele vemos as razões das coisas, julgamos das outras.

Ora, não é de crer que Agostinho tenha pensado, nas referidas palavras, que nesta vida possamos conhecer a Deus por sua essência. É de investigar de que modo vemos nesta vida aquela incomutável verdade e essas razões eternas, e segundo ela julgamos das outras coisas.

O próprio Agostinho confessa[221] que a verdade está na alma, Donde, prova da eternidade da verdade a imortalidade da alma. Entretanto, não apenas a verdade está na alma assim como Deus se diz por essência em todas as coisas, nem como em todas as coisas está por sua semelhança, enquanto cada coisa diz-se verdadeira tanto quanto se aproxima da semelhança de Deus, pois nisso a alma seria preferível a todas as coisas.

Está, pois, de um modo especial na alma, enquanto ela conhece a verdade. Assim como as almas e as outras coisas se dizem verdadeiras em suas naturezas, enquanto têm a semelhança daquela suma natureza, que é a própria verdade, porque seu intelecto é ser, assim o que é conhecido pela alma, é verdadeiro enquanto existe nele alguma semelhança daquela verdade divina que Deus conhece.

Donde, também a Glosa, sobre aquilo do Salmo: *São pequenas as verdades dos filhos dos homens*, diz que, *como de uma face resultam muitas num espelho, assim de uma primeira verdade resultam muitas verdades nas mentes*

---

[220] Santo Agostinho (354-431), em Sobre a Trindade XII, 2, ML 42, 999.
[221] Santo Agostinho (354-431), em Solilóquios II, 19, ML 32, 301.

mvis autem diversa a diversis cognoscuntur et creduntur vera, tamen quaedam sunt vera in quibus omnes homines concordant, sicut sunt prima principia intellectus tam speculativi quam practici: secundum quod universaliter in mentibus omnium divinae veritatis quasi quaedam imago resultat. Inquantum ergo quaelibet mens quicquid per certitudinem cognoscit, in his principiis intuetur, secundum quae de omnibus iudicatur, facta resolutione in ipsa, dicitur omnia in divina veritate vel in rationibus aeternis videre, et secundum eas de omnibus iudicare. Et hunc sensum confirmant Augustini verba in libro soliloquiorum, qui dicit quod scientiarum spectamina videntur in divina veritate sicut haec visibilia in lumine solis, quae constat non videri in ipso corpore solis, sed per lumen, quod est similitudo solaris claritatis in aere et similibus corporibus relicta. Ex his ergo verbis Augustini non habetur quod Deus videatur secundum suam substantiam in hac vita, sed solum sicut in speculo. Quod et apostolus de cognitione huius vitae confitetur, dicens, I Cor. 13,12: videmus nunc per speculum in aenigmate. Quamvis autem hoc speculum quod est mens humana, de propinquiori Dei similitudinem repraesentet quam inferiores creaturae, tamen cognitio Dei quae ex mente humana accipi potest, non excedit illud genus cognitionis quod ex sensibilibus sumitur: cum et ipsa anima de seipsa cognoscat quid est per hoc quod naturas intelligit sensibilium, ut dictum est. Unde nec per hanc viam cognosci Deus altiori modo potest quam sicut causa cognoscitur per effectum.

dos homens[222]. Embora coisas diversas sejam conhecidas por diversos e são cridas verdadeiras, entretanto verdadeiras são algumas com as quais todos os homens concordam, como são os primeiros princípios do intelecto tanto especulativo quanto prático; segundo isso resulta universalmente, nas mentes de todos, como que certa imagem da verdade divina. Enquanto, pois, qualquer mente conhece com certeza o que quer que seja, isso é visto naqueles princípios, segundo os quais julga todas as coisas, uma vez que a eles tudo se reduz; diz-se que vê todas as coisas na verdade divina ou nas razões eternas, e julga segundo elas de todas as coisas. E esse sentido, confirmam as palavras de Agostinho[223]: *Os dados das ciências são vistos na verdade divina, como estas coisas visíveis na luz do sol*, as quais consta não serem vistas no mesmo corpo do sol, mas pela luz, que é a semelhança da claridade solar impressa no ar e em corpos semelhantes. Logo, dessas palavras de Agostinho não se tem que Deus seja visto segundo sua substância nesta vida, mas apenas como num espelho. O que também o Apóstolo confessa sobre o conhecimento desta vida: *Vemos agora por espelho em enigma*[224]. Ora, embora esse espelho, que é a mente humana, represente a semelhança de Deus de modo mais próximo que as criaturas inferiores, entretanto o conhecimento de Deus, que pode ser recebido pela mente humana, não excede aquele gênero de conhecimento que se recebe dos sentidos, porque a própria alma conhece de si mesma o que é, enquanto conhece as naturezas dos sensíveis, como foi dito[225]. Donde, tampouco por essa via pode Deus ser conhecido de modo mais elevado do que como a causa é conhecida pelo efeito.

---

[222] Salmo 11,2.
[223] Santo Agostinho (354-431), em Solilóquios I, 8, ML 32, 877.
[224] 1 Coríntios 13,12.
[225] Cf. caps. 45 e 46.

Capítulo 48
Não está nesta vida a felicidade última do homem

Se, portanto, a felicidade humana última não consiste no conhecimento de Deus pelo qual comumente é conhecido segundo uma estimação confusa, por todos ou por muitos, nem tampouco no conhecimento de Deus no qual é conhecido por via de demonstração nas ciências especulativas, nem no conhecimento de Deus no qual é conhecido pela fé, como foi mostrado[226], também não é possível nesta vida chegar a um conhecimento mais elevado de Deus de modo a ser conhecido por essência, ou, ao menos, de modo que as outras substâncias separadas sejam conhecidas, de sorte que a partir delas Deus pudesse ser conhecido de mais perto, como foi mostrado[227]; é necessário, assim, colocar-se em algum conhecimento a felicidade última, como foi mostrado[228]: é impossível que esteja nesta vida a felicidade última do homem.

Igualmente. O fim último do homem é o termo de seu apetite natural, de modo que, obtido ele, não se busca nada de outro; se, pois, ainda se move a outra coisa, não tem ainda o fim em que descanse. Isso, contudo, não é possível acontecer nesta vida. Com efeito, quanto mais alguém conhece, tanto mais aumenta nele o desejo de conhecer, que é natural aos homens, a não ser que por acaso haja alguém que conhece todas as coisas. O que nesta vida a ninguém jamais acontece que exista um só homem, nem é possível acontecer, porque nesta vida não podemos conhecer as substâncias separadas, que são maximamente inteligíveis, como foi mostrado[229]. Não é possível, pois, que a felicidade última do homem esteja nesta vida.

Ainda. Tudo o que é movido a um fim, deseja naturalmente tornar-se estável e descansar nele; donde, do lugar de que o corpo natural-

---

[226] Cf. cap. 38.
[227] Cf. cap. 45.
[228] Cf. cap. 37.
[229] Cf. cap. 45.

non recedit nisi per motum violentum, qui contrariatur appetitui. Felicitas autem est ultimus finis, quem homo naturaliter desiderat. Est igitur hominis desiderium naturale ad hoc quod in felicitate stabiliatur. Nisi igitur cum felicitate pariter immobilem stabilitatem consequatur, nondum est felix, eius desiderio naturali nondum quiescente. Cum igitur aliquis felicitatem consequitur, pariter stabilitatem et quietem consequetur: unde et omnium haec est de felicitate conceptio, quod de sui ratione stabilitatem requirat; propter quod Philosophus dicit, in I eth., quod non aestimamus felicem esse chamaleontem quendam. In vita autem ista non est aliqua certa stabilitas: cuilibet enim, quantumcumque felix dicatur, possibile est infirmitates et infortunia accidere, quibus impeditur ab operatione, quaecumque sit illa, in qua ponitur felicitas. Non est igitur possibile in hac vita esse ultimam hominis felicitatem.

Amplius. Inconveniens videtur et irrationabile quod tempus generationis alicuius rei sit magnum, tempus autem durationis ipsius sit parvum: sequeretur enim quod natura in maiori tempore suo fine privaretur; unde videmus quod animalia quae parvo tempore vivunt, parvum etiam tempus ad hoc quod perficiantur habent. Si autem felicitas consistat in perfecta operatione secundum virtutem perfectam, vel intellectualem vel moralem, impossibile est eam advenire homini nisi post tempus diuturnum. Et hoc maxime in speculativis apparet, in quibus ultima felicitas hominis ponitur, ut ex dictis patet: nam vix in ultima aetate homo ad perfectum in speculatione scientiarum pervenire potest. Tunc autem, ut plurimum, modicum restat humanae vitae. Non est igitur possibile in hac vita ultimam hominis felicitatem esse.

Praeterea. Felicitatem perfectum quoddam bonum omnes confitentur: alias appe-

mente é removido não se afasta senão por um movimento violento, que contraria o apetite. Ora, a felicidade é o fim último, que o homem deseja naturalmente. É, portanto, o desejo natural do homem de que se torne estável na felicidade. Portanto, a não ser que com a felicidade consiga igualmente a estabilidade imóvel, ainda não é feliz, ainda não descansando seu desejo natural. Quando, pois, alguém atinge a felicidade, igualmente atinge a estabilidade e o descanso; donde, também esta é a concepção de todos a respeito da felicidade, que de sua razão requer a estabilidade; por causa disso, o Filósofo diz: *Não estimamos feliz um camaleão*[230]. Nesta vida, porém, não há uma estabilidade certa, pois, a qualquer um, mesmo que se diga feliz, é possível acontecer as enfermidades e o infortúnio, nos quais é impedido da operação, qualquer que seja ela, em que se coloque a felicidade. Não é, pois, possível nesta vida estar a felicidade última do homem.

Ademais. Parece inconveniente e irracional que seja grande o tempo da geração de uma coisa, e que o tempo de sua duração seja pequeno, pois seguir-se-ia que a natureza se privaria, em tempo maior, de seu fim; donde, vemos que os animais que vivem por pouco tempo, têm também pouco tempo para chegar à sua perfeição. Se, portanto, a felicidade consiste na operação perfeita segundo a virtude perfeita, ou intelectual ou moral[231], é impossível ao homem atingi-la a não ser depois de um tempo longo. E isso se manifesta maximamente nas coisas especulativas, nas quais se coloca a felicidade última do homem, como se evidencia do que foi dito[232], porquanto só na última idade o homem pode chegar à perfeição na especulação das ciências. E então para a maioria, pouco resta da vida humana. Portanto, não é possível estar nesta vida a felicidade última do homem.

Além disso. Todos confessam que a felicidade é um bem perfeito; do contrário, o ape-

---

[230] Aristóteles (384-322 a.C.), em Ética I, 11, 1100b, 5-7.
[231] Aristóteles (384-322 a.C.), em Ética X, 7, 1177a, 12-17.
[232] Cf. cap. 37.

titum non quietaret. Perfectum autem bonum est quod omnino caret admixtione mali: sicut perfecte album est quod est omnino impermixtum nigro. Non est autem possibile quod homo in statu istius vitae omnino sit immunis a malis: non solum corporalibus, quae sunt fames, sitis, aestus et frigus, et alia huiusmodi; sed etiam a malis animae. Nullus enim invenitur qui non aliquando inordinatis passionibus inquietetur; qui non aliquando praetereat medium, in quo virtus consistit, vel in plus vel in minus; qui non etiam in aliquibus decipiatur; vel saltem ignoret quae scire desiderat; aut etiam debili opinione concipiat ea de quibus certitudinem habere vellet. Non est igitur aliquis in hac vita felix.

Adhuc. Homo naturaliter refugit mortem, et tristatur de ipsa: non solum ut nunc, cum eam sentit, eam refugiens, sed etiam cum eam recogitat. Hoc autem quod non moriatur, homo non potest assequi in hac vita. Non est igitur possibile quod homo in hac vita sit felix.

Amplius. Felicitas ultima non consistit in habitu, sed in operatione: habitus enim propter actus sunt. Sed impossibile est in hac vita continue agere quamcumque actionem. Impossibile est igitur in hac vita hominem totaliter esse felicem.

Item. Quanto aliquid est magis desideratum et dilectum, tanto eius amissio maiorem dolorem vel tristitiam affert. Felicitas autem maxime desideratur et amatur. Maxime igitur eius amissio tristitiam habet. Sed si sit in hac vita ultima felicitas, certum est quod amitteretur, saltem per mortem. Et non est certum utrum duratura sit usque ad mortem: cum cuilibet homini possibile sit in hac vita accidere morbos quibus totaliter ab operatione virtutis impeditur, sicut phrenesim et alios huiusmodi, quibus impeditur rationis usus. Semper igitur talis felicitas habebit tristitiam

tite não descansaria. Ora, o bem perfeito é o que carece totalmente de mistura de mal, assim como o perfeitamente branco é aquele que é totalmente não misturado de preto. Não é, contudo, possível que o homem, no estado desta vida, seja totalmente imune de males, não só corporais, que são a fome, a sede, o calor e o frio, e outros semelhantes, mas também dos males da alma. Com efeito, não há ninguém que não tenha sido inquietado às vezes pelas paixões desordenadas, que às vezes não tenha preterido o meio, em que a virtude consiste[233], ou no excesso ou na deficiência, que não tenha se enganado em algumas coisas, ou que pelo menos ignore as que deseja saber, ou que também conceba com opinião fraca as coisas das quais quereria ter certeza. Portanto, não há ninguém feliz nesta vida.

Ainda. O homem naturalmente foge da morte e se entristece com ela, não só no momento em que a sente, dela fugindo, mas também quando nela pensa. O homem não pode conseguir nesta vida que não morra. Não é, pois, possível que o homem seja feliz nesta vida.

Ademais. A felicidade última não consiste no hábito, mas na operação, pois os hábitos são em vista do ato, mas é impossível nesta vida fazer continuamente qualquer ação. Portanto, é impossível nesta vida ser o homem totalmente feliz.

Igualmente. Quanto mais uma coisa é desejada e amada, tanto maior é a dor e a tristeza que sua perda acarreta. Ora, deseja-se e se ama maximamente a felicidade. Portanto, maximamente, sua perda tem tristeza. Mas, se há nesta vida a felicidade última, é certo que seria perdida, ao menos pela morte. E não é certo que duraria até a morte, porquanto a qualquer homem é possível nesta vida que aconteçam as doenças, nas quais é impedido totalmente da operação, como a demência e outras doenças semelhantes, nas quais é impedido o uso da razão. Portanto, tal felicidade teria sempre

---

[233] Aristóteles (384-322 a.C.), em Ética II, 6, 1106b, 36-1107a, 2.

naturaliter annexam. Non erit igitur perfecta felicitas.

Potest autem aliquis dicere quod, cum felicitas sit bonum intellectualis naturae, perfecta et vera felicitas est illorum in quibus natura intellectualis perfecta invenitur, idest in substantiis separatis: in hominibus autem invenitur imperfecta, per modum participationis cuiusdam. Ad veritatem enim intelligendam plene, non nisi per quendam inquisitionis motum pertingere possunt; et ad ea quae sunt secundum naturam maxime intelligibilia, omnino deficiunt, sicut ex dictis patet. Unde nec felicitas, secundum suam perfectam rationem, potest hominibus adesse: sed aliquid ipsius participant, etiam in hac vita. Et haec videtur fuisse sententia Aristotelis de felicitate. Unde in I ethicorum, ubi inquirit utrum infortunia tollant felicitatem, ostenso quod felicitas sit in operibus virtutis, quae maxime permanentes in hac vita esse videntur, concludit illos quibus talis perfectio in hac vita adest, esse beatos ut homines, quasi non simpliciter ad felicitatem pertingentes, sed modo humano.

Quod autem praedicta responsio rationes praemissas non evacuet ostendendum est. Homo enim etsi naturae ordine substantiis separatis sit inferior, creaturis tamen irrationabilibus superior est. Perfectiori igitur modo suum finem ultimum consequitur quam illa. Illa vero sic perfecte suum finem ultimum consequuntur quod nihil aliud quaerunt: grave enim, cum fuerit in suo ubi, quiescit; animalia etiam cum fruuntur delectabilibus secundum sensum, eorum naturale desiderium quietatur. Oportet igitur multo fortius quod, cum homo pervenerit ad suum finem ultimum, naturale eius desiderium quietetur. Sed hoc non potest fieri in vita ista. Ergo homo non consequitur felicitatem, prout est finis proprius eius, in hac vita, ut ostensum

a tristeza naturalmente conjunta. Não seria, pois, a felicidade perfeita.

Entretanto, alguém pode dizer que, como a felicidade é um bem de natureza intelectual, a perfeita e verdadeira felicidade é daqueles bens nos quais se acha a natureza intelectual perfeita, isto é, nas substâncias separadas: nos homens, porém, acha-se imperfeita, pelo modo de alguma participação. Não podem chegar, com efeito, a conhecer a verdade plenamente, senão por algum movimento de inquisição, e, para aquelas coisas que são maximamente inteligíveis, falham totalmente, como se evidencia do que foi dito[234]. Donde, tampouco a felicidade, segundo sua perfeita razão, pode estar presente nos homens, mas participam de algo dela, mesmo nesta vida. E essa parece ter sido a doutrina de Aristóteles sobre a felicidade. Donde, no livro da Ética[235], onde inquire se os infortúnios tolhem a felicidade, tendo demonstrado que a felicidade está nas obras da virtude, que parecem ser maximamente permanentes nesta vida, conclui que aqueles nos quais tal perfeição está presente nesta vida, são felizes *como homens*, não que eles tenham simplesmente atingido a felicidade, mas a modo humano.

Deve-se mostrar que a resposta não esvazia as referidas razões. Com efeito, o homem, embora seja inferior na ordem da natureza às substâncias separadas, é, porém, superior às criaturas irracionais. Logo, atinge seu fim último de modo mais perfeito que elas. Já essas atingem tão perfeitamente seu fim último quanto nada buscam de diverso, pois, o pesado repousa quando está em seu lugar, também os animais descansam seu desejo natural quando fruem das coisas que lhes causam prazer segundo o sentido. É necessário, portanto, de modo muito mais forte, que se aquiete o desejo natural do homem, quando chegar a seu fim último. Mas isso não pode fazer-se nesta vida. Logo, o homem não alcança a felicidade, enquanto é seu fim próprio, nesta vida, como

---

[234] Cf. cap. 45.
[235] Aristóteles (384-322 a.C.), em Ética I, 11, 1101a, 20-21.

est. Oportet ergo quod consequatur post hanc vitam.

Adhuc. Impossibile est naturale desiderium esse inane: natura enim nihil facit frustra. Esset autem inane desiderium naturae si nunquam posset impleri. Est igitur implebile desiderium naturale hominis. Non autem in hac vita, ut ostensum est. Oportet igitur quod impleatur post hanc vitam. Est igitur felicitas ultima hominis post hanc vitam.

Amplius. Quandiu aliquid movetur ad perfectionem, nondum est in ultimo fine. Sed omnes homines in cognoscendo veritatem semper se habent ut moti et tendentes ad perfectionem: quia illi qui sequuntur, superinveniunt aliqua illis quae a prioribus sunt inventa, sicut etiam dicitur in II metaphysicae. Non igitur homines in cognitione veritatis sic se habent quasi in ultimo fine existentes. Cum igitur in speculatione, per quam quaeritur cognitio veritatis, maxime videatur ultima felicitas hominis in hac vita consistere, sicut etiam ipse Aristoteles probat in X eth., impossibile est dicere quod homo in hac vita ultimum suum finem consequatur.

Praeterea. Omne quod est in potentia, intendit exire in actum. Quandiu igitur non est ex toto factum in actu, non est in suo fine ultimo. Intellectus autem noster est in potentia ad omnes formas rerum cognoscendas: reducitur autem in actum cum aliquam earum cognoscit. Ergo non erit ex toto in actu, nec in ultimo suo fine, nisi quando omnia, saltem ista materialia, cognoscit. Sed hoc non potest homo assequi per scientias speculativas, quibus in hac vita veritatem cognoscimus. Non est igitur possibile quod ultima felicitas hominis sit in hac vita.

Propter has autem et huiusmodi rationes, Alexander et Averroes posuerunt ultimam

foi mostrado. É necessário, pois, que alcance depois desta vida.

Ainda. É impossível que o desejo natural seja vão, pois *a natureza nada faz em vão*[236]. Ora, seria vão o desejo da natureza se jamais pudesse ser realizado. É, pois, irrealizável o desejo natural do homem. Não, porém, nesta vida, como foi mostrado. É necessário, pois, que se realize depois desta vida. A felicidade última do homem está, portanto, depois desta vida.

Ademais. Quando uma coisa se move para a perfeição, ainda não está no fim último. Mas todos os homens, ao conhecer a verdade, sempre se comportam como movidos e tendentes à perfeição, porque aqueles que sucedem, acrescentam algumas coisas àquelas que pelos anteriores foram achadas, como também se diz no livro da Metafísica[237]. Portanto, os homens não se comportam no conhecimento da verdade como se houvessem chegado ao fim último. Como, pois, na especulação, pela qual se busca o conhecimento da verdade, parece maximamente consistir, nesta vida, a felicidade última do homem, como também o mesmo Aristóteles prova no livro da Ética[238], é impossível dizer que o homem nesta vida alcança seu fim último.

Além disso. Tudo o que está em potência, pretende ir a ato. Quando, pois, não está totalmente feito em ato, não está em seu fim último. Ora, nosso intelecto está em potência para conhecer todas as formas das coisas, mas reduz-se a ato quando conhece alguma delas. Logo, não estará totalmente em ato, nem em seu fim último, senão quando conhecer todas as coisas, ao menos estas coisas materiais. Mas, isso o homem não pode conseguir pelas ciências especulativas, pelas quais conhecemos a verdade nesta vida. Portanto, não é possível que esteja nesta vida a felicidade última do homem.

Ora, por causa dessas e semelhantes razões, Alexandre e Averrois sustentaram que a

---

[236] Aristóteles (384-322 a.C.), em Sobre o Céu e o Mundo II, 11, 291b, 13-14.
[237] Aristóteles (384-322 a.C.), em Metafísica II, 1, 1, 993b, 11-19.
[238] Aristóteles (384-322 a.C.), em Ética X, 7, 1177a, 12-13.

felicidade última do homem não estaria no conhecimento humano, que é pelas ciências especulativas, mas pela união com a substância separada, que acreditavam fosse possível ao homem nesta vida[239]. Mas porque Aristóteles viu que não há outro conhecimento do homem nesta vida senão pelas ciências especulativas, afirmou que o homem não atinge a felicidade perfeita, mas a seu modo. Nisso manifesta-se bastante quanta angústia sofriam as preclaras inteligências deles.

Dessas angústias nos livraremos, se afirmarmos, segundo as referidas provas, que o homem pode chegar à verdadeira felicidade depois desta vida, estando a alma do homem como imortal naquele estado, em que a alma conhecerá pelo modo como conhecem as substâncias separadas, como foi mostrado[240].

Estará, portanto, a felicidade última do homem no conhecimento de Deus que a mente humana possui depois desta vida, pelo modo como O conhecem as substâncias separadas. Em razão disso, em Mateus[241], o Senhor prometeu-nos nos céus a recompensa, em Mateus[242] diz que os santos serão como Anjos, que veem sempre a Deus nos céus, como se diz em Mateus[243].

Capítulo 49
As substâncias separadas não veem a Deus em sua essência porque elas o conhecem por suas essências

É necessário inquirir se esse mesmo conhecimento pelo qual as substâncias separadas e as almas, após a morte, conhecem a Deus por suas essências, basta para a sua felicidade última. Para a pesquisa dessa verdade, deve-se mostrar, em primeiro lugar, que por esse modo de conhecimento não se conhece a essência divina.

Com efeito, acontece o conhecimento da causa pelo efeito, de vários modos.

---

[239] Cf. caps. 42 e 43.
[240] Livro II, cap. 81.
[241] Mateus 5,12.
[242] Mateus 22,30.
[243] Mateus 18,10.

Uno modo, secundum quod effectus sumitur ut medium ad cognoscendum de causa quod sit, et quod talis sit: sicut accidit in scientiis, quae causam demonstrant per effectum.

Alio modo, ita quod in ipso effectu videatur causa, inquantum similitudo causae resultat in effectu: sicut homo videtur in speculo propter suam similitudinem. Et differt hic modus a primo. Nam in primo sunt duae cognitiones, effectus et causae, quarum una est alterius causa: nam cognitio effectus est causa quod cognoscatur eius causa. In modo autem secundo una est visio utriusque: simul enim dum videtur effectus, videtur et causa in ipso.

Tertio modo, ita quod ipsa similitudo causae in effectu sit forma qua cognoscit causam suus effectus: sicut si arca haberet intellectum, et per formam suam cognosceret artem a qua talis forma, velut eius similitudo, processit. Nullo autem istorum modorum per effectum potest cognosci de causa quid est, nisi sit effectus causae adaequatus, in quo tota virtus causae exprimatur.

Substantiae autem separatae cognoscunt Deum per suas substantias sicut causa cognoscitur per effectum: non autem primo modo, quia sic eorum cognitio esset discursiva, sed secundo modo, inquantum una videt Deum in alia; et modo tertio, inquantum quaelibet earum videt Deum in seipsa. Nulla autem earum est effectus adaequans virtutem Dei, ut in secundo libro ostensum est. Non est igitur possibile quod per hunc modum cognitionis ipsam divinam essentiam videant.

Amplius. Similitudo intelligibilis per quam intelligitur aliquid secundum suam substantiam, oportet quod sit eiusdem speciei, vel magis species eius; sicut forma domus quae est in mente artificis, est eiusdem speciei cum forma domus quae est in materia, vel potius species eius; non enim per speciem hominis

De um modo, conforme se toma o efeito como meio para conhecer o que é a causa e que tal é, como se dá nas ciências, que demonstram a causa pelo efeito.

De outro modo, de sorte que no próprio efeito se veja a causa, enquanto a semelhança da causa resulta no efeito, como se vê o homem no espelho, em razão de sua semelhança. E este modo difere do primeiro. Com efeito, no primeiro há dois conhecimentos, do efeito e da causa, dos quais um é causa do outro, pois o conhecimento do efeito é causa de que se conheça sua causa. Já no segundo modo, há uma visão só de ambos, pois, simultaneamente, enquanto se vê o efeito, se vê nele também a causa.

De um terceiro modo, conforme a mesma semelhança da causa no efeito seja a forma na qual seu efeito conhece a causa; por exemplo, se uma arca tivesse intelecto e por meio de sua forma conhecesse a arte pela qual tal forma procedeu, como sua semelhança. Ora por nenhum desses modos, pode-se conhecer pelo efeito o que é a causa, a não ser que seja adequado à causa o efeito no qual se exprime toda a potência da causa.

Entretanto, as substâncias separadas conhecem a Deus por suas substâncias, como a causa é conhecida pelo efeito, mas não no primeiro modo, porque assim seu conhecimento seria discursivo, mas no segundo modo, enquanto uma vê a Deus em outra, e no terceiro modo, enquanto qualquer uma delas vê a Deus nela mesma. Entretanto, nenhuma delas é efeito que seja adequado à potência de Deus, como foi mostrado[244]. Portanto, não é possível que por esse modo de conhecimento vejam a essência divina.

Ademais. É necessário que a semelhança do inteligível pela qual se conhece alguma coisa segundo sua substância, seja da mesma espécie, ou mais da sua espécie, assim como a forma da casa que está na mente do artífice, é da mesma espécie que a forma da causa que está na matéria, ou melhor, de sua espécie,

---

[244] Livro II, cap. 22 ss.

intelligitur de asino vel equo quid est. Sed ipsa natura substantiae separatae non est idem specie cum natura divina, quinimmo nec genere, ut in primo libro ostensum est. Non est igitur possibile quod substantia separata intelligat divinam substantiam per propriam naturam.

Item. Omne creatum ad aliquod genus vel speciem terminatur. Divina autem essentia est infinita, comprehendens in se omnem perfectionem totius esse, ut in primo libro ostensum est. Impossibile est igitur quod per aliquid creatum divina substantia videatur.

Praeterea. Omnis intelligibilis species per quam intelligitur quidditas vel essentia alicuius rei, comprehendit in repraesentando rem illam: unde et orationes significantes quod quid est terminos et definitiones vocamus. Impossibile est autem quod aliqua similitudo creata taliter Deum repraesentet: cum quaelibet similitudo creata sit alicuius generis determinati, non autem Deus, ut in primo ostensum est. Non est igitur possibile quod per aliquam similitudinem creatam divina substantia intelligatur.

Amplius. Divina substantia est suum esse ut in primo ostensum est. Ipsum autem esse substantiae separatae est aliud quam sua substantia, ut in secundo probatum est. Essentia igitur substantiae separatae non est sufficiens medium quo Deus per essentiam videri possit.

Cognoscit tamen substantia separata per suam substantiam de Deo quia est; et quod est omnium causa; et eminentem omnibus; et remotum ab omnibus, non solum quae sunt, sed etiam quae mente creata concipi possunt. Ad quam etiam cognitionem de Deo nos utcumque pertingere possumus: per effectus enim de Deo cognoscimus quia est et quod causa aliorum est, aliis supereminens, et ab omnibus remotus. Et hoc est ultimum et per-

pois pela espécie do homem não se conhece do asno ou do cavalo o que é. Mas a natureza mesma da substância separada não se identifica na espécie com a natureza divina, nem até no mesmo gênero, como foi mostrado[245]. Portanto, não é possível que a substância separada conheça a substância divina pela própria natureza.

Igualmente. Todo ser criado é limitado em algum gênero ou espécie. Ora, a essência divina é infinita, compreendendo em si toda perfeição de todo ser, como foi mostrado[246]. Portanto, é impossível que a substância divina seja vista por algum ser criado.

Além disso. Toda espécie inteligível pela qual se conhece a quididade ou essência de alguma coisa, compreende essa coisa em sua representação; donde, denominamos *termos* e *definições* as orações que significam o que é. Ora, é impossível que alguma semelhança criada represente Deus desse modo, pois qualquer semelhança criada é de um gênero determinado, mas não Deus, como foi mostrado[247]. Não é possível, portanto, que, por alguma semelhança criada, seja conhecida a substância divina.

Ademais. A substância divina é seu ser, como foi mostrado[248]. Ora, o ser mesmo da substância separada é diverso da sua substância, como foi provado[249]. Portanto, a essência da substância separada não é meio suficiente pelo qual Deus possa ser visto por essência.

A substância separada conhece, porém, por sua substância, que Deus é, e que é a causa de todas as coisas, e mais eminente que todas elas, e distante de todas, não só das que são, mas também das que podem ser concebidas pela mente criada. A esse conhecimento de Deus nós também podemos chegar de algum modo, pois, pelo efeito conhecemos de Deus que é e que é causa dos outros seres, a eles supereminente, e de todos distante. E isso é o

---

[245] Livro I, cap. 25.
[246] Livro I, caps. 28 e 43.
[247] Livro I, cap. 1.
[248] Livro I, cap. 22.
[249] Livro II, cap. 52.

fectissimum nostrae cognitionis in hac vita, ut dionysius dicit, in libro de mystica theologia, cum Deo quasi ignoto coniungimur: quod quidem contingit dum de eo quid non sit cognoscimus, quid vero sit penitus manet ignotum. Unde et ad huius sublimissimae cognitionis ignorantiam demonstrandam, de Moyse dicitur, exodi 20,21, quod accessit ad caliginem in qua est Deus.

Quia vero natura inferior in sui summo non nisi ad infimum superioris naturae attingit oportet quod haec ipsa cognitio sit eminentior in substantiis separatis quam in nobis. Quod per singula patet. Nam quanto propinquior et expressior alicuius causae effectus cognoscitur, tanto evidentius apparet de causa eius quod sit. Substantiae autem separatae, quae per seipsas Deum cognoscunt, sunt propinquiores effectus, et expressius Dei similitudinem gerentes, quam effectus per quos nos Deum cognoscimus. Certius ergo sciunt substantiae separatae et clarius quam nos, quod Deus est.

Rursus: cum per negationes ad propriam cognitionem rei quoquo modo deveniatur, ut supra dictum est, quanto plura et magis propinqua quis ab aliquo remota esse cognoverit, tanto magis ad propriam ipsius cognitionem accedit: sicut magis accedit ad propriam hominis cognitionem qui scit eum non esse neque inanimatum neque insensibilem, quam qui scit solum eum non esse inanimatum, licet neuter sciat de homine quid sit. Substantiae autem separatae plura cognoscunt quam nos, et quae sunt Deo magis propinqua: et per consequens suo intellectu plura et magis propinqua a Deo removent quam nos. Magis igitur accedunt ad propriam ipsius cognitionem quam nos: licet nec ipsae, per hoc quod seipsas intelligunt, divinam substantiam videant.

último e perfeitíssimo grau de nosso conhecimento nesta vida, como diz Dionísio[250], enquanto nos unimos a Deus como desconhecido, o que acontece enquanto d'Ele conhecemos *o que não é*, e o que é permanece totalmente desconhecido. Donde, também para demonstrar a ignorância desse sublimíssimo conhecimento, se diz de Moisés[251] que *se aproximou da treva em que Deus está*.

E porque uma natureza inferior só em seu ponto mais alto atinge o ínfimo da natureza superior, é necessário que esse mesmo conhecimento seja mais eminente nas substâncias separadas do que em nós. O que se evidencia por partes. Com efeito, quanto mais próximo e mais expressivo se conhece o efeito de uma causa, tanto mais evidente se manifesta sobre sua causa o que é. Ora, as substâncias separadas, que conhecem a Deus por si mesmas, são efeitos mais próximos, e mais expressivamente manifestam a semelhança de Deus do que os efeitos pelos quais conhecemos a Deus. Logo, mais certamente sabem as substâncias separadas e mais claramente do que nós, o que Deus é.

Por outro lado: como pelas negações se chega, de algum modo, ao próprio conhecimento da coisa, como foi dito[252], quanto mais numerosas e mais próximas coisas, distantes de um ser, alguém conhecer, tanto mais se aproxima do próprio conhecimento d'Ele; por exemplo, mais se aproxima ao conhecimento próprio do homem, quem sabe que ele não é nem inanimado nem insensível, do que aquele que sabe apenas que ele não é inanimado. Embora nenhum nem outro saibam do homem o que é. Ora, as substâncias separadas conhecem mais coisas que nós, e aquelas que são mais próximas de Deus e, por conseguinte, por seu intelecto separam coisas mais numerosas e próximas de Deus mais do que nós. Portanto, mais se aproximam ao conhecimento próprio d'Ele do que nós, embora nem

---

[250] Dionísio Areopagita (séc. V-VI), em Teologia Mística, 1, 3, MG 3, 1001 A.
[251] Êxodo 20,21.
[252] Cf. cap. 39.

Item: tanto aliquis alicuius altitudinem magis novit, quanto altioribus scit eum esse praelatum: sicut, etsi rusticus sciat regem esse summum in regno, quia tamen non cognoscit nisi quaedam infima regni officia, cum quibus aliquid habet negotii, non ita cognoscit regis eminentiam sicut aliquis qui omnium principum regni dignitates novit, quibus scit regem esse praelatum; quamvis neuter altitudinem regiae dignitatis comprehendat.

Nos autem nescimus nisi quaedam infima entium. Licet ergo sciamus Deum omnibus entibus eminere, non tamen ita cognoscimus eminentiam divinam sicut substantiae separatae, quibus altissimi rerum ordines noti sunt, et eis omnibus superiorem Deum esse cognoscunt.

Ulterius: manifestum est quod causalitas alicuius causae, et virtus eius, tanto magis cognoscitur, quanto plures et maiores eius effectus innotescunt. Ex quo manifestum fit quod substantiae separatae causalitatem Dei et eius virtutem magis cognoscunt quam nos, licet nos omnium entium eum esse causam sciamus.

Capitulum 50
Quod in naturali cognitione quam habent substantiae separatae de Deo non quiescit earum naturale desiderium

Non potest autem esse quod in tali Dei cognitione quiescat naturale desiderium substantiae separatae.

Omne enim quod est imperfectum in aliqua specie, desiderat consequi perfectionem speciei illius: qui enim habet opinionem de re aliqua, quae est imperfecta illius rei notitia, ex hoc ipso incitatur ad desiderandum illius rei scientiam. Praedicta autem cognitio quam substantiae separatae habent de Deo, non cognoscentes ipsius substantiam, est imperfecta cognitionis species: non enim arbitramur nos

elas mesmas, pelo fato de que se conhecem a si mesmas, veem a substância divina.

Igualmente: tanto mais alguém conhece a excelência de alguém, quanto mais sabe que esse é dotado de coisas mais excelentes, assim, por exemplo, embora o rústico saiba que o rei é mais elevado no reino, como, entretanto, não conhece senão alguns ofícios ínfimos do reino, com os quais tem algum negócio, não conhece a eminência do rei, como aquele que conhece as dignidades de todos os príncipes do reino, aos quais sabe que o rei é superior, embora nenhum nem outro compreendam a excelência da dignidade régia.

Ora, nós não conhecemos dos entes senão alguns ínfimos. Logo, embora saibamos que Deus excele a todos os entes, entretanto não conhecemos a eminência divina, do mesmo modo que as substâncias separadas, às quais são conhecidas as ordens mais elevadas das coisas, e conhecem que Deus é superior a elas todas.

Finalmente: é manifesto que a causalidade de uma causa, e sua potência, é tanto mais conhecida, quanto seus efeitos se mostram mais numerosos e maiores. Disso se faz manifesto que as substâncias separadas conhecem mais do que nós a causalidade de Deus e a sua potência, embora nós conheçamos que Ele é a causa de todos os entes.

Capítulo 50
No conhecimento natural que as substâncias separadas têm de Deus, não se aquieta seu desejo natural

Não é possível que em tal conhecimento de Deus se aquiete o desejo natural da substância separada.

Com efeito, tudo que é imperfeito numa espécie, deseja alcançar a perfeição dessa espécie, pois quem tem a opinião sobre alguma coisa, que é um conhecimento imperfeito dessa coisa, é, por isso, incitado a desejar a ciência dessa coisa. Ora, o mencionado conhecimento que as substâncias separadas têm de Deus, não conhecendo a substância d'Ele, é espécie imperfeita de conhecimento, pois não

aliquid cognoscere si substantiam eius non cognoscamus; unde et praecipuum in cognitione alicuius rei est scire de ea quid est. Ex hac igitur cognitione quam habent substantiae separatae de Deo, non quiescit naturale desiderium, sed incitatur magis ad divinam substantiam videndam.

Item. Ex cognitione effectuum incitatur desiderium ad cognoscendum causam: unde homines philosophari incoeperunt causas rerum inquirentes. Non quiescit igitur sciendi desiderium, naturaliter omnibus substantiis intellectualibus inditum, nisi, cognitis substantiis effectuum, etiam substantiam causae cognoscant. Per hoc igitur quod substantiae separatae cognoscunt omnium rerum quarum substantias vident, esse Deum causam, non quiescit desiderium naturale in ipsis, nisi etiam ipsius Dei substantiam videant.

Adhuc. Sicut se habet quaestio propter quid ad quaestionem quia, ita se habet quaestio quid est ad quaestionem an est: nam quaestio propter quid quaerit medium ad demonstrandum quia est aliquid, puta quod luna eclipsatur; et similiter quaestio quid est quaerit medium ad demonstrandum an est, secundum doctrinam traditam in II posteriorum. Videmus autem quod videntes quia est aliquid, naturaliter scire desiderant propter quid. Ergo et cognoscentes an est aliquid, naturaliter scire desiderant quid est ipsum, quod est intelligere eius substantiam. Non igitur quietatur naturale sciendi desiderium in cognitione Dei qua scitur de ipso solum quia est.

Amplius. Nihil finitum desiderium intellectus quietare potest. Quod exinde ostenditur quod intellectus, quolibet finito dato, aliquid ultra molitur: unde qualibet linea finita data, aliquam maiorem molitur apprehendere, et similiter in numeris; et haec est ratio infinitae additionis in numeris et lineis ma-

julgamos que conhecemos uma coisa, se não conhecemos sua substância; donde, também é principal, no conhecimento de uma coisa, saber dela *o que é*. Logo, desse conhecimento que as substâncias separadas têm de Deus, não se aquieta o desejo natural, mas é mais incitado para ver a substância divina.

Igualmente. Do conhecimento dos efeitos, incita-se o desejo para conhecer a causa; donde, os homens começaram a filosofar, inquirindo as causas das coisas[253]. Não se aquieta, pois, o desejo de saber, inato naturalmente em todas as substâncias intelectuais, até que conheçam também, conhecidas as substâncias dos efeitos, a substância da causa. Portanto, pelo fato de as substâncias separadas conhecerem que Deus é a causa de todas as coisas, cujas substâncias veem, não se aquieta o desejo natural nelas, a não ser quando veem também a substância do próprio Deus.

Ainda. Assim como a questão *por causa de que* está em relação com a questão *por que*, assim a questão *o que é* está em relação com a questão *se é*, pois a questão *por causa de que* pergunta pelo meio para demonstrar *por que* algo é, por exemplo, que a lua se eclipsa; e semelhantemente a questão *o que é* pergunta pelo meio para demonstrar *se é*, segundo a doutrina exposta no livro dos Analíticos Posteriores[254]. Entretanto, notamos que aqueles que veem *por que* algo é, desejam naturalmente saber *por causa de que*. Logo, também os que conhecem *se algo é*, desejam naturalmente saber *o que ele é*, o que é conhecer sua substância. Portanto, o desejo natural de saber não se aquieta no conhecimento de Deus, pelo qual se sabe d'Ele apenas *por que é* (*quia*).

Ademais. Nada finito pode aquietar o desejo do intelecto. Mostra-se daí que o intelecto, em qualquer dado finito, faz por obter algo além; donde, dada qualquer linha finita, faz-se por apreender outra maior, e semelhantemente nos números, e esta é a razão da adição infinita nos números e nas linhas mate-

---

[253] Aristóteles (384-322 a.C.), em Metafísica I, 2, 982b, 11-21.
[254] Aristóteles (384-322 a.C.), em Analíticos Posteriores II, 1, 411.

máticas. A excelência e a potência, porém, de qualquer substância criada é finita. Portanto, não descansa o intelecto da substância separada ao conhecer as substâncias criadas, por mais eminentes, mas ainda tende, por desejo natural, a conhecer a substância que é de excelência infinita, como foi mostrado[255], a respeito da substância divina.

Além disso. Assim como o desejo natural de saber está presente em todas as naturezas intelectuais, assim está presente nelas o desejo natural para afastar a ignorância ou a falta de ciência. Ora, as substâncias separadas, como já foi dito[256], conhecem, pelo modo mencionado de conhecimento, que a substância de Deus está acima delas e acima de tudo o que é conhecido por elas e, por conseguinte, sabem que a substância divina lhes é ignota. Portanto, seu desejo natural tende a conhecer a substância divina.

Igualmente. Quanto mais alguma coisa é próxima ao fim, de tanto maior desejo tende ao fim; donde, vemos que o movimento natural dos corpos se intensifica no fim. Ora, o intelecto das substâncias separadas está mais próximo do conhecimento divino do que nosso intelecto. Portanto, elas desejam o conhecimento de Deus mais intensamente do que nós. Nós, entretanto, por mais que saibamos que Deus é, e outras coisas que acima foram ditas, não nos descansamos no desejo, mas desejamos mais conhecê-Lo por sua essência. Muito mais, portanto, desejam isso, naturalmente, as substâncias separadas. Logo, não se aquieta seu desejo no mencionado conhecimento de Deus.

Disso se conclui que a felicidade última da substância separada não está naquele conhecimento de Deus, pelo qual O conhecem por suas substâncias, uma vez que seu desejo ainda as conduz até a substância de Deus.

Nisso também se manifesta bastante que não se deve buscar a felicidade última em nenhuma coisa senão na operação do intelecto,

---

[255] Livro I, cap. 43.
[256] Cf. capítulo anterior.

rium tam in sublime ferat sicut desiderium intelligendae veritatis. Omnia namque nostra desideria vel delectationis, vel cuiuscumque alterius quod ab homine desideratur, in aliis rebus quiescere possunt: desiderium autem praedictum non quiescit nisi ad summum rerum cardinem et factorem Deum pervenerit.

Propter quod convenienter sapientia dicit, Eccli. 24,7: ego in altissimis habitavi, et thronus meus in columna nubis. Et Proverb. 9,3 dicitur quod sapientia per ancillas suas vocat ad arcem. Erubescant igitur qui felicitatem hominis, tam altissime sitam, in infimis rebus quaerunt.

Capitulum LI
Quomodo Deus per essentiam videatur

Cum autem impossibile sit naturale desiderium esse inane, quod quidem esset si non esset possibile pervenire ad divinam substantiam intelligendam, quod naturaliter omnes mentes desiderant; necesse est dicere quod possibile sit substantiam Dei videri per intellectum, et a substantiis intellectualibus separatis, et ab animabus nostris.

Modus autem huius visionis satis iam ex dictis qualis esse debeat, apparet. Ostensum enim est supra quod divina substantia non potest videri per intellectum aliqua specie creata. Unde oportet, si Dei essentia videatur, quod per ipsammet essentiam divinam intellectus ipsam videat: ut sit in tali visione divina essentia et quod videtur, et quo videtur.

Cum autem intellectus substantiam aliquam intelligere non possit nisi fiat actu secundum aliquam speciem informantem ipsum quae sit similitudo rei intellectae, impossibile videri potest alicui quod per essentiam divinam intellectus creatus possit videre ipsam Dei substantiam quasi per quandam speciem intelligibilem: cum divina essentia sit

pois desejo algum leva tanto ao sublime como o desejo de conhecer a verdade. Todos os nossos desejos ou de deleites ou de qualquer outra coisa que é desejada pelo homem, podem descansar em outras coisas; o mencionado desejo, porém, não descansa se não chegar a Deus, supremo fundamento e produtor das cosias.

Por causa disso, diz convenientemente a sabedoria, em Eclesiástico: *Eu habitei nas alturas, e meu trono estava numa coluna das nuvens*[257]. E em Provérbios se diz que *a sabedoria chama por suas servas para a fortaleza*[258]. Envergonhem-se, portanto, aqueles que buscam nas coisas ínfimas a felicidade do homem, tão altissimamente situada.

Capítulo 51
Como se vê Deus por essência

Uma vez que é impossível que o desejo natural seja vão, o que se daria se não fosse possível chegar ao conhecimento da substância divina, que naturalmente todas as mentes desejam, é necessário dizer que é possível que a substância divina seja vista pelo intelecto, tanto pelas substâncias intelectuais separadas como pelas nossas almas.

Com efeito, qual deva ser o modo dessa visão é manifesto suficientemente pelo que já foi dito. Foi mostrado[259] que a substância divina não pode ser vista pelo intelecto em alguma espécie criada. Donde, é necessário, se se vê a essência de Deus, que o intelecto veja a própria essência divina por ela mesma: de modo que em tal visão a essência divina seja o que é visto, e o em que é visto.

Como, entretanto, o intelecto não pode conhecer uma substância se não se faz em ato segundo alguma espécie que o informe, espécie que é a semelhança da coisa conhecida, pode parecer impossível a alguém que pela essência divina o intelecto criado possa ver a própria substância de Deus, como que por uma espécie inteligível, pois a essência

---

[257] Eclesiástico 24,4.
[258] Provérbios 9,3.
[259] Cf. cap. 49.

quiddam per seipsum subsistens; et in primo ostensum sit quod Deus nullius potest esse forma.

Ad huius igitur intelligentiam veritatis, considerandum est quod substantia quae est per seipsam subsistens, est vel forma tantum, vel compositum ex materia et forma. Illud igitur quod ex materia et forma compositum est, non potest alterius esse forma: quia forma in eo est iam contracta ad illam materiam, ut alterius rei forma esse non possit. Illud autem quod sic est subsistens ut tamen solum sit forma, potest alterius esse forma, dummodo esse suum sit tale quod ab aliquo alio participari possit, sicut in secundo ostendimus de anima humana. Si vero esse suum ab altero participari non posset, nullius rei forma esse posset: sic enim per suum esse determinatur in seipso, sicut quae sunt materialia per materiam. Hoc autem, sicut in esse substantiali vel naturali invenitur, sic et in esse intelligibili considerandum est. Cum enim intellectus perfectio sit verum, illud intelligibile erit ut forma tantum in genere intelligibilium quod est veritas ipsa. Quod convenit soli Deo nam cum verum sequatur ad esse, illud tantum sua veritas est quod est suum esse, quod est proprium soli Deo, ut in secundo ostensum est. Alia igitur intelligibilia subsistentia sunt non ut pura forma in genere intelligibilium, sed ut formam in subiecto aliquo habentes: est enim unumquodque eorum verum, non veritas; sicut et est ens, non autem ipsum esse. Manifestum est igitur quod essentia divina potest comparari ad intellectum creatum ut species intelligibilis qua intelligit: quod non contingit de essentia alicuius alterius substantiae separatae. Nec tamen potest esse forma alterius rei secundum esse naturale: sequeretur enim quod, simul cum alio iuncta, constitueret unam naturam; quod esse non potest, cum essentia divina in se perfecta sit in sui natura. Species autem intelligibilis, unita intellectui, non constituit aliquam naturam, sed perficit

divina é algo subsistente por si mesmo, e foi mostrado[260] que Deus não pode ser forma de coisa alguma.

Portanto, para o entendimento dessa verdade, deve-se considerar que a substância que é por si mesma subsistente, é ou forma apenas, ou o composto de matéria e forma. Mas, o que é composto de matéria e forma, não pode ser forma de outra coisa, porque a forma já está nele restringida àquela matéria, de modo que não pode ser forma de outra coisa. Entretanto, aquilo que é subsistente apenas como forma, pode ser forma de outra coisa, na medida em que seu ser é tal que possa ser participado por outro ser, como mostramos[261] a respeito da alma humana. Se, contudo, o seu ser não pudesse ser participado por outro, não poderia ser forma de coisa alguma, pois assim é determinado por seu ser em si mesmo; por exemplo, as coisas materiais o são pela matéria. Deve-se considerar se, como isso se dá no ser substancial ou natural, assim também no ser inteligível. Uma vez que a perfeição do intelecto é o verdadeiro, aquele inteligível será como forma apenas no gênero dos inteligíveis, que é a própria verdade. O que só a Deus convém, pois, como o verdadeiro segue o ser, somente é sua verdade aquilo que é seu ser, o que é próprio só de Deus, como foi mostrado[262]. Portanto, os outros inteligíveis subsistentes são, não como pura forma no gênero dos inteligíveis, mas como tendo a forma num sujeito, pois cada um deles é verdadeiro, não a verdade; assim como também é ente, não, porém, o próprio ser. Portanto, é manifesto que a essência divina pode ser relacionada com o intelecto criado como espécie inteligível na qual ele conhece, o que não acontece com a essência de outra substância separada. Entretanto, não pode ser forma de outra coisa segundo o ser natural, pois se seguiria que, simultaneamente unida com outro, constituiria uma só natureza, o que não pode ser, uma vez que a essência divina é em si perfeita, na sua natureza. Ora, a espécie inteligível,

[260] Livro I, caps. 26 ss.
[261] Livro II, cap. 68.
[262] Livro II, cap. 15.

ipsum ad intelligendum: quod perfectioni divinae essentiae non repugnat.

Haec igitur visio immediata Dei repromittitur nobis in Scriptura, I Cor. 13,12: videmus nunc per speculum in aenigmate: tunc autem facie ad faciem. Quod corporali modo nefas est intelligere, ut in ipsa divinitate corporalem faciem imaginemur: cum ostensum sit Deum incorporeum esse; neque etiam sit possibile ut nostra corporali facie Deum videamus, cum visus corporalis, qui in facie nostra residet, non nisi rerum corporalium esse possit. Sic igitur facie ad faciem Deum videbimus, quia immediate eum videbimus, sicut hominem quem facie ad faciem videmus.

Secundum autem hanc visionem maxime Deo assimilamur, et eius beatitudinis participes sumus: nam ipse Deus per suam essentiam suam substantiam intelligit, et haec est eius felicitas. Unde dicitur I Ioan. 3,2: cum autem apparuerit, similes ei erimus et videbimus eum sicuti est. Et Luc. 22, Dominus dicit: ego dispono vobis sicut disposuit mihi pater meus mensam, ut edatis et bibatis super mensam meam in regno meo. Quod quidem non de corporali cibo vel potu intelligi potest, sed de eo qui in mensa sapientiae sumitur, de quo a sapientia dicitur, Proverb. 9,5: comedite panes meos, et bibite vinum quod miscui vobis. Super mensam ergo Dei manducant et bibunt qui eadem felicitate fruuntur qua Deus felix est, videntes eum illo modo quo ipse videt seipsum.

unida ao intelecto, não constitui outra natureza, mas aperfeiçoa-o para conhecer, o que não repugna à perfeição da essência divina.

Portanto, esta visão imediata de Deus é-nos prometida na Escritura: *Vemos agora por um espelho, obscuramente, mas então face a face*[263]. O que não se pode entender em sentido corporal, como se imaginássemos uma face corporal na própria divindade, pois foi mostrado que Deus é incorpóreo[264]; nem também é possível que vejamos a Deus por nossa face corporal, pois a visão corporal, que reside em nossa face, não pode ser senão de coisas corporais. Assim, portanto, veremos a Deus face a face, porque o veremos imediatamente, como um homem que vemos face a face.

Ora, segundo essa visão assemelhamo-nos a Deus maximamente, e somos partícipes de sua bem-aventurança, pois o próprio Deus conhece, por sua essência, sua substância, e esta é sua felicidade. Donde, se diz em João: *Quando porém aparecer, ser-lhe-emos semelhantes e o veremos como ele é*[265]. E em Lucas, o Senhor diz: *Eu vos preparo uma mesa como meu pai a preparou para mim, para que comais e bebais em minha mesa no meu reino*[266]. O que certamente não pode ser entendido do alimento corporal ou da bebida, mas daquilo que se toma na mesa da Sabedoria, a respeito do qual a Sabedoria diz, em Provérbios: *Comei meus pães, e bebei o vinho que misturei para vós*[267]. Logo, sobre a mesa de Deus comem e bebem aqueles que gozam da mesma felicidade, na qual Deus é feliz, vendo-o daquele modo que ele mesmo se vê.

Capitulum LII
Quod nulla creata substantia potest sua naturali virtute pervenire ad videndum Deum per essentiam

Non est autem possibile quod ad illum visionis divinae modum aliqua creata substantia ex virtute propria possit attingere.

Capítulo 52
Nenhuma substância criada pode, por sua potência natural, chegar a ver a Deus por essência

Não é possível que alguma substância criada possa atingir, por potência própria, aquele modo de visão divina.

---

[263] 1 Coríntios 13,12.
[264] Livro I, cap. 27.
[265] 1 João 3, 2.
[266] Lucas 22,29.30.
[267] Provérbios 9,5.

Quod enim est superioris naturae proprium, non potest consequi natura inferior nisi per actionem superioris naturae cuius est proprium: sicut aqua non potest esse calida nisi per actionem ignis. Videre autem Deum per ipsam essentiam divinam est proprium naturae divinae: operari enim per propriam formam est proprium cuiuslibet operantis. Nulla igitur intellectualis substantia potest videre Deum per ipsam divinam essentiam nisi Deo hoc faciente.

Amplius. Forma alicuius propria non fit alterius nisi eo agente: agens enim facit sibi simile inquantum formam suam alteri communicat. Videre autem substantiam Dei impossibile est nisi ipsa divina essentia sit forma intellectus qua intelligit, ut probatum est. Impossibile est igitur quod aliqua substantia creata ad illam visionem perveniat nisi per actionem divinam.

Adhuc. Si aliqua duo debeant ad invicem copulari quorum unum sit formale et aliud materiale, oportet quod copulatio eorum compleatur per actionem quae est ex parte eius quod est formale, non autem per actionem eius quod est materiale: forma enim est principium agendi, materia vero principium patiendi. Ad hoc autem quod intellectus creatus videat Dei substantiam, oportet quod ipsa divina essentia copuletur intellectui ut forma intelligibilis, sicut probatum est. Non est igitur possibile ad hanc visionem perveniri ab aliquo intellectu creato nisi per actionem divinam.

Item. Quod est per se, causa est eius quod est per aliud. Intellectus autem divinus per seipsum divinam substantiam videt: nam intellectus divinus est ipsa divina essentia, qua Dei substantia videtur, ut in primo probatum est. Intellectus autem creatus videt divinam substantiam per essentiam Dei, quasi per aliud a se. Haec igitur visio non potest advenire intellectui creato nisi per actionem Dei.

Com efeito, o que é próprio de uma natureza superior, não pode ser alcançado por uma natureza inferior, senão pela ação da natureza superior, à qual pertence, como a água não pode ser quente, a não ser pela ação do fogo. Ora, ver a Deus pela própria essência divina é próprio da natureza divina, pois o operar pela própria forma é próprio de qualquer operante. Portanto, nenhuma substância intelectual pode ver a Deus pela própria essência divina, se não o fizer Deus.

Ademais. A forma própria de uma coisa não se torna forma de outra, senão agindo nela, pois o agente produz o semelhante a si, enquanto comunica sua forma a outro. Ora, ver a substância de Deus é impossível a não ser que a própria essência divina seja a forma do intelecto, pela qual ele conhece, como foi provado[268]. É impossível, pois, que uma substância criada chegue àquela visão senão pela ação divina.

Ainda. Se duas coisas devem unir-se entre si, das quais uma seja formal e a outra material, é necessário que a união delas seja realizada pela ação que é da parte daquela que é formal, mas não por ação da que é material, pois a forma é o princípio do agir, ao passo que a matéria é o princípio do receber. Para que o intelecto criado veja a substância de Deus, é necessário que a própria essência divina una-se ao intelecto como forma inteligível, como foi provado[269]. Portanto, não é possível que se chegue a essa visão por algum intelecto criado senão pela ação divina.

Igualmente. *O que é por si, é causa do que é por outro*[270]. Ora, o intelecto divino vê por si mesmo a substância divina, pois o intelecto divino é a própria essência divina, na qual a substância de Deus se vê, como foi provado[271]. Ora, o intelecto criado vê a substância divina pela essência de Deus como que por outra coisa diferente de si. Logo, essa visão não pode advir ao intelecto criado senão pela ação de Deus.

---

[268] Cf. capítulo anterior.
[269] Cf. acima.
[270] Aristóteles (384-322 a.C.), em Física VIII, 5, 257a, 30-31.
[271] Livro I, cap. 45.

Praeterea. Quidquid excedit limites alicuius naturae, non potest sibi advenire nisi per actionem alterius: sicut aqua non tendit sursum nisi ab aliquo alio mota. Videre autem Dei substantiam transcendit limites omnis naturae creatae: nam cuilibet naturae intellectuali creatae proprium est ut intelligat secundum modum suae substantiae; substantia autem divina non potest sic intelligi, ut supra ostensum est. Impossibile est ergo perveniri ab aliquo intellectu creato ad visionem divinae substantiae nisi per actionem Dei, qui omnem creaturam transcendit.

Hinc est quod Rom. 6,23 dicitur: gratia Dei vita aeterna. In ipsa enim divina visione ostendimus esse hominis beatitudinem, quae vita aeterna dicitur: ad quam sola Dei gratia dicimur pervenire, quia talis visio omnem creaturae facultatem excedit, nec est possibile ad eam pervenire nisi divino munere; quae autem sic adveniunt creaturae, Dei gratiae deputantur. Et Ioan. 14,21 Dominus dicit: ego manifestabo ei meipsum.

Além disso. Tudo o que excede os limites de uma natureza, não pode a si acrescentar senão pela ação de outro, como a água não vai para cima se não movida por alguma outra coisa. Ora, ver a substância de Deus transcende os limites de toda natureza criada, pois é próprio de qualquer natureza intelectual criada conhecer segundo o modo de sua substância; ora, a substância divina não pode assim ser conhecida, como foi mostrado[272]. É impossível, pois, que algum intelecto criado chegue à visão da substância divina a não ser pela ação de Deus, que transcende a toda criatura.

Daí que se diz em Romanos: *A graça de Deus é a vida eterna*[273]. Com efeito, na própria visão divina mostramos[274] que está a bem-aventurança do homem, a qual se diz vida eterna: a ela dizemos que só chegamos pela graça de Deus, porque tal visão excede toda a faculdade da criatura, nem é possível chegar a ela senão por dom divino: as criaturas que assim chegam, julga-se que é pela graça de Deus. E em João, diz o Senhor: *Eu me manifestarei a ele*[275].

Capitulum LIII
Quod intellectus creatus indiget aliqua influentia divini luminis ad hoc quod Deum per essentiam videat

Oportet autem quod ad tam nobilem visionem intellectus creatus per aliquam divinae bonitatis influentiam elevetur.

Impossibile est enim quod id quod est forma alicuius rei propria, fiat alterius rei forma, nisi res illa participet aliquam similitudinem illius cuius est propria forma: sicut lux non fit actus alicuius corporis nisi aliquid participet de diaphano. Essentia autem divina est propria forma intelligibilis intellectus divini, et ei proportionata: nam haec tria in Deo unum sunt, intellectus, quo intelligitur, et quod intelligitur. Impossibile est igitur quod

Capítulo 53
O intelecto criado necessita de alguma influência da luz divina para ver a Deus por essência

É necessário que o intelecto criado seja elevado a tão nobre visão por alguma influência da bondade divina.

Com efeito, é impossível que aquilo que é forma própria de uma coisa, se torne forma de outra coisa, a não ser que participe de alguma semelhança daquela coisa de que é forma própria, como a luz não se torna ato de algum corpo se não participe de algo do diáfano. Ora, a essência divina é a forma própria inteligível do intelecto divino, e a ele proporcionada, pois estas três coisas são em Deus uma unidade: o intelecto, aquilo em que conhece, e o que é co-

---

[272] Cf. cap. 49.
[273] Romanos 6,23
[274] Cf. cap. 50.
[275] João 14,21.

ipsa essentia fiat intelligibilis forma alicuius intellectus creati, nisi per hoc quod aliquam divinam similitudinem intellectus creatus participat. Haec igitur divinae similitudinis participatio necessaria est ad hoc quod Dei substantia videatur.

Adhuc. Nihil est susceptivum formae sublimioris nisi per aliquam dispositionem ad illius capacitatem elevetur: proprius enim actus in propria potentia fit. Essentia autem divina est forma altior omni intellectu creato. Ad hoc igitur quod essentia divina fiat intelligibilis species alicuius intellectus creati, quod requiritur ad hoc quod divina substantia videatur, necesse est quod intellectus creatus aliqua dispositione sublimiori ad hoc elevetur.

Amplius. Si aliqua duo prius fuerint non unita et postmodum uniantur, oportet quod hoc fiat per mutationem utriusque, vel alterius tantum. Si autem ponatur quod intellectus aliquis creatus de novo incipiat Dei substantiam videre, oportet, secundum praemissa, quod divina essentia copuletur ei de novo ut intelligibilis species. Impossibile est autem quod divina essentia moveatur, sicut supra ostensum est. Oportet igitur quod talis unio incipiat esse per mutationem intellectus creati. Quae quidem mutatio aliter esse non potest nisi per hoc quod intellectus creatus aliquam dispositionem de novo acquirat. Idem autem sequitur si detur quod a principio suae creationis tali visione aliquis creatus intellectus potiatur. Nam si talis visio facultatem naturae creatae excedit, ut probatum est, potest intelligi quivis intellectus creatus in specie suae naturae consistere absque hoc quod Dei substantiam videat. Unde, sive a principio sive postmodum Deum videre incipiat, oportet eius naturae aliquid superaddi.

nhecido. Portanto, é impossível que a própria essência se torne forma inteligível de algum intelecto criado, senão enquanto o intelecto criado participa de alguma semelhança divina. Essa participação da semelhança divina, pois, é necessária para que se veja a substância de Deus.

Ainda. Nada é receptivo de uma forma mais sublime se não é elevado por alguma disposição à sua capacidade, pois o ato próprio se faz na potência própria. Ora, a essência divina é forma mais elevada que todo intelecto criado. Portanto, para que a essência divina se torne espécie inteligível de algum intelecto criado, o que se requer para que se veja a substância divina, é necessário que o intelecto criado seja a isso elevado por alguma disposição mais sublime.

Ademais. Se duas coisas forem antes não unidas e depois se unem, é necessário que isso se faça por mutação de ambas, ou só de uma. Ora, se se afirma que algum intelecto criado começa de novo a ver a substância de Deus, é necessário que, segundo o que foi já dito antes[276], que a essência divina se una a ele de novo como espécie inteligível. Ora, é impossível que a essência divina seja movida, como foi mostrado[277]. Portanto, é necessário que tal união comece a ser por mutação do intelecto criado. Essa mutação não pode ser de outro modo senão enquanto o intelecto criado adquira de novo alguma disposição. Ora, o mesmo se segue, quando se afirma que, desde o princípio de sua criação, goza um intelecto criado de tal visão. Com efeito, se tal visão excede a faculdade da natureza criada, como foi provado[278], pode-se entender que qualquer intelecto criado consiste na espécie de sua natureza sem que por isso veja a substância de Deus. Donde, se, desde o princípio ou depois, começa a ver a Deus, é necessário que algo seja acrescentado à sua natureza.

---

[276] Cf. cap. 51.
[277] Livro I, cap. 13.
[278] Cf. cap. 52.

Item. Nihil potest ad altiorem operationem elevari nisi per hoc quod eius virtus fortificatur. Contingit autem dupliciter alicuius virtutem fortificari. — Uno modo, per simplicem intensionem ipsius virtutis: sicut virtus activa calidi augetur per intensionem caloris, ut possit efficere vehementiorem actionem in eadem specie. — Alio modo, per novae formae appositionem: sicut diaphani virtus augetur ad hoc quod possit illuminare, per hoc quod fit lucidum actu per formam lucis receptam in ipso de novo. Et hoc quidem virtutis augmentum requiritur ad alterius speciei operationem consequendam.

Virtus autem intellectus creati naturalis non sufficit ad divinam substantiam videndam, ut ex dictis patet. Oportet ergo quod augeatur ei virtus, ad hoc quod ad talem visionem perveniat. Non sufficit autem augmentum per intensionem naturalis virtutis: quia talis visio non est eiusdem rationis cum visione naturali intellectus creati; quod ex distantia visorum patet. Oportet igitur quod fiat augmentum virtutis intellectivae per alicuius novae dispositionis adeptionem.

Quia vero in cognitionem intelligibilium ex sensibilibus pervenimus, etiam sensibilis cognitionis nomina ad intelligibilem cognitionem transumimus: et praecipue quae pertinent ad visum, qui inter ceteros sensus nobilior est et spiritualior, ac per hoc intellectui affinior; et inde est quod ipsa intellectualis cognitio visio nominatur. Et quia corporalis visio non completur nisi per lucem, ea quibus intellectualis visio perficitur, lucis nomen assumunt: unde et Aristoteles, in III de anima, intellectum agentem luci assimilat, ex eo quod intellectus agens facit intelligibilia in actu, sicut lux facit quodammodo visibilia actu. Illa igitur dispositio qua intellectus creatus ad intellectualem divinae substantiae visionem extollitur, congrue lux gloriae dicitur: non

Igualmente. Nada pode ser elevado a uma operação mais alta senão pelo fato de que sua potência seja fortalecida. Ora, acontece que a potência de uma coisa é fortalecida de dois modos. — De um modo, por intensificação simples da mesma potência, como a potência ativa do cálido é aumentada por intensificação do calor, de modo a poder fazer mais veemente a ação na mesma espécie. — De outro modo, por aplicação de uma nova forma, como a potência do diáfano é aumentada de modo que possa iluminar, porque se torna lúcido em ato pela forma de luz recebida nele de novo. E esse aumento de potência se requer para conseguir a operação de outra espécie.

Ora, a potência natural do intelecto criado não é suficiente para ver a substância divina, como se evidencia do que foi dito[279]. É necessário, pois, que se lhe aumente a potência, para que chegue a tal visão. Ora, não é suficiente o aumento pela intensificação da potência natural, porque tal visão não é da mesma razão que a visão natural do intelecto criado, o que se evidencia pela distância dos objetos vistos. Logo, é necessário que se faça o aumento da potência intelectiva pela recepção de uma nova disposição.

Já que chegamos ao conhecimento dos inteligíveis a partir dos sensíveis, também tomamos os nomes do conhecimento sensível para o conhecimento inteligível e principalmente aquelas coisas que pertencem à visão, que entre os outros sentidos é o mais nobre e mais espiritual, e por isso mais afim ao intelecto, e daí é que o próprio conhecimento intelectual se chama *visão*. E porque a visão corporal não se realiza senão pela luz, aquelas coisas nas quais se realiza a visão intelectual, toma o nome de *luz*, Donde, também Aristóteles[280] assemelha o intelecto agente à luz, porque o intelecto agente faz os inteligíveis em ato, assim como a luz faz de certo modo as coisas visíveis em ato. Portanto, aquela disposição na qual o intelecto criado é elevado à visão intelectual da

---

[279] Local citado.
[280] Aristóteles (384-322 a.C.), em Sobre a Alma III, 5, 430a, 15-17.

propter hoc quod faciat intelligibile in actu, sicut lux intellectus agentis; sed per hoc quod facit intellectum potentem actu intelligere.

Hoc autem est lumen de quo in Psalmo dicitur: in lumine tuo videbimus lumen, scilicet divinae substantiae. Et Apoc. 22 dicitur: civitas, scilicet beatorum, non eget sole neque luna: nam claritas Dei illuminavit illam. Et Isaiae 60 dicitur: non erit tibi amplius sol ad lucendum per diem, nec splendor lunae illuminabit te: sed erit tibi Dominus in lucem sempiternam, et Deus tuus in gloriam tuam. Inde est etiam, quia Deo idem esse est quod intelligere, et est omnibus causa intelligendi, quod dicitur esse lux, Ioan. 1,9: erat lux vera, quae illuminat omnem hominem venientem in hunc mundum; et I Ioan. 1,5: Deus lux est; et in Psalmo: amictus lumine sicut vestimento. Et propter hoc etiam tam Deus quam Angeli in sacra Scriptura in figuris igneis describuntur, propter ignis claritatem.

Capitulum 54
Rationes quibus videtur probari quod Deus non possit videri per essentiam, et solutiones earum

Obiiciet autem aliquis contra praedicta.

Nullum enim lumen adveniens visui potest visum elevare ad videndum ea quae naturalem facultatem visus corporalis excedunt: non enim potest visus videre nisi colorata. Divina autem substantia excedit omnem intellectus creati capacitatem, etiam magis quam intellectus excedat capacitatem sensus. Nullo igitur lumine superveniente intellectus creatus elevari poterit ad divinam substantiam videndam.

Praeterea. Lumen illud quod in intellectu creato recipitur, creatum aliquid est. Et ipsum

substância divina, é dita convenientemente *luz da glória*, não porque faça inteligível em ato, como a luz do intelecto agente, mas porque torna o intelecto capaz de conhecer em ato.

Ora, esta é a luz da qual o Salmo diz: *Em tua luz veremos a luz*, isto é, da substância divina[281]. E no Apocalipse: *A cidade, a saber, dos bem-aventurados, não precisa de sol nem de lua, pois a claridade de Deus a iluminou*[282]. E em Isaías se diz: *Não haverá mais para ti o sol para iluminar pelo dia, nem o esplendor da lua te iluminará, mas o Senhor será para ti como luz sempiterna, e teu Deus, tua glória*[283]. Daí é também, porque em Deus são idênticos o ser e o conhecer e é para todos causa de conhecer, que se diz ser luz, em João: *Era a luz verdadeira, que ilumina todo homem que vem a este mundo*[284]; e na Carta de João: *Deus é luz*[285]; e no Salmo: *Envolvido de luz como de uma veste*[286]. E por causa disso também, na Sagrada Escritura, tanto Deus como os Anjos são descritos em figuras ígneas, em razão da claridade do fogo.

Capítulo 54
Razões que parecem provar que não se pode ver a Deus por essência, e soluções delas

Alguém, entretanto, poderá objetar contra o que foi dito.

Com efeito, nenhuma luz, advinda à visão, pode elevar a visão a ver aquelas coisas que excedem a faculdade natural da visão corporal, pois não pode a visão ver, senão as coisas coloridas. Ora, a substância divina excede toda a capacidade do intelecto criado, mais até do que o intelecto excede a capacidade do sentido. Portanto, por nenhuma luz superveniente pode o intelecto criado ser elevado a ver a substância divina.

Além disso. Aquela luz, que é recebida no intelecto criado, é algo criado. E ela mesma,

---

[281] Salmo 35,10.
[282] Apocalipse 21,23.
[283] Isaías 60,19.
[284] João 1,9.
[285] 1 João 1,5.
[286] Salmo 103,2.

ergo in infinitum a Deo distat. Non potest igitur per huiusmodi lumen intellectus creatus ad divinae substantiae visionem elevari.

Item. Si hoc quidem potest facere lumen praedictum propter hoc quod est divinae substantiae similitudo, cum omnis intellectualis substantia, ex hoc ipso quod intellectualis est, divinam similitudinem gerat ipsa natura cuiuslibet intellectualis substantiae ad visionem divinam sufficiet.

Adhuc. Si lumen illud creatum est; nihil autem prohibet quod est creatum alicui rei creatae connaturale esse; poterit aliquis intellectus creatus esse qui suo connaturali lumine divinam substantiam videbit. Cuius contrarium ostensum est.

Amplius. Infinitum inquantum huiusmodi, ignotum est. Ostensum est autem in primo Deum esse infinitum. Non igitur potest divina substantia per lumen praedictum videri.

Adhuc. Oportet esse proportionem intelligentis ad rem intellectam. Non est autem aliqua proportio intellectus creati, etiam lumine praedicto perfecti, ad substantiam divinam: cum adhuc remaneat distantia infinita. Non potest igitur intellectus creatus ad divinam substantiam videndam per lumen aliquod elevari.

Ex his autem et similibus rationibus aliqui moti sunt ad ponendum quod divina substantia nunquam ab aliquo intellectu creato videtur. Quae quidem positio et veram creaturae rationalis beatitudinem tollit, quae non potest esse nisi in visione divinae substantiae, ut ostensum est; et auctoritati sacrae Scripturae contradicit, ut ex superioribus patet. Unde tanquam falsa et haeretica abiicienda est.

Rationes autem praedictas non difficile est solvere.

Divina enim substantia non sic est extra facultatem creati intellectus quasi aliquid om-

---

[287] Cf. cap. 52.
[288] Aristóteles (384-322 a.C.), em Física I, 4, 187b, 7-8.
[289] Livro I, cap. 43.
[290] Cf. cap. 50.
[291] Cf. cap. 51.

portanto, dista de Deus infinitamente. O intelecto criado, pois, não pode ser elevado, por semelhante luz, à visão da substância divina.

Igualmente. Se a mencionada luz pode fazer isso porque é semelhança da substância divina, como toda substância intelectual, pelo fato mesmo de ser intelectual, tem a semelhança divina, então a própria natureza de qualquer substância intelectual bastaria para a visão divina.

Ainda. Se aquela luz é criada, mas nada proíbe que o criado seja conatural a alguma coisa criada, poderá haver algum intelecto criado que, por sua luz conatural, verá a substância divina. O contrário disso foi mostrado[287].

Ademais. *O infinito enquanto tal é desconhecido*[288]. Ora, mostrou-se[289] que Deus é infinito. Portanto, não pode a substância divina ser vista pela mencionada luz.

Ainda. É necessário que haja proporção de quem conhece com a coisa conhecida. Ora, não há proporção alguma do intelecto criado, mesmo aperfeiçoado pela luz mencionada, com a substância divina, porque ainda permanece a distância infinita. Não pode, pois, um intelecto criado ser elevado por alguma luz para ver a substância divina.

Por essas e semelhantes razões, alguns foram movidos a afirmar que a substância divina jamais é vista por algum intelecto criado. Essa tese não só suprime a verdadeira bem-aventurança da criatura racional, que não pode estar senão na visão da substância divina, como foi mostrado[290], mas também contradiz a autoridade da Sagrada Escritura, como se evidencia das afirmações superiores[291]. Donde, deve ser rejeitada como falsa e herética.

Não é difícil solucionar as mencionadas razões.

Com efeito, a substância divina não está tão fora da faculdade do intelecto criado qua-

nino extraneum ab ipso, sicut est sonus a visu, vel substantia immaterialis a sensu, nam divina substantia est primum intelligibile, et totius intellectualis cognitionis principium: sed est extra facultatem intellectus creati sicut excedens virtutem eius, sicut excellentia sensibilium sunt extra facultatem sensus. Unde et Philosophus in II metaphys., dicit quod intellectus noster se habet ad rerum manifestissima sicut oculus noctuae ad lucem solis. Indiget igitur confortari intellectus creatus aliquo divino lumine ad hoc quod divinam essentiam videre possit. Per quod prima ratio solvitur.

Huiusmodi autem lumen intellectum creatum ad Dei visionem exaltat, non propter eius indistantiam a divina substantia, sed propter virtutem quam a Deo sortitur ad talem effectum: licet secundum suum esse a Deo in infinitum distet, ut secunda ratio proponebat. Non enim hoc lumen intellectum creatum Deo coniungit secundum esse, sed secundum intelligere solum.

Quia vero ipsius Dei proprium est ut suam substantiam perfecte cognoscat, lumen praedictum Dei similitudo est quantum ad hoc quod ad Dei substantiam videndam perducit. Hoc autem modo nulla intellectualis substantia similitudo Dei esse potest. Cum enim nullius substantiae creatae simplicitas sit aequalis divinae, impossibile est quod totam suam perfectionem creata substantia habeat in eodem: hoc enim est proprium Dei, ut in primo ostensum est, qui secundum idem est ens, intelligens et beatus. Aliud igitur oportet esse in substantia intellectuali creata lumen quo divina visione beatificatur; et aliud quodcumque lumen quo in specie suae naturae completur, et proportionaliter suae substantiae intelligit. Ex quo patet solutio tertiae rationis.

se como algo totalmente estranho a ele, como é o som para a visão, ou a substância imaterial para o sentido, pois a substância divina é o primeiro inteligível, princípio de todo conhecimento intelectual, mas está fora da faculdade do intelecto criado como excedendo sua potência, como as coisas que excedem os sensíveis estão fora da faculdade dos sentidos. Donde, também o Filósofo diz que *O nosso intelecto está em relação às mais manifestas das coisas, como o olho da coruja em relação à luz do sol*[292]. Necessita, portanto, ser confortado o intelecto criado por alguma luz divina para que possa ver a essência divina. Com isso se resolve *a primeira* razão.

Ora, semelhante luz exalta o intelecto criado para a visão de Deus, não por causa de sua separação da substância divina, mas por causa da potência que é dada por Deus para tal efeito, embora diste, segundo o seu ser, infinitamente de Deus, como propunha a *segunda* razão. Com efeito, essa luz não une a Deus o intelecto criado, segundo o ser, mas só segundo o conhecer.

Porque, entretanto, é próprio do mesmo Deus que conheça perfeitamente sua substância, a mencionada luz é semelhança de Deus na medida em que leva a ver a substância de Deus. Ora, desse modo nenhuma substância intelectual pode ser semelhança de Deus. Com efeito, como a simplicidade de nenhuma substância criada é igual à divina, é impossível que a substância criada tenha toda sua perfeição numa mesma coisa, pois isso é próprio de Deus, como foi mostrado[293], o qual, segundo a mesma razão, é ente, inteligente e feliz. Portanto, é necessário que haja na substância criada uma luz, pela qual é feita bem-aventurada, e outra qualquer luz pela qual se realize na espécie de sua natureza, e conheça proporcionalmente à sua substância. Disso se evidencia a solução da *terceira* razão.

---

[292] Aristóteles (384-322 a.C.), em Metafísica II, 1, 993b, 9-11.
[293] Livro I, cap. 28.

Quarta vero solvitur per hoc quod visio divinae substantiae omnem naturalem virtutem excedit, ut ostensum est.Unde et lumen quo intellectus creatus perficitur ad divinae substantiae visionem, oportet esse supernaturale. Neque autem divinae substantiae visionem impedire potest quod Deus dicitur esse infinitus, ut quinta ratio proponebat.

Non enim dicitur infinitus privative, sicut quantitas. Huiusmodi enim infinitum rationabiliter est ignotum: quia est quasi materia carens forma, quae est cognitionis principium. Sed dicitur infinitus negative, quasi forma per se subsistens non limitata per materiam recipientem. Unde quod sic infinitum est, maxime cognoscibile est secundum se.

Proportio autem intellectus creati est quidem ad Deum intelligendum, non secundum commensurationem aliquam proportione existente, sed secundum quod proportio significat quamcumque habitudinem unius ad alterum, ut materiae ad formam, vel causae ad effectum. Sic autem nihil prohibet esse proportionem creaturae ad Deum secundum habitudinem intelligentis ad intellectum, sicut et secundum habitudinem effectus ad causam. Unde patet solutio sextae obiectionis.

Capitulum LV
Quod intellectus creatus non comprehendit divinam substantiam

Quia vero cuiuslibet actionis modus sequitur efficaciam activi principii, magis enim calefacit cuius calor virtuosior est; oportet quod etiam modus cognitionis sequatur efficaciam principii cognoscendi.

Lumen autem praedictum est quoddam divinae cognitionis principium: cum per ipsum elevetur intellectus creatus ad divinam substantiam videndam. Oportet ergo quod modus divinae visionis commensuretur virtuti praedicti luminis. Lumen autem praedictum mul-

Já a *quarta* se resolve pelo fato de que a visão da substância divina excede toda potência natural, como foi mostrado[294]. Por isso, também é necessário que seja sobrenatural a luz pelo qual o intelecto criado se aperfeiçoa para a visão da substância divina.

Ora, tampouco dizer que Deus é infinito pode impedir a visão da substância divina, como propunha a *quinta* razão. Com efeito, Deus não se diz infinito privativamente, como quantidade. Tal infinito é desconhecido racionalmente, porque é como matéria carente de forma, que é o princípio de conhecimento. Mas, se diz infinito negativamente, como forma por si subsistente não limitada pela matéria que recebe. Donde, se o infinito assim é, é maximamente conhecível em si mesmo.

A proporção do intelecto criado é certamente para conhecer a Deus, não segundo alguma mensuração existente na proporção, mas enquanto a proporção significa qualquer relação de uma coisa com outra, como da matéria com a forma, ou da causa com o efeito. Assim, porém, nada proíbe que haja proporção da criatura com Deus, segundo a relação do que conhece com o conhecido, como também segundo a relação do efeito com a causa. Donde, se evidencia a solução da *sexta* objeção.

Capítulo 55
O intelecto criado não compreende a substância divina

Como o modo de qualquer ação segue a eficácia do princípio ativo, pois mais aquece aquilo cujo calor é mais intenso, é necessário que também o modo de conhecimento siga a eficácia do princípio de conhecer.

Ora, a luz mencionada é certo princípio de conhecimento divino, pois por ela é elevado o intelecto criado para ver a substância divina. Logo, é necessário que o modo da visão divina seja medido pela potência da mencionada luz. Mas, a luz mencionada é muito deficiente em

---

[294] Local citado.

to deficit in virtute a claritate divini intellectus. Impossibile est ergo quod per huiusmodi lumen ita perfecte divina substantia videatur sicut eam videt intellectus divinus. Intellectus autem divinus substantiam illam videt ita perfecte sicut perfecte visibilis est: veritas enim divinae substantiae, et claritas intellectus divini, sunt aequalia; immo magis sunt unum. Impossibile est igitur quod intellectus creatus per lumen praedictum videat divinam substantiam ita perfecte sicut perfecte est visibilis.

Omne autem quod comprehenditur ab aliquo cognoscente, cognoscitur ab eo ita perfecte sicut cognoscibile est: qui enim novit quod triangulus habet tres angulos aequales duobus rectis, quasi opinabile quoddam probabili ratione, quia sic a sapientibus dicitur, nondum hoc comprehendit; sed solum ille qui hoc novit quasi quoddam scibile, per medium quod est causa. Impossibile est igitur quod intellectus creatus divinam substantiam comprehendat.

Adhuc. Virtus finita non potest adaequare in sua operatione obiectum infinitum.

Substantia autem divina est quoddam infinitum per comparationem ad omnem intellectum creatum: cum omnis intellectus creatus sub certa specie terminetur. Impossibile est ergo quod visio alicuius intellectus creati adaequet in videndo divinam substantiam, scilicet ita perfecte ipsam videndo sicut visibilis est. Nullus igitur intellectus creatus ipsam comprehendit.

Amplius. Omne agens in tantum perfecte agit in quantum perfecte participat formam quae est operationis principium. Forma autem intelligibilis qua divina substantia videtur, est ipsa divina essentia: quae etsi fiat forma intelligibilis intellectus creati, non tamen intellectus creatus capit ipsam secundum totum posse eius. Non igitur ita perfecte ipsam videt sicut ipsa visibilis est. Non ergo comprehenditur ab intellectu creato.

Item. Nullum comprehensum excedit terminos comprehendentis. Si igitur intellectus creatus divinam substantiam comprehenderet, divina substantia non excederet limites

potência em relação à claridade do intelecto divino. É impossível, pois, que por semelhante luz seja perfeitamente vista a substância divina assim como a vê o intelecto divino. Entretanto, o intelecto divino vê aquela substância tão perfeitamente quanto é perfeitamente visível, pois a verdade da substância divina, e a claridade do intelecto divino são iguais, ou melhor, são uma coisa só. Portanto, é impossível que o intelecto criado pela luz mencionada veja a substância divina tão perfeitamente quanto é perfeitamente visível. Ora, tudo o que é compreendido por um ser que conhece, é conhecido por ele perfeitamente como é conhecível, pois quem conhece que o triângulo tem três ângulos iguais a dois retos, como algo opinável por razão provável, porque assim é dito pelos sábios, ainda não o compreende, mas apenas aquele que conhece isso como algo conhecível pelo meio que é causa. Portanto, é impossível que o intelecto criado compreenda a substância divina.

Ainda. Uma potência finita não pode adequar-se, em sua operação, ao objeto infinito. Ora, a substância divina é um infinito por comparação a todo intelecto criado, pois todo intelecto criado é limitado sob certa espécie. É impossível, pois, que a visão de um intelecto criado seja adequada para ver a substância divina, ou seja, tão perfeitamente vendo-a quanto ela é visível. Portanto, nenhum intelecto criado a compreende.

Ademais. Todo agente age tão perfeitamente quanto perfeitamente participa da forma que é o princípio da operação. Ora, a forma inteligível pela qual é vista a substância divina, é a própria essência divina, que, embora se faça a forma inteligível do intelecto criado, o intelecto criado não a apreende segundo todo o poder dela. Portanto, não a vê tão perfeitamente quanto ela é visível. Logo, não é compreendida pelo intelecto criado.

Igualmente. Nada compreendido excede os limites do que compreende. Se, pois, o intelecto criado compreendesse a substância divina, a substância divina não excederia os

intellectus creati: quod est impossibile. Impossibile est igitur quod intellectus creatus divinam substantiam comprehendat.

Non autem sic dicitur quod divina substantia ab intellectu creato videtur, non tamen comprehenditur, quasi aliquid eius videatur et aliquid non videatur: cum divina substantia sit simplex omnino. Sed quia non ita perfecte ab intellectu creato videtur sicut visibilis est: per quem modum dicitur opinans conclusionem demonstrativam cognoscere sed non comprehendere, quia non perfecte ipsam cognoscit, scilicet per modum scientiae, licet nulla pars eius sit quam non cognoscat.

Capitulum LVI
Quod nullus intellectus creatus, videndo Deum, videt omnia quae in eo videri possunt

Ex hoc autem apparet quod intellectus creatus, etsi divinam substantiam videat, non tamen omnia cognoscit quae per divinam substantiam cognosci possunt.

Tunc enim solum necesse est quod, cognito aliquo principio, omnes eius effectus cognoscantur per ipsum, quando principium comprehenditur intellectu: sic enim principium aliquod secundum suam totam virtutem cognoscitur, quando omnes effectus eius cognoscuntur ex ipso. Per divinam autem essentiam alia cognoscuntur sicut cognoscitur effectus ex causa. Cum igitur intellectus creatus non possit divinam substantiam cognoscere sic quod ipsam comprehendat, non est necesse quod videndo ipsam, omnia videat quae per ipsam cognosci possunt.

Item. Quanto aliquis intellectus est altior, tanto plura cognoscit, vel secundum rerum multitudinem, vel saltem secundum earundem rerum plures rationes. Intellectus autem divinus excedit omnem intellectum creatum. Plura igitur cognoscit quam aliquis intellectus creatus. Non autem cognoscit aliquid nisi per hoc quod suam essentiam videt, ut in primo ostensum est. Plura igitur sunt cognoscibilia

limites do intelecto criado, o que é impossível. Portanto, é impossível que o intelecto criado compreenda a substância divina.

Não se diz assim que a substância divina é vista pelo intelecto criado, mas não é compreendida, como se algo dela seja visto e algo não seja, pois a substância divina é totalmente simples. Mas, porque não é vista pelo intelecto criado tão perfeitamente como é visível, por esse modo se diz que quem opina conhece a conclusão demonstrativa, mas não compreende, porque não a conhece perfeitamente, ou seja, pelo modo de ciência, embora não haja nenhuma parte dela que não conheça.

Capítulo 56
Nenhum intelecto criado, vendo a Deus, vê todas as coisas que n'Ele podem ser vistas

Disso se manifesta que o intelecto criado, embora veja a substância divina, não conhece todas as coisas que pela substância divina podem ser conhecidas.

Com efeito, só é necessário então que, conhecido um princípio, sejam conhecidos, por meio d'Ele, todos os seus efeitos, quando o princípio é compreendido pelo intelecto, pois um princípio é conhecido segundo toda a sua virtude sempre quando todos os seus efeitos são conhecidos a partir d'Ele. Ora, pela essência divina, são conhecidas outras coisas, como se conhece o efeito pela causa. Como, pois, o intelecto criado não pode conhecer a substância divina de modo que a compreenda, não é necessário que, vendo-a, veja todas as coisas que por ela podem ser conhecidas.

Igualmente. Quanto mais elevado é um intelecto, tanto mais coisas conhece, ou segundo a multiplicidade das coisas, ou, ao menos, segundo as várias razões das mesmas coisas. Ora, o intelecto divino excede todo intelecto criado. Portanto, conhece mais coisas que o intelecto criado. Não conhece, porém, uma coisa a não ser na visão de sua essência, como foi mostrado[295]. Portanto, são conhecíveis pela

---

[295] Livro I, cap. 49.

per essentiam divinam quam aliquis intellectus creatus per ipsam videre possit.

Adhuc. Quantitas virtutis attenditur secundum ea in quae potest. Idem igitur est cognoscere omnia in quae potest aliqua virtus, et ipsam virtutem comprehendere. Divinam autem virtutem, cum sit infinita, non potest aliquis creatus intellectus comprehendere, sicut nec essentiam eius, ut probatum est. Neque igitur intellectus creatus potest cognoscere omnia in quae divina virtus potest. Omnia autem in quae divina virtus potest, sunt per essentiam divinam cognoscibilia: omnia enim cognoscit Deus, et non nisi per essentiam suam. Non igitur intellectus creatus, videns divinam substantiam, videt omnia quae in Dei substantia videri possunt.

Amplius. Nulla virtus cognoscitiva cognoscit rem aliquam nisi secundum rationem proprii obiecti: non enim visu cognoscimus aliquid nisi inquantum est coloratum. Proprium autem obiectum intellectus est quod quid est, idest substantia rei, ut dicitur in III de anima. Igitur quicquid intellectus de aliqua re cognoscit, cognoscit per cognitionem substantiae illius rei: unde in qualibet demonstratione per quam innotescunt nobis propria accidentia, principium accipimus quod quid est, ut dicitur in I posteriorum. Si autem substantiam alicuius rei intellectus cognoscat per accidentia, sicut dicitur in I de anima, quod accidentia magnam partem conferunt ad cognoscendum quod quid est; hoc est per accidens, inquantum cognitio intellectus oritur a sensu, et sic per sensibilium accidentium cognitionem oportet ad substantiae intellectum pervenire; propter quod hoc non habet locum in mathematicis, sed in naturalibus tantum. Quicquid igitur est in re quod non potest cognosci per cognitionem substantiae eius,

essência divina muito mais coisas, que um intelecto criado pode por ela ver.

Ainda. Mede-se a grandeza de uma potência segundo as coisas para as quais tem poder. Portanto, é o mesmo conhecer todas as coisas para as quais uma poder tem poder, e compreender a mesma potência. Ora, não pode um intelecto criado compreender a potência divina, porque é infinita, como tampouco sua essência, como foi provado[296]. Portanto, nem o intelecto criado pode conhecer todas as coisas para as quais a potência divina tem poder. Ora, todas as coisas para as quais a potência divina tem poder, são conhecíveis pela essência divina, pois Deus conhece todas as coisas, e não as conhece senão por sua essência. Portanto, o intelecto criado, vendo a substância divina, não vê todas as coisas que na substância de Deus podem ser vistas.

Ademais. Nenhuma potência cognoscitiva conhece uma coisa a não ser segundo a razão do próprio objeto, pois não conhecemos pela vista alguma coisa a não ser enquanto colorida. Ora, o objeto próprio do intelecto é *o que é*, ou seja, a substância da coisa, como se diz no livro Sobre a Alma[297]. Portanto, seja o que for que o intelecto conheça de uma coisa, conhece por conhecimento da substância dessa coisa; donde, em qualquer demonstração pela qual os acidentes próprios se manifestam a nós, recebemos como princípio *o que é*, como se diz no Livro dos Analíticos Posteriores[298]. Se, porém, o intelecto conhece a substância de uma coisa pelos acidentes, como se diz no livro Sobre a Alma[299], que *os acidentes contribuem com grande parte para conhecer o que é*, isso é por acidente, enquanto o conhecimento do intelecto nasce do sentido, e assim pelo conhecimento dos acidentes sensíveis é necessário chegar ao conhecimento da substância, mas isso não tem lugar nas matemáticas, mas só nas coisas naturais. É necessário que tudo o que há na

---

[296] Cf. capítulo anterior.
[297] Aristóteles (384-322 a.C.), em Sobre a Alma III, 4, 429b, 10-12; 19-20.
[298] Aristóteles (384-322 a.C.), em Analíticos Posteriores I, 71a, 11-17.
[299] Aristóteles (384-322 a.C.), em Sobre a Alma I, 1, 402b, 21-22.

oportet esse intellectui ignotum. Quid autem velit aliquis volens, non potest cognosci per cognitionem substantiae ipsius: nam voluntas non tendit in sua volita omnino naturaliter; propter quod voluntas et natura duo principia activa ponuntur.

Non potest igitur aliquis intellectus cognoscere quid volens velit, nisi forte per aliquos effectus, sicut, cum videmus aliquem voluntarie operantem, scimus quid voluerit; aut per causam, sicut Deus voluntates nostras sicut et alios suos effectus, cognoscit per hoc quod est nobis causa volendi; aut per hoc quod aliquis alteri suam voluntatem insinuat, ut cum aliquis loquendo suum affectum exprimit. Cum igitur multa ex simplici Dei voluntate dependeant, ut partim ex superioribus patet, et adhuc erit amplius manifestum; intellectus creatus, etsi Dei substantiam videat, non tamen omnia cognoscit quae Deus per suam substantiam videt.

Potest autem aliquis contra praedicta obiicere quod Dei substantia maius est aliquid quam omnia quae ipse facere, vel intelligere, vel velle potest, praeter seipsum: unde, si intellectus creatus Dei substantiam videre potest, multo magis possibile est quod omnia cognoscat quae Deus, praeter seipsum, vel intelligit, vel vult, vel facere potest.

Sed, si diligenter consideretur non est eiusdem rationis aliquid cognosci in seipso, et in sua causa: quaedam enim in seipsis de facili cognoscibilia sunt quae tamen in suis causis non de facili cognoscuntur. Verum est igitur quod maius est intelligere divinam substantiam quam quicquid est aliud praeter ipsam, quod in seipso cognosci potest. Perfectioris tamen cognitionis est cognoscere divinam substantiam et in ea eius effectus videre, quam cognoscere divinam substantiam sine hoc quod effectus videantur in ipsa. Et hoc quidem

coisa que não pode ser conhecido pelo conhecimento de sua substância, seja desconhecido ao intelecto. Mas, o objeto de uma volição não pode ser conhecido pelo conhecimento de sua substância, pois a vontade não tende aos objetos queridos de modo totalmente natural; por causa disso a vontade e a natureza se afirmam como dois princípios ativos.

Não pode, portanto, um intelecto conhecer o objeto de uma volição, senão talvez por alguns efeitos, como, quando vemos alguém agindo voluntariamente, sabemos o que quer; ou pela causa, como Deus conhece nossas vontades como também os outros seus efeitos, enquanto é para nós causa de querer; ou enquanto alguém insinua a outro sua vontade, como quando alguém, falando, expressa seu afeto. Como, pois, muitas coisas dependem da simples vontade de Deus, como em parte se evidencia das afirmações superiores[300], e ainda será mais amplamente manifesto[301], o intelecto criado, embora veja a substância de Deus, não conhece, entretanto, todas as coisas que Deus vê por sua substância.

Pode alguém objetar contra o precedente que a substância de Deus é algo maior que todas as coisas que Ele pode fazer, ou conhecer, ou querer fora d'Ele mesmo; donde, se o intelecto criado pode ver a substância de Deus, é muito mais possível que conheça todas as coisas que Deus, exceto Ele mesmo, ou conhece, ou quer, ou pode fazer.

Entretanto, se se considera diligentemente, não é da mesma razão que algo seja conhecido em si mesmo, e em sua causa, pois algumas coisas em si mesmas são conhecíveis facilmente, as quais, contudo, não são facilmente conhecidas em suas causas. É verdadeiro, portanto, que conhecer a substância divina é maior do que qualquer coisa dela diferente, que em si mesma pode ser conhecida. É de conhecimento mais perfeito, porém, conhecer a substância divina e ver nela seus efeitos, do que conhecer a substância divina sem que os

---

[300] Livro I, cap. 81.
[301] Cf. caps. 64 ss.

quod divina substantia videatur, absque comprehensione ipsius fieri potest. Quod autem omnia quae per ipsam intelligi possunt, cognoscantur, hoc absque ipsius comprehensione non potest accidere, ut ex praedictis patet.

Capitulum LVII
Quod omnis intellectus, cuiuscumque gradus, particeps esse potest divinae visionis

Cum autem ad visionem divinae substantiae intellectus creatus quodam supernaturali lumine sublimetur, ut patet ex dictis, non est aliquis intellectus creatus ita secundum suam naturam infimus, qui non ad hanc visionem possit elevari.

Ostensum enim est quod lumen illud non potest esse alicui creaturae connaturale, sed omnem creatam naturam excedit secundum virtutem. Quod autem fit virtute supernaturali, non impeditur propter naturae diversitatem, cum divina virtus sit infinita: unde in sanatione infirmi quae fit miraculose, non differt utrum aliquis multum vel parum infirmetur. Diversus ergo gradus naturae intellectualis non impedit quin infimum in tali natura ad illam visionem perduci possit praedicto lumine.

Adhuc. Distantia intellectus secundum ordinem naturae supremi ad Deum est infinita in perfectione et bonitate. Eius autem distantia ad intellectum infimum est finita: finiti enim ad finitum non potest esse infinita distantia. Distantia igitur quae est inter infimum intellectum creatum et supremum, est quasi nihil in comparatione ad illam distantiam quae est inter supremum intellectum creatum et Deum. Quod autem est quasi nihil, non potest variationem sensibilem facere: sicut distantia quae est inter centrum terrae et visum, est quasi nihil in comparatione ad distantiam quae est inter visum nostrum et octavam sphaeram, ad quam tota terra comparata obtinet locum puncti; et propter hoc nulla sensibilis variatio fit per hoc quod astrologi

efeitos nela se vejam. E isso de ver a substância divina pode-se fazer sem a compreensão dela. Que, porém, todas as coisas que podem ser conhecidas por ela, sejam conhecidas, isso não pode acontecer sem sua compreensão, como se evidencia do que foi dito.

Capítulo 57
Todo intelecto, de qualquer grau, pode ser partícipe da visão divina

Como o intelecto criado é elevado por uma luz sobrenatural para a visão da substância divina, como se evidencia do que foi dito[302], não há intelecto algum criado tão ínfimo segundo sua natureza que não possa ser elevado àquela visão.

Com efeito, mostrou-se que aquela luz não pode ser conatural a alguma criatura, mas excede toda potência da natureza criada. Ora, o que é feito por potência sobrenatural, não é impedido por causa da diversidade da natureza, pois a potência divina é infinita; donde, na cura do enfermo que se faz miraculosamente, não se difere se alguém está doente muito ou pouco. Logo, o grau diverso da natureza intelectual não impede que o ínfimo em tal natureza possa ser elevado, pela mencionada luz, àquela visão.

Ainda. A distância do intelecto, supremo segundo a ordem da natureza, em relação a Deus, é infinita em perfeição e bondade. Sua distância, porém, do intelecto ínfimo é finita, pois a distância do finito para o finito não pode ser infinita. Portanto, a distância que há entre o intelecto criado ínfimo e o supremo, é quase nada em comparação com aquela distância que há entre o supremo intelecto criado e Deus. Ora, o que é quase nada não pode fazer variação sensível, como a distância que há entre o centro da terra e a vista, é quase nada em comparação com a distância que há entre a nossa vista e a oitava esfera, comparada com a qual toda a terra adquire o lugar de um ponto; e por causa disso nenhuma variação sensível se faz pelo fato de que os astrólogos

---

[302] Cf. cap. 53.

Daí é que, em Mateus, o Senhor promete aos homens a glória dos Anjos: *serão*, diz, falando dos homens, *como os Anjos de Deus no céu*[304]. E em Apocalipse, usa-se *a mesma medida do homem e do Anjo*[305]. Por causa disso e quase por toda parte na Sagrada Escritura, os Anjos são descritos em forma de homens, ou totalmente, como se evidencia dos Anjos que apareceram a Abraão em semelhança de homens em Gênese[306], ou em parte, como se vê dos animais, em Ezequiel[307], dos quais se diz que havia mãos de homem sob suas penas.

Por isso, se exclui também o erro de alguns que diziam que a alma humana, por mais que se eleve, não pode chegar à igualdade com os intelectos superiores.

Capítulo 58
Alguém pode ver a Deus mais perfeitamente que outro

Dado que o modo de operação segue a forma que é o princípio da operação, e que um princípio da visão, pela qual o intelecto criado vê a substância divina, é a luz mencionada, como se evidencia do que foi dito[308], é necessário que seja o modo da visão divina segundo o modo dessa luz. Entretanto, é possível haver diversos graus de participação dessa luz, de modo que um seja mais perfeitamente

---

[303] Cf. cap. 50.
[304] Mateus 22,30.
[305] Apocalipse 21,17.
[306] Gênese 18,2.
[307] Ezequiel 1,8.
[308] Cf. cap. 53.

gradus, ita quod unus eo perfectius illustretur quam alius. Possibile igitur est quod unus Deum videntium eum perfectius alio videat, quamvis uterque videat eius substantiam.

Adhuc. In quocumque genere est aliquod summum, quod excedit alia, est etiam invenire magis et minus, secundum maiorem propinquitatem vel distantiam ab ipso: sicut aliqua sunt magis et minus calida secundum quod magis vel minus appropinquant ad ignem, qui est summe calidus. Deus autem suam substantiam perfectissime videt, utpote qui solus eam comprehendit, ut supra ostensum est. Igitur et eum videntium unus alio magis vel minus substantiam eius videt, secundum quod magis vel minus ei appropinquat.

Amplius. Lumen gloriae ex hoc ad divinam visionem elevat, quod est quaedam similitudo intellectus divini, sicut iam dictum est. Contingit autem aliquid magis vel minus assimilari Deo. Possibile est igitur aliquem perfectius vel minus perfecte divinam substantiam videre.

Item. Cum finis proportionaliter respondeat his quae sunt ad finem, oportet quod sicut aliqua diversimode praeparantur ad finem, ita diversimode participent finem. Visio autem divinae substantiae est ultimus finis cuiuslibet intellectualis substantiae, ut ex dictis patet. Intellectuales autem substantiae non omnes aequaliter praeparantur ad finem: quaedam enim sunt maioris virtutis, et quaedam minoris; virtus autem est via ad felicitatem. Oportet igitur quod in visione divina sit diversitas, quod quidam perfectius, quidam minus perfecte divinam substantiam videant.

Hinc est quod, ad hanc felicitatis differentiam designandam, Dominus dicit, Io. 14,2: in domo patris mei mansiones multae sunt.

iluminado que outro. Portanto, é possível que um dos que veem a Deus veja-o mais perfeitamente que o outro, embora ambos vejam a substância d'Ele.

Ainda. Em qualquer gênero há alguma coisa suprema, que excede as outras, há também o mais e o menos, segundo a maior proximidade ou distância dela, como algumas coisas são mais ou menos quentes, segundo se aproximam mais ou menos do fogo, que é o sumamente quente. Ora, Deus vê perfeitissimamente sua substância, como aquele que, só Ele, a compreende, como foi mostrado[309]. Portanto, também um dos que O veem vê a substância d'Ele mais ou menos do que o outro, segundo se aproxima dela, mais ou menos.

Ademais. A luz da glória eleva à visão divina enquanto é uma semelhança do intelecto divino, como já foi dito[310]. Ora, acontece que uma coisa mais ou menos se assemelha a Deus. É possível, pois, que alguém veja a substância divina mais ou menos perfeitamente.

Igualmente. Como o fim corresponde proporcionalmente às coisas que são para o fim, é necessário que, assim como algumas coisas se dispõem diversamente para o fim, assim participem diversamente do fim. Ora, a visão da substância divina é o fim último de qualquer substância intelectual, como se evidencia do que foi dito[311]. Entretanto, nem todas as substâncias intelectuais se dispõem igualmente ao fim, pois algumas são de virtude maior, e algumas de menor, e a virtude é o caminho para a felicidade. É necessário, portanto, que haja diversidade na visão divina, de modo que alguns mais perfeitamente, outros menos perfeitamente, vejam a substância divina.

Daí é que para designar essa diferença de felicidade, o Senhor diz: *são muitas as moradas na casa de meu pai*[312].

---

[309] Cf. cap. 50.
[310] Cf. cap. 53.
[311] Cf. cap. 50.
[312] João 14,2.

Per hoc autem excluditur error quorundam qui dicunt omnia praemia esse aequalia.

Sicut autem ex modo visionis apparet diversus gradus gloriae in beatis, ita ex eo quod videtur apparet gloria eadem: nam cuiuslibet felicitas ex hoc est quod Dei substantiam videt, ut probatum est. Idem ergo est quod omnes beatos facit: non tamen ab eo omnes aequaliter beatitudinem capiunt.

Unde praedictis non obviat quod Dominus, Matth. 20,10 omnibus laborantibus in vinea, licet non aequaliter laboraverint, idem tamen praemium redditum docet, scilicet denarium: quia idem est quod omnibus datur in praemium ad videndum et fruendum, scilicet Deus.

In quo etiam considerandum est quod quodammodo contrarius est ordo corporalium et spiritualium motuum. Omnium enim corporalium motuum est idem numero primum subiectum, fines vero diversi. Spiritualium vero motuum, scilicet intellectualium apprehensionum et voluntatum, sunt quidem diversa subiecta prima, finis vero numero idem.

Por isso também se exclui o erro de alguns que dizem que todos os prêmios são iguais.

Assim como do modo de visão se manifesta o grau diverso de glória nos bem-aventurados, assim do fato de que se vê a mesma glória se manifesta, pois a felicidade de qualquer um está em que veja a substância de Deus, como foi provado. Logo, é a mesma coisa que torna todos bem-aventurados, embora nem todos dela recebam igualmente a bem-aventurança.

Donde, no que foi dito, não se opõe que o Senhor ensine[313] que a todos os trabalhadores na vinha, embora não tenham trabalhado por igual, tenha sido dado o mesmo prêmio, a saber, o salário, porque é a mesma coisa que é dada a todos como prêmio para ver e fruir, a saber, Deus.

Nisso também se deve considerar que, de certo modo, a ordem dos movimentos corporais é contrária à dos espirituais. De todos os movimentos corporais, com efeito, o primeiro sujeito é o mesmo em número, mas os fins diversos. Já dos movimentos espirituais, isto é, das apreensões intelectuais e vontades, são certamente diversos os sujeitos primeiros, mas o fim é o mesmo em número.

Capitulum LIX
Quomodo videntes divinam substantiam omnia videant

Quia vero visio divinae substantiae est ultimus finis cuiuslibet intellectualis substantiae, ut patet ex dictis; omnis autem res cum pervenerit ad ultimum finem, quiescit appetitus eius naturalis: oportet quod appetitus naturalis substantiae intellectualis divinam substantiam videntis omnino quiescat. Est autem appetitus naturalis intellectus ut cognoscat omnium rerum genera et species et virtutes, et totum ordinem universi: quod demonstrat humanum studium circa singula praedictorum. Quilibet igitur divinam substantiam videntium cognoscet omnia supradicta.

Capítulo 59
De que modo os que veem a substância divina veem todas as coisas

Uma vez que a visão da substância divina é o fim último de qualquer substância intelectual, como se evidencia do que foi dito[314], e toda coisa, ao chegar ao fim último, aquieta seu apetite natural, é necessário que o apetite natural da substância intelectual, que vê a substância divina, se aquiete totalmente. Ora o apetite natural do intelecto é de conhecer os gêneros, espécies e virtudes de todas as coisas, e toda a ordem do universo, o que demonstra o esforço humano acerca de cada uma das coisas mencionadas. Portanto, qualquer um dos que veem a substância divina conhecerá todas as mencionadas coisas.

---

[313] Mateus 20,10.
[314] Cf. cap. 50.

Amplius. In hoc intellectus et sensus differt, ut patet in III de anima, quod sensus ab excellentibus sensibilibus corrumpitur vel debilitatur, ut postmodum minora sensibilia percipere non possit: intellectus autem, quia non corrumpitur nec impeditur a suo obiecto, sed solum perficitur, postquam intellexit maius intelligibile, non minus poterit alia intelligibilia intelligere, sed magis. Summum autem in genere intelligibilium est divina substantia. Intellectus igitur qui per lumen divinum elevatur ad videndam Dei substantiam, multo magis eodem lumine perficitur ad omnia alia intelligenda quae sunt in rerum natura.

Adhuc. Esse intelligibile non est minoris ambitus quam esse naturale, sed forte maioris: intellectus enim natus est omnia quae sunt in rerum natura intelligere, et quaedam intelligit quae non habent esse naturale, sicut negationes et privationes. Quaecumque igitur requiruntur ad perfectionem esse naturalis, requiruntur ad perfectionem esse intelligibilis, vel etiam plura. Perfectio autem esse intelligibilis est cum intellectus ad suum ultimum finem pervenerit: sicut perfectio esse naturalis in ipsa rerum institutione consistit. Omnia igitur quae Deus ad perfectionem universi produxit, intellectui se videnti manifestat.

Item. Quamvis videntium Deum unus alio perfectius eum videat, ut ostensum est, quilibet tamen ita perfecte eum videt quod impletur tota capacitas naturalis: quinimmo ipsa visio omnem capacitatem naturalem excedit, ut ostensum est. Oportet igitur quod quilibet videns divinam substantiam in ipsa substantia divina cognoscat omnia ad quae se extendit sua capacitas naturalis. Capacitas autem naturalis cuiuslibet intellectus se extendit ad cognoscenda omnia genera et species et ordinem rerum. Haec igitur quilibet Deum videntium in divina substantia cognoscet.

Ademais. Diferem o intelecto e o sentido, como se evidencia no livro Sobre a Alma[315], em que o sentido se corrompe pelos sensíveis excessivos, ou se enfraquece, de modo que, depois, não pode perceber os sensíveis menores, mas o intelecto, como não é corrompido nem impedido por seu objeto, mas é apenas aperfeiçoado, depois que conheceu o inteligível maior, não poderá menos conhecer os outros inteligíveis, antes mais. Ora, o sumo inteligível no gênero dos inteligíveis é a substância divina. O intelecto, portanto, que é elevado pela luz divina a ver a substância de Deus, muito mais é aperfeiçoado pela mesma luz para conhecer todo o resto, que há na natureza das coisas.

Ainda. O ser inteligível não é de âmbito menor que o ser natural, mas talvez maior, pois o intelecto é destinado a conhecer tudo o que há na natureza das coisas, e conhece algumas coisas que não têm ser natural, como as negações e as privações. Portanto, todas as coisas que são requeridas para a perfeição do ser natural, são requeridas para a perfeição do ser inteligível, ou até mais. Ora, a perfeição do ser inteligível acontece quando o intelecto chegar a seu fim último, como a perfeição do ser natural consiste na própria instituição das coisas. Portanto, todas as coisas que Deus produziu para a perfeição do universo, Ele manifesta ao intelecto que o vê.

Igualmente. Embora dos que veem a Deus um o veja mais perfeitamente que o outro, como foi mostrado[316], qualquer um, entretanto, o vê tão perfeitamente que se completa toda sua capacidade natural: até mais, essa visão excede toda a capacidade natural, como foi mostrado[317]. É necessário, pois, que qualquer um que vê a substância divina conheça, na própria substância divina, todas aquelas coisas às quais se estende sua capacidade natural. Ora, a capacidade natural de qualquer intelecto se estende ao conhecimento de todos os gêneros e espécies e à ordem das coisas. Portanto,

---

[315] Aristóteles (384-322 a.C.), em Sobre a Alma III, 4, 429a, 29b, 5.
[316] Cf. capítulo anterior.
[317] Cf. capítulo anterior

Hinc est quod Dominus Moysi petenti divinae substantiae visionem respondet, Exod. 33,19: *ego ostendam tibi omne bonum.* Et Gregorius dicit: *quid est quod nesciant qui scientem omnia sciunt?*

Si autem praemissa diligenter considerentur, patet quod quodam modo videntes divinam substantiam omnia vident, quodam vero modo non. Si enim per omnia illa intelligantur quae ad universi perfectionem pertinent, manifestum est ex dictis quod videntes divinam substantiam omnia vident, ut rationes modo inductae ostendunt. Cum enim intellectus sit quodammodo omnia, quaecumque ad perfectionem naturae pertinent, omnia etiam pertinent ad perfectionem esse intelligibilis: propter quod, secundum Augustinum, super Gen. Ad litt., quaecumque facta sunt per Dei verbum ut in propria natura subsisterent, fiebant etiam in intelligentia angelica ut ab Angelis intelligerentur. De perfectione autem naturalis esse sunt naturae specierum, et earum proprietates et virtutes: ad naturas enim specierum intentio naturae fertur; individua enim sunt propter speciem. Pertinet igitur ad perfectionem intellectualis substantiae ut omnium specierum naturas et virtutes et propria accidentia cognoscat. Hoc igitur in finali beatitudine consequetur per divinae essentiae visionem. — Per cognitionem autem naturalium specierum, et individua sub speciebus huiusmodi existentia cognoscuntur ab intellectu Deum videte, ut ex his quae dicta sunt supra de cognitione Dei et Angelorum, potest esse manifestum.

Si vero per omnia intelligantur omnia quae Deus, suam essentiam videndo, cognoscit,

qualquer um dos que veem a Deus conhecerá essas coisas na substância divina.

Daí é que o Senhor responde a Moisés que pedia a visão da substância divina: *Eu te mostrarei todo o bem*[318]. E Gregório diz: *O que é que não sabem os que sabem aquele que sabe todas as coisas?*[319]

Mas, se se consideram diligentemente as afirmações anteriores, evidencia-se que os que veem a substância divina de algum modo veem todas as coisas, mas de outro modo, não. Com efeito, *se por todas aquelas coisas* se entendem aquelas que pertencem à perfeição do universo, é manifesto do que foi dito que os que veem a substância divina veem todas as coisas, como mostram as razões recém-induzidas. O intelecto, com efeito, ao ser de certo modo todas as coisas[320], todas as que pertencem à perfeição da natureza, todas também pertencem à perfeição do ser inteligível; por causa disso, segundo Agostinho[321] quaisquer coisas que foram feitas pela Palavra de Deus de modo que subsistissem na própria natureza, eram feitas também na inteligência angélica, de modo que fossem conhecidas pelos Anjos. Ora, pertencem à perfeição do ser natural as espécies da natureza, e suas propriedades e virtudes, pois a intenção da natureza se conduz para as naturezas das espécies, porque os indivíduos são por causa da espécie. Portanto, pertence à perfeição da substância intelectual que conheça as naturezas de todas as espécies, e as potências e os acidentes próprios. Isso, pois, será conseguido na bem-aventurança final pela visão da essência divina. — Ora, pelo conhecimento das espécies naturais, também são conhecidos os indivíduos existentes sob tais espécies, pelo intelecto que vê a Deus, como pode ser manifesto pelas coisas que foram ditas a respeito do conhecimento de Deus e dos Anjos[322].

Se, contudo, *se por todas as coisas* se entendem todas as que Deus, vendo sua essência,

---

[318] Êxodo 33,19.
[319] São Gregório Magno (540-604), em Diálogos IV, 33, ML 77, 376B.
[320] Aristóteles (384-322 a.C.), em Sobre a Alma III, 5, 430a, 14-15.
[321] Santo Agostinho (354-431), em Comentário literal ao Gênese II, 8, 16-19, ML 34, 269-270.
[322] Livro I, cap. 69; Livro II, caps. 96 ss.

nullus intellectus creatus omnia in Dei substantia videt, ut superius est ostensum. Hoc autem considerari potest quantum ad plura.

Primo, quantum ad ea quae Deus facere potest, sed nec fecit nec facturus est unquam. Omnia enim huiusmodi cognosci non possunt nisi eius virtus comprehenderetur: quod non est possibile alicui intellectui creato, ut supra ostensum est. Hinc est quod iob 11 dicitur: forsitan vestigia Dei comprehendes, et omnipotentem usque ad perfectum reperies? excelsior caelo est, et quid facies? profundior inferno, et unde cognosces? longior terra mensura eius, et latior mari. Non enim haec dicuntur quasi dimensionibus quantitatis Deus sit magnus: sed quia eius virtus non limitatur ad omnia quae magna esse videntur, quin possit etiam maiora facere.

Secundo, quantum ad rationes rerum factarum: quas omnes cognoscere non potest intellectus nisi divinam bonitatem comprehendat. Ratio enim cuiuslibet rei factae sumitur ex fine quem faciens intendit. Finis autem omnium a Deo factorum divina bonitas est. Ratio igitur rerum factarum est ut divina bonitas diffundatur in rebus. Sic igitur aliquis omnes rationes rerum creatarum cognosceret, si cognosceret omnia bona quae in rebus creatis, secundum ordinem divinae sapientiae, provenire possunt. Quod esset divinam bonitatem et sapientiam comprehendere: quod nullus intellectus creatus potest. Hinc est quod dicitur Eccle. 8,17: intellexi quod omnium operum Dei non possit homo invenire rationem.

Tertio, quantum ad ea quae ex sola Dei voluntate dependent: sicut praedestinatio, electio et iustificatio, et alia huiusmodi quae ad sanctificationem pertinent creaturae. Hinc est quod dicitur I Cor. 2,11: quae sunt hominis nemo novit nisi spiritus hominis, qui in

conhece, nenhum intelecto criado vê todas na substância de Deus, como foi mostrado[323]. Isso, porém, pode ser considerado sob muitos aspectos.

Em *primeiro*, quanto àquelas coisas que Deus pode fazer, mas nem fez, nem fará jamais. Com efeito, todas essas coisas não podem ser conhecidas, a não ser que sua potência compreendesse, o que não é possível a algum intelecto criado, como foi mostrado[324]. Daí é que se diz: *Compreendes talvez os vestígios de Deus, e atingirás o onipotente até a perfeição? É mais excelso que o céu, e o que farás? Mais profundo que o inferno, e Donde, conhecerás? Sua medida é mais extensa que a terra, e mais ampla que o mar*[325]. Tais coisas, porém, não são ditas como se Deus fosse grande em dimensões de quantidade, mas porque sua potência não é limitada a todas as coisas que parecem ser grandes, sem que pudesse fazer ainda maiores.

Em *segundo*, quanto às razões das coisas feitas, as quais o intelecto não pode conhecer todas, se não compreende a bondade divina. Com efeito, a razão de qualquer coisa feita se toma do fim que alguém busca ao fazer. Ora, o fim de todas as coisas feitas por Deus é a bondade divina. Portanto, a razão das coisas feitas é que se difunda nas coisas a bondade divina. Desse modo, alguém conheceria todas as razões das coisas criadas, se conhecesse todos os bens que podem advir nas coisas criadas, segundo a ordem da sabedoria divina. O que é compreender a bondade divina e a sabedoria: o que não pode nenhum intelecto criado. Daí é que se diz: *Conheci que o homem não pode achar a razão de todas as obras de Deus*[326].

Em *terceiro*, quanto àquelas coisas que dependem unicamente da vontade de Deus, como a predestinação, a eleição e a justificação, e outras semelhantes que pertencem à santificação da criatura. Daí é que se diz: *As coisas que são do homem, ninguém conhece senão o*

---

[323] Cf. cap. 56.
[324] Cf. cap. 55.
[325] Jó 11,7-9.
[326] Eclesiástico 8,17.

ipso est. Ita et quae sunt Dei nemo novit nisi spiritus Dei.

Capitulum LX
Quod videntes Deum omnia simul vident in ipso

Cum autem ostensum sit quod intellectus creatus, divinam substantiam videns, in ipsa Dei substantia omnes species rerum intelligat; quaecumque autem una specie videntur, oportet simul et una visione videri, cum visio principio visionis respondeat: necesse est ut intellectus qui divinam substantiam videt, non successive, sed simul omnia contempletur.

Item. Summa et perfecta felicitas intellectualis naturae in Dei visione consistit, ut supra ostensum est. Felicitas autem non est secundum habitum, sed secundum actum: cum sit ultima perfectio et ultimus finis. Ea igitur quae videntur per visionem divinae substantiae, qua beati sumus, omnia secundum actum videntur. Non ergo unum prius et aliud posterius.

Adhuc. Unaquaeque res, cum pervenerit ad suum ultimum finem, quiescit: cum omnis motus sit ad acquirendum finem. Ultimus autem finis intellectus est visio divinae substantiae, ut supra ostensum est. Intellectus igitur divinam substantiam videns non movetur de uno intelligibili in aliud. Omnia igitur quae per hanc visionem cognoscit, simul actu considerat.

Amplius. In divina substantia intellectus omnes rerum species cognoscit, ut ex dictis patet. Quorundam autem generum sunt species infinitae: sicut numerorum, figurarum et proportionum. Intellectus igitur in divina substantia videt infinita. Non autem omnia ea videre posset nisi simul videret: quia infinita

espírito do homem, que nele está. Assim também as que são de Deus ninguém conhece senão o espírito de Deus[327].

Capítulo 60
Os que veem a Deus veem todas as coisas simultaneamente n'Ele

Como foi mostrado[328], o intelecto criado ao ver a substância divina conhece na própria substância de Deus todas as espécies das coisas, mas todas elas são vistas numa só espécie, é necessário que sejam vistas ao mesmo tempo e numa só visão, pois a visão corresponde ao princípio da visão: é necessário que o intelecto, que vê a substância divina, contemple não sucessivamente, mas simultaneamente todas as coisas.

Igualmente. A suma e perfeita felicidade da natureza intelectual consiste na visão de Deus, como foi mostrado[329]. Ora, a felicidade não consiste em um hábito, mas em um ato, pois é a perfeição última e fim último. Portanto, as coisas que são vistas pela visão da substância divina, pela qual somos bem-aventurados, são todas vistas em ato. Logo, não por um antes e um depois.

Ainda. Qualquer coisa, ao chegar a seu fim último, aquieta-se, pois todo movimento é para alcançar o fim. Ora, o fim último do intelecto é a visão da substância divina, como foi mostrado[330]. Portanto, o intelecto, vendo a substância divina, não é movido de um inteligível a outro. Logo, considera em ato, simultaneamente, todas as coisas que conhece por essa visão.

Ademais. Na substância divina o intelecto conhece todas as espécies das coisas, como se evidencia do que foi dito[331]. De alguns gêneros, porém, as espécies são infinitas, como dos números, das figuras e proporções. O intelecto, pois, vê na substância divina coisas infinitas. Ora, não as poderia ver todas senão as visse

---

[327] 1 Coríntios 2,11.
[328] Cf. capítulo anterior.
[329] Cf. cap. 50.
[330] Local citado.
[331] Cf. capítulo anterior.

non est transire. Oportet igitur quod omnia quae intellectus in divina substantia videt, simul videat.

Hinc est quod dicit Augustinus, in XV de Trin.: *non erunt tunc volubiles nostrae cogitationes, ab aliis in alia euntes et redeuntes: sed omnem scientiam nostram uno simul conspectu videbimus.*

Capitulum LXI
Quod per visionem Dei aliquis fit particeps vitae aeternae

Ex hoc autem apparet quod per visionem praedictam intellectus creatus vitae aeternae fit particeps.

In hoc enim aeternitas a tempore differt, quod tempus in quadam successione habet esse, aeternitatis vero esse est totum simul. Iam autem ostensum est quod in praedicta visione non est aliqua successio, sed omnia quae per illam videntur, simul et uno intuitu videntur. Illa ergo visio in quadam aeternitatis participatione perficitur. Est autem illa visio quaedam vita: actio enim intellectus est vita quaedam. Fit ergo per illam visionem intellectus creatus vitae aeternae particeps.

Item. Per obiecta actus specificantur. Obiectum autem visionis praedictae est divina substantia secundum seipsam, non secundum aliquam eius similitudinem creatam, ut supra ostensum est. Esse autem divinae substantiae in aeternitate est, vel magis est ipsa aeternitas. Ergo et visio praedicta in participatione aeternitatis est.

Adhuc. Si aliqua actio sit in tempore, hoc erit vel propter principium actionis, quod est in tempore, sicut actiones rerum naturalium sunt temporales: vel propter operationis terminum, sicut substantiarum spiritualium, quae sunt supra tempus, quas exercent in res

simultaneamente, pois não se pode ir além do infinito. Portanto, é necessário que todas as coisas que o intelecto vê na substância divina, as veja simultaneamente.

Daí é que diz Agostinho: *Não serão então volúveis nossos pensamentos, indo de uns a outros e voltando, mas veremos toda nossa ciência por um só olhar, simultaneamente*[332].

Capítulo 61
Pela visão de Deus alguém se torna partícipe da vida eterna

Disso também se manifesta que pela mencionada visão o intelecto criado se torna partícipe da vida eterna.

Com efeito, a eternidade difere do tempo em que o tempo tem o ser numa sucessão, mas o ser da eternidade é todo simultaneamente[333]. Ora, já foi mostrado[334] que na mencionada visão não há sucessão alguma, mas todas as coisas que são vistas por ela são vistas simultaneamente e num olhar único. Logo, essa visão se completa em certa participação da eternidade. Ora, essa visão é certa vida, pois a ação do intelecto é certa vida[335]. Logo, torna-se o intelecto, por essa visão, partícipe da vida eterna.

Igualmente. Os atos se especificam pelos objetos. Ora, o objeto da mencionada visão é a substância divina segundo ela mesma, não segundo alguma semelhança dela criada, como foi mostrado[336]. Ora, o ser da substância divina consiste na eternidade, ou antes é a própria eternidade. Logo, também a mencionada visão consiste na participação da eternidade.

Ainda. Se uma ação se dá no tempo, isso será ou por causa do princípio da ação, que está no tempo, como as ações das coisas naturais são temporais, ou por causa do termo da operação, como das substâncias espirituais, que estão acima do tempo, ações que elas rea-

---
[332] Santo Agostinho (354-431), em Sobre a Trindade XV, 16, 26, ML 42, 1079.
[333] Boécio (480-524), em Sobre a Consolação Filosófica (Prosa) VI, ML 63, 858AB-859.
[334] Cf. capítulo anterior.
[335] Aristóteles (384-322 a.C.), Ética IX, 9, 1170a,16-22.
[336] Cf. cap. 50.

tempori subditas. Visio autem praedicta non est in tempore ex parte eius quod videtur: cum hoc sit substantia aeterna. Neque ex parte eius quo videtur: quod etiam est substantia aeterna. Neque etiam ex parte videntis, quod est intellectus, cuius esse non subiacet tempori: cum sit incorruptibile, ut supra probatum est. Est igitur visio illa secundum aeternitatis participationem, utpote omnino transcendens tempus.

Amplius. Anima intellectiva est creata in confinio aeternitatis et temporis, ut in libro de causis dicitur, et ex praemissis potest esse manifestum: quia est ultima in ordine intellectuum, et tamen eius substantia est elevata supra materiam corporalem, non dependens ab ipsa. Sed actio eius secundum quam coniungitur inferioribus, quae sunt in tempore, est temporalis. Ergo actio eius secundum quam coniungitur superioribus, quae sunt supra tempus, aeternitatem participat. Talis autem est maxime visio qua divinam substantiam videt. Ergo per huiusmodi visionem fit in participatione aeternitatis: et, eadem ratione, quicumque alius intellectus creatus Deum videt.

Hinc est quod Dominus dicit, Io. 17,3: haec est vita aeterna, ut cognoscant te, verum Deum unum.

lizam em coisas submetidas ao tempo. Ora, a mencionada visão não está no tempo da parte daquilo que se vê, pois isso é a substância eterna. Nem da parte daquilo em que se vê, que também é a substância eterna. Nem também da parte de quem vê, que é o intelecto, cujo ser não subjaz ao tempo, pois é incorruptível, como foi provado[337]. Logo, tal visão é segundo a participação da eternidade, como que transcendendo totalmente o tempo.

Ademais. A alma intelectiva é criada *nos confins da eternidade e do tempo*, como se diz no Livro das Causas[338], e das afirmações anteriores pode ser manifesto, pois é a última na ordem dos intelectos, e, entretanto, sua substância é elevada sobre a matéria corporal, dessa não dependendo. Mas, sua ação segundo a qual se une às coisas inferiores, que estão no tempo, é temporal. Logo, sua ação, segundo a qual se une às coisas superiores, que estão acima do tempo, participa da eternidade. Tal é maximamente a visão pela qual vê a substância divina. Logo, por semelhante visão faz-se participante da eternidade, e, pela mesma razão, qualquer outro intelecto criado vê a Deus.

Daí é que diz o Senhor: *Esta é a vida eterna, que te conheçam, único Deus verdadeiro*[339].

Capitulum LXII
Quod videntes Deum in perpetuum eum videbunt

Ex hoc autem apparet quod illi qui ultimam felicitatem consequuntur ex visione divina, nunquam ab illa decident.

Omne enim quod quandoque est et quandoque non est, tempore mensuratur: ut patet in IV physicorum. Visio autem praedicta, quae intellectuales creaturas beatas facit, non est in tempore, sed in aeternitate. Impossibile est ergo quod ex quo illius particeps aliquis fit, ipsam amittat.

Capítulo 62
Os que veem a Deus o verão para sempre

Disso também se manifesta que aqueles que alcançam a felicidade última pela visão divina, jamais dela se afastarão.

Com efeito, *tudo aquilo que às vezes é e às vezes não é, é medido pelo tempo*, como se evidencia no livro da Física[340]. Ora, a mencionada visão que faz bem-aventuradas as criaturas intelectuais, não está no tempo, mas na eternidade[341]. Logo, é impossível que a perca aquele que se tornou dela partícipe.

---

[337] Livro II, caps. 55 e 79.
[338] Livro das Causas, proposição 2.
[339] João 17,3 (Vulgata).
[340] Aristóteles (384-322 a.C.), em Física IV, 12, 221b, 29-30.
[341] Cf. capítulo anterior.

Adhuc. Creatura intellectualis non pervenit ad ultimum finem nisi quando eius naturale desiderium quietatur. Sicut autem naturaliter desiderat felicitatem, ita naturaliter desiderat felicitatis perpetuitatem: cum enim in sua substantia sit perpetua, illud quod propter se desiderat et non propter aliud, desiderat ut semper habendum. Non igitur esset felicitas ultimus finis nisi perpetuo permaneret.

Amplius. Omne illud quod cum amore possidetur, si sciatur quod quandoque amittatur, tristitiam infert. Visio autem praedicta, quae beatos facit, cum sit maxime delectabilis et maxime desiderata, maxime a possidentibus eam amatur. Impossibile ergo esset eos non tristari si scirent se quandoque eam amissuros. Si autem non esset perpetua, hoc scirent: iam enim ostensum est quod, videndo divinam substantiam, etiam alia cognoscunt quae naturaliter sunt; unde multo magis cognoscunt qualis illa visio sit, utrum perpetua vel quandoque desitura. Non ergo talis visio adesset eis sine tristitia. Et ita non esset vera felicitas, quae ab omni malo immunem reddere debet, ut supra ostensum est.

Item. Quod movetur naturaliter ad aliquid sicut ad finem sui motus, non removetur ab eo nisi per violentiam, sicut grave cum proiicitur sursum. Constat autem ex praedictis quod omnis substantia intellectualis naturali desiderio tendit ad illam visionem. Non ergo ab illa deficiet nisi per violentiam. Nihil autem tollitur per violentiam alicuius nisi virtus auferentis sit maior virtute causantis. Visionis autem divinae causa est Deus, ut supra probatum est. Ergo, cum nulla virtus divinam virtutem excedat, impossibile est quod illa visio per violentiam tollatur. In perpetuum ergo durabit.

Ainda. A criatura intelectual não chega ao fim último senão quando se aquieta seu desejo natural. Ora, assim como naturalmente deseja a felicidade, assim naturalmente deseja a perpetuidade da felicidade, pois, como é perpétua em sua substância, deseja sempre ter aquilo que deseja por si mesmo e não por causa de outra coisa. Portanto, a felicidade não seria o fim último, se não permanecesse para sempre.

Ademais. Tudo aquilo que é possuído com amor, se se sabe que alguma vez se perde, traz tristeza. Ora, a mencionada visão, que faz bem-aventurados, como é maximamente d'Eleitável e maximamente desejada, é amada maximamente por aqueles que a possuem. Logo, seria impossível que não se entristecessem, se soubessem que alguma vez a perderiam. Ora, se não fosse perpétua, o saberiam, pois já foi mostrado[342] que, vendo a substância divina, também conhecem outras coisas que são naturalmente; donde, muito mais conhecem qual é essa visão, se perpétua ou perdível alguma vez. Logo, tal visão não lhes estaria presente sem tristeza. E assim não seria verdadeira felicidade, que deve tornar imune de todo mal, como foi mostrado[343].

Igualmente. Aquilo que se move naturalmente para alguma coisa como fim de seu movimento, não é afastado dela senão por violência, como o peso que é projetado para cima. Ora, consta do que foi dito[344] que toda substância intelectual tende por desejo natural àquela visão. Logo, dela não se afastará senão por violência. Ora, nada é tirado por violência de alguma coisa a não ser que a potência de quem tira seja maior do que a potência de quem causa. Mas, a causa da visão divina é Deus, como foi provado[345]. Logo, como nenhuma potência excede a divina, é impossível que aquela visão seja tirada por violência. Logo, durará para sempre.

---

[342] Cf. cap. 59.
[343] Cf. cap. 48.
[344] Cf. cap. 50.
[345] Cf. cap. 53.

Adhuc. Si aliquis videre desinat quod prius videbat, aut hoc erit quia deficit ei facultas videndi, sicut cum aliquis moritur vel caecatur, vel aliqualiter aliter impeditur; aut erit quia non vult amplius videre, sicut cum quis avertit visum a re quam prius videbat; vel quia obiectum subtrahitur. Et hoc communiter verum est, sive de visione sensus, sive de intellectuali visione loquamur. Substantiae autem intellectuali videnti Deum non potest deesse facultas Deum videndi: neque per hoc quod esse desinat, cum sit perpetua, ut supra ostensum est; neque per defectum luminis quo Deum videt, cum lumen illud incorruptibiliter recipiatur, secundum conditionem et recipientis et dantis. Neque potest deesse ei voluntas tali visione fruendi, ex quo percipit in illa visione esse suam ultimam felicitatem: sicut non potest velle non esse felix. Nec etiam videre desinet per subtractionem obiecti: quia obiectum illud, quod est Deus, semper eodem modo se habet; nec elongatur a nobis nisi inquantum nos elongamur ab ipso. Impossibile est igitur quod visio illa Dei, quae beatos facit, unquam deficiat.

Praeterea. Impossibile est quod aliquis a bono quo fruitur velit discedere nisi propter aliquod malum quod in fruitione illius boni aestimat, saltem propter hoc quod aestimatur impeditivum maioris boni: sicut enim nihil desiderat appetitus nisi sub ratione boni, ita nihil fugit nisi sub ratione mali. Sed in fruitione illius visionis non potest esse aliquod malum: cum sit optimum ad quod creatura intellectualis pervenire potest. Neque etiam potest esse quod ab eo qui illa fruitur visione, aestimetur in ea esse aliquod malum, vel aliquid eo melius: cum visio illius summae veritatis omnem falsam aestimationem excludat. Impossibile est igitur quod substantia intellectualis quae Deum videt, unquam illa visione carere velit.

Item. Fastidium alicuius quo prius aliquis delectabiliter fruebatur, accidit propter hoc quod res illa aliquam immutationem facit

Ainda. Se alguém deixa de ver o que antes via, ou será porque lhe falta a faculdade de ver, como quando alguém morre ou fica cego, ou é impedido de algum modo; ou será porque não quer mais ver, como quando alguém desvia a vista da coisa que antes via, ou porque o objeto é subtraído. E isso é comumente verdadeiro, quer falemos da visão do sentido, quer da visão intelectual. Ora, à substância intelectual que vê a Deus não pode faltar a faculdade de ver a Deus, nem porque deixe de ser, dado que é perpétua, como foi mostrado[346], nem por falta de luz na qual vê a Deus, pois aquela luz é recebida de modo incorruptível, segundo a condição tanto do que recebe quando do que dá. Nem pode faltar-lhe a vontade de fruir de tal visão, do que percebe que está naquela visão sua felicidade última, como não pode querer não ser feliz. Nem também deixa de ver por subtração do objeto, pois aquele objeto, que é Deus, sempre se mantém do mesmo modo, nem se afasta de nós, a não ser que nos afastemos d'Ele. Portanto, é impossível que aquela visão de Deus, que faz bem-aventurados, falte jamais.

Além disso. É impossível que alguém queira se afastar do bem de que frui, a não ser por causa de algum mal que julga haver na fruição daquele bem, ao menos porque julga impeditivo de bem maior, pois assim como nada deseja o apetite senão sob a razão de bem, assim de nada foge senão sob a razão de mal. Mas, na fruição daquela visão não pode haver algo de mal, porque é o melhor a que a criatura intelectual pode chegar. Nem tampouco pode ser que por aquele que frui daquela visão, julgue que há nela algo de mal, ou algum bem melhor, pois a visão daquela Suma Verdade exclui todo falso julgamento. Portanto, é impossível que a substância intelectual que vê a Deus, queira carecer dessa visão.

Igualmente. A aversão a alguma coisa de que alguém antes fruía com prazer, se dá porque essa coisa produz alguma mutação no obje-

---

[346] Livro II, cap. 55.

in re, corrumpendo vel debilitando virtutem ipsius. Et propter hoc vires sensibiles, quibus accidit fatigatio in suis actionibus propter immutationem corporalium organorum a sensibilibus; a quibus etiam, si fuerint excellentia, corrumpuntur; fastidiunt post aliquod tempus frui eo quod prius delectabiliter sentiebant. Et propter hoc etiam in intelligendo fastidium patimur post longam vel vehementem meditationem, quia fatigantur potentiae utentes corporalibus organis, sine quibus consideratio intellectus nunc compleri non potest. Divina autem substantia non corrumpit, sed maxime perficit intellectum. Neque ad eius visionem concurrit aliquis actus qui per organa corporalia exerceatur. Impossibile est igitur quod illius visionis aliquem fastidiat qui prius ea delectabiliter fruebatur.

Amplius. Nihil quod cum admiratione consideratur, potest esse fastidiosum: quia quandiu admiratione est, adhuc desiderium movet. Divina autem substantia a quolibet intellectu creato semper cum admiratione videtur: cum nullus intellectus creatus eam comprehendat. Impossibile est igitur quod substantia intellectualis illam visionem fastidiat. Et ita non potest esse quod per propriam voluntatem ab illa visione desistat.

Adhuc. Si aliqua duo fuerunt prius unita et postmodum separantur, oportet quod hoc accidat per mutationem alicuius eorum: relatio enim, sicut non incipit esse de novo absque mutatione alterius relatorum, ita nec absque alterius mutatione de novo esse desistit. Intellectus autem creatus videt Deum per hoc quod ei quodammodo unitur, ut ex dictis patet. Si ergo visio illa desinat, unione huiusmodi desinente, oportet quod hoc fiat per mutationem divinae substantiae, vel intellectus ipsam videntis. Quorum utrumque est impossibile: nam divina substantia immutabilis est, ut in primo libro ostensum est; substantia etiam intellectualis elevatur supra omnem mutationem cum Dei substantiam videt. Impossibile

to, corrompendo ou debilitando sua potência. E por causa disso as forças sensíveis — às quais acontece a fadiga em suas ações, por causa da mudança dos órgãos corporais produzida por sensíveis, pelos quais também, se forem excessivos, são corrompidas — após algum tempo sentem aversão a fruir daquilo que antes sentiam com prazer. E por causa disso também sofremos aversão ao conhecer, após longa e intensa meditação, porque se fadigam as potências que usam de órgãos corporais, sem os quais a consideração do intelecto não pode então realizar-se. Ora, a substância divina não corrompe, antes aperfeiçoa maximamente o intelecto. Para sua visão tampouco concorre algum ato que se exerça por órgãos corporais. Portanto, é impossível que tenha aversão daquela visão alguém que antes dela fruía com prazer.

Ademais. Nada que é considerado com admiração, pode ser fastidioso, pois enquanto está sob admiração, move o desejo. Ora, a substância divina é vista sempre com admiração por qualquer intelecto criado, dado que nenhum intelecto criado a compreende. É impossível, pois, que a substância intelectual tenha aversão daquela visão. E assim não pode ser que por vontade própria desista de tal visão.

Ainda. Se duas coisas foram antes unidas e depois se separam, é necessário que isso se dê por mutação de uma delas, pois a relação, assim como não começa de novo a ser sem a mutação de um dos relativos, assim também sem a mutação de um não deixa de ser. Ora, o intelecto criado vê a Deus porque a ele de certo modo se une, como se evidencia do que foi dito[347]. Se, pois, aquela visão cessa, cessando tal união, é necessário que isso se faça por mutação da substância divina, ou do intelecto que a vê. Uma e outra coisa são impossíveis, porque a substância divina é imutável, como foi mostrado[348]; também a substância intelectual é elevada acima de toda mutação, pois vê a substância de Deus. Portanto, é impossí-

---

[347] Cf. cap. 51.
[348] Livro I, cap. 13.

vel que alguém se afaste daquela felicidade na qual vê a substância de Deus.

Igualmente. Quanto mais uma coisa é próxima de Deus, que é totalmente imóvel, tanto menos é mutável, e mais perseverante: Donde, alguns corpos, pelo fato de que *distam muito de Deus*, não podem durar para sempre, como se diz no livro Sobre a Geração[349]. Mas, nenhuma criatura pode se aproximar mais de Deus do que a que vê sua substância. Logo, a criatura intelectual que vê a substância de Deus, alcança a suma imobilidade. Não é, portanto, possível que se afaste jamais daquela visão.

Daí é que no Salmo se diz: *Felizes os que habitam na tua casa, Senhor, te louvarão pelos séculos dos séculos*[350]. E em outro lugar: *Não se mudará para sempre aquele que habita em Jerusalém*[351]. E em Isaías: *Teus olhos verão Jerusalém, cidade opulenta, tabernáculo que não poderá de modo algum ser transferido, nem seus cravos serão levados para sempre, e todas as suas cordas não romperão, porque somente aí está nosso Deus magnífico*[352]. E em Apocalipse: *Quem vencer, eu o farei coluna no templo de meu Deus, e não sairá mais*[353].

Por essas coisas exclui-se o erro dos Platônicos, que diziam que as almas separadas, após receber a felicidade última, de novo começam por querer voltar aos corpos e, finda a felicidade daquela vida, de novo se envolvem com as misérias desta vida. — E também o erro de Orígenes[354], que disse que as almas e os Anjos, após a bem-aventurança, poderiam de novo voltar à miséria.

Capítulo 63
De que modo, naquela felicidade última, se realiza todo desejo do homem

Das afirmações anteriores manifesta-se com evidência que, naquela felicidade, que

---

[349] Aristóteles (384-322 a.C.), em Sobre a Geração e a Corrupção II, 10, 336b, 30-31.
[350] Salmo 83,5.
[351] Salmo 124,1.
[352] Isaías 33,20.21.
[353] Apocalipse 3,12.
[354] Orígenes (185-253), em Sobre os Princípios II, 3, 3, MG 11, 191C — 192A.

divina, omne desiderium humanum impletur, secundum illud Psalmi, qui replet in bonis desiderium tuum; et omne humanum studium ibi suam consummationem accipit. Quod quidem patet discurrenti per singula.

Est enim quoddam desiderium hominis inquantum intellectualis est, de cognitione veritatis: quod quidem desiderium homines prosequuntur per studium contemplativae vitae. Et hoc quidem manifeste in illa visione consummabitur, quando, per visionem primae veritatis, omnia quae intellectus naturaliter scire desiderat, ei innotescent, ut ex supra dictis apparet. Est etiam quoddam hominis desiderium secundum quod habet rationem, qua inferiora disponere potest: quod prosequuntur homines per studium activae et civilis vitae. Quod quidem desiderium principaliter ad hoc est, ut tota hominis vita secundum rationem disponatur, quod est vivere secundum virtutem: cuiuslibet enim virtuosi finis in operando est propriae virtutis bonum, sicut fortis ut fortiter agat. Hoc autem desiderium tunc omnino complebitur: quia ratio in summo vigore erit, divino lumine illustrata, ne a recto deficere possit. — Consequuntur etiam civilem vitam quaedam bona quibus homo indiget ad civiles operationes. Sicut honoris sublimitas: quam homines inordinate appetentes, superbi et ambitiosi fiunt. Ad summam autem honoris altitudinem per illam visionem homines sublimantur, inquantum Deo quodam modo uniuntur, ut supra ostensum est. Et propter hoc, sicut ipse Deus rex saeculorum est, ita et beati ei coniuncti reges dicuntur, Apoc. 20,6: regnabunt cum Christo. — Consequitur etiam civilem vitam aliud appetibile, quod est famae celebritas: per cuius inordinatum appetitum homines inanis gloriae cupidi dicuntur. Beati autem per illam visionem redduntur celebres, non secundum hominum, qui et decipi et decipere possunt, opinionem sed secundum

provém da visão divina, realiza-se todo desejo humano, segundo aquilo do Salmo[355], *Que realiza em bens o teu desejo*, e todo esforço humano aí recebe sua consumação. O que se evidencia, discorrendo-se por partes.

Com efeito, há um desejo do homem, enquanto é intelectual, de *conhecimento da verdade* que os homens perseguem com o esforço da vida contemplativa. E esse desejo manifestamente se consumará naquela visão, quando, vendo a verdade primeira, todas as coisas que naturalmente o intelecto deseja saber, a ele se revelam, como é manifesto do que foi dito[356]. Há também outro desejo do homem, enquanto tem razão, pela qual pode dispor as coisas inferiores, o que os homens perseguem com o esforço da vida ativa e civil. Esse desejo é principalmente de que toda a vida do homem seja disposta segundo a razão, que *é viver segundo a virtude*, pois pertence a qualquer fim virtuoso, ao agir, o bem da virtude, como pertence ao forte, o agir com fortaleza. Esse desejo se realizará então totalmente, porque a razão estará em sumo vigor, iluminada pela luz divina, nem pode afastar-se do que é reto.

Acompanham também a vida civil alguns bens de que o homem necessita para as operações civis. Como, por exemplo, a *excelência da honra*, que, quando os homens a desejam desordenadamente, os faz soberbos e ambiciosos. Mas, para a mais alta excelência da honra são os homens elevados por aquela visão, enquanto se unem de algum modo a Deus, como foi mostrado[357]. E por causa disso, como o mesmo Deus é *o Rei dos séculos*[358], assim também os bem-aventurados a Ele unidos são ditos *reis: reinarão com Cristo*[359]. — Acompanha também a vida civil, *algo desejável*, que é a *celebridade da fama*, por cujo desordenado desejo os homens são ditos desejosos da vanglória. Os bem-aventurados por aquela visão se tornam célebres, não segundo a opinião dos

---

[355] Salmo 102,5.
[356] Cf. cap. 59.
[357] Cf. cap. 51.
[358] 1 Timóteo 1,17.
[359] Apocalipse 20,6.

verissimam cognitionem et Dei et omnium beatorum. Et ideo illa beatitudo in sacra Scriptura frequentissime gloria nominatur: sicut in Psalmo dicitur: exultabunt sancti in gloria.

Est etiam et aliud in civili vita appetibile, scilicet divitiae: per cuius inordinatum appetitum et amorem homines illiberales et iniusti fiunt. In illa autem beatitudine est bonorum omnium sufficientia: inquantum beati perfruuntur illo qui comprehendit omnium bonorum perfectionem. Propter quod dicitur Sap. 7,11: venerunt mihi omnia bona pariter cum illa. Unde et in Psalmo dicitur: gloria et divitiae in domo eius.

Est etiam tertium hominis desiderium, quod est sibi et aliis animalibus commune, ut delectationibus perfruatur: quod homines maxime prosequuntur secundum vitam voluptuosam; et per eius immoderantiam homines intemperati et incontinentes fiunt. In illa vero felicitate est delectatio perfectissima: tanto quidem perfectior ea quae secundum sensus est, qua etiam bruta animalia perfrui possunt, quanto intellectus est altior sensu; quanto etiam illud bonum in quo delectabimur, maius est omni sensibili bono, et magis intimum, et magis continue delectans; quanto etiam illa delectatio est magis pura ab omni permixtione contristantis, aut sollicitudinis alicuius molestantis; de qua dicitur in Psalmo: inebriabuntur ab ubertate domus tuae, et torrente voluptatis tuae potabis eos.

Est etiam et naturale desiderium, omnibus rebus commune, per quod conservationem sui desiderant, secundum quod possibile est: per cuius immoderantiam homines timidi redduntur, et nimis a laboribus sibi parcentes. Quod quidem desiderium tunc omnino complebitur, quando beati perfectam sempiter-

homens, que podem ser enganados ou enganar, mas segundo o muitíssimo verdadeiro conhecimento de Deus e dos bem-aventurados. E assim aquela bem-aventurança é chamada *glória* muito frequentemente na Sagrada Escritura, como se diz no Salmo: *Exultarão os santos na glória*[360]. — Há também *outra coisa desejável* na vida civil, a saber, *as riquezas*, por cujo desordenado desejo e amor os homens se tornam avarentos e injustos. Ora, naquela bem-aventurança há suficiência de todos os bens, enquanto os bem-aventurados fruem perfeitamente d'Aquele que compreende a perfeição de todos os bens. Por causa disso se diz: *vieram a mim todos os bens igualmente com ela*[361]. Donde, também no Salmo se diz: *glória e riquezas em sua casa*[362].

Há ainda um *terceiro desejo* do homem, que é comum a ele e aos outros animais, de fruir perfeitamente dos *prazeres*, que os homens procuram maximamente na vida voluptuosa, e, por sua imoderação, se tornam libertinos e incontinentes. Mas, naquela felicidade há um prazer perfeitíssimo, tanto mais perfeito que aquele segundo os sentidos — do qual até os animais irracionais podem fruir, — quanto o intelecto é mais elevado que o sentido; quanto também aquele bem no qual nos deleitaremos é maior que todo bem sensível, e mais íntimo, e mais continuamente deleitando; quanto também aquele deleite é mais puro de toda mistura entristecedora, ou de solicitude de algo que moleste; dela se diz no Salmo: *Serão inebriados pela abundância de tua casa, e com a torrente de teu deleite os saciarás*[363].

Há também o desejo *natural*, comum a todas as coisas, pelo qual desejam *sua conservação*, na medida do possível: por cuja imoderação os homens se tornam tímidos, e poupando-se demasiado dos trabalhos. Esse desejo então se realizará totalmente, quando os bem-aventurados conseguirem a eternida-

---

[360] Salmo 149,5.
[361] Sabedoria 7,11.
[362] Salmo 111,3.
[363] Salmo 35,9.

nitatem consequentur, ab omni nocumento securi: secundum illud Isaiae 49,10 et Apoc. 21: non esurient neque sitient amplius, neque cadet super illos sol neque ullus aestus.

Sic igitur patet quod per visionem divinam consequuntur intellectuales substantiae veram felicitatem, in qua omnino desideria quietantur, et in qua est plena sufficientia omnium bonorum, quae, secundum Aristotelem, ad felicitatem requiritur.

Unde et boetius dicit quod beatitudo est status omnium bonorum congregatione perfectus.

Huius autem ultimae et perfectae felicitatis in hac vita nihil est adeo simile sicut vita contemplantium veritatem, secundum quod est possibile in hac vita. Et ideo Philosophi, qui de illa felicitate ultima plenam notitiam habere non potuerunt, in contemplatione quae est possibilis in hac vita, ultimam felicitatem hominis posuerunt.

Propter hoc etiam, inter alias vitas, in Scriptura divina magis contemplativa commendatur, dicente Domino, Lucae 10,42: maria optimam partem elegit, scilicet contemplationem veritatis, quae non auferetur ab ea. Incipit enim contemplatio veritatis in hac vita, sed in futura consummatur: activa vero et civilis vita huius vitae terminos non transcendit.

de perfeita, isentos de todo o mal, segundo aquilo de Isaías[364] e do Apocalipse: *não terão mais fome e sede, nem cairá sobre eles o sol, nem vento algum*[365].

Assim, pois, se evidencia que pela visão divina as substâncias intelectuais alcançam a verdadeira felicidade, na qual se aquietam totalmente os desejos, e na qual há suficiência plena de todos os bens, suficiência que, segundo Aristóteles[366], é requerida para a felicidade.

Donde, também Boécio diz que *A bem-aventurança é o estado perfeito pela reunião de todos os bens*[367].

Nada nesta vida é tão semelhante a essa última e perfeita felicidade que a vida dos que contemplam a verdade, enquanto é possível nesta vida. E assim os Filósofos, que não puderam ter daquela felicidade última pleno conhecimento, colocaram na contemplação, que é possível nesta vida, a felicidade última do homem.

Por causa disso também, entre as outras vidas, recomenda-se mais na divina Escritura a vida contemplativa, dizendo o Senhor: *Maria escolheu a melhor parte, a saber, a contemplação da verdade, que não lhe será tirada*[368]. Com efeito, a contemplação da verdade começa nesta vida, mas se consuma na futura, já a vida ativa e civil não transcende os limites desta vida.

---

[364] Isaías 49,10.
[365] Apocalipse 7,16 (Vulgata).
[366] Aristóteles (384-322 a.C.), em Ética III, 7, 1177a, 27b,1.
[367] Boécio (480-524), em Consolação III, prosa24, ML 63, 724A.
[368] Lucas 10,42.

O GOVERNO DE DEUS (64 a 110)

Capitulum LXIV
Quod Deus sua providentia gubernat res

Ex his autem quae praemissa sunt, sufficienter habetur quod Deus est rerum omnium finis. Ex quo haberi potest ulterius quod ipse sua providentia gubernet vel regat universa.

Quandocumque enim aliqua ordinantur ad aliquem finem, omnia dispositioni illius subiacent ad quem principaliter pertinet ille finis, sicut in exercitu apparet: omnes enim partes exercitus, et eorum opera, ordinantur ad bonum ducis, quod est victoria, sicut in ultimum finem; et propter hoc ad ducem pertinet totum exercitum gubernare.

Similiter ars quae est de fine, imperat et dat leges arti quae est de his quae sunt ad finem: ut civilis militari, et militaris equestri, et ars gubernatoria navifactivae. Cum igitur omnia ordinentur ad bonitatem divinam sicut in finem, ut ostensum est, oportet quod Deus, ad quem principaliter illa bonitas pertinet, sicut substantialiter habita et intellecta et amata, sit gubernator omnium rerum.

Adhuc. Quicumque facit aliquid propter finem, utitur illo ad finem. Ostensum autem est supra quod omnia quae habent esse quocumque modo, sunt effectus Dei; et quod Deus omnia facit propter finem qui est ipse. Ipse igitur utitur omnibus dirigendo ea in finem. Hoc autem est gubernare. Est igitur Deus per suam providentiam omnium gubernator.

Amplius. Ostensum est quod Deus est primum movens non motum. Primum autem movens non minus movet quam secunda moventia, sed magis: quia sine eo non movent alia. Omnia autem quae moventur, moventur propter finem, ut supra ostensum est. Movet

Capítulo 64
Deus governa as coisas por sua providência

Do que foi afirmado tem-se suficientemente que Deus é o fim de todas as coisas. Disso pode-se ter ademais que Ele governa ou rege, por sua providência, todas as coisas.

Com efeito, sempre quando as coisas se ordenam a um fim, todas se submetem à disposição daquele ao qual principalmente pertence aquele fim, como se manifesta no exército, pois todas as partes do exército e suas obras ordenam-se ao bem do chefe, que é a vitória, como ao último fim, e por causa disso pertence ao chefe governar todo o exército.

Semelhantemente, a arte que visa ao fim, impera e da leis à arte que visa às coisas que são para o fim, como a civil à militar, e a militar à cavalaria, e a arte da navegação à engenharia naval. Como, pois, todas as coisas se ordenam à bondade divina como ao fim, como foi mostrado[1], é necessário que Deus, ao qual pertence principalmente aquela bondade, como substancialmente possuída, conhecida e amada, seja o governador de todas as coisas.

Ainda. Todo aquele que faz uma coisa por causa de um fim, usa-se dela para o fim. Ora, foi mostrado[2] que todas as coisas, que têm o ser desse modo, são efeito de Deus, e que Deus fez todas as coisas por causa do fim que é Ele mesmo. Ele usa, pois, de todas as coisas, dirigindo-as para o fim. Ora, isso é governar. Deus é, portanto, por sua providência o governador de todas as coisas.

Ademais. Mostrou-se[3] que Deus é o movente primeiro não movido. Ora, o movente primeiro não move menos que os moventes segundos, antes mais, porque sem Ele os outros não movem. Entretanto, todas as coisas que são movidas, são movidas por causa do

---

[1] Cf. cap. 7.
[2] Livro II, cap. 15.
[3] Livro I, cap. 13.

igitur Deus omnia ad fines suos. Et per intellectum: ostensum enim est supra quod non agit per necessitatem naturae, sed per intellectum et voluntatem. Nihil est autem aliud regere et gubernare per providentiam quam movere per intellectum aliqua ad finem. Deus igitur per suam providentiam gubernat et regit omnia quae moventur in finem: sive moveantur corporaliter; sive spiritualiter, sicut desiderans dicitur moveri a desiderato.

Item. Probatum est quod corpora naturalia moventur et operantur propter finem, licet finem non cognoscant, ex hoc quod semper vel frequentius accidit in eis quod melius est; et non aliter fierent si fierent per artem. Impossibile est autem quod aliqua non cognoscentia finem operentur propter finem et ordinate perveniant in ipsum nisi sint mota ab aliquo habente cognitionem finis: sicut sagitta dirigitur ad signum a sagittante. Oportet ergo quod tota operatio naturae ab aliqua cognitione ordinetur. Et hoc quidem vel mediate vel immediate oportet reducere in Deum: oportet enim quod omnis inferior ars et cognitio a superiori principia accipiat, sicut etiam in scientiis speculativis et operativis apparet. Deus igitur sua providentia mundum gubernat.

Adhuc. Ea quae sunt secundum suam naturam distincta, in unum ordinem non conveniunt nisi ab uno ordinante colligantur in unum. In universitate autem rerum sunt res distinctas et contrarias naturas habentes, quae tamen omnes in unum ordinem conveniunt, dum quaedam operationes quorundam excipiunt, quaedam etiam a quibusdam iuvantur vel imperantur. Oportet igitur quod sit universorum unus ordinator et gubernator.

Amplius. Eorum quae circa caelestium corporum motus apparent, ratio assignari non

fim, como foi mostrado[4]. Deus, pois, move todas as coisas para seus fins. E pelo intelecto, pois se mostrou[5] que não age por necessidade da natureza, mas pelo intelecto e vontade. Ora, reger e governar pela providência não é diferente de mover pelo intelecto as coisas para o fim. Deus, pois, governa e rege por sua providência todas as coisas que são movidas para um fim, quer sejam movidas corporalmente, quer espiritualmente, como aquele que deseja se diz que é movido pelo objeto desejado.

Igualmente. Foi provado[6] que os corpos naturais são movidos e operados por causa do fim, embora não conheçam o fim, pelo fato de que sempre ou mais frequentemente acontece neles o que é melhor, o que não fariam se fizessem por arte. Ora, é impossível que as coisas que não conhecem o fim sejam operadas por causa de um fim e cheguem ordenadamente a ele, se não são movidas por alguém que tem o conhecimento do fim, assim como a flecha é dirigida para o alvo pelo flecheiro. Logo, é necessário que toda operação da natureza seja ordenada por algum conhecimento. É necessário atribuir isso a Deus ou mediata ou imediatamente, pois é necessário que toda arte e conhecimento inferior recebam os princípios de um superior, como também se manifesta nas ciências especulativas e operativas. Portanto, Deus governa o mundo por sua providência.

Ainda. As coisas que são distintas segundo sua natureza, não convêm em uma ordem única se não são coligadas na unidade por algum ordenador. Ora, na universalidade das coisas há umas que têm naturezas distintas e contrárias, as quais, porém, convêm todas em uma ordem, enquanto algumas se valem das operações de outras, e outras também são ajudadas ou mandadas por algumas. Portanto, é necessário, que haja um só ordenador e governador de todas as coisas.

Ademais. Daquelas coisas que se manifestam em torno dos movimentos dos corpos

---

[4] Cf. cap. 2.
[5] Livro I, cap. 81; Livro II, caps. 23 ss.
[6] Cf. cap. 3.

potest ex necessitate naturae: cum quaedam eorum habeant plures motus quibusdam, et omnino difformes. Oportet igitur quod illorum motuum ordinatio sit ab aliqua providentia. Et per consequens omnium inferiorum motuum et operationum, qui per illos motus disponuntur.

Item. Quanto aliquid propinquius est causae, tanto plus participat de effectu ipsius. Unde, si aliquid tanto participatur perfectius ab aliquibus quanto alicui rei magis appropinquant, signum est quod illa res sit causa illius quod diversimode participatur: sicut, si aliqua magis sunt calida secundum quod magis appropinquant igni, signum est quod ignis sit causa caloris. Inveniuntur autem tanto aliqua perfectius ordinata esse, quanto magis sunt Deo propinqua: nam in corporibus inferioribus, quae sunt maxime a Deo distantia naturae dissimilitudine, invenitur esse defectus aliquando ab eo quod est secundum cursum naturae, sicut patet in monstruosis et aliis casualibus; quod nunquam accidit in corporibus caelestibus, quae tamen sunt aliquo modo mutabilia; quod non accidit in substantiis intellectualibus separatis. Manifestum est ergo quod Deus est causa totius ordinis rerum. Est igitur ipse per suam providentiam gubernator totius universitatis rerum.

Adhuc. Sicut supra probatum est, Deus res omnes in esse produxit, non ex necessitate naturae, sed per intellectum et voluntatem. Intellectus autem et voluntatis ipsius non potest esse alius finis ultimus nisi bonitas eius, ut scilicet eam rebus communicaret, sicut ex praemissis apparet. Res autem participant divinam bonitatem per modum similitudinis, inquantum ipsae sunt bonae. Id autem quod est maxime bonum in rebus causatis, est bonum ordinis universi, quod est maxime perfectum, ut Philosophus dicit: cui etiam conso-

celestes não se pode determinar a razão por necessidade da natureza, porque alguns deles têm mais movimentos que outros e totalmente diferentes. É necessário, pois, que a ordenação daqueles movimentos se dê por alguma providência. E, por conseguinte, de todos os movimentos e operações inferiores, que são dispostos por aqueles movimentos.

Igualmente. Quanto mais uma coisa é próxima da causa, tanto mais participa do seu efeito. Donde, se algo é tão mais perfeitamente participado por outros, quanto mais se aproximam de uma coisa determinada, é sinal que esta coisa é causa daquilo de que é diversamente participada; por exemplo, se umas coisas são mais quentes segundo mais se aproximam do fogo, é sinal que o fogo é a causa do calor delas. Dá-se, porém, que algumas coisas são mais perfeitamente ordenadas quanto mais estão próximas de Deus, pois nos corpos inferiores, que estão maximamente distantes de Deus por diversidade de natureza, acha-se às vezes deficiência do que é segundo o curso da natureza, como se evidencia nas coisas monstruosas e em outras casuais; o que nunca acontece nos corpos celestes, que, entretanto, são de algum modo mutáveis; e não acontece também nas substâncias intelectuais separadas. Logo, é manifesto que Deus é causa de toda a ordem das coisas. Portanto, é, por sua providência, o governador de toda a universalidade das coisas.

Ainda. Como foi provado, Deus produziu todas as coisas no ser, não por necessidade da natureza, mas pelo intelecto e vontade. Ora de seu intelecto e vontade não pode haver outro fim último senão sua bondade, ou seja, que a comunicaria às coisas, como é claro das afirmações anteriores[7]. Ora, as coisas participam da bondade divina por modo de semelhança, enquanto são boas. Mas, nas coisas causadas o que é maximamente bom, é o bem da ordem do universo, que é maximamente perfeito, como diz o Filósofo[8], com o qual também con-

---

[7] Livro I, cap. 75.
[8] Aristóteles (384-322 a.C.), em Metafísica XI, 10, 1075a ,11-15.

nat Scriptura divina, Gen. 1, cum dicitur, vidit Deus cuncta quae fecerat, et erant valde bona, cum de singulis operibus dixisset simpliciter quod erant bona. Bonum igitur ordinis rerum causatarum a Deo est id quod est praecipue volitum et causatum a Deo. Nihil autem aliud est gubernare aliqua quam eis ordinem imponere. Ipse igitur Deus omnia suo intellectu et voluntate gubernat.

Amplius. Unumquodque intendens aliquem finem, magis curat de eo quod est propinquius fini ultimo: quia hoc etiam est finis aliorum. Ultimus autem finis divinae voluntatis est bonitas ipsius, cui propinquissimum in rebus creatis est bonum ordinis totius universi: cum ad ipsum ordinetur, sicut ad finem, omne particulare bonum huius vel illius rei, sicut minus perfectum ordinatur ad id quod est perfectius; unde et quaelibet pars invenitur esse propter suum totum. Id igitur quod maxime curat Deus in rebus creatis, est ordo universi. Est igitur gubernator ipsius.

Item. Quaelibet res creata consequitur suam ultimam perfectionem per operationem propriam: nam oportet quod ultimus finis et perfectio rei sit vel ipsa operatio, vel operationis terminus aut effectus, forma vero secundum quam res est, est perfectio prima, ut patet in II de anima. Ordo autem rerum causatarum secundum distinctionem naturarum et gradum ipsarum, procedit ex divina sapientia, sicut in secundo est ostensum. Ergo et ordo operationum, per quas res causatae magis appropinquant ad ultimum finem. Ordinare autem actiones aliquarum rerum ad finem, est gubernare ipsa. Deus igitur per suae sapientiae providentiam rebus gubernationem et regimen praestat.

Hinc est quod sacra Scriptura Deum Dominum et regem profitetur, secundum illud Psalmi, Dominus ipse est Deus, et item, rex omnis terrae Deus: regis enim et Domini est

corda a divina Escritura[9], quando diz: *Viu Deus todas as coisas que fizera, e eram muito boas*, e das obras singulares disse simplesmente que *eram boas*. Portanto, o bem da ordem das coisas causadas por Deus é o que é principalmente querido e causado por Deus. Ora, governar as coisas não é diverso de impor-lhes ordem. Logo, o mesmo Deus governa todas as coisas por seu intelecto e vontade.

Ademais. Qualquer um que busca um fim, cuida mais do que é mais próximo ao fim último, porque este é o fim dos outros. Ora, o fim último da vontade divina é sua bondade, da qual o que é mais próximo nas coisas criadas é o bem da ordem de todo o universo, pois todo bem particular desta ou daquela coisa é ordenado a ele, como ao fim, como o menos perfeito se ordena àquilo que é mais perfeito; donde, também qualquer parte é em vista do seu todo. Logo, aquilo de que Deus maximamente cuida nas coisas criadas, é a ordem do universo. É, portanto, o governador d'Ele.

Igualmente. Qualquer coisa criada consegue sua perfeição última pela operação própria, pois é necessário que o fim último e perfeição da coisa sejam ou a própria operação, ou o termo da operação ou efeito, já a forma segundo a qual a coisa é, é a perfeição primeira, como se evidencia do livro Sobre a Alma[10]. Entretanto, a ordem das coisas causadas segundo a distinção das naturezas e dos seus graus, procede da sabedoria divina, como foi mostrado[11]. Logo, também a ordem das operações, pelas quais as coisas causadas mais se aproximam do fim último. Ora, ordenar as ações de algumas coisas para um fim, é governá-las. Deus, portanto, pela sabedoria de sua providência, rege e governa as coisas.

Daí é que a Sagrada Escritura declara que Deus é Senhor e rei, segundo aquilo do Salmo, *O Senhor mesmo é Deus*[12], e novamente, *Deus é o rei de toda a terra*[13], pois é próprio do rei

---

[9] Gênese 1,31.
[10] Aristóteles (384-322 a.C.), em Sobre a Alma II, 1, 412a, 7-11.
[11] Livro II, cap. 45.
[12] Salmo 99,3.
[13] Salmo 46,8.

suo imperio regere et gubernare subiectos. Unde et rerum cursum sacra Scriptura divino praecepto adscribit, iob 9,7, qui praecipit soli et non oritur, et stellas claudit quasi sub signaculo; et in Psalmo, praeceptum posuit et non praeteribit.

Per hoc autem excluditur error antiquorum naturalium, qui dicebant omnia ex necessitate materiae provenire: ex quo sequebatur omnia casu accidere, et non ex aliquo providentiae ordine.

Capitulum LXV
Quod Deus conservat res in esse

Ex eo autem quod Deus res sua providentia regit, sequitur quod in esse conservet.

Ad gubernationem enim aliquorum pertinet omne illud per quod suum finem consequuntur: secundum hoc enim aliqua regi vel gubernari dicuntur, quod ordinantur in finem. In finem autem ultimum quem Deus intendit, scilicet bonitatem divinam, ordinantur res non solum per hoc quod operantur, sed etiam per hoc quod sunt: quia inquantum sunt, divinae bonitatis similitudinem gerunt, quod est finis rerum, ut supra ostensum est. Ad divinam igitur providentiam pertinet quod res conserventur in esse.

Item. Oportet quod idem sit causa rei, et conservationis ipsius: nam conservatio rei non est nisi continuatio esse ipsius. Ostensum est autem supra quod Deus per suum intellectum et voluntatem est causa essendi omnibus rebus. Igitur per suum intellectum et voluntatem conservat res omnes in esse.

Item. Nullum particulare agens univocum potest esse simpliciter causa speciei: sicut hic homo non potest esse causa speciei humanae; esset enim causa omnis hominis, et per consequens sui ipsius, quod est impossibile. Est autem causa hic homo huius hominis, per se

e do senhor reger por seu império e governar os sujeitos. Donde, a Sagrada Escritura atribui o curso das coisas ao preceito divino, em Jó[14]: *Quem manda ao sol e ele não nasce, e fecha as estrelas como sob sinete*, e no Salmo 148,6: *Pôs o preceito e não o ultrapassará*[15].

Por isso, se exclui também o erro dos antigos filósofos naturalistas, que diziam que todas as coisas provinham da necessidade da matéria, e disso seguia-se que todas as coisas aconteciam por acaso, e não por alguma ordem da providência.

Capítulo 65
Deus conserva as coisas no ser

Porque Deus rege as coisas por sua providência segue-se que as conserva no ser.

Com efeito, ao governo das coisas pertence tudo aquilo pelo que elas alcançam seu fim, pois se diz que as coisas são regidas ou governadas segundo se ordenam ao fim. Ora, ao fim último que Deus visa, a saber, a bondade divina, as coisas se ordenam não só enquanto operam, mas também enquanto são, porque, enquanto são, realizam a semelhança da bondade divina, que é o fim das coisas, como foi mostrado[16]. Portanto, pertence à providência divina que as coisas sejam conservadas no ser.

Igualmente. É necessário que seja a mesma a causa da coisa e de sua conservação, pois a conservação da coisa não é senão a continuação de seu ser. Ora, foi mostrado[17] que Deus, por seu intelecto e vontade, é causa de ser para todas as coisas. Logo, por seu intelecto e vontade, conserva todas as coisas no ser.

Igualmente. Nenhum agente particular unívoco pode ser simplesmente causa da espécie; por exemplo, este homem não pode ser causa da espécie humana, pois seria causa de qualquer homem, e, por conseguinte, de si mesmo, o que é impossível. Entretanto,

---

[14] Jó 9,7.
[15] Salmo 148,6.
[16] Cf. cap. 19.
[17] Livro II, cap. 23.

loquendo. Hic autem homo est per hoc quod natura humana est in hac materia, quae est individuationis principium. Hic igitur homo non est causa hominis nisi inquantum est causa quod forma humana fiat in hac materia. Hoc autem est esse principium generationis huius hominis. Patet ergo quod nec hic homo, nec aliquod aliud agens univocum in natura, est causa nisi generationis huius vel illius rei. Oportet autem ipsius speciei humanae esse aliquam per se causam agentem: quod ipsius compositio ostendit, et ordinatio partium, quae eodem modo se habet in omnibus, nisi per accidens impediatur. Et eadem ratio est de omnibus aliis speciebus rerum naturalium. Haec autem causa est Deus, vel mediate vel immediate: ostensum enim est quod ipse est prima omnium rerum causa. Oportet ergo quod ipse hoc modo se habeat ad species rerum sicut se habet hic generans in natura ad generationem, cuius est per se causa. Generatio autem cessat, cessante operatione generantis. Ergo et omnes species rerum cessarent, cessante operatione divina. Igitur ipse per suam operationem conservat res in esse.

Adhuc. Licet alicui existenti accidat motus, tamen motus est praeter esse rei. Nullum autem corporeum est causa alicuius rei nisi inquantum movetur: quia nullum corpus agit nisi per motum, ut Aristoteles probat. Nullum igitur corpus est causa esse alicuius rei inquantum est esse, sed est causa eius quod est moveri ad esse, quod est fieri rei. Esse autem cuiuslibet rei est esse participatum: cum non sit res aliqua praeter Deum suum esse, ut supra probatum est. Et sic oportet quod ipse Deus, qui est suum esse, sit primo et per se causa omnis esse. Sic igitur se habet ad esse rerum operatio divina, sicut motio corporis moventis ad fieri et moveri rerum factarum vel motarum. Impossibile autem est quod fieri

falando propriamente, este homem é causa deste homem. Ora, este homem é enquanto a natureza humana está nesta matéria, que é o princípio de individuação. Logo, este homem não é causa do homem senão enquanto é causa de que a forma humana se faça nesta matéria. Ora, isto é ser o princípio de individuação deste homem. Evidencia-se, pois, que nem este homem, nem algum outro agente unívoco na natureza, é causa, senão da geração desta ou daquela coisa. Ora, é necessário haver uma causa agente por si dessa espécie humana, o que sua composição mostra, e a ordenação das partes, que se relaciona do mesmo modo em todas as coisas, a não ser que seja impedida por acidente. E a razão é a mesma para todas as outras espécies das coisas naturais. Ora, esta causa é Deus, ou mediata ou imediatamente, pois foi mostrado[18] que Ele é a causa primeira de todas as coisas. Logo, é necessário que Ele, deste modo, se relacione com as espécies das coisas, como se relaciona o gerador na natureza com a geração, de que é causa por si. Mas, a geração cessa, cessando a operação do gerador. Logo, também todas as espécies das coisas cessariam, cessando a operação divina. Portanto, Ele, por sua operação, conserva as coisas no ser.

Ainda. Embora aconteça o movimento a um existente, entretanto o movimento é extrínseco ao ser da coisa. Ora, nenhum ente corpóreo é causa de uma coisa senão enquanto é movido, pois nenhum corpo age senão movido, como prova Aristóteles[19]. Logo, nenhum corpo é causa do ser de alguma coisa, enquanto é ser, mas é causa de que seja movida ao ser, que é o fazer-se da coisa. Ora, o ser de qualquer coisa é ser participado, porque coisa alguma, fora de Deus, é seu ser, como foi provado[20]. E assim é necessário que o próprio Deus, que é seu ser, seja, por primeiro e por si, causa de todo ser. Assim, pois, a operação divina se relaciona com o ser das coisas como a moção do corpo movente para que se façam e se movam

---

[18] Livro I, cap. 13; Livro II, cap. 15.
[19] Aristóteles (384-322 a.C.), em Física VII, 2, 243a, 3-245b,2.
[20] Livro I, cap. 22; Livro II, cap. 15.

et moveri alicuius rei maneat, cessante motione moventis. Impossibile ergo est quod esse alicuius rei remaneat nisi per operationem divinam.

Amplius. Sicut opus artis praesupponit opus naturae, ita opus naturae praesupponit opus Dei creantis: nam materia artificialium est a natura, naturalium vero per creationem a Deo. Artificialia autem conservantur in esse virtute naturalium: sicut domus per soliditatem lapidum. Omnia igitur naturalia non conservantur in esse nisi virtute Dei.

Item. Impressio agentis non remanet in effectu, cessante actione agentis, nisi vertatur in naturam effectus. Formae enim generatorum, et proprietates ipsorum, usque in finem manent in eis post generationem, quia efficiuntur eis naturales. Et similiter habitus sunt difficile mobiles, quia vertuntur in naturam: dispositiones autem et passiones, sive corporales sive animales, manent aliquantum post actionem agentis, sed non semper, quia insunt ut in via ad naturam. Quod autem pertinet ad naturam superioris generis, nullo modo manet post actionem agentis: sicut lumen non manet in diaphano, recedente illuminante. Esse autem non est natura vel essentia alicuius rei creatae, sed solius Dei, ut in primo ostensum est. Nulla igitur res remanere potest in esse, cessante operatione divina.

Adhuc. Circa rerum originem duplex est positio: una fidei, quod res de novo fuerint a Deo productae in esse; et positio quorundam Philosophorum, quod res a Deo ab aeterno effluxerint. Secundum autem utramque positionem oportet dicere quod res conservantur in esse a Deo. Nam si res a Deo productae sunt in esse postquam non fuerant, oportet quod esse rerum divinam voluntatem consequatur, et similiter non esse: quia permisit res non es-

as coisas feitas ou movidas. Ora, é impossível que o fazer-se e mover-se de uma coisa permaneçam, cessando a moção do movente. Logo, é impossível que o ser de uma coisa permaneça, a não ser pela operação divina.

Ademais. Assim como a obra de arte pressupõe a obra da natureza, assim a obra da natureza pressupõe a obra de Deus criador, pois a matéria das coisas artificiais provém da natureza, já das coisas naturais provém de Deus por criação. Ora, as coisas artificiais são conservadas no ser em virtude das naturais, como a casa pela solidez das pedras. Portanto, todas as coisas naturais não são conservadas no ser senão por virtude de Deus.

Igualmente. A impressão do agente não permanece no efeito, cessando a ação do agente, se não se converte na natureza do efeito. De fato, as formas das coisas, e suas propriedades, permanecem até o fim nelas após a geração, porque se fazem nelas naturais. E semelhantemente os hábitos são dificilmente movíveis, porque se convertem em natureza, mas as disposições e paixões, quer corporais quer animais, permanecem algum tempo após a ação do agente, mas não sempre, porque estão como em preparação para a natureza. Ora, o que pertence à natureza do gênero superior, não permanece de modo algum após a ação do agente, como a luz não permanece no diáfano, afastando-se aquilo que ilumina. O ser, porém, não é a natureza ou essência de alguma coisa criada, mas só de Deus, como foi mostrado[21]. Portanto, coisa alguma pode permanecer no ser, cessando a operação divina.

Ainda. Sobre a origem das coisas há dupla afirmação: uma da fé, que as coisas são, no início, produzidas por Deus no ser; e a afirmação de alguns Filósofos, que as coisas emanaram de Deus desde a eternidade. Ora, segundo ambas as afirmações, é necessário dizer que as coisas são conservadas no ser por Deus. Com efeito, se as coisas foram produzidas por Deus no ser depois que não eram, é necessário que o ser das coisas tenha resultado da vontade divi-

---

[21] Livro I, cap. 22.

se quando voluit, et fecit res esse cum voluit. Tandiu igitur sunt quandiu eas esse vult. Sua igitur voluntas conservatrix est rerum.

Si autem res ab aeterno a Deo effluxerunt, non est dare tempus aut instans in quo primo a Deo effluxerint. Aut igitur nunquam a Deo productae sunt: aut semper a Deo esse earum procedit quandiu sunt. Sua igitur operatione res in esse conservat.

Hinc est quod dicitur Hebr. 1,3: portans omnia verbo virtutis suae. — Et Augustinus dicit, IV super Gen. Ad litt.: creatoris potentia, et omnipotentis atque omnitenentis virtus, causa est subsistendi omnis creaturae. Quae virtus ab eis quae creata sunt regendis si aliquando cessaret, simul et eorum cessaret species, omnisque natura concideret. Neque enim sicut structuram aedium cum fabricaverit quis, abscedit atque, illo cessante atque abscedente, stat opus eius, ita mundus vel in ictu oculi stare poterit, si ei regimen Deus subtraxerit.

Per hoc autem excluditur quorundam loquentium in lege maurorum positio, qui, ad hoc quod sustinere possent mundum Dei conservatione indigere, posuerunt omnes formas esse accidentia, et quod nullum accidens durat per duo instantia, ut sic semper rerum formatio esset in fieri: quasi res non indigeret causa agente nisi dum est in fieri.

Unde et aliqui eorum ponere dicuntur quod corpora indivisibilia, ex quibus omnes substantias dicunt esse compositas, quae sola, secundum eos, firmitatem habent, possunt ad horam aliquam remanere, si Deus suam gubernationem rebus subtraheret. — Quorum etiam quidam dicunt quod res esse non desineret nisi Deus in ipsa accidens desitionis causaret. Quae omnia patet esse absurda.

na, e semelhantemente o não ser, porque permitiu que as coisas não fossem quando quis, e fez as coisas ser, quando quis. Portanto elas são tanto tempo quanto quer que sejam. Logo, sua vontade é conservadora das coisas.

Se, porém, as coisas emanaram de Deus desde a eternidade, não se deu um tempo ou instante em que de início emanaram de Deus. Então, ou nunca foram produzidas por Deus, ou o ser delas procede sempre de Deus pelo tempo que são. Logo, por sua operação conserva as coisas no ser.

Daí é que na Sagrada Escritura se diz: *Sustenta todas as coisas pela palavra de sua virtude*[22]. — E diz Agostinho[23]: *A potência do criador e a virtude do onipotente e a do conservador de tudo é a causa de toda criatura subsistir. Se essa virtude cessasse, alguma vez, de reger naquelas que foram criadas, simultaneamente também cessaria a espécie delas, e toda natureza se destruiria. Porque não se dá, como quando alguém que fabrica a estrutura de edifícios, afasta-se e, cessando ele e afastando-se, sua obra permanece: se lhe subtraísse Deus o governo, o mundo, num piscar de olhos, não poderia subsistir.*

Exclui-se, a partir disso, a afirmação de alguns que falam na lei dos Mouros, os quais, para que pudessem sustentar que o mundo necessitava da conservação de Deus, afirmaram que todas as formas eram acidentes, e que nenhum acidente dura por dois instantes, de modo que assim a formação das coisas estaria sempre fazendo-se, como se a coisa não necessitasse de causa agente, a não ser quando se estivesse fazendo.

Donde, também se diz que alguns deles afirmaram que os corpos indivisíveis, dos quais dizem que todas as substâncias são compostas, os quais unicamente, segundo eles, têm consistência, podem permanecer por alguma hora, se Deus subtraísse às coisas seu governo. — Alguns deles também dizem que a coisa não deixaria de ser, a não ser que Deus causasse nela um acidente de destruição. Todas essas coisas se evidenciam ser absurdas.

---

[22] Hebreus 1, 3.
[23] Santo Agostinho (354-431) em Comentário Literal ao Gênese IV, 12, 22, ML 34, 304.

Capitulum LXVI
Quod nihil dat esse nisi inquantum agit in virtute divina

Ex hoc autem manifestum est quod omnia inferiora agentia non dant esse nisi inquantum agunt in virtute divina.

Nihil enim dat esse nisi inquantum est ens actu. Deus autem conservat res in esse per suam providentiam, ut ostensum est. Ex virtute igitur divina est quod aliquid det esse.

Amplius. Quando aliqua agentia diversa sub uno agente ordinantur, necesse est quod effectus qui ab eis communiter fit, sit eorum secundum quod uniuntur in participando motum et virtutem illius agentis: non enim plura faciunt unum nisi inquantum unum sunt; sicut patet quod omnes qui sunt in exercitu operantur ad victoriam causandam, quam causant secundum quod sunt sub ordinatione ducis, cuius proprius effectus victoria est. Ostensum est autem in primo quod primum agens est Deus. Cum igitur esse sit communis effectus omnium agentium, nam omne agens facit esse actu; oportet quod hunc effectum producunt inquantum ordinantur sub primo agente, et agunt in virtute ipsius.

Adhuc. In omnibus causis agentibus ordinatis illud quod est ultimum in generatione et primum in intentione, est proprius effectus primi agentis: sicut forma domus, quae est proprius effectus aedificatoris, posterius provenit quam praeparatio caementi et lapidis et lignorum, quae fiunt per artifices inferiores, qui subsunt aedificatori. In omni autem actione esse in actu est principaliter intentum, et ultimum in generatione: nam, eo habito, quiescit agentis actio et motus patientis. Est igitur esse proprius effectus primi agentis, scilicet Dei: et omnia quae dant esse, hoc habent inquantum agunt in virtute Dei.

Capítulo 66
Nada dá o ser senão enquanto opera pela virtude divina

Disso é manifesto que todos os agentes inferiores não dão o ser, senão enquanto operam pela virtude divina.

Com efeito, coisa alguma dá o ser senão enquanto é ente em ato. Ora, Deus conserva as coisas no ser por sua providência, como foi mostrado[24]. Logo, é da virtude divina que alguma coisa dá o ser.

Ademais. Quando diversos agentes se ordenam sob um só agente, é necessário que o efeito que por eles se produz em comum, seja deles conforme se unem, ao participar do movimento e da virtude daquele agente, pois vários agentes não produzem um só efeito senão enquanto são uma unidade; por exemplo, se evidencia que todos que estão no exército operam para causar a vitória, que causam enquanto estão sob a ordenação de um chefe, cujo efeito próprio é a vitória. Ora, foi mostrado[25] que o primeiro agente é Deus. Como, portanto, o ser é o efeito comum de todos os agentes, pois todo agente faz o ser em ato, é necessário que produzam esse efeito enquanto se ordenam sob o primeiro agente e operam pela virtude d'Ele.

Ainda. Em todas as causas agentes ordenadas, o que é último na geração e primeiro na intenção, é o efeito próprio do primeiro agente; por exemplo, a forma da casa, que é efeito próprio do construtor, vem depois que a preparação do cimento, da pedra e das madeiras feitas por operários inferiores, que se submetem ao construtor. Ora, em toda ação, o ser em ato é o intencionado primeiramente, e o último na geração, pois, havido ele, descansa a ação do agente e o movimento do paciente. Portanto, é efeito próprio do primeiro agente, isto é, de Deus, e todos os agentes que dão o ser, o fazem enquanto operam pela virtude de Deus.

---

[24] Cf. capítulo anterior.
[25] Livro I, cap. 13.

Amplius. Ultimum in bonitate et perfectione inter ea in quae potest agens secundum, est illud in quod potest ex virtute agentis primi: nam complementum virtutis agentis secundi est ex agente primo.

Quod autem est in omnibus effectibus perfectissimum, est esse: quaelibet enim natura vel forma perficitur per hoc quod est actu; et comparatur ad esse in actu sicut potentia ad actum. Ipsum igitur esse est quod agentia secunda agunt in virtute agentis primi.

Item. Secundum ordinem causarum est ordo effectuum. Primum autem in omnibus effectibus est esse: nam omnia alia sunt quaedam determinationes ipsius.

Igitur esse est proprius effectus primi agentis, et omnia alia agunt ipsum inquantum agunt in virtute primi agentis. Secunda autem agentia, quae sunt quasi particulantes et determinantes actionem primi agentis, agunt sicut proprios effectus alias perfectiones, quae determinant esse.

Praeterea. Quod est per essentiam tale, est propria causa eius quod est per participationem tale: sicut ignis est causa omnium ignitorum. Deus autem solus est ens per essentiam suam, omnia autem alia sunt entia per participationem: nam in solo Deo esse est sua essentia. Esse igitur cuiuslibet existentis est proprius effectus eius, ita quod omne quod producit aliquid in esse, hoc facit inquantum agit in virtute Dei.

Hinc est quod dicitur Sap. 1,14: creavit Deus ut essent omnia. Et in pluribus Scripturae locis dicitur quod Deus omnia facit.

In libro etiam de causis dicitur quod nec intelligentia dat esse nisi inquantum est divina, idest, inquantum agit in virtute divina.

Ademais. O último na bondade e perfeição, entre aquelas coisas para as quais tem poder o agente segundo, é aquilo para o que tem poder por virtude do primeiro agente, pois o complemento da virtude do agente provém do agente primeiro. Ora, o que é o mais perfeito em todos os efeitos, é o ser, pois qualquer natureza ou forma se perfaz por estar em ato, e se relaciona com o ser em ato, como a potência com o ato. Portanto, o ser é aquilo que os agentes produzem em virtude do primeiro agente.

Igualmente. A ordem dos efeitos é segundo a ordem das causas. Ora, o ser é o primeiro entre todos os efeitos, pois todos os outros são determinações d'Ele. Portanto, o ser é o efeito próprio do primeiro agente, e todos os outros agentes produzem o ser enquanto agem em virtude do primeiro agente. Ora, os agentes segundos, que são como particularizantes e determinantes da ação do primeiro agente, produzem como efeitos próprios as outras perfeições, que determinam o ser.

Ademais. O que é tal por essência, é causa própria do que é tal por participação, como o fogo é causa de todas as coisas queimadas. Ora, só Deus é ente por sua essência, e todos os outros são entes por participação, pois só em Deus o ser é sua essência. Portanto, o ser de qualquer existente é efeito próprio de Deus, de modo que todo aquele que produz uma coisa no ser, o faz enquanto age em virtude de Deus.

Daí é que se diz no livro da Sabedoria: *criou Deus para que todas as coisas fossem*[26]. E em vários lugares da Escritura se diz que Deus fez todas as coisas.

Também no Livro das Causas[27] se diz que tampouco a inteligência dá o ser senão enquanto é divina, isto é, enquanto opera por virtude divina.

---

[26] Sabedoria 1,14.
[27] S. Tomás de Aquino (1225-1274), em Exposição sobre o Livro das Causas, proposição 22.

Capitulum LXVII
Quod Deus est causa operandi omnibus operantibus

Ex hoc autem apparet quod Deus causa est omnibus operantibus ut operentur. Omne enim operans est aliquo modo causa essendi, vel secundum esse substantiale, vel accidentale. Nihil autem est causa essendi nisi inquantum agit in virtute Dei, ut ostensum est. Omne igitur operans operatur per virtutem Dei.

Adhuc. Omnis operatio quae consequitur aliquam virtutem, attribuitur sicut causae illi rei quae dedit illam virtutem: sicut motus gravium et levium naturalis consequitur formam ipsorum, secundum quam sunt gravia et levia, et ideo causa motus ipsorum dicitur esse generans, qui dedit formam. Omnis autem virtus cuiuscumque agentis est a Deo, sicut a primo principio omnis perfectionis. Ergo, cum omnis operatio consequatur aliquam virtutem, oportet quod cuiuslibet operationis causa sit Deus.

Amplius. Manifestum est quod omnis actio quae non potest permanere cessante impressione alicuius agentis, est ab illo agente: sicut manifestatio colorum non posset esse cessante actione solis qua aerem illuminat, unde non est dubium quin sol sit causa manifestationis colorum. Et similiter patet de motu violento, qui cessat cessante violentia impellentis. Sicut autem Deus non solum dedit esse rebus cum primo esse incoeperunt, sed quandiu sunt, esse in eis causat, res in esse conservans, ut ostensum est; ita non solum cum primo res conditae sunt, eis virtutes operativas dedit, sed semper eas in rebus causat. Unde, cessante influentia divina, omnis operatio cessaret. Omnis igitur rei operatio in ipsum reducitur sicut in causam.

Item. Quicquid applicat virtutem activam ad agendum, dicitur esse causa illius actionis:

Capítulo 67
Deus é a causa do operar para todos os que operam

Disso também se manifesta que Deus é a causa para todos os operantes de que operem. Com efeito, todo operante é, de algum modo, causa de ser, ou segundo o ser substancial, ou acidental. Ora, nada é causa de ser, senão enquanto opera em virtude de Deus, como foi mostrado[28]. Portanto, todo operante opera por virtude de Deus.

Ainda. Toda operação que segue uma virtude, é atribuída como à causa daquela coisa que deu aquela virtude; por exemplo, o movimento natural dos pesados e dos leves segue a forma deles, segundo a qual são graves e leves, e assim se diz que a causa do movimento deles é o gerador, que deu a forma. Ora, todo virtude de qualquer agente provém de Deus, como do primeiro princípio de toda perfeição. Logo, como toda operação segue uma virtude, é necessário que a causa de qualquer operação seja Deus.

Ademais. É manifesto que toda ação que não pode permanecer, cessando a influência de um agente, provém desse agente, como a manifestação das cores não poderia ser, cessando a ação do sol que ilumina o ar, Donde, não há dúvida de que o sol seja a causa da manifestação das cores. E, semelhantemente, se evidencia a respeito do movimento violento, que cessa, cessando a violência do que impulsiona. Ora, como Deus não só deu o ser às coisas quando por primeiro começaram a existir, mas enquanto são, causa o ser nelas conservando-as no ser, como foi mostrado[29], assim não só deu às coisas, quando no início foram feitas, as potências operativas, mas sempre causa essas potências nas coisas. Donde, cessando a influência divina, cessaria toda operação. Portanto, toda operação de uma coisa se reduz a Deus como à causa.

Igualmente. Tudo aquilo que aplica a potência para operar, se diz ser causa dessa ação,

---

[28] Cf. capítulo anterior.
[29] Cf. cap. 65.

artifex enim applicans virtutem rei naturalis ad aliquam actionem, dicitur esse causa illius actionis, sicut coquus decoctionis, quae est per ignem. Sed omnis applicatio virtutis ad operationem est principaliter et primo a Deo. Applicantur enim virtutes operativae ad proprias operationes per aliquem motum vel corporis, vel animae.

Primum autem principium utriusque motus est Deus. Est enim primum movens omnino immobile, ut supra ostensum est. Similiter etiam omnis motus voluntatis quo applicantur aliquae virtutes ad operandum, reducitur in Deum sicut in primum appetibile et in primum volentem. Omnis igitur operatio debet attribui Deo sicut primo et principali agenti.

Adhuc. In omnibus causis agentibus ordinatis semper oportet quod causae sequentes agant in virtute causae primae: sicut in rebus naturalibus corpora inferiora agunt in virtute corporum caelestium; et in rebus voluntariis omnes artifices inferiores operantur secundum imperium supremi architectoris. In ordine autem causarum agentium Deus est prima causa, ut in primo ostensum est. Ergo omnes causae inferiores agentes agunt in virtute ipsius. Causa autem actionis magis est illud cuius virtute agitur quam etiam illud quod agit: sicut principale agens magis quam instrumentum. Deus igitur principalius est causa cuiuslibet actionis quam etiam secundae causae agentes.

Item. Omne operans per suam operationem ordinatur ad finem ultimum: oportet enim quod vel operatio ipsa sit finis; vel operatum, quod est operationis effectus. Ordinare autem res in finem est ipsius Dei, sicut supra ostensum est. Oportet igitur dicere quod omne agens virtute divina agat. Ipse est igitur qui est causa actionis omnium rerum.

pois o artífice, aplicando a potência da coisa natural para uma ação, se diz ser causa dessa ação; por exemplo, o cozinheiro o é da cocção, que é pelo fogo. Mas toda aplicação de uma potência para a operação provém, principal e primeiramente, de Deus. Com efeito, são aplicadas as potências operativas para as operações próprias por algum movimento ou do corpo ou da alma. Ora, o primeiro princípio de ambos os movimentos é Deus. É, com efeito, o primeiro movente totalmente imóvel, como foi mostrado[30]. Semelhantemente também todo movimento da vontade, pelo qual se aplicam certas virtudes para operar, se reduz a Deus, como ao primeiro desejável e primeiro volente. Portanto, toda operação deve ser atribuída a Deus, como agente primeiro e principal.

Ainda. Em todas as causas *agentes* sempre ordenadas é necessário que as causas que seguem operem em virtude da causa primeira, como nas coisas naturais os corpos inferiores operam em virtude dos corpos celestes, e nas coisas voluntárias todos os artífices inferiores operam segundo o comando do arquiteto supremo. Ora, na ordem das causas *agentes* Deus é a causa primeira, como foi mostrado[31]. Logo, todas as causas inferiores *agentes* operam na virtude d'Ele. Ora, a causa da ação é mais aquilo em cuja virtude se opera do que aquilo que opera, como o agente principal é mais que o instrumento. Deus, portanto, é mais principalmente a causa de toda ação que as causas segundas agentes.

Igualmente. Todo operante ordena-se por sua operação ao fim último, pois é necessário que ou toda operação seja o fim, ou o operado, que é o efeito da operação. Ora, ordenar as coisas para o fim é próprio de Deus, como foi mostrado[32]. Portanto, é necessário dizer que todo agente opera por virtude divina. Deus é, pois, a causa de ação de todas as coisas.

---

[30] Livro I, cap. 13.
[31] Livro I.
[32] Cf. cap. 64.

Hinc est quod dicitur Isaiae 26,12, omnia opera nostra operatus es in nobis, Domine; et Ioan. 15,5, sine me nihil potestis facere, et Philip. 2,13, Deus est qui operatur in nobis velle et perficere pro bona voluntate.

Et hac ratione frequenter in Scripturis naturae effectus operationi divinae attribuuntur, quia ipse est qui operatur in omni operante per naturam vel per voluntatem: sicut illud Iob 10,10 nonne sicut lac mulsisti me, et sicut caseum me coagulasti? pelle et carnibus vestisti me, ossibus et nervis compegisti me; et in Psalmo, intonuit de caelo Dominus, et altissimus dedit vocem suam, grando et carbones ignis.

Daí é que se diz: *Todas as nossas obras operaste em nós, Senhor*[33], e: *Sem mim nada podeis fazer*[34], e: *Deus é quem opera em nós o querer e o realizar por boa vontade*[35].

E, por essa razão, frequentemente nas Escrituras os efeitos da natureza são atribuídos à operação divina, porque Deus é quem opera em todo operante por natureza ou por vontade, como aquilo: *Não me espremeste como leite, e não me coalhaste? Vestiste-me de pele e carnes, e me uniste de ossos e nervos*[36], e: O *Senhor trovejou do céu, e o Altíssimo deu sua voz, com granizo e brasas de fogo*[37].

Capitulum LXVIII
Quod Deus est ubique

Ex hoc autem apparet quod necesse est Deum esse ubique et in omnibus rebus.

Movens enim et motum oportet esse simul, ut probat Philosophus in VII physicorum. Deus autem omnia movet ad suas operationes, ut ostensum est. Est igitur in omnibus rebus.

Item. Omne quod est in loco, vel in re quacumque, aliquo modo contingit ipsam: res enim corporea est in aliquo sicut in loco secundum contactum quantitatis dimensivae; res autem incorporea in aliquo esse dicitur secundum contactum virtutis, cum careat dimensiva quantitate. Sic igitur se habet res incorporea ad hoc quod sit in aliquo per virtutem suam, sicut se habet res corporea ad hoc quod sit in aliquo per quantitatem dimensivam. Si autem esset aliquod corpus habens quantitatem dimensivam infinitam, oporteret illud esse ubique. Ergo, si sit aliqua res incorporea habens virtutem infinitam, oportet quod sit ubique. Ostensum est autem

Capítulo 68
Deus está em toda parte

Disso se manifesta também que é necessário que Deus esteja em toda parte e em todas as coisas.

Com efeito, é necessário que movente e movimento sejam simultâneos, como prova o Filósofo[38]. Ora, Deus move todas as coisas para suas operações, como foi mostrado[39]. Logo, está em todas as coisas.

Igualmente. Tudo o que está num lugar, em uma coisa qualquer, de algum modo a toca, pois a coisa corpórea está em algo como em um lugar, segundo o contato da quantidade dimensiva, mas se diz que a coisa incorpórea está em algo segundo o contato virtual, porque carece de quantidade dimensiva. Assim, pois, a coisa incorpórea se tem em algo por sua *virtude*, como se tem a coisa corpórea em algum lugar pela quantidade dimensiva. Ora, se houvesse um corpo que possuísse uma quantidade dimensiva infinita, seria necessário que ele estivesse em toda parte. Logo, se há alguma coisa incorpórea possuindo *virtude* infinita, é necessário que esteja em toda parte.

---

[33] Isaías 26,12.
[34] João 15,5.
[35] Filipenses 2,13.
[36] Jó 10,10.
[37] Salmo 17,14.
[38] Aristóteles (384-322 a.C.), em Física VII, 2, 243a, 3-245b, 2.
[39] Cf. capítulo anterior.

in primo Deum esse infinitae virtutis. Est igitur ubique.

Adhuc. Sicut se habet causa particularis ad particularem effectum, ita se habet causa universalis ad universalem effectum. Oportet autem causam particularem proprio effectui particulari adesse simul: sicut ignis per suam essentiam calefacit, et anima per suam essentiam vitam corpori confert. Cum igitur Deus sit causa universalis totius esse, ut in secundo ostensum est, oportet quod in quocumque est invenire esse, ei adsit divina praesentia.

Amplius. Quodcumque agens est praesens tantum uni suorum effectuum, eius actio non potest derivari ad alia nisi illo mediante, eo quod agens et patiens oportet esse simul: sicut vis motiva non movet alia membra nisi mediante corde. Si igitur Deus esset praesens uni tantum suorum effectuum, utpote primo mobili, quod ab eo immediate movetur, sequeretur quod eius actio non posset ad alia derivari nisi illo mediante. Hoc autem est inconveniens. Si enim alicuius agentis actio non potest derivari ad alia nisi mediante aliquo primo, oportet quod illud proportionaliter respondeat agenti secundum totam eius virtutem, aliter enim non posset agens tota sua virtute uti: sicut videmus quod omnes motus quos potest causare virtus motiva, expleri possunt per Cor. Non est autem aliqua creatura per quam posset expleri quicquid divina virtus facere potest: cum divina virtus excedat in infinitum quamlibet rem creatam, ut apparet ex his quae in primo ostensa sunt. Inconveniens est igitur dicere quod divina actio non se extendat ad alia nisi mediante uno primo. Non est igitur praesens in uno tantum suorum effectuum, sed in omnibus. Eadem enim ratione opinabitur si quis dicat eum esse in aliquibus, et non in omnibus: quia quotcumque effectus divini accipiantur, non sufficienter explere poterunt divinae virtutis executionem.

Mas foi mostrado[40] que Deus é de virtude infinita. Logo, está em toda parte.

Ainda. Assim como está a causa particular para o efeito particular, assim está a causa universal para o efeito universal. Ora, é necessário que a causa particular esteja presente ao próprio efeito simultaneamente, como o fogo por sua essência aquece, e a alma por sua essência confere vida ao corpo. Portanto, como Deus é causa universal de todo o ser, como foi mostrado[41], é necessário que em qualquer ser que seja, esteja nele a presença divina.

Ademais. Todo agente é presente apenas em um de seus efeitos, sua ação não pode derivar a outros senão mediante esse, porque é necessário que o agente e paciente estejam simultaneamente, como a *força* motora não move outros membros senão mediante o coração. Se Deus, pois, fosse presente apenas em um de seus efeitos, como no primeiro móvel, que por ele é movido imediatamente, seguir-se-ia que sua ação não poderia derivar para outras coisas, senão mediante o primeiro efeito. Ora, isso é inconveniente. Se, pois, a ação de um agente não pode derivar para outras coisas senão mediante algo primeiro, é necessário que esse corresponda proporcionalmente ao agente segundo toda a *virtude* d'Ele, pois de outro modo não poderia o agente usar de toda a sua *virtude*, como vemos que todos os movimentos que *a virtude* motora pode causar, podem ser realizados pelo coração. Ora, não há criatura alguma pela qual pudesse realizar tudo o que a virtude divina pode fazer, porque a virtude divina excede ao infinito qualquer coisa criada, como se manifesta do que foi mostrado[42]. Portanto, é inconveniente dizer que a ação divina não se estende a outras cosias senão mediante o primeiro efeito. Não está, portanto, presente apenas num de seus efeitos, mas em todos. Pela mesma razão se opinará, se alguém disser que Ele está em algumas, mas não em todas as coisas, porque

---

[40] Livro I, cap. 43.
[41] Livro II, cap. 15.
[42] Livro I.

Praeterea. Necesse est ut causa agens sit simul cum suo effectu proximo et immediato. In qualibet autem re est aliquis effectus proximus et immediatus ipsius Dei. Ostensum est enim in secundo quod solus Deus creare potest. In qualibet autem re est aliquid quod per creationem causatur: in rebus quidem corporalibus prima materia; in rebus autem incorporeis simplices earum essentiae; ut apparet ex his quae in secundo sunt determinata. Oportet igitur simul Deum adesse in omnibus rebus: praesertim cum ea quae de non esse ad esse produxit, continuo et semper in esse conservet, ut ostensum est.

Hinc est quod dicitur Ier. 24, caelum et terram ego impleo; et in Psalmo, si ascendero in caelum, tu illic es; et si descendero ad infernum, ades.

Per hoc autem excluditur error quorundam dicentium Deum in aliqua parte mundi determinata esse, puta in primo caelo et in parte orientis, unde est principium motus caeli. uorum tamen dictum sustineri posset si sane accipiatur: ut scilicet non intelligamus Deum aliqua determinata mundi parte esse conclusum; sed quia omnium corporearum motionum principium, secundum naturae ordinem, ab aliqua determinata incipit parte, Deo movente. Propter quod et in sacra Scriptura Deus dicitur specialiter esse in caelo: secundum illud Isaiae ult., caelum mihi sedes est; et in Psalmo, caelum caeli Domino, etc.

Sed ex hoc quod, praeter naturae ordinem, etiam in infimis corporibus Deus aliquid operatur quod virtute caelestis corporis causari

de qualquer modo que se entendam os efeitos divinos, não poderão suficientemente realizar a execução da virtude divina.

Além disso. É necessário que a causa eficiente esteja simultaneamente com seu efeito próximo e imediato. Ora, em qualquer coisa está o efeito próximo e imediato de Deus. Foi mostrado[43] que só Deus pode criar. Ora, em qualquer coisa há algo que é causado pela criação, nas coisas corporais a matéria-prima, e nas coisas incorpóreas simples suas essências, como se manifesta daquelas coisas que foram determinadas no livro II[44]. Portanto, é necessário que simultaneamente Deus esteja em todas as coisas, sobretudo, porque aquelas coisas que produziu do não ser no ser, conserva no ser, de modo contínuo e sempre, como foi mostrado[45].

Daqui é que se diz: *Eu encho o céu e a terra*[46], e: *Se subo ao céu, tu ali estás, e se desço ao inferno, estás presente*[47].

Daí também se exclui o erro daqueles que dizem que Deus está em alguma parte determinada do mundo, por exemplo, no primeiro céu e na parte do oriente, Donde, provém o primeiro movimento do céu. Entretanto, a afirmação desses se poderia sustentar se fosse entendida corretamente, ou seja, que não entendemos que Deus esteja fechado numa parte determinada do mundo, mas, porque, princípio de todas as moções corpóreas, segundo a ordem da natureza, começa por uma determinada parte, movendo Deus. Por causa disso também na sagrada Escritura se diz especialmente estar no céu: *O céu é para mim a sede*[48], e: *O céu do céu ao Senhor* etc.[49].

Mas, pelo fato de que Deus, fora da ordem da natureza, opere, também nos corpos ínfimos, algo que não pode ser causado pela

---

[43] Livro II, cap. 21.
[44] Livro II, cap. 15 ss.
[45] Cf. cap. 65.
[46] Jeremias 23,24.
[47] Salmo 138,8.
[48] Isaías 66,1.
[49] Salmo 113,16.

virtude de um corpo celeste, manifestamente mostra que Ele não apenas está presente no corpo celeste, mas imediatamente também nas coisas ínfimas. Ora, não se deve pensar que Deus está presente em toda parte de modo que se divida pelos espaços dos lugares, como se uma parte d'Ele esteja aqui e outra ali, mas está todo em toda parte. Com efeito, Deus, como é totalmente simples, carece de partes.

Tampouco é simples à maneira do ponto, que é termo do contínuo, e por causa d'Ele se determina o lugar no contínuo, Donde, não pode um ponto estar senão num só lugar indivisível. Ora, Deus é indivisível como existente totalmente fora do gênero do contínuo. Donde, não é determinado a um lugar, ou grande ou pequeno, por necessidade de sua essência, como se fosse necessário que Ele estivesse nalgum lugar, porquanto desde a eternidade existiu antes de todo lugar. Mas pela imensidade de sua virtude atinge todas as coisas que estão no lugar, pois é causa universal de ser, como foi dito[50]. Assim, portanto, Ele é todo em toda parte, porque atinge, por sua virtude simples, todas as coisas. Entretanto, não se há de pensar que assim está nas coisas como nas coisas misturado, pois foi mostrado[51] que não é matéria ou forma de coisa alguma. Mas está em todas as coisas a modo de causa eficiente.

Capítulo 69
A opinião dos que subtraem das coisas naturais as ações próprias

A partir disso alguns tomaram ocasião de errar, pensando que criatura alguma tem qualquer ação na produção dos efeitos naturais; por exemplo, que o fogo não aquece, mas Deus causa o calor, estando presente o fogo, e semelhantemente dizem em todos os outros efeitos naturais[52].

Com efeito, esforçaram-se por confirmar esse erro por razões, mostrando que nenhuma forma, nem substancial nem acidental, é

---

[50] Livro I, cap. 17.
[51] Livro I, caps. 17 e 27.
[52] Averrois [Ibn Roschd] (1126-1198), em Metafísica IX, 7.

per viam creationis produci in esse. Non enim possunt formae et accidentia fieri ex materia: cum non habeant materiam partem sui. Unde, si fiunt, oportet quod fiant ex nihilo, quod est creari. Et quia creatio solius Dei actus est, ut in secundo ostensum est, sequi videtur quod solus Deus tam formas substantiales quam accidentales in natura producat.

Huic autem positioni partim etiam quorundam Philosophorum opinio concordavit.

Quia enim omne quod per se non est, ab eo quod est per se derivatum invenitur, videtur quod formae rerum quae non sunt per se existentes sed in materia, proveniant ex formis quae per se sine materia sint: quasi formae in materia existentes sint quaedam participationes illarum formarum quae sine materia sunt. Et propter hoc Plato posuit species rerum sensibilium esse quasdam formas separatas, quae sunt causae essendi his sensibilibus, secundum quod eas participant.

Avicenna, vero posuit omnes formas substantiales ab intelligentia agente effluere. Accidentales autem formas esse ponebat materiae dispositiones, quae ex actione inferiorum agentium materiam disponentium proveniebant: in quo a priore stultitia declinabat. Huius autem signum esse videbatur quod nulla virtus activa invenitur esse in istis corporibus nisi accidentalis forma, sicut qualitates activae et passivae, quae non videntur esse ad hoc sufficientes quod formas substantiales causare possint.

Inveniuntur etiam quaedam in istis inferioribus quae non generantur ex sibi similibus, sicut animalia ex putrefactione generata. Unde videtur quod horum formae ex altioribus principiis proveniant. Et pari ratione aliae formae, quarum quaedam sunt multo nobiliores. — Quidam vero ad hoc argumentum assumunt ex naturalium corporum imbecillitate ad agendum. Nam omnis corporis forma est

produzida no ser, a não ser por via de criação. Com efeito, formas e acidentes não podem fazer-se da matéria, porque não têm a matéria como parte de si. Donde, se se fazem, é necessário que se façam do nada, o que é ser criado. E porque a criação é ato só de Deus, como foi mostrado[53], parece seguir-se que só Deus produz na natureza tanto as formas substanciais quanto as acidentais.

A tal afirmação também concordou em parte a opinião de alguns Filósofos. Uma vez que tudo o que não é por si, acha-se derivado do que é por si, parece que as formas das coisas que não são por si existentes, mas na matéria, provêm das formas que são por si sem a matéria, como se as formas existentes na matéria fossem certas participações daquelas formas que são sem matéria. E por causa disso Platão afirmou que as espécies das coisas sensíveis são certas formas separadas, que são causas de ser para essas coisas sensíveis, enquanto delas participam[54].

Avicena[55], por sua vez, afirmou que todas as formas substanciais emanam da inteligência agente. Afirmava, porém, que as formas acidentais eram disposições da matéria, que provinham por ação dos agentes inferiores que dispunham a matéria, no que se afastava da estultice anterior. Ora, sinal disso parecia ser que nenhuma virtude ativa se encontra nestes corpos senão a forma acidental, como as qualidades ativas e passivas, que não parecem ser suficientes para que as formas substanciais possam causar.

Encontram-se, também, nesses seres inferiores, alguns que não são gerados de semelhantes a si, como os animais gerados da putrefação. Donde, parece que suas formas provêm de princípios mais elevados. E, por igual razão, outras formas, algumas das quais são muito mais nobres. — Alguns, contudo, tomam esse argumento da debilidade dos corpos naturais para agir. Com efeito, a forma de todo corpo é

---

[53] Livro II, cap. 21.
[54] Aristóteles (384-322 a.C.), em Metafísica I, 9, 990a, 34-991a, 8.
[55] Avicena (980-1037), em Metafísica, 9, 5.

unida à quantidade. Ora, a quantidade impede a ação e o movimento: afirmam, como sinal disso, que quanto mais de quantidade se adiciona a um corpo, tanto mais se faz pesado, e tarda mais seu movimento. Donde, concluem, a partir disso, que nenhum corpo é ativo, mas só passivo. Esforçam-se também por mostrar isso pelo fato de que todo paciente é sujeito ao agente, e todo agente, fora o primeiro que cria, requer um sujeito inferior a si. Ora, nenhuma substância é inferior à corporal. Donde, parece que nenhum corpo é ativo. Acrescentam ainda a isso que a substância corporal está na distância última do primeiro agente: Donde, não lhes parece que a virtude ativa sobrevenha até a substância corporal, mas, como Deus é somente agente, assim a substância corporal, como é ínfima no gênero das coisas, é somente passiva.

Por causa dessas razões, pois, Avicebron afirma, no livro da Fonte da Vida[56], que nenhum corpo é ativo, mas a virtude da substância espiritual, passando pelos corpos, produz ações que parecem ser feitas pelos corpos.

Diz-se que alguns ainda, falando na lei dos Mouros[57], aduzem para isso a razão de que também os acidentes não provêm da ação dos corpos, pois o acidente não passa de sujeito a sujeito. Donde, julgam impossível que o calor passe do corpo quente para outro corpo por ele aquecido, mas dizem que todos esses semelhantes acidentes são criados por Deus[58].

Das afirmações anteriores seguem-se muitos inconvenientes. Com efeito, se nenhuma causa inferior, sobretudo corporal, opera alguma coisa, mas Deus opera sozinho em todas, e Deus não varia pelo fato de operar em coisas diversas, não se segue o efeito diverso da diversidade das coisas nas quais Deus opera. Ora, isso se manifesta falso ao sentido, pois da aposição do quente não se segue o resfriamento, mas a calefação apenas, nem do sêmen do homem segue-se geração a não

---

[56] Avicebron (1020-1070), em A Fonte da Vida II, 10.
[57] Motocálemi [ou Motacálemis] — filósofos ortodoxos mulçumanos.
[58] Maimônides [ou Rabi Moisés] (1135-1204), em Guia dos Indecisos.

ergo causalitas effectuum inferiorum est ita attribuenda divinae virtuti quod subtrahatur causalitas inferiorum agentium.

Item. Contra rationem sapientiae est ut sit aliquid frustra in operibus sapientis.

Si autem res creatae nullo modo operarentur ad effectus producendos, sed solus Deus operaretur omnia immediate, frustra essent adhibitae ab ipso aliae res ad producendos effectus. Repugnat igitur praedicta positio divinae sapientiae.

Adhuc. Quod dat alicui aliquod principale, dat eidem omnia quae consequuntur ad illud: sicut causa quae dat corpori elementari gravitatem, dat ei motum deorsum. Facere autem aliquid actu consequitur ad hoc quod est esse actu, ut patet in Deo: ipse enim est actus purus, et est etiam prima causa essendi omnibus, ut supra ostensum est. Si igitur communicavit aliis similitudinem suam quantum ad esse, inquantum res in esse produxit, consequens est quod communicaverit eis similitudinem suam quantum ad agere, ut etiam res creatae habeant proprias actiones.

Amplius. Perfectio effectus demonstrat perfectionem causae: maior enim virtus perfectiorem effectum inducit. Deus autem est perfectissimum agens. Oportet igitur quod res ab ipso creatae perfectionem ab ipso consequantur. Detrahere ergo perfectioni creaturarum est detrahere perfectioni divinae virtutis. Sed si nulla creatura habet aliquam actionem ad aliquem effectum producendum, multum detrahitur perfectioni creaturae: ex abundantia enim perfectionis est quod perfectionem quam aliquid habet, possit alteri communicare. Detrahit igitur haec positio divinae virtuti.

Item. Sicut est boni bonum facere, ita est summi boni aliquid optime facere. Deus autem est summum bonum, ut in primo ostensum

ser do homem. Portanto, não se deve atribuir a causalidade dos efeitos inferiores à virtude divina de modo a subtrair-se a causalidade dos agentes inferiores.

Igualmente. É contra a razão da sabedoria que haja algo em vão nas obras do sábio. Se, contudo, as coisas criadas não operam de modo algum para produzir efeitos, mas só Deus produz todas as coisas imediatamente, seriam inúteis as outras coisas por ele empregadas para produzir efeitos. Portanto, repugna a mencionada afirmação à sabedoria divina.

Ainda. O que dá a alguma coisa algo principal, dá-lhe todas as coisas que se seguem àquele, como a causa que dá ao corpo elementar a gravidade, dá-lhe o movimento para baixo[59]. Ora, fazer uma coisa em ato segue-se daquilo que é ser em ato, como se evidencia em Deus: pois ele é ato puro, e é também a primeira causa de ser para todas as coisas, como foi mostrado[60]. Se, pois, comunicou a outras coisas sua semelhança quanto ao ser, enquanto produziu as coisas no ser, é consequente que lhes comunicou a sua semelhança quanto ao agir, de modo que também as coisas criadas tenham ações próprias.

Ademais. A perfeição do efeito demonstra a perfeição da causa, pois a virtude maior induz o efeito mais perfeito. Ora, Deus é o agente mais perfeito. Logo, é necessário que as coisas por Ele criadas alcancem d'Ele a perfeição. Diminuir, pois, a perfeição das criaturas é diminuir a perfeição da virtude divina. Mas, se nenhuma criatura tem alguma ação para produzir algum efeito, diminui-se muito à perfeição da criatura, pois é da abundância da perfeição que alguém possa comunicar a outro a perfeição que tem. Logo, tal afirmação diminui a virtude divina.

Igualmente. Assim como é do bem fazer o bem, assim é do sumo bem fazer algo otimamente. Ora, Deus é o sumo bem, como foi

---

[59] Aristóteles (384-322 a.C.), em Sobre o Céu e o Mundo III, 7.
[60] Livro II, cap. 15.

est. Igitur eius est optime facere omnia. Melius autem est quod bonum alicui collatum sit multorum commune, quam quod sit proprium: quia bonum commune semper invenitur esse divinius quam bonum unius tantum. Sed bonum unius fit multis commune si ab uno in alia derivatur, quod non potest esse nisi inquantum diffundit ipsum in alia per propriam actionem: si vero potestatem non habet illud in alia transfundendi, manet sibi ipsi proprium. Sic igitur Deus rebus creatis suam bonitatem communicavit ut una res, quod accepit, possit in aliam transfundere. Detrahere ergo actiones proprias rebus, est divinae bonitati derogare.

Adhuc. Subtrahere ordinem rebus creatis est eis subtrahere id quod optimum habent: nam singula in seipsis sunt bona, simul autem omnia sunt optima, propter ordinem universi; semper enim totum est melius partibus et finis ipsarum. Si autem rebus subtrahantur actiones, subtrahitur ordo rerum ad invicem: rerum enim quae sunt diversae secundum suas naturas, non est colligatio in ordinis unitatem nisi per hoc quod quaedam agunt et quaedam patiuntur. Inconveniens igitur est dicere quod res non habeant proprias actiones.

Amplius. Si effectus non producuntur ex actione rerum creatarum, sed solum ex actione Dei, impossibile est quod per effectus manifestetur virtus alicuius causae creatae: non enim effectus ostendit virtutem causae nisi ratione actionis quae, a virtute procedens, ad effectum terminatur. Natura autem causae non cognoscitur per effectum nisi inquantum per ipsum cognoscitur virtus eius, quae naturam consequitur. Si igitur res creatae non habeant actiones ad producendos effectus, sequetur quod nunquam natura alicuius rei creatae poterit cognosci per effectum. Et sic subtrahitur nobis omnis cognitio scientiae naturalis, in qua praecipue demonstrationes per effectum sumuntur.

mostrado[61]. Portanto, é próprio d'Ele fazer otimamente todas as coisas. Ora, é melhor que o bem, conferido a um, seja comum a muitos, do que ser o que é próprio, porque *o bem comum sempre é mais divino que o bem de um só*[62]. Mas, o bem de um se torna comum a muitos se de um deriva a outros, o que não pode ser senão enquanto se difunde ele mesmo para outros pela ação própria, mas se não tem poder de transfundi-lo em outros, permanece próprio a si mesmo. Assim, portanto, Deus comunicou às coisas criadas sua bondade, de modo que uma coisa, possa transfundir em outra o que recebe. Portanto, diminuir as ações próprias às coisas é diminuir a bondade divina.

Ainda. Subtrair a ordem às coisas criadas é subtrair-lhes o que têm de ótimo, pois as coisas singulares são boas em si mesmas, mas todas, simultaneamente, são ótimas, por causa da ordem do universo, pois sempre o todo é melhor que as partes e é o fim dessas. Ora, se às coisas são subtraídas as ações, subtrai-se a ordem das coisas entre si, pois das coisas que são diversas, segundo suas naturezas, não há coligação na unidade da ordem, senão enquanto umas são ativas e outras, passivas. Portanto, é inconveniente dizer que as coisas não têm ações próprias.

Ademais. Se os efeitos não são produzidos pela ação das coisas criadas, mas só pela ação de Deus, é impossível que pelo efeito se manifeste a potência de uma causa criada, pois o efeito não mostra a potência da causa senão em razão da ação que, procedendo da potência, termina no efeito. Ora, a natureza da causa não é conhecida pelo efeito senão enquanto por ele se conhece a potência dela, que segue a natureza. Se, pois, as coisas criadas não têm ações para produzir efeitos, segue-se que jamais a natureza de uma coisa criada poderá ser conhecida pelo efeito. E assim se subtrai de nós todo conhecimento da ciência natural, na qual as demonstrações são precipuamente tomadas pelo efeito.

---

[61] Livro I, cap. 41.
[62] Aristóteles (384-322 a.C.), em Ética I, 1, 1094b, 9-10.

Item. Apparet per inductionem in omnibus quod simile agat suum simile. Id autem quod generatur in rebus inferioribus non est forma tantum, sed compositum ex materia et forma: nam omnis generatio ex aliquo est, scilicet ex materia, et ad aliquid, scilicet formam. Oportet ergo quod generans non sit forma tantum, sed compositum ex materia et forma. Non igitur species rerum separatae, ut Platonici posuerunt; neque intelligentia agens, ut posuit Avicenna, est causa formarum quae sunt in materiis, sed magis hoc compositum ex materia et forma.

Item. Si agere sequitur ad esse in actu, inconveniens est quod actus perfectior actione destituatur. Perfectior autem actus est forma substantialis quam accidentalis.

Si igitur formae accidentales quae sunt in rebus corporalibus habent proprias actiones, multo magis forma substantialis habet aliquam propriam actionem. Non est autem eius propria actio disponere materiam: quia hoc fit per alterationem, ad quam sufficiunt formae accidentales. Igitur forma substantialis generantis est principium actionis ut forma substantialis introducatur in generatum.

Rationes autem quas inducunt facile est solvere. Cum enim ad hoc aliquid fiat ut sit, sicut forma non dicitur ens quasi ipsa habeat esse, sed quia per eam compositum est; ita nec forma proprie fit, sed incipit esse per hoc quod compositum sit reductum de potentia in actum, qui est forma. Neque etiam oportet ut omne quod habet aliquam formam quasi participatam, recipiat eam immediate ab eo quod est essentialiter forma: sed immediate quidem ab alio quod habet similem formam, simili modo scilicet participatam, quod tamen agat in virtute illius formae separatae, si qua sit talis. Sic enim agens similem sibi effectum producit.

Similiter etiam non oportet quod, quia omnis actio inferiorum corporum fit per qualitates activas et passivas, quae sunt accidentia, quod non producatur ex actione eorum nisi accidens. Quia illae formae accidentales, sicut causantur a forma substantiali, quae simul

Igualmente. Manifesta-se por indução que, em todas as coisas, o semelhante produz seu semelhante. Ora, o que é gerado nas coisas inferiores não é só a forma, mas o composto de matéria e forma, pois toda geração é a partir de algo, ou seja, da matéria e para algo, ou seja, para a forma. Logo, é necessário que o gerador não seja só a forma, mas o composto de matéria e forma. Portanto, nem as espécies separadas das coisas, como afirmaram os Platônicos, nem a inteligência agente, como afirmou Avicena, é causa das formas que estão nas matérias, mas, antes, este composto de matéria e forma.

Igualmente. Se o agir segue ao ser em ato, é inconveniente que o ato mais perfeito seja destituído da ação. Ora, a forma substancial é ato mais perfeito que a acidental. Se, pois, as formas acidentais, que estão nas coisas corporais, têm ações próprias, muito mais a forma substancial tem uma ação própria. Não cabe, porém, à sua ação própria dispor a matéria, porque isso se faz por alteração, para a qual bastam as formas acidentais. Portanto, a forma substancial do gerador é o princípio da ação para que a forma substancial seja introduzida no gerado.

É fácil solucionar as razões que aduzem. Com efeito, uma vez que algo se faz para que exista, como não se diz da forma que ela é um ente como se ela tivesse o ser, mas porque por ela o composto existe, assim também nem a forma propriamente se faz, mas começa a ser enquanto o composto é reduzido da potência ao ato que é a forma. Tampouco é necessário que tudo o que tem uma forma como participada, receba-a imediatamente daquilo que é essencialmente forma, mas imediatamente daquilo que tem forma semelhante, ou seja, participada de modo semelhante, mas que opere em virtude daquela forma separada, se é que existe tal. Assim, o agente produz o efeito semelhante a si.

Semelhantemente, também não é necessário que não se produza pela ação dos corpos inferiores senão o acidente, uma vez que toda ação deles se faz pelas qualidades ativas e passivas, que são acidentes. Porque aquelas formas acidentais, assim como são causadas pela for-

cum materia est causa omnium propriorum accidentium, ita agunt virtute formae substantialis. Quod autem agit in virtute alterius, producit effectum similem non sibi tantum, sed magis ei in cuius virtute agit: sicut ex actione instrumenti fit in artificiato similitudo formae artis. Ex quo sequitur quod ex actione formarum accidentalium producuntur formae substantiales, inquantum agunt instrumentaliter in virtute substantialium formarum.

In animalibus autem quae ex putrefactione generantur, causatur forma substantialis ex agente corporali, scilicet corpore caelesti, quod est primum alterans, unde oportet quod omnia moventia ad formam in istis inferioribus, agant in virtute illius. Et propter hoc, ad producendas aliquas formas imperfectas sufficit virtus caelestis, absque agente univoco. Ad producendas autem formas perfectiores, sicut sunt animae animalium perfectorum, requiritur etiam cum agente caelesti agens univocum: talia enim animalia non generantur nisi ex semine. Et propter hoc dicit Aristoteles, in II phys., quod homo generat hominem et sol.

Non est autem verum quod quantitas impediat actionem formae, nisi per accidens: inquantum scilicet omnis quantitas continua est in materia; forma autem in materia existens, cum sit minoris actualitatis, est per consequens minoris virtutis in agendo. Unde corpus quod habet minus de materia et plus de forma, scilicet ignis, est magis activum. Supposito autem modo actionis quam forma in materia existens habere potest, quantitas coauget magis quam minuat actionem. Nam quanto corpus calidum fuerit maius, supposita aeque intensa caliditate, tanto magis calefacit; et supposita gravitate aeque intensa, quanto maius fuerit corpus grave, tanto velocius movebitur motu naturali; et inde est quod tardius movetur motu innaturali. Quod ergo corpora gravia sunt tardioris motus innaturalis cum fuerint maioris quantitatis, non ostendit quod

ma substancial, que, simultaneamente com a matéria, é causa de todos os acidentes próprios, assim operam em virtude da forma substancial. Ora, o que opera em virtude de outro, produz o efeito semelhante não apenas a si, mas antes àquele em cuja virtude opera, como da ação do instrumento se faz no artefato a semelhança da forma de arte. Segue-se disso que da ação das formas acidentais são produzidas formas substanciais, enquanto operam instrumentalmente em virtude das formas substanciais.

Nos animais, entretanto, que são gerados da putrefação, a forma substancial é causada pelo agente corporal, ou seja, pelo corpo celeste, que é o primeiro alterante, Donde, é necessário que todos os moventes para a forma nestes seres inferiores, operem em virtude d'Ele. E, por causa disso, para produzir algumas formas imperfeitas basta a virtude celeste, sem agente unívoco. Entretanto, para produzir formas mais perfeitas, como são as almas dos animais perfeitos, requer-se também com o agente celeste o agente unívoco, pois tais animais não são gerados senão do sêmen. E por causa disso Aristóteles diz[63] que *o homem e o sol geram o homem*.

Não é, porém, verdadeiro que a quantidade impede a ação da forma, a não ser por acidente, ou seja, enquanto toda quantidade contínua está na matéria, mas a forma existente na matéria, como é de atualidade menor, é, por conseguinte, de virtude menor ao operar. Donde, o corpo que tem menos de matéria e mais de forma, por exemplo, o fogo, é mais ativo. Ora, suposto o modo de ação que a forma existente na matéria pode ter, a quantidade aumenta mais do que diminui a ação. Com efeito, quanto maior for o corpo quente, suposta uma igual intensidade de calor, tanto mais aquece, e, suposta uma gravidade igualmente intensa, quanto mais pesado for o corpo, tanto mais velozmente se moverá por movimento natural, e é daí que se move mais lentamente no movimento não natural. Portanto, que os corpos pesados são de movimento mais lento

---

[63] Aristóteles (384-322 a.C.), em Física II, 2, 194b, 13.

quantitas impediat actionem, sed magis quod coaugeat ipsam.

Non oportet etiam quod corpus omne careat actione propter hoc quod in ordine rerum substantia corporalis est infima secundum suum genus. Quia etiam inter corpora unum est superius altero, et formalius et magis activum: sicut ignis respectu inferiorum corporum. Nec tamen etiam infimum corpus excluditur ab agendo.

Manifestum est enim quod corpus non potest agere se toto, cum sit compositum ex materia, quae est ens in potentia, et ex forma, quae est actus: agit enim unumquodque secundum quod est actu. Et propter hoc omne corpus agit secundum suam formam: ad quam comparatur aliud corpus, scilicet patiens, secundum suam materiam ut subiectum, inquantum materia eius est in potentia ad formam agentis. Si autem e converso ad formam corporis patientis sit in potentia materia corporis agentis, erunt agentia et patientia ad invicem: sicut accidit in duobus corporibus elementaribus. Sin autem, erit unum tantum agens, et alterum tantum patiens respectu illius: sicut est comparatio corporis caelestis ad corpus elementare. Sic igitur corpus agens agit in subiectum non ratione totius corporis, sed formae per quam agit.

Non est etiam verum quod corpora sint in ultima remotione a Deo. Cum enim Deus sit actus purus, secundum hoc aliqua magis vel minus ab eo distant, quod sunt plus vel minus in actu vel in potentia. Illud igitur in entibus est extreme distans a Deo quod est potentia tantum, scilicet materia prima. Unde eius est pati tantum et non agere. Corpora vero, cum sint composita ex materia et forma, accedunt ad divinam similitudinem inquantum habent formam, quam Aristoteles, in I phys., nominat divinum quiddam. Et propter hoc, secundum quod habent formam, agunt: secundum vero quod habent materiam, patiuntur.

não natural quando forem de maior quantidade, não mostra que a quantidade impede a ação, mas, antes que a aumenta.

Não é necessário, também, que todo corpo careça de operação porque, na ordem das coisas, a substância corporal é ínfima segundo seu gênero. Porque, também, entre os corpos um é superior ao outro, e mais formal e mais ativo, como o fogo em relação aos corpos inferiores. Tampouco, porém, o corpo ínfimo é excluído do operar.

Com efeito, é manifesto que o corpo não pode operar no seu todo, dado que é composto de matéria, que é ente em potência, e de forma, que é ato, pois cada ser opera segundo está em ato. E, por causa disso, todo corpo opera segundo sua forma, à qual se relaciona outro corpo, a saber, o paciente, segundo sua matéria como sujeito, enquanto sua matéria está em potência para a forma do agente. Se, ao contrário, a matéria do corpo agente está em potência para a forma do corpo paciente, ambos serão agentes e pacientes reciprocamente, como acontece em dois corpos elementares. Entretanto, se não for assim, haverá um só agente e outro apenas paciente com respeito àquele, como é a relação do corpo celeste com o corpo elementar. Assim, pois, o corpo agente opera no sujeito não em razão de todo o corpo, mas da forma pela qual opera.

Também não é verdadeiro que os corpos estejam no distanciamento último de Deus. Com efeito, como Deus é ato puro, de acordo com isso as coisas d'Ele distam mais ou menos, segundo estão mais ou menos em ato ou em potência. Portanto, entre os entes está extremamente distante de Deus aquele que é só potência, ou seja, a matéria prima. Donde, a ela pertence só ser paciente e não operar. Os corpos, porém, como são compostos de matéria e forma, aproximam-se da semelhança divina enquanto têm a forma, que Aristóteles nomeia como certo divino[64]. E por causa disso, enquanto têm forma, operam, mas enquanto têm matéria, recebem.

---

[64] Aristóteles (384-322 a.C.), em Física I, 9, 192a, 16-17.

Ridiculum autem est dicere quod ideo corpus non agat quia accidens non transit de subiecto in subiectum. Non enim hoc modo dicitur corpus calidum calefacere quod idem numero calor qui est in calefaciente corpore, transeat ad corpus calefactum: sed quia virtute caloris qui est in corpore calefaciente, alius calor numero fit actu in corpore calefacto, qui prius erat in eo in potentia. Agens enim naturale non est traducens propriam formam in alterum subiectum: sed reducens subiectum quod patitur, de potentia in actum. Non igitur auferimus proprias actiones rebus creatis, quamvis omnes effectus rerum creatarum Deo attribuamus quasi in omnibus operanti.

Ora, é ridículo dizer que assim o corpo não opera, porque o acidente não passa de sujeito a sujeito. Com efeito, não se diz, desse modo, que o corpo quente aquece porque o mesmo calor em número, que está no corpo que aquece, passe para o corpo aquecido, mas porque, em virtude do calor que está no corpo, outro calor em número se faz em ato no corpo aquecido, que antes estava nele em potência. Com efeito, o agente natural não transmite a própria forma em outro sujeito, mas reduz o sujeito, que recebe, da potência ao ato. Portanto, não tiramos as ações próprias das coisas criadas, embora atribuamos todos os efeitos das coisas criadas a Deus, como operante em todas elas.

Capitulum 70
Quomodo idem effectus sit a Deo et a natura agente

Quibusdam autem difficile videtur ad intelligendum quod effectus naturales et Deo attribuantur et naturali agenti.

Nam una actio a duobus agentibus non videtur progredi posse. Si igitur actio per quam effectus naturalis producitur, procedit a corpore naturali, non procedit a Deo.

Item. Quod potest fieri sufficienter per unum, superfluum est si per multa fiat: videmus enim quod natura non facit per duo instrumenta quod potest facere per unum. Cum igitur virtus divina sufficiens sit ad producendos effectus naturales, superfluum est adhibere ad eosdem effectus producendos etiam naturales virtutes: vel, si virtus naturalis sufficienter proprium effectum producit, superfluum est quod divina ad eundem effectum agat.

Praeterea. Si Deus totum effectum naturalem producit, nihil relinquitur de effectu naturali agenti ad producendum. Non videtur igitur esse possibile quod eosdem effectus Deus producere dicatur quos res naturales producunt.

Haec autem difficultatem non afferunt si praemissa considerentur. In quolibet enim agente est duo considerare, scilicet rem ipsam quae agit, et virtutem qua agit: sicut ignis

Capítulo 70
De que modo o mesmo efeito procede de Deus e da natureza agente

Entretanto, parece a alguns difícil entender que atribuímos os efeitos naturais tanto a Deus quanto ao agente natural.

Com efeito, não parece que uma ação possa advir de dois agentes. Se, pois, a ação pela qual se produz o efeito natural, procede do corpo natural, não procede de Deus.

Igualmente. O que pode ser feito suficientemente por um, é supérfluo que por muitos se faça, pois vemos que a natureza não faz por dois instrumentos o que pode fazer por um. Como, pois, a virtude divina é suficiente para produzir os efeitos naturais, é supérfluo empregar também para produzir os mesmos efeitos as virtudes naturais, ou, se a virtude natural produz suficientemente o efeito próprio, é supérfluo que a virtude divina opere para o mesmo efeito.

Além disso. Se Deus produz todo o efeito natural, nada resta de efeito natural ao agente para produzir. Não parece, portanto, ser possível dizer-se que Deus produz os mesmos efeitos que as coisas naturais produzem.

Entretanto, se se considera o exposto, essas razões não trazem dificuldade. Com efeito, em qualquer agente, devem-se considerar duas coisas, ou seja, a coisa mesma que ope-

calefacit per calorem. Virtus autem inferioris agentis dependet a virtute superioris agentis, inquantum superius agens dat virtutem ipsam inferiori agenti per quam agit; vel conservat eam; aut etiam applicat eam ad agendum, sicut artifex applicat instrumentum ad proprium effectum; cui tamen non dat formam per quam agit instrumentum, nec conservat, sed dat ei solum motum. Oportet ergo quod actio inferioris agentis non solum sit ab eo per virtutem propriam, sed per virtutem omnium superiorum agentium: agit enim in virtute omnium. Et sicut agens infimum invenitur immediatum activum, ita virtus primi agentis invenitur immediata ad producendum effectum: nam virtus infimi agentis non habet quod producat hunc effectum ex se, sed ex virtute proximi superioris; et virtus illius hoc habet ex virtute superioris; et sic virtus supremi agentis invenitur ex se productiva effectus, quasi causa immediata; sicut patet in principiis demonstrationum, quorum primum est immediatum. Sicut igitur non est inconveniens quod una actio producatur ex aliquo agente et eius virtute, ita non est inconveniens quod producatur idem effectus ab inferiori agente et Deo: ab utroque immediate, licet alio et alio modo.

Patet etiam quod, etsi res naturalis producat proprium effectum, non est superfluum quod Deus illum producat: quia res naturalis non producit ipsum nisi virtute divina. Neque est superfluum, si Deus per seipsum potest omnes effectus naturales producere, quod per quasdam alias causas producantur. Non enim hoc est ex insufficientia divinae virtutis, sed ex immensitate bonitatis ipsius, per quam suam similitudinem rebus communicare voluit non solum quantum ad hoc quod essent, sed etiam quantum ad hoc quod aliorum causae essent: his enim duobus modis creaturae communiter omnes divinam similitudinem consequuntur, ut supra osten-

ra, e a virtude pela qual opera, como o fogo aquece pelo calor. Ora, a virtude do agente inferior depende da virtude do agente superior, enquanto o agente superior dá a mesma virtude ao agente inferior pela qual opera, ou a conserva, ou também a aplica ao operar, como o artífice aplica o instrumento para o efeito próprio, ao qual, porém, não dá a forma pela qual opera o instrumento, nem conserva, mas lhe dá só o movimento. Portanto, é necessário que a operação do agente inferior não só proceda d'Ele por virtude própria, mas por virtude de todos os agentes superiores, pois opera em virtude de todos. E assim como o agente ínfimo se encontra ativo imediato, assim a virtude do primeiro agente se encontra imediata para produzir o efeito, pois a virtude do agente ínfimo não tem como produzir este efeito por si, mas por virtude do próximo superior, e a virtude desse tem isso da virtude do superior, e assim a virtude do supremo agente se encontra de si produtiva do efeito, como causa imediata, como se evidencia nos princípios das demonstrações, dos quais o primeiro é imediato. Assim como, portanto, não é inconveniente que uma ação única produza por outro agente e sua virtude, assim não é inconveniente que se produza o mesmo efeito pelo agente inferior e por Deus: por ambos imediatamente, embora de modos diversos.

Evidencia-se também que, embora a coisa natural produza o efeito próprio, não é supérfluo que Deus o produza, porque a coisa natural não o produz senão por virtude divina. Tampouco é supérfluo, se Deus pode por si mesmo produzir todos os efeitos naturais, que sejam produzidos por algumas outras causas. Com efeito, isso não se dá pela insuficiência da virtude divina, mas pela imensidade de sua bondade, pela qual quis comunicar sua semelhança às coisas, não apenas quanto a que fossem, mas também quanto a que houvesse outras causas, pois, por esses dois modos, todas as criaturas em geral alcançam a semelhança divina, como foi mostrado[65]. Por

---

[65] Cf. caps. 20 e 21.

sum est. Per hoc etiam decor ordinis in rebus creatis apparet.

Patet etiam quod non sic idem effectus causae naturali et divinae virtuti attribuitur quasi partim a Deo, et partim a naturali agente fiat, sed totus ab utroque secundum alium modum: sicut idem effectus totus attribuitur instrumento, et principali agenti etiam totus.

Capitulum LXXI
Quod divina providentia non excludit totaliter malum a rebus

Ex his autem apparet quod divina providentia, qua res gubernat, non impedit quin corruptio et defectus et malum in rebus inveniatur.

Divina enim gubernatio, qua Deus operatur in rebus, non excludit operationem causarum secundarum, sicut iam ostensum est. Contingit autem provenire defectum in effectu propter defectum causae secundae agentis, absque eo quod sit defectus in primo agente: sicut cum in effectu artificis habentis perfecte artem, contingit aliquis defectus propter instrumenti defectum; et sicut hominem cuius vis motiva est fortis, contingit claudicare, non propter defectum virtutis motivae, sed propter tibiae curvitatem. Contingit igitur in his quae aguntur et gubernantur a Deo, aliquem defectum et aliquod malum inveniri, propter defectum agentium secundorum, licet in ipso Deo nullus sit defectus.

Amplius. Perfecta bonitas in rebus creatis non inveniretur nisi esset ordo bonitatis in eis, ut scilicet quaedam sint aliis meliora: non enim implerentur omnes gradus possibiles bonitatis; neque etiam aliqua creatura Deo similaretur quantum ad hoc quod alteri emineret. Tolleretur etiam summus decor a rebus, si ab eis ordo distinctorum et disparium tolleretur. Et quod est amplius, tolleretur multitudo a rebus, inaequalitate bonitatis sublata: cum per differentias quibus res ad invicem differunt,

isso manifesta-se também a beleza da ordem nas coisas criadas.

Evidencia-se também que assim não se atribui o mesmo efeito à causa natural e à virtude divina, como se fizesse em parte por Deus, e em parte pelo agente natural, mas todo por ambos, segundo modo diferente, como o mesmo efeito é atribuído todo ao instrumento, e também todo ao agente principal.

Capítulo 71
A providência divina não exclui totalmente o mal das coisas

Manifesta-se, porém, do exposto que a providência divina, enquanto governa as coisas, não impede que a corrupção, o defeito e o mal se encontrem nas coisas.

Com efeito, o governo divino, pelo qual Deus opera nas coisas, não exclui a operação das causas segundas, como já foi mostrado[66]. Ora, acontece provir o defeito no efeito em razão do defeito da causa agente segunda, sem que haja o defeito no agente primeiro; por exemplo, quando no efeito do artista que possui perfeitamente a arte, acontece alguma deficiência em razão do defeito do instrumento, e como acontece quando o homem, cuja força motora é forte, claudique, não por deficiência da força motora, mas pelo encurvamento da perna. Acontece, portanto, encontrar-se, nas coisas que são operadas e governadas por Deus, algum defeito e algum mal, em razão do defeito dos agentes segundos, embora no próprio Deus não haja defeito algum.

Ademais. Não se encontraria a perfeita bondade nas coisas criadas se não houvesse nelas a ordem da bondade, ou seja, de que algumas sejam melhores que outras, pois não se realizariam todos os graus possíveis de bondade, nem também determinada criatura se assemelharia a Deus, no que fosse ela mais eminente que outra. Seria tirada também a suma beleza das coisas, se delas se tirasse a ordem do distinto e do dispare. E o que é mais, tirar-se-ia a multiplicidade das coisas, tirada

---

[66] Cf. caps. 69 ss.

unum altero melius existat; sicut animatum inanimato, et rationale irrationali. Et sic, si aequalitas omnimoda esset in rebus, non esset nisi unum bonum creatum: quod manifeste perfectioni derogat creaturae. Gradus autem bonitatis superior est ut aliquid sit bonum quod non possit a bonitate deficere: inferior autem eo est quod potest a bonitate deficere. Utrumque igitur gradum bonitatis perfectio universi requirit. Ad providentiam autem gubernantis pertinet perfectionem in rebus gubernatis servare, non autem eam minuere. Igitur non pertinet ad divinam providentiam ut omnino excludat a rebus potentiam deficiendi a bono. Hanc autem potentiam sequitur malum: quia quod potest deficere, quandoque deficit. Et ipse defectus boni malum est, ut supra ostensum est. Non est igitur ad divinam providentiam pertinens ut omnino malum a rebus prohibeat.

Adhuc. Optimum in gubernatione qualibet est ut rebus gubernatis secundum modum suum provideatur: in hoc enim regiminis iustitia consistit. Sicut igitur esset contra rationem humani regiminis si impedirentur a gubernatore civitatis homines agere secundum sua officia — nisi forte quandoque ad horam, propter aliquam necessitatem, — ita esset contra rationem divini regiminis si non sineret res creatas agere secundum modum propriae naturae. Ex hoc autem quod creaturae sic agunt, sequitur corruptio et malum in rebus: cum, propter contrarietatem et repugnantiam quae est in rebus, una res sit alterius corruptiva. Non est igitur ad divinam providentiam pertinens malum omnino a rebus gubernatis excludere.

Item. Impossibile est quod agens operetur aliquod malum nisi propter hoc quod intendit aliquod bonum, sicut ex superioribus apparet. Prohibere autem cuiuscumque boni intentio-

a desigualdade da bondade, porque, pelas diferenças pelas quais as coisas se diferenciam entre si, uma existe melhor do que outra, como o animado em relação ao inanimado, e o racional, ao irracional. E assim, se houvesse a igualdade total nas coisas, não haveria senão um único bem-criado, o que manifestamente diminui a perfeição da criatura. Ora, um grau da bondade é superior, quando algo é de tal modo bom que não possa faltar em bondade, mas o inferior o é porque pode. Logo, a perfeição do universo requer ambos os graus de bondade. Ora, à providência de quem governa pertence conservar a perfeição nas coisas governadas, mas não a diminuir. Logo, não pertence à providência divina que exclua totalmente das coisas a potência de falharem no bem. Ora, o mal segue essa potência, porque o que pode faltar, às vezes falta. E essa falta de bem é o mal, como foi mostrado[67]. Não é, portanto, pertinente à providência divina o proibir totalmente o mal nas coisas.

Ainda. O melhor em qualquer governo é que, nas coisas governadas, providencie segundo seu modo, pois consiste nisso a justiça do regime. Portanto, assim como seria contra a razão do regime humano se os homens fossem impedidos pelo governante da cidade de operar segundo seus ofícios, — a não ser por acaso, às vezes, num momento, por causa de alguma necessidade — assim seria contra a razão do regime divino se não deixasse as coisas criadas operar, segundo o modo da própria natureza. Ora, pelo fato de que as criaturas assim operam, segue-se a corrupção e o mal nas coisas, porque, em razão da contrariedade e repugnância que há nelas, uma coisa é corruptora de outra. Não pertence, pois, à providência divina excluir totalmente o mal das coisas governadas.

Igualmente. É impossível que o agente opere algum mal, senão enquanto pretende um bem, como é manifesto das afirmações superiores[68]. Ora, proibir, de modo univer-

---

[67] Cf. cap. 7.
[68] Cf. caps. 3 e 4.

nem universaliter a rebus creatis, non pertinet ad providentiam eius qui est omnis boni causa: sic enim multa bona subtraherentur ab universitate rerum; sicut, si subtraheretur igni intentio generandi sibi simile, ad quam sequitur hoc malum quod est corruptio rerum combustibilium, tolleretur hoc bonum quod est generatio ignis, et conservatio ipsius secundum suam speciem. Non est igitur divinae providentiae malum totaliter a rebus excludere.

Adhuc. Multa bona sunt in rebus quae, nisi mala essent, locum non haberent: sicut non esset patientia iustorum si non esset malignitas persequentium; nec esset locus iustitiae vindicanti si delicta non essent; in rebus etiam naturalibus non esset unius generatio nisi esset alterius corruptio. Si ergo malum totaliter ab universitate rerum per divinam providentiam excluderetur, oporteret etiam bonorum multitudinem diminui. Quod esse non debet: quia virtuosius est bonum in bonitate quam in malitia malum, sicut ex superioribus patet. Igitur non debet per divinam providentiam totaliter malum excludi a rebus.

Amplius. Bonum totius praeminet bono partis. Ad providum igitur gubernatorem pertinet negligere aliquem defectum bonitatis in parte, ut fiat augmentum bonitatis in toto: sicut artifex abscondit fundamenta sub terra ut tota domus habeat firmitatem. Sed si malum a quibusdam partibus universi subtraheretur, multum deperiret perfectionis universi, cuius pulchritudo ex ordinata malorum et bonorum adunatione consurgit, dum mala ex bonis deficientibus proveniunt, et tamen ex eis quaedam bona consequuntur, ex providentia gubernantis: sicut et silentii interpositio facit cantilenam esse suavem. Non igitur per divinam providentiam debuit malum a rebus excludi.

sal, a intenção de qualquer bem das coisas criadas, não pertence à providência daquele que é causa de todo bem, pois, assim, muitos bens seriam subtraídos da universalidade das coisas; por exemplo, se se subtraísse ao fogo a tendência de gerar um semelhante a si, do qual seguiria este mal que é a corrupção das coisas combustíveis, tirar-se-ia este bem que é a geração do fogo, e a sua conservação segundo sua espécie. Portanto, não é da providência divina excluir totalmente o mal das coisas.

Ainda. Há nas coisas muitos bens, que, a não ser que houvesse os males, não teriam lugar; por exemplo, não haveria a paciência dos justos, se não fosse a malignidade dos perseguidores, nem haveria lugar da justiça vindicativa, se não houvesse os delitos; também nas coisas naturais, não haveria a geração de um senão houvesse a corrupção de outro. Se o mal fosse, pois, excluído totalmente da universalidade das coisas pela providência divina, seria necessário também que se diminuísse a multiplicidade dos bens. O que não deve ser, porque mais poderoso é o bem na bondade que o mal na malícia, como se evidencia das afirmações superiores[69]. Portanto, não deve o mal ser excluído das coisas totalmente, pela providência divina.

Ademais. O bem do todo é mais excelente que o bem da parte. Portanto, pertence ao governador prudente não considerar um defeito no bem da parte para aumentar o bem do todo; por exemplo, o arquiteto esconde os fundamentos sob a terra para que toda casa tenha firmeza. Mas, se se subtraísse o mal de algumas partes do universo, diminuiria muito a perfeição do universo, uma vez que a sua beleza se mostra pela reunião ordenada de males e de bens. Embora os males provenham dos bens deficientes, entretanto pela prudência do governador se alcançam alguns bens dos males; por exemplo, o canto se faz suave também pela interposição do silêncio. Por isso, o mal não foi excluído das coisas pela providência divina.

---

[69] Cf. caps. 11 e 12.

Adhuc. Res aliae, et praecipue inferiores, ad bonum hominis ordinantur sicut ad finem. Si autem nulla mala essent in rebus, multum de bono hominis diminueretur, et quantum ad cognitionem, et quantum ad boni desiderium vel amorem. Nam bonum ex comparatione mali magis cognoscitur; et dum aliqua mala perpetimur, ardentius bona optamus; sicut quantum bonum sit sanitas, infirmi maxime cognoscunt; qui etiam ad eam magis exardent quam sani. Non igitur pertinet ad divinam providentiam mala a rebus totaliter excludere.

Propter quod dicitur, Isaiae 45,7: faciens pacem et creans malum. Et Amos 3,6: non est malum in civitate quod Deus non faciat.

Per haec autem excluditur quorundam error qui, propter hoc quod mala in mundo evenire videbant, dicebant Deum non esse: sicut boetius, in I de cons., introducit quendam Philosophum quaerentem: si Deus est, unde malum? esset autem e contrario arguendum: si malum est, Deus est. Non enim esset malum sublato ordine boni, cuius privatio est malum. Hic autem ordo non esset, si Deus non esset. — Tollitur etiam et erroris occasio per praemissa illis qui divinam providentiam usque ad haec corruptibilia extendi negabant, propter hoc quod in eis multa mala evenire conspiciebant; sola autem incorruptibilia divinae providentiae subdi dicebant, in quibus nullus defectus, nec malum aliquod invenitur. — Per haec etiam tollitur errandi occasio Manichaeis, qui duo prima principia agentia posuerunt, bonum et malum, quasi malum sub providentia boni Dei locum habere non posset.

Solvitur etiam et quorundam dubitatio: utrum scilicet actiones malae sint a Deo? nam cum ostensum sit omne agens actionem suam producere inquantum agit virtute divina, et ex hoc, Deum esse omnium et effectuum et ac-

Ainda. As outras coisas, sobretudo as inferiores, ordenam-se ao bem do homem como ao fim. Se, pois, males nenhuns houvesse nas coisas, diminuir-se-ia muito do bem do homem, já quanto ao conhecimento, já quanto ao desejo do bem ou ao amor. Com efeito, o bem é, em comparação ao mal, mais conhecido, e quando fazemos o mal, mais ardentemente desejamos os bens, assim como os doentes conhecem maximamente quanto a saúde é um bem, e a ela mais aspiram que os sãos. Não pertence, portanto, à providência divina excluir os males das coisas totalmente.

Por causa disso, diz-se em Isaías: *O que faz a paz e cria o mal*[70]. E em Amós: *Não há mal na cidade que Deus não faça*[71].

Por essas coisas, pois, exclui-se o erro de alguns que, em razão de verem os males advir no mundo, diziam que não há Deus, como Boécio[72] ao citar um Filósofo que pergunta: *Se há Deus, Donde, o mal?* Mas seria para arguir de modo contrário: *Se há o mal, há Deus.* Com efeito, não haveria o mal, tirada a ordem do bem, cuja privação é o mal. Ora, essa ordem não haveria, se não houvesse Deus. — Exclui-se também pelo exposto a ocasião de erro àqueles que negavam que a providência divina se estende até a estas coisas corruptíveis, porque nelas percebiam advir muitos males, mas diziam que só as coisas incorruptíveis se submetiam à providência divina, nas quais não se acha nenhum defeito nem mal algum. — Por essas coisas, exclui-se também a ocasião de erro aos Maniqueus, que afirmaram dois princípios primeiros agentes, o bem e o mal, como se o mal não tivesse lugar sob a providência do Deus bom.

Resolve-se também a dúvida de alguns, a saber, se as más ações procedem de Deus, pois, como foi mostrado[73], todo agente produz sua ação enquanto age por virtude divina, e, a partir disso, Deus é causa de todos os efei-

---

[70] Isaías 45,7.
[71] Amós 3,6.
[72] Boécio (480-524), em Consolação I, prosa 4, ML 63, 625A.
[73] Cf. cap. 66.

tionum causam; itemque ostensum sit quod malum et defectus in his quae providentia divina reguntur, accidat ex conditione secundarum causarum, in quibus potest esse defectus: manifestum est quod actiones malae, secundum quod deficientes sunt, non sunt a Deo, sed a causis proximis deficientibus; quantum autem ad id quod de actione et entitate habent, oportet quod sint a Deo; sicut claudicatio est a virtute motiva quantum ad id quod habet de motu, quantum vero ad id quod habet de defectu, est ex curvitate cruris.

Capitulum LXXII
Quod divina providentia non excludit contingentiam a rebus

Sicut autem divina providentia non excludit universaliter malum a rebus, ita etiam non excludit contingentiam, nec necessitatem rebus imponit.

Iam enim ostensum est quod operatio providentiae qua Deus operatur in rebus, non excludit causas secundas, sed per eas impletur, inquantum agunt virtute Dei. Ex causis autem proximis aliqui effectus dicuntur necessarii vel contingentes, non autem ex causis remotis: nam fructificatio plantae est effectus contingens propter causam proximam, quae est vis germinativa, quae potest impediri et deficere; quamvis causa remota, scilicet sol, sit causa ex necessitate agens. Cum igitur inter causas proximas multae sint quae deficere possunt, non omnes effectus qui providentiae subduntur, erunt necessarii, sed plurimi sunt contingentes.

Adhuc. Ad divinam providentiam pertinet ut gradus entium qui possibiles sunt, adimpleantur, ut ex supra dictis patet. Ens autem dividitur per contingens et necessarium: et est per se divisio entis. Si igitur divina providentia excluderet omnem contingentiam, non omnes gradus entium conservarentur.

tos e ações, e igualmente foi mostrado[74] que o mal e o defeito naquelas coisas que são regidas pela providência divina, acontecem pela condição das causas segundas, nas quais pode haver defeito, é manifesto que as ações más, na medida em que são deficientes, não procedem de Deus, mas de causas próximas deficientes, mas quanto ao que têm de ação e entidade, é necessário que procedam de Deus; por exemplo, a claudicação procede da virtude motora quanto àquilo que tem de movimento, mas quanto ao que tem de defeito, procede do encurvamento da perna.

Capítulo 72
A providência divina não exclui a contingência das coisas

Assim como a providência divina não exclui universalmente o mal das coisas, assim também não exclui a contingência, nem impõe a necessidade às coisas.

Com efeito, já foi mostrado[75] que a operação da providência pela qual Deus opera nas coisas, não exclui as causas segundas, mas por elas se realiza, enquanto operam pela virtude de Deus. Ora, das causas próximas alguns efeitos se dizem necessários ou contingentes, mas não das causas remotas, pois a frutificação da planta é um efeito contingente em razão da causa próxima, que é a força germinativa, que pode ser impedida e falhar, embora a causa remota, ou seja, o sol seja causa que age por necessidade. Como, pois, entre as causas próximas são muitas as que podem falhar, nem todos os efeitos que se submetem à providência serão necessários, mas muitos são contingentes.

Ainda. Pertence à providência divina que os graus dos entes, que são possíveis, se realizem, como se evidencia do que foi dito[76]. Ora, o ente se divide em contingente e necessário e é a divisão por si do ente. Se, pois, a providência divina excluísse toda contingência, não se conservariam todos os graus dos entes.

---

[74] Cf. cap. 70.
[75] Cf. cap. 69.
[76] Cf. capítulo anterior.

Amplius. Quanto aliqua sunt propinquiora Deo, tanto magis de similitudine ipsius participant: et quanto magis distant, tanto magis a similitudine ipsius deficiunt. Illa autem quae sunt Deo propinquissima, sunt omnino immobilia: scilicet substantiae separatae, quae maxime ad Dei similitudinem accedunt, qui est omnino immobilis. Quae autem sunt his proxima, et moventur immediate ab his quae semper eodem modo se habent, quandam immobilitatis speciem retinent, in hoc quod semper eodem modo moventur, sicut corpora caelestia. Consequitur ergo quod ea quae consequuntur ad ista, et ab eis sunt mota, longius ab immobilitate Dei distant, ut scilicet non semper eodem modo moveantur. Et in hoc ordinis pulchritudo apparet. Omne autem necessarium, inquantum huiusmodi, semper eodem modo se habet. Repugnaret igitur divinae providentiae, ad quam pertinet ordinem in rebus statuere et conservare, si omnia ex necessitate evenirent.

Praeterea. Quod necessarium est esse, semper est. Nullum autem corruptibile semper est. Si igitur divina providentia hoc requirit quod omnia sint necessaria, sequitur quod nihil sit in rebus corruptibile: et per consequens nec generabile. Subtraheretur ergo a rebus tota pars generabilium et corruptibilium. Quod perfectioni derogat universi.

Adhuc. In omni motu est quaedam generatio et corruptio: nam in eo quod movetur, aliquid incipit et aliquid desinit esse. Si igitur omnis generatio et corruptio subtraheretur, subtracta contingentia rerum, ut ostensum est, consequens est quod etiam motus subtraheretur a rebus, et omnia mobilia.

Item. Debilitatio virtutis alicuius substantiae, et eius impedimentum ex aliquo contrario agente, est ex aliqua eius immutatione. Si ergo divina providentia non impedit motum a rebus, neque etiam impedietur debilitatio virtutis ipsarum, aut impedimentum ex resistentia alterius. Ex virtutis autem debilitate, et eius impedimento, contingit quod res na-

Ademais. Quanto mais algumas coisas são próximas de Deus, tanto mais participam da semelhança d'Ele, e quanto mais distam, tanto mais falham na sua semelhança. Ora, aquelas que são as mais próximas de Deus, são totalmente imóveis, ou seja, as substâncias separadas, que se aproximam maximamente da semelhança de Deus, que é totalmente imóvel. Aquelas que são próximas a essas, e são movidas imediatamente por aquelas que se comportam sempre do mesmo modo, mantêm certa espécie de imobilidade, porque sempre do mesmo modo são movidas, como os corpos celestes. Segue-se, pois, que aquelas que seguem a essas, e são por essas movidas, distam ainda mais da imobilidade de Deus, ou seja, que não são movidas sempre do mesmo modo. E nisso manifesta-se a beleza da ordem. Ora, todo o necessário, enquanto tal, sempre se comporta do mesmo modo. Portanto, repugnaria à providência divina, à qual pertence determinar e conservar a ordem nas coisas, se todas as coisas acontecessem necessariamente.

Além disso. O que é necessário é sempre. Ora, nenhum ser corruptível é sempre. Se, portanto, a providência divina requer que todas as coisas sejam necessárias, segue-se que nada é corruptível nas coisas, e, por conseguinte, nem o gerável. Retirar-se-ia, pois, das coisas toda a parte das geráveis e corruptíveis. O que diminui a perfeição do universo.

Ainda. Em todo movimento há certa geração e corrupção, pois no que é movida, uma coisa começa a ser e outra deixa de ser. Se, pois, toda geração e corrupção fossem subtraídas, subtraída a contingência das coisas, como foi mostrado, segue-se que seriam subtraídos o movimento das coisas e, também, todas as coisas móveis.

Igualmente. O enfraquecimento de virtude de uma substância, e seu impedimento por um agente contrário, provêm de alguma mutação dela. Se, pois, a providência divina não impede o movimento das coisas, tampouco seria impedido o enfraquecimento da virtude delas, ou o impedimento por resistência de outra. Ora, pelo enfraquecimento da virtude

turalis non semper eodem modo operatur, sed quandoque deficit ab eo quod competit sibi secundum suam naturam, ut sic naturales effectus non ex necessitate proveniant. Non igitur pertinet ad providentiam divinam quod rebus provisis necessitatem imponat.

Amplius. In his quae providentia debite reguntur, non debet esse aliquid frustra. Cum igitur manifestum sit causas aliquas esse contingentes, ex eo quod impediri possunt ut non producant suos effectus, patet quod contra rationem providentiae esset quod omnia ex necessitate contingerent. Non igitur divina providentia necessitatem rebus imponit, contingentiam a rebus universaliter excludens.

Capitulum LXXIII
Quod divina providentia non excludit arbitrii libertatem

Ex quo etiam patet quod providentia voluntatis libertati non repugnat.

Cuiuslibet enim providentis gubernatio ad perfectionem rerum gubernatarum ordinatur vel adipiscendam, vel augendam, vel conservandam. Quod igitur perfectionis est, magis conservandum est per providentiam quam quod est imperfectionis et defectus. In rebus autem inanimatis causarum contingentia ex imperfectione et defectu est: secundum enim suam naturam sunt determinata ad unum effectum, quem semper consequuntur nisi sit impedimentum vel ex debilitate virtutis, vel ex aliquo exteriori agente, vel ex materiae indispositione; et propter hoc causae naturales agentes non sunt ad utrumque, sed ut frequentius eodem modo suum effectum producunt, deficiunt autem raro. Quod autem voluntas sit causa contingens, ex ipsius perfectione provenit: quia non habet virtutem limitatam ad unum, sed habet in potestate producere hunc effectum vel illum; propter quod est contingens ad utrumlibet. Magis igitur pertinet ad providentiam divinam conservare libertatem voluntatis quam contingentiam in naturalibus causis.

e seu impedimento acontece que a coisa natural não opera sempre do mesmo modo, mas às vezes falha no que compete a si, segundo sua natureza, de modo que assim os efeitos naturais não provenham por necessidade. Não pertence, pois, à divina providência impor a necessidade às coisas governadas.

Ademais. Naquelas coisas que são devidamente regidas pela providência, não deve haver nada em vão. Portanto, como é manifesto que algumas causas são contingentes, de sorte a poder ser impedidas de produzir seus efeitos, evidencia-se que seria contra a razão da providência que todas as coisas acontecessem por necessidade. Portanto, a providência divina não impõe a necessidade às coisas, delas excluindo, universalmente, a contingência.

Capítulo 73
A providência divina não exclui a liberdade de arbítrio

Do exposto também se evidencia que a providência não repugna à liberdade da vontade.

Com efeito, o governo de qualquer providente ordena-se à perfeição das coisas governadas, ou para adquirir, ou aumentar ou conservar. O que pertence, pois, à perfeição, é mais para ser conservado pela providência do que o que pertence à imperfeição e defeito. Ora, nas coisas inanimadas a contingência das causas é por imperfeição e defeito, pois, segundo sua natureza, são determinadas a um só efeito, que sempre alcançam se não há impedimento ou por enfraquecimento da potência, ou por algum agente exterior, ou pela indisposição da matéria, e em razão disso as causas naturais agentes não estão para uma e outra coisa, mas, mais frequentemente, produzem seu efeito do mesmo modo, mas falham raramente. Que a vontade, porém, seja causa contingente, isso provém de sua perfeição, porque não tem a virtude limitada a uma só coisa, mas tem em seu poder produzir este ou aquele efeito; por causa disso é contingente em relação a qualquer um. Portanto, pertence à providência divina conservar a liberdade da vontade, mais do que a contingência nas causas naturais.

Amplius. Ad providentiam divinam pertinet ut rebus utatur secundum modum earum. Modus autem agendi cuiuslibet rei consequitur formam eius, quae est principium actionis. Forma autem per quam agit voluntarie agens, non est determinata: agit enim voluntas per formam apprehensam ab intellectu, nam bonum apprehensum movet voluntatem ut eius obiectum; intellectus autem non habet unam formam effectus determinatam, sed de ratione sua est ut multitudinem formarum comprehendat. Et propter hoc voluntas multiformes effectus producere potest. Non igitur ad rationem providentiae pertinet quod excludat voluntatis libertatem.

Item. Per gubernationem cuiuscumque providentis res gubernatae deducuntur ad finem convenientem: unde et de providentia divina Gregorius Nyssenus dicit quod est voluntas Dei per quam omnia quae sunt, convenientem deductionem accipiunt. Finis autem ultimus cuiuslibet creaturae est ut consequatur divinam similitudinem, sicut supra ostensum est. Esset igitur providentiae repugnans si alicui rei subtraheretur illud per quod assequitur similitudinem divinam. Agens autem voluntarium assequitur divinam similitudinem in hoc quod libere agit: ostensum est enim in primo liberum arbitrium in Deo esse. Non igitur per providentiam subtrahitur voluntatis libertas.

Adhuc. Providentia est multiplicativa bonorum in rebus gubernatis. Illud ergo per quod multa bona subtraherentur a rebus, non pertinet ad providentiam. Si autem libertas voluntatis tolleretur, multa bona subtraherentur. Tolleretur enim laus virtutis humanae, quae nulla est si homo libere non agit. Tolleretur etiam iustitia praemiantis et punientis, si non libere homo ageret bonum vel malum. Cessaret etiam circumspectio in consiliis, quae de his quae ex necessitate aguntur, frustra tractantur.

Ademais. Pertence à providência divina usar as coisas, segundo o modo delas. Ora, o modo de operar de qualquer coisa segue sua forma, que é o princípio da operação. A forma, porém, pela qual opera voluntariamente o agente, não é determinada, pois a vontade opera pela forma apreendida pelo intelecto, porque o bem apreendido move a vontade como seu objeto; o intelecto, porém, não tem uma forma de efeito determinada, mas é de sua razão compreender uma multiplicidade de formas. E, em razão disso, a vontade pode produzir efeitos multiformes. Não pertence, pois, à razão de providência, excluir a liberdade da vontade.

Igualmente. Pelo governo de qualquer providente as coisas governadas são conduzidas ao fim conveniente. Donde, Gregório Nisseno diz da providência divina que *ela é a vontade de Deus pela qual todas as coisas que são, recebem a condução conveniente*[77]. Ora, o fim último de qualquer criatura é alcançar a semelhança divina, como foi mostrado[78]. Seria, pois, repugnante à providência se fosse subtraído de alguma coisa aquilo pelo que alcança a semelhança divina. Ora, o agente voluntário alcança a semelhança divina enquanto opera livremente, pois foi mostrado[79] que há em Deus o livre-arbítrio. Portanto, não é subtraída, pela providência, a liberdade da vontade.

Ainda. A providência é multiplicativa de bens nas coisas governadas. Logo, aquilo pelo que muitos bens seriam subtraídos das coisas, não pertence à providência. Se, pois, se tirasse a liberdade da vontade, muitos bens seriam tirados. Com efeito, tirar-se-ia o louvor da virtude humana, que nada é, se o homem não operasse livremente. Tirar-se-ia também a justiça de quem premia e pune, se o homem não fizesse livremente o bem ou o mal. Cessaria também a circunspecção nos conselhos,

---

[77] São Gregório de Nissa (335-394), cf. Nemésio de Emessa (séc. V), em Sobre a Natureza Humana 43; MG 40,791B.
[78] Cf. cap. 19.
[79] Livro I, cap. 88.

Esset igitur contra providentiae rationem si subtraheretur voluntatis libertas.

Hinc est quod dicitur Eccli. 15,14 Deus ab initio constituit hominem, et reliquit eum in manu consilii sui. Et iterum: 18 ante hominem vita et mors, bonum et malum: quod placuerit ei, dabitur illi.

Per haec autem excluditur opinio stoicorum, qui secundum ordinem quendam causarum intransgressibilem, quem Graeci ymarmenen vocabant, omnia ex necessitate dicebant provenire.

Capitulum LXXIV
Quod divina providentia non excludit fortunam et casum

Ex praemissis etiam apparet quod divina providentia non subtrahit a rebus fortunam et casum.

In his enim quae in minori parte accidunt, dicitur esse fortuna et casus. Si autem non provenirent aliqua ut in minori parte, omnia ex necessitate acciderent: nam ea quae sunt contingentia ut in pluribus, in hoc solo a necessariis differunt, quod possunt in minori parte deficere. Esset autem contra rationem providentiae divinae si omnia ex necessitate contingerent, ut ostensum est. Igitur et contra rationem providentiae divinae esset si nihil foret fortuitum et casuale in rebus.

Amplius. Contra rationem providentiae esset si res providentiae subiectae non agerent propter finem: cum providentiae sit omnia ordinare in finem. Esset etiam contra perfectionem universi si nulla res corruptibilis esset, nec aliqua virtus deficere potens, ut ex supra dictis patet. Ex hoc autem quod aliquod agens propter finem deficit ab eo quod intendit,

que tratariam em vão das coisas que se produzem por necessidade. Seria, portanto, contra a razão de providência, se se subtraísse a liberdade da vontade.

Daí é que se diz em Eclesiástico: *Deus desde o início constituiu o homem, e o deixou na mão de seu conselho*[80]. E de novo: *diante do homem a vida e a morte, o bem e o mal: o que lhe agradar, se-lhe dará*[81].

Por essas afirmações, pois, se exclui a opinião dos Estoicos[82] que, *segundo determinada ordem intransponível, que os Gregos chamavam de eimarmenon*, diziam que todas as coisas resultavam por necessidade.

Capítulo 74
A providência divina não exclui a sorte e o acaso

Do exposto manifesta-se também que a providência divina não subtrai das coisas a sorte e o acaso.

Com efeito, naquelas coisas que poucas vezes acontecem, diz-se que há sorte e acaso. Se, contudo, não se dessem algumas coisas assim em poucas vezes, todas as coisas aconteceriam por necessidade, pois as que são contingentes, como em maior parte, diferem só das necessárias porque podem falhar em parte menor. Ora, seria contra a razão da providência divina se todas as coisas acontecessem por necessidade, como foi mostrado[83]. Portanto, também contra a razão da providência divina seria se nada houvesse de fortuito e casual nas coisas.

Ademais. Seria contra a razão da providência se as coisas sujeitas à providência não operassem em vista do fim, já que pertence à providência ordenar todas as coisas para o fim. Seria também contra a perfeição do universo se não houvesse coisa alguma corruptível, nem que alguma potência pudesse falhar, como se evidencia do que foi dito[84]. Ora, do

---

80 Eclesiástico 15,14.
81 Eclesiástico 15,18.
82 Nemésio de Emessa (séc. V), em Sobre a Natureza Humana 37; MG 40,752B.
83 Cf. cap. 72.
84 Cf. cap. 71.

sequitur aliqua casu contingere. Esset igitur contra rationem providentiae, et perfectionis rerum, si non essent aliqua casualia.

Adhuc. Multitudo et diversitas causarum ex ordine divinae providentiae et dispositionis procedit. Supposita autem causarum diversitate, oportet unam alteri quandoque concurrere per quam impediatur, vel iuvetur, ad suum effectum producendum.Ex concursu autem duarum vel plurium causarum contingit aliquid casualiter evenire, dum finis non intentus ex concursu alicuius causae provenit: sicut inventio debitoris ab eo qui ibat ad forum causa emendi aliquid, provenit ex hoc quod debitor etiam ad forum ivit. Non est igitur divinae providentiae contrarium quod sint aliqua fortuita et casualia in rebus.

Item. Quod non est, non potest esse alicuius causa. Unde oportet quod unumquodque, sicut se habet ad esse, ita se habeat ad hoc quod sit causa. Oportet igitur quod secundum diversitatem ordinis in entibus sit etiam diversitas ordinis in causis. Ad perfectionem autem rerum requiritur quod non solum sint in rebus entia per se, sed etiam entia per accidens: res enim quae non habent in sua substantia ultimam perfectionem, oportet quod perfectionem aliquam consequantur per accidentia; et tanto per plura, quanto magis distant a simplicitate Dei. Ex hoc autem quod aliquod subiectum habet multa accidentia, sequitur quod sit aliquod ens per accidens: nam subiectum et accidens, et etiam duo accidentia unius subiecti, sunt unum et ens per accidens; sicut homo albus, et musicum album. Oportet igitur ad perfectionem rerum quod sint etiam causae quaedam per accidens. Ea autem quae ex causis aliquibus procedunt per accidens, dicuntur accidere a casu vel fortuna. Non est igitur contra rationem providentiae, quae perfectionem rerum conservat, ut aliqua fiant a casu vel fortuna.

Praeterea. Ad ordinem divinae providentiae pertinet ut sit ordo et gradus in causis.

fato de que um agente falha em vista do fim que pretende, segue-se que algumas coisas acontecem por acaso. Seria, portanto, contra a razão da providência e da perfeição das coisas, se não houvesse algumas coisas casuais.

Ainda. A multiplicidade e a diversidade das causas procedem da ordem da providência e disposição divina. Ora, suposta a diversidade das causas, é necessário que uma concorra às vezes com a outra, pela qual é impedida, ou ajudada, para produzir seu efeito. Ora, do concurso de duas ou mais causas acontece algo casualmente ocorrer, enquanto ocorre do concurso de alguma causa um fim não intencionado; por exemplo, o encontro do devedor por aquele que vai ao comércio por motivo de comprar algo, provém do fato de que o devedor também foi ao comércio. Portanto, não é contrário à providência divina que haja algo fortuito e casual nas coisas.

Igualmente. O que não é, não pode ser causa de coisa alguma. Donde, é necessário que cada coisa, assim como está para o ser, assim esteja para aquilo de que é causa. É necessário, pois, que segundo a diversidade da ordem nos entes seja também a diversidade da ordem nas causas. Entretanto, para a perfeição das coisas requer-se que não só haja entre as coisas os entes por si, mas também os entes por acidente, pois as coisas que não têm em sua substância a perfeição última é necessário que alcancem alguma perfeição por acidentes, e tanto mais perfeições, quando mais distam da simplicidade de Deus. Ora, do fato de um objeto ter muitos acidentes segue-se que é um ente por acidente, pois sujeito e acidente e mesmo dois acidentes de um só sujeito são um só ente por acidente, como o homem branco, e o músico branco. É necessário, pois, para a perfeição das coisas que haja também causas por acidente. Ora, aquelas coisas que procedem por acidente de algumas causas se diz que acontecem por acaso ou sorte. Não é, portanto, contra a razão da providência, que conserva a perfeição das coisas, que algumas se façam por acaso ou por sorte.

Além disso. Pertence à ordem da providência divina que haja ordem e graus nas cau-

Quanto autem aliqua causa est superior, tanto est maioris virtutis: unde eius causalitas ad plura se extendit. Nullius autem causae naturalis intentio se extendit ultra virtutem eius: esset enim frustra. Oportet ergo quod intentio causae particularis non se extendat ad omnia quae contingere possunt. Ex hoc autem contingit aliquid casualiter vel fortuito, quod eveniunt aliqua praeter intentionem agentium. Ordo igitur divinae providentiae exigit quod sit casus et fortuna in rebus.

Hinc est quod dicitur Eccle. 9,11: vidi nec velocium esse cursum etc., sed tempus casumque in omnibus, scilicet inferioribus.

Capitulum LXXV
Quod providentia Dei sit singularium contingentium

Ex his autem quae ostensa sunt, manifestum fit quod divina providentia pervenit usque ad singularia generabilium et corruptibilium.

Non enim videtur horum non esse providentia nisi propter eorum contingentiam, et quia multa in eis casualiter et fortuito eveniunt: in hoc enim solum differunt ab incorruptibilibus et universalibus corruptibilium, quorum dicunt providentiam esse. Providentiae autem non repugnat contingentia, et casus et fortuna, neque voluntarium, ut ostensum est. Nihil igitur prohibet et horum providentiam esse, sicut incorruptibilium et universalium.

Adhuc. Si Deus horum singularium providentiam non habet, aut hoc est quia non cognoscit ea; aut quia non potest; aut quia non vult eorum curam habere. Non autem potest dici quod Deus singularia non cognoscat: ostensum enim est supra quod Deus eorum notitiam habet. Neque etiam potest dici quod Deus eorum curam habere non possit: cum

sas. Quanto mais elevada é uma causa, tanto é de maior potência, Donde, sua causalidade se estende para muitas coisas. Ora, a intenção de causa alguma natural se estende além de sua potência, pois seria em vão. Logo, é necessário que a intenção da causa particular não se estenda a todas as coisas que podem acontecer. Ora, acontece algo casualmente ou de modo fortuito quando ocorrem algumas coisas sem a intenção dos agentes. Portanto, a ordem da providência divina exige que haja acaso e sorte nas coisas.

Daí é que se diz no Eclesiastes[85]: *Vi que não cabe o prêmio aos que mais correm etc., mas o tempo e o acaso em todas as coisas*, a saber, nas inferiores.

Capítulo 75
A providência de Deus chega até aos singulares contingentes

Do que foi mostrado, faz-se manifesto que a providência divina chega até aos singulares geráveis e corruptíveis.

Com efeito, não parece não haver providência dessas coisas a não ser em razão de sua contingência, e porque muitas coisas nelas ocorrem de modo casual e fortuito, pois apenas nisso diferem as coisas corruptíveis das incorruptíveis e universais, das quais se diz que há providência. Ora, à providência não repugna a contingência, e o acaso e a fortuna, nem o voluntário, como foi mostrado[86]. Portanto, nada proíbe que também dessas coisas haja providência, como das incorruptíveis e universais.

Ainda. Se Deus não tem providência desses singulares, ou isso é porque não os conhece, ou porque não pode, ou porque não quer ter o cuidado deles. Ora, não se pode dizer que Deus não conhece os singulares, pois foi mostrado[87] que Deus tem conhecimento deles. Tampouco se pode dizer que Deus não pode ter o cuidado deles, porque sua potência é

---

[85] Eclesiastes 9,11.
[86] Cf. caps. 72 ss.
[87] Livro I, cap. 65.

eius potentia sit infinita, ut supra probatum est. Nec etiam haec singularia gubernationis non capacia sunt: cum videamus ea gubernari rationis industria, sicut patet in hominibus; et per naturalem instinctum, sicut patet in apibus et multis animalibus brutis, quae quodam naturali instinctu gubernantur. Neque etiam potest dici quod Deus non velit ea gubernare: cum voluntas ipsius sit universaliter omnis boni; bonum autem eorum quae gubernantur, in ordine gubernationis maxime consistit. Non igitur potest dici quod Deus horum singularium curam non habeat.

Amplius. Omnes causae secundae, in hoc quod causae existunt, divinam similitudinem consequuntur, ut ex supra dictis patet. Invenitur autem hoc communiter in causis producentibus aliquid, quod curam habent eorum quae producunt: sicut animalia naturaliter nutriunt foetus suos. Deus igitur curam habet eorum quorum causa existit. Est autem causa etiam istorum particularium, ut ex supra dictis patet. Habet igitur eorum curam.

Item. Ostensum est supra quod Deus in rebus creatis non ex necessitate naturae agit, sed per voluntatem et intellectum. Ea autem quae aguntur per intellectum et voluntatem, curae providentis subduntur, quae in hoc consistere videtur quod per intellectum aliqua dispensentur. Divinae ergo providentiae subduntur ea quae ab ipso aguntur. Ostensum est autem supra quod Deus operatur in omnibus causis secundis, et omnes earum effectus reducuntur in Deum sicut in causam: et sic oportet quod ea quae in istis singularibus aguntur, sint ipsius opera. Igitur haec singularia, et motus et operationes ipsorum, divinae providentiae subiacent.

Praeterea. Stulta est providentia alicuius qui non curat ea sine quibus ea quae curat esse non possunt. Constat autem quod, si om-

infinita, como foi provado[88]. Nem, também, que esses singulares não sejam capazes de governo, quando vemos que são governados pela indústria da razão como se evidencia nos homens, e por instinto natural como se evidencia nas abelhas e muitos animais irracionais, que se governam por um instinto natural. Nem, também, se pode dizer que Deus não quer governá-los, pois sua vontade é universalmente de todo o bem, e o bem das coisas que são governadas consiste maximamente na ordem do governo. Portanto, não se pode dizer que não tem o cuidado desses singulares.

Ademais. Todas as causas segundas, enquanto são causas, alcançam a semelhança divina, como se evidencia do que foi dito[89]. Ora, nas causas que produzem uma coisa, acha-se, comumente, que têm o cuidado das coisas que produzem, como os animais alimentam naturalmente os seus filhotes. Deus, portanto, tem o cuidado daquelas coisas das quais é causa. Ora, é causa também destas coisas particulares, como se evidencia do que foi dito[90]. Tem, portanto, o cuidado delas.

Igualmente. Foi mostrado[91] que Deus não opera por necessidade nas coisas criadas, mas por vontade e intelecto. Ora, as coisas que são operadas pelo intelecto e vontade, sujeitam-se ao cuidado do providente, cuidado que parece consistir em dispensar algumas coisas pelo intelecto. Logo, à providência divina sujeitam-se aquelas coisas que são operadas por Deus. Ora, foi mostrado[92] que Deus opera em todas as causas segundas, e todos os seus efeitos se reduzem a Deus como causa, e assim é necessário que aquelas que são operadas nestes singulares, sejam obra d'Ele. Portanto, esses singulares, e seus movimentos e operações, sujeitam-se à providência divina.

Além disso. É estulta a providência de alguém que não cuida das coisas sem as quais não podem existir aquelas de que cuida. Ora,

---

[88] Livro II, cap. 22.
[89] Cf. cap. 21.
[90] Livro II, cap. 15.
[91] Livro II, caps. 23 ss.
[92] Cf. cap. 67.

nia deficerent particularia, quod universalia eorum remanere non possent. Si igitur Deus universalia tantum curat, singularia vero ista omnino derelinquit, stulta et imperfecta erit eius providentia. Si autem dicat aliquis quod horum singularium Deus curam habet usque ad hoc quod conserventur in esse, non autem quantum ad alia: hoc omnino esse non potest. Nam omnia alia quae circa singularia accidunt, ad eorum conservationem vel corruptionem ordinantur. Si ergo Deus habet curam singularium quantum ad eorum conservationem, habet curam omnium circa ea contingentium.

Potest autem aliquis dicere quod sola cura universalium sufficit ad particularium conservationem in esse. Provisa sunt enim cuilibet speciei ea per quae quodlibet individuum speciei illius potest conservari in esse: sicut data sunt animalibus organa ad cibum sumendum et digerendum, et cornua ad protegendum se. Utilitates autem horum non deficiunt nisi in minori parte: cum ea quae sunt a natura, producant effectus suos vel semper, vel frequenter. Et sic non possunt omnia individua deficere, etsi aliquod deficiat. Sed secundum hanc rationem, omnia quae circa individua contingunt, providentiae subiacebunt, sicut et conservatio eorum in esse: quia circa singularia alicuius speciei nihil potest accidere quod non reducatur aliquo modo ad principia illius speciei. Sic igitur singularia non magis subiacent divinae providentiae quantum ad conservationem in esse, quam quantum ad alia.

Praeterea. In comparatione rerum ad finem talis ordo apparet quod accidentia sunt propter substantias, ut per ea perficiantur; in substantiis vero materia est propter formam; per hanc enim participat divinam bonitatem, propter quam omnia facta sunt, ut supra ostensum est. Ex quo patet quod singularia sunt propter naturam universalem. Cuius signum est quod in his in quibus potest natura univer-

consta que, se faltassem todos os particulares, os seus universais não poderiam permanecer. Se, pois, Deus só cuida dos universais, e deixa totalmente esses singulares, seria estulta e imperfeita sua providência. Se, porém, alguém disser que Deus tem o cuidado desses singulares só até sua conservação no ser, mas não quanto a outras coisas, isso não pode ser de modo algum. Com efeito, todas as coisas que acontecem em relação aos singulares, ordenam-se à sua conservação ou corrupção. Se, pois, Deus tem o cuidado dos singulares quanto à sua conservação, tem o cuidado a respeito de todos os contingentes.

Entretanto, alguém pode dizer que basta só o cuidado dos universais para a conservação no ser dos particulares. Com efeito, são providenciadas para qualquer espécie as coisas pelas quais qualquer indivíduo daquela espécie pode ser conservado no ser; por exemplo, são dados aos animais órgãos para tomar o alimento e digerir, e chifres para se proteger. Ora, as utilidades desses não falham senão em menor parte, pois as coisas que são pela natureza, produzem seus efeitos ou sempre, ou frequentemente. E assim não podem falhar todos os indivíduos, embora algum falhe. Mas, segundo essa razão, todas as coisas que acontecem com relação aos indivíduos, sujeitam-se à providência, como também sua conservação no ser, porque em relação aos singulares de uma espécie nada pode ocorrer que não se reduza, de algum modo, aos princípios daquela espécie. Assim, pois, os singulares não se sujeitam mais à providência divina quanto à conservação, do que quanto a outras coisas.

Além disso. Na relação das coisas com o fim, manifesta-se tal ordem que os acidentes são em razão das substâncias, de modo que essas se aperfeiçoam por eles; já nas substâncias a matéria é em razão da forma; por essa participa da bondade divina, por causa da qual todas as coisas foram feitas, como foi mostrado[93]. A partir disso se evidencia que os singulares são por causa da natureza universal. Sinal disto

---

[93] Cf. cap. 17.

salis conservari per unum individuum, non sunt multa individua unius speciei: sicut patet in sole et luna. Cum autem providentia sit ordinativa aliquorum in finem, oportet quod ad providentiam pertineant et fines, et ea quae sunt ad finem. Subiacent igitur providentiae non solum universalia, sed etiam singularia.

Adhuc. Haec est differentia inter cognitionem speculativam et practicam, quod cognitio speculativa, et ea quae ad ipsam pertinent, perficiuntur in universali; ea vero quae pertinent ad cognitionem practicam, perficiuntur in particulari: nam finis speculativae est veritas, quae primo et per se in immaterialibus consistit et in universalibus; finis vero practicae est operatio, quae est circa singularia. Unde medicus non curat hominem in universali, sed hunc hominem: et ad hoc est tota scientia medicinae ordinata. Constat autem quod providentia ad practicam cognitionem pertinet: cum sit ordinativa rerum in finem. Esset igitur imperfectissima Dei providentia si in universalibus consisteret, et usque ad singularia non perveniret.

Item. Cognitio speculativa magis perficitur in universali quam in particulari: quia magis sciuntur universalia quam particularia; et propter hoc universalissimorum principiorum cognitio omnibus est communis. Ille vero perfectior est in scientia speculativa qui non solum universalem, sed propriam cognitionem de rebus habet: nam qui cognoscit in universali tantum, cognoscit rem solum in potentia. Propter quod discipulus de universali cognitione principiorum reducitur in propriam cognitionem conclusionum per magistrum, qui utramque cognitionem habet: sicut aliquid reducitur de potentia in actum per ens actu. Multo igitur magis in scientia practica perfectior est qui non solum in universali, sed etiam in particulari res disponit ad actum. Divina igitur providentia, quae est perfectissima, usque ad singularia se extendit.

é que nas coisas em que a natureza universal pode ser conservada por um só indivíduo, não há muitos indivíduos de uma só espécie, como se evidencia no sol e na lua. Como, porém, a providência é ordenadora das coisas ao fim, é necessário que pertençam à providência tanto os fins, quanto as coisas que são para o fim. Portanto, sujeitam-se à providência não só os universais, mas também os singulares.

Ainda. Esta é a diferença entre o conhecimento especulativo e o prático, que o conhecimento especulativo, e as coisas que a ele pertencem, aperfeiçoam-se no universal, já as coisas que pertencem ao conhecimento prático, aperfeiçoam-se no particular, pois o fim do especulativo é a verdade, que consiste primeiramente e por si nas coisas imateriais e universais, enquanto o fim do prático é a operação, que é em relação aos singulares. Donde, o médico não cura o homem no universal, mas este homem, e para isso é ordenada toda a ciência da medicina. Ora, consta que a providência pertence ao conhecimento prático, já que é ordenadora das coisas para o fim. Seria, portanto, imperfeitíssima a providência de Deus se consistisse nos universais, e não chegasse até os singulares.

Igualmente. O conhecimento especulativo se aperfeiçoa mais no universal do que no particular, porque são mais conhecidos os universais que os particulares, e por causa disso o conhecimento dos princípios universalíssimos é comum a todas as pessoas. É mais perfeito na ciência especulativa aquele que não só tem o conhecimento universal, mas o conhecimento próprio das coisas, pois quem conhece só o universal, conhece a coisa só em potência. Por causa disso o discípulo é conduzido pelo mestre do conhecimento universal dos princípios ao conhecimento próprio das conclusões, pelo mestre que tem ambos os conhecimentos, como algo é reduzido da potência ao ato pelo ente em ato. Muito mais, portanto, é perfeito na ciência prática quem, não só no universal, mas também no particular, dispõe a coisa ao ato. Logo, a providência divina, que é perfeitíssima, se estende até os singulares.

Amplius. Cum Deus sit causa entis inquantum est ens, ut supra ostensum est, oportet quod ipse sit provisor entis inquantum est ens: providet enim rebus inquantum est causa earum. Quicquid ergo quocumque modo est, sub eius providentia cadit. Singularia autem sunt entia, et magis quam universalia: quia universalia non subsistunt per se, sed sunt solum in singularibus. Est igitur divina providentia etiam singularium.

Item. Res creatae providentiae divinae subduntur prout ab ipso in finem ultimum ordinantur, qui est bonitas sua. Participatio ergo divinae bonitatis a rebus creatis est per providentiam divinam. Bonitatem autem divinam participant etiam singularia contingentia. Oportet ergo quod etiam ad ea divina providentia se extendat.

Hinc est quod dicitur Matth. 6: duo passeres asse veneunt, et unus ex eis non cadit in terra sine patre meo. Et Sap. 8,1: attingit a fine usque ad finem fortiter: idest, a primis creaturis usque ad infimas earum. Ezechiel etiam 9,9 arguitur opinio quorundam qui dicebant, dereliquit Dominus terram, Dominus non videt; et iob 22,14, circa cardines caeli perambulat, nec nostra considerat.

Per haec autem excluditur opinio quorundam qui dixerunt quod divina providentia non se extendit usque ad haec singularia. Quam quidem opinionem quidam Aristoteli imponunt, licet ex verbis eius haberi non possit.

Ademais, uma vez que Deus é a causa do ente enquanto é ente, como foi mostrado[94], é necessário que Ele seja o provedor do ente enquanto é ente, pois providencia as coisas enquanto é a causa delas. Portanto, tudo o que existe de algum modo cai sob a sua providência. Os singulares são mais entes que os universais, porque os universais não subsistem por si, mas somente nos singulares. Portanto, a providência divina se estende até aos singulares.

Igualmente, as coisas criadas se sujeitam à providência divina enquanto são ordenadas por Ele ao último fim, que é a sua bondade. Portanto, a participação da bondade divina pelas coisas criadas é obra da providência divina. Os singulares contingentes participam, também, da bondade divina. É necessário, portanto que a providência divina se estenda, também, a eles.

Daí é que se diz em Mateus: *Não se vendem dois passarinhos por um centavo? Entretanto nenhum deles cai ao chão sem permissão do vosso Pai*[95]. E na Sabedoria: *Atinge de um extremo a outro com força*[96], isto é, das primeiras criaturas até as ínfimas. E também em Ezequiel, argui-se a opinião de alguns que diziam: *O Senhor abandonou a terra, o Senhor não vê*[97]; e em Jó, *perambula pelos polos do céu, nem considera nossas coisas*[98].

Por essas afirmações exclui-se a opinião de alguns que disseram que a providência divina não se estende até esses singulares. Essa opinião alguns atribuem a Aristóteles[99], embora não se possa tê-la das palavras d'Ele.

Capitulum LXXVI
Quod providentia Dei sit omnium singularium immediate

Quidam autem concesserunt providentiam divinam usque ad haec singularia procedere, sed quibusdam mediantibus causis.

Capítulo 76
A providência de Deus é imediata de todos os singulares

Concederam alguns que a providência divina se estende até esses singulares, mas mediante algumas causas. Com efeito, Platão

---

[94] Livro II, cap. 15.
[95] Mateus 10,29; Cf. 6,26.
[96] Sabedoria 8,1.
[97] Ezequiel 9,9.
[98] Jó 22,14.
[99] Cf. Nemésio de Emessa (séc. V), em Sobre a Natureza Humana, 44; MG 40,797A.

Posuit enim Plato, ut Gregorius Nyssenus dicit, triplicem providentiam.

Quarum prima est summi Dei, qui primo et principaliter providet propriis, idest omnibus spiritualibus et intellectualibus; consequenter vero toti mundo quantum ad genera et species, et universales causas, quae sunt corpora caelestia. -Secunda vero est qua providetur singularibus animalium et plantarum, et aliorum generabilium et corruptibilium, quantum ad eorum generationem et corruptionem et alias mutationes. Quam quidem providentiam Plato attribuit diis qui caelum circumeunt. Aristoteles vero horum causalitatem attribuit obliquo circulo. — Tertiam vero providentiam ponit rerum quae ad humanam vitam pertinent. Quam quidem attribuit quibusdam Daemonibus circa terram existentibus, qui sunt, secundum ipsum, humanarum actionum custodes. — Sed tamen, secundum Platonem, secunda et tertia providentia a prima dependet: nam Deus summus secundos et tertios statuit provisores.

Haec autem positio catholicae fidei consonat quantum ad hoc quod omnium providentiam reducit in Deum sicut in primum auctorem. Videtur autem sententiae fidei repugnare quantum ad hoc, quod non omnia particularia divinae providentiae immediate dicit esse subiecta. — Quod ex praemissis ostendi potest. Habet enim Deus immediatam singularium cognitionem, non quasi ea in suis causis cognoscens tantum, sed etiam in seipsis, sicut in primo huius operis ostensum est. Inconveniens autem videtur quod, singularia cognoscens, eorum ordinem non velit, in quo bonum praecipuum eorum constat: cum voluntas sua sit totius bonitatis principium. Oportet ergo quod, sicut immediate singularia cognoscit, ita immediate eorum ordinem statuat.

afirmou, segundo Gregório Nisseno[100], uma tríplice providência.

A primeira delas é do Deus supremo, que por primeiro e de modo principal provê às coisas próprias, isto é, a todas as espirituais e intelectuais; consequentemente a todo o mundo quanto aos gêneros e espécies, e às causas universais, que são os corpos celestes. — Já a segunda é aquela em que provê aos singulares dos animais e das plantas, e dos outros geráveis e corruptíveis, quanto à sua geração e corrupção e outras mutações. Essa providência, Platão a atribui aos *deuses que rodeiam o céu*. Já Aristóteles atribui a causalidades deles *ao círculo oblíquo*[101]. — A terceira providência, Platão a afirma das coisas que pertencem à vida humana. Essa, ele a atribui *a alguns Demônios existentes em torno da terra*, que são, segundo ele, *guardas das ações humanas*. — Entretanto, segundo Platão, a segunda e terceira providência dependem da primeira, pois *o Deus supremo estabeleceu os segundos e terceiros provedores*[102].

Essa opinião é consoante à fé católica quanto a reduzir a providência de todas as coisas a Deus, como primeiro autor. Parece, contudo, que repugna à sentença da fé enquanto afirma que nem todos os particulares estão submetidos imediatamente à providência divina. — O que pode ser mostrado do exposto. Com efeito, Deus tem o conhecimento imediato dos singulares, não como se os conhecesse apenas em suas causas, mas também neles mesmos, como foi mostrado[103]. Ora, parece inconveniente que, conhecendo os singulares, não queira sua ordem, na qual consiste o bem principal deles, dado que a vontade de Deus é o princípio de toda bondade. É necessário, pois, que, como imediatamente conhece os singulares, assim imediatamente estabelece a ordem deles.

---

[100] São Gregório de Nissa (335-394), cf. Nemésio de Emessa (séc. V), em Sobre a Natureza Humana 44; MG 40,793BC.796A.
[101] Aristóteles (384-322 a.C.), em Sobre a Geração e a Corrupção II, 10, 336a.32.
[102] Cf. Pseudo Platão (353 a.C.), Epístola II.
[103] Livro I, caps. 65 ss.

Amplius. Ordo qui per providentiam in rebus gubernatis statuitur, ex ordine illo provenit quem provisor in sua mente disponit: sicut et forma artis quae fit in materia, ab ea procedit quae est in mente artificis. Oportet autem, ubi sunt multi provisores unus sub alio, quod ordinem conceptum superior inferiori tradat: sicut ars inferior accipit principia a superiori. Si igitur secundi et tertii provisores ponuntur esse sub primo provisore, qui est Deus summus, oportet quod ordinem statuendum in rebus a summo Deo accipiant. Non est autem possibile quod iste ordo sit in eis perfectior quam in summo Deo: quinimmo omnes perfectiones per modum descensus ab eo in alia proveniunt, ut ex superioribus patet. Oportet autem quod ordo rerum sit in secundis provisoribus non solum in universali, sed etiam quantum ad singularia: alias non possent sua providentia in singularibus ordinem statuere. Multo igitur magis ordo singularium est in divinae providentiae dispositione.

Adhuc. In his quae humana providentia reguntur, invenitur quod aliquis superior provisor circa quaedam magna et universalia per seipsum excogitat qualiter sint ordinanda, minimorum vero ordinem ipse non excogitat, sed aliis inferioribus excogitandum relinquit. Et hoc quidem contingit propter eius defectum: inquantum vel singularium minimorum conditiones ignorat; vel non sufficit ad omnium ordinem excogitandum, propter laborem et temporis prolixitatem quae requireretur. Huiusmodi autem defectus longe sunt a Deo: nam ipse omnia singularia cognoscit; nec in intelligendo laborat, aut tempus requirit, cum intelligendo seipsum, omnia alia cognoscat, sicut supra ostensum est. Ipse igitur omnium et singularium ordinem excogitat. Eius igitur providentia est omnium singularium immediate.

Ademais. A ordem que é estabelecida pela providência nas coisas governadas, provém daquela ordem que o provedor dispôs em sua mente, assim como a forma da arte que se faz na matéria, procede daquela que está na mente do artífice. Ora, é necessário, ali onde há muitos provedores, um sob o outro, que o superior transmita a ordem concebida ao inferior, como a arte inferior recebe os princípios da superior. Se, pois, se afirma haver segundos e terceiros provedores sob o primeiro provedor, que é o Deus supremo, é necessário que recebam do Deus supremo a ordem a ser estabelecida nas coisas. Mas, não é possível que essa ordem seja neles mais perfeita do que no Deus supremo, mesmo porque todas as perfeições, por modo de descida, provêm d'Ele para as outras coisas, como se evidencia das afirmações superiores. Ora, é necessário que a ordem das coisas esteja nos segundos provedores não só no universal, mas também quanto ao singular, caso contrário não poderiam estabelecer por sua providência a ordem aos singulares. Muito mais, portanto, a ordem dos singulares está na disposição da providência divina.

Ainda. Nas coisas que são regidas pela providência humana, dá-se que um provedor superior considera por si mesmo a respeito das coisas grandes e universais de que modo devem ser ordenadas, mas a ordem das coisas mínimas ele não considera, mas deixa a ser considerada pelos inferiores. E isso certamente acontece por causa de seu defeito, enquanto ou ignora as condições dos mínimos singulares, ou não é suficiente para considerar a ordem de todas as coisas, por causa do labor e prolixidade do tempo que se requer. Ora, tais defeitos estão longe de Deus, pois ele conhece todos os singulares, nem esforça no conhecer, ou requer tempo, pois, conhecendo-se a si mesmo, conhece todas as outras coisas, como foi mostrado[104]. Deus, portanto, considera a ordem de todas coisas e dos singulares. Sua providência, pois, é imediatamente de todos os singulares.

---

[104] Livro I, cap. 46.

Item. In rebus humanis inferiores provisores per suam industriam ordinem excogitant in his quorum gubernatio eis a praesidente committitur. Quam quidem industriam a praesidente homine non habent, nec usum ipsius: si vero a superiore eam haberent, iam ordinatio per superiorem fieret, ipsi autem essent illius ordinationis non provisores, sed executores. Constat autem per supra dicta quod omnis sapientia et intellectus a summo Deo in omnibus intelligentibus causatur; nec intellectus aliquis potest aliquid intelligere nisi virtute divina, sicut nec aliquod agens operatur nisi inquantum agit in virtute ipsius. Est igitur ipse Deus immediate sua providentia omnia dispensans: quicumque vero sub ipso provisores dicuntur, sunt providentiae ipsius executores.

Praeterea. Superior providentia dat regulas providentiae inferiori: sicut politicus dat regulas et leges duci exercitus, qui dat leges et regulas centurionibus et tribunis. Si igitur sub prima providentia Dei summi sunt aliae providentiae, oportet quod Deus illis secundis vel tertiis provisoribus det regulas sui regiminis. Aut ergo dat eis regulas et leges universales, aut particulares. — Si autem dat eis universales regulas regiminis, cum universales regulae non possint semper ad particularia applicari, maxime in rebus mobilibus, quae non semper eodem modo se habent; oporteret quod illi provisores secundi vel tertii quandoque praeter regulas sibi datas ordinarent de rebus suae provisioni subiectis. Haberent ergo iudicium super regulas acceptas: quando secundum eas oporteret agere, et quando eas praetermittere oporteret. Quod esse non potest: quia hoc iudicium ad superiorem pertinet; nam eius est interpretari leges et dispensare in eis, cuius est eas condere. Hoc igitur iudicium de regulis universalibus datis, oportet quod fiat per supremum provisorem. Quod quidem esse non posset si se ordinationi horum singularium immediate non immisceret. Oportet igitur,

Igualmente. Nas coisas humanas, os provedores inferiores, por sua indústria, descobrem a ordem naquelas coisas, cujo governo lhes é encomendado por quem preside. Essa indústria certamente não tem do homem que preside, nem seu uso, pois, se a tivesse de um superior, já a ordenação seria feita pelo superior, e eles não seriam provedores dessa ordenação, mas executores. Ora, consta pelo que foi dito[105], que toda sabedoria e inteligência é causada pelo Deus supremo em todos os inteligentes, nem o intelecto de alguém pode conhecer algo senão por virtude divina, assim como tampouco um agente opera senão enquanto opera na virtude d'Ele. Portanto, é o próprio Deus que imediatamente dispensa, por sua providência, todas as coisas: quaisquer que se dizem provedores sob Ele, são executores de sua providência.

Além disso. A providência superior dá as regras à providência inferior, assim como o político dá regras e leis ao comandante do exército, o qual dá leis e regras aos centuriões e tribunos. Se, pois, sob a primeira providência do Deus supremo estão as outras providências, é necessário que Deus dê regras de seu governo aos segundos e terceiros provedores. Logo, ou dá-lhes regras e leis universais, ou particulares. — Se, porém, lhes dá regras universais de governo, dado que as regras universais não podem sempre ser aplicadas a coisas particulares, maximamente em coisas móveis, que nem sempre se comportam do mesmo modo, seria necessário que aqueles provedores segundos ou terceiros, ordenassem, às vezes fora das regras a eles dadas, sobre coisas sujeitas à sua provisão. Teriam, pois, o juízo sobre as regras recebidas, quando fosse necessário operar segundo elas, e quando fosse necessário omiti-las. O que não pode ser, porque tal juízo pertence ao superior, pois cabe a ele interpretar as leis, e dispensar nelas a quem pertence instituí-las. Portanto, esse juízo sobre as regras universais dadas, é necessário que se faça pelo provedor supremo. Não

---

[105] Cf. cap. 67 e Livro II, cap. 15.

secundum hoc, quod sit horum immediatus provisor. — Si vero secundi et tertii provisores a summo provisore particulares regulas et leges accipiunt, manifeste apparet quod horum singularium ordinatio fit immediate per divinam providentiam.

Amplius. Semper provisor superior habet iudicium de his quae ab inferioribus provisoribus ordinantur: utrum sint bene ordinata necne. Si igitur secundi provisores vel tertii sunt sub Deo primo provisore, oportet quod Deus iudicium habeat de his quae ab his ordinantur. Quod quidem esse non potest, si horum singularium ordinem non consideret. Habet igitur ipse per seipsum curam de his singularibus.

Adhuc. Si Deus per seipsum immediate haec inferiora singularia non curat, hoc non est nisi vel quia ea despicit; vel ne eis eius dignitas inquinetur, ut quidam dicunt. Hoc autem irrationabile est. Nam dignius est provide aliquorum ordinationem excogitare, quam in eis operari. Si igitur Deus in omnibus operatur, sicut supra ostensum est, nec in hoc aliquid eius dignitati derogatur, quinimmo pertinet ad eius universalem et summam virtutem; nullo modo despiciendum est ei, vel eius dignitatem commaculat, si circa haec singularia immediate providentiam habeat.

Item. Omnis sapiens qui provide sua virtute utitur, in agendo moderatur suae virtutis usum, ordinans ad quid et quantum perveniat: alias virtus in agendo sapientiam non sequeretur. Constat autem ex praemissis quod divina virtus in operando usque ad infima rerum pervenit. Igitur divina sapientia est ordinativa qui, et quot, et qualiter ex

poderia dar-se isso, se ele não interferisse imediatamente na ordenação desses singulares. Portanto, é necessário, segundo isso, que seja seu provedor imediato. — Se, por sua vez, os provedores segundos e terceiros recebem do provedor supremo as regras particulares e as leis, claramente se manifesta que a ordenação desses singulares se faz imediatamente pela providência divina.

Ademais. O provedor superior tem sempre o juízo sobre aquelas coisas que são ordenadas pelos provedores inferiores, se são bem ordenadas ou não. Se, pois, os segundos ou terceiros provedores estão sob Deus, primeiro provedor, é necessário que Deus tenha o juízo sobre aquelas coisas que são por eles ordenadas. O que também não pode ser, se não considerar a ordem desses singulares. Ele tem por si mesmo, portanto, o cuidado desses singulares.

Ainda. Se Deus não cuida por si mesmo, imediatamente, dessas coisas inferiores singulares, isso não se dá senão ou porque as despreza, ou para que nelas sua dignidade não se manche, como dizem alguns[106]. Ora, isso é irracional. Com efeito, é mais digno excogitar providentemente a ordenação de algumas coisas, do que nelas operar. Se, pois, Deus opera em todas as coisas, como foi mostrado[107], não há nisso algo que diminui sua dignidade, ao contrário pertence à sua virtude universal e suprema; de modo algum é desprezível para Ele, ou mancha sua dignidade, se tem imediatamente a providência em relação a essas coisas singulares.

Igualmente. Todo sábio que usa prudentemente de sua virtude, modera seu uso no agir, ordenando a que e a quanto ela chega; do contrário, a virtude no agir não seguiria à sabedoria. Ora, consta do exposto[108] que a virtude divina no operar chega às coisas ínfimas, Portanto, a sabedoria divina é ordenadora de quais, quantos e de que modo os efeitos hão

---

[106] Cf. Averrois [Ibn Roschd] (1126-1198), o Comentador, em Metafísica XII, 37.52.
[107] Cf. caps. 67 ss.
[108] Cf. caps. 67 ss.

eius virtute progrediantur effectus, etiam in infimis rebus.

Est igitur ipse immediate sua providentia omnium rerum ordinem excogitans. Hinc est quod dicitur Rom. 13,1: quae a Deo sunt, ordinata sunt. Et Iudith. 9,4: tu fecisti priora, et illa post illa cogitasti, et hoc factum est quod ipse voluisti.

de emanar de sua virtude, mesmo nas coisas ínfimas. Deus mesmo excogita, portanto, com sua providência, da ordem de todas as coisas.

Daí é que se diz em Romanos: *Aquelas coisas que vêm de Deus, são ordenadas*[109]. E em Judite: *Fizeste as coisas primeiras, e pensaste umas após outras, e isso foi feito porque quiseste*[110].

Capitulum LXXVII
Quod executio divinae providentiae fit mediantibus causis secundis

Attendendum est autem quod ad providentiam duo requiruntur: ordinatio, et ordinis executio. Quorum primum fit per virtutem cognoscitivam: unde qui perfectioris cognitionis sunt, ordinatores aliorum dicuntur, sapientis enim est ordinare. Secundum vero fit per virtutem operativam.

E contrario autem se habet in his duobus: nam tanto perfectior est ordinatio, quanto magis descendit ad minima; minimorum autem executio condecet inferiorem virtutem, effectui proportionatam. In Deo autem quantum ad utrumque summa perfectio invenitur: est enim in eo perfectissima sapientia ad ordinandum, virtus perfectissima ad operandum. Oportet ergo quod ipse omnium ordines per sapientiam suam disponat, etiam minimorum: exequatur vero minima per alias inferiores virtutes, per quas ipse operetur, sicut virtus universalis et altior per inferiorem et particularem virtutem. Conveniens est igitur quod sint inferiores agentes divinae providentiae executores.

Item. Ostensum est supra quod divina operatio non excludit operationes causarum secundarum. Ea vero quae ex operationibus causarum secundarum proveniunt, divinae

Capítulo 77
A execução da providência divina se faz mediante as causas segundas

Deve-se atender que se requerem duas coisas para a providência: a ordenação, e a execução da ordem. Dessas a primeira se faz pela virtude cognoscitiva, Donde, os que são de conhecimento mais perfeito, dizem-se ordenadores de outros, pois *é próprio do sábio o ordenar*[111]. Por sua vez, a segunda se faz pela virtude operativa.

Entretanto, isso se realiza de modo contrário nestas duas coisas, pois é tanto mais perfeita a ordenação quanto mais desce às coisas mínimas, mas a execução das mínimas convém à virtude inferior, proporcionada ao efeito. Ora, em Deus a perfeição é suma quanto a ambas, pois há n'Ele a sabedoria perfeitíssima para ordenar, a virtude perfeitíssima para operar. Logo, é necessário que Ele disponha, por sua sabedoria, as ordens de todas as coisas, mesmo das mínimas, mas executa as mínimas por outras virtudes inferiores, mediante as quais Ele opera, como a virtude universal e mais alta, mediante a virtude inferior e particular. Portanto, é conveniente que os agentes inferiores sejam executores da providência divina.

Igualmente. Foi mostrado[112] que a operação divina não exclui as operações das causas segundas. Já aquelas coisas que provêm das operações das causas segundas, sujeitam-se à

---

[109] Romanos 13,1.
[110] Judite 9,4.
[111] Aristóteles (384-322 a.C.), em Metafísica I, 2, 982a,18.
[112] Cf. cap. 69.

providentiae subiacent: cum Deus omnia singularia ordinet per seipsum, ut ostensum est. Sunt igitur secundae causae divinae providentiae executrices.

Adhuc. Quanto virtus alicuius agentis est fortior, tanto in magis remota suam operationem extendit: sicut ignis, quanto est maior, magis remota calefacit. Hoc autem non contingit in agente quod non agit per medium: quia quidlibet in quod agit, est sibi proximum. Cum igitur virtus divinae providentiae sit maxima, per aliqua media ad ultima suam operationem perducere debet.

Amplius. Ad dignitatem regentis pertinet ut habeat multos ministros, et diversos sui regiminis executores: quia tanto altius et maius ostendetur suum dominium, quanto plures in diversis gradibus ei subduntur. Nulla autem dignitas alicuius regentis est comparabilis dignitati divini regiminis. Conveniens igitur est quod per diversos gradus agentium fiat divinae providentiae executio.

Praeterea. Convenientia ordinis perfectionem providentiae demonstrat: cum ordo sit proprius providentiae effectus. Ad convenientiam autem ordinis pertinet ut nihil inordinatum relinquatur. Perfectio igitur divinae providentiae requirit ut excessum aliquarum rerum supra alias ad ordinem convenientem reducat. Hoc autem fit cum ex abundantia aliquorum magis habentium, provenit aliquod bonum minus habentibus. Cum igitur perfectio universi requirat quod quaedam aliis abundantius divinam bonitatem participent, ut supra ostensum est, exigit divinae providentiae perfectio ut per ea quae plenius divinam bonitatem participant, executio divini regiminis compleatur.

Adhuc. Nobilior est ordo causarum quam effectuum: sicut et causa potior est effectu. Magis igitur in eo perfectio providentiae

providência divina, uma vez que Deus, por si mesmo, ordena todos os singulares, como foi mostrado[113]. Portanto, as causas segundas são executoras da providência divina.

Ainda. Quanto mais forte é a força de um agente, a tanto mais remotas coisas estende sua operação, como o fogo que, quanto maior é, aquece as mais remotas coisas.

Ora, isso não acontece no agente que não opera por intermediário, porque tudo que opera está próximo d'Ele. Portanto, como é máxima a virtude da providência divina, deve levar sua operação, por alguns intermediários, às últimas coisas.

Ademais. Pertence à dignidade de quem rege tenha muitos ministros, e diversos executores de seu governo, porque quanto mais alto e maior se mostra seu domínio, mais numerosos são os a ele sujeitos, em graus diversos. Ora, nenhuma dignidade de quem rege é comparável à dignidade do governo divino. É conveniente, portanto, que, por graus diversos de agentes, se faça a execução da providência divina.

Além disso. A conveniência da ordem demonstra a perfeição da providência, pois a ordem é o efeito próprio da providência. Ora, à conveniência da ordem pertence que não se deixe nada não ordenado. Portanto, a perfeição da providência divina requer que o excesso de umas coisas sobre outras seja reduzido à ordem conveniente. Mas, isso se faz quando da abundância de uns que possuem mais provenha algum bem aos que possuem menos. Como, pois, a perfeição do universo requer que algumas coisas participem, mais abundantemente que outras, da bondade divina, como foi mostrado[114], exige a perfeição da providência divina que, por aquelas coisas que mais plenamente participam da bondade divina, se realize a execução do governo divino.

Ainda. A ordem das causas é mais nobre que a dos efeitos, como a causa é superior ao efeito. Logo, mais se demonstra nela a perfei-

---

[113] Cf. capítulo anterior.
[114] Livro II, cap. 45.

demonstratur. Si autem non essent aliquae causae mediae exequentes divinam providentiam non esset in rebus ordo causarum, sed effectuum tantum. Exigit igitur divinae providentiae perfectio quod sint causae mediae executrices ipsius.

Hinc est quod in Psalmo dicitur: benedicite Domino omnes virtutes eius, ministri eius, qui facitis voluntatem eius; et alibi: ignis, grando, nix, spiritus procellarum, quae faciunt verbum eius.

Capitulum LXXVIII
Quod mediantibus creaturis intellectualibus aliae creaturae reguntur a Deo

Quia vero ad providentiam divinam pertinet ut ordo servetur in rebus; congruus autem ordo est ut a supremis ad infima proportionaliter descendatur: oportet quod divina providentia secundum quandam proportionem usque ad res ultimas perveniat. Haec autem proportio est ut, sicut supremae creaturae sunt sub Deo et gubernantur ab ipso, ita inferiores creaturae sint sub superioribus et regantur ab ipsis. Inter omnes autem creaturas sunt supremae intellectuales, sicut ex superioribus patet. Exigit igitur divinae providentiae ratio ut ceterae creaturae per creaturas rationales regantur.

Amplius. Quaecumque creatura exequitur divinae providentiae ordinem, hoc habet inquantum participat aliquid de virtute primi providentis: sicut et instrumentum non movet nisi inquantum per motum participat aliquid de virtute principalis agentis.

Quae igitur amplius de virtute divinae providentiae participant, sunt executiva divinae providentiae in illa quae minus participant. Creaturae autem intellectuales plus aliis de ipsa participant: nam, cum ad providentiam requiratur et dispositio ordinis, quae fit per cognoscitivam virtutem, et executio, quae fit

ção da providência. Se, pois, não houvesse algumas causas intermediárias que executassem a providência divina, não haveria nas coisas a ordem das causas, só dos efeitos. Portanto, a perfeição da providência divina exige que haja causas intermediárias, suas executoras.

Daí é que no *Salmo* se diz: *Bendizei ao Senhor todas as suas virtudes, seus ministros, que fazeis a vontade d'Ele*[115], e em outro lugar: *O fogo, o granizo, a neve, o vento das procelas, que realizam a sua palavra*[116].

Capítulo 78
É mediante as criaturas intelectuais que outras criaturas são regidas por Deus

Dado que pertence à providência divina que a ordem seja conservada nas coisas, e a ordem conveniente é que das supremas coisas desça proporcionalmente às mínimas, é necessário que a providência divina chegue, segundo uma proporção, até as coisas últimas. Ora, essa proporção é que, assim como as criaturas supremas estão sob Deus e são governadas por ele, assim as criaturas inferiores estejam sob as superiores e sejam regidas por elas. Ora, entre todas as criaturas são supremas as intelectuais, como se evidencia das afirmações superiores[117]. Portanto, a razão da providência divina exige que as outras criaturas sejam regidas pelas criaturas racionais.

Ademais. Toda criatura que executa a ordem da providência divina, o faz enquanto participa em algo da virtude do primeiro providente, como o instrumento não move senão enquanto participa pelo movimento em algo da virtude do agente principal.

Logo, aquelas criaturas que mais amplamente participam da virtude da providência divina, são executoras da providência divina naquelas que participam menos. Ora, as criaturas intelectuais participam mais dela que as outras, pois, como se requer para a providência não só a disposição da ordem, que se faz

---

[115] Salmo 102,21.
[116] Salmo 148,8.
[117] Livro II, cap. 46.

per operativam, creaturae rationales utramque virtutem participant, reliquae vero creaturae virtutem operativam tantum. Per creaturas igitur rationales omnes aliae creaturae sub divina providentia reguntur.

Adhuc. Cuicumque datur a Deo aliqua virtus, datur ei in ordine ad effectum ipsius virtutis: sic enim optime omnia disponuntur, dum unumquodque ordinatur ad omnia bona quae ex ipso nata sunt provenire.

Virtus autem intellectiva de se est ordinativa et regitiva: unde videmus quod, quando coniunguntur in eodem, virtus operativa sequitur regimen intellectivae virtutis; sicut in homine videmus quod ad imperium voluntatis moventur membra. Idem etiam apparet si in diversis existant: nam illi homines qui excedunt in virtute operativa, oportet quod dirigantur ab illis qui in virtute intellectiva excedunt. Exigit igitur divinae providentiae ratio quod creaturae aliae per intellectuales creaturas regantur.

Item. Virtutes particulares natae sunt moveri a virtutibus universalibus: ut patet tam in arte quam in natura. Constat autem quod virtus intellectiva est universalior omni alia virtute operativa: nam virtus intellectiva continet formas universales, omnis autem virtus operativa tantum est ex aliqua forma propria operantis. Oportet igitur quod per virtutes intellectuales moveantur et regantur omnes aliae creaturae.

Praeterea. In omnibus potentiis ordinatis una est directiva alterius, quae magis rationem cognoscit: unde videmus in artibus quod ars illa ad quam pertinet finis, ex quo sumitur ratio totius artificii, dirigit illam, et imperat ei, quae artificium operatur, sicut ars gubernatoria navifactivae; et illa quae formam inducit, imperat ei quae materiam disponit. Instrumenta vero, quae non cognoscunt aliquam rationem, reguntur tantum. Cum igitur solae intellectuales creaturae rationes ordinis

pela virtude cognoscitiva, e a execução, que se faz pela operativa, as criaturas racionais participam de ambas as virtudes, já as restantes criaturas, só da virtude operativa. Logo, pelas criaturas racionais são regidas todas as outras criaturas sob a providência divina.

Ainda. A todo aquele a que é dada por Deus uma virtude, ela lhe é dada em ordem ao efeito dessa virtude, pois, todas as coisas são dispostas da melhor maneira, quando cada coisa é ordenada a todos os bens que, por natureza, de si mesmo deve alcançar. Ora, a virtude intelectiva é de si ordenadora e governadora. Donde, vemos que, quando se conjugam no mesmo sujeito, a virtude operativa segue o governo da virtude intelectiva, como, no homem, vemos que os membros se movem ao comando da vontade. Manifesta-se, também, a mesma coisa se existem em diversos, pois é necessário que aqueles homens que excedem em virtude operativa, sejam dirigidos por aqueles que se sobressaem em virtude intelectiva. Portanto, exige a razão da providência divina que as outras criaturas sejam regidas pelas criaturas intelectuais.

Igualmente. As virtudes particulares se destinam a ser movidas pelas virtudes universais, como se evidencia tanto na arte quanto na natureza. Ora, consta que a virtude intelectiva é mais universal que toda virtude operativa, pois a virtude intelectiva contém as formas universais, enquanto toda virtude operativa só contém uma forma própria do operante. Portanto, é necessário que todas as outras criaturas sejam movidas e regidas pelas virtudes intelectuais.

Além disso. Em todas as potências ordenadas, uma que conhece mais a razão é diretiva da outra, Donde, vemos nas artes que aquela à qual pertence o fim, do qual se toma a razão de todo artefato, dirige e comanda a outra que opera o artefato, como a arte governativa em relação à da construção naval, e aquela que introduz a forma, comanda a que dispõe a matéria. Já os instrumentos, que não conhecem razão alguma, são apenas regidos. Como, pois, só as criaturas intelectuais podem conhecer as

creaturarum cognoscere possint, earum erit regere et gubernare omnes alias creaturas.

Adhuc. Quod est per se, est causa eius quod est per aliud. Solae autem creaturae intellectuales operantur per seipsas, utpote suarum operationum per liberum voluntatis arbitrium dominae existentes: aliae vero creaturae ex necessitate naturae operantur, tanquam ab alio motae. Creaturae igitur intellectuales per suam operationem sunt motivae et regitivae aliarum creaturarum.

Capitulum LXXIX
Quod substantiae intellectivae inferiores reguntur per superiores

Cum autem inter creaturas intellectuales quaedam sint aliis altiores, ut ex superioribus patet, oportet quod etiam inferiores intellectualium naturarum per superiores gubernentur.

Adhuc. Virtutes magis universales sunt motivae virtutum particularium, sicut dictum est. Superiores autem inter intellectuales naturas habent formas magis universales, ut supra ostensum est. Sunt igitur ipsae regitivae inferiorum intellectualium naturarum.

Item. Potentia intellectiva quae est propinquior principio, semper invenitur regitiva intellectualis virtutis quae magis a principio distat. Quod quidem apparet tam in scientiis speculativis quam in activis: scientia enim speculativa quae accipit ab alia principia ex quibus demonstrat, dicitur esse illi subalternata; et scientia activa quae est propinquior fini, qui est principium in operativis, est architectonica respectu magis distantis. Cum ergo inter intellectuales substantias quaedam sint primo principio, scilicet Deo, propinquiores, ut in secundo ostensum est, ipsae erunt aliarum regitivae.

razões da ordem das criaturas, delas será reger e governar todas as outras criaturas.

Ainda. O que é por si, é causa do que é por outro. Ora, só as criaturas intelectuais operam por si mesmas, como sendo senhoras de suas operações pelo livre-arbítrio da vontade, já as outras criaturas operam por necessidade de natureza, como movidas por outro. Portanto, as criaturas intelectuais, por sua operação, são motoras e regentes das outras criaturas.

Capítulo 79
As substâncias intelectuais inferiores são regidas pelas superiores

Como entre as criaturas intelectuais algumas são mais elevadas que outras, o que se evidencia das afirmações superiores[118], é necessário que também as inferiores entre as naturezas intelectuais sejam governadas pelas superiores.

Ainda. As virtudes mais universais são motoras das virtudes particulares, como foi dito[119]. Ora, as superiores entre as naturezas intelectuais têm formas mais universais, como foi mostrado[120]. Portanto, essas regem as naturezas intelectuais inferiores.

Igualmente. A potência intelectiva que é mais próxima do princípio, rege sempre a virtude intelectual que dista mais do princípio. O que se manifesta tanto nas ciências especulativas quanto nas ativas, pois a ciência especulativa, que recebe de outra os princípios pelos quais demonstra, se diz ser subalternada, e a ciência ativa que é mais próxima do fim, que é o princípio nas operativas, é arquitetônica com respeito à mais distante. Logo, como entre as substâncias intelectuais algumas são mais próximas do primeiro princípio, isto é, Deus, como foi mostrado[121], essas regerão as outras.

---

[118] Livro II, caps. 91 e 95.
[119] Cf. capítulo anterior.
[120] Livro II, cap. 89.
[121] Livro II cap. 95.

Adhuc. Superiores intellectuales substantiae perfectius divinae sapientiae influentiam in seipsis recipiunt: cum unumquodque recipiat aliquid secundum modum suum. Per sapientiam autem divinam omnia gubernantur. Et sic oportet quod ea quae magis divinam sapientiam participant, sint gubernativa eorum quae minus participant. Substantiae igitur intellectuales inferiores gubernantur per superiores.

Dicuntur ergo superiores spiritus et Angeli, inquantum inferiores spiritus dirigunt quasi eis annuntiando, nam Angeli quasi nuntii dicuntur; et ministri, inquantum per suam operationem exequuntur, etiam in corporalibus, divinae providentiae ordinem, nam minister est quasi instrumentum animatum, secundum Philosophum. Et hoc est quod dicitur in Psalmo. Qui facit Angelos suos spiritus, et ministros suos flammam ignis.

Ainda. As substâncias intelectuais superiores recebem em si, mais perfeitamente, a influência da sabedoria divina, dado que cada coisa recebe algo segundo seu modo. Ora, pela sabedoria divina todas as coisas são governadas. E assim é necessário que aquelas que participam mais da sabedoria divina rejam as que participam menos. Portanto, as substâncias intelectuais inferiores são governadas pelas superiores.

Logo, os espíritos superiores são ditos Anjos, enquanto dirigem os espíritos inferiores, anunciando-lhes, pois os Anjos são chamados de núncios, e ministros, enquanto por sua operação executam, também nas coisas corporais, a ordem da providência divina, pois o ministro é como um instrumento animado, segundo o Filósofo[122]. E isso é o que se diz no Salmo: *Ele faz seus espíritos anjos, e a chama do fogo seus ministros*[123].

Capitulum 80
De ordinatione Angelorum ad invicem

Cum autem corporalia per spiritualia regantur, ut ostensum est, corporalium autem est quidam ordo: oportet quod superiora corpora per superiores intellectuales substantias regantur, inferiora vero per inferiores. Quia etiam quanto aliqua substantia est superior, tanto virtus eius est universalior; virtus vero intellectualis substantiae est universalior virtute corporis: superiores quidem inter intellectuales substantias habent virtutes non explicabiles per aliquam virtutem corpoream, et ideo non sunt corporibus unitae; inferiores vero habent virtutes particulatas explicabiles per aliqua corporea instrumenta, et ideo oportet quod corporibus uniantur.

Sicut autem superiores inter substantias intellectuales sunt universalioris virtutis, ita etiam perfectius divinam dispositionem ab ipso recipiunt, in hoc quod usque ad singula ordinis rationem cognoscunt per hoc quod

Capítulo 80
Da ordenação dos Anjos entre si

Como as coisas corporais são regidas pelas espirituais, como foi mostrado[124], e há certa ordem das corporais, é necessário que os corpos superiores sejam regidos pelas substâncias intelectuais superiores, e os inferiores pelas inferiores. Porque, quanto mais uma substância é superior, tanto mais universal é sua virtude, e a virtude da substância intelectual é mais universal que a virtude do corpo, e as superiores entre as substâncias intelectuais têm virtudes não operáveis por alguma virtude corpórea, e assim não são unidas aos corpos, já as inferiores têm virtudes especiais operáveis por alguns instrumentos corpóreos, e assim é necessário que se unam aos corpos.

Entretanto, assim como, entre as substâncias intelectuais, as superiores são de virtude mais universal, assim também recebem de Deus, mais perfeitamente, a disposição divina, de modo que conhecem em particular a

---

[122] Aristóteles (384-322 a.C.), em Ética a Nicômaco VIII, 13, 1161b,4.5.
[123] Salmo 103,4.
[124] Cf. cap. 78.

a Deo accipiunt. Haec autem divinae ordinationis manifestatio divinitus facta usque ad ultimas intellectualium substantiarum pertingit: sicut dicitur iob 25,3: *nunquid est numerus militum eius, et super quem non splendet lumen eius?* sed inferiores intellectus non in ea perfectione ipsam recipiunt quod per eam singula quae ad ordinem providentiae spectant, ab ipsis exequenda, cognoscere possint, sed solum in quadam communitate: quantoque sunt inferiores, tanto per primam illuminationem divinitus acceptam minus in speciali divini ordinis cognitionem accipiunt; in tantum quod intellectus humanus, qui est infimus secundum naturalem cognitionem, solum quorundam universalissimorum notitiam habet. Sic igitur substantiae intellectuales superiores perfectionem cognitionis praedicti ordinis immediate consequuntur a Deo, quam quidem perfectionem oportet quod aliae inferiores per eas consequantur: sicut supra diximus quod universalis discipuli cognitio per cognitionem magistri, qui in speciali cognoscit, perducitur ad perfectum.

Hinc est quod dionysius de supremis intellectualibus substantiis, quas primae hierarchiae, idest sacri principatus nominat, 7 cap. Cael. Hier., dicit quod non per alias substantias sanctificatae, sed ab ipsa divinitate, in ipsam immediate extenduntur et ad immaterialem et invisibilem pulchritudinem, quantum fas est, in contemplationem adducuntur et ad divinorum operum scibiles rationes; et per has dicit suppositas caelestium essentiarum dispositiones erudiri. Sic ergo altiores intellectus in altiori principio cognitionis perfectionem suscipiunt.

In qualibet autem dispositione providentiae ipsa ordinatio effectuum ex forma agentis derivatur: oportet enim effectus a causa

razão da ordem, por meio daquilo que recebem de Deus. Ora, essa manifestação da ordenação divina feita divinamente chega até as últimas das substâncias intelectuais, como se diz em Jó: *Por acaso há o número de seus soldados, e sobre qual não resplendecerá sua luz?*[125]. Mas os intelectos inferiores não a recebem na mesma perfeição, a fim de poderem conhecer por ela os detalhes que dizem respeito à ordem da providência, que devem realizar, mas apenas em geral: quanto mais inferiores são, tanto menos recebem, pela primeira iluminação divinamente recebida, o conhecimento da ordem divina em especial; de tal sorte que o intelecto humano, que é ínfimo segundo o conhecimento natural, apenas tem conhecimento de algumas coisas mais universais. Assim, portanto, as substâncias intelectuais superiores alcançam de Deus, imediatamente, a perfeição do conhecimento da mencionada ordem, perfeição essa que é necessário que as outras inferiores por meio das superiores alcancem, como dissemos[126] que o conhecimento geral do discípulo é levado à perfeição pelo conhecimento do mestre, que conhece em especial.

Daí é que Dionísio, a respeito das substâncias intelectuais supremas, que nomeia de primeiras hierarquias, isto é, sagrados principados, diz[127] que *não são santificadas por outras substâncias, mas pela própria divindade, a atingem imediatamente e são levadas para a contemplação da beleza imaterial e invisível, na medida do possível, e às razões conhecíveis das obras divinas*, e diz que *por elas são instruídas as disposições subalternas das essências celestes*[128]. Assim, pois, os intelectos mais elevados recebem de um princípio mais elevado a perfeição de conhecimento.

Em qualquer disposição da providência, a própria ordenação dos efeitos deriva da forma do agente, pois é necessário que o efeito pro-

---

[125] Jó 25,3.
[126] Cf. cap. 75.
[127] Dionísio Areopagita (séc. V-VI), em Hierarquias Celestes, VII, 3; MG 3, 209C.
[128] Dionísio Areopagita (séc. V-VI), em Hierarquias Celestes, VII, 2; MG 3, 209A.

secundum aliquam similitudinem procedere. Quod autem agens suae formae similitudinem effectibus communicet, est propter aliquem finem. Primum ergo principium in dispositione providentiae est finis; secundum, forma agentis; tertium, ipsa dispositio ordinis effectuum. Supremum igitur in ordine intellectus est quod in fine ordinis ratio attendatur; secundum autem, quod in forma; tertium vero, quod ipsa ordinis dispositio in seipsa, non in aliquo altiori principio cognoscatur. Unde et ars quae considerat finem, est architectonica respectu eius quae considerat formam, sicut gubernatoria respectu navis factivae; ea vero quae considerat formam, respectu eius quae considerat solum ordines motuum qui ordinantur ad formam, sicut navis factiva respectu manu artificum.

Sic ergo inter illos intellectus qui immediate in ipso Deo perfectam cognitionem ordinis providentiae divinae percipiunt, est quidam ordo, quia supremi et primi ordinis providentiae rationem percipiunt in ipso ultimo fine, qui est divina bonitas; quidam tamen eorum aliis clarius. Et isti dicuntur seraphim, quasi ardentes vel incendentes, quia per incendium designari solet intensio amoris vel desiderii, quae sunt de fine. Unde dionysius dicit, 7 cap. Cael. Hier., quod ex hoc eorum nomine designatur mobilitas eorum circa divina, fervens et flexibilis, et reductio inferiorum in Deum, sicut in finem.

Secundi autem rationem ordinis providentiae in ipsa forma divina perfecte cognoscunt. Et hi dicuntur cherubim, quod interpretatur scientiae plenitudo: scientia enim per formam scibilis perficitur. Unde dicit dionysius quod talis nominatio significat, quod sunt contem-

ceda da causa, segundo alguma semelhança. Ora, é em razão de algum fim que o agente comunica a semelhança de sua forma. Logo, o primeiro princípio na disposição da providência é o fim; o segundo, a forma do agente; o terceiro, a própria disposição da ordem dos efeitos. Portanto, o mais elevado na ordem do intelecto é que seja considerada a própria razão da ordem para o fim; o segundo, porém, é o que corresponde à forma; o terceiro, que se conheça a própria disposição em si mesma da ordem, não em outro princípio mais elevado. Donde, também a arte que considera o fim, é diretora com relação àquela que considera a forma, como, por exemplo, a arte de governar com relação à da construção naval; e a que cuida da forma, com relação àquela que considera só as ordens dos movimentos, que se ordenam à forma, como a arte de construção naval com relação aos artesãos.

Assim, pois, entre aqueles intelectos que imediatamente percebem no próprio Deus o perfeito conhecimento da ordem da providência divina, há certa ordem, porque percebem a razão da suprema e primeira ordem da providência no próprio fim último, que é a bondade divina, porém mais claramente do que outros. E esses são ditos *Serafins*, como *ardentes ou abrasadores*[129], porque pelo incêndio se costuma designar a intensidade do amor ou do desejo, que são relativos ao fim. Donde, Dionísio diz[130] que do nome deles se designa *a sua mobilidade em torno do divino, fervente e flexível, e a condução dos inferiores a Deus*, como ao fim.

Os segundos, porém, conhecem perfeitamente a razão da ordem da providência na própria forma. E esses se dizem *Querubins*, que significa *plenitude de ciência*[131], pois a ciência se aperfeiçoa pela forma do conhecível. Donde, diz Dionísio que tal denominação

---

[129] Dionísio Areopagita (séc. V-VI), em Hierarquias Celestes, VII, 1; MG 3, 205B.
[130] Ibidem, MG 3 205BC.
[131] Ibidem, MG 3,205B.

plativi in prima operatrice virtute divinae pulchritudinis.

Tertii vero ipsam dispositionem divinorum iudiciorum in seipsa considerant.

Et hi dicuntur throni: nam per thronum potestas iudiciaria designatur, secundum illud: sedes super thronum et iudicas iustitiam. Unde dicit dionysius quod per hanc nominationem designatur quod sunt deiferi, et ad omnes divinas susceptiones familiariter aperti.

Non autem sic praemissa intelligenda sunt quasi aliud sit divina bonitas, aliud divina essentia, et aliud eius scientia rerum dispositionem continens: sed quia secundum haec alia et alia est eius consideratio.

Inter ipsos etiam inferiores spiritus, qui divini ordinis per eos exequendi perfectam cognitionem per superiores spiritus consequuntur, oportet ordinem esse. Nam quae inter ea sunt altiora, virtutis etiam sunt universalioris in cognoscendo: unde cognitionem ordinis providentiae in principiis et causis magis universalibus adipiscuntur; inferiores vero in causis magis particularibus; altioris enim intellectus esset homo qui ordinem omnium naturalium considerare posset in corporibus caelestibus, quam qui indiget ad perfectam cognitionem ad inferiora corpora prospicere. Illi igitur qui in causis particulares, possunt ordinem providentiae perfecte cognoscere, medii sunt inter illos qui in ipso Deo rationem praedicti ordinis considerare sufficiunt, et eos qui in causis particularibus necesse habent considerare. Et hi a dionysio ponuntur in media hierarchia, quae, sicut a suprema dirigitur, ita dirigit infimam: ut dicit in 8 cap. Cael. Hier.

significa que *são contemplativos da beleza divina, na primeira virtude operativa*[132].

Já os terceiros consideram a própria disposição dos juízos divinos em si mesmos.

E esses se dizem *Tronos*, pois pelo *trono* se designa o poder judiciário, segundo aquilo: *assenta-te sobre o trono e julgas a justiça*[133]. Donde, diz Dionísio que por essa denominação se designa que são portadores de Deus, e *abertos com familiaridade a todas as ordens divinas*[134].

Ora, não se deve entender o exposto como se uma coisa fosse a bondade divina, e outra a essência divina, e outra sua ciência que contém da disposição das coisas, mas que segundo aspectos diversos é a sua consideração.

É necessário que haja uma ordem mesmo entre os próprios espíritos inferiores, que alcançam, pelos espíritos superiores, o perfeito conhecimento da ordem divina a ser por eles executada. Com efeito, aqueles que entre eles são mais elevados, são também de virtude mais universal no conhecer, Donde, apreendem o conhecimento da ordem da providência nos princípios e causas mais universais, já os inferiores, nas causas mais particulares, pois de intelecto mais elevado seria o homem que pudesse considerar a ordem de todas as coisas naturais nos corpos celestes, do que aquele que precisa, para o perfeito conhecimento, de examinar os corpos inferiores. Aqueles, portanto, que nas causas universais, que são intermediárias entre Deus, que é a causa universalíssima, e as causas particulares, podem conhecer perfeitamente a ordem da providência, são intermediários entre aqueles que em Deus mesmo são capazes de considerar a razão da mencionada ordem, e aqueles que têm necessidade de considerar nas causas particulares. E estes são postos por Dionísio na hierarquia intermediária, a qual, assim como é dirigida pela suprema, assim dirige a ínfima[135].

---

[132] Ibidem, MG 3,205C.
[133] Salmo 9,5.
[134] Ibidem, MG 3,205D.
[135] Ibidem, MG 3,240B.

Inter has etiam intellectuales substantias oportet quod ordo quidam existat. Nam ipsa universalis providentiae dispositio distribuitur quidem, primo, in multos executores. Quod quidem fit per ordinem dominationum: dominorum enim est praecipere quid alii exequantur. Unde dionysius dicit, 8 cap. Cael. Hier., quod nomen dominationis designat aliquam anagogen superpositam omni servituti, et omni subiectione superiorem.

Secundo autem, ab operante et exequente distribuitur et multiplicatur ad varios effectus. Quod quidem fit per ordinem virtutum, quarum nomen, ut dionysius ibidem dicit, significat quandam fortem virilitatem in omnes deiformes operationes, non relinquentem suimet imbecillitate aliquem deiformem motum. In quo patet quod principium universalis operationis ad hunc ordinem pertinet. Unde videtur quod ad hunc ordinem pertineat motus caelestium corporum, ex quibus, sicut ex quibusdam universalibus causis, consequuntur particulares effectus in natura: et ideo virtutes caelorum nominantur Luc. 21,26, ubi dicitur: virtutes caelorum movebuntur. Ad eos etiam spiritus pertinere videtur executio divinorum operum quae praeter naturae ordinem fiunt, nam ista sunt sublimissima in divinis ministeriis: propter quod Gregorius dicit quod virtutes dicuntur illi spiritus per quos signa frequentius fiunt. Et si quid aliud universale et primum est in ministeriis divinis exequendis, conveniens est ad hunc ordinem pertinere.

Tertio vero, universalis providentiae ordo, iam in effectibus institutus, inconfusus custoditur, dum cohibentur ea quae possent hunc ordinem perturbare. Quod quidem pertinet ad ordinem potestatum. Unde dionysius ibidem dicit quod nomen potestatum importat quandam bene ordinatam et inconfusam circa divinas susceptiones ordinationem. Et ideo

Também entre essas substâncias intelectuais é necessário que haja certa ordem. Com efeito, a própria disposição da providência universal é distribuída, *em primeiro lugar*, para muitos executores. Isso se faz pela ordem das *Dominações*, pois é dos senhores determinar o que outros executam. Donde, Dionísio diz que o nome *Dominação designa certa elevação sobreposta a toda servidão, e superior a toda sujeição*[136].

Em segundo lugar, pelo que opera e executa, [a disposição da providência] é distribuída e multiplicada por vários efeitos. O que se faz pela ordem das *Virtudes*, cujo nome, como Dionísio diz no mesmo lugar[137], significa *certa força forte em todas as operações deiformes, não deixando à sua fraqueza nenhum movimento deiforme*. Nisso se evidencia que o princípio da operação universal pertence a essa ordem. Donde, parece que a essa ordem pertence o movimento dos corpos celestes, dos quais, como de causas universais, se seguem efeitos particulares na natureza, e assim são denominadas as V*irtudes Celestes* em Lucas[138], onde se diz: *mover-se-ão as virtudes dos céus*. A esses espíritos também parece pertencer a execução das obras divinas, que se fazem fora da ordem da natureza, pois esses são os mais sublimes dos ministérios divinos; por causa disso, Gregório[139] diz que se chamam *virtudes* esses espíritos *pelos quais se fazem mais frequentemente os sinais*. E se há algum outro universal e primeiro na execução dos ministérios divinos, é conveniente que pertença a esta ordem.

Em terceiro lugar, a ordem universal da providência, já estabelecida nos efeitos, guarda-se sem confusão, enquanto são coibidas as coisas que podem perturbar essa ordem. O que pertence à ordem das *Potestades*. Donde, no mesmo lugar[140], Dionísio diz que o nome de *Potestades* implica *certa ordenação bem estabelecida e sem confusão em torno ao que se*

---

[136] Ibidem, MG 3,237C.
[137] Ibidem, MG 3,237D.
[138] Lucas 21,26.
[139] São Gregório Magno (540-604), em Homilia 34 sobre o Evangelho 10; ML 76,1251C.
[140] Dionísio; Ibidem, MG VIII, 1,240A.

Gregorius dicit quod ad hunc ordinem pertinet contrarias potestates arcere.

Infimi autem inter superiores intellectuales substantias sunt qui ordinem divinae providentiae ut in particularibus causis cognoscibilem divinitus accipiunt: et hi immediate rebus humanis praeponuntur. Unde de eis dionysius dicit quod ista tertia dispositio spirituum humanis hierarchiis per consequentiam praecipit. Per res autem humanas intelligendae sunt omnes inferiores naturae et causae particulares, quae ad hominem ordinantur et in usum hominis cedunt, sicut patet ex praemissis.

Inter hos etiam quidam ordo existit. Nam in rebus humanis est aliquod bonum commune, quod quidem est bonum civitatis vel gentis, quod videtur ad principatuum ordinem pertinere. Unde dionysius eodem capitulo dicit quod nomen principatuum designat quiddam ductivum cum ordine sacro. Propter quod et Dan. 10, fit mentio de michaele principe Iudaeorum, et principe Persarum, et Graecorum. Et sic dispositio regnorum, et mutatio dominationis a gente in gentem, ad ministerium huius ordinis pertinere oportet. Instructio etiam eorum qui inter homines existunt principes, de his quae ad administrationem sui regiminis pertinent, ad hunc ordinem spectare videtur.

Est etiam aliquod humanum bonum quod non in communitate consistit, sed ad unum aliquem pertinet secundum seipsum, non tamen uni soli utile, sed multis: sicut quae sunt ab omnibus et singulis credenda et observanda, sicut ea quae sunt fidei, et cultus divinus, et alia huiusmodi. Et hoc ad Archangelos pertinet, de quibus Gregorius dicit quod summa nuntiant: sicut gabrielem Archangelum

recebeu de Deus. E assim Gregório[141] diz que pertence a essa ordem *repelir as potestades contrárias*.

Os ínfimos entre as substâncias intelectuais são os que recebem a ordem da providência divina como conhecível divinamente nas causas particulares, e esses são prepostos imediatamente às coisas humanas. Donde, deles diz Dionísio[142] que *essa terceira disposição dos espíritos dá ordens, por consequência, às hierarquias humanas*. Ora, por coisas humanas se devem entender todas as naturezas inferiores e as causas particulares, que se ordenam ao homem e vão para o uso do homem, como se evidencia do exposto[143].

Entre esses também existe certa ordem. Com efeito, nas coisas humanas há um bem comum, que é o bem da cidade ou do povo[144], que parece pertencer à ordem dos *Principados*. Donde, Dionísio no mesmo capítulo[145] diz que o nome de *Principados* designa certo comando com ordem sagrada. Por causa disso também em Daniel[146], se faz menção de Miguel, príncipe dos Judeus, e do príncipe dos Persas, e Gregos. E assim a disposição dos reinos, e mudança de dominação de povo a povo, é necessário que pertençam ao ministério dessa ordem. A instrução também daqueles que existem como príncipes entre os homens, nas coisas que pertencem à administração de seu governo, parece dizer respeito a essa ordem.

Há também um bem humano que não é comum, mas pertence a alguém individual, porém não útil a um só, mas a muitos, como aquelas coisas que são de crer e observar por todos e cada um, como as que são da fé, do culto divino, se outras semelhantes. E isso pertence aos *Arcanjos*, dos quais Gregório[147] diz que anunciam *as coisas mais elevadas*, como chamamos Gabriel de *Arcanjo*, que anun-

---

[141] São Gregório Magno (540-604); ibidem ML 76,1251D.
[142] Dionísio; ibidem, MG IX, 2,260B.
[143] Cf. cap. 71.
[144] Aristóteles (384-322 a.C.), em Ética I, 1, 1094,b,9-10.
[145] Dionísio; ibidem, MG IX, 1, 257B.
[146] Daniel 13,20.
[147] São Gregório Magno (540-604); ibidem, ML 76, 1250 D.

nominamus, qui virgini verbi incarnationem nuntiavit ab omnibus credendam.

Quoddam vero humanum bonum est ad unumquemque singulariter pertinens. Et huiusmodi ad ordinem pertinent Angelorum, de quibus Gregorius dicit quod infima nuntiant: unde et hominum custodes esse dicuntur, secundum illud Psalmi: Angelis suis Deus mandavit de te, ut custodiant te in omnibus viis tuis. Unde et dionysius dicit quod Archangeli medii sunt inter principatus et Angelos, habentes aliquid commune cum utrisque: cum principatibus quidem, inquantum inferioribus Angelis ducatum praestant, nec immerito, quia quae sunt propria in humanis, secundum ea quae sunt communia dispensari oportet; cum Angelis vero, quia annuntiant Angelis, et per Angelos nobis, quorum est manifestare hominibus, quae ad eos pertinent secundum uniuscuiusque analogiam. Propter quod et commune nomen ultimus ordo quasi speciale sibi assumit: quia scilicet officium habet nobis immediate nuntiandi. Et propter hoc Archangeli nomen compositum habent ex utroque: dicuntur enim Archangeli quasi principes Angeli.

Assignat autem et Gregorius aliter caelestium spirituum ordinationem: nam principatus inter medios spiritus connumerat, post dominationes immediate; virtutes vero inter infimos, ante Archangelos.

Sed, diligenter inspicientibus, utraque ordinatio in modico differt. Nam secundum Gregorium, principatus dicuntur, non qui gentibus praeponuntur, sed qui etiam ipsis bonis spiritibus principantur, quasi primi existentes in ministeriorum divinorum executione: dicit enim quod principari est inter alios priorem existere. Hoc autem, secundum assignationem ante dictam, diximus ad virtutum ordinem pertinere. — Virtutes autem, secundum

ciou à Virgem a encarnação do Verbo, a ser crida por todos.

Entretanto, há certo bem humano que pertence singularmente a cada um. E esse pertence à ordem dos *Anjos*, dos quais diz Gregório[148] que *anunciam as coisas ínfimas*, Donde, também se *dizem guardas dos homens*, segundo aquilo do Salmo: *Mandou Deus seus anjos para ti, para que te guardem em todos os teus caminhos*[149]. Donde, Dionísio[150] diz também que os *Arcanjos* são intermediários entre os *Principados* e os *Anjos*, tendo algo comum com uns e outros: com os *Principados*, enquanto *exercem comando aos Anjos inferiores* e não sem mérito, porque é necessário dispensar as coisas que são próprias nos humanos, segundo as que são comuns; já com os *Anjos*, porque *anunciam aos Anjos, e a nós pelos Anjos*, aos quais cabe manifestar aos homens *as coisas que lhes pertencem, segundo a analogia de cada um*. Em vista disso, a última ordem toma a si o nome comum como especial, ou seja, porque tem o ofício de imediatamente nos anunciar. E por causa disso têm de um e outro o nome composto de *Arcanjo*, pois se dizem *Arcanjos* como *Anjos Príncipes*.

Gregório[151], porém, assinala diferentemente a ordenação dos espíritos celestes, pois enumera os *Principados* entre os espíritos intermediários, imediatamente após as *Dominações*; já as *Virtudes* entre os ínfimos, antes dos *Arcanjos*.

Entretanto, considerando-se diligentemente, ambas as ordenações diferem em pouca coisa. Com efeito, segundo Gregório, chamam-se *Principados* não os que são prepostos aos povos, mas sim os que existem tendo *o principado sobre os bons espíritos*, como sendo os primeiros na execução dos ministérios divinos, pois diz que *ter o principado é existir primeiro entre os outros*. Ora, isso, segundo a determinação antes referida, dissemos que

---

[148] São Gregório Magno (540-604); ibidem.
[149] Salmo 90,11.
[150] Dionísio; ibidem, MG IX, 2; 3,257CD.
[151] São Gregório Magno (540-604); ibidem ML 76, 1050 ss.

Gregorium, sunt quae ad quasdam particulares operationes ordinantur, cum in aliquo speciali casu, praeter communem ordinem, oportet aliqua miraculose fieri. Secundum quam rationem satis convenienter cum infimis ordinantur.

Utraque autem ordinatio ex verbis apostoli auctoritatem habere potest.

Dicit enim Ephes. 1,20 constituens illum, scilicet Christum, ad dexteram suam in caelestibus, supra omnem principatum et potestatem et virtutem et dominationem. In quo patet quod, ascendendo, supra principatus potestates posuit, et supra has virtutes, supra quas dominationes collocavit. Quem ordinem dionysius observavit.

Ad colossenses autem, loquens de Christo, dicit: sive throni, sive dominationes, sive principatus, sive potestates, omnia per ipsum et in ipso creata sunt. In quo patet quod, a thronis incipiens, descendendo, sub eis dominationes, sub quibus principatus, et sub his potestates posuit. Quem ordinem Gregorius observavit.

De seraphim autem fit mentio Isaiae 6; de cherubim, Ezech. 1; de Archangelis, in canonica Iudae, cum michael Archangelus cum diabolo disputans etc.; de Angelis autem in Psalmis, ut dictum est.

Est autem in omnibus ordinatis virtutibus hoc commune, quod in VI superioris virtutis omnes inferiores agunt. Unde id quod diximus ad seraphim ordinem pertinere, omnes inferiores ex virtute ipsius exequuntur. Et similiter etiam est in aliis ordinibus considerandum.

pertence à ordem das virtudes. — As *Virtudes*, porém, segundo Gregório, são aquelas que se ordenam a algumas operações particulares, pois em algum caso especial, fora da ordem comum, é necessário que algumas coisas se façam miraculosamente. Segundo essa razão, são ordenadas muito convenientemente com os ínfimos.

Uma e outra ordenação, porém, pode ter autoridade das palavras do Apóstolo.

Diz, com efeito, em Efésios[152], *constituindo-o*, isto é, Cristo, *à sua direita nos céus, acima de todo principado e potestade e virtude e dominação*. Nisso se evidencia que, subindo, colocou as *Potestades* sobre os *Principados*, e acima dessas as *Virtudes*, sobre as quais colocou as *Dominações*. Ordem essa que Dionísio observou. — Aos Colossenses[153], porém, falando de Cristo, diz: *Quer Tronos, quer Dominações, quer os Principados, quer as Potestades, todos por Ele e n'Ele foram criados*. Nisso se evidencia que, começando pelos *Tronos*, descendo, põe sob eles as *Dominações*, sob essas os *Principados*, e sob esses as *Potestades*. Ordem essa que Gregório observou.

Dos *Serafins* se faz menção em Isaías[154]; dos *Querubins*, em Ezequiel[155]; dos *Arcanjos* na Canônica de Judas[156], *quando Miguel Arcanjo disputa com o diabo* etc.; dos Anjos nos Salmos, como foi dito.

Ora, há em todas as virtudes ordenadas algo comum, de que tratam, por força da virtude superior, todos os inferiores. Donde, o que dissemos pertencer à ordem dos *Serafins*, todos os inferiores, por virtude dela, executam. E isso se deve considerar também nas outras ordens.

---

[152] Efésios 11,20.
[153] Colossenses 1,16.
[154] Isaías 6,2.6.
[155] Ezequiel 1,3 ss.
[156] Carta de Judas 5,9.

Capitulum LXXXI
De ordinatione hominum ad invicem et ad alia

Inter alias vero intellectuales substantias humanae animae infimum gradum habent: quia, sicut supra dictum est, in prima sui institutione cognitionem ordinis providentiae divinae in sola quadam universali cognitione suscipiunt; ad perfectam vero ordinis secundum singula cognitionem, oportet quod ex ipsis rebus, in quibus ordo divinae providentiae iam particulariter institutus est, perducatur. Unde oportuit quod haberet organa corporea, per quae a rebus corporalibus cognitionem hauriret. Ex quibus tamen, propter debilitatem intellectualis luminis, perfectam notitiam eorum quae ad hominem spectant, adipisci non valent nisi per superiores spiritus adiuventur, hoc exigente divina dispositione, ut inferiores per superiores spiritus perfectionem acquirant, ut supra ostensum est. Quia tamen aliquid homo de lumine intellectuali participat, ei secundum providentiae divinae ordinem subduntur animalia bruta, quae intellectu nullo modo participant. Unde dicitur Gen. 1,26: *faciamus hominem ad imaginem et similitudinem nostram*, scilicet secundum quod intellectum habet, *et praesit piscibus maris, et volatilibus caeli, et bestiis terrae*.

Animalia vero bruta, etsi intellectu careant, quia tamen cognitionem aliquam habent, plantis, et aliis quae cognitione carent, secundum divinae providentiae ordinem praeferuntur. Unde dicitur Gen. 1,29 *ecce, dedi vobis omnem herbam afferentem semen super terram, et universa ligna quae habent in semetipsis sementem generis sui, ut sint vobis in escam, et cunctis animantibus terrae*. Inter ea vero quae penitus cognitione carent, unum subiacet alteri secundum quod est unum altero potentius in agendo. Non enim participant

Capítulo 81
A ordenação dos homens entre si e com as outras coisas

As almas humanas têm o grau ínfimo entre as outras substâncias intelectuais, porque, como foi dito[157] na sua primeira instituição recebem só um conhecimento geral da ordem da providência divina, mas para o perfeito conhecimento da ordem segundo as singularidades, é necessário que seja conduzida das próprias coisas, nas quais a ordem da providência divina já está instituída particularmente. Donde, foi necessário que tivesse órgãos corporais, pelos quais haurisse conhecimento das coisas corporais. Delas, porém, em razão da debilidade da luz intelectual, não podem receber o conhecimento perfeito do que diz respeito ao homem, a não ser que sejam ajudadas por espíritos superiores, exigindo isso a disposição divina, que os espíritos inferiores adquiram a perfeição pelos espíritos superiores, como foi mostrado[158]. Entretanto, porque o homem participa em algo da luz intelectual, a ele são sujeitos segundo a ordem da providência divina os animais irracionais, que não participam de modo algum de intelecto. Donde, se diz em Gênese[159]: *Façamos o homem à nossa imagem e semelhança*, ou seja, segundo tem intelecto, *e reine sobre os peixes do mar, os pássaros do céu, e os animais da terra*.

Já os animais irracionais, embora careçam de intelecto, porque têm, contudo, algum conhecimento, são antepostos, segundo a ordem da divina providência, às plantas e outras coisas que carecem de conhecimento. Donde, se diz no Gênese[160]: *Eis que vos dei toda erva que produz semente sobre a terra, e todas as árvores que têm em si mesmas a semente de seu gênero, para que sejam para vós alimento, e aos restantes animados da terra*. Entre os seres que carecem totalmente de conhecimento, um se sujeita ao outro, enquanto um é mais potente

---

[157] Cf. capítulo anterior.
[158] Cf. cap. 79.
[159] Gênese 1,26.
[160] Cf. caps. 1 e 29.

aliquid de dispositione providentiae, sed solum de executione.

Quia vero homo habet et intellectum et sensum et corporalem virtutem, haec in ipso ad invicem ordinantur, secundum divinae providentiae dispositionem, ad similitudinem ordinis qui in universo invenitur, nam virtus corporea subditur sensitivae et intellectivae virtuti, velut exequens earum imperium; ipsa sensitiva potentia intellectivae subditur, et eius imperio continetur.

Ex eadem autem ratione, et inter ipsos homines ordo invenitur. Nam illi qui intellectu praeminent, naturaliter dominantur; illi vero qui sunt intellectu deficientes, corpore vero robusti, a natura videntur instituti ad serviendum; sicut Aristoteles dicit in sua politica. Cui etiam concordat sententia Salomonis, qui dicit, Proverb. 11,29: qui stultus est, serviet sapienti. Et Exod. 18 dicitur: provide de omni plebe viros sapientes et timentes Deum, qui iudicent populum omni tempore.

Sicut autem in operibus unius hominis ex hoc inordinatio provenit quod intellectus sensualem virtutem sequitur; sensualis vero virtus propter corporis indispositionem trahitur ad corporis motum, ut in claudicantibus apparet: ita et in regimine humano inordinatio provenit ex eo quod non propter intellectus praeminentiam aliquis praeest, sed vel robore corporali dominium sibi usurpat, vel propter sensualem affectionem aliquis ad regendum praeficitur. Quam quidem inordinationem nec Salomon tacet, qui dicit, Eccle. 10,5 est et malum quod vidi sub sole, quasi per errorem egrediens a facie principis, positum stultum in dignitate sublimi.

Huiusmodi autem inordinatio divinam providentiam non excludit: provenit enim, permissione divina, ex defectu inferiorum agentium; sicut et de aliis malis dictum est.

do que o outro, no operar. Com efeito, não participam de algo da disposição divina, mas só da execução.

Porque o homem, no entanto, tem o intelecto, o sentido e a virtude corporal, essas coisas são ordenadas, nele, reciprocamente, segundo a disposição da providência divina, para a semelhança da ordem que se encontra no universo, pois a virtude corpórea se sujeita à sensitiva e à intelectiva, como executora do comando delas; a potência sensitiva se sujeita à intelectiva, e se contém em seu comando.

Ora, pela mesma razão, também se encontra ordem entre os mesmos homens. Com efeito, os que são preeminentes em intelecto, naturalmente dominam, já os que são falhos em intelecto, mas robustos de corpo, parecem instituídos para servir, como diz Aristóteles[161]. Com ele também concorda a sentença de Salomão, que diz[162]: *Quem é estulto, sirva ao sábio*. E em Êxodo[163] se diz: *Providencie dentre todo povo homens sábios e tementes a Deus, que julguem o povo em todo o tempo*.

Assim como, porém, nas ações de um só homem provém a desordem pelo fato de que o intelecto segue a virtude sensitiva, e a virtude sensitiva, em razão da indisposição do corpo, é arrastada para o movimento do corpo, como se manifesta nos claudicantes, assim também no governo humano a desordem provém, porque alguém preside não em razão da preeminência do intelecto, mas usurpa para si o domínio, por violência corporal, ou, em razão da afeição sensitiva, alguém é anteposto para governar. Tampouco Salomão silencia essa desordem, ele diz: *É mal o que vi sob o sol, como saindo por erro da face do príncipe, posto o estulto na dignidade sublime*[164].

Ora, semelhante desordem não exclui a providência divina, pois advém, com a permissão divina, do defeito dos agentes inferiores, assim como foi dito[165] de outros males.

---

[161] Aristóteles (384-322 a.C.), em Política I, 5, 1254b,14-20.
[162] Provérbios 11,29.
[163] Êxodo 18,21.22.
[164] Eclesiastes 10,5.
[165] Cf. cap. 71.

Neque per huiusmodi inordinationem totaliter naturalis ordo pervertitur: nam stultorum dominium infirmum est, nisi sapientum consilio roboretur. Unde dicitur Proverb. 20,18: *cogitationes consiliis roborabuntur et gubernaculis tractanda sunt bella*; et 24,5 *vir sapiens fortis est et vir doctus validus et robustus*: quia cum dispositione initur bellum, et erit salus ubi multa consilia. Et quia consilians regit eum qui consilium accipit, et quodammodo ei dominatur, dicitur Proverb. 17,2, quod *servus sapiens dominabitur filiis stultis*.

Patet ergo quod divina providentia ordinem omnibus rebus imponit: ut sic verum sit quod dicit apostolus, Rom. 13,1: *quae a Deo sunt, ordinata sunt*.

Tampouco por semelhante desordem é totalmente pervertida a ordem natural, pois o domínio dos estultos é ínfimo, se não é fortalecido pelo conselho dos sábios. Donde, se diz em Provérbios[166]: *Os pensamentos são fortalecidos pelos conselhos e as guerras devem ser tratadas nos conselhos de governo*; e: *O homem sábio é forte e o homem instruído é válido e robusto*, porque com disposição se inicia a guerra, e haverá salvação onde houver muitos conselhos. E porque quem aconselha rege o que recebe o conselho, e de certo modo o domina, se diz: *O servo sábio dominará os filhos estultos*.

Evidencia-se, portanto, que a providência divina impõe ordem a todas as coisas, de modo que assim é verdadeiro o que diz o Apóstolo[167]: *As cosias que procedem de Deus, são ordenadas*.

Capitulum LXXXII
Quod inferiora corpora reguntur a Deo per corpora caelestia

Capítulo 82
Os corpos inferiores são regidos por Deus mediante os corpos celestes

Sicut autem in substantiis intellectualibus est superius et inferius, ita etiam in substantiis corporalibus. Substantiae autem intellectuales reguntur a superioribus, ut dispositio divinae providentiae proportionaliter descendat usque ad infima, sicut iam dictum est. Ergo, pari ratione, inferiora corpora per superiora disponuntur.

Amplius. Quanto aliquod corpus est superius loco, tanto invenitur esse formalius et propter hoc etiam rationabiliter est locus inferioris, nam formae est continere, sicut et loci; aqua enim est formalior terra, aer aqua, ignis aere. Sed corpora caelestia sunt omnibus loco superiora. Ipsa igitur sunt magis formalia omnibus aliis. Ergo magis activa. Agunt ergo in inferiora corpora. Et sic per ea inferiora disponuntur.

Item. Quod est in sua natura perfectum absque contrarietate, est universalioris virtutis

Assim como nas substâncias intelectuais há o superior e o inferior, assim também, nas substâncias corporais. Ora, as substâncias intelectuais são regidas pelas superiores, para que a disposição da providência divina desça proporcionalmente até as ínfimas, como foi dito[168]. Logo, por igual razão, os corpos inferiores são dispostos pelos superiores.

Ademais. Quanto mais elevado é um corpo quanto ao lugar, tanto mais formal é, e em razão disso também é racionalmente o lugar do inferior, pois pertence à forma conter, assim como ao lugar; com efeito, a água é mais formal que a terra, o ar, que a água, o fogo, que o ar. Ora, os corpos celestes são mais elevados que todos quanto ao lugar. Logo, eles são mais formais que todos os outros. Portanto, mais ativos. Operam, pois, nos corpos inferiores. E assim por eles são dispostos os inferiores.

Igualmente. O que é perfeito em sua natureza sem contrariedade, tem a virtude mais

---

[166] Provérbios 20,18-24,5-17,2.
[167] Romanos 13,1.
[168] Cf. caps. 78 ss.

quam illud quod in sua natura non perficitur nisi cum contrarietate: contrarietas enim est ex differentiis determinantibus et contrahentibus genus; unde in acceptione intellectus, quia est universalis, species contrariorum non sunt contrariae, cum sint simul. Corpora autem caelestia sunt in suis naturis absque omni contrarietate perfecta: non enim sunt levia neque gravia, neque calida neque frigida. Corpora vero inferiora non perficiuntur in suis naturis nisi cum aliqua contrarietate. Et hoc etiam motus eorum demonstrant: nam motui circulari corporum caelestium non est aliquid contrarium, unde nec in eis violentia esse potest; motui autem inferiorum corporum contrarii sunt, scilicet motus deorsum motui sursum. Corpora ergo caelestia sunt universalioris virtutis quam corpora inferiora. Universales autem virtutes sunt motivae particularium, sicut ex dictis patet. Corpora igitur caelestia movent et disponunt corpora inferiora.

Adhuc. Ostensum est supra quod per substantias intellectuales alia omnia reguntur. Corpora autem caelestia sunt similiora substantiis intellectualibus quam alia corpora, inquantum sunt incorruptibilia. Sunt etiam eis propinquiora, inquantum ab eis immediate moventur, ut supra ostensum est. Per ipsa igitur reguntur inferiora corpora.

Praeterea. Oportet primum principium motus esse aliquid immobile. Quae ergo magis accedunt ad immobilitatem, debent esse aliorum motiva. Corpora autem caelestia magis accedunt ad immobilitatem primi principii quam inferiora: quia non moventur nisi una specie motus, scilicet motu locali; alia vero corpora moventur omnibus speciebus motus. Corpora igitur caelestia sunt motiva et regitiva inferiorum corporum.

universal do que aquele que, em sua natureza, não se perfaz senão com contrariedade, pois a contrariedade provém das diferenças que determinam e contraem o gênero; donde, na apreensão do intelecto, que é universal, as espécies dos contrários não são contrárias, porque são simultaneamente. Ora, os corpos celestes são, em suas naturezas, perfeitos sem qualquer contrariedade, pois não são leves nem pesados, nem quentes nem frios. Já os corpos inferiores não se perfazem em suas naturezas senão com alguma contrariedade. E os seus movimentos demonstram isso também, pois não há algo contrário ao movimento circular dos corpos celestes, Donde, tampouco neles pode haver violência. Mas os movimentos dos corpos inferiores são contrários, a saber, o movimento para baixo e o para cima. Logo, os corpos celestes têm a virtude mais universal que os corpos inferiores. Ora, as virtudes universais são motoras das particulares, como se evidencia do que foi dito[169]. Logo, os corpos celestes movem e dispõem os corpos inferiores.

Ainda. Mostrou-se[170] que todas as outras substâncias são regidas pelas intelectuais. Ora, os corpos celestes são mais semelhantes às substâncias intelectuais que os outros corpos, enquanto são incorruptíveis. São também mais próximos delas, enquanto são movidos imediatamente por elas, como se mostrou[171]. Logo, por elas são regidos os corpos inferiores.

Além disso. É necessário que o primeiro princípio do movimento seja algo imóvel. Aquelas coisas, pois, que mais se aproximam da imobilidade, devem ser motoras das outras. Ora, os corpos celestes se aproximam da imobilidade do primeiro princípio mais que os inferiores, porque não são movidos senão por uma espécie de movimento, ou seja, pelo movimento local; já os outros corpos são movidos por todas as espécies de movimento.

---

[169] Cf. cap. 78.
[170] Ibidem.
[171] Cf. cap. 80.

Amplius. Primum in quolibet genere est causa eorum quae sunt post. Inter omnes autem alios motus, primus est motus caeli.

Primo quidem, quia motus localis est primus inter omnes motus. Et tempore: quia solus potest esse perpetuus, ut probatur in VIII phys.. Et naturaliter: quia sine eo non potest esse aliquis aliorum; non enim augmentatur aliquid nisi praeexistente alteratione, per quam quod prius erat dissimile, convertatur et fiat simile; neque alteratio potest esse nisi praeexistente loci mutatione, quia ad hoc quod fiat alteratio, oportet quod alterans magis sit propinquum alterato nunc quam prius. Est etiam perfectione prior: quia motus localis non variat rem secundum aliquid ei inhaerens, sed solum secundum aliquid extrinsecum; et propter hoc est rei iam perfectae.

Secundo, quia etiam inter motus locales est motus circularis prior. Et tempore: quia solus ipse potest esse perpetuus, ut probatur in VIII phys.. Et naturaliter: quia est magis simplex et unus, cum non distinguatur in principium, medium et finem, sed totus sit quasi medium. Et etiam perfectione: quia reflectitur ad principium.

Tertio, quia solus motus caeli invenitur semper regularis et uniformis: in motibus enim naturalibus gravium et levium fit additio velocitatis in fine, in violentis autem additio tarditatis. Oportet ergo quod motus caeli sit causa omnium aliorum motuum.

Adhuc. Sicut se habet immobile simpliciter ad motum simpliciter, ita se habet immobile secundum hunc motum ad motum talem. Id autem quod est immobile simpliciter, est principium omnis motus, ut supra probatum

Logo, os corpos celestes são motores e regentes dos corpos inferiores.

Ademais. O primeiro em qualquer gênero é causa das coisas que são depois. Ora, entre todos os outros movimentos o primeiro é o movimento do céu.

Em primeiro lugar, porque o movimento local é o primeiro entre todos os movimentos. E no tempo, porque só ele pode ser perpétuo, como é provado no livro da Física[172]. E naturalmente, porque sem ele não pode haver nenhum dos outros, pois nada aumenta senão por alteração preexistente, pela qual o que antes era dessemelhante se converte e se faz semelhante; tampouco pode haver alteração senão preexistindo a mutação de lugar, porque, para que se faça a alteração, é necessário que o alterante seja próximo ao alterado, mais agora que antes. É também anterior à perfeição, porque o movimento local não varia a coisa segundo algo a ela inerente, mas só segundo algo extrínseco, e em razão disso já é coisa perfeita.

Em segundo lugar, porque também, entre os movimentos locais, o movimento circular é anterior. No tempo: porque só ele pode ser perpétuo, como se prova no livro da Física[173]. E naturalmente: porque é mais simples e uno, pois não se distingue em princípio, meio e fim, mas é todo como meio. E também na perfeição: porque volta para o princípio.

Em terceiro lugar, porque só o movimento do céu se acha sempre regular e uniforme, pois nos movimentos naturais dos pesados e leves se faz a adição de velocidade no fim, mas nos violentos, a adição de retardamento. É necessário, portanto, que o movimento do céu seja a causa de todos os outros movimentos.

Ainda. Assim como está o imóvel absoluto em relação ao movimento absoluto, assim está o imóvel segundo determinado movimento para este movimento. Ora, o que é imóvel absoluto, é princípio de todo movimento, co-

---

[172] Aristóteles (384-322 a.C.), em Física VIII, 7, 261a,28b,26.
[173] Aristóteles (384-322 a.C.), em Física VIII, 8, 261b,262b,8.

est. Quod ergo est immobile secundum alterationem, est principium omnis alterationis. Corpora autem caelestia sola inter corporalia sunt inalterabilia: quod demonstrat dispositio eorum, quae semper eadem invenitur. Est ergo corpus caeleste causa omnis alterationis in his quae alterantur. Alteratio autem in his inferioribus est principium omnis motus: nam per alterationem pervenitur ad augmentum et generationem; generans autem est motor per se in motu locali gravium et levium. Oportet ergo quod caelum sit causa omnis motus in istis inferioribus corporibus.

Sic ergo patet quod corpora inferiora a Deo per corpora caelestia reguntur.

Capitulum 83
Epilogus praedictorum

Ex omnibus autem quae ostensa sunt colligere possumus quod, quantum ad ordinis excogitationem rebus imponendum, Deus omnia per seipsum disponit. Unde super illud iob 33, quem posuit alium super orbem quem fabricatus est? dicit Gregorius: mundum quippe per seipsum regit qui per seipsum condidit. Et boetius, in III de consol.: Deus per se solum cuncta disponit.

Sed quantum ad executionem, inferiora per superiora dispensat. Corporalia quidem per spiritualia. Unde Gregorius dicit, in IV dialog.: in hoc mundo visibili nihil nisi per invisibilem creaturam disponi potest.

Inferiores vero spiritus per superiores. Unde dicit dionysius, IV cap. Cael. Hier., quod caelestes essentiae intellectuales primo in seipsas divinam edunt illuminationem, et in nos deferunt quae supra nos sunt manifestationes.

Inferiora etiam corpora per superiora. Unde dicit dionysius, IV cap., de div. Nom.,

mo foi provado[174]. Logo, o que é imóvel segundo a alteração, é princípio de toda alteração. Ora, só os corpos celestes, entre as coisas corporais, são inalteráveis, o que sua disposição demonstra, a qual se acha sempre a mesma. Logo, o corpo celeste é causa de toda alteração naquelas coisas que são alteradas. Ora, a alteração nesses corpos inferiores é o princípio de todo movimento, pois pela alteração se chega ao aumento e à geração, e o que gera é o motor por si no movimento local dos pesados e leves. É necessário, pois, que o céu seja a causa de todo movimento nesses corpos inferiores.

Assim, pois, se evidencia que os corpos inferiores são regidos por Deus, mediante os corpos celestes.

Capítulo 83
Epílogo do que foi dito

De todas as coisas que foram mostradas podemos coligir que, quanto ao planejamento da ordem a ser imposto às coisas, Deus dispõe por si mesmo todas as coisas. Donde, sobre aquilo de Jó: *Quem pôs outro sobre o orbe que fabricou?*[175], diz Gregório: *Rege o mundo por si aquele que por si mesmo o criou*[176]. E Boécio: *Deus por si mesmo dispôs sozinho todas as coisas*[177].

Entretanto, quanto à execução, ele cuida das coisas inferiores mediante as superiores. As corporais pelas espirituais. Donde, Gregório[178] diz: *Neste mundo visível nada pode ser disposto senão pela criatura invisível.*

Já os espíritos inferiores pelos superiores. Donde, diz Dionísio[179] que *as essências celestes intelectuais por primeiro recebem em si mesmas a iluminação, e transmitem para nós as manifestações que estão acima de nós.*

Também os corpos inferiores pelos superiores. Donde, diz Dionísio[180] que *o sol confere*

---

[174] Livro I, cap. 13.
[175] Jó 34,13.
[176] São Gregório Magno (540-604), em Moral, XXIV, 20; MG76, 314B.
[177] Boécio (480-524), em Consolação III, Prosa 12; ML 76, 314B.
[178] São Gregório Magno (540-604), em Diálogos IV, 6, ML 77,329B.
[179] Dionísio Areopagita (séc. V-VI), em Hierarquia Celeste IV, 2; MG 3, 180AB.
[180] Dionísio Areopagita (séc. V-VI), em Os Nomes Divinos, IV, MG 3, 700A.

quod sol generationem visibilium corporum confert, et ad vitam ipsam movet, et nutrit et auget et perficit, et mundat et renovat.

De his autem omnibus simul dicit Augustinus, in III de Trin.: quemadmodum corpora crassiora et inferiora per subtiliora et potentiora quodam ordine reguntur, ita omnia corpora per spiritum vitae rationalem; et spiritus rationalis peccator per spiritum rationalem iustum.

Capitulum LXXXIV
Quod corpora caelestia non imprimant in intellectus nostros

Ex his autem quae praemissa sunt, in promptu apparet quod eorum quae sunt circa intellectum, corpora caelestia causae esse non possunt. Iam enim ostensum est quod divinae providentiae ordo est ut per superiora regantur inferiora et moveantur.

Intellectus autem naturae ordine omnia corpora excedit: ut etiam ex praedictis patet. Impossibile est igitur quod corpora caelestia agant in intellectum directe. Non igitur possunt esse causa per se eorum quae sunt circa intellectum.

Adhuc. Nullum corpus agit nisi per motum: ut probatur in VIII physicor. Quae autem sunt immobilia, non causantur ex motu: nihil enim causatur ex motu alicuius agentis nisi inquantum movet passum dum movetur. Quae igitur sunt omnino extra motum, non possunt esse causata a corporibus caelestibus. Sed ea quae sunt circa intellectum, sunt omnino extra motum, per se loquendo, sicut patet per Philosophum in VII phys.: quinimmo per quietem a motibus fit anima prudens et sciens, ut ibidem dicitur. Impossibile est ergo quod corpora caelestia sint per se causa eorum quae circa intellectum sunt.

a geração dos corpos visíveis, e move-a para a vida, e nutre, aumenta e aperfeiçoa, e purifica e renova.

Ora, de todas essas coisas diz Agostinho[181]: *Assim como os corpos mais toscos e inferiores são regidos, em certa ordem, pelos mais sutis e potentes, assim todos os corpos pelo espírito racional da vida, e o espírito racional pecador pelo espírito racional justo.*

Capítulo 84
Os corpos celestes não influenciam em nossos intelectos

Do que foi exposto, de pronto se manifesta que das coisas que são relativas ao intelecto, os corpos celestes não podem ser causas. Já foi mostrado[182] que a ordem da providência divina é de que as coisas inferiores sejam regidas e movidas pelas superiores.

Com efeito, o intelecto ultrapassa, na ordem da natureza, todos os corpos, como também se evidencia do que foi dito[183]. Portanto, é impossível que os corpos celestes operem diretamente sobre o intelecto. Logo, não podem ser causa por si daquelas coisas que são a respeito do intelecto.

Ainda. Nenhum corpo opera a não ser por movimento, como se prova no livro da Física[184]. Ora, aquelas coisas que são imóveis, não são causadas pelo movimento, pois nada é causado pelo movimento de um agente senão enquanto ele, ao mover o que é passivo, é movido. Portanto, essas coisas que são totalmente fora do movimento, não podem ser causadas pelos corpos celestes. Entretanto, as coisas que são relativas ao intelecto, são totalmente fora do movimento, falando propriamente, como evidencia pelo que diz o Filósofo[185]: *Pelo repouso dos movimentos faz-se a alma prudente e sábia*, como aí mesmo é dito. Logo, é impossível que os corpos celestes sejam por si

---

[181] Santo Agostinho (354-431) em Sobre a Trindade III, 4; ML 42,873.
[182] Cf. cap. 78.
[183] Livro II, cap. 49.
[184] Aristóteles (384-322 a.C.), em Física VIII, 6, 259b, 32-260a,19.
[185] Aristóteles (384-322 a.C.), em Física VII, 3, 247b,10-11.

Amplius. Si nihil causatur ab aliquo corpore nisi inquantum movet dum movetur, oportet omne illud quod recipit impressionem alicuius corporis, moveri. Nihil autem movetur nisi corpus, ut probatur in VI phys.. Oportet ergo omne quod recipit impressionem alicuius corporis, esse corpus, vel aliquam virtutem corpoream. Ostensum est autem in secundo quod intellectus neque est corpus neque virtus corporea. Impossibile est igitur quod corpora caelestia directe imprimant in intellectum.

Item. Omne quod movetur ab aliquo, reducitur ab eo de potentia in actum. Nihil autem reducitur ab aliquo de potentia in actum nisi per id quod est actu. Oportet ergo omne agens et movens esse aliquo modo in actu respectu eorum ad quae passum et motum est in potentia. Corpora autem caelestia non sunt actu intelligibilia: cum sint quaedam singularia sensibilia. Cum igitur intellectus noster non sit in potentia nisi ad intelligibilia in actu, impossibile est quod corpora caelestia directe agant in intellectum.

Adhuc. Propria operatio rei consequitur naturam ipsius, quae rebus generatis per generationem acquiritur, simul cum propria operatione: sicut patet de gravi et levi, quae habent statim proprium motum in termino suae generationis, nisi sit aliquid impediens, ratione cuius generans dicitur movens. Illud ergo quod secundum principium suae naturae non est subiectum actionibus corporum caelestium, neque secundum suam operationem potest esse eis subiectum. Pars autem intellectiva non causatur ab aliquibus principiis corporalibus, sed est omnino ab extrinseco, ut supra est probatum. Operatio igitur intellectus non subiacet directe corporibus caelestibus.

mesmos causa das coisas que são relativas ao intelecto.

Ademais. Se nada é causado por um corpo senão enquanto move ao ser movido, é necessário que seja movido tudo o que recebe a influência de um corpo. Ora, nada é movido senão o corpo, como prova o livro da Física[186]. Logo, é necessário que todo aquele que recebe a influência de um corpo, seja corpo, ou uma virtude corpórea. Ora, foi mostrado[187] que o intelecto não é corpo nem uma virtude corpórea. Portanto, é impossível que os corpos celestes influenciem diretamente sobre o intelecto.

Igualmente. Tudo o que é movido por outro, é reduzido por esse da potência ao ato. Ora, nada é reduzido por outro da potência ao ato senão por aquilo que está em ato. É necessário, pois, que todo agente e movente esteja de algum modo em ato com relação àquelas coisas para as quais o que é passivo e movido esteja em potência. Ora, os corpos celestes não são inteligíveis em ato, uma vez que são coisas singulares sensíveis. Dado que nosso intelecto não esteja em potência senão para os inteligíveis, é impossível que os corpos celestes ajam diretamente no intelecto.

Ainda. A operação própria de uma coisa segue a natureza dela, que é adquirida pelas coisas geradas pela geração, simultaneamente com a operação própria, como se evidencia a respeito do pesado e do leve, que têm imediatamente o movimento próprio no termo de sua geração, a menos que haja algo que impeça, por cuja razão o que gera se diz movente. Logo, aquilo que, segundo o princípio de sua natureza, não é sujeito de ações dos corpos celestes, tampouco, segundo sua operação, pode ser-lhes sujeito. Ora, a parte intelectiva não é causada por quaisquer princípios corporais, mas é totalmente extrínseca, como foi provado[188]. Portanto, a operação do intelecto não está sujeita diretamente aos corpos celestes.

---

[186] Aristóteles (384-322 a.C.), em Física VI, 4,234b,10-12
[187] Livro II, caps. 49 ss.
[188] Livro II, cap. 86.

Amplius. Ea quae causantur ex motibus caelestibus, tempori subduntur, quod est numerus primi motus caelestis. Quae igitur omnino abstrahunt a tempore, non sunt caelestibus subiecta. Intellectus autem in sua operatione abstrahit a tempore, sicut et a loco: considerat enim universale, quod est abstractum ab hic et nunc. Non igitur operatio intellectualis subditur caelestibus motibus.

Adhuc. Nihil agit ultra suam speciem. Ipsum autem intelligere transcendit speciem et formam cuiuscumque corporis agentis: quia omnis forma corporea est materialis et individuata; ipsum autem intelligere habet speciem a suo obiecto, quod est universale et immateriale. Unde nullum corpus per formam suam corpoream intelligere potest. Multo igitur minus potest quodcumque corpus causare ipsum intelligere in alio.

Item. Secundum illud quo aliquid unitur superioribus, non est inferioribus subiectum. Anima autem nostra, secundum quod intelligit, unitur substantiis intellectualibus, quae sunt superiores ordine naturae corporibus caelestibus: non enim potest anima nostra intelligere nisi secundum quod lumen intellectuale inde sortitur. Impossibile est ergo quod intellectualis operatio directe motibus caelestibus subdatur.

Praeterea. Huic rei fidem faciet si consideremus ea quae a philosophis circa hoc sunt dicta. Antiqui enim Philosophi naturales, ut democritus, empedocles, et huiusmodi, posuerunt quod intellectus non differt a sensu: ut patet in IV metaph., et in III de anima. Et ideo sequebatur quod, cum sensus sit quaedam virtus corporea sequens corporum transmutationem, quod ita esset etiam de intellectu. Et propter hoc dixerunt quod, cum

Ademais. As coisas que são causadas pelos movimentos celestes, estão sujeitas ao tempo, que é *o número do primeiro movimento celeste*[189]. Logo, as coisas que abstraem totalmente do tempo, não estão sujeitas aos corpos celestes. Ora, o intelecto, em sua operação, abstrai do tempo, como também do lugar, pois considera o universal, que é abstraído do aqui e agora. Portanto, a operação intelectual não está sujeita aos movimentos celestes.

Ainda. Nada opera além de sua espécie. Ora, o próprio conhecer transcende a espécie e a forma de qualquer corpo operante, porque toda forma corpórea é material e individuada, mas o conhecer mesmo tem a espécie por seu objeto, que é universal e imaterial. Donde, nenhum corpo pode conhecer por sua forma corpórea. Portanto, muito menos pode qualquer corpo causar o próprio conhecer em outro.

Igualmente. Segundo o que uma coisa é unida às superiores, não é sujeita às inferiores. Ora, nossa alma, segundo conhece, se une às substâncias intelectuais, que são superiores, na ordem da natureza, aos corpos celestes, pois não pode nossa alma conhecer senão enquanto a luz intelectual daí é recebida. Logo, é impossível que a operação intelectual se sujeite diretamente aos movimentos celestes.

Ademais. Faz-se fé a esse fato se consideramos aquilo que foi dito pelos filósofos a respeito. Com efeito, os antigos Filósofos da natureza, como Demócrito, Empédocles[190], e semelhantes, afirmaram que o intelecto não difere do sentido, como se evidencia no livro da Metafísica, e no Sobre a Alma[191]. E assim seguia-se que, como o sentido é uma virtude corpórea que acompanha a transmutação do corpo, assim se daria também com o inte-

---

[189] Aristóteles (384-322 a.C.), em Física IV, 11, 219a,10-14.
[190] Demócrito (470-370 a.C.) — filósofo grego, refletiu sobre tudo. Sua obra foi perdida quase inteiramente. É representante do Atomismo: O cosmo se forma por um número infinito de corpos eternos e indivisíveis (os átomos) que se movem no vácuo. A causa de todos os movimentos é mecânica e chama-se Necessidade; — Empédocles (490-430 a.C.), filósofo grego de Agrigento (Sicília), em Da Natureza do Universo e Purificação.
[191] Aristóteles (384-322 a.C.), em Metafísica IV, 5, 1009b, 12-33. E em Sobre a Alma III, 3, 427a,17-29.

transmutatio inferiorum corporum sequatur transmutationem corporum superiorum, intellectualis operatio sequatur corporum caelestium motus: secundum illud Homeri: talis est intellectus in diis et hominibus terrenis qualem in die ducit pater virorum deorumque: idest sol; vel magis iupiter, quem dicebant summum Deum, intelligentes per ipsum totum caelum, ut patet per Augustinum, in libro de civitate Dei.

Hinc etiam processit stoicorum opinio, qui dicebant cognitionem intellectus causari ex hoc quod imagines corporum nostris mentibus imprimuntur, sicut speculum quoddam, vel sicut pagina recipit litteras impressas, absque hoc quod aliquid agat: ut boetius narrat in V de consolatione. Secundum quorum sententiam sequebatur quod maxime ex impressione corporum caelestium intellectuales notiones nobis imprimerentur. Unde et stoici fuerunt qui praecipue necessitate quadam fatali hominum vitam duci posuerunt. Sed haec positio inde falsa apparet, ut boetius ibidem dicit, quia intellectus componit et dividit, et comparat suprema ad infima et cognoscit universalia et simplices formas, quae in corporibus non inveniuntur.

Et sic manifestum est quod intellectus non est sicut recipiens tantum imagines corporum, sed habet aliquam virtutem corporibus altiorem: nam sensus exterior, qui solum imagines corporum recipit, ad praedicta non se extendit.

Omnes autem sequentes Philosophi, intellectum a sensu discernentes, causam nostrae scientiae non aliquibus corporibus, sed rebus immaterialibus attribuerunt: sicut Plato posuit causam nostrae scientiae esse ideas; Aristoteles autem intellectum agentem.

lecto. E, por causa disso, disseram que, como a transmutação dos corpos inferiores segue a transmutação dos corpos superiores, a operação intelectual segue o movimento dos corpos celestes, segundo aquilo de Homero[192]: *Tal é o intelecto nos deuses e nos homens terrenos qual determinava no dia o pai dos homens e dos deuses*, isto é, o sol; ou antes Júpiter, que denominavam o Sumo Deus, entendendo por ele todo o céu, como se evidencia por Agostinho, no livro Da Cidade de Deus[193].

Daí procede também a opinião dos Estoicos, que diziam que o conhecimento do intelecto é causado pelo fato de imagens dos corpos serem impressas em nossas mentes, como um espelho, ou como a folha recebe as letras impressas, sem que opere alguma coisa, como narra Boécio[194]. Segundo a sentença deles seguia-se que da impressão dos corpos celestes maximamente seriam impressas em nós as noções intelectuais. Donde, também os Estoicos foram os que afirmaram que a vida dos homens era conduzida, principalmente, por uma necessidade fatal. Entretanto, daí essa afirmação manifesta-se falsa, como diz Boécio no mesmo lugar, porque o intelecto compõe e divide, e compara as coisas supremas com as ínfimas, e conhece os universais e as formas simples, que não se encontram nos corpos.

E assim é manifesto que o intelecto não é apenas como um recipiente de imagens dos corpos, mas tem uma virtude mais elevada que os corpos, pois o sentido exterior, que recebe apenas imagens dos corpos, não se estende ao que foi dito.

Todos os filósofos que se seguiram, distinguindo o intelecto do sentido, atribuíram a causa de nossa ciência não a alguns corpos, mas a coisas imateriais, como Platão, que afirmou que a causa de nossa ciência eram *as ideias*, e Aristóteles, *o intelecto agente*.

---

[192] Homero (932-898 a.C.), em Odisseia XVIII, 136 ss. A tradução de Frederico Lorenço, publicada pela Penguim-Companhia das Letras diz o seguinte: "Pois o estado de espírito dos homens que habitam a terra depende/do dia que lhes é trazido pelo pai dos homens e dos deuses".
[193] Santo Agostinho (354-431) em A Cidade de Deus IV, 11; ML 41,121-123.
[194] Boécio (480-524), em Consolação V, Poesia IV, 1-9.

Ex his omnibus est accipere quod ponere corpora caelestia esse causam nobis intelligendi, est consequens opinioni eorum qui ponebant intellectum a sensu non differre: ut patet etiam per Aristotelem, in libro de anima. Hanc autem opinionem manifestum est esse falsam. Igitur manifestum est et eam esse falsam quae ponit corpora caelestia esse nobis causa intelligendi directe.

Hinc est etiam quod sacra Scriptura causam nostrae intelligentiae attribuit, non alicui corpori, sed Deo: iob 35,10 ubi est Deus qui fecit me, qui dedit carmina in nocte, qui docet nos super iumenta terrae, super volucres caeli erudit nos? et in Psalmo, qui docet hominem scientiam.

Sciendum est tamen quod, licet corpora caelestia directe intelligentiae nostrae causae esse non possint, aliquid tamen ad hoc operantur indirecte. Licet enim intellectus non sit virtus corporea, tamen in nobis operatio intellectus compleri non potest sine operatione virtutum corporearum, quae sunt imaginatio et vis memorativa et cogitativa, ut ex superioribus patet. Et inde est quod, impeditis harum virtutum operationibus propter aliquam corporis indispositionem, impeditur operatio intellectus: sicut patet in phreneticis et lethargicis, et aliis huiusmodi. Et propter hoc etiam bonitas dispositionis corporis humani facit aptum ad bene intelligendum, inquantum ex hoc praedictae vires fortiores existunt: unde dicitur in II de anima quod molles carne bene aptos mente videmus.

Dispositio autem corporis humani subiacet caelestibus motibus. Dicit enim Augustinus, in V de civitate Dei, quod non usquequaque absurde dici potest ad solas corporum differentias afflatus quosdam valere sidereos.

De tudo isso deve-se concluir que afirmar que os corpos celestes são causa para nós de conhecer, segue a opinião dos que sustentavam que o intelecto não difere do sentido, como se evidencia também em Aristóteles[195]. É manifesto que tal opinião é falsa. Logo, é também manifesto ser falsa a que afirma que os corpos celestes são para nós diretamente causa de conhecer.

Daí é também que a Sagrada Escritura atribui a causa de nossa inteligência, não a algum corpo, mas a Deus[196]: *Onde está O Deus que me fez, que deu os cantos à noite, que nos ensina acima dos jumentos da terra, nos instrui acima dos pássaros do céu?* E no Salmo[197]: *Quem ensina ao homem a ciência.*

Deve-se saber que, embora os corpos celestes não possam ser diretamente causas de nossa inteligência, operam, porém, algo para isso. Com efeito, embora o intelecto não seja uma virtude corpórea, em nós, porém, a operação do intelecto não pode completar-se sem a operação das virtudes corpóreas, que são a imaginação e a potência memorativa e cogitativa, como se evidencia das afirmações superiores[198]. E daí é que, impedidas as operações de tais virtudes por causa de alguma indisposição do corpo, é impedida a operação do intelecto, como se evidencia nos loucos, nos letárgicos e em outros semelhantes. E por causa disso, também, a bondade da disposição do corpo humano torna apto para conhecer bem, enquanto por ela as mencionadas forças tornam-se mais fortes, Donde, se diz no livro Sobre a Alma[199] que *vemos que os delicados de carne são bem aptos de mente.*

Assim, a disposição do corpo humano sujeita-se aos movimentos celestes. Com efeito, diz Agostinho[200] *que não é absurdo, de modo algum, dizer que as irradiações astrais podem produzir ao menos mudanças nos corpos.* E Da-

---

[195] Aristóteles (384-322 a.C.), em Sobre a Alma III, 3, 427a,17-26.
[196] Jó, 35,10.11.
[197] Salmo 93,10.
[198] Livro II, cap. 68.
[199] Aristóteles (384-322 a.C.) em Sobre a Alma II, 9, 421a-26.
[200] Santo Agostinho (354-431), em A Cidade de Deus V, 6; ML 41,146.

Et Damascenus dicit in secundo libro, quod alii et alii planetae diversas complexiones et habitus et dispositiones in nobis constituunt.

Et ideo indirecte corpora caelestia ad bonitatem intelligentiae operantur. Et sic, sicut medici possunt iudicare de bonitate intellectus ex corporis complexione sicut ex dispositione proxima, ita astrologus ex motibus caelestibus sicut ex causa remota talis dispositionis. Et per hunc modum potest verificari quod Ptolomaeus in centilogio dicit: cum fuerit mercurius in nativitate alicuius in aliqua domorum Saturni, et ipse fortis in esse suo, dat bonitatem intelligentiae medullitus in rebus.

masceno[201] diz que os distintos planetas *provocam em nós diversos temperamentos, hábitos e disposições*.

E assim, indiretamente, os corpos celestes operam para a bondade da inteligência. E dessa maneira, como os médicos podem julgar da bondade do intelecto pela compleição do corpo, assim também o astrólogo, dos movimentos celestes como causa remota de tal disposição. E por esse modo se pode verificar o que Ptolomeu afirma no Centilóquio: *Quando Mercúrio estiver, em alguma morada de Saturno, dá a capacidade de entender até a medula nas coisas, tornando robusto a quem então nasce*[202].

Capitulum LXXXV
Quod corpora caelestia non sunt causae voluntatum et electionum nostrarum

Ex hoc autem ulterius apparet quod corpora caelestia non sunt causa voluntatum nostrarum neque nostrarum electionum.

Voluntas enim in parte intellectiva animae est: ut patet per Philosophum in III de anima. Si igitur corpora caelestia non possunt imprimere directe in intellectum nostrum, ut ostensum est, neque etiam in voluntatem nostram directe imprimere poterunt.

Amplius. Omnis electio et actualis voluntas in nobis immediate ex apprehensione intelligibili causatur: bonum enim intellectum est obiectum voluntatis, ut patet in III de anima et propter hoc non potest sequi perversitas in eligendo nisi intellectus iudicium deficiat in particulari eligibili, ut patet per Philosophum in VII ethicorum. Corpora autem caelestia non sunt causa intelligentiae nostrae. Ergo neque electionis nostrae possunt esse causa.

Item. Quaecumque ex impressione corporum caelestium in istis inferioribus eveniunt,

Capítulo 85
Os corpos celestes não são causa de nossas volições e eleições

Do que foi dito manifesta-se, ulteriormente, que os corpos celestes não são causa de nossas volições nem de nossas eleições.

Com efeito, a vontade está na parte intelectiva da alma, como diz claramente o Filósofo[203]. Portanto, se os corpos celestes não podem influir diretamente em nosso intelecto, como foi mostrado[204], tampouco poderão influir diretamente em nossa vontade.

Ademais. Toda eleição e vontade atual são causadas em nós imediatamente pela apreensão inteligível, pois o bem conhecido é o objeto da vontade, como se evidencia no livro Sobre a Alma[205], e por causa disso não pode seguir-se a perversidade no eleger, a menos que falhe o julgamento do intelecto no elegível particular, como se evidencia pelo Filósofo no livro da Ética[206]. Ora, os corpos celestes não são causa de nossa inteligência. Logo, também não podem ser causa de nossa eleição.

Igualmente. Quaisquer coisas que aconteçam, pela influência dos corpos celestes, nos

---

[201] São João Damasceno (675-749), em A Fé Ortodoxa II, 7; MG 94,893C.
[202] Ptolomeu (90-168), em Centilóquio ou Cem Sentenças, 38.
[203] Aristóteles (384-322 a.C.), em, Sobre a Alma III, 9, 432b,5.
[204] Cf. capítulo anterior.
[205] Aristóteles (384-322 a.C.), em Sobre a Alma III, 10, 433a,18,20-27-29.
[206] Aristóteles (384-322 a.C.), em Ética VII,3, 1146a,31b,3.

naturaliter contingunt: cum haec inferiora sint naturaliter sub illis ordinata. Si ergo electiones nostrae eveniunt ex impressione corporum caelestium, oportet quod naturaliter eveniant: ut scilicet sic naturaliter homo eligat operari suas operationes, sicut naturali instinctu bruta operantur, et naturaliter corpora inanimata moventur. Non ergo erunt propositum et natura duo principia agentia, sed unum tantum, quod est natura. Cuius contrarium patet per Aristotelem in II physicorum. Non est igitur verum quod ex impressione corporum caelestium nostrae electiones proveniant.

Praeterea. Ea quae naturaliter fiunt, determinatis mediis perducuntur ad finem, unde semper eodem modo contingunt: natura enim determinata est ad unum. Electiones autem humanae diversis viis tendunt in finem, tam in moralibus quam in artificialibus. Non igitur electiones humanae sunt naturaliter.

Amplius. Ea quae naturaliter fiunt, ut plurimum recte fiunt: natura enim non deficit nisi in paucioribus. Si igitur homo naturaliter eligeret, ut in pluribus electiones essent rectae. Quod patet esse falsum. Non igitur homo naturaliter eligit. Quod oporteret si ex impulsu corporum caelestium eligeret.

Item. Ea quae sunt eiusdem speciei, non diversificantur in operationibus naturalibus quae naturam speciei consequuntur: unde omnis hirundo similiter facit nidum, et omnis homo similiter intelligit prima principia, quae sunt naturaliter nota. Electio autem est operatio consequens speciem humanam. Si igitur homo naturaliter eligeret, oporteret quod omnes homines eodem modo eligerent. Quod patet esse falsum, tam in moralibus quam in artificialibus.

corpos inferiores, acontecem naturalmente, pois esses corpos inferiores são ordenados àqueles. Se, pois, as nossas eleições acontecem por influência dos corpos celestes, é necessário que naturalmente aconteçam, de modo que assim, naturalmente, o homem eleja realizar suas operações, como os animais irracionais operam por instinto natural, e naturalmente são movidos os corpos inanimados. Logo, o propósito e a natureza não serão dois princípios agentes, mas um só, que é a natureza. O contrário disso se evidencia por Aristóteles no livro da Física[207]. Portanto, não é verdadeiro que da influência dos corpos celestes provenham nossas eleições.

Além disso. As coisas que se fazem, naturalmente, são levadas ao fim por meios determinados. Donde, sempre acontecem do mesmo modo, pois a natureza é determinada a uma coisa só. Ora, as eleições humanas tendem ao fim, por diversas vias, quer nas coisas morais, quer nas artificiais. Portanto, as eleições humanas não se fazem naturalmente.

Ademais. As coisas que se fazem naturalmente, fazem-se retamente na maioria das vezes, pois a natureza não falha senão poucas vezes. Se, pois, o homem elegesse naturalmente, as eleições seriam retas na maioria das vezes. O que se evidencia ser falso. Portanto, o homem não elege naturalmente. O que seria necessário, se elegesse por impulso dos corpos celestes.

Igualmente. As coisas que são da mesma espécie, não se diversificam em operações naturais que seguem a natureza da espécie; donde, toda andorinha faz de modo semelhante o ninho, e todo homem conhece de modo semelhante os primeiros princípios, que são evidentes naturalmente. Ora, a eleição é uma operação que segue a espécie humana. Se, pois, o homem naturalmente elegesse, seria necessário que todos os homens elegessem do mesmo modo. O que se evidencia ser falso, quer nas coisas morais, quer nas artificiais.

---

[207] Aristóteles (384-322 a.C.), em Física 5,196b,18-22.

Adhuc. Virtutes et vitia sunt electionum principia propria: nam virtuosus et vitiosus differunt ex hoc quod contraria eligunt. Virtutes autem politicae et vitia non sunt nobis a natura, sed ex assuetudine: ut probat Philosophus, in II ethic., ex hoc quod quales operationes assuescimus, et maxime a puero, ad tales habitum habemus. Ergo electiones nostrae non sunt nobis a natura. Non ergo causantur ex impressione corporum caelestium, secundum quam res naturaliter procedunt.

Adhuc. Corpora caelestia non imprimunt directe nisi in corpora, ut ostensum est. Si igitur sint causa electionum nostrarum, aut hoc erit inquantum imprimunt in corpora nostra, aut inquantum imprimunt in exteriora. Neutro autem modo sufficienter possunt esse causa electionis nostrae. Non enim est sufficiens causa nostrae electionis quod aliqua corporalia nobis exterius praesententur: patet enim quod ad occursum alicuius delectabilis, puta cibi vel mulieris, temperatus non movetur ad eligendum ipsum, intemperatus autem movetur. Similiter etiam non sufficit ad nostram electionem quaecumque immutatio possit esse in nostro corpore ab impressione caelestis corporis: cum per hoc non sequantur in nobis nisi quaedam passiones, vel magis vel minus vehementes; passiones autem, quantumcumque vehementes, non sunt causa sufficiens electionis, quia per easdem passiones incontinens inducitur ad eas sequendum per electionem, continens autem non inducitur. Non potest igitur dici quod corpora caelestia sunt causae nostrarum electionum.

Amplius. Nulla virtus datur alicui rei frustra. Homo autem habet virtutem iudicandi et consiliandi de omnibus quae per ipsum operabilia sunt, sive in usu exteriorum rerum, sive in admittendo vel repellendo intrinsecas passiones. Quod quidem frustra esset, si electio nostra causaretur a corporibus caeles-

Ainda. Virtudes e vícios são os princípios próprios das eleições, pois o virtuoso e o vicioso diferem por elegerem coisas contrárias. Ora, as virtudes políticas e os vícios não estão em nós por natureza, mas por costume, como prova o Filósofo[208], por nos acostumarmos a tais operações, e, sobretudo, desde criança, temos o hábito para elas. Logo, nossas eleições não estão em nós por natureza. Portanto, não são causadas pela influência dos corpos celestes, da qual as coisas naturalmente procedem.

Ainda. Os corpos celestes não influenciam diretamente senão nos corpos, como foi mostrado[209] Se, pois, são causa de nossas eleições, ou isso será enquanto influenciam em nossos corpos, ou enquanto influenciam nas coisas exteriores. Ora, de nenhum modo podem ser suficientemente causa de nossa eleição. Com efeito, não é causa suficiente de nossa eleição que nos sejam apresentadas exteriormente algumas coisas corporais, pois, evidencia-se que, na ocorrência de algo deleitável, como de um alimento ou de uma mulher, o moderado não se move para elegê-lo, mas o não moderado se move. De modo semelhante também não basta para nossa eleição que qualquer mutação possa dar-se em nosso corpo pela influência de um corpo celeste, dado que disso não se seguem em nós senão algumas paixões, mais ou menos veementes; ora, paixões, por mais veementes que sejam, não são causa suficiente de eleição, porque pelas mesmas paixões o incontinente é levado a segui-las por eleição, mas o continente não é levado. Portanto, não se pode dizer que os corpos celestes são causas de nossas eleições.

Ademais. Nenhuma virtude é dada em vão a alguma coisa. Ora, o homem tem a virtude de julgar e de consultar sobre todas as coisas que são operáveis por ele, quer no uso das coisas exteriores, quer admitindo ou repelindo as paixões internas. O que certamente seria em vão, se nossa eleição fosse causada pelos

---

[208] Aristóteles (384-322 a.C.), em Ética II, 1, 1103a,14b,25.
[209] Cf. cap. 84.

tibus, non existens in nostra potestate. Non igitur corpora caelestia sunt causa nostrae electionis.

Praeterea. Homo naturaliter est animal politicum, vel sociale. Quod quidem ex hoc apparet quod unus homo non sufficit sibi si solus vivat, propterea quod natura in paucis homini providit sufficienter, dans ei rationem, per quam posset sibi omnia necessaria ad vitam praeparare, sicut cibum, indumenta, et alia huiusmodi ad quae omnia operanda non sufficit unus homo. Unde naturaliter est inditum homini ut in societate vivat. Sed ordo providentiae non aufert alicui rei quod est sibi naturale, sed magis unicuique providetur secundum suam naturam, ut ex dictis patet. Non igitur per ordinem providentiae sic est homo ordinatus ut vita socialis tollatur. Tolleretur autem si electiones nostrae ex impressionibus corporum caelestium provenirent, sicut naturales instinctus aliorum animalium. Frustra etiam darentur leges et praecepta vivendi, si homo suarum electionum Dominus non esset. Frustra etiam adhiberentur poenae et praemia bonis aut malis, ex quo non est in nobis haec vel illa eligere. His autem desinentibus, statim socialis vita corrumpitur. Non igitur homo est sic secundum ordinem providentiae institutus ut electiones eius ex motibus caelestium corporum proveniant.

Adhuc. Electiones hominum ad bona et mala se habent. Si igitur electiones nostrae ex motibus stellarum provenirent, sequeretur quod stellae per se essent causa malarum electionum. Quod autem est malum, non habet causam in natura: nam malum incidit ex defectu alicuius causae, et non habet causam per se, ut supra ostensum est. Non igitur est possibile quod electiones nostrae directe et per se a corporibus caelestibus proveniant sicut ex causis.

corpos celestes, não estando em nosso poder. Portanto, os corpos celestes não são causa de nossa eleição.

Além disso. O homem é naturalmente *animal político, ou social*[210]. Isso se manifesta do fato de que um homem só não se basta, se vive sozinho; por causa disso, a natureza poucas vezes provê suficientemente ao homem, dando-lhe a razão, pela qual possa prover-se de todas as coisas necessárias à vida, como o alimento, as roupas e outras semelhantes, para a produção das quais não basta um homem só. Donde, naturalmente é inato no homem viver em sociedade. Mas, a ordem da providência não tira de uma coisa o que lhe é natural, mas, antes, provê a cada uma segundo sua natureza, como se evidencia do que foi dito[211]. Portanto, não é por ordem da providência que, o homem ordenado dessa maneira, se lhe tire a vida social. Ora, seria tirada, se nossas eleições proviessem de influências dos corpos celestes, como os instintos naturais de outros animais. Igualmente seriam em vão as leis e preceitos do viver, se o homem não fosse o senhor de suas eleições. Empregar-se-iam também em vão as penas e os prêmios aos bons ou aos maus, se não estivesse em nós o eleger estas e aquelas coisas. Ora, faltando essas coisas, imediatamente se corrompe a vida social. Portanto, o homem não foi instituído segundo a ordem da providência de modo que suas eleições proviessem dos movimentos dos corpos celestes.

Ainda. As eleições dos homens se referem aos bens ou aos males. Se, pois, as nossas eleições proviessem dos movimentos das estrelas, seguir-se-ia que as estrelas seriam causa por si das más eleições. Ora, o que é mal não tem causa na natureza, pois ele se dá por defeito de alguma causa, e não tem causa por si, como foi mostrado[212]. Não é, portanto, possível que nossas eleições provenham diretamente e por si dos corpos celestes, como de causas.

---

[210] Aristóteles (384-322 a.C.), em Ética I, 5, 1097b, 11.
[211] Cf. cap. 71.
[212] Cf. caps. 4 ss.

Potest autem aliquis huic rationi obviare dicendo quod omnis mala electio ex alicuius boni appetitu provenit, ut supra ostensum est: sicut electio adulteri provenit appetitu boni delectabilis quod est in venereis. Ad quod quidem bonum universale aliqua stella movet. Et hoc necessarium est ad generationes animalium perficiendas: nec debuit hoc commune bonum praetermitti propter malum particulare huius, qui ex hoc instinctu eligit malum.

Haec autem responsio sufficiens non est, si ponantur corpora caelestia per se causa electionum nostrarum, utpote per se imprimentia in intellectum et voluntatem. Nam impressio universalis causae recipitur in unoquoque secundum modum suum. Effectus ergo stellae moventis ad delectationem quae est in coniunctione ordinata ad generationem, recipietur in quolibet secundum modum proprium sibi: sicut videmus quod diversa animalia habent diversa tempora et diversos modos commixtionis, secundum congruentiam suae naturae, ut Aristoteles dicit in libro de historiis animalium. Recipient ergo intellectus et voluntas impressionem illius stellae secundum modum suum. Cum autem aliquid appetitur secundum modum, intellectus et rationis, non accidit peccatum in electione, quae quidem semper ex hoc mala est quod non est secundum rationem rectam. Non igitur, si corpora caelestia essent causa electionum nostrarum, esset unquam in nobis electio mala.

Amplius. Nulla virtus activa se extendit ad ea quae sunt supra speciem et naturam agentis: quia omne agens agit per suam formam. Sed ipsum velle transcendit omnem speciem corporalem, sicut et ipsum intelligere: sicut enim intelligimus universalia, ita et voluntas nostra in aliquod universale fertur, puta quod odimus omne latronum genus, ut Philosophus dicit in sua rhetorica. Nostrum igitur velle non causatur a corpore caelesti.

Ora, alguém pode objetar a essa razão, dizendo que toda má eleição provém do apetite de algum bem, como foi mostrado[213], como a eleição do adúltero provém do desejo de um bem deleitável, que há no sexo. Uma estrela move certamente para um bem universal. E isso é necessário para realizar a geração dos animais, nem se deve omitir esse bem comum por causa de um mal particular daquele que, por esse instinto, elege o mal.

Ora, tal resposta não é suficiente, ao se afirmar que os corpos celestes são por si causa de nossas eleições, de modo a influenciarem por si no intelecto e na vontade. Com efeito, a influência da causa universal é recebida em cada coisa, segundo seu modo. Logo, o efeito da estrela que move ao deleite, que está na conjunção ordenada à geração, receber-se-á em qualquer coisa segundo seu modo próprio, como vemos que diversos animais têm diversos tempos e diversos modos de acasalamento, segundo a conveniência de sua natureza, como diz Aristóteles[214]. Logo, o intelecto e a vontade recebem a influência dessa estrela segundo o seu modo. Ora, como algo é desejado segundo o modo do intelecto e da razão, não se dá o pecado na eleição, que certamente é má enquanto não é de acordo com a razão reta. Portanto, se os corpos celestes fossem causa de nossas eleições, jamais haveria em nós a eleição má.

Ademais. Nenhuma virtude ativa se estende àquelas coisas que estão acima da espécie e da natureza do agente, porque todo agente age por sua forma. Mas, o próprio querer transcende toda espécie corporal, como também o próprio conhecer, pois assim como conhecemos os universais, assim também a nossa vontade se dirige a certo universal, por exemplo, o *odiarmos todo o gênero de ladrões*, como diz o Filósofo[215]. Portanto, nosso querer não é causado pelo corpo celeste.

---

[213] Cf. caps. 5 e 6.
[214] Aristóteles (384-322 a.C.), em História dos Animais V, 8, 541b,34-542b,17.
[215] Aristóteles (384-322 a.C.), em Retórica II, 4, 1832a,5-7.

Praeterea. Ea quae sunt ad finem, proportionantur fini. Electiones autem humanae ordinantur ad felicitatem sicut ad ultimum finem. Quae quidem non consistit in aliquibus corporalibus bonis, sed in hoc quod anima coniungatur per intellectum rebus divinis: ut supra ostensum est, tam secundum sententiam fidei, quam secundum Philosophorum opiniones. Corpora igitur caelestia non possunt esse causa electionum nostrarum.

Hinc est quod dicitur Ier. 10,2 *a signis caeli nolite metuere, quae gentes timent: quia leges populorum vanae sunt*. Per haec autem excluditur positio stoicorum, qui ponebant omnes actus nostros, et etiam electiones nostras, secundum corpora caelestia disponi. Quae etiam fuisse dicitur positio antiqua Pharisaeorum apud Iudaeos.

Priscillianistae etiam huius erroris rei fuerunt, ut dicitur in libro de haeresibus. Haec etiam fuit opinio antiquorum naturalium, qui ponebant sensum et intellectum non differre. Unde empedocles dixit quod voluntas augetur in hominibus, sicut in aliis animalibus, ad praesens, idest, secundum praesens momentum, ex motu caeli causante tempus, ut Aristoteles introducit in libro de anima.

Sciendum tamen est quod, licet corpora caelestia non sint directe causa electionum nostrarum quasi directe in voluntates nostras imprimentia, indirecte tamen ex eis aliqua occasio nostris electionibus praestatur, secundum quod habent impressionem super corpora. Et hoc dupliciter. — Uno quidem modo, secundum quod impressiones corporum caelestium in exteriora corpora est nobis occasio alicuius electionis: sicut, cum per corpora caelestia disponitur aer ad frigus intensum, eligimus calefieri ad ignem, vel aliqua huiusmodi facere quae congruunt tempori.

Além disso. As coisas que são para o fim, são proporcionadas a ele. Ora as eleições humanas ordenam-se à felicidade como ao fim último. Essa não consiste em bens corporais, mas em que a alma se una pelo intelecto às coisas divinas, como foi mostrado[216], tanto segundo a sentença da fé quanto segundo as opiniões dos Filósofos. Portanto, os corpos celestes não podem ser causa de nossas eleições.

Daí é que se diz em Jeremias[217]: *Não queirais temer os sinais do céu, que os povos temem, porque as leis dos povos são vãs*. Por isso se exclui a opinião dos Estoicos[218], que afirmavam que todos os nossos atos, como também nossas eleições, são dispostos segundo os corpos celestes. Diz-se também que essa foi a opinião antiga dos Fariseus entre os Judeus[219].

Os Priscilianistas foram também réus desse erro, como se diz no livro Sobre as heresias[220]. Também essa foi a opinião de antigos filósofos da natureza, que afirmavam que o sentido e o intelecto não se diferenciavam. Donde, Empédocles disse que a *vontade aumenta nos homens, como nos outros animais, no presente*, isto é, segundo o momento presente, pelo movimento do céu que causa o tempo, como diz Aristóteles[221].

Entretanto, deve-se saber que, embora os corpos celestes não sejam diretamente causa de nossas eleições, de modo a influenciarem diretamente nas nossas volições, indiretamente, porém, é proporcionada por eles alguma ocasião a nossas eleições, enquanto têm influência sobre os corpos. E isso duplamente. — *De um modo*, enquanto as influências dos corpos celestes nos corpos exteriores é para nós ocasião de alguma eleição; por exemplo, quando pelos corpos celestes o ar é disposto para o frio intenso, elegemos aquecer-nos junto ao fogo, e fazer algo de semelhante que convenha ao

---

[216] Cf. cap. 25.
[217] Jeremias 10,2.
[218] Cf. capítulo anterior.
[219] Cf. Josefo Flávio (35-111), em A Guerra judaica II, 8,14.
[220] Santo Agostinho (354-431) em Sobre as Heresias 70.
[221] Aristóteles (384-322 a.C.), em Sobre a Alma III, 3, 427a, 23-24.

— Alio modo, secundum quod imprimunt in corpora nostra: ad quorum immutationem insurgunt in nobis aliqui motus passionum: vel per eorum impressionem efficimur habiles ad aliquas passiones, sicut cholerici sunt proni ad iram; vel etiam secundum quod ex eorum impressione causatur in nobis aliqua dispositio corporalis quae est occasio alicuius electionis, sicut cum, nobis infirmantibus, eligimus accipere medicinam. Interdum etiam ex corporibus caelestibus actus humanus causatur inquantum ex indispositione corporis aliqui amentes efficiuntur, usu rationis privati. In quibus proprie electio non est, sed moventur aliquo naturali instinctu, sicut et bruta. Manifestum autem est, et experimento cognitum, quod tales occasiones, sive sint exteriores sive sint interiores, non sunt causa necessaria electionis: cum homo per rationem possit eis resistere vel obedire.

Sed plures sunt qui impetus naturales sequuntur, pauciores autem, scilicet soli sapientes, qui occasiones male agendi et naturales impetus non sequuntur. Et propter hoc dicit Ptolomaeus in centilogio quod anima sapiens adiuvat opus stellarum; et quod non poterit astrologus dare iudicia secundum stellas nisi vim animae et complexionem naturalem bene cognoverit; et quod astrologus non debet dicere rem specialiter, sed universaliter: quia scilicet impressio stellarum in pluribus sortitur effectum, qui non resistunt inclinationi quae est ex corpore; non autem semper in hoc vel in illo, qui forte per rationem naturali inclinationi resistit.

tempo. — *De outro modo,* enquanto influenciam em nossos corpos, por cuja mutação aparecem em nós alguns movimentos de paixões, ou por sua influência tornamo-nos hábeis para algumas paixões, como os coléricos são inclinados à ira, ou também enquanto por sua influência é causada em nós alguma disposição corporal, que é ocasião de uma eleição, como quando nos adoecemos, elegemos tomar o remédio. Frequentemente, também, o ato humano é causado pelos corpos celestes enquanto por indisposição do corpo alguns se tornam amentes, privados do uso da razão. Nesses, propriamente falando, não há eleição, mas são movidos por algum instinto natural, como os animais irracionais. Ora, é manifesto, e conhecido pela experiência, que tais ocasiões, sejam exteriores, sejam interiores, não são causa necessária de eleição, uma vez que o homem pode pela razão resistir-lhes ou a elas obedecer.

Mas, há muitos que seguem os impulsos naturais, embora muitos poucos, ou seja, só os sábios não seguem as ocasiões de agir mal e os impulsos naturais. E, por causa disso, diz Ptolomeu[222] que *a alma sábia ajuda a obra das estrelas, e que não poderá o astrólogo dar julgamentos segundo as estrelas se não conhecer bem a força da alma e a compleição natural, e que o astrólogo não deve dizer a coisa de modo específico, mas em geral,* ou seja, porque a influência das estrelas causa efeito em muitos, que não resistem à inclinação que procede do corpo, mas nem sempre neste ou naquele, que talvez resiste pela razão à inclinação natural.

Capitulum LXXXVI
Quod corporales effectus in istis inferioribus non sequuntur ex necessitate a corporibus caelestibus

Non solum autem corpora caelestia humanae electioni necessitatem inferre non possunt, sed nec etiam corporales effectus in istis inferioribus ex necessitate ab eis procedunt.

Capítulo 86
Os efeitos corporais nos corpos inferiores não provêm por necessidade dos corpos celestes

Entretanto, não apenas os corpos celestes não podem trazer necessidade à eleição humana, mas tampouco os efeitos corporais procedem deles, por necessidade, nestes corpos inferiores.

---

[222] Ptolomeu (90-168), em Centilóquio ou Cem Sentenças. Sentença 8.

Impressiones enim causarum universalium recipiuntur in effectibus secundum recipientium modum. Haec autem inferiora sunt fluxibilia et non semper eodem modo se habentia: propter materiam, quae est in potentia ad plures formas; et propter contrarietatem formarum et virtutum. Non igitur impressiones corporum caelestium recipiuntur in istis inferioribus per modum necessitatis.

Item. A causa remota non sequitur effectus de necessitate nisi etiam sit causa media necessaria: sicut et in syllogismis ex maiori de necesse et minori de contingenti non sequitur conclusio de necesse. Corpora autem caelestia sunt causae remotae: proximae autem causae inferiorum effectuum sunt virtutes activae et passivae in istis inferioribus, quae non sunt causae necessariae, sed contingentes; possunt enim deficere ut in paucioribus. Non ergo ex corporibus caelestibus sequuntur in istis inferioribus corporibus effectus de necessitate.

Praeterea. Motus caelestium corporum semper est eodem modo. Si igitur effectus caelestium corporum in istis inferioribus ex necessitate proveniret, semper eodem modo se haberent quae in inferioribus sunt. Non autem semper eodem modo se habent, sed ut in pluribus. Non ergo ex necessitate proveniunt.

Adhuc. Ex multis contingentibus non potest fieri unum necessarium: quia, sicut quodlibet contingentium per se deficere potest ab effectu, ita et omnia simul. Constat autem quod singula quae in istis inferioribus fiunt ex impressione caelestium corporum, sunt contingentia. Non igitur connexio eorum quae in inferioribus contingunt ex impressione caelestium corporum, est necessaria: manifestum est enim quod quodlibet eorum potest impediri.

Amplius. Corpora caelestia sunt agentia naturaliter, quae requirunt materiam in quam agant. Non igitur ex actione corporum caelestium tollitur id quod materia requirit. Materia autem in quam agunt corpora caelestia, sunt

Com efeito, as influências das causas universais são recebidas nos efeitos, segundo o modo dos sujeitos que recebem. Ora, esses corpos inferiores são variáveis e não se mantêm sempre do mesmo modo, por causa da matéria, que está em potência para muitas formas e por causa da contrariedade das formas e das virtudes. Portanto, as influências dos corpos celestes não são recebidas nos corpos inferiores por modo de necessidade.

Igualmente. De uma causa remota não se segue o efeito por necessidade, a menos que haja também uma causa intermediária necessária, como, nos silogismos, da maior necessária e da menor contingente não se segue a conclusão necessária. Ora, os corpos celestes são causas remotas, mas as causas próximas dos efeitos inferiores são as virtudes ativas e passivas nesses inferiores, que não são causas necessárias, mas contingentes, pois podem falhar em alguns casos. Logo, dos corpos celestes não se seguem os efeitos por necessidade a estes inferiores.

Além disso. O movimento dos corpos celestes é sempre do mesmo modo. Portanto, se o efeito dos corpos celestes proviesse por necessidade nesses inferiores, sempre do mesmo modo se comportariam as coisas que estão nos inferiores. Ora, não se comportam sempre do mesmo modo, mas na maioria das vezes. Portanto, não provêm por necessidade.

Ainda. Não se pode fazer de muitos contingentes um necessário, porque como qualquer dos contingentes pode por si falhar do efeito, assim todos simultaneamente. Ora, consta que coisas singulares que se produzem nesses corpos inferiores, por influência dos corpos celestes, são contingentes. Portanto, a conexão das coisas que acontecem nos corpos inferiores, por influência dos corpos celestes, não é necessária, pois é manifesto que qualquer uma delas pode ser impedida.

Ademais. Os corpos celestes são naturalmente agentes, que requerem matéria sobre a qual operem. Portanto, não se tira, por ação dos corpos celestes, o que a matéria requer. Ora, a matéria, na qual operam os corpos celes-

corpora inferiora: quae, cum sint corruptibilia secundum suam naturam, sicut deficere possunt ab esse, ita ab operari; et sic eorum natura hoc habet ut non ex necessitate producant effectus. Non igitur ex necessitate proveniunt effectus caelestium corporum etiam in corporibus inferioribus.

Aliquis autem forte dicat quod necessarium est ut effectus caelestium corporum compleantur, nec tamen per hoc tollitur possibilitas a rebus inferioribus, eo quod quilibet effectus est in potentia antequam fiat, et tunc dicitur possibilis, quando autem iam est in actu, transit a possibilitate in necessitatem; et totum hoc subiacet caelestibus motibus; et sic non tollitur quin aliquando effectus sit possibilis, licet necessarium sit effectum illum quandoque produci: — sic enim Albumasar, in primo libro sui introductorii, defendere nititur possibile. Non est autem possibile quod per hunc modum possibile defendatur. Possibile enim quoddam est quod ad necessarium sequitur. Nam quod necesse est esse, possibile est esse: quod enim non possibile est esse, impossibile est esse; et quod impossibile est esse, necesse est non esse; igitur quod necesse est esse, necesse est non esse. Hoc autem est impossibile. Ergo impossibile est quod aliquid necesse sit esse, et tamen non sit possibile illud esse. Ergo possibile esse sequitur ad necesse esse.

Hoc autem possibile non est necessarium defendere contra hoc quod effectus ex necessitate causari dicuntur, sed possibile quod opponitur necessario, prout dicitur possibile quod potest esse et non esse. Non dicitur autem aliquid per hunc modum possibile vel contingens ex hoc solum quod quandoque sit in potentia et quandoque in actu, ut praedicta responsio supponit: nam sic etiam in motibus caelestibus est possibile et contingens: non enim semper est coniunctio vel oppositio solis aut lunae in actu, sed quandoque quidem in actu, quandoque autem in potentia; quae tamen necessaria sunt, cum de his dentur de-

tes, são os corpos inferiores, os quais, dado que são corruptíveis segundo sua natureza, podem falhar no ser, assim como o podem no operar e, dessa maneira, sua natureza não tem como próprio produzir efeitos por necessidade. Portanto, os efeitos dos corpos celestes não provêm, por necessidade, aos corpos inferiores.

Se, porém alguém diz que é necessário que os efeitos dos corpos celestes sejam realizados, mas não se elimina por isso a possibilidade das coisas inferiores, pelo fato de que qualquer efeito está em potência antes que se produza, e então se diz possível; mas quando está em ato, passa da possibilidade à necessidade, e tudo isso está sujeito aos movimentos celestes, e assim não se elimina que o efeito seja agora possível, embora depois seja necessário que aquele efeito se produza: é desse modo, com efeito, que Albumasar[223] se esforça por defender o *possível*. Ora, não é possível que por este modo se defenda o *possível*. Com efeito, *esse possível é o que segue o necessário*. Com efeito, o que é necessário ser, é possível ser, mas o que não é possível ser, é impossível ser, e o que é impossível, é necessário não ser; portanto, o que é necessário ser, é necessário não ser. Ora, isso é impossível. Logo, é impossível que uma coisa seja ser, e, contudo, não seja possível que ela seja. Logo, segue-se que o ser possível segue o ser necessário.

Ora, não é necessário defender esse possível contra a afirmação de que o efeito é causado por necessidade, mas *o possível que se opõe ao necessário*, enquanto *se diz possível o que pode ser e não ser*. Ora, não se diz uma coisa por este modo possível ou contingente apenas porque às vezes está em potência e às vezes em ato, como a mencionada resposta supõe, pois assim também, nos movimentos celestes, há o possível e o contingente, pois nem sempre há conjunção ou oposição do sol ou da lua em ato, mas às vezes em ato, e às vezes em potência, fatos, entretanto, que são necessários, dado que deles se dão demonstrações. Mas, o

---

[223] Albumasar Abalaque (805-885), em Introdução a Astronomia I, 4.

monstrationes. Sed possibile vel contingens quod opponitur necessario, hoc in sua ratione habet, quod non sit necesse illud fieri quando non est.

Quod quidem est quia non de necessitate sequitur ex causa sua. Sic enim dicimus quod socratem sessurum esse est contingens, ipsum autem esse moriturum est necessarium, quia secundum horum ex causa sua de necessitate sequitur, non autem primum. Si ergo ex motibus caelestibus de necessitate sequitur quod eorum effectus sint quandoque futuri, tollitur possibile et contingens quod necessario opponitur.

Sciendum est autem quod ad probandum effectus caelestium corporum ex necessitate provenire, Avicenna, in sua metaphysica, utitur tali ratione. Si aliquis effectus caelestium corporum impeditur, oportet quod hoc sit per aliquam causam voluntariam vel naturalem. Omnis autem causa voluntaria vel naturalis reducitur ad aliquod caeleste principium. Ergo impedimentum etiam effectuum caelestium corporum procedit ex aliquibus caelestibus principiis. Impossibile est ergo quod, si totus ordo caelestium simul accipiatur, quod effectus eius unquam cassetur. Unde concludit quod corpora caelestia faciunt necessario esse debere effectus in his inferioribus, tam voluntarios quam naturales.

Haec autem ratio, ut Aristoteles in II phys. Dicit, fuit quorundam antiquorum, qui negabant casum et fortunam, per hoc quod cuiuslibet effectus est aliqua causa determinata; posita autem causa, ponitur effectus de necessitate; et sic, cum omnia ex necessitate proveniant, non est aliquid fortuitum neque casuale. Hanc autem rationem ipse solvit in VI metaphys., negando duas propositiones quibus haec ratio utitur. — Quarum una est quod, posita causa quacumque, necesse sit eius effectum poni. Hoc enim non oportet in omnibus causis: quia aliqua causa, licet sit per

possível ou contingente que se opõe ao necessário, tem em sua razão que não seja necessário que se faça, quando não é.

Isso se dá porque não segue por necessidade de sua causa. Assim, com efeito, dizemos que sentar-se Sócrates é contingente, mas que ele morrerá é necessário, porque a segunda afirmação segue por necessidade de sua causa, mas não a primeira. Se, pois, se segue dos movimentos celestes, por necessidade, que seus efeitos hão de ser às vezes, eliminam-se o possível e contingente que se opõem ao necessário.

Deve-se saber que, para se provar que o efeito dos corpos celestes provém por necessidade, Avicena[224] usa desta razão. Se algum efeito é impedido, é necessário que isso seja por alguma causa voluntária ou natural. Ora, toda causa voluntária ou natural se reduz a algum princípio celeste. Logo, também o impedimento dos efeitos dos corpos celestes provém de alguns princípios celestes. Portanto, é impossível, se se considera toda a ordem dos corpos celestes, que o efeito dela nunca se produza. Donde, conclui que os corpos celestes produzem necessariamente os efeitos, quer voluntários quer naturais, nesses corpos inferiores.

Ora, essa razão, como diz Aristóteles[225], foi de alguns antigos, que negavam o acaso e a fortuna, porque de qualquer efeito há uma causa determinada, mas, posta a causa, põe-se o efeito por necessidade; e assim, como todas as coisas provêm por necessidade, não há coisa alguma fortuita ou casual. Ora, tal razão ele resolve[226], negando duas proposições de que tal razão se utiliza. — *Uma delas* é que, *posta qualquer causa, é necessário que se ponha seu efeito*. Com efeito, isso não é necessário em todas as causas, porque uma causa, embora seja causa própria e por si, e suficiente de um

---

[224] Avicena (980-1037), em Metafísica, 10,1.
[225] Aristóteles (384-322 a.C.), em Física II, 4, 195b, 36 — 196a, 7.
[226] Aristóteles (384-322 a.C.), Em Metafísica VI, 3, 1027a, 29b, 16.

se et propria causa et sufficiens alicuius effectus, potest tamen impediri ex concursu alterius causae, ut non sequatur effectus. — Alia propositio est, quam negat, quod non omne quod est quocumque modo, habet causam per se, sed solum ea quae sunt per se; quae autem sunt per accidens, non habent aliquam causam; sicut quod sit musicum, habet aliquam causam in homine, quod autem homo sit simul albus et musicus, non habet aliquam causam. Quaecumque enim sunt simul propter aliquam causam, ordinem habent ad invicem ex illa causa: quae autem sunt per accidens, non habent ordinem ad invicem. Non igitur sunt ex aliqua causa per se agente, sed solum per accidens hoc evenit: accidit enim docenti musicam quod doceat hominem album, est enim praeter eius intentionem, sed intendit docere disciplinae susceptibilem.

Sic igitur, proposito aliquo effectu, dicemus quod habuit aliquam causam ex qua non de necessitate sequebatur: quia poterat impediri ex aliqua alia causa concurrente per accidens. Et licet illam causam concurrentem sit reducere in aliquam causam altiorem, tamen ipsum concursum, qui impedit, non est reducere in aliquam causam. Et sic non potest dici quod impedimentum huius effectus vel illius procedat ex aliquo caelesti principio. Unde non oportet dicere quod effectus corporum caelestium ex necessitate proveniant in istis inferioribus.

Hinc est quod Damascenus dicit, in secundo libro, quod corpora caelestia non sunt causa generationis alicuius eorum quae fiunt, neque corruptionis eorum quae corrumpuntur: quia scilicet non ex necessitate ex eis effectus proveniunt.

Aristoteles etiam dicit, in II de somno et vigilia, quod eorum quae in corporibus sunt signorum etiam caelestium, velut aquarum et ventorum, multa non eveniunt. Si enim alius vehementior isto accidat motus a quo futurum est signum, non fit: sicut et multa consul-

efeito, pode, porém, ser impedida pelo concurso de outra causa, de modo que o efeito não se siga. — A outra proposição, que nega, é que *nem tudo o que é de algum modo, tem causa por si, mas apenas as coisas que são por si, mas as que são por acidente não têm uma causa;* por exemplo, que seja músico tem uma causa no homem, mas que o homem seja simultaneamente branco e músico, não tem uma causa. Com efeito, quaisquer coisas que são simultaneamente em vista de uma causa, têm ordem entre si a partir daquela causa, mas as que são por acidente, não têm ordem entre si. Portanto, isso acontece não por uma causa operando por si, mas só por acidente, assim acontece ao que ensina a música, que ensine ao homem branco, isso está fora de sua intenção, pois busca ensinar a quem é susceptível da disciplina.

Assim, portanto, proposto um efeito, dizemos que teve uma causa da qual seguiu, não por necessidade, porque pudera ser impedido, por acidente, por outra causa concorrente. E, embora aquela causa concorrente deva se reduzir a outra causa mais elevada, entretanto, o próprio concurso, que impede, não é de reduzir-se a outra causa. E assim não se pode dizer que o impedimento desse ou daquele efeito proceda de algum princípio celeste. Donde, não é necessário dizer que o efeito dos corpos celestes provenha por necessidade a esses corpos inferiores.

Daí dizer Damasceno: *Os corpos celestes não são causa da geração das coisas que são feitas, nem da corrupção das que se corrompem*[227], ou seja, porque os efeitos não provêm por necessidade delas.

Aristóteles também diz que *das coisas que nos corpos são também sinais dos corpos celestes, como das águas e ventos, muitas não acontecem. Se, pois, se dá um movimento mais forte que este, do qual depende o sinal futuro, este não se produz; como muitas coisas bem*

---

[227] São João Damasceno (675-749) em A Fé Ortodoxa II, 7; MG 94, 893BC.

ta bene, quae fieri expediebat, dissoluta sunt propter alias digniores inchoationes.

Ptolomaeus etiam, in quadripartito, dicit: rursus, nec aestimare debemus quod superiora procedant inevitabiliter, ut ea quae divina dispositione contingunt et quae nullatenus sunt vitanda, necnon quae veraciter et ex necessitate proveniunt. In centilogio etiam dicit: haec iudicia quae tibi trado, sunt media inter necessarium et possibile.

Capitulum LXXXVII
Quod motus caelestis corporis non sit causa electionum nostrarum ex virtute animae moventis, ut quidam dicunt

Est tamen attendendum quod Avicenna vult quod motus caelestium corporum sint etiam nostrarum electionum causae, non quidem per occasionem tantum, sicut supra dictum est, sed per se. Ponit enim corpora caelestia esse animata. Unde oportet, cum motus caelestis sit ab anima et sit motus corporis, quod sicut, inquantum est motus corporis, habet virtutem transmutandi corpora, ita, inquantum est ab anima, habeat virtutem imprimendi in animas nostras, et sic motus caelestis sit causa nostrarum voluntatum et electionum. Ad quod etiam redire videtur positio Albumasar, in primo sui introductorii.

Haec autem positio irrationabilis est. Omnem enim effectum, qui est per instrumentum aliquod ab efficiente procedens, oportet esse proportionatum instrumento, sicut et agenti: non enim quolibet instrumento utimur ad quemlibet effectum. Unde illud non potest fieri per aliquod instrumentum ad quod nullo modo se extendit actio instrumenti. Actio autem corporis nullo modo se extendit ad immutationem intellectus et voluntatis, ut os-

premeditadas, que conviria realizar-se, são abandonadas em razão de outras iniciativas mais dignas[228].

Também Ptolomeu diz que *não devemos julgar que as coisas superiores procedam inevitavelmente, como as que acontecem por disposição divina e que de modo algum devem ser evitadas, e que provêm verdadeira e necessariamente*[229]. E no Centilóquio, diz que *esses julgamentos que te transmito, são intermediários entre o necessário e o possível*[230].

Capítulo 87
O movimento do corpo celeste não é causa de nossas eleições em virtude da alma motora, como alguns dizem

Deve-se atender, porém, que Avicena[231] quer que os movimentos dos corpos celestes sejam, também, causas de nossas eleições não só por ocasião, como foi dito[232], mas por si. Afirma, com efeito, que os corpos celestes são animados. Donde, é necessário, como o movimento celeste procede da alma e é movimento do corpo, que, enquanto é movimento do corpo, tenha a virtude de transmudar os corpos, e, enquanto procede da alma, tenha a virtude de influenciar em nossas almas, e desse modo o movimento celeste é causa de nossas volições e eleições. A isso também parece reduzir-se a opinião de Albumasar[233].

Essa opinião é irracional. É necessário, pois, que todo efeito, que procede, por algum instrumento, de uma causa eficiente, seja proporcionado ao instrumento. Como, também, ao agente, pois não usamos de qualquer instrumento para qualquer efeito. Donde, uma coisa não pode ser feita por um instrumento para a qual, de nenhum modo, se estende a ação do instrumento. Ora, a ação do corpo não se estende de nenhum modo à mutação do in-

---

[228] Aristóteles (384-322 a.C.), em Sobre o Sono e a Vigília II, 2, 463B, 23-28.
[229] Ptolomeu (90-168), em Tetra Biblos [Obra Quadripartida] I, 11.
[230] Ibidem.
[231] Avicena (980-1037), em Metafísica I, 11.
[232] Cf. cap. 85.
[233] Albumasar Abalaque (805-885), em Introdução a Astronomia I, 4.

tensum est: nisi forte per accidens, inquantum ex his immutatur corpus, sicut praedictum est. Impossibile est ergo quod anima caelestis corporis, si sit animatum, in intellectum et voluntatem imprimat mediante motu caelestis corporis.

Amplius. Causa agens particularis similitudinem in agendo gerit causae agentis universalis, et est exemplum eius. Si autem anima humana in aliam animam humanam aliquid per operationem corporalem imprimeret, sicut cum per significationem vocis suam intelligentiam pandit, actio corporalis quae est ab una anima non pervenit ad aliam nisi mediante corpore: vox enim prolata immutat organum auditus, et, sic a sensu percepta, pervenit eius significatum usque ad intellectum. Si igitur anima caelestis aliquid imprimat in animas nostras per motum corporeum, actio illa non perveniet ad animam nostram nisi per immutationem corporis nostri. Quae quidem non est causa electionum nostrarum, sed occasio tantum, sicut ex praemissis patet. Non igitur erit motus caelestis causa nostrae electionis nisi per occasionem tantum.

Item. Cum movens et motum oporteat esse simul, ut probatur in VII phys., oportet quod a primo movente perveniat motus usque ad ultimum quod movetur, quodam ordine: ut scilicet movens per id quod est sibi proximum, moveat illud quod est ab eo distans. Corpori autem caelesti, quod moveri ponitur ab anima sibi coniuncta, propinquius est corpus nostrum quam anima, quae non habet ordinem ad corpus caeleste nisi mediante corpore: — quod ex hoc patet, quia intellectus separati nullum ordinem habent ad corpus caeleste, nisi forte moventis ad motum. Immutatio igitur corporis caelestis ab anima eius procedens non pertingit ad animam nostram nisi mediante corpore. Ad motum autem corporis non movetur anima nisi per accidens, nec immutationem corporis sequitur electio

telecto e da vontade, como foi mostrado[234], a não ser talvez por acidente, enquanto por eles muda-se o corpo, como antes foi dito[235]. Logo, é impossível que a alma do corpo celeste, se é animado, influencie no intelecto e vontade, mediante o movimento do corpo celeste.

Ademais. A causa agente particular produz no operar uma semelhança da causa agente universal, e é um exemplo dela. Se, contudo, a alma humana influenciasse algo em outra alma humana, por operação corporal, como quando pela significação da voz estende sua inteligência, a ação corporal, que é procedente de uma só alma, não chega a outra senão mediante o corpo, pois a voz proferida muda o órgão da audição, e, assim, percebida pelo sentido, seu significado chega até o intelecto. Se, pois, a alma celeste influenciasse algo em nossas almas por movimento corpóreo, aquela ação não chegaria a nossa alma senão por mutação de nosso corpo, a qual certamente não é causa de nossas eleições, mas só ocasião, como se evidencia pelo exposto. Portanto, não será o movimento celeste a causa de nossa eleição, senão apenas por ocasião.

Igualmente. Como é necessário que movente e movido sejam simultaneamente, como se prova no livro da Física[236], é necessário que proceda do primeiro movente o movimento até o último que é movido, em certa ordem, ou seja, que o movente por aquele que lhe é próximo mova o que é d'Ele distante. Ora, do corpo celeste, que se afirma ser movido pela alma a si unida, está mais próximo nosso corpo que a alma, que não tem ordem ao corpo celeste a não ser mediante o corpo, o que se evidencia pelo fato de que os intelectos separados não têm nenhuma ordem ao corpo celeste, a não ser talvez do movente ao movido. Logo, a mutação do corpo celeste, procedente da sua alma, não chega a nossa alma senão mediante o corpo. Ora, para o movimento do corpo não se move a alma senão por acidente,

---

[234] Cf. cap. 84.
[235] Ibidem.
[236] Aristóteles (384-322 a.C.), em Física VII, 2, 243a,3-4.

nisi per occasionem, ut dictum est. Motus igitur caelestis non potest esse causa electionis nostrae per hoc quod est ab anima.

Praeterea. Secundum positionem Avicennae, et quorundam aliorum Philosophorum, intellectus agens est quaedam substantia separata, quae quidem agit in animas nostras inquantum facit intellecta in potentia esse intellecta in actu. Hoc autem fit per abstractionem ab omnibus materialibus dispositionibus: ut patet ex his quae dicta sunt in secundo. Quod igitur agit directe in animam, non agit in eam per motum corporeum, sed magis per abstractionem ab omni corporeo. Anima igitur caeli, si sit animatum, non potest esse causa electionum vel intelligentiarum nostrarum per motum caeli.

Per easdem etiam rationes potest probari quod motus caeli non sit causa electionum nostrarum per virtutem substantiae separatae, si quis ponat caelum non esse animatum, sed a substantia separata moveri.

nem a eleição não segue a mutação do corpo, senão por ocasião, como foi dito. Portanto, o movimento celeste não pode ser causa da nossa eleição enquanto procede da alma.

Além disso. Segundo a opinião de Avicena, e alguns outros Filósofos, o intelecto agente é uma substância separada, que opera em nossas almas enquanto faz os intelectos em potência serem intelectos em ato. Ora, isso se faz por abstração de todas as disposições materiais, como se evidencia do que foi dito[237]. Portanto, o que opera diretamente na alma, não opera nela por movimento corpóreo, mas, antes, por abstração de todo corpóreo. Portanto, a alma do céu, se este é animado, não pode ser causa das eleições ou de nossas inteligências, por movimento do céu.

Por essas mesmas razões, também, pode ser provado que o movimento do céu não é causa de nossas eleições por virtude da substância separada, se alguém afirma que o céu não é animado, mas que é movido por uma substância separada.

Capitulum LXXXVIII
Quod substantiae separatae creatae non possunt esse causa directe electionum et voluntatum nostrarum, sed solus Deus

Non est autem aestimandum quod animae caelorum, si quae sint, vel quaecumque aliae intellectuales substantiae separatae creatae, possint directe voluntatem nobis immittere, aut electionis nostrae causa esse.

Omnium enim creatorum actiones sub ordine divinae providentiae continentur: unde praeter leges ipsius agere non possunt. Est autem providentiae lex ut unumquodque immediate a proxima sibi causa moveatur. Causa igitur superior creata, tali ordine praetermisso, nec movere nec aliquid agere potest. Proximum autem motivum voluntatis est bonum intellectum, quod est suum obiectum, et movetur ab ipso sicut visus a colore. Nulla igitur substantia creata potest movere voluntatem

Capítulo 88
As substâncias separadas criadas não podem ser diretamente causa de nossas eleições e volições, mas só Deus

Não se deve pensar que as almas dos céus, se existem, ou quaisquer outras substâncias intelectuais separadas criadas, possam influenciar diretamente em nós a vontade, ou ser causa de nossa eleição.

Com efeito, as ações de todos os seres criados se contêm sob a ordem da providência divina; donde, fora das suas leis, não podem operar. Ora, é lei da providência que cada um seja movido imediatamente pela causa próxima a si. Portanto, a causa superior criada, excluída tal ordem, não pode nem mover nem operar algo. Ora, o motivo próximo da vontade é o bem conhecido, que é o seu objeto, e é movida por ele como a vista pela cor. Portanto, nenhuma substância criada pode mover a vontade

---

[237] Livro II, caps. 50 e 59.

nisi mediante bono intellecto. Hoc autem est inquantum manifestat ei aliquid esse bonum ad agendum: quod est persuadere. Nulla igitur substantia creata potest agere in voluntatem, vel esse causa electionis nostrae, nisi per modum persuadentis.

Item. Ab illo agente aliquid natum est moveri et pati per cuius formam reduci potest in actum: nam omne agens agit per formam suam. Voluntas autem reducitur in actum per appetibile, quod motum desiderii eius quietat. In solo autem bono divino quietatur desiderium voluntatis sicut in ultimo fine, ut ex supra dictis patet. Solus igitur Deus potest movere voluntatem per modum agentis.

Adhuc. Sicut in re inanimata se habet inclinatio naturalis ad proprium finem, quae et appetitus naturalis dicitur; ita se habet in substantia intellectuali voluntas, quae dicitur appetitus intellectualis. Inclinationes autem naturales dare non est nisi illius qui naturam instituit. Ergo et voluntatem inclinare in aliquid non est nisi eius qui est naturae intellectualis causa. Hoc autem solius Dei est, sicut ex superioribus patet. Ipse igitur solus voluntatem nostram ad aliquid inclinare potest.

Amplius. Violentum, ut dicitur in III ethic., est cuius principium est extra, nil conferente vim passo. Si igitur voluntas moveatur ab aliquo exteriori principio, erit violentus motus: — dico autem moveri a principio extrinseco quod moveat per modum agentis, et non per modum finis. Violentum autem voluntario repugnat. Impossibile est ergo quod voluntas moveatur a principio extrinseco quasi ab agente, sed oportet quod omnis motus voluntatis ab interiori procedat. Nulla autem substantia creata coniungitur animae intellectuali quantum ad sua interiora nisi solus Deus, qui solus est causa esse ipsius, et sustinens eam in esse. A solo igitur Deo potest motus voluntarius causari.

senão mediante o bem conhecido. Ora, isso se dá enquanto lhe manifesta que algo é bom para operar, o que é *persuadir*. Portanto, substância alguma criada pode operar na vontade, ou ser causa de nossa eleição, senão por modo de quem persuade.

Igualmente. Uma coisa está destinada a ser movida ou padecer por aquele agente por cuja forma pode ser reduzida a ato, pois todo agente age por sua forma. Ora a vontade se reduz ao ato pelo apetecível, que descansa o movimento do seu desejo. Ora, só no bem divino descansa o desejo da vontade como em fim último, como se evidencia do que foi dito[238]. Portanto, só Deus pode mover a vontade por modo de agente.

Ainda. Como na coisa inanimada se tem a inclinação natural ao próprio fim, que também se diz apetite natural, assim na substância intelectual se tem a vontade, que se diz apetite intelectual. Ora, proporcionar inclinações naturais só pertence àquele que instituiu a natureza. Logo, também inclinar a vontade para algo não é senão daquele que é causa da natureza intelectual. Ora, isso é só de Deus, como se evidencia das afirmações superiores[239] Logo, só ele pode inclinar nossa vontade para alguma coisa.

Ademais. Violento, como se diz no livro da Ética[240], é *aquilo cujo princípio é exterior, não conferindo força ao sujeito passivo*. Se, pois, a vontade é movida por algum princípio exterior, será um movimento violento, mas digo mover-se por princípio extrínseco que mova por modo de agente, e não por modo de fim. Ora, o violento repugna ao voluntário. Logo, é impossível que a vontade seja movida por um princípio extrínseco, como por agente, mas é necessário que todo movimento da vontade provenha do interior. Ora, nenhuma substância criada une-se à alma intelectual quanto a seu interior senão apenas Deus, que só Ele é causa do ser dela, e a sustenta no ser. Portanto,

---

[238] Cf. caps. 37 e 50.
[239] Livro II, cap. 87.
[240] Aristóteles (384-322 a.C.), em Ética III, 1, 1110a,1-3.

Adhuc. Violentum opponitur naturali et voluntario motui: quia utrumque oportet quod sit a principio intrinseco. Agens autem exterius sic solum naturaliter movet, inquantum causat in mobili intrinsecum principium motus: sicut generans, quod dat formam gravitatis corpori gravi generato, movet ipsum naturaliter deorsum. Nihil autem aliud extrinsecum movere potest absque violentia corpus naturale: nisi forte per accidens, sicut removens prohibens; quod magis utitur motu naturali vel actione quam causaret ipsum. Illud igitur solum agens potest causare motum voluntatis absque violentia, quod causat principium intrinsecum huius motus, quod est potentia ipsa voluntatis. Hoc autem est Deus, qui animam solus creat, ut in secundo ostensum est. Solus igitur Deus potest movere voluntatem, per modum agentis, absque violentia.

Hinc est quod dicitur Prov. 21,1: cor regis in manu Domini, et quocumque voluerit inclinabit illud. Et Philip. 2,13: Deus est qui operatur in nobis velle et perficere, pro bona voluntate.

Ainda. O violento se opõe ao natural e ao movimento voluntário, porque é necessário que esses provenham de princípio intrínseco. Ora, o agente exterior só assim move naturalmente, enquanto causa no móvel o princípio intrínseco de movimento, como o que gera, que dá a forma da gravidade ao corpo pesado gerado, move-o naturalmente para baixo. Ora, nada extrínseco pode mover, sem violência, o corpo natural, senão talvez por acidente, como o que remove o que impede, que usa do movimento natural ou da ação mais do que o causa. Portanto, só pode causar o movimento da vontade sem violência aquele agente que causa o princípio intrínseco desse movimento, que é a própria potência da vontade. Ora, este é Deus, que só ele cria a alma, como foi mostrado[241]. Portanto, só Deus pode mover a vontade, por modo de agente, sem violência.

Daí é que se diz em Provérbios: *O coração do rei na mão de Deus, que o inclinará para onde quiser*[242]. E em Filipenses: *É Deus que opera em nós o querer e o realizar, segundo sua boa vontade*[243].

Capitulum LXXXIX
Quod motus voluntatis causatur a Deo, et non solum potentia voluntatis

Quidam vero, non intelligentes qualiter motum voluntatis Deus in nobis causare possit absque praeiudicio libertatis voluntatis, coacti sunt has auctoritates male exponere: ut scilicet dicerent quod Deus causat in nobis velle et perficere, inquantum causat nobis virtutem volendi, non autem sic quod faciat nos velle hoc vel illud; sicut Origenes exponit in III periarchon, liberum arbitrium defendens contra auctoritates praedictas.

Et ex hoc processisse videtur opinio quorundam qui dicebant quod providentia non

Capítulo 89
O movimento da vontade é causado por Deus e não apenas pela potência da vontade

Alguns, porém, não entendendo de que modo Deus possa causar em nós o movimento da vontade, sem prejuízo da liberdade da vontade, foram levados a expor mal essas autoridades, ou seja, de modo a dizer que Deus causa em nós *o querer e o realizar*[244], enquanto causa em nós a virtude do querer, não, porém, de modo a fazer-nos querer isto ou aquilo, como expõe Orígenes[245], defendendo o livre-arbítrio contra as mencionadas autoridades.

E disso parece que proveio a opinião de alguns que diziam que a providência não é a

---

[241] Livro II, cap. 87.
[242] Provérbios. 21,1
[243] Filipenses 2,13
[244] Cf. capítulo anterior.
[245] Orígenes (185-253), em Sobre os Princípios [*Períarchon*] III, 1, 19; MG 11, 292C-293AE.

respeito das coisas que estão sujeitas ao livre-arbítrio, isto é, a respeito das eleições, mas a providência se refere aos eventos exteriores. Com efeito, quem elegeu alcançar ou realizar uma coisa, por exemplo, construir ou enriquecer-se, sempre poderá chegar a isso, e assim os eventos de nossas ações não estão sujeitos ao livre-arbítrio, mas são dispostos pela providência.

A isso se opõem evidentemente as autoridades da Sagrada Escritura. Diz-se, com efeito, em Isaías[246]: *Realizaste em nós, ó Senhor todas as nossas obras*. Donde, não só temos de Deus a virtude do querer, mas também sua operação.

Além disso. Isso mesmo que diz Salomão[247], *para onde quiser, o inclinarei*, mostra não só a causalidade divina se estender à potência da vontade, mas também ao seu ato.

Igualmente. Deus não apenas dá as virtudes às coisas, mas também nenhuma coisa pode, por virtude própria, operar, se não operar em virtude d'Ele, como foi mostrado[248]. Logo, o homem não pode usar da virtude da vontade a ele dada senão enquanto opera na virtude de Deus. Ora, aquilo em cuja virtude o agente opera, é causa não só da virtude, mas também do ato. O que se manifesta no artífice, em cuja virtude opera o instrumento, embora não receba a própria forma desse artífice, mas apenas é aplicado por ele ao ato. Portanto, Deus é causa em nós não só da vontade, mas também do querer.

Ademais. Encontra-se mais perfeitamente a ordem nas coisas espirituais que nas corporais. Ora, nas corporais todo movimento é causado pelo primeiro movimento. Portanto, é necessário que, também nas coisas espirituais, todo movimento da vontade seja causado pela vontade primeira, que é a vontade de Deus.

---

[246] Isaías 26,12
[247] Lugar citado.
[248] Cf. caps. 67 e 70.

Adhuc. Superius est ostensum quod Deus est causa omnis actionis, et operatur in omni agente. Est igitur causa motuum voluntatis.

Item. Argumentatur ad hoc Aristoteles, in VIII eudemicae ethicae, per hunc modum. Huius quod aliquis intelligat et consilietur et eligat et velit, oportet aliquid esse causam: quia omne novum oportet quod habeat aliquam causam. Si autem est causa eius aliud consilium et alia voluntas praecedens, cum non sit procedere in his in infinitum, oportet devenire ad aliquid primum. Huiusmodi autem primum oportet esse aliquid quod est melius ratione. Nihil autem est melius intellectu et ratione nisi Deus. Est igitur Deus primum principium nostrorum consiliorum et voluntatum.

Ainda. Foi mostrado que Deus é causa de toda ação, e opera em todo agente. Portanto, é causa dos movimentos da vontade.

Igualmente. Quanto a isso argumenta Aristóteles[249] do seguinte modo. É necessário que seja causa aquilo de que alguém conhece, considera, elege e quer, porque todo novo é necessário que tenha uma causa. Se, porém, sua causa é outra consideração e outra vontade precedente, como não se pode proceder ao infinito, é necessário chegar a um primeiro. Ora, é necessário que esse primeiro seja algo melhor que a razão. Ora, nada é melhor que o intelecto e a razão, senão Deus. Portanto, Deus é o primeiro princípio de nossas considerações e volições.

Capitulum XC
Quod electiones et voluntates humanae subduntur divinae providentiae

Ex quo patet quod oportet etiam voluntates humanas et electiones divinae providentiae subditas esse.

Omnia enim quae Deus agit, ex ordine providentiae suae agit. Cum igitur ipse sit causa electionis et voluntatis nostrae, electiones et voluntates nostrae divinae providentiae subduntur.

Amplius. Omnia corporalia per spiritualia administrantur, sicut superius est ostensum. Spiritualia autem agunt in corporalia per voluntatem. Si igitur electiones et motus voluntatum intellectualium substantiarum ad Dei providentiam non pertinent, sequitur quod etiam corporalia ipsius providentiae subtrahantur. Et sic totaliter nulla erit providentia.

Item. Quanto aliqua sunt nobiliora in universo, tanto oportet quod magis participent ordine, in quo bonum universi consistit. Unde Aristoteles, in II phys., arguit antiquos Philosophos, qui ponebant casum et fortu-

Capítulo 90
As eleições e volições humanas estão sujeitas à providência divina

Evidencia-se disso que é necessário também que as volições humanas estejam sujeitas à providência divina.

Com efeito, todas as coisas que Deus opera, opera por ordem de sua providência. Portanto, como ele é causa da nossa eleição e da vontade, nossas eleições e vontades estão sujeitas à divina providência.

Ademais. Todas as coisas corporais são administradas pelas espirituais, como foi mostrado[250]. Ora, as coisas espirituais operam por vontade nas corporais. Se, pois, as eleições e movimentos das vontades das substâncias intelectuais não pertencem à providência de Deus, segue-se que também as coisas corporais se subtraem à sua providência. E assim a providência divina será totalmente nula.

Igualmente. Quanto mais nobres são algumas coisas no universo, tanto mais é necessário que participem da ordem em que consiste o bem do universo. Donde, Aristóteles[251] critica os filósofos antigos, que afirmavam o

---

[249] Aristóteles (384-322 a.C.), em da *Ética a Eudemo*, VIII, 2, 1248a, 17-29.
[250] Cf. cap. 78.
[251] Aristóteles (384-322 a.C.), em Física II, 4, 196a,24b,9.

nam in constitutione caelestium corporum, non autem in inferioribus rebus. Substantiae autem intellectuales sunt nobiliores substantiis corporalibus. Si ergo substantiae corporales, quantum ad suas substantias et actiones, cadunt sub ordine providentiae, multo magis substantiae intellectuales.

Praeterea. Ea quae sunt propinquiora fini, magis cadunt sub ordine qui est ad finem: nam eis mediantibus etiam alia ordinantur in finem. Actiones autem substantiarum intellectualium propinquius ordinantur in Deum sicut in finem, quam actiones aliarum rerum, sicut supra ostensum est. Magis igitur cadunt actiones intellectualium substantiarum sub ordine providentiae, qua Deus omnia in seipsum ordinat, quam actiones aliarum rerum.

Adhuc. Gubernatio providentiae ex amore divino procedit, quo Deus res a se creatas amat: in hoc enim praecipue consistit amor, quod amans amato bonum velit. Quanto ergo Deus aliqua magis amat, magis sub eius providentia cadunt. Hoc autem et sacra Scriptura docet in Psalmo, dicens, custodit Dominus omnes diligentes se; et etiam Philosophus tradit, in X ethicorum, dicens quod Deus maxime curat de his qui diligunt intellectum, tanquam de suis amicis. Ex quo etiam habetur quod maxime substantias intellectuales amet. Sub eius igitur providentia cadunt earum voluntates et electiones.

Amplius. Bona interiora hominis, quae ex voluntate et actione dependent, sunt magis propria homini quam illa quae extra ipsum sunt, ut adeptio divitiarum, vel si quid aliud est huiusmodi: unde per haec homo dicitur esse bonus, non autem per illa. Si igitur electiones humanae et voluntatis motus non cadunt sub divina providentia, sed solum exteriores proventus, verius erit quod res humanae sint extra providentiam, quam quod pro-

acaso e a fortuna na constituição dos corpos celestes, mas não nas coisas inferiores. Ora, as substâncias intelectuais são mais nobres que as corporais. Se, pois, as substâncias corporais, quanto a suas naturezas e ações, caem sob a ordem da providência, muito mais as substâncias intelectuais.

Além disso. As coisas que são mais próximas ao fim, caem mais sob a ordem que é para o fim, pois, mediante elas, outras coisas também se ordenam para o fim. Ora, as ações das substâncias intelectuais se ordenam mais proximamente para Deus como ao fim, do que as ações das outras coisas, como foi mostrado[252]. Portanto, caem mais as ações das substâncias intelectuais sob a ordem da providência, pela qual Deus ordena para si mesmo todas as coisas, do que as ações das outras coisas.

Ainda. O governo da providência procede do amor divino, pelo qual ama as coisas por Ele criadas, pois consiste principalmente o amor em que *o amante queira o bem do amado*[253]. Portanto, quanto mais Deus ama as coisas, mais caem sob sua providência. Ora, isso também ensina a Sagrada Escritura, dizendo no Salmo[254]: *Deus guarda todos os que o amam*, e também o Filósofo[255] ensina, dizendo que *Deus cuida maximamente daqueles que amam o intelecto, como de seus amigos*. Disso também se tem que Deus ame maximamente as substâncias intelectuais. Portanto, sob sua providência caem as volições e eleições delas.

Ademais. Os bens interiores do homem, que dependem da vontade e da ação, são mais próprios ao homem do que aqueles que lhe são extrínsecos, como a aquisição de riquezas, e outros bens semelhantes; donde, o homem se diz bom por aqueles, mas não por esses. Se, pois, as eleições humanas e os movimentos da vontade não caem sob a providência divina, mas só os acontecimentos exteriores, será mais verdadeiro que as coisas humanas este-

---

[252] Cf. caps. 25 e 78.
[253] Cf. Aristóteles (384-322 a.C.), em Retórica II, 4, 1380b ou em Ética a Nicômaco VIII, 2,1155b.
[254] Salmo 144,20.
[255] Aristóteles (384-322 a.C.), em Ética X, 9, 1179ª,24-29.

videntiae subsint. Quod quidem ex persona blasphemantium inducitur, iob 22,14, circa cardines caeli considerat, nec nostra considerat; et Ezech. 9,9, dereliquit Dominus terram, Dominus non videt; et Thren. 3,37, quis est iste qui dixit ut fieret, Domino non iubente?

Videntur autem quaedam in sacra doctrina secundum praedictam sententiam sonare. Dicitur enim Eccli. 15,14: Deus ab initio constituit hominem, et reliquit illum in manu consilii sui. Et infra: 17 proposuit tibi aquam et ignem: ad quod volueris, porrige manum tuam. Ante hominem vita et mors, bonum et malum: quod placuerit ei, dabitur illi. Et Deut. 30,15: considera quod hodie proposuerit in conspectu tuo vitam et bonum, et e contrario mortem et malum. Haec autem verba ad hoc inducuntur ut hominem esse liberi arbitrii ostendatur: non ut eius electiones a divina providentia subtrahantur.

Et similiter quod Gregorius Nyssenus dicit, in libro quem de homine fecit, providentia est eorum quae non sunt in nobis, non autem eorum quae sunt in nobis; et Damascenus eum sequens, dicit in secundo libro, quod ea quae sunt in nobis Deus praenoscit, sed non praedeterminat, exponenda sunt ut intelligantur ea quae sunt in nobis divinae providentiae determinationi non esse subiecta quasi ab ea necessitatem accipientia.

jam fora da providência, do que se submetam a ela. O que certamente se induz da pessoa dos blasfemadores, em Jó: *Pensa acerca dos limites do céu, nem considera as nossas coisas*[256]; e em Ezequiel: *O Senhor abandonou a terra, o Senhor não vê*[257]; e em Lamentações: *Quem é este que disse que se fizesse, não ordenando o Senhor?*[258].

Entretanto, algumas coisas na Sagrada Doutrina parecem estar consoantes com a mencionada sentença. Com efeito, se diz em Eclesiástico: *No princípio Deus constituiu o homem, e deixou-o em mão de seu conselho*[259]. E abaixo: *Ele te propôs a água e o fogo, para o que quiseres, estende tua mão. Diante do homem a vida e a morte, o bem e o mal: o que lhe aprouver, a ele será dado*[260]. E em Deuteronômio[261]: *Considera que hoje propôs diante de teu olhar a vida e o bem, e, frente a eles, a morte e o mal.* Ora, essas palavras levam a que o homem se mostre ser de livre-arbítrio, não que suas eleições sejam subtraídas da providência divina.

E semelhantemente é o que Gregório Nisseno diz[262]: *A providência é daquelas coisas que não estão em nós, mas não das que estão em nós*; e Damasceno, seguindo-o, diz[263]: *As coisas que estão em nós Deus pré-conhece, mas não predetermina*. Devem ser expostas estas coisas para que se entenda que as que estão em nós não estão sujeitas à determinação da providência divina como se dela recebesse a necessidade.

Capitulum XCI
Quomodo res humanae ad superiores causas reducantur

Ex his ergo quae supra ostensa sunt, colligere possumus quomodo humana ad su-

Capítulo 91
Como as coisas humanas se reduzem às causas superiores

Do que foi mostrado podemos, portanto, coligir como as coisas humanas se redu-

---

[256] Jó 22,14.
[257] Ezequiel 9,9.
[258] Lamentações 3,37.
[259] Eclesiástico 15,14.
[260] Eclesiástico 15,17.
[261] Deuteronômio 30,15.
[262] São Gregório de Nissa (335-394); cf. Nemésio de Emessa (séc. V) em Sobre a Natureza Humana, 44, MG 40,814AB.
[263] São João Damasceno (675-749), em A Fé Ortodoxa II, 30; MG 969B-972A.

periores causas reducuntur, et non aguntur fortuito.

Nam electiones et voluntatum motus immediate a Deo disponuntur. Cognitio vero humana ad intellectum pertinens a Deo mediantibus Angelis ordinatur. Ea vero quae ad corporalia pertinent, sive sint interiora sive exteriora, in usum hominis venientia, a Deo mediantibus Angelis et caelestibus corporibus dispensantur. Huius autem ratio generaliter una est. Nam oportet omne multiforme, et mutabile, et deficere potens, reduci sicut in principium in aliquod uniforme, et immobile, et deficere non valens. Omnia autem quae in nobis sunt, inveniuntur esse multiplicia, variabilia, et defectibilia.

Patet enim quod electiones nostrae multiplicitatem habent: cum in diversis et a diversis diversa eligantur. Mutabiles etiam sunt: tum propter animi levitatem, qui non est firmatus in ultimo fine; tum etiam propter mutationem rerum quae nos extra circumstant. Quod autem defectibiles sint, hominum peccata testantur. Divina autem voluntas uniformis est, quia unum volendo, omnia alia vult; et immutabilis et indeficiens; ut in primo ostensum est. Oportet ergo omnium voluntatum et electionum motus in divinam voluntatem reduci. Non autem in aliquam aliam causam: quia solus Deus nostrarum voluntatum et electionum causa est.

Similiter autem intelligentia nostra multiplicationem habet: quia ex multis sensibilibus veritatem intelligibilem quasi congregamus. Est etiam mutabilis: quia ex uno in aliud discurrendo procedit, ex notis ad ignota proveniens. Est etiam defectibilis, propter permixtionem phantasiae et sensus: ut errores hominum ostendunt.

Angelorum autem cognitiones sunt uniformes: quia ab ipso uno veritatis fonte, scili-

zem às causas superiores, e não são feitas fortuitamente.

Com efeito, as eleições e os movimentos das vontades são dispostos imediatamente por Deus[264]. Pelo contrário, o conhecimento humano, pertencente ao intelecto, é ordenado por Deus, mediante os Anjos[265]. Já as coisas que pertencem aos corpos, quer sejam interiores quer exteriores, vindo ao uso do homem, são distribuídas por Deus, mediante os Anjos e os corpos celestes[266]. Ora, a razão disso é em geral uma só. Com efeito, é necessário que todo multiforme, e mutável, e podendo falhar, se reduza como ao princípio, a algo uniforme e imóvel e não capaz de falhar. Ora todas as coisas que estão em nós são multíplices, variáveis e falháveis.

Evidencia-se, com efeito, que as nossas eleições têm multiplicidade, quando são eleições diversas em diversas coisas e por diversos. São também mutáveis, já por causa da inconstância do ânimo, que não está firmado no fim último, quer também por causa da mutação das coisas, que nos circundam de fora. Que também sejam falháveis, testam-nos os pecados dos homens. Ora, a vontade divina é uniforme, porque querendo o uno, quer todas as outras coisas, e imutável e indefectível, como foi mostrado[267]. Logo, é necessário que os movimentos de todas as volições e eleições se reduzam à vontade divina. Não, porém, a alguma outra causa, porque somente Deus é causa de nossas volições e eleições.

Ora, semelhantemente, nossa inteligência tem multiplicidade, pois como que congregamos a verdade inteligível de muitos sensíveis. É também mutável, porque procede discorrendo de uma coisa a outra, provindo de coisas conhecidas a coisas desconhecidas. É também defectível, por causa da mistura da fantasia e dos sentidos, como mostram os erros dos homens.

Entretanto, os conhecimentos dos Anjos são uniformes, porque recebem o conheci-

---

[264] Cf. caps. 85 ss
[265] Cf. cap. 79.
[266] Cf. caps. 78 e 82
[267] Livro I, caps. 13 e 75.

mento da verdade de uma só fonte de verdade, ou seja, Deus[268]. É também imóvel, porque, não discorrendo dos efeitos às causas, ou ao contrário, intuem por simples olhar a verdade pura das coisas[269]. É também indefectível, pois as próprias naturezas das coisas ou quididades são intuídas por si mesmas, a respeito das quais o intelecto não pode errar, como nem o sentido, a respeito dos sensíveis próprios. Nós, porém, conjecturamos sobre as quididades das coisas pelos acidentes e efeitos. Logo, é necessário que nosso conhecimento intelectual seja regulado pelo conhecimento dos Anjos.

Por outro lado. A respeito dos corpos humanos, e das coisas exteriores de que os homens usam, é manifesto que há neles a multiplicidade, mistura e contrariedade, e não se movem sempre do mesmo modo, porque seus movimentos não podem ser contínuos; e que são defectíveis por alteração e corrupção. Ora, os corpos celestes são uniformes, como simples e existindo sem nenhuma contrariedade. Também seus movimentos são uniformes, contínuos, e se mantendo sempre do mesmo modo. Tampouco pode haver neles corrupção ou alteração. Donde, é necessário que nossos corpos, e outras coisas que vêm ao nosso uso, sejam regulados pelos movimentos dos corpos celestes.

Capítulo 92
De que modo se diz que alguém é bem afortunado e como o homem é ajudado por causas superiores

Ora, disso se pode esclarecer o modo como alguém pode ser dito *bem afortunado*[270].

Com efeito, diz-se acontecer o bem a um homem segundo a fortuna, *quando um bem lhe acontece sem intenção*, como quando alguém, cavando no campo, acha um tesouro que não procurava. Ora, acontece que alguém opera sem intenção própria, mas não sem a

---

[268] Cf. cap. 80.
[269] Livro II, caps. 96 ss.
[270] Aristóteles (384-322 a.C.), em Magna Moral II, 8, 1207a.21.

rari propriam, non tamen praeter intentionem alicuius superioris, cui ipse subest: sicut, si Dominus aliquis praecipiat alicui servo quod vadat ad aliquem locum quo ipse alium servum iam miserat, illo ignorante, inventio conservi est praeter intentionem servi missi, non autem praeter intentionem Domini mittentis; et ideo, licet per comparationem ad hunc servum sit fortuitum et casuale, non autem per comparationem ad Dominum, sed est aliquid ordinatum.

Cum igitur homo sit ordinatus secundum corpus sub corporibus caelestibus; secundum intellectum vero sub Angelis; secundum voluntatem autem sub Deo: potest contingere aliquid praeter intentionem hominis quod tamen est secundum ordinem caelestium corporum, vel dispositionem Angelorum, vel etiam Dei. Quamvis autem Deus solus directe ad electionem hominis operetur, tamen actio Angeli operatur aliquid ad electionem hominis per modum persuasionis: actio vero corporis caelestis per modum disponentis, inquantum corporales impressiones caelestium corporum in corpora nostra disponunt ad aliquas electiones.

Quando igitur aliquis ex impressione superiorum causarum, secundum praedictum modum, inclinatur ad aliquas electiones sibi utiles, quarum tamen utilitatem propria ratione non cognoscit; et cum hoc, ex lumine intellectualium substantiarum, illuminatur intellectus eius ad eadem agenda; et ex divina operatione inclinatur voluntas eius ad aliquid eligendum sibi utile cuius rationem ignorat: dicitur esse bene fortunatus; et e contrario male fortunatus, quando ex superioribus causis ad contraria eius electio inclinatur; sicut de quodam dicitur Ierem. 22,30: scribe virum istum sterilem, qui in diebus suis non prosperabitur.

Sed in hoc est attendenda differentia. Nam impressiones corporum caelestium in corpora nostra causant in nobis naturales corporum dispositiones. Et ideo ex dispositione relicta ex corpore caelesti in corpore nostro dicitur

intenção de algo superior, ao qual ele está submetido, como, por exemplo, se o senhor ordena a um servo que vá a um lugar para o qual já enviara outro servo, ignorando aquele, o encontro do outro servo é sem a intenção do servo enviado, não, porém, sem a intenção do senhor que envia; e assim, embora em relação a este servo o encontro seja fortuito e casual, porém, não é em relação ao senhor, mas algo ordenado.

Portanto, como o homem é ordenado, segundo o corpo sob os corpos celestes, segundo o intelecto sob os Anjos, e segundo a vontade sob Deus, pode acontecer alguma coisa sem a intenção do homem, a qual, porém, é segundo a ordem dos corpos celestes, ou a disposição dos Anjos, ou também de Deus. Ora, embora só Deus opere diretamente para a eleição do homem, entretanto a ação do Anjo opera algo para a eleição do homem por modo de persuasão; já a ação do corpo celeste por modo de quem dispõe, enquanto as influências corporais dos corpos celestes dispõem nossos corpos para outras eleições.

Portanto, quando alguém, por influência de causas superiores, segundo o mencionado modo, é inclinado para algumas eleições a si úteis, das quais, porém, a própria razão não conhece a utilidade, e como isso, pela luz das substâncias intelectuais, é iluminado o seu intelecto para operar tais coisas, e por divina operação se inclina a sua vontade para eleger algo a si útil, cuja razão ignora, diz-se ser *bem afortunado*, e, se o contrário, *mal afortunado*, quando pelas causas superiores inclina-se a eleição para as coisas contrárias, como de alguém se diz em Jeremias[271]: *Escreve que este homem é estéril, o qual em seus dias não prosperará*.

Mas uma diferença deve ser atendida no que segue. Com efeito, as influências dos corpos celestes em nossos corpos causam em nós disposições naturais dos corpos. E assim, da disposição deixada pelo corpo celeste em nos-

---

[271] Jeremias 22,30.

aliquis non solum bene fortunatus aut male, sed etiam bene naturatus vel male: secundum quem modum Philosophus dicit, in magnis moralibus, quod bene fortunatum est esse bene naturatum.

Non enim potest intelligi quod hoc ex natura intellectus diversa procedat, quod unus utilia sibi eligit et alius nociva praeter rationem propriam, cum natura intellectus et voluntatis in omnibus hominibus sit una: diversitas enim formalis induceret diversitatem secundum speciem; diversitas autem materialis inducit diversitatem secundum numerum. Unde secundum quod intellectus hominis illustratur ad aliquid agendum, vel voluntas a Deo instigatur, non dicitur homo bene natus sed magis custoditus vel gubernatus.

Rursus, attendenda est circa hoc alia differentia. Nam operatio Angeli, et corporis caelestis, est solum sicut disponens ad electionem: operatio autem Dei est sicut perficiens. Cum autem dispositio quae est ex corporis qualitate, vel intellectus persuasione, necessitatem ad eligendum non inducat, non semper homo eligit illud quod Angelus custodiens intendit, neque illud ad quod corpus caeleste inclinat. Semper tamen hoc homo eligit secundum quod Deus operatur in eius voluntate. Unde custodia Angelorum interdum cassatur, secundum illud Ierem. 51,9: curavimus Babylonem, et non est curata; et multo magis inclinatio caelestium corporum; divina vero providentia semper est firma.

Est etiam et alia differentia consideranda. Nam cum corpus caeleste non disponat ad electionem nisi inquantum imprimit in corpora nostra, ex quibus homo incitatur ad eligendum per modum quo passiones inducunt ad electionem; omnis dispositio ad electionem quae est ex corporibus caelestibus, est per modum alicuius passionis; sicut cum quis inducitur ad aliquid eligendum per odium vel amorem, vel iram, vel aliquid huiusmodi.

so corpo, se diz que alguém não só é bem afortunado, ou mal, mas também de natureza boa ou má, modo segundo o qual diz o Filósofo[272] que bem afortunado é ser bem de natureza.

Não se pode, pois, entender que proceda de natureza diversa do intelecto, que uma pessoa se eleja coisas úteis e outra, coisas nocivas, sem razão própria, uma vez que, em todos os homens, a natureza do intelecto e da vontade é uma só, pois a diversidade formal induziria a diversidade segundo a espécie, mas a diversidade material induz a diversidade segundo o número. Donde, na medida em que o intelecto do homem se ilumina para operar algo, ou a vontade é instigada por Deus, não se diz que o homem é *bem-nascido*, antes mais custodiado ou *governado*.

Por outro lado, deve-se atender outra diferença a respeito disso. Com efeito, a operação do Anjo e do corpo celeste são, apenas, como quem dispõe para a eleição, mas a operação de Deus é como quem realiza. Como, porém, a disposição, que é pela qualidade do corpo, ou pela persuasão do intelecto, não induz à necessidade de eleger, o homem não elege sempre o que o Anjo que guarda intende quer, nem aquilo a que o corpo celeste inclina. Entretanto, o homem sempre elege segundo o que Deus opera em sua vontade. Donde, a guarda dos anjos cessa por vezes, segundo aquilo de Jeremias[273]: *Curamos Babilônia e ela não está curada*, e muito mais a inclinação dos corpos celestes; já a providência divina é sempre firme.

Há também outra diferença a considerar. Com efeito, dado que o corpo celeste não dispõe para a eleição senão enquanto influencia em nossos corpos, influência pela qual o homem é incitado para eleger pelo modo que as paixões induzem para a eleição, toda disposição para a eleição, que provém dos corpos celestes, é por modo de alguma paixão, como quando alguém é induzido a eleger algo por ódio ou amor, ou ira, ou algo semelhante.

---

[272] Aristóteles (384-322 a.C.), em Magna Moral II, 8, 1207a, 24.
[273] Jeremias 51,9.

Ab Angelo vero disponitur aliquis ad eligendum per modum intelligibilis considerationis, absque passione. Quod quidem contingit dupliciter. Quandoque enim illuminatur intellectus hominis ab Angelo ad cognoscendum solum quod aliquid est bonum fieri, non autem instruitur de ratione propter quam est bonum, quae sumitur ex fine. Et ideo quandoque homo aestimat quod aliquid sit bonum fieri, si tamen quaereretur quare, responderet se nescire. Unde, quando perveniet in finem utilem quem non praecosideravit, erit sibi fortuitum. Quandoque vero per illuminationem Angeli instruitur et quod hoc sit bonum, et de ratione quare est bonum, quae pendet ex fine. Et sic, quando perveniet ad finem quem praecosideravit, non erit fortuitum.

Sciendum est etiam quod vis activa spiritualis naturae, sicut est altior quam corporalis, ita etiam est universalior. Unde non ad omnia ad quae se extendit humana electio, se extendit dispositio caelestis corporis.

Rursumque, virtus humanae animae, vel etiam Angeli, est particularis in comparatione ad virtutem divinam, quae quidem est universalis respectu omnium entium. Sic igitur aliquod bonum accidere potest homini et praeter propriam intentionem; et praeter inclinationem caelestium corporum; et praeter Angelorum illuminationem; non autem praeter divinam providentiam, quae est gubernativa sicut et factiva entis inquantum est ens, unde oportet quod omnia sub se contineat. Sic ergo aliquid fortuitum bonum vel malum potest contingere homini et per comparationem ad ipsum; et per comparationem ad caelestia corpora; et per comparationem ad Angelos; non autem per comparationem ad Deum. Nam per comparationem ad ipsum, non solum in rebus humanis, sed nec in aliqua re potest esse aliquid casuale et improvisum.

Quia vero fortuita sunt quae sunt praeter intentionem; bona autem moralia praeter intentionem esse non possunt, cum in electione

Já pelo Anjo é disposto alguém para eleger por modo de consideração inteligível, sem paixão. O que acontece duplamente. Com efeito, *às vezes* é iluminado o intelecto do homem pelo Anjo para conhecer apenas o que é bom de fazer-se, mas não é instruído com a razão pela qual é bom, a qual se toma do fim. E assim, às vezes, o homem pensa que algo é bom de fazer-se, mas *se se perguntasse por que, responderia não saber*[274]. Donde, quando chega ao fim útil que não pré-considerou, será para ele fortuito. — *Às vezes*, contudo, instrui-se pela iluminação do Anjo, já que isso é bom, já por qual razão é bom, a qual depende do fim. E assim, quando chega ao fim que pré-considerou, não será fortuito.

Deve-se saber também que a força ativa de natureza espiritual, como é mais alta que a corporal, assim também é mais universal. Donde, não se estende a disposição do corpo celeste para todas as coisas para as quais se estende a eleição humana.

Por outro lado. A virtude da alma humana, ou também do Anjo, é particular em relação com a virtude divina, que é certamente universal com relação a todos os entes. Assim, portanto, pode acontecer algum bem ao homem e fora da intenção própria, e sem a inclinação dos corpos celestes, e sem a iluminação dos Anjos, mas não sem a providência divina, que é governativa, como fazedora, do ente enquanto é ente; donde, é necessário que contenha sob si todas as coisas. Assim, pois, algo fortuito, bom ou mal, pode acontecer ao homem, por relação com ele mesmo, e por relação com os corpos celestes, e por relação aos Anjos; mas não por relação a Deus. Com efeito, por relação a Ele mesmo, não só nas coisas humanas, mas também em outra coisa, pode haver algo casual ou imprevisto.

Dado que as coisas fortuitas são aquelas sem intenção, e os bens morais não podem ser sem intenção uma vez que consistem na elei-

---

[274] Aristóteles (384-322 a.C.), em Magna Moral II, 8, 1207b, 1-3.

consistant: respectu eorum non potest dici aliquis bene vel male fortunatus; licet respectu eorum possit aliquis dici bene vel male natus, quando ex naturali dispositione corporis est aptus ad electiones virtutum vel vitiorum. Respectu autem exteriorum bonorum, quae praeter intentionem homini evenire possunt, potest dici homo et bene natus, et bene fortunatus, et a Deo gubernatus, et ab Angelis custoditus.

Consequitur autem homo ex superioribus causis et aliud auxilium, quantum ad exitus suarum actionum. Cum enim homo et eligere habeat, et prosequi quae eligit, in utroque a causis superioribus adiuvatur interdum, vel etiam impeditur. — Secundum electionem quidem, ut dictum est, inquantum homo vel disponitur ad aliquid eligendum per caelestia corpora; vel quasi illustratur per Angelorum custodiam; vel etiam inclinatur per operationem divinam.

Secundum executionem vero, inquantum homo consequitur ex aliqua superiori causa robur et efficaciam ad implendum quod elegit. Quae quidem non solum a Deo et ab Angelis esse potest, sed etiam a corporibus caelestibus, inquantum talis efficacia in corpore sita est. Manifestum est enim quod etiam inanimata corpora quasdam vires et efficacias a caelestibus corporibus consequuntur, etiam praeter eas quae ad qualitates activas et passivas elementorum consequuntur, quas etiam non est dubium caelestibus corporibus esse subiectas: sicut quod magnes attrahat ferrum, habet ex virtute caelestis corporis, et lapides quidam et herbae alias occultas virtutes. Unde nihil prohibet quod etiam aliquis homo habeat ex impressione caelestis corporis aliquam efficaciam in aliquibus corporalibus faciendis, quas alius non habet: puta medicus in sanando, et agricola in plantando, et miles in pugnando.

Hanc autem efficaciam multo perfectius Deus hominibus largitur ad sua opera efficaciter exequenda. Quantum ergo ad primum auxilium, quod est in eligendo, dicitur Deus hominem dirigere. Quantum vero ad secundum auxilium, dicitur hominem confortare.

ção, a respeito deles não pode alguém ser dito bem ou mal-afortunado; embora a respeito deles alguém possa ser dito bem ou malnascido, quando é apto por disposição natural do corpo para eleições das virtudes e de vícios. Ora, a respeito dos bens exteriores, que podem acontecer ao homem sem intenção, pode-se dizer que o homem *é bem-nascido e bem afortunado, e governado por Deus, e guardado pelos Anjos*.

Entretanto, o homem consegue por causas superiores também outro auxílio, quanto ao êxito de suas ações. Uma vez que o homem tem tanto o eleger, como o prosseguir o que elegeu, em ambos é ajudado às vezes por causas superiores, ou também impedido. — *Segundo a eleição*, como foi dito, enquanto o homem ou é disposto para eleger uma coisa pelos corpos celestes, ou como iluminado pela guarda dos Anjos, ou também é inclinado pela operação divina. — Mas, *segundo a execução*, enquanto o homem consegue por alguma causa superior a força e a eficácia para realizar o que elegeu. Isso não apenas pode ser por Deus e pelos Anjos, mas também pelos corpos celestes, enquanto tal eficácia situa-se no corpo. Com efeito, é manifesto que também os corpos inanimados conseguem forças e eficácias pelos corpos celestes, além daquelas que conseguem para as qualidades ativas e passivas dos elementos, as quais também não há dúvida que estão sujeitas aos corpos celestes; por exemplo, que o ímã atraia o ferro, e as pedras e ervas tenham algumas virtudes ocultas, deve-se à virtude do corpo celeste. Donde, nada proíbe que também um homem tenha, pela influência do corpo celeste, alguma eficácia em fazer algumas coisas corporais, que outro não tem, por exemplo, o médico no sarar, e o agricultor no plantar, e o soldado em lutar.

Ora, essa eficácia Deus, de modo muito perfeito, concede aos homens para que realizem suas obras eficazmente. Logo, quanto ao *primeiro auxílio*, que está no eleger, diz-se que Deus dirige o homem. Quanto *ao segundo*, diz-se que conforta o homem.

Et haec duo auxilia tanguntur simul in Psalmo, ubi dicitur, Dominus illuminatio mea, et salus mea, quem timebo? quantum ad primum; Dominus protector vitae meae, a quo trepidabo? quantum ad secundum.

Sed inter haec duo auxilia est differentia duplex. Prima quidem, quia ex auxilio primo adiuvatur homo tam in his quae virtuti hominis subduntur, quam etiam in aliis.

Sed secundum auxilium ad illa tantum se extendit ad quae virtus hominis valet. Quod enim homo fodiens sepulcrum inveniat thesaurum, ex nulla hominis virtute procedit: unde respectu talis proventus, adiuvari potest homo in hoc quod instigetur ad quaerendum ubi est thesaurus; non autem in hoc quod ei aliqua virtus detur ad thesaurum inveniendum. In hoc autem quod medicus sanet, vel miles in pugna vincat, potest adiuvari et in hoc quod eligat convenientia ad finem, et in hoc quod efficaciter exequatur per virtutem a superiori causa adeptam. Unde primum auxilium est universalius. — Secunda differentia est, quia secundum auxilium datur ad prosequendum efficaciter ea quae intendit. Unde, cum fortuita sint praeter intentionem, ex tali auxilio non potest dici homo, proprie loquendo, bene fortunatus, sicut potest dici ex primo, ut supra ostensum est.

Contingit autem homini bene vel male secundum fortunam, quandoque quidem ipso solo agente, sicut cum fodiens in terram invenit thesaurum quiescentem: quandoque autem actione alterius causae concurrente, sicut cum aliquis vadens ad forum causa emendi, invenit debitorem, quem non credebat invenire. In primo autem eventu, homo adiuvatur ad hoc quod aliquid sibi bene contingat, secundum hoc solum quod dirigitur in eligendo illud cui coniunctum est per accidens aliquod commodum quod provenit praeter intentionem. In

E esses dois auxílios são tocados simultaneamente no Salmo[275], onde se diz: *Senhor, minha iluminação e salvação minha, a quem temerei?* Quanto ao primeiro e quanto ao segundo: *Senhor, protetor de minha vida, de que tremerei?*

Entretanto, há uma dupla diferença entre esses dois auxílios. *A primeira*, porque do primeiro auxílio ajuda-se o homem tanto naquelas coisas que se sujeitam à virtude do homem, como também em outras.

Mas, o segundo auxílio estende-se somente àquelas coisas para as quais vale a virtude do homem. Com efeito, que um homem, cavando uma sepultura, encontre um tesouro, não procede de nenhuma virtude do homem. Donde, em relação a tal acontecimento, o homem pode ser ajudado enquanto é instigado a procurar onde está o tesouro, não, porém, enquanto lhe é dada alguma virtude para encontrar o tesouro. Mas, no que o médico sare, ou o soldado vença na batalha, pode ser ajudado também enquanto elege as coisas convenientes ao fim, e enquanto eficazmente realiza por virtude recebida de uma causa superior. Donde, o primeiro auxílio é mais universal. — *A segunda* diferença é que o segundo auxílio é dado para prosseguir eficazmente as coisas que pretende. Donde, como as coisas fortuitas são sem intenção, de tal auxílio não pode o homem ser dito, falando propriamente, bem afortunado, como pode ser dito pelo primeiro, como foi mostrado.

Ora, acontece ao homem o bem ou o mal segundo a fortuna, às vezes apenas pelo agente, como, quando cavando na terra, encontra um tesouro oculto; às vezes, porém, por ação de alguma causa concorrente, como quando alguém, indo ao mercado para comprar, encontra o devedor, que não pensava encontrar. Ora, no primeiro fato, o homem é ajudado para que algo lhe aconteça bem, apenas enquanto é dirigido no eleger uma coisa à qual está unida, por acidente, alguma vantagem, que provém sem intenção. Mas no segundo

---

[275] Salmo 26,1.

secundo autem eventu, oportet quod uterque agens dirigatur ad eligendum actionem vel motum unde sibi occurrant.

Oportet autem et aliud considerare circa ea quae praedicta sunt. Dictum est enim quod ad hoc quod homini aliquid bene contingat vel male secundum fortunam, et ex Deo est, et ex corpore caelesti esse potest: inquantum homo a Deo inclinatur ad eligendum aliquid cui coniunctum est aliquod commodum vel incommodum quod eligens non praeconsiderat; et inquantum a corpore caelesti ad tale aliquid eligendum disponitur. Hoc autem commodum vel incommodum quidem, relatum ad electionem hominis, est fortuitum; relatum ad Deum, rationem amittit fortuiti; non autem relatum ad corpus caeleste. Quod sic patet. Non enim aliquis eventus amittit rationem fortuiti nisi reducatur in causam per se. Virtus autem caelestis corporis est causa agens, non per modum intellectus et electionis, sed per modum naturae. Naturae autem est proprium tendere ad unum. Si ergo aliquis effectus non est unus, non potest per se esse causa eius aliqua virtus naturalis. Cum autem aliqua duo sibi per accidens coniunguntur, non sunt vere unum, sed solum per accidens. Unde huius coniunctionis nulla causa naturalis per se causa esse potest. Sit ergo quod iste homo ex impressione caelestis corporis instigetur, per modum passionis, ut dictum est, ad fodiendum sepulcrum. Sepulcrum autem, et locus thesauri, non sunt unum nisi per accidens: quia non habent aliquem ordinem ad invicem. Unde virtus caelestis corporis non potest per se inclinare ad hoc totum, quod iste fodiat sepulcrum et locum ubi est thesaurus.

Sed aliquis per intellectum agens potest esse causa inclinationis in hoc totum: quia intelligentis est multa ordinare in unum. Patet etiam quod etiam homo qui sciret thesaurum esse ibi, posset alium ignorantem mittere ad fodiendum sepulcrum in loco eodem, ut, praeter intentionem suam, inveniret thesaurum. Sic ergo huiusmodi fortuiti eventus, reducti in causam divinam, amittunt rationem fortuiti: reducti vero in causam caelestem, ne-

fato, é necessário que ambos os agentes sejam dirigidos para eleger a ação ou o movimento onde se encontram.

Ora, é necessário também considerar outra coisa acerca do que foi dito. Foi dito, com efeito, que acontecer ao homem algo de bem ou de mal segundo a fortuna, pode ser de Deus, e também dos corpos celestes, enquanto o homem é inclinado por Deus para eleger uma coisa à qual está unida alguma vantagem ou desvantagem que quem elege não préconsidera, e enquanto é disposto pelo corpo celeste para eleger tal coisa. Entretanto, essa vantagem ou desvantagem, relativa à eleição do homem, é fortuita; relativa a Deus, perde a razão de fortuito, mas não relativa ao corpo celeste. O que se evidencia assim. Um fato não perde a razão de fortuito se não se reduz a uma causa por si. Ora, a virtude do corpo celeste é causa agente, não por modo de intelecto e eleição, mas por modo de natureza. Ora, é próprio da natureza tender a um fim único. Se, pois, um efeito não é único, não pode por si ser sua causa uma virtude natural. Uma vez que duas coisas se unam por acidente, não são verdadeiramente uma unidade, mas só por acidente. Donde, nenhuma causa natural pode ser causa por si daquela conjunção. Seja, pois, que este homem é instigado por influência do corpo celeste, por modo de paixão, como foi dito, para cavar a sepultura. Mas, a sepultura e o lugar do tesouro não são uma unidade senão por acidente, porque não têm ordem alguma entre eles. Donde, a virtude do corpo celeste não pode por si inclinar a este conjunto, que este cave a sepultura, e o lugar onde está o tesouro.

Mas, alguém, agindo pelo intelecto, pode ser causa da inclinação a esse conjunto, porque é próprio do ser inteligente ordenar muitas coisas para a unidade. Evidencia-se também que o homem, que soubesse que o tesouro estava aí, poderia enviar um ignorante para cavar a sepultura no mesmo lugar, para que, sem sua intenção, achasse o tesouro. Logo, semelhantes fatos fortuitos, reduzidos à causa divina, perdem assim a razão de fortui-

quaquam. Per eandem etiam rationem apparet quod homo non potest esse bene fortunatus universaliter ex virtute corporis caelestis, sed solum quantum ad hoc vel illud. Dico autem universaliter, ut aliquis homo habeat in natura sua, ex impressione caelestis corporis, ut eligat semper, vel in pluribus, aliqua quibus sint coniuncta per accidens aliqua commoda vel incommoda.

Natura enim non ordinatur nisi ad unum. Ea autem secundum quae homini accidit bene vel male secundum fortunam, non sunt reducibilia in aliquid unum, sed sunt indeterminata et infinita: ut Philosophus docet in II phys., et ad sensum patet. Non est ergo possibile quod aliquis habeat in natura sua eligere semper ea ad quae etiam per accidens sequuntur aliqua commoda. Sed potest esse quod ex inclinatione caelesti inclinetur ad eligendum aliquid cui coniungitur per accidens aliquod commodum; et ex alia inclinatione aliud; et ex tertia tertium; non autem ita quod ex una inclinatione ad omnia. Ex una autem divina dispositione potest homo ad omnia dirigi.

Capitulum XCIII
De fato: an sit, et quid sit

Ex his autem quae praemissa sunt, apparet quid sit de fato sentiendum.

Videntes enim homines multa in hoc mundo per accidens contingere, si causae particulares considerentur, posuerunt quidam quod nec etiam ab aliquibus superioribus causis ordinentur. Et his videbatur fatum nihil esse omnino.

Quidam vero ea in aliquas altiores causas reducere sunt conati, ex quibus cum quadam dispositione ordinate procedant. Et hi fatum posuerunt: quasi ea quae videntur a casu contingere, sint ab aliquo effata, sive praelocuta,

to, mas de modo algum, se reduzidos à causa celeste. Pela mesma razão, também, fica claro que o homem não pode ser bem afortunado universalmente, por virtude do corpo celeste, mas apenas quanto a isto ou aquilo. Eu digo, porém, universalmente, de modo que o homem tenha em sua natureza, por influência do corpo celeste, que sempre eleja, ou na maior parte das vezes, algumas coisas às quais estão unidas, por acidente, algumas vantagens ou desvantagens.

Com efeito, a natureza não se ordena senão para a unidade. Ora, as coisas segundo as quais ao homem acontece o bem ou o mal segundo a fortuna, não são reduzíveis a algo uno, mas são indeterminadas e infinitas, como ensina o Filósofo[276], e evidencia-se pelo sentido. Logo, não é possível que alguém tenha em sua natureza o eleger sempre aquelas coisas às quais seguem também, por acidente, algumas vantagens. Mas pode ser que pela inclinação celeste seja inclinado a eleger uma coisa à qual se une por acidente alguma vantagem, e por inclinação, outra, e por uma terceira, uma terceira, mas não de modo que de uma única inclinação se dirija a todas. Ora, por uma única disposição divina o homem pode ser dirigido a todas as coisas.

Capítulo 93
A fatalidade: se existe e o que é

Do que foi exposto, fica claro o que se deve pensar sobre a fatalidade[277].

Vendo, com efeito, os homens muitas coisas acontecerem neste mundo por acidente, se se consideram as causas particulares, alguns afirmaram que tampouco foram ordenadas por causas superiores. E a esses pareceu que a fatalidade não era absolutamente nada.

Já outros esforçaram-se por reduzir aquelas coisas a algumas causas mais elevadas, das quais procediam ordenadamente, com alguma disposição. E a isso denominaram *fatalidade*, como se as coisas que são vistas acontecer por

---

[276] Aristóteles (384-322 a.C.), em Física II, 5, 196b, 23-29.
[277] Aristóteles (384-322 a.C.), em Sobre o Mal, q. 16, a.7.

et praeordinata ut essent. Horum ergo quidam omnia quae hic accidunt a casu contingentia, reducere sunt conati sicut in causas in caelestia corpora, etiam electiones humanas, vim dispositionis siderum, cui omnia cum quadam necessitate subdi ponebant, fatum appellantes. Quae quidem positio impossibilis est, et a fide aliena, ut ex superioribus patet.

Quidam vero in dispositionem divinae providentiae omnia reducere voluerunt, quaecumque in his inferioribus a casu contingere videntur. Unde omnia fato agi dixerunt, ordinationem quae est in rebus ex divina providentia fatum nominantes. Unde boetius dicit quod fatum est inhaerens rebus mobilibus dispositio, per quam providentia suis quaeque nectit ordinibus.

In qua fati descriptione, dispositio pro ordinatione ponitur. — In rebus autem inhaerens ponitur ut distinguatur fatum a providentia: nam ipsa ordinatio secundum quod in mente divina est, nondum rebus impressa, providentia est; secundum vero quod iam est explicata in rebus, fatum nominatur. Mobilibus autem dicit ut ostendat quod ordo providentiae rebus contingentiam et mobilitatem non aufert, ut quidam posuerunt.

Secundum hanc ergo acceptionem, negare fatum est providentiam divinam negare.

Sed quia cum infidelibus nec nomina debemus habere communia, ne ex consortio nominum possit sumi erroris occasio; nomine fati non est a fidelibus utendum, ne videamur illis assentire qui male de fato senserunt, omnia necessitati siderum subiicientes. Unde Augustinus dicit, in V de civitate Dei: si quis voluntatem vel potestatem Dei fati nomine appellat, sententiam teneat, linguam corrigat. Et Gregorius, secundum eundem intellectum,

acaso, são anunciadas por alguém, ou preditas, ou pré-ordenadas para que fossem. Desses, pois, alguns esforçaram-se por reduzir todos os contingentes, que aqui acontecem por acaso, a causas nos corpos celestes, mesmo as eleições humanas, por força da disposição dos astros, à qual afirmavam sujeitarem-se todas as coisas com alguma necessidade, chamando de fatalidade. Essa tese é certamente impossível e estranha à fé, como se evidencia do que foi dito[278].

Já outros quiseram que se reduzisse à disposição da providência divina tudo o que parece acontecer por acaso nas coisas inferiores. Donde, disseram que todas as coisas se dão por fatalidade, chamando de fatalidade a ordenação pela divina providência que há nas coisas. Por isso, Boécio[279] diz que *fatalidade é a disposição inerente às coisas móveis, pela qual a providência enlaça as coisas com suas ordens.*

Nessa descrição de fatalidade, entende-se a *disposição por ordenação*. — É dito *inerente nas coisas* para se distinguir a fatalidade da providência, pois a própria ordenação enquanto está na mente divina, ainda não impressa nas coisas, é *providência*; mas enquanto já é realizada nas coisas, se chama *fatalidade*. — *Móveis* se diz para mostrar que a ordem da providência não tira a contingência e a mobilidade nas coisas, como alguns opinaram.

Segundo essa concepção, portanto, negar a fatalidade é negar a providência divina.

Entretanto, como com os infiéis não devemos nem ter os nomes comuns, para que não se possa tomar ocasião de erro do consórcio de nomes, não devem os fiéis usar do nome de fatalidade, para que não vejamos que deem seu assentimento àqueles que pensaram mal a respeito da fatalidade, submetendo todas as coisas à necessidade dos astros. Donde, Agostinho diz: *Se alguém chama com o nome de fatalidade a vontade ou o poder de Deus, rete-*

---

[278] Cf. caps. 84 ss.
[279] Boécio (480-524) em Consolação IV, Prosa 6, ML 63,815A.

dicit: absit a fidelium mentibus ut fatum aliquid esse dicant.

Capitulum XCIV
De certitudine divinae providentiae

Difficultas autem quaedam ex praemissis suboritur. Si enim omnia quae hic inferius aguntur, etiam contingentia, providentiae divinae subduntur, oportet, ut videtur, vel providentiam non esse certam; vel omnia ex necessitate contingere.

Ostendit enim Philosophus, in VI metaph., quod, si omnem effectum ponimus habere aliquam causam per se; et iterum quod, qualibet causa per se posita, necessarium sit effectum poni: sequetur quod omnia futura ex necessitate eveniant. Si enim quilibet effectus habeat causam per se, quodlibet futurum erit reducere in aliquam causam praesentem vel praeteritam. Sicut, si quaeratur de aliquo utrum sit occidendus a latronibus, huius effectus praecedit causa occursus latronum; hunc autem effectum iterum praecedit alia causa, scilicet quod ipse exivit domum; hunc autem adhuc alia, quod vult quaerere aquam; quam quidem praecedit causa, scilicet sitis; et haec causatur ex comestione salsorum; quod iam est vel fuit.

Si ergo, causa posita, necesse est effectum poni, necesse est, si comedit salsa, quod sitiat; et si sitit, quod velit quaerere aquam; et si vult quaerere aquam, quod exeat domum; et si exit domum, quod occurrant ei latrones; et si occurrunt, quod occidatur. Ergo, de primo ad ultimum, necesse est hunc comedentem salsa a latronibus occidi. Concludit ergo Philosophus non esse verum quod, posita causa, necesse sit effectum poni: quia aliquae causae sunt quae possunt deficere. Neque iterum verum est quod omnis effectus habeat per se causam: quia quod est per accidens, scilicet istum vo-

nha a sentença, corrija a língua[280]. E Gregório segundo o mesmo entendimento, diz: *Esteja longe das mentes dos fiéis que digam que a fatalidade é alguma coisa*[281].

Capítulo 94
A certeza da providência divina

Entretanto, origina-se do exposto uma dificuldade. Se todas as coisas que aqui em baixo são feitas, também as contingentes, se sujeitam à providência divina, é necessário, como parece, que ou a providência não é certa, ou que todas as coisas acontecem por necessidade.

Com efeito, ensina o Filósofo[282] que, se afirmamos que todo efeito tem uma causa por si, e ainda que, qualquer causa que seja afirmada, é necessário que se afirme o efeito, segue-se que todas as coisas futuras se darão por necessidade. Se, pois, qualquer efeito tem causa por si, qualquer futuro se reduzirá a alguma causa presente ou passada. Assim, por exemplo, se se pergunta a respeito de alguém se deverá ser morto por ladrões, a causa desse efeito precede a ocorrência dos ladrões; ora, a esse efeito de novo precede outra causa, ou seja, que ele saiu da casa; a esse efeito ainda outra causa, que quis procurar água, a essa também precede uma causa, ou seja, a sede; e essa é causada pela ingestão de coisas salgadas, ingestão atual ou passada.

Se, portanto, posta a causa, necessariamente se põe o efeito, é necessário, se comeu coisas salgadas, que tenha sede; se tem sede, que queira buscar água; e se quer buscar água, que saia de casa, e, se sai de casa, que lhe ocorram os ladrões; e se ocorrem, que seja morto. Logo, do primeiro ao último, é necessário que esse que comeu coisas salgadas seja morto por ladrões. Conclui, pois, o Filósofo não ser verdadeiro que, posta a causa, seja necessário pôr-se o efeito, pois há certas causas que podem falhar.

Tampouco, ainda, é verdadeiro que todo efeito tenha uma causa por si, porque o que

---
[280] Santo Agostinho (354-431), em Cidade de Deus V, 1, ml 41,141.
[281] São Gregório Magno (540-604), em Homilia 10,4, ML 1111D-1112a.
[282] Aristóteles (384-322 a.C.), em Metafísica VI, 3, 1027a.

lentem aquam quaerere occurrere latronibus, non habet aliquam causam.

Ex hac autem ratione apparet quod omnes effectus qui reducuntur in aliquam causam per se, praesentem vel praeteritam, qua posita necesse sit effectum poni, ex necessitate contingunt. — Vel ergo oportet dicere quod non omnes effectus divinae providentiae subdantur. Et sic providentia non est de omnibus. Quod prius fuit ostensum. — Vel non est necessarium ut, providentia posita, effectus eius ponatur. Et sic providentia non est certa. — Aut est necessarium quod omnia ex necessitate contingant. Providentia enim non solum est in praesenti tempore vel praeterito, sed aeterno: quia nihil potest esse in Deo non aeternum.

Adhuc. Si divina providentia est certa, oportet hanc conditionalem esse veram: si Deus providit hoc, hoc erit. Huius autem conditionalis antecedens est necessarium: quia est aeternum. Ergo consequens est necessarium: oportet enim omnis conditionalis consequens esse necessarium cuius antecedens est necessarium; et ideo consequens est sicut conclusio antecedentis; quicquid autem ex necessario sequitur, oportet esse necessarium. Sequitur igitur, si divina providentia est certa, quod omnia ex necessitate proveniant.

Amplius. Sit aliquid esse provisum a Deo, puta quod talis sit regnaturus. Aut ergo possibile est accidere quod non regnet: aut non. Si quidem non est possibile ipsum non regnare, ergo impossibile est ipsum non regnare: ergo necessarium est eum regnare. Si autem possibile est eum non regnare; possibili autem posito, non sequitur aliquid impossibile; sequitur autem divinam providentiam deficere; non est igitur impossibile divinam providentiam deficere. Aut igitur oportet, si omnia sunt provisa a Deo, quod divina providentia non sit certa; aut quod omnia ex necessitate eveniant.

é por acidente, isto é, que este que quer buscar água se encontre com os ladrões, não tem causa alguma.

Por essa razão fica claro que todos os efeitos que se reduzem a alguma causa por si, presente ou passada, a qual posta seja necessário pôr-se o efeito, acontecem por necessidade. — Ou, então, é necessário dizer que todos os efeitos não estão sujeitos à providência divina. E dessa maneira a providência não é para todos. O que foi antes mostrado[283]. — Ou não é necessário que, posta a providência, seu efeito se ponha. E dessa maneira a providência não é certa. — Ou é necessário que todas as coisas aconteçam por necessidade, Com efeito, a providência não apenas está no tempo presente ou passado, mas desde a eternidade, porque nada pode ser em Deus não eterno.

Ainda. Se a providência divina é certa, é necessário que esta condicional seja verdadeira: se Deus providencia isto, isto será. Ora, dessa condicional o antecedente é necessário, porque é eterno. Logo, o consequente é necessário, pois é necessário que seja necessário o consequente de toda condicional da qual o antecedente é necessário; e assim o consequente é como a conclusão do antecedente; ora, qualquer coisa que se segue do necessário, é necessário que seja necessária. Portanto, segue-se que, se a providência divina é certa, todas as coisas provêm por necessidade.

Ademais. Seja uma coisa que é prevista por Deus, por exemplo, que tal pessoa reinará. Ou é possível acontecer que não reinará, ou não. Se não é possível que ela não reine, logo é impossível que ela não reine, logo é necessário que ela reine. Se, contudo, é possível que ela não reine, mas, posto o possível, não se segue algo impossível; mas segue-se que a providência divina falha; não é, portanto, impossível que a divina providência falhe. Ou, portanto, é necessário, se todas as coisas são previstas por Deus, que a providência divina não seja certa, ou que todas as coisas aconteçam por necessidade.

---

[283] Cf. cap. 64.

Item. Argumentatur sic tullius, in libro de divinatione. Si omnia a Deo provisa sunt, certus est ordo causarum. Si autem hoc verum est, omnia fato aguntur. Quod si omnia fato aguntur, nihil est in nostra potestate, nullum est voluntatis arbitrium. Sequitur igitur quod tollatur liberum arbitrium, si divina providentia sit certa. Et eodem modo sequetur quod omnes causae contingentes tollantur.

Praeterea. Divina providentia causas medias non excludit, ut supra ostensum est. Inter causas autem sunt aliquae contingentes et deficere valentes. Deficere igitur potest providentiae effectus. Non est igitur Dei providentia certa. Oportet autem, ad horum solutionem, aliqua repetere ex his quae supra posita sunt: ut manifestum fiat quod nihil divinam providentiam effugit; et quod ordo divinae providentiae omnino immutari non potest; nec tamen oportet quod ea quae ex providentia divina proveniunt, ex necessitate cuncta eveniant.

Primo namque considerandum est quod, cum Deus sit omnium existentium causa, rebus omnibus conferens esse, oportet quod suae providentiae ordo omnes res complectatur. Quibus enim esse largitus est, oportet quod et conservationem largiatur, et perfectionem conferat in ultimo fine. Cum autem in quolibet providente duo considerari oporteat, scilicet ordinis praemeditationem, et praemeditati ordinis institutionem in rebus quae providentiae subduntur, quorum primum ad cognoscitivam virtutem pertinet, aliud vero ad operativam: hoc inter utrumque differt, quod in praemeditando ordinem, tanto est providentia perfectior, quanto magis usque ad minima ordo providentiae potest produci. Quod enim nos omnium particularium ordinem praemeditari non possumus circa ea quae sunt disponenda a nobis, ex defectu

Igualmente. Argumenta assim Túlio [Cícero][284]: Se todas as coisas são previstas por Deus, é certa a ordem das causas. Ora, se isto é verdadeiro, todas as coisas são feitas por fatalidade. E se todas as coisas são feitas por fatalidade, nada está em nosso poder, é nulo o arbítrio da vontade. Segue-se, portanto, que se suprime o livre-arbítrio, se é certa a providência divina. E do mesmo modo segue-se que se suprimem todas as causas contingentes.

Além disso. A providência divina não exclui as causas intermediárias, como foi mostrado[285]. Ora, entre as causas, algumas são contingentes e podem falhar. Pode falhar, portanto, o efeito da providência. Logo, não é certa a providência de Deus.

É necessário, para solução dessas coisas, retomar algo do que foi colocado: para que se torne manifesto que nada escapa à providência divina, e que a ordem da providência divina não pode, de modo algum, mudar, mas não é necessário que as coisas que provêm da providência divina aconteçam todas por necessidade.

Em primeiro, deve-se considerar que, como Deus é a causa de todos os existentes, conferindo o ser a todas as coisas, é necessário que a ordem de sua providência realize todas as coisas. Com efeito, às que concedeu o ser, é necessário que conceda também a conservação, e lhes confira a perfeição no fim último. Entretanto, como em todo providente é necessário considerar dois aspectos, isto é, *a premeditação* da ordem, e *a instituição* da ordem premeditada nas coisas que se sujeitam à providência; o primeiro deles pertence à virtude cognoscitiva, já o outro à operativa; entre ambos a diferença é que, ao premeditar a ordem, a providência é tanto mais perfeita, quanto mais a ordem da providência se pode produzir até as mínimas coisas. Que nós não possamos premeditar a ordem de todas as coisas particulares sobre aquilo que deve ser

---

[284] Cícero, Túlio (106-43 a.C.), em Sobre a Adivinhação II, 7. Citado por Santo Agostinho (354-431), em Cidade de Deus V,9, 2, ML 41, 149-150.
[285] Cf. cap. 77.

nostrae cognitionis provenit, quae cuncta singularia complecti non potest, tanto autem in providendo unusquisque solertior habetur, quanto plura singularia praemeditari potest; cuius autem provisio in solis universalibus consisteret, parum de prudentia participaret.

Simile autem in omnibus operativis artibus considerari potest. Sed in hoc quod ordo praemeditatus rebus imponitur, tanto est dignior et perfectior providentia gubernantis, quanto est universalior, et per plura ministeria suam explicat praemeditationem: quia et ipsa ministeriorum dispositio magnam partem provisi ordinis habet. Oportet autem quod divina providentia in summo perfectionis consistat: quia ipse est simpliciter et universaliter perfectus, ut in primo libro ostensum est. In providendo igitur suae sapientiae meditatione sempiterna omnia ordinat quantumcumque minima videantur: quaecumque vero rerum aliquid operantur, instrumentaliter agunt ab eo mota, et ei obtemperando ministrant, ad ordinem providentiae, ab aeterno, ut ita dicam, excogitatum, explicandum in rebus.

Si autem omnia quae agere possunt, necesse est ut in agendo ei ministrent, impossibile est quod aliquod agens divinae providentiae executionem impediat sibi contrarium agendo. Neque etiam possibile est divinam providentiam impediri per defectum alicuius agentis vel patientis: cum omnis virtus activa vel passiva sit in rebus secundum divinam dispositionem causata. Impossibile est etiam quod impediatur divinae providentiae executio per providentis mutationem: cum Deus sit omnino immutabilis, ut supra ostensum est. Relinquitur ergo quod divina provisio omnino cassari non potest.

Deinceps autem considerandum est quod omne agens intendit ad bonum et melius secundum quod potest, ut supra ostensum est.

disposto por nós, provém do defeito de nosso conhecimento, que não pode abranger todas as coisas particulares, mas, no providenciar, tanto mais alguém se acha cuidadoso quanto mais singulares pode premeditar; como, porém, sua previsão só se estende aos universais, participa pouco da prudência.

Ora, algo semelhante se pode considerar em todas as artes operativas. Mas enquanto a ordem premeditada é imposta às coisas, é tanto mais digna e perfeita a providência do governante quanto é mais universal, e por muitos ministérios estende sua premeditação, porque a mesma disposição dos ministérios tem grande parte da ordem prevista. Ora, é necessário que a providência divina consista no máximo de perfeição, porque Deus é simples e universalmente perfeito, como foi mostrado[286]. Portanto, no providenciar de sua sabedoria, ordena em meditação sempiterna todas as coisas, mesmo que pareçam mínimas: quaisquer coisas que operam algo, agem instrumentalmente por Ele movidas, e, a Ele obedecendo, ministram, por ordem da providência, desde a eternidade, que eu diga assim, o excogitado, a ser realizado nas coisas.

Ora, se todas as coisas que podem agir, é necessário que, no agir a ele sirvam, é impossível que algum agente impeça a execução da providência divina, operando o contrário a ela. Tampouco também é possível que a divina providência seja impedida por defeito de um agente ou paciente, porque toda virtude ativa ou passiva está, nas coisas, causada segundo a disposição divina. É impossível também que seja impedida a execução da providência divina por mutação do providente, pois Deus é totalmente imutável, como foi mostrado[287]. Resta, pois, que a previsão divina não pode de modo algum fracassar.

Em segundo lugar, deve-se considerar que todo agente tende ao bom e melhor segundo pode, como foi mostrado[288]. Ora, o bom e o

---

[286] Livro I, cap. 28.
[287] Livro I, cap. 13.
[288] Cf. cap. 8.

Bonum autem et melius non eodem modo consideratur in toto et partibus. In toto enim bonum est integritas, quae ex partium ordine et compositione relinquitur. Unde melius est toti quod sit inter partes eius disparitas, sine qua ordo et perfectio totius esse non potest, quam quod omnes partes essent aequales, unaquaque earum perveniente ad gradum nobilissimae partis: quaelibet autem pars inferioris gradus, in se considerata, melior esset si esset in gradu superioris partis. Sicut patet in corpore humano: dignior enim pars esset pes si oculi pulchritudinem et virtutem haberet; corpus autem totum esset imperfectius, si ei officium pedis deesset. Ad aliud igitur tendit intentio particularis agentis, et universalis: nam particulare agens tendit ad bonum partis absolute, et facit eam quanto meliorem potest; universale autem agens tendit ad bonum totius.

Unde aliquis defectus est praeter intentionem particularis agentis, qui est secundum intentionem agentis universalis. Sicut patet quod generatio feminae est praeter intentionem naturae particularis, idest, huius virtutis quae est in hoc semine, quae ad hoc tendit quod perficiat conceptum quanto magis potest: est autem de intentione naturae universalis, idest, virtutis universalis agentis ad generationem inferiorum, quod femina generetur, sine qua generatio multorum animalium compleri non posset. Et eodem modo corruptio, et diminutio, et omnis defectus, est de intentione naturae universalis, non autem naturae particularis: nam quaelibet res fugit defectum, tendit vero ad perfectionem, quantum in se est. Patet ergo quod de intentione agentis particularis est quod effectus suus fiat perfectus quantumcumque potest in genere suo: de intentione autem naturae universalis est quod hic effectus fiat perfectus tali perfectione, puta perfectione masculi, ille autem perfectione feminae.

Inter partes autem totius universi prima distinctio apparet secundum contingens et necessarium: superiora enim in entibus sunt necessaria et incorruptibilia et immobilia; a qua quidem conditione tanto magis deficiunt,

melhor não se consideram do mesmo modo no todo e nas partes. No todo, com efeito, o bom é a integridade, que resulta da ordem e da composição das partes. Donde, é melhor ao todo que haja disparidade entre as partes, sem a qual não pode haver a ordem e a perfeição do todo, do que serem todas as partes iguais, cada uma delas atingindo o grau da parte mais nobre, mas cada parte de grau inferior, em si considerada, estaria melhor se estivesse no grau da parte superior. Como se evidencia no corpo humano, pois a parte mais digna seria o pé se tivesse a beleza e a virtude do olho, mas o corpo todo seria mais imperfeito, se lhe faltasse o serviço do pé. Portanto, a intenção do agente particular tende a outra coisa que a do universal, pois o agente particular tende ao bem da parte, de modo absoluto, e a faz quanto melhor pode, já o agente universal tende ao bem do todo.

Donde, há algum defeito sem a intenção do agente particular, mas segundo a intenção do agente universal. Assim se evidencia que a geração da fêmea é sem a intenção de uma natureza particular, isto é, desta virtude que está neste sêmen, a qual tende, quanto mais pode, para realizar o concebido, mas é da intenção da natureza universal, ou seja, da virtude do agente universal para a geração dos inferiores, que a fêmea seja gerada, sem a qual não pode realizar-se a geração de muitos animais. E do mesmo modo a corrupção e a diminuição, e todo defeito, é da intenção da natureza universal, mas não da natureza particular, pois qualquer coisa foge ao defeito, e tende à perfeição, em quanto em si é. Evidencia-se, portanto, que é da intenção do agente particular que seu efeito se faça perfeito em quanto pode em seu gênero, mas é da intenção da natureza universal que este efeito se faça perfeito em tal perfeição, por exemplo, na perfeição do macho, e aquele na perfeição da fêmea.

Ora, entre as partes de todo o universo, fica clara a primeira distinção segundo o contingente e o necessário, pois entre os entes os superiores são necessários, incorruptíveis e imóveis, condição da qual tanto mais são defi-

quanto in inferiori gradu constituuntur; ita quod infima corrumpuntur quidem quantum ad esse suum, moventur vero quantum ad suas dispositiones, suos etiam effectus non de necessitate, sed contingenter producunt. Quodlibet igitur agens quod est pars universi, intendit quantum potest in suo esse et naturali dispositione persistere, et suum stabilire effectum: Deus autem, qui est universi gubernator, intendit quod effectum eius hic quidem stabiliatur per modum necessitatis, hic autem contingenter. Et secundum hoc diversas eis causas adaptat, his quidem necessarias, his autem contingentes. Cadit igitur sub ordine divinae providentiae non solum hunc effectum esse, sed hunc effectum esse contingenter, alium autem necessario. Et secundum hoc, quaedam eorum quae divinae providentiae subduntur sunt necessaria, quaedam vero contingentia, non autem omnia necessaria.

Patet ergo quod, etsi divina providentia est per se causa huius effectus futuri; et est in praesenti vel praeterito, magis autem ab aeterno: non sequitur, ut prima ratio procedebat, quod effectus iste sit de necessitate futurus; est enim divina providentia per se causa quod hic effectus contingenter proveniat. Et hoc cassari non potest.

Ex quo etiam patet quod haec conditionalis est vera, si Deus providit hoc futurum, hoc erit: sicut secunda ratio procedebat. Sed sic erit sicut Deus providit illud esse futurum. Providit autem illud esse futurum contingenter. Sequitur ergo infallibiliter quod erit contingenter, et non necessario.

Patet etiam quod hoc quod ponitur esse provisum a Deo ut sit futurum, si sit de genere contingentium, poterit non esse secundum se consideratum: sic enim provisum est ut sit contingens, potens non esse. Non tamen est possibile quod ordo providentiae deficiat quin contingenter eveniat. Et sic tertia ratio solvitur. Unde potest poni quod iste non sit regnaturus si secundum se consideretur: non autem si consideretur ut provisum.

cientes quanto os entes se constituem em grau inferior; assim que os ínfimos se corrompem quanto a seu ser, são movidos quanto à suas disposições, seus efeitos também são produzidos não por necessidade, mas contingentemente. Portanto, qualquer agente que é parte do universo, tende, quanto pode, para seu ser e para persistir na disposição natural, e a tornar estável seu efeito; Deus, porém, que é o governante do universo, quer que este seu efeito se torne estável por modo de necessidade, e este outro, contingentemente. E segundo isso adéqua a eles causas diversas, àqueles as necessárias, a esses as contingentes. Recai, portanto, sob a ordem da providência divina não só que este efeito seja, mas que seja contingentemente, mas o outro, de modo necessário. E segundo isso, algumas coisas que se sujeitam à providência divina são necessárias, já outras contingentes, e não todas necessárias.

Evidencia-se, portanto, que, embora a providência divina é por si causa deste efeito futuro, e existe no presente ou no futuro, ou, antes, desde a eternidade, não se segue, como procedia *a primeira razão*, que este efeito seja futuro por necessidade, pois, a providência divina é causa por si que este efeito provenha contingentemente. E isso não pode fracassar.

Disso também se evidencia que esta condicional é verdadeira, se Deus prevê este futuro, ele será, como procedia a *segunda razão*. Mas assim ele será como Deus prevê que ele seja futuro. Ora, prevê que ele seja futuro contingentemente. Segue-se, pois, infalivelmente que será contingentemente, mas não necessariamente.

Evidencia-se também que aquilo que se afirma ser previsto por Deus como futuro, se é do gênero dos contingentes, poderá não ser, considerado em si, pois assim foi previsto que seja contingente, podendo não ser. Mas não é possível que a ordem da providência falhe porque não acontece contingentemente. E assim se soluciona *a terceira razão*. Donde, pode ser afirmado que este não reinará, se se considera em si, mas não, se se considera como previsto.

Illud etiam quod tullius obiicit, secundum praemissa frivolum apparet. Cum enim divinae providentiae non solum subdantur effectus, sed etiam causae et modi essendi, sicut ex praemissis patet, non sequitur quod, si omnia divina providentia aguntur, quod nihil sit in nobis. Sic enim sunt a Deo provisa ut per nos libere fiant.

Neque autem defectibilitas causarum secundarum, quibus mediantibus effectus providentiae producuntur, certitudinem divinae providentiae potest auferre, ut quinta ratio procedebat: cum ipse Deus in omnibus operetur, et pro suae arbitrio voluntatis, ut supra ostensum est. Unde ad eius providentiam pertinet ut causas defectibiles quandoque sinat deficere, quandoque eas a defectu conservet.

Ea vero quae ad necessitatem provisorum a Deo possent assumi ex certitudine scientiae, supra soluta sunt, cum de Dei scientia ageretur.

Capitulum XCV et XCVI
Quod immobilitas divinae providentiae utilitatem orationis non excludit

Considerare etiam oportet quod, sicut providentiae immobilitas necessitatem rebus provisis non imponit, ita etiam nec orationis utilitatem excludit.

Non enim ad hoc oratio ad Deum funditur ut aeterna providentiae dispositio immutetur, hoc enim impossibile est: sed ut aliquis illud quod desiderat, assequatur a Deo. Piis enim desideriis rationalis creaturae conveniens est quod Deus assentiat, non tanquam desideria nostra moveant immobilem Deum: sed ex sua bonitate procedit ut convenienter desiderata perficiat. Cum enim omnia naturaliter bonum desiderent, ut supra probatum est; ad supereminentiam autem divinae bonitatis pertinet quod esse, et bene esse, omnibus ordine quo-

Também aquilo que Túlio objeta, fica claro que é frívolo, segundo o exposto. Com efeito, como à providência divina não só se sujeitam os efeitos, mas também as causas e modos de ser, como se evidencia do exposto, não se segue que, se todas as coisas são operadas pela providência divina, que nada dependa de nós. Assim, as coisas são previstas por Deus para que sejam feitas por nós livremente.

Tampouco, contudo, a defectibilidade das causas segundas, mediante as quais são produzidos os efeitos da providência, pode eliminar a certeza da providência divina, como a *quinta razão* procedia, dado que Deus mesmo opera em todas as coisas, e de acordo com o arbítrio de sua vontade, como foi mostrado[289]. Donde, pertence à sua providência deixar às vezes falharem as causas defectíveis, às vezes as preservar da falha.

Já aquelas razões que foram aceitas por certeza de ciência, a respeito da necessidade do que foi previsto por Deus, foram solucionadas, quando se tratou da ciência de Deus.

Capítulos 95 e 96
A imobilidade da providência divina não exclui a utilidade da oração

É necessário também considerar que, assim como a imobilidade da providência não impõe necessidade nas coisas previstas, assim também não exclui a utilidade da oração.

Com efeito, a oração não se dirige a Deus para que seja mudada a disposição eterna da providência, pois isso é impossível, mas para que a pessoa alcance de Deus aquilo que deseja. É conveniente que Deus consinta aos piedosos desejos da criatura racional, não enquanto nossos desejos movem a Deus imóvel, mas procede de sua bondade que se realizem convenientemente as coisas desejadas. Uma vez que todas as coisas desejam naturalmente o bem, como foi provado[290], e pertence à supereminência da bondade divina que distribua

---

[289] Livro II, cap. 23; cf. cap. 67.
[290] Cf. cap. 3.

dam distribuat: consequens est ut, secundum suam bonitatem, desideria pia, quae per orationem explicantur, adimpleat.

Adhuc. Ad moventem pertinet ut id quod movetur, perducat ad finem: unde et per eandem naturam aliquid movetur ad finem, et consequitur finem, et in eo quiescit.

Omne autem desiderium est quidam motus ad bonum. Qui quidem non potest rebus inesse nisi a Deo, qui est per essentiam suam bonus, et fons bonitatis: movens enim omne movet ad aliquid simile sibi. Ad Deum igitur pertinet, secundum suam bonitatem, quod desideria convenientia, quae per orationes explicantur, ad effectum convenientem perducat.

Item. Quanto aliqua sunt propinquiora moventi, tanto efficacius impressionem moventis assequuntur: nam et quae propinquiora sunt igni, magis ab ipso calefiunt.

Substantiae autem intellectuales propinquiores sunt Deo quam substantiae naturales inanimatae. Efficacior est igitur impressio divinae motionis in substantiis intellectualibus quam in substantiis aliis naturalibus. Corpora autem naturalia in tantum participant de motione divina quod naturalem boni appetitum consequuntur ex eo, et etiam appetitus impletionem, quod quidem fit dum proprios fines consequuntur. Multo igitur magis intellectuales substantiae desideriorum suorum, quae per orationem Deo offeruntur, impletionem consequuntur.

Amplius. De ratione amicitiae est quod amans velit impleri desiderium amati, inquantum vult eius bonum et perfectionem: propter quod dicitur quod amicorum est idem velle. Ostensum est autem supra quod Deus suam creaturam amat; et tanto magis unamquamque quanto plus de eius bonitate participat, quae est primum et principale amatum ab ipso. Vult igitur impleri desideria rationalis

o ser e o ser bem[291] a todas as coisas, em certa ordem, é consequente que realize segundo sua bondade os piedosos desejos, que são expostos pela oração.

Ainda. Pertence ao movente conduzir ao fim aquilo que é movido; donde, também pela mesma natureza seja algo movido ao fim, e alcance o fim, e nele se aquiete. Ora, todo desejo é certo movimento para o bem. Que não pode estar nas coisas senão por Deus, que é bom por sua essência e fonte de bondade, pois o movente tudo move a algo semelhante a si. Portanto, a Deus pertence, segundo sua bondade, conduzir os desejos convenientes, que são expostos pelas orações, ao efeito conveniente.

Igualmente. Quanto mais próximas as coisas são do movente, tanto mais eficazmente alcançam a influência do movente, assim como as coisas mais próximas ao fogo, são por ele mais aquecidas. Ora, as substâncias intelectuais são mais próximas de Deus que as substâncias naturais inanimadas. Portanto, é mais eficaz a influência da moção divina nas substâncias intelectuais que nas outras substâncias naturais. Ora, os corpos naturais participam da moção divina enquanto alcançam de Deus o apetite natural do bem, como também a realização do apetite, o que se faz enquanto alcançam os fins próprios. Portanto, muito mais as substâncias alcançam a realização de seus desejos, apresentados pela oração.

Ademais. É da razão da amizade que o amante queira realizar o desejo do amado, enquanto quer o bem d'Ele e a perfeição, razão pela qual se diz que *pertence a amigos o mesmo querer*[292]. Ora, foi mostrado[293] que Deus ama sua criatura e tanto mais aquela que mais participa de sua bondade, que é o primeiro e principal amado por ele. Portanto, quer realizar os desejos da criatura racional, que participa per-

---

[291] Dionísio Areopagita (séc. V-VI), em Os Nomes Divinos, 4, 1, MG 3, 696a.
[292] Salústio, Crispo (85-35 a.C.), em Conjuração de Catilina XX, 4.
[293] Livro I, cap. 75.

creaturae, quae perfectissime divinam bonitatem participat inter ceteras creaturas. Sua autem voluntas est perfectiva rerum: est enim causa rerum per suam voluntatem, ut supra ostensum est. Ad bonitatem igitur divinam pertinet ut impleat desideria rationalis creaturae sibi per orationem proposita.

Praeterea. Bonum creaturae derivatum est secundum quandam similitudinem a bonitate divina. Hoc autem maxime commendabile in hominibus apparet, ut iuste petentibus assensum non denegent: ex hoc enim vocantur liberales, clementes, misericordes et pii. Maxime igitur hoc ad divinam bonitatem pertinet, ut pias orationes exaudiat.

Hinc est quod dicitur in Psalmo: voluntatem timentium se faciet, et orationes eorum exaudiet, et salvos faciet eos. Et Matth. 7,8, Dominus dicit: omnis qui petit accipit, et qui quaerit invenit, et pulsanti aperietur.

[Capitulum 96]
Non est autem inconveniens si quandoque etiam petitiones orantium non admittantur a Deo. Ea enim ratione ostensum est quod Deus desideria rationalis creaturae adimplet, inquantum desiderat bonum. Quandoque autem contingit quod id quod petitur non est verum bonum, sed apparens, simpliciter autem malum. Non est igitur talis oratio Deo exaudibilis. Hinc est quod dicitur Iac. 4,3: petitis et non accipitis, eo quod male petatis.

Similiter autem ex hoc quod Deus ad desiderandum movet, ostensum est conveniens esse quod desideria impleat. Mobile autem ad finem motus non perducitur a movente nisi motus continuetur. Si igitur motus desiderii per orationis instantiam non continuetur, non est inconveniens si oratio effectum debitum non sortiatur.

feitissimamente, entre as demais criaturas, da bondade divina. Ora, sua vontade é perfectiva das coisas, pois é por sua vontade a causa das coisas, como foi mostrado[294]. Logo, pertence à bondade divina realizar os desejos da criatura racional, apresentados a ela pela oração.

Além disso. O bem da criatura é derivado, segundo certa semelhança, da bondade divina. Ora, isso se manifesta maximamente estimável aos homens, de modo que aos que justamente pedem não se lhes negue o assentimento, pois, por isso se dizem liberais, clementes, misericordiosos e pios. Portanto, pertence maximamente à bondade divina ouvir as pias orações.

Daí é que se diz no Salmo[295]: *Faça-se a vontade dos que temem, e ouçam-se suas orações, e faça-os salvos*. E em Mateus[296] diz o Senhor: *Todo aquele que pede, recebe, e o que procura encontra, e ao que bate se lhe abrirá*.

[Capítulo 96]
Não é inconveniente se, às vezes, as petições dos orantes não são admitidas por Deus Por essa razão, foi mostrado[297] que Deus realiza os desejos da criatura racional, enquanto deseja o bem. Ora, acontece, às vezes, que o que se pede não é o bem verdadeiro, mas aparente, e simplesmente mal. Não é, pois, tal oração atendível por Deus. Daí é que se diz em Tiago[298]: *Pedistes e não recebestes, porque pedistes mal*.

Semelhantemente, do fato de que Deus move para desejar, foi mostrado ser conveniente que Ele realize os desejos. Ora, o móvel não é levado pelo movente ao fim do movimento a não ser que o movimento continue. Portanto, se o movimento do desejo não continua pela insistência da oração, não é inconveniente que a oração não logre o efeito devido.

---

[294] Livro II, caps. 23 ss.
[295] Salmo 144,19. (Vulgata)
[296] Mateus 7,8.
[297] Cf. capítulo anterior.
[298] Tiago 4,3.

Hinc est quod Dominus dicit, Lucae 18,1: quoniam oportet semper orare, et non deficere. Et I Thess. 5,17, dicit apostolus: sine intermissione orate.

Rursus. Ostensum est quod Deus rationalis creaturae decenter desiderium implet inquantum ei appropinquat. Appropinquat autem ei aliquis per contemplationem, et devotam affectionem, et humilem et firmam intentionem. Illa igitur oratio quae sic Deo non appropinquat, non est a Deo exaudibilis. Unde et in Psalmo dicitur: respexit in orationem humilium; Iac. 1,6: postulet autem in fide, nihil haesitans.

Item. Ostensum est quod ratione amicitiae, Deus vota piorum exaudit. Qui igitur a Dei amicitia declinat, non est dignum ut eius oratio exaudiatur. Hinc est quod Prov. 28,9 dicitur: qui declinat aurem suam ne audiat legem, oratio eius erit execrabilis. Et Isaiae 1,15: cum multiplicaveritis orationes, non exaudiam: manus enim vestrae sanguine plenae sunt. Ex hac etiam radice procedit quod quandoque aliquis Dei amicus non auditur quando pro his rogat qui non sunt Dei amici: secundum illud Ierem. 7,16: tu ergo noli orare pro populo hoc, nec assumas pro eis laudem et orationem, et non obsistas mihi: quia non exaudiam te.

Contingit autem quandoque quod aliquis ex amicitia denegat quod petitur ab amico, quia cognoscit hoc ei esse nocivum, vel contrarium ei magis expedire: ut medicus infirmanti quandoque negat quod petit, considerans quod non expedit ei ad salutem corporis consequendam. Unde, cum ostensum sit quod Deus ex amore quem ad creaturam rationalem habet, eius desideria impleat sibi per orationem proposita, non est mirandum

Daí é que Deus diz, em Lucas[299] que *é necessário orar sempre, e não desanimar*. E em I Tessalonicenses[300], diz o Apóstolo: *Orai sem interrupção*.

Por outro lado. Foi mostrado que Deus realiza o desejo conveniente da criatura racional, enquanto d'Ele se aproxima. Ora, alguém aproxima-se d'Ele pela contemplação e pelo afeto devoto, e pela intenção humilde e firme. Portanto, aquela oração que desse modo não se aproxima de Deus, não é atendível por Deus. Donde, se diz no Salmo[301]: *Olhou para a oração dos humildes*; e em Tiago[302]: *Peça na fé, não hesitando em nada*.

Igualmente. Foi mostrado que, por razão de amizade, Deus atende os desejos dos piedosos. Portanto, aquele que se afasta da amizade de Deus não é digno de que sua oração seja atendida. Daí é que se diz em Provérbios[303]: *Quem desvia seu ouvido para não ouvir a lei, sua oração será execrável*. E em Isaías[304]: *Quando multiplicardes as orações, não atenderei, pois vossas mãos estão cheias de sangue*. Dessa raiz procede que, às vezes, um amigo de Deus não é ouvido quando roga por aqueles, os quais não são amigos de Deus, segundo aquilo de Jeremias[305]: *Tu, portanto, não querias orar por este povo, nem assumas por eles louvor e oração, e não te interponhas a mim, porque não te atenderei*.

Acontece que alguém nega, por amizade, o que é pedido pelo amigo, porque conhece que isso lhe é nocivo, ou que o contrário lhe é mais proveitoso; por exemplo, o médico que às vezes nega ao enfermo o que pede, considerando que não lhe é proveitoso para conseguir a saúde do corpo. Donde, como foi mostrado que Deus pelo amor que tem à criatura racional, realiza seus desejos, a Ele apresentados pela oração, não é de admirar se, às

[299] Lucas 18,1.
[300] 1 Tessalonicenses 5,17.
[301] Salmo 101,18.
[302] Tiago 1,6.
[303] Provérbios 28,9.
[304] Isaías 1,15.
[305] Jeremias 7,16.

si quandoque eorum etiam quos praecipue diligit, petitionem non implet, ut impleat quod petenti magis expedit ad salutem. Propter quod a Paulo stimulum carnis non amovit, quamvis hoc ter peteret, providens hoc ei esse utile ad humilitatis conservationem, ut habetur II Cor. 12,8,9. Unde et Matth. 20,22, quibusdam Dominus dicit: nescitis quid petatis. Et Rom. 8,26 dicitur: nam quid oremus sicut oportet, nescimus. Et propter hoc Augustinus dicit, in Epist. Ad paul. Et ther.: bonus Dominus, qui non tribuit saepe quod volumus, ut quod mallemus attribuat.

Patet igitur ex praemissis quod aliquorum quae fiunt a Deo, causa sunt orationes et pia desideria. Ostensum est autem supra quod divina providentia causas alias non excludit: quin potius ordinat eas ad hoc quod ordo quem apud se statuit, rebus imponatur; et sic causae secundae non repugnant providentiae, sed magis providentiae exequuntur effectum. Sic igitur orationes apud Deum efficaces sunt, nec tamen ordinem immutabilem divinae providentiae solvunt: quia et hoc ipsum quod tali petenti hoc concedatur, sub ordine divinae providentiae cadit.

Simile est ergo dicere non esse orandum ut aliquid consequamur a Deo quia ordo suae providentiae est immutabilis, ac si diceretur quod non est ambulandum ut perveniamus ad locum, nec comedendum ut nutriamur: quae omnia patent esse absurda.

Excluditur ergo ex praemissis duplex error circa orationem.

Quidam enim dixerunt nullum esse orationis fructum. Quod quidem dicebant tam illi qui negabant divinam providentiam omnino, sicut epicurei; quam illi qui res humanas divinae providentiae subtrahebant, sicut aliqui Peripateticorum; necnon et illi qui omnia

vezes, não realiza a petição daqueles que ama precipuamente, para realizar o que para o que pede é mais proveitoso para a salvação. Por causa disso não afastou de Paulo o estímulo da carne, embora por três vezes o pedisse, prevendo que isso lhe era útil para a conservação da humildade, como se diz em II Coríntios[306]. Donde, também em Mateus[307] o Senhor disse a alguns: *Não sabeis o que pedis*. E em Romanos[308] se diz: *Com efeito que oremos como é necessário, não sabemos*. E por causa disso diz Agostinho[309]: *Bom é o Senhor, que não concede frequentemente o que queremos, para que mais queiramos*.

Evidencia-se, portanto, do exposto que de algumas coisas que são feitas por Deus, a causa são as orações e os pios desejos. Ora, foi mostrado[310] que a providência divina não exclui as outras causas, mas antes as ordena para que se imponha às coisas a ordem que estabeleceu junto de si; e assim as causas segundas não repugnam à providência, mas antes executam o efeito da providência. Assim, pois, as orações junto a Deus são eficazes, mas não anulam a ordem imutável da providência divina, porque também aquilo mesmo que ao que pede é concedido, cai sob a ordem da providência divina. Dizer que não se deve orar para conseguirmos alguma coisa de Deus, porque a ordem de sua providência é imutável, é, pois, semelhante a que se dissesse que não é para andar para chegarmos a um lugar, nem comer para que sejamos nutridos, coisas todas que se evidenciam ser absurdas.

Logo, exclui-se pelo exposto um duplo erro a respeito da oração.

Alguns disseram, com efeito, que o fruto da oração é nulo. Disseram-no tanto os que negavam totalmente a providência divina, como os Epicuristas, quanto os que subtraíam as coisas humanas à divina providência, como alguns Peripatéticos, como também os que julgavam

---

[306] 2 Coríntios 12,8.9.
[307] Mateus 20,22.
[308] Romanos 8,26.
[309] Santo Agostinho (354-431) na Carta 31 a Paulino e Terásia, ML 33, 121.
[310] Cap. 77.

quae providentiae subsunt, ex necessitate contingere arbitrabantur, sicut stoici. Ex his enim omnibus sequitur quod nullus sit orationis fructus, et per consequens quod omnis deitatis cultus fiat in vanum: qui quidem error tangitur Malach. 3,14: dixistis, inquit, vanus est qui servit Deo. Et quod emolumentum quia custodivimus praecepta eius, et quia ambulavimus tristes coram Domino exercituum?

Quidam vero e contrario divinam dispositionem orationibus vertibilem esse dicebant: sicut et Aegyptii dicebant quod fatum orationibus et quibusdam imaginibus, subfumigationibus, sive incantationibus, vertebatur.

Et ad hunc sensum pertinere videntur quaedam quae in Scripturis divinis dicuntur, secundum id quod prima facie apparet ex eis. Dicitur enim Isaiae 38 quod Isaias, ex mandato Domini, dixit ezechiae regi, haec dicit Dominus: dispone domui tuae, quia morieris tu, et non vives; et quod post orationem ezechiae, factum est verbum Domini ad Isaiam dicens, vade, et dic ezechiae: audivi orationem tuam. Ecce, ego adiiciam super dies tuos quindecim annos.

Et Ierem. 18 dicitur ex persona Domini: repente loquar adversus gentem et adversus regnum, ut eradicem et destruam et disperdam illud. Si poenitentiam egerit gens illa a malo suo, quod locutus sum adversus eam, agam et ego poenitentiam super malo quod cogitavi ut facerem ei. Et ioelis 2,13 convertimini ad Dominum Deum vestrum, quia benignus et misericors est. Quis scit si convertatur et ignoscat Deus?

Haec autem si secundum suam superficiem intelligantur, ad inconveniens ducunt.

Sequitur enim primo, quod voluntas Dei sit mutabilis. Item, quod aliquid ex tempore Deo adveniat. Et ulterius, quod aliqua quae temporaliter in creaturis sunt, sint causa ali-

que todas as coisas que se submetiam à providência aconteciam por necessidade, como os Estoicos. Com efeito, de todos esses segue-se que não há nenhum fruto da oração, e por conseguinte que todo culto à divindade se torna vão, erro que é tocado em Malaquias[311] que afirma: *Dissestes que é inútil o que serve a Deus. E que proveito porque guardamos os seus preceitos, e porque andávamos tristes em presença do Senhor dos exércitos?*

Outros, ao contrário, diziam ser modificável a disposição divina pelas orações, como também diziam os Egípcios que a fatalidade era mudada por orações, algumas imagens, incensos ou encantamentos.

E parece que a esse sentido pertencem algumas coisas que são ditas nas Escrituras, segundo o que à primeira vista nelas aparece. Com efeito, diz-se em Isaías[312] que Isaías, por mandado de Senhor, disse ao rei Ezequias: *diz o Senhor: prepara tua casa, porque morrerás tu, e não viverás*, e que, após a oração de Ezequias, deu-se a palavra do Senhor a Isaías, dizendo: *Vai, e diz a Ezequias: Ouvi tua oração. Eis que eu acrescento quinze anos sobre os teus dias.*

E em Jeremias[313] se diz da pessoa do Senhor: *De repente falarei contra o povo e contra o reino, para erradicá-lo, destruí-lo e dispersá-lo. Se aquele povo fizer penitência por seu mal, que falei contra ele, também eu farei penitência sobre o mal que pensei de lhe fazer.* E em Joel[314]: *Convertei-vos ao Senhor vosso Deus, porque é benigno e misericordioso. Quem sabe se Deus se converte e ignore.*

Ora, essas coisas, se são entendidas em sua superfície, levam a um inconveniente. Com efeito, segue-se, em primeiro lugar, que é mutável a vontade de Deus; novamente, que algo advém a Deus pelo tempo. E em segundo lugar, que algumas coisas que temporalmen-

---

[311] Malaquias 3,14.
[312] Isaías 38,1.
[313] Jeremias 18,7.8.
[314] Joel 2,13.

cuius existentis in Deo. Quae sunt manifeste impossibilia, sicut ex superioribus patet.

Adversantur etiam auctoritatibus sacrae Scripturae, quae infallibilem continent veritatem et expressam. Dicitur enim Num. 23,19: non est Deus quasi homo, ut mentiatur; nec ut filius hominis, ut mutetur. Dixit ergo, et non faciet? locutus est, et non implebit? et I Reg. 15,29: triumphator in Israel non parcet, et poenitudine non flectetur: neque enim homo est, ut agat poenitentiam. Et Malach. 3,6: ego Dominus, et non mutor.

Si quis autem diligenter consideret circa praedicta, inveniet quod omnis error qui in his accidit, ex hoc provenit quod non consideratur differentia inter universalem ordinem et particularem. Cum enim omnes effectus ordinem ad invicem habeant secundum quod in una causa conveniunt, oportet tanto esse communiorem ordinem, quanto est universalior causa. Unde ab universali causa, quae Deus est, ordo proveniens necesse est quod omnia complectatur.

Nihil igitur prohibet aliquem particularem ordinem vel per orationem, vel per aliquem alium modum immutari: est enim extra illum ordinem aliquid quod possit ipsum immutare. Propter quod non est mirum si Aegyptii, reducentes rerum humanarum ordinem in corpora caelestia, posuerunt fatum ex stellis proveniens aliquibus orationibus et ritibus posse immutari: nam extra caelestia corpora, et supra ea, est Deus, qui potest impedire caelestium corporum effectum qui in istis inferioribus ex illorum impressione seculturus erat.

Sed extra ordinem complectentem omnia, non potest poni aliquid per quod possit ordo ab universali causa dependens everti. Propter quod stoici, qui in Deum sicut in causam universalem omnium ordinis rerum reductio-

te existem nas criaturas, são causa de algo existente em Deus. Coisas que são manifestamente impossíveis, como se evidencia do exposto[315].

São contrárias também às autoridades da Sagrada Escritura, que contêm verdade infalível e expressa. Diz-se, com efeito, em Números[316]: *Deus não é como o homem para mentir, nem como o filho do homem, para mudar-se. Disse, pois, e não fará? Falou, e não realizará?* e em 1 Reis[317]: *O triunfador de Israel não perdoará, e não se dobrará ao arrependimento, pois não é homem, para que faça penitência.* E em Malaquias[318]: *Eu, o Senhor, e não mudo.*

Se, porém, alguém considerar diligentemente acerca das coisas que foram ditas, achará que todo erro que nelas acontece, provém de que não se considera a diferença entre ordem universal e ordem particular. De fato, como todos os efeitos têm uma ordem entre si segundo convêm numa só causa, é necessário que uma ordem seja tanto mais comum quanto mais universal é a causa. Donde, é necessário que a ordem proveniente da causa universal, que é Deus, abranja todas as coisas.

Portanto, nada proíbe que uma ordem particular seja mudada ou pela oração ou por algum outro modo, pois está fora dessa ordem algo que a possa mudar. Em razão disso, não é de admirar que os Egípcios, reduzindo a ordem das coisas humanas aos corpos celestes, afirmaram que a fatalidade, proveniente das estrelas, pudesse ser mudada por algumas orações e ritos, pois fora dos corpos celestes, e acima deles, há Deus, que pode impedir o efeito dos corpos celestes que se seguiria nesses inferiores, por influência deles.

Entretanto, fora da ordem que abrange todas as coisas, não se pode afirmar algo pelo qual se subverta a ordem dependente da causa universal. Em razão disso, os Estoicos, que consideravam a redução da ordem de todas

---

[315] Livro I, cap. 13.
[316] Números 23,19.
[317] 1 Reis 15,29.
[318] Malaquias 3,6.

nem considerabant, ponebant quod ordo institutus a Deo nulla ratione potest immutari. Sed in hoc iterum a consideratione universalis ordinis recedebant, quod ponebant orationes ad nihil utiles esse, tanquam arbitrarentur voluntates hominum et eorum desideria, ex quibus orationes procedunt, sub illo universali ordine non comprehendi. Cum enim dicunt quod, sive orationes fiant sive non, nihilominus idem effectus sequitur in rebus ex universali ordine rerum, manifeste ab illo universali ordine vota orantium sequestrant. Si enim haec sub illo ordine comprehendantur, sicut per alias causas, ita et per haec, ex divina ordinatione, aliqui effectus sequentur. Idem ergo erit excludere orationis effectum, et omnium aliarum causarum. Quod si aliis causis immobilitas divini ordinis effectus non subtrahit, neque orationum efficaciam tollit. Valent igitur orationes, non quasi ordinem aeternae dispositionis immutantes, sed quasi sub tali ordine etiam ipsae existentes.

Nihil autem prohibet per orationum efficaciam aliquem particularem ordinem alicuius inferioris causae mutari, Deo faciente, qui omnes supergreditur causas, unde sub nulla necessitate ordinis alicuius causae continetur, sed, e converso, omnis necessitas ordinis inferioris causae continetur sub ipso quasi ab eo institutus. Inquantum ergo per orationem immutatur aliquid de ordine inferiorum causarum instituto a Deo, propter orationes piorum, dicitur Deus converti, vel poenitere: non quod aeterna eius dispositio mutetur, sed quia mutatur aliquis eius effectus. Unde et Gregorius dicit quod non mutat Deus consilium etsi quandoque mutet sententiam: non, inquam, illam quae exprimit dispositionem aeternam; sed illam sententiam quae exprimit ordinem inferiorum causarum, secundum quem ezechias erat moriturus, vel gens aliqua pro suis peccatis evertenda. Talis autem sententiae

as coisas a Deus, como à causa universal, afirmavam que a ordem instituída por Deus, por nenhuma razão, pode ser mudada. Mas, de novo, afastavam-se da consideração da ordem universal, quando afirmavam que as orações não eram úteis para nada, e ao julgarem que as vontades dos homens e seus desejos, dos quais procediam as orações, não se compreendiam sob aquela ordem universal. Com efeito, ao dizerem que, quer se façam orações quer não, segue-se, entretanto, o mesmo efeito nas coisas pela ordem universal delas, excluem manifestamente daquela ordem universal os desejos dos que oram. Se, pois, essas coisas são compreendidas sob aquela ordem, assim como por outras causas, assim também por essas, seguem-se alguns efeitos, por ordenação divina. Logo, será o mesmo excluir o efeito da oração e o de todas as outras causas. Assim, se a imobilidade da ordem divina não subtrai o efeito a outras causas, tampouco elimina a eficácia das orações. Portanto, valem as orações, não como que mudando a ordem da disposição divina, mas como existindo elas também sob tal ordem.

Ora, nada proíbe que, pela eficácia das orações, seja mudada uma ordem particular de alguma causa inferior, operando Deus, Ele que ultrapassa todas as causas, Donde, não é contido sob nenhuma necessidade de ordem de alguma causa, mas, ao contrário, toda necessidade de ordem de causa inferior se contém sob Ele, como instituída por Ele. Enquanto, pois, pela oração é mudada alguma coisa da ordem das causas inferiores, instituída por Deus, por causa das orações dos piedosos, se diz que Deus se converte, ou se arrepende, não que sua eterna disposição se mude, mas porque se muda aquele seu efeito. Donde, também Gregório[319] diz que *Deus não muda o conselho, embora às vezes mude a sentença* que exprime a ordem das causas inferiores: não, digo, aquela que exprime a eterna disposição, mas aquela sentença que exprime a ordem das causas inferiores, segundo a qual

---

[319] São Gregório Magno (540-604), em Moral XVI, 10, ML 75,1127A.

mutatio dicitur transumptiva locutione Dei poenitentia, inquantum Deus ad similitudinem poenitentis se habet, cuius est mutare quod fecerat. Per quem modum dicitur etiam metaphorice irasci, inquantum puniendo facit irascentis effectum.

Ezequias morreria, ou aquele povo ser destruído por seus pecados. Ora, a mudança de tal sentença se diz em locução translata *arrependimento* de Deus, enquanto Deus se comporta à semelhança do homem arrependido, a quem pertence mudar o que fizera. Por esse modo diz-se também, metaforicamente, que Ele se ira, enquanto, ao punir, produz o efeito do homem irado.

Capitulum XCVII
Quomodo dispositio providentiae habeat rationem

Ex his autem quae praemissa sunt, manifeste videri potest quod ea quae sunt per divinam providentiam dispensata, sequuntur aliquam rationem.

Ostensum enim est quod Deus per suam providentiam omnia ordinat in divinam bonitatem sicut in finem: non autem hoc modo quod suae bonitati aliquid per ea quae fiunt accrescat, sed ut similitudo suae bonitatis, quantum possibile est, imprimatur in rebus.

Quia vero omnem creatam substantiam a perfectione divinae bonitatis deficere necesse est, ut perfectius divinae bonitatis similitudo rebus communicaretur, oportuit esse diversitatem in rebus, ut quod perfecte ab uno aliquo repraesentari non potest, per diversa diversimode perfectiori modo repraesentaretur: nam et homo, cum mentis conceptum uno vocali verbo videt sufficienter exprimi non posse, verba diversimode multiplicat ad exprimendam per diversa suae mentis conceptionem.

Et in hoc etiam divinae perfectionis eminentia considerari potest, quod perfecta bonitas, quae in Deo est unite et simpliciter, in creaturis esse non potest nisi secundum modum diversum et per plura. Res autem per hoc diversae sunt, quod formas habent diversas, a quibus speciem sortiuntur. Sic igitur ex fine

Capítulo 97
Como a disposição da providência tem razão

Pelas coisas que foram expostas, pode-se ver manifestamente que as coisas que são dispostas pela providência divina, seguem alguma razão.

Com efeito, foi mostrado[320] que Deus, por sua providência, ordena todas as coisas para a bondade divina, como para o fim, mas não para acrescentar algo à sua bondade pelas coisas que se fazem, mas para que a semelhança de sua bondade, enquanto é possível, seja impressa nas coisas.

Dado que toda substância criada é necessariamente deficiente da perfeição da bondade divina, para que mais perfeitamente a semelhança da bondade divina se comunicasse às coisas, foi necessário haver diversidade nas coisas, para que aquilo que não pode ser representado perfeitamente, apenas por um só, fosse representado de modo mais perfeito por diversas, diversamente. Assim, também o homem, ao ver que por um só vocábulo não pode ser expresso suficientemente o conceito da mente, multiplica as palavras, diversamente, para exprimir, por diversas, a concepção da sua mente.

E pode-se considerar, também, a eminência da perfeição divina em que a bondade perfeita, que há em Deus de modo unificado e simplesmente, não pode haver nas criaturas senão segundo um modo diverso e de várias maneiras. Ora, as coisas são diversas, porque têm formas diversas, pelas quais recebem a

---

[320] Cf. cap. 64.

sumitur ratio diversitatis formarum in rebus. Ex diversitate autem formarum sumitur ratio ordinis rerum. Cum enim forma sit secundum quam res habet esse; res autem quaelibet secundum quod habet esse, accedat ad similitudinem Dei, qui est ipsum suum esse simplex: necesse est quod forma nihil sit aliud quam divina similitudo participata in rebus; unde convenienter Aristoteles, in I physic., de forma loquens, dicit quod est divinum quoddam et appetibile.

Similitudo autem ad unum simplex considerata diversificari non potest nisi secundum quod magis vel minus similitudo est propinqua vel remota. Quanto autem aliquid propinquius ad divinam similitudinem accedit, perfectius est. Unde in formis differentia esse non potest nisi secundum quod una perfectior existit quam alia: propter quod Aristoteles, in VIII metaphys., definitiones, per quas naturae rerum et formae significantur, assimilat numeris, in quibus species variantur per additionem vel subtractionem unitatis, ut ex hoc detur intelligi quod formarum diversitas diversum gradum perfectionis requirit. Et hoc evidenter apparet naturas rerum speculanti. Inveniet enim, si quis diligenter consideret, gradatim rerum diversitatem compleri: nam supra inanimata corpora inveniet plantas; et super has irrationalia animalia; et super has intellectuales substantias; et in singulis horum inveniet diversitatem secundum quod quaedam sunt aliis perfectiora, in tantum quod ea quae sunt suprema inferioris generis, videntur propinqua superiori generi, et e converso, sicut animalia immobilia sunt similia plantis; unde et dionysius dicit, VII cap. De div. Nom., quod divina sapientia coniungit fines primorum principiis secundorum.Unde patet quod rerum diversitas exigit quod non sint omnia aequalia, sed sit ordo in rebus et gradus.

espécie. Assim, portanto, do fim provém a razão da diversidade das formas nas coisas. Ora, da diversidade das formas provém a razão da ordem das coisas. Com efeito, como é segundo a forma que a coisa tem o ser, e qualquer coisa, segundo o ser que tem, se aproxima da semelhança de Deus, que é simplesmente seu próprio ser, é necessário que a forma não seja outra coisa que a semelhança divina participada nas coisas. Donde, Aristóteles, falando da forma, diz propriamente que *é algo divino e desejável*[321].

A semelhança considerada em relação a uma coisa só, não pode ser diversificada a não ser enquanto a semelhança é mais ou menos próxima ou remota. Ora, quanto mais próximo algo se aproxima da semelhança divina, mais é perfeito. Donde, não pode haver diferença nas formas a não ser enquanto uma existe mais perfeita que outra: em razão disso, Aristóteles[322] assemelha as definições, pelas quais são significadas as naturezas e formas das coisas, aos números, nos quais as espécies variam por adição ou subtração da unidade, de modo que por isso se dá a entender que a diversidade das formas requer grau diverso de perfeição. E isso se manifesta evidentemente a quem especula sobre as naturezas das coisas. Dar-se-á, com efeito, se alguém diligentemente considera, que a diversidade das coisas se realiza gradualmente, pois sobre os corpos inanimados encontrar-se-ão as plantas, e sobre essas os animais irracionais, e sobre esses as substâncias intelectuais; e em cada uma desses encontrar-se-á a diversidade, enquanto algumas são mais perfeitas que outras, na medida em que as coisas que são as mais elevadas no gênero inferior, parecem próximas ao gênero superior, e o contrário, como os animais imóveis são semelhantes às plantas; donde, diz Dionísio[323], no livro Sobre os Nomes Divinos, que *a Sabedoria divina une os fins dos primeiros aos princípios dos segun-*

---

[321] Aristóteles (384-322 a.C.), em Física 1, 9, 192a, 16-17.
[322] Aristóteles (384-322 a.C.), em Metafísica VIII, 3 1043b,36-1044a 2.
[323] Dionísio Areopagita (séc. V-VI), em Os Nomes Divinos VII, 3, MG 3,872B.

Ex diversitate autem formarum, secundum quas rerum species diversificantur, sequitur et operationum differentia. Cum enim unumquodque agat secundum quod est actu, quae enim sunt in potentia, secundum quod huiusmodi, inveniuntur actionis expertia; est autem unumquodque ens actu per formam: oportet quod operatio rei sequatur formam ipsius. Oportet ergo, si sunt diversae formae, quod habeant diversas operationes.

Quia vero per propriam actionem res quaelibet ad proprium finem pertingit, necesse est et proprios fines diversificari in rebus: quamvis sit finis ultimus omnibus communis.

Sequitur etiam ex diversitate formarum diversa habitudo materiae ad res. Cum enim formae diversae sint secundum quod quaedam sunt aliis perfectiores, sunt inter eas aliquae in tantum perfectae quod sunt per se subsistentes et perfectae, ad nihil indigentes materiae fulcimento. Quaedam vero per se perfecte subsistere non possunt, sed materiam pro fundamento requirunt: ut sic illud quod subsistit non sit forma tantum, neque materia tantum, quae per se non est ens actu, sed compositum ex utroque.

Non autem possent materia et forma ad aliquid unum constituendum convenire nisi esset aliqua proportio inter ea. Si autem proportionata oportet ea esse, necesse est quod diversis formis diversae materiae respondeant. Unde fit ut quaedam formae requirant materiam simplicem, quaedam vero materiam compositam; et secundum diversas formas, diversam partium compositionem oportet esse, congruentem ad speciem formae et ad operationem ipsius.

Ex diversa autem habitudine ad materiam sequitur diversitas agentium et patientium. Cum enim agat unumquodque ratione formae, patiatur vero et moveatur ratione materiae, oportet quod illa quorum formae sunt

dos. Donde, evidencia-se que a diversidade das coisas exige que não sejam todas iguais, mas que haja nelas ordem e graus.

Ora, da diversidade das formas, segundo as quais se diversificam as espécies das coisas, segue-se também a diferença das operações. Com efeito, como cada qual opera enquanto está em ato, pois aquelas coisas que estão em potência, enquanto tais, acham-se privadas de operação; mas qualquer ente está em ato pela forma, é necessário, pois, que a operação da coisa siga sua forma. É necessário, portanto, se há diversas formas, que tenham operações diversas.

Por outro lado, dado que qualquer coisa, pela operação própria, atinge o fim próprio, é necessário que também os fins se diversifiquem nas coisas, embora o fim último seja a todas comum.

Da diversidade das formas segue-se também relação diversa da matéria com as coisas. Com efeito, como as formas são diversas enquanto umas são mais perfeitas que outras, há entre elas algumas tão perfeitas que são por si subsistentes e perfeitas, não precisando em nada do apoio da matéria. Já algumas não podem subsistir por si, perfeitamente, mas requerem a matéria por fundamento: de modo que assim o que subsiste não é só forma, nem só matéria, a qual por si não é ente em ato, mas composto de ambas.

Ora, a matéria e a forma não poderiam convir para constituir algo uno, se não houvesse certa proporção entre elas. Mas, se é necessário que sejam proporcionadas, é necessário que a diversas formas correspondam diversas matérias. Donde, dá-se que algumas formas requerem matéria simples, já outras, matéria composta, é necessário, pois, que, segundo diversas formas, haja diversa composição das partes, congruente com a espécie de forma e de sua operação.

Da relação diversa com a matéria segue-se a diversidade de agentes e pacientes.

Com efeito, como cada coisa opera em razão da forma, e padece e é movida em razão da matéria, é necessário que as coisas, cujas

Entretanto, da diversidade das formas, matérias e agentes segue-se a diversidade das propriedades e acidentes. Como a substância é a causa do acidente, como o perfeito do imperfeito, é necessário que os diversos acidentes próprios provenham de diversos princípios substanciais. Por outro lado, como de diversos agentes são diversas as influências nos pacientes, é necessário que, segundo os diversos agentes, sejam diversos os acidentes que são impressos pelos agentes.

Do que foi dito evidencia-se, pois, que, como são distribuídos nas coisas criadas diversos acidentes, ações e paixões, e colocações, isso não se dá sem razão. Daí é que a Sagrada Escritura atribui a produção e o governo das coisas à divina sapiência e prudência. Diz-se, com efeito, em Provérbios[324]: *O Senhor fundou a terra com sapiência, estabeleceu os céus com prudência. De sua sapiência surgiram os abismos, e as nuvens se condensam de orvalho.* E em Sabedoria[325] se diz da Sabedoria de Deus que *se estende de um extremo a outro, de modo forte, e dispõe todas as coisas de modo suave.* E em outro lugar d'Ele se diz: *Dispuseste todas as coisas em medida, número e peso,* de sorte que entendamos por *medida* a quantidade, ou o modo ou o grau de perfeição de cada coisa; por *número* a pluralidade e a diversidade das espécies, decorrente dos diversos graus de perfeição; por *peso* as inclinações diversas aos próprios fins e operações, os agentes e os pacientes, e os acidentes que seguem a distinção das espécies.

Na mencionada ordem, segundo a qual é atendida a razão da providência divina, dissemos ser primeiramente a bondade divina, como fim último, que é o primeiro princípio nas ações, depois a pluralidade das coisas, para cuja constituição é necessário que haja graus diversos nas formas e matérias, e nos agentes e

---

[324] Provérbios 3,9.
[325] Sabedoria 8,1. Em outro lugar: 11,21.

patientibus, et actionibus et accidentibus esse. Sicut ergo prima ratio divinae providentiae simpliciter est divina bonitas, ita prima ratio in creaturis est earum numerositas, ad cuius institutionem et conservationem omnia alia ordinari videntur. Et secundum hoc rationabiliter videtur esse a boetio dictum, in principio suae arithmeticae, quod omnia quaecumque a primaeva rerum natura constituta sunt, ex numerorum videntur ratione esse formata.

Est autem considerandum quod operativa ratio et speculativa partim quidem conveniunt, partim vero differunt. Conveniunt quidem in hoc quod, sicut ratio speculativa incipit ab aliquo principio et per media devenit ad conclusionem intentam, ita ratio operativa incipit ab aliquo primo et per aliqua media pervenit ad operationem vel operatum quod intenditur. Principium autem in speculativis est forma et quod quid est: in operativis vero finis, quod quandoque quidem est forma, quandoque aliquid aliud. Principium etiam in speculativis semper oportet esse necessarium: in operativis autem quandoque quidem est necessarium, quandoque autem non; necessarium enim est hominem velle felicitatem ut finem, non necessarium autem velle domus aedificationem. Similiter in demonstrativis semper posteriora ad priora de necessitate sequuntur: non autem in operativis semper, sed tunc solum quando ad finem non nisi per hanc viam perveniri potest; sicut necessarium est volenti aedificare domum quod quaerat ligna, sed quod quaerat ligna abiegna, hoc ex simplici voluntate ipsius dependet, non autem ex ratione domus aedificandae.

Sic igitur quod Deus suam bonitatem amet, hoc necessarium est: sed hoc non necessario sequitur, quod per creaturas repraesentetur, cum sine hoc divina bonitas sit perfecta. Unde quod creaturae in esse producantur, etsi ex ratione divinae bonitatis originem habeat, tamen ex simplici Dei voluntate dependet. Supposito autem quod Deus creaturis suam bonitatem communicare, secundum quod

pacientes e nas ações e acidentes. Logo, assim como a primeira razão da providência divina simplesmente é a bondade divina, assim a primeira razão nas criaturas é sua pluralidade, para cuja instituição e conservação todas as outras coisas parecem ordenar-se. E segundo isso parece racionalmente o dito de Boécio[326], que *todas as coisas que foram constituídas pela natureza primeva das coisas, parecem ser formadas da razão dos números.*

Entretanto, deve-se considerar que a razão operativa e a especulativa em parte convêm e em parte diferem. Convêm certamente em que, como a razão especulativa começa de um princípio e chega por intermediários à conclusão buscada, assim a razão operativa começa de um primeiro e chega por alguns intermediários á operação, ou ao operado que é intencionado. Ora, o princípio nas coisas especulativas é a forma e o que é, mas nas operativas é o fim, que às vezes é a forma, às vezes outra coisa. Nas coisas especulativas é sempre necessário, também, que o princípio seja necessário, mas nas operativas, às vezes, é necessário, às vezes não, pois é necessário que o homem queira a felicidade como fim, mas não é necessário querer a edificação da casa. — Semelhantemente, nas demonstrações, sempre os posteriores seguem por necessidade os anteriores, mas nas operativas nem sempre, mas só quando não se pode chegar ao fim, senão por esta via, assim como é necessário a quem quer edificar a casa que procure madeira, mas que queira a madeira de abeto, isso depende da simples vontade d'Ele, não da razão de edificar a casa.

Assim, portanto, é necessário que Deus ame sua bondade, mas não se segue necessariamente que ela seja representada pelas criaturas, pois, sem isso, a bondade divina é perfeita. Donde, que as criaturas sejam produzidas no ser, embora tenha origem na razão da bondade divina, depende, entretanto, da simples vontade de Deus. Ora, suposto que Deus queira comunicar às criaturas sua

---

[326] Boécio (480-524), em Aritmética I, 2, ML 63,1083B.

est possibile, velit per similitudinis modum: ex hoc rationem accipit quod sint creaturae diversae. Non autem ex necessitate sequitur quod secundum hanc vel illam perfectionis mensuram, aut secundum hunc vel illum numerum rerum. — Supposito autem ex divina voluntate quod hunc numerum in rebus statuere velit, et hanc unicuique rei perfectionis mensuram: ex hoc rationem accipit quod habeat formam talem et materiam talem. Et similiter in consequentibus patet.

Manifestum igitur fit quod providentia secundum rationem quandam res dispensat: et tamen haec ratio sumitur ex suppositione voluntatis divinae.

Sic igitur per praemissa duplex error excluditur. Eorum scilicet qui credunt quod omnia simplicem voluntatem sequuntur absque ratione. Qui est error loquentium in lege saracenorum, ut Rabbi Moyses dicit: secundum quos nulla differentia est quod ignis calefaciat et infrigidet, nisi quia Deus ita vult. — Excluditur etiam error eorum qui dicunt causarum ordinem ex divina providentia secundum modum necessitatis provenire. Quorum utrumque patet esse falsum ex dictis.

Sunt autem quaedam verba Scripturae quae videntur simplici voluntati divinae omnia attribuere. Quae non dicuntur ad hoc ut ratio tollatur a providentiae dispensatione, sed ut omnium primum principium Dei voluntas ostendatur, sicut iam supra dictum est. Sicut est illud Psalmi, omnia quaecumque voluit Dominus, fecit; et iob 11, quis ei dicere potest: cur ita facis? et Rom. 9,19, voluntati enim eius quis resistit? et Augustinus dicit, III de Trin.:

bondade, segundo é possível, pelo modo de semelhança, disso se depreende a razão de que sejam diversas as criaturas. Entretanto, não se segue por necessidade que seja segundo esta ou aquela medida de perfeição, ou segundo este ou aquele número das coisas. — Suposto, contudo, que, pela vontade divina, queira estabelecer este número nas coisas, e tal medida de perfeição a cada coisa: disso depreende-se a razão de que cada coisa tenha tal forma e tal matéria. E semelhantemente se evidencia sucessivamente.

Portanto, torna-se manifesto que a providência governa as coisas segundo certa razão e, contudo, esta razão se toma da suposição da vontade divina.

Assim, pois, pelo exposto exclui-se duplo erro. A saber, *daqueles* que creem que todas as coisas seguem a simples vontade, sem a razão. Esse é o erro dos que falam na lei dos Sarracenos, como diz Rabi Moisés[327]: segundo eles *nenhuma diferença há em que o fogo aqueça ou esfrie, senão porque Deus o quer*. — Exclui-se também o erro daqueles que afirmam que *a ordem das causas provém da providência divina, segundo o modo da necessidade*[328]. Pelo que foi dito, evidenciam-se falsos ambos esses erros.

Há algumas palavras da Escritura que parecem atribuir todas as coisas à simples vontade divina. Elas não são ditas para que se elimine a razão do governo da providência, mas para que se mostre a vontade divina como primeiro princípio de todas as coisas, como já foi dito. Assim, aquilo do Salmo[329]: *Todas as coisas que o Senhor quis, fez*; e em Jó[330]: *Quem lhe pode dizer: porque assim fazes?* E em Romanos[331]: *Quem resiste, pois, á sua vontade?* E diz Agostinho[332]:

---

[327] Maimônides [ou Rabi Moisés] (1135-1204). Refere-se aos Motocálemi [ou Motacálemis] — filósofos ortodoxos mulçumanos.
[328] Cf. caps. 72 ss.; 94.
[329] Salmo 134,6.
[330] Jó 11,10.
[331] Romanos 9,19.
[332] Santo Agostinho (354-431), em Sobre a Trindade III, 3, ML 42,872.873.

non nisi Dei voluntas causa est prima sanitatis et aegritudinis; praemiorum atque poenarum, gratiarum atque retributionum.

Sic ergo, cum quaeritur propter quid de aliquo naturali effectu, possumus reddere rationem ex aliqua proxima causa: dum tamen, sicut in primam causam, reducamus omnia in voluntatem divinam. Sicut, si quaeratur, quare lignum est calefactum ad praesentiam ignis? dicitur, quia calefactio est naturalis actio ignis. Hoc autem: quia calor est proprium accidens eius. Hoc autem consequitur propriam formam eius. Et sic inde, quousque perveniatur ad divinam voluntatem. Unde, si quis respondet quaerenti quare lignum calefactum est, quia Deus voluit: convenienter quidem respondet si intendit reducere quaestionem in primam causam; inconvenienter vero si intendit omnes alias excludere causas.

Não há causa primeira da saúde e da doença senão a vontade de Deus, dos prêmios e das penas, das graças e das retribuições.

Assim, pois, quando se pergunta o porquê de algum efeito natural, podemos dar razão por uma causa próxima, mas desde que reduzamos todas as coisas à vontade divina, como primeira causa. Assim, se se pergunta por que razão a madeira é aquecida com a presença do fogo, diz-se que o aquecimento é ação natural do fogo. Isso, porém: porque o calor é o acidente próprio d'Ele. Ora, consegue-se isso por sua forma própria. E assim, por diante, até que se chegue à vontade divina. Donde, se alguém responde ao que pergunta por que a madeira é aquecida, porque Deus quis, convenientemente responde, se busca reduzir a questão à causa primeira; inconvenientemente, porém, se busca excluir todas as outras causas.

Capitulum XCVIII
Quomodo Deus possit facere praeter ordinem suae providentiae, et quomodo non

Ex praemissis autem accipi potest duplicis ordinis consideratio: quorum unus quidem dependet ex prima omnium causa, unde et omnia complectitur; alius autem particularis, qui ex aliqua causa creata dependet, et continet illa quae causae illi subduntur. Et hic quidem multiplex est, secundum diversitatem causarum quae inter creaturas inveniuntur. Unus tamen eorum sub altero continetur: sicut et causarum una sub altera existit. Unde oportet quod omnes particulares ordines sub illo universali ordine contineantur, et ab illo descendant qui invenitur in rebus secundum quod a prima causa dependent. Huius exemplum in politicis considerari potest. Nam omnes domestici unius patrisfamilias ordinem quendam ad invicem habent secundum quod ei subduntur; rursus, tam ipse paterfamilias, quam omnes alii qui sunt suae civitatis, ordinem quendam ad invicem habent, et ad principem civitatis; qui iterum, cum omnibus qui sunt in regno aliquo, ordinem habent ad regem.

Capítulo 98
Como pode Deus fazer fora da ordem da sua providência, e como não pode

Do exposto pode-se tomar uma consideração de *dupla* ordem: *uma* delas, *universal*, depende da causa primeira de todas as coisas, e que também realiza todas as coisas; *outra*, porém, *particular*, que depende de alguma causa criada, e contém as coisas que estão sujeitas àquela causa. E esta é *múltipla*, segundo a diversidade das causas que se encontram entre as criaturas. *Uma*, porém, se contém sob *outra*, como das causas uma existe sob a outra. Donde, é necessário que todas as ordens particulares se contenham sob aquela ordem universal, e dela desçam aquelas que se encontram nas coisas, enquanto dependem da causa primeira. Exemplo disso se pode considerar na política. Com efeito, todos os domésticos têm entre si uma ordem de um único pai de família, segundo a ele estão sujeitos; por outro lado, tanto o próprio pai de família quanto todos os que são de sua cidade, têm entre si certa ordem, e em relação ao príncipe da cidade; o qual, por sua vez, com todos os que estão num reino, tem ordem em relação ao rei.

Ordinem autem universalem, secundum quem omnia ex divina providentia ordinantur, possumus considerare dupliciter: scilicet quantum ad res quae subduntur ordini; et quantum ad ordinis rationem, quae ex principio ordinis dependet.

Ostensum est autem in secundo quod res ipsae quae a Deo sub ordine ponuntur, proveniunt ab ipso non sicut ab agente per necessitatem naturae, vel cuiuscumque alterius, sed ex simplici voluntate, maxime quantum ad primam rerum institutionem. Relinquitur ergo quod praeter ea quae sub ordine divinae providentiae cadunt, Deus aliqua facere potest; non enim est eius virtus ad has res obligata.

Si autem consideremus praedictum ordinem quantum ad rationem a principio dependentem, sic praeter ordinem illum Deus facere non potest. Ordo enim ille procedit, ut ostensum est, ex scientia et voluntate Dei omnia ordinante in suam bonitatem sicut in finem. Non est autem possibile quod Deus aliquid faciat quod non sit ab eo volitum: cum creaturae ab ipso non prodeant naturaliter, sed per voluntatem, ut ostensum est. Neque etiam est possibile ab eo aliquid fieri quod eius scientia non comprehendatur: cum voluntas esse non possit nisi de aliquo noto. Neque iterum est possibile quod in creaturis aliquid faciat quod in suam bonitatem non sit ordinatum sicut in finem: cum sua bonitas sit proprium obiectum voluntatis ipsius. Similiter autem, cum Deus sit omnino immutabilis, impossibile est quod aliquid velit cum prius noluerit; aut aliquid de novo incipiat scire, vel in suam ordinet bonitatem.

Nihil igitur Deus facere potest quin sub ordine suae providentiae cadat: sicut non potest aliquid facere quod eius operationi non subdatur. Potest tamen alia facere quam ea quae subduntur eius providentiae vel operationi, si absolute consideretur eius potestas: sed nec potest facere aliqua quae sub ordine

Entretanto, podemos considerar *a ordem universal* de *dois modos*, segundo a qual todas as coisas são ordenadas pela providência divina: a saber, *quanto às coisas que estão sujeitas à ordem*; e *quanto à razão da ordem*, que depende do princípio da ordem.

Foi mostrado[333] que as coisas mesmas que se afirmam de Deus *sob a ordem,* provêm d'Ele não como de agente por necessidade da natureza, ou de qualquer outro, mas da simples vontade, maximamente quanto à instituição primeira das coisas. Resta, pois, que, fora as coisas que caem sob a ordem da providência divina, Deus pode fazer outras coisas, pois sua virtude não está obrigada àquelas coisas.

Se consideramos, contudo, a mencionada ordem *quanto à razão* que depende do princípio, assim, Deus não pode fazer fora daquela ordem. Com efeito, essa ordem procede, como foi mostrado[334], da ciência e da vontade de Deus, que ordena todas as coisas para sua bondade, como ao fim. Ora, não é possível que faça alguma coisa que não seja querida por Ele, uma vez que as criaturas não procedem d'Ele naturalmente, mas por vontade, como acima foi mostrado. Nem também é possível que seja feito por Ele algo que não seja compreendido por sua ciência, uma vez que não pode haver vontade senão de algo conhecido. Nem é possível, também, que faça algo nas criaturas que não seja ordenado para sua bondade, como para o fim, uma vez que sua bondade é o objeto próprio de sua vontade. Ora, semelhantemente, como Deus é totalmente imutável, é impossível que queira algo que antes não tenha querido, ou que 3comece a saber algo de novo, ou ordene para sua bondade.

Portanto, Deus não pode fazer coisa alguma que não caia sob a ordem de sua providência, assim como não pode fazer algo que não se sujeite à sua operação. Entretanto, pode fazer coisas diversas daquelas que estão sujeitas à sua providência e operação, se se considera absolutamente seu poder, mas não pode fazer

---

[333] Livro II, 23 ss.
[334] Cf. capítulo anterior.

providentiae ipsius ab aeterno non fuerint, eo quod mutabilis esse non potest.

Hanc autem distinctionem quidam non considerantes, in diversos errores inciderunt. Quidam enim immobilitatem divini ordinis ad res ipsas quae ordini subduntur, extendere conati sunt, dicentes quod omnia necesse est esse sicut sunt: in tantum quod quidam dixerunt quod Deus non potest alia facere quam quae facit. Contra quod est quod habetur Matth. 26,53: *an non possum rogare patrem meum, et exhibebit mihi plus quam duodecim legiones Angelorum?* — Quidam autem, e converso, mutabilitatem rerum quae divinae providentiae subiiciuntur, in mutabilitatem divinae providentiae transtulerunt, de eo carnaliter sapientes quod Deus, ad modum carnalis hominis, sit in sua voluntate mutabilis. Contra quod dicitur Num. 23,19: *non est Deus ut homo, ut mentiatur: nec quasi filius hominis, ut mutetur.*

Alii vero contingentia divinae providentiae subtraxerunt. Contra quos dicitur Thren. 3,37: *quis est iste qui dixit ut fieret aliquid, Domino non iubente?*

Capitulum XCIX
Quod Deus potest operari praeter ordinem rebus inditum, producendo effectus absque causis proximis

Restat autem ostendere quod praeter ordinem ab ipso rebus inditum agere possit.

Est enim ordo divinitus institutus in rebus ut inferiora per superiora moveantur a Deo, ut supra dictum est. Potest autem Deus praeter hunc ordinem facere: ut scilicet ipse effectum aliquem in inferioribus operetur, nihil ad hoc agente superiori agente. In hoc enim differt agens secundum necessitatem naturae, ab agente secundum voluntatem, quod ab agente secundum necessitatem naturae effectus non potest sequi nisi secundum modum virtutis

coisas que não forem, desde a eternidade, sob a ordem da sua providência, porquanto não pode ser mutável.

Não considerando essa distinção, alguns caíram em diversos erros. *Alguns* se esforçaram por estender a imobilidade da ordem divina àquelas mesmas coisas que estão sujeitas à ordem, dizendo que todas as coisas são como são por necessidade, enquanto outros disseram que Deus não pode fazer outras coisas além das que faz. Contra isso é o que se tem em Mateus[335]: *Por acaso não posso pedir a meu pai, e ele me dará mais que doze legiões de Anjos?* — *Alguns*, porém, ao contrário, transpuseram a mutabilidade das coisas, que se sujeitam à providência divina, para mutabilidade da providência divina, pensando carnalmente de Deus, como se Deus, ao modo do homem carnal, fosse mutável em sua vontade. Contra isso o livro dos Números 23,19 diz: *Deus não mente como o homem; nem muda como um filho de homem.*

Já *outros* subtraíram as coisas contingentes à providência divina. Contra esses se diz em Lamentações[336]: *Quem é este que disse que algo se fará, não ordenando Deus?*

Capítulo 99
Deus pode operar fora da ordem imposta às coisas, produzindo efeitos sem causas próximas

Resta mostrar que Deus pode operar fora da ordem imposta às coisas.

Com efeito, a ordem divinamente instituída nas coisas é que os inferiores sejam movidos pelos superiores, como foi dito[337]. Entretanto, Deus pode operar fora dessa ordem; por exemplo, opera um efeito nos inferiores, nada operando para isso um agente superior. Com efeito, o agente segundo a necessidade da natureza difere do agente segundo a vontade, em que o efeito do agente segundo a necessidade da natureza não pode seguir-se, senão

---

[335] Mateus 26,53.
[336] Lamentações 3,37.
[337] Cf. caps. 83 e 88.

activae: unde agens quod est maximae virtutis, non potest immediate producere effectum aliquem parvum, sed producit effectum suae virtuti proportionatum; in quo tamen invenitur quandoque minor virtus quam in causa, et sic per multa media tandem a causa suprema provenit aliquis parvus effectus. In agente autem per voluntatem non est sic. Nam agens per voluntatem statim sine medio potest producere quemcumque effectum qui suam non excedat virtutem: artifex enim perfectissimus potest facere opus quale faciat artifex imperfectus. Deus autem operatur per voluntatem, et non per necessitatem naturae, ut supra ostensum est. Igitur minores effectus, qui fiunt per causas inferiores, potest facere immediate absque propriis causis.

Adhuc. Virtus divina comparatur ad omnes virtutes activas sicut virtus universalis ad virtutes particulares, sicut per supra dicta patet. Virtus autem activa universalis ad particularem effectum producendum determinari potest dupliciter. Uno modo, per causam mediam particularem: sicut virtus activa caelestis corporis determinatur ad effectum generationis humanae per virtutem particularem quae est in semine; sicut et in syllogismis virtus propositionis universalis determinatur ad conclusionem particularem per assumptionem particularem. Alio modo, per intellectum, qui determinatam formam apprehendit, et eam in effectum producit. Divinus autem intellectus non solum est cognoscitivus suae essentiae, quae est quasi universalis virtus activa; neque etiam tantum universalium et primarum causarum; sed omnium particularium, sicut per supra dicta patet. Potest igitur producere immediate omnem effectum quem producit quodcumque particulare agens.

Amplius. Cum accidentia consequantur principia substantialia rei, oportet quod ille

segundo o modo da potência ativa: donde, o agente que é de potência máxima, não pode imediatamente produzir um efeito pequeno, mas produz um efeito proporcionado à sua potência. Nesse efeito encontra-se, às vezes, uma potência menor do que na causa, e assim, por muitos intermediários, finalmente, provém da causa suprema um pequeno efeito. Porém, não é assim no agente por vontade. Com efeito, o agente por vontade, imediatamente, sem intermediário, pode produzir qualquer efeito que não exceda sua potência, pois um artífice perfeitíssimo pode fazer uma obra tal qual a que faz um artífice imperfeito. Deus opera por vontade e não por necessidade da natureza, como foi mostrado[338]. Portanto, pode fazer imediatamente, sem as causas próprias, os efeitos menores, que são produzidos por causas inferiores.

Ainda. A potência divina se relaciona com todas as potências ativas como a potência universal com as potências particulares, como se evidencia pelo que foi dito[339]. Para produzir um efeito particular, a potência ativa universal pode ser determinada, duplamente. De um modo, pela causa intermediária particular; por exemplo, a potência ativa do corpo celeste é determinada ao efeito da geração humana pela potência particular que está no sêmen; como também nos silogismos a potência da proposição universal é determinada à conclusão particular por uma menor particular. De outro modo, pelo intelecto, que apreende determinada forma, e a produz no efeito. Ora, o intelecto divino não só é conhecedor de sua essência, que é como uma virtude ativa universal, nem também é conhecedor apenas das causas universais e primeiras, mas de todas as particulares, como se evidencia pelo que foi dito[340]. Pode, portanto, produzir imediatamente qualquer efeito que produz um agente particular.

Ademais. Como os acidentes seguem os princípios substanciais da coisa, é necessá-

---

[338] Livro II, cap. 23.
[339] Cf. cap. 67.
[340] Livro I, cap. 50.

qui immediate substantiam rei producit, possit immediate circa ipsam rem operari quaecumque ad substantiam ipsius consequuntur: generans enim, quod dat formam, dat omnes proprietates et motus consequentes. Ostensum autem est supra quod Deus, in prima rerum institutione, omnes res per creationem immediate in esse produxit. Potest igitur immediate unamquamque rem movere ad aliquem effectum absque mediis causis.

Item. Ordo rerum profluit a Deo in res secundum quod est praeexcogitatus in intellectu ipsius: sicut videmus in rebus humanis quod princeps civitatis ordinem apud se praemeditatum civibus imponit. Intellectus autem divinus non est determinatus ad hunc ordinem ex necessitate, ut nullum alium ordinem intelligere possit: cum et nos alium ordinem per intellectum apprehendere possumus; potest enim intelligi a nobis quod Deus hominem absque semine ex terra formet. Potest igitur Deus, praeter inferiores causas, effectum illis causis proprium operari.

Praeterea. Licet ordo rebus inditus a providentia divina divinam bonitatem suo modo repraesentet, non tamen ipsam repraesentat perfecte: cum non pertingat bonitas creaturae ad aequalitatem bonitatis divinae. Quod autem non repraesentatur perfecte per aliquod exemplatum, potest iterum praeter hoc alio modo repraesentari. Repraesentatio autem divinae bonitatis in rebus est finis productionis rerum a Deo, ut supra ostensum est. Non est igitur voluntas divina determinata ad hunc ordinem causarum et effectuum, ut non possit velle effectum aliquem in inferioribus producere immediate absque aliis causis.

Adhuc. Universa creatura magis est Deo subdita quam corpus humanum sit subditum animae eius: nam anima est corpori proportionata ut forma ipsius, Deus autem omnem

rio que aquele que produz imediatamente a substância da coisa, possa imediatamente produzir a respeito dessa coisa tudo quanto segue sua substância, pois o que gera, que dá a forma, dá todas as propriedades e movimentos resultantes, Ora, foi mostrado[341] que Deus, na instituição primeira das coisas, produziu no ser, imediatamente por criação, todas as coisas. Pode, portanto, mover imediatamente qualquer coisa a algum efeito, sem as causas intermédias.

Igualmente. A ordem das coisas flui de Deus para as coisas enquanto é pré-cogitada no seu intelecto, como vemos, nas coisas humanas, que o príncipe da cidade impõe aos cidadãos a ordem em si premeditada. Ora, o intelecto divino não é determinado a esta ordem, por necessidade, de modo que não possa conhecer nenhuma outra ordem, como também nós podemos apreender pelo intelecto outra ordem; pois, pode ser entendido por nós que Deus forme da terra um homem, sem o sêmen. Portanto, Deus pode, sem as causas inferiores, produzir o efeito próprio àquelas causas.

Além disso. Embora a ordem imposta às coisas pela providência divina represente, a seu modo, a bondade divina, entretanto não a representa perfeitamente, visto que a bondade da criatura não chega à igualdade com a bondade divina. Aquilo que não é representado perfeitamente por algum exemplo, pode de novo ser representado sem este, de outro modo. Ora, a representação da bondade divina nas coisas é o fim da produção das coisas por Deus, como foi mostrado[342]. Portanto, a vontade divina não está determinada a esta ordem das causas e efeitos, de modo que não possa querer produzir um efeito nos inferiores, imediatamente, sem outras causas.

Ainda. Toda a criatura está mais sujeita a Deus do que o corpo humano o está à sua alma, pois a alma é proporcionada ao corpo como sua forma, mas Deus excede toda pro-

---

[341] Livro II, cap. 21.
[342] Cf. cap. 19.

proportionem creaturae excedit. Ex hoc autem quod anima imaginatur aliquid et vehementer afficitur ad illud, sequitur aliquando immutatio in corpore ad sanitatem vel aegritudinem absque actione principiorum corporalium quae sunt nata in corpore aegritudinem vel sanitatem causare. Multo igitur magis ex voluntate divina potest effectus aliquis sequi in creaturis absque causis quae natae sunt, secundum naturam, illum effectum producere.

Praeterea. Secundum naturae ordinem, virtutes activae elementorum sub virtutibus activis corporum caelestium ordinantur. Proprium autem effectum virtutum elementarium interdum virtus caelestis efficit absque actione elementi: sicut patet cum sol calefacit absque ignis actione. Multo igitur magis et divina virtus, absque actione causarum creatarum, potest producere proprios effectus earum.

Si autem quis dicat quod, cum ordinem istum rebus Deus indiderit, non potest esse absque mutatione ipsius ut, praeter ordinem ab ipso statutum, operetur in rebus effectus absque propriis causis producendo: ex ipsa rerum natura repelli potest. Ordo enim inditus rebus a Deo, secundum id est quod in rebus frequenter accidere solet, non autem ubique secundum id quod est semper: multae enim naturalium causarum effectus suos producunt eodem modo ut frequenter, non autem ut semper; nam quandoque, licet ut in paucioribus, aliter accidit, vel propter defectum virtutis agentis, vel propter materiae indispositionem, vel propter aliquod fortius agens; sicut cum natura in homine generat digitum sextum. Non autem propter hoc deficit aut mutatur providentiae ordo: nam et hoc ipsum quod naturalis ordo, institutus secundum ea quae sunt frequenter, quandoque deficiat, providentiae subest divinae.

Si ergo per aliquam virtutem creatam fieri potest ut ordo naturalis mutetur ab eo quod est frequenter ad id quod est raro, absque mutatione providentiae divinae; multo magis divina virtus quandoque aliquid facere potest,

porção da criatura. Ora, pelo fato de que a alma imagina algo e veementemente a ele se afeiçoa, segue-se, às vezes, a mutação no corpo relativa à saúde ou doença, sem a ação dos princípios corporais, que se destinam a causar no corpo a saúde ou a doença. Muito mais, portanto, pode, pela vontade divina, seguir-se um efeito nas criaturas, sem as causas que se destinam, segundo a natureza, a produzir aquele efeito.

Além disso. Segundo a ordem da natureza, as potências ativas dos elementos se ordenam sob as potências ativas dos corpos celestes. Ora, a potência celeste produz, às vezes, o efeito próprio das virtudes elementares, sem a ação do elemento; por exemplo, evidencia-se quando o sol aquece, sem a ação do fogo. Muito mais, portanto, a potência divina, sem a ação das causas criadas, pode produzir os efeitos próprios delas.

Se alguém disser que, uma vez que Deus imprimiu esta ordem nas coisas, não pode dar-se que, sem a mutação d'Ele, fora da ordem por Ele estabelecida, se produza nas coisas o efeito, sem as causas próprias, tal afirmação pode ser repelida pela própria natureza das coisas. Com efeito, a ordem imposta por Deus nas coisas, é segundo o que costuma frequentemente acontecer nelas, mas não por toda parte e sempre, pois muitas das causas naturais produzem seus efeitos do mesmo modo, frequentemente, mas não sempre; com efeito, embora em poucas vezes, acontece de outro modo, ou por causa de defeito da potência do agente, ou por causa da indisposição da matéria, ou por causa de um agente mais forte, por exemplo, quando a natureza gera no homem um sexto dedo. Entretanto, não falha por isso ou se muda a ordem da providência, pois o fato mesmo de a ordem natural, instituída segundo as coisas que são frequentemente, às vezes falhar, está sujeito à providência divina.

Se, pois, por alguma potência criada pode fazer-se que a ordem natural se mude daquilo que é frequentemente para aquilo que é raramente, sem mutação da providência divina, muito mais a potência divina pode às vezes

sine suae providentiae praeiudicio, praeter ordinem naturalibus inditum rebus a Deo. Hoc enim ipsum ad suae virtutis manifestationem facit interdum. Nullo enim modo melius manifestari potest quod tota natura divinae subiecta est voluntati, quam ex hoc quod quandoque ipse praeter naturae ordinem aliquid operatur: ex hoc enim apparet quod ordo rerum processit ab eo non per necessitatem naturae, sed per liberam voluntatem.

Nec debet haec ratio frivola reputari, quod Deus aliquid facit in natura ad hoc quod se mentibus hominum manifestet: cum supra ostensum sit quod omnes creaturae corporales ad naturam intellectualem ordinentur quodammodo sicut in finem; ipsius autem intellectualis naturae finis est divina cognitio, ut in superioribus est ostensum.

Non est ergo mirum si, ad cognitionem de Deo intellectuali naturae praebendam, fit aliqua immutatio in substantia corporali.

Capitulum C
Quod ea quae Deus facit praeter naturae ordinem non sunt contra naturam

Considerandum tamen videtur quod, licet Deus interdum praeter ordinem rebus inditum aliquid operetur, nihil tamen facit contra naturam.

Cum enim Deus sit actus purus, omnia vero alia habeant aliquid de potentia admixtum, oportet quod Deus comparetur ad omnia sicut movens ad motum, et activum ad id quod est in potentia. Quod autem est in potentia secundum ordinem naturalem in respectu alicuius agentis, si aliquid imprimatur in ipsum ab illo agente, non est contra naturam simpliciter, etsi sit aliquando contrarium particulari formae quae corrumpitur per huiusmodi actionem: cum enim generatur ignis et corrumpitur aer igne agente, est generatio et corruptio naturalis. Quicquid igitur a Deo fit in rebus creatis, non est contra naturam, etsi

fazer algo, sem prejuízo de sua providência, fora da ordem imposta às coisas naturais por Deus. Ora, isso algumas vezes Ele faz para a manifestação de seu poder. Com efeito, de nenhum modo pode melhor manifestar que toda natureza está sujeita à vontade divina do que pelo fato de que às vezes ele mesmo, fora da ordem da natureza, produza algo, pois isso manifesta que a ordem das coisas procede d'Ele por livre vontade, não por necessidade da natureza.

Nem deve ser reputada frívola a razão de que Deus faz algo na natureza para se manifestar às mentes dos homens, visto que foi mostrado[343] que todas as criaturas corporais se ordenam à natureza intelectual, de certo modo, como fim; ora, o fim da própria natureza intelectual é o conhecimento divino, como foi mostrado[344]. Portanto, não é de admirar se, para proporcionar à criatura intelectual o conhecimento de Deus, seja feita alguma mutação na substância corporal.

Capítulo 100
As coisas que Deus faz fora da ordem da natureza não são contra a natureza

Parece que se deve considerar que, embora Deus opere algumas vezes fora da ordem imposta às coisas, nada, porém, faz contra a natureza.

Com efeito, como Deus é ato puro, e todas as outras coisas tenham algo misturado de potência, é necessário que Deus se relacione com todas as coisas como o movente com o movido, e o princípio ativo com aquilo que está em potência. Ora, o que está em potência, segundo a ordem natural, com relação a algum agente, se algo é impresso nele pelo agente, não é simplesmente contra a natureza, embora seja, às vezes, contrário a uma forma particular, que se corrompe por tal ação, pois, quando é gerado o fogo e corrompido o ar pela ação do fogo, há geração e corrupção natural. Portanto, tudo o que é feito por Deus nas coi-

---

[343] Cf. cap. 22.
[344] Cf. cap. 25.

videatur esse contra ordinem proprium alicuius naturae.

Adhuc. Cum Deus sit primum agens, ut supra ostensum est, omnia quae sunt post ipsum, sunt quasi quaedam instrumenta ipsius. Ad hoc autem sunt instrumenta instituta ut deserviant actioni principalis agentis, dum moventur ab ipso: unde talis instrumenti materia et forma esse debet ut sit competens actioni quam intendit principale agens. Et propter hoc non est contra naturam instrumenti ut moveatur a principali agente, sed est ei maxime conveniens. Neque igitur est contra naturam cum res creatae moventur qualitercumque a Deo: sic enim institutae sunt ut ei deserviant.

Praeterea. In agentibus etiam corporalibus hoc videtur, quod motus qui sunt in inferioribus corporibus ex impressione superiorum, non sunt violenti neque contra naturam, quamvis non videantur convenientes motui naturali quem corpus inferius habet secundum proprietatem suae formae: non enim dicimus quod fluxus et refluxus maris sit motus violentus, cum sit ex impressione caelestis corporis, licet naturalis motus aquae sit solum ad unam partem, scilicet ad medium. Multo igitur magis quicquid a Deo fit in qualibet creatura, non potest dici violentum neque contra naturam.

Item. Prima mensura essentiae et naturae cuiuslibet rei est Deus, sicut primum ens, quod est omnibus causa essendi.

Cum autem per mensuram de unaquaque re sumatur iudicium, oportet hoc dici naturale unicuique rei per quod conformatur suae mensurae. Hoc igitur erit naturale unicuique rei quod ei a Deo inditum est. Ergo et si eidem rei a Deo aliquid aliter imprimatur, non est contra naturam.

Amplius. Omnes creaturae comparantur ad Deum sicut artificiata ad artificem, ut ex

sas criadas, não é contra a natureza, embora pareça ser contra a ordem própria de alguma natureza.

Ainda. Uma vez que Deus é o primeiro agente, como foi demonstrado[345], todas as coisas que são depois d'Ele, são como que seu instrumento. Ora, os instrumentos são instituídos para que sirvam à ação do agente principal, enquanto são movidos por ele. Donde, a matéria e a forma de tal instrumento devem ser tais que sejam convenientes à ação que o agente principal pretende. E por causa disso não é contra a natureza do instrumento que seja movido pelo agente principal, mas é-lhe maximamente conveniente. Portanto, nem é contra a natureza quando as coisas criadas são movidas de qualquer modo por Deus, pois assim são instituídas para que lhe sirvam.

Além disso. Também nos agentes corporais parece que os movimentos que existem nos corpos inferiores por influência dos superiores, não são violentos nem contra a natureza, embora não pareçam convenientes ao movimento natural, que o corpo inferior tem segundo a propriedade de sua forma, pois não dizemos que o fluxo e refluxo do mar é um movimento violento, visto que é por influência do corpo celeste, embora o movimento natural da água seja só para uma parte, ou seja, para o meio. Portanto, muito mais não pode ser dito violento nem contra a natureza tudo aquilo que é feito por Deus em qualquer criatura.

Igualmente. A primeira medida da essência e natureza de qualquer coisa é Deus, como ente primeiro, que é causa de ser para todos. Ora, visto que da medida de cada coisa se forma o juízo, é necessário dizer-se natural a cada coisa aquilo pelo qual é conformada à sua medida. Portanto, será natural a cada coisa aquilo que lhe é imposto por Deus. Logo, se à mesma coisa algo é diferentemente imposto por Deus, não é contra a natureza.

Ademais. Todas as criaturas se relacionam com Deus como os artefatos com o artífice,

---

[345] Livro I, cap. 13.

como se evidencia do exposto[346]. Donde, toda a natureza é como um artefato da arte divina. Ora, não é contra a razão do artefato se o artífice produza algo diferentemente em seu ofício, mesmo depois que lhe deu a primeira forma. Portanto, nem é contra a natureza se Deus produza, nas coisas naturais, algo diferentemente do que tem o curso habitual da natureza.

Daí é que diz Agostinho[347]: *Deus, criador e autor de todas as naturezas, nada faz contra a natureza, porque é natural à qualquer coisa que faz Aquele de quem procede todo modo, número e ordem da natureza.*

Capítulo 101
Sobre os milagres

Costuma-se chamar de milagres aquelas coisas que se fazem, às vezes, fora da ordem estabelecida comumente nas coisas, pois admiramos algo, quando, vendo o efeito, ignoramos a causa. E porque a única e a mesma causa é às vezes conhecida por alguns e desconhecida por outros, daí acontece que, dos que veem ao mesmo tempo um efeito, uns se admiram e outros, não, pois o astrólogo não se admira vendo o eclipse do sol, porque conhece a causa, enquanto quem desconhece essa ciência, fica necessariamente admirado, ignorando a causa. Portanto, algo é assim de admirar para esse, não para aquele. Logo, é de admirar simplesmente o que tem a causa simplesmente oculta, e isso soa com o nome de milagre, ou seja, o que é de si cheio de admiração, não quanto a este ou àquele somente. Ora, a causa simplesmente oculta a todo homem é Deus, pois foi provado[348] que homem algum, no estado desta vida pode apreender sua essência pelo intelecto. Portanto, hão de se chamar propriamente milagres o que se faz divinamente, fora da ordem comumente observada nas coisas.

Entretanto, são diversos os graus e as ordens desses milagres. Com efeito, têm o *sumo*

---

[346] Livro II, cap. 24.
[347] Santo Agostinho (354-431), em Contra Fausto Maniqueu XXVI, 3, ML 42, 480.
[348] Cf. cap. 47.

ter miracula tenent in quibus aliquid fit a Deo quod natura nunquam facere potest: sicut quod duo corpora sint simul, quod sol retrocedat aut stet, quod mare divisum transeuntibus iter praebeat. Et inter haec etiam ordo attenditur. Nam quanto maiora sunt illa quae Deus operatur, et quanto magis sunt remota a facultate naturae, tanto miraculum maius est: sicut maius est miraculum quod sol retrocedat quam quod mare dividatur.

Secundum autem gradum in miraculis tenent illa in quibus Deus aliquid facit quod natura facere potest, sed non per illum ordinem. Opus enim naturae est quod aliquod animal vivat, videat et ambulet: sed quod post mortem vivat, post caecitatem videat, post debilitatem claudus ambulet, hoc natura facere non potest, sed Deus interdum miraculose operatur. Inter haec etiam miracula gradus attenditur, secundum quod illud quod fit, magis est a facultate naturae remotum.

Tertius autem gradus miraculorum est cum Deus facit quod consuetum est fieri operatione naturae, tamen absque principiis naturae operantibus: sicut cum aliquis a febre curabili per naturam, divina virtute curatur; et cum pluit sine operatione principiorum naturae.

Capitulum CII
Quod solus Deus facit miracula

Ex praemissis autem ostendi potest quod miracula facere solus Deus potest.

Quod enim est sub ordine totaliter constitutum, non potest supra ordinem illum operari. Omnis autem creatura constituta est sub ordine quem Deus in rebus statuit. Nulla ergo creatura potest supra hunc ordinem operari. Quod est miracula facere.

Item. Quando aliqua virtus finita proprium effectum operatur ad quem determinatur, non est miraculum: licet possit esse mirum alicui qui illam virtutem non comprehendit; sicut mirum videtur ignaris quod magnes trahit ferrum, vel quod aliquis parvus piscis

grau entre os milagres aqueles nos quais é feito por Deus algo que a natureza não pode fazer jamais; por exemplo, dois corpos estarem simultaneamente, que o sol retroceda ou fique parado, que o mar dividido dê caminho aos que passam. E também entre esses considere-se uma ordem. Com efeito, quanto maiores forem as coisas que Deus opera, e quanto mais afastada forem da faculdade da natureza, tanto maior é o milagre; por exemplo, que o sol retroceda é milagre maior que o mar se divida.

O *segundo grau* nos milagres têm aqueles nos quais Deus faz algo que a natureza pode fazer, mas não por aquela ordem. Com efeito, a obra da natureza é que um animal viva, veja e ande, mas que viva após a morte, veja após a cegueira, e o manco ande após a enfermidade, isso a natureza pode fazer, mas Deus às vezes opera milagrosamente. Também entre esses milagres considera-se o grau, enquanto o que se faz, é mais afastado da faculdade da natureza.

E o *terceiro grau* dos milagres é quando Deus faz o que é costume ser feito por operação da natureza, mas sem os princípios operantes da natureza; por exemplo, quando alguém é curado, por virtude divina, de uma febre curável pela natureza; e quando chove, sem a operação dos princípios da natureza.

Capítulo 102
Somente Deus faz milagres

Do exposto, pode-se mostrar que só Deus pode fazer milagres.

Com efeito, o que está constituído totalmente sob uma ordem, não pode operar acima dessa ordem. Ora, toda criatura é constituída sob a ordem que Deus estabeleceu nas coisas. Logo, nenhuma criatura pode operar acima essa ordem. O que é fazer milagres.

Igualmente. Não é milagre quando uma potência finita produz o efeito próprio para o qual é determinada: embora, possa ser admirável a quem não compreende aquela potência; por exemplo, parece aos ignorantes que o ímã atrai o ferro, ou que o um pequeno peixe

retenha o navio. Ora, toda a potência da criatura é limitada a um determinado efeito, ou a alguns. Portanto, tudo o que se faz pela potência de uma criatura, não pode dizer-se milagre próprio, embora seja admirável a quem não compreende a potência dessa criatura. Mas, o que se faz pelo poder divino infinito, de si é incompreensível, é verdadeiramente milagre.

Ademais. Toda criatura requer em sua ação um sujeito no qual opere, pois é próprio apenas de Deus fazer algo do nada, como foi mostrado[349]. Ora, nada que requer em sua ação um sujeito, pode operar a não ser aquelas coisas para as quais aquele sujeito está em potência, pois o agente opera num sujeito enquanto o leva da potência ao ato. Nenhuma criatura, portanto, como não pode criar, assim não pode operar numa coisa senão o que está na potência daquela coisa. Ora, fazem-se muitos milagres divinamente enquanto em uma coisa se faz pelo poder divino o que não está em potência daquela coisa; por exemplo, que o morto reviva, que o sol retroceda, que dois corpos estejam simultaneamente. Portanto, esses milagres não podem ser feitos por nenhuma potência criada.

Ainda. O sujeito sobre o qual se opera, tem ordem tanto para o agente, que o reduz da potência ao ato, quanto ao ato ao qual é reduzido. Assim como um sujeito está em potência para um ato determinado, e não para qualquer, assim não pode ser reduzido da potência ao ato determinado senão por um agente determinado, pois requer-se que opere de diversa maneira para reduzir para ato diverso; por exemplo, uma vez que o ar está em potência para o fogo e para a água, por um agente faz-se fogo em ato, e por outro, água em ato. De modo semelhante, evidencia-se que a matéria corporal não é reduzida a um ato perfeito apenas pela potência universal agente, mas é necessário um agente próprio pelo qual é determinada a influência da potência universal para um efeito determinado; porém, ao ato

---

[349] Livro II, caps. 16 e 21.

universali, absque particulari agente: animalia enim perfecta non generantur ex sola virtute caelesti, sed requiritur determinatum semen; ad generationem vero quorundam imperfectorum animalium sola virtus caelestis sufficit, sine semine. Effectus igitur qui in his inferioribus fiunt, si sint nati fieri a causis superioribus universalibus sine operatione causarum particularium inferiorum, non est miraculum si sic fiant: sicut non est miraculum quod animalia ex putrefactione sine semine nascantur. Si autem non sunt nati fieri per solas causas superiores, requiruntur ad eorum complementum causae inferiores particulares. Cum autem aliquis effectus producitur ab aliqua causa superiori mediantibus propriis principiis, non est miraculum. Nullo igitur modo virtute superiorum creaturarum aliqua miracula fieri possunt.

menos perfeito pode ser reduzida a matéria corporal apenas pela potência universal, sem o agente particular, pois os animais perfeitos não são gerados só pela potência celeste, mas requer-se um sêmen determinado; já para a geração de alguns animais imperfeitos basta só a potência celeste, sem o sêmen. Portanto, os efeitos que são produzidos nesses inferiores, se são determinados a ser feitos por causas superiores universais, sem a operação das causas particulares, não é milagre se assim são feitos; por exemplo, não é milagre que animais nasçam da putrefação, sem o sêmen. Se, porém, não são destinados a fazer-se apenas pelas causas superiores, requerem-se para seu complemento causas inferiores particulares. Quando, porém, um efeito é produzido por uma causa superior, mediante os princípios próprios, não é milagre. Portanto, de nenhum modo, pela potência de criaturas superiores, podem ser feitos milagres.

Amplius. Eiusdem rationis esse videtur quod aliquid operetur ex subiecto; et quod operetur id ad quod est in potentia subiectum; et quod ordinate operetur per determinata media. Nam subiectum non fit in potentia propinqua ad ultimum nisi cum fuerit actu in media: sicut cibus non est statim potentia caro, sed cum fuerit conversus in sanguinem. Omnis autem creatura necesse habet subiecto ad hoc quod aliquid faciat: nec potest facere nisi ad quod subiectum est in potentia, ut ostensum est. Ergo non potest facere aliquid nisi subiectum reducat in actum per determinata media. Miracula igitur, quae fiunt ex hoc quod aliquis effectus producitur non illo ordine quo naturaliter fieri potest, virtute creaturae fieri non possunt.

Ademais. Parece ser pela mesma razão que algo seja produzido pelo sujeito, e que seja produzido aquilo para o qual o sujeito está em potência, e que ordenadamente seja produzido por meios determinados. Com efeito, o sujeito não se faz em potência próxima ao último ato senão quando estiver em ato na intermediária; por exemplo, o alimento não é imediatamente potência para a carne, mas quando for convertido em sangue. Ora, toda criatura tem necessidade de um sujeito para que faça algo, nem pode fazer senão aquilo para o que o sujeito está em potência, como foi mostrado. Logo, não pode fazer algo se não reduz o sujeito ao ato por determinados meios. Portanto, não podem ser feitos, pela potência da criatura, os milagres, que são produzidos quando um efeito não é produzido naquela ordem na qual naturalmente pode ser feito.

Adhuc. Inter species motus ordo quidam naturalis attenditur: nam primus motuum est motus localis, unde et causa aliorum existit; primum enim in quolibet genere causa invenitur eorum quae in illo genere consequuntur. Omnis autem effectus qui in his inferioribus producitur, per aliquam generationem vel al-

Ainda. Considera-se, entre as espécies de movimento, certa ordem natural, pois o primeiro dos movimentos é o movimento local, Donde, também é a causa dos outros, pois o primeiro em qualquer gênero é causa das demais coisas que se seguem nesse gênero. Ora, é necessário que todo efeito que se produz

terationem necesse est ut producatur. Oportet igitur quod per aliquid localiter motum hoc proveniat, si fiat ab aliquo agente incorporali, quod proprie localiter moveri non possit. Effectus autem qui fiunt a substantiis incorporeis per corporea instrumenta, non sunt miraculosi: corpora enim non operantur nisi naturaliter. Non igitur substantiae creatae incorporeae possunt aliqua miracula facere propria virtute. Et multo minus substantiae corporeae, quarum omnis actio naturalis est.

Solius igitur Dei est miracula facere. Ipse enim est superior ordine quo universa continentur, sicut a cuius providentia totus hic ordo fluit. Eius etiam virtus, cum sit omnino infinita, non determinatur ad aliquem specialem effectum; neque ad hoc quod effectus ipsius producatur aliquo determinato modo vel ordine.

Hinc est quod in Psalmo dicitur de Deo: qui facit mirabilia magna solus.

Capitulum 103
Quo modo substantiae spirituales aliqua mirabilia operantur, quae tamen non sunt vere miracula

Fuit autem positio Avicennae quod substantiis separatis multo magis obedit materia ad productionem alicuius effectus, quam contrariis agentibus in materia. Unde ponit quod ad apprehensionem praedictarum substantiarum sequitur interdum effectus aliquis in istis inferioribus, vel pluviarum, vel sanitatis alicuius infirmi, absque aliquo corporeo agente medio. Cuius quidem signum ab anima nostra accepit, quae cum fuerit fortis in sua imaginatione, ad solam apprehensionem immutatur corpus: sicut cum quis ambulans super trabem in alto positam, cadit de facili, quia imaginatur casum ex timore; non autem caderet si esset trabs illa posita super terram, unde casum timere non posset.

nesses inferiores, o seja por alguma geração ou alteração. Portanto, é necessário que isso se dê por algum movimento local, se é feito por algum agente incorpóreo, que propriamente não pode ser movido localmente. E os efeitos que são produzidos por substâncias incorpóreas, por meio de instrumentos corpóreos, não são milagrosos, pois corpos não operam senão naturalmente. Portanto, as substâncias corpóreas criadas não podem fazer milagres por potência própria. E muito menos as substâncias corpóreas, das quais toda ação é natural.

Portanto, só a Deus pertence fazer milagres. Com efeito, Ele é superior à ordem na qual são contidas todas as coisas, assim como toda esta ordem flui de sua providência. O seu poder, também, visto que é totalmente infinito, não é determinado a um efeito especial, nem a que seu efeito seja produzido de algum modo determinado ou ordem.

Daí que se diz no Salmo[350] sobre Deus: somente Ele faz grandes milagres.

Capítulo 103
Como as substâncias espirituais produzem algumas coisas maravilhosas, que, porém, não são verdadeiramente milagres

Foi tese de Avicena[351] de que para a produção de algum efeito, a matéria obedece às substâncias separadas muito mais do que aos agentes contrários que atuam na matéria. Donde, afirma que da apreensão das mencionadas substâncias segue-se às vezes um efeito nesses inferiores, ou de chuvas, ou de cura de algum enfermo, sem um agente corpóreo intermediário. Como sinal disso toma a nossa alma, que, quando é forte em sua imaginação, muda o corpo por uma só apreensão; por exemplo, quando alguém, andando sobre uma trave posta no alto, cai facilmente, porque imagina a queda por temor, mas não cairia se a trave estivesse sobre a terra, Donde, não poderia temer a queda.

---

[350] Salmo 135,4.
[351] Avicena (980-1037) em Sobre a Alma, 4, 4.

Manifestum est etiam quod ad solam apprehensionem animae calescit corpus, sicut accidit in concupiscentibus vel iratis; aut etiam infrigidatur, sicut accidit in timentibus. Quandoque etiam immutatur ex forti apprehensione ad aliquam aegritudinem, puta febrem, vel etiam lepram. Et per hunc modum dicit quod, si anima sit pura, non subiecta corporalibus passionibus, et fortis in sua apprehensione, obedit apprehensioni eius non solum corpus proprium, sed etiam corpora exteriora: adeo quod ad eius apprehensionem sanetur aliquis infirmus, vel aliquid huiusmodi aliud accidat. Et hoc ponit esse causam fascinationis: quia scilicet anima alicuius vehementer affecta in malivolentia, habet impressionem nocumenti in aliquem, maxime puerum, qui propter corporis teneritudinem est facile susceptivus impressionis.

Unde vult quod multo amplius ad apprehensionem substantiarum separatarum, quas ponit animas vel motores orbium, sequantur aliqui effectus in istis inferioribus absque actione alicuius corporalis agentis. Haec autem positio satis consona est aliis suis positionibus. Ponit enim quod omnes formae substantiales effluunt in haec inferiora a substantia separata; et quod corporalia agentia non sunt nisi disponentia materiam ad suscipiendam impressionem agentis separati.

Quod quidem non est verum secundum Aristotelis doctrinam, qui probat in VII metaphys., quod formae quae sunt in materia, non sunt a formis separatis, sed a formis quae sunt in materia: sic enim invenietur similitudo inter faciens et factum. Exemplum etiam quod sumitur de impressione animae in corpus, non multum adiuvat eius intentionem. Non enim ex apprehensione sequitur aliqua immutatio corporis nisi apprehensioni adiuncta fuerit affectio aliqua, ut gaudii vel timoris, aut concupiscentiae, aut alterius passionis. Huiusmodi autem passiones accidunt cum aliquo determinato motu cordis, ex quo consequitur ulterius immutatio totius corporis, vel secundum motum localem vel secundum altera-

É manifesto, também, que só pela apreensão da alma o corpo se aquece, como acontece nos concupiscentes ou irados, ou também se esfria, como acontece nos tímidos. Às vezes muda-se pela forte apreensão por alguma doença, por exemplo, febre, ou mesmo lepra. E por esse modo diz que, se a alma é pura, não sujeita às paixões corporais, e forte em sua apreensão, obedece à sua apreensão não só o próprio corpo, mas também os corpos exteriores: de tal modo que à sua apreensão cura-se um enfermo, ou acontece algo de semelhante. E afirma que isso é a causa da fascinação, ou seja, a alma afetada veementemente pela malevolência, exerce uma impressão nociva em outro, sobretudo criança, que, em razão da fraqueza do corpo, é facilmente receptivo da impressão.

Donde, quer que muito mais da apreensão das substâncias separadas, as quais afirma como sendo almas ou motores dos mundos, seguem-se alguns efeitos nesses inferiores sem a ação de um agente corporal. Ora, essa tese é bastante concorde com suas outras afirmações. Com efeito, afirma que todas as formas substanciais fluem para esses inferiores da substância separada, e que os agentes corporais só dispõem a matéria para receber a influência do agente separado.

Isso, certamente não é verdadeiro segundo a doutrina de Aristóteles[352], para quem as formas que estão na matéria, não procedem de formas separadas, mas de formas que estão na matéria, pois assim se daria a semelhança entre o que faz e o feito. O exemplo que se toma da influência da alma no corpo, não ajuda muito sua intenção. Com efeito, não se segue da apreensão uma mutação do corpo se não for unida à apreensão uma afeição, como de alegria ou temor, ou de concupiscência, ou de outra paixão. Ora, semelhantes paixões acontecem com algum movimento determinado do coração, do qual se segue depois a mutação de todo o corpo, ou segundo o movimento local ou segundo alguma alteração. Donde, per-

---

[352] Aristóteles (384-322 a.C.), em Metafísica VII, 8, 1033b, 19-29.

tionem aliquam. Unde adhuc remanet quod apprehensio substantiae spiritualis non alterat corpus nisi mediante motu locali.

Quod autem de fascinatione inducit, non ob hoc accidit quod apprehensio unius immediate immutet corpus alterius: sed quia, mediante motu cordis, immutat corpus coniunctum; cuius immutatio pervenit ad oculum, a quo infici potest aliquid extrinsecum, praecipue si sit facile immutabile; sicut etiam oculus menstruatae inficit speculum.

Substantia igitur spiritualis creata propria virtute nullam formam inducere potest in materiam corporalem, quasi materia ad hoc sibi obediente ut exeat in actum alicuius formae, nisi per motum localem alicuius corporis. Est enim hoc in virtute substantiae spiritualis creatae, ut corpus obediat sibi ad motum localem. Movendo autem localiter aliquod corpus, adhibet aliqua naturaliter activa ad effectus aliquos producendos: sicut etiam ars fabrilis adhibet ignem ad mollificationem ferri. Hoc autem non est miraculosum, proprie loquendo.

Unde relinquitur quod substantiae spirituales creatae non faciant miracula propria virtute. Dico autem propria virtute: quia nihil prohibet huiusmodi substantias, inquantum agunt in virtute divina, miracula facere. Quod etiam ex hoc videtur, quod unus ordo Angelorum specialiter deputatur, ut Gregorius dicit, ad miracula facienda.

Qui etiam dicit quod quidam sancti miracula interdum faciunt ex potestate, non solum ex intercessione. Considerandum tamen est quod, cum res aliquas naturales vel Angeli vel Daemones adhibent ad aliquos determinatos effectus, utuntur eis quasi instrumentis quibusdam, sicut et medicus utitur ut instrumentis aliquibus herbis ad sanandum. Ex instrumento autem procedit non solum suae virtuti correspondens effectus, sed etiam ultra propriam virtutem, inquantum agit in virtute principalis agentis: serra enim, aut securis,

manece ainda que a apreensão da substância espiritual não altere o corpo senão mediante o movimento local.

O que infere da fascinação, não acontece por isso que a apreensão de um imediatamente mude o corpo de outro, mas porque, mediante o movimento do coração, muda o corpo unido, cuja mutação chega ao olho, do qual pode introduzir-se algo extrínseco, precipuamente se é facilmente mutável, como o olho da menstruada é afetado pelo espelho.

Portanto, a substância espiritual criada não pode por potência própria induzir nenhuma forma na matéria corporal, como matéria obediente a ela para isso, de modo a ir ao ato de alguma forma, a não ser por movimento local de algum corpo. Com efeito, é em virtude da substância espiritual criada que o corpo obedece a ela para o movimento local. Ora, movendo localmente algum corpo, emprega algumas coisas naturalmente ativas para produzir alguns efeitos; por exemplo, a arte do ferreiro emprega o fogo para amolecimento do ferro. Ora, isso não é milagroso propriamente falando.

Donde, resta que as substâncias espirituais criadas não fazem milagres por potência própria. Digo por potência própria, porque nada proíbe que tais substâncias, enquanto operam no poder divina, façam milagres. O que também se vê quando uma ordem de Anjos é especialmente deputada, como diz Gregório[353], para fazer milagres.

Ele também diz que *alguns santos fazem às vezes milagres pelo poder*, não só por intercessão. Entretanto, deve-se considerar que, como os Anjos ou os Demônios empregam algumas coisas naturais para alguns efeitos determinados, usam delas como de instrumentos, como o médico usa de algumas ervas como instrumentos para curar. Ora, do instrumento procede não apenas o efeito correspondente à sua potência, mas também além da própria potência, enquanto opera por virtude do agente principal, pois a serra ou o machado não

---

[353] São Gregório Magno (540-604), em Diálogos II, 31, ML 66, 190D.

non posset facere lectum nisi inquantum agunt ut motae ab arte ad talem effectum; nec calor naturalis posset carnem generare nisi virtute animae vegetabilis, quae utitur ipso quasi quodam instrumento. Conveniens est igitur quod ex ipsis rebus naturalibus proveniant aliqui altiores effectus ex hoc quod spirituales substantiae eis utuntur quasi instrumentis quibusdam. Sic ergo, licet tales effectus simpliciter miracula dici non possint, quia ex naturalibus causis proveniunt, mirabiles tamen nobis redduntur dupliciter.

Uno modo, ex hoc quod per spirituales substantias tales causae modo nobis inconsueto ad effectus proprios apponuntur: unde et ingeniosorum artificum opera mira redduntur cum ab aliis non percipitur qualiter operantur.

Alio modo, ex hoc quod causae naturales appositae ad effectus aliquos producendos, aliquid virtutis sortiuntur ex hoc quod sunt instrumenta spiritualium substantiarum. Et hoc magis accedit ad rationem miraculi.

Capitulum CIV
Quod opera magorum non sunt solum ex impressione caelestium corporum

Fuerunt autem quidam dicentes quod huiusmodi opera nobis mirabilia quae per artes magicas fiunt, non ab aliquibus spiritualibus substantiis fiunt, sed ex virtute caelestium corporum. Cuius signum videtur quod ab exercentibus huiusmodi opera stellarum certus situs consideratur. —

Adhibentur etiam quaedam herbarum et aliarum corporalium rerum auxilia, quasi ad praeparandam inferiorem materiam ad suscipiendam influentiam virtutis caelestis. Hoc autem expresse apparentibus adversatur. Cum enim non sit possibile ex aliquibus corporeis principiis intellectum causari, ut supra probatum est, impossibile est quod effectus qui sunt proprii intellectualis naturae, ex virtute caelestis corporis causentur. In huiusmodi autem operationibus magorum apparent quaedam

podem fazer o leito senão enquanto operam como movidos pela arte para tal efeito, nem o calor natural poderia gerar a carne senão por virtude da alma vegetal, que usa d'Ele como de um instrumento. É conveniente, portanto, que das próprias coisas naturais provenham alguns efeitos mais altos, pelo fato de que as substâncias espirituais usam delas como de instrumentos. Assim, pois, embora tais efeitos não possam ser ditos simplesmente milagres, porque provêm de causas naturais, entretanto tornam-se para nós admiráveis duplamente.

De um modo, pelo fato de que pelas substâncias espirituais, tais causas, de um modo para nós insólito, são aplicadas a seus efeitos próprios. Donde, também as obras de artífices engenhosos tornam-se admiráveis, quando os outros não percebem de que modo operam.

— De outro modo, pelo fato de que as causas naturais aplicadas a produzir alguns efeitos, recebem alguma potência enquanto são instrumentos das substâncias espirituais. E isso se aproxima mais da razão de milagre.

Capítulo 104
As obras dos magos não são somente por influência dos corpos celestes

Houve alguns que disseram que semelhantes obras para nós maravilhosas são feitas por artes mágicas, não por certas substâncias espirituais, mas em virtude de corpos celestes. Parece sinal disso, que aqueles que produzem tais obras pensam nos lugares determinados das estrelas.

Empregam-se também certas ervas e auxílios de outras coisas corporais, como para preparar a matéria inferior para receber a influência da virtude celeste. Ora, isso se opõe ao que se tem pela experiência. Com efeito, como não é possível que o intelecto seja causado por certos princípios corpóreos, como foi provado[354], é impossível que os efeitos que são próprios da natureza intelectual, sejam causados por virtude de um corpo celeste. Ora, em semelhantes operações dos mágicos,

[354] Cf. cap. 84.

quae sunt propria rationalis naturae opera: redduntur enim responsa de furtis sublatis, et de aliis huiusmodi, quod non posset fieri nisi per intellectum. Non est igitur verum omnes huiusmodi effectus ex sola virtute caelestium corporum causari.

Praeterea. Ipsa loquela proprius actus est rationalis naturae. Apparent autem aliqui colloquentes hominibus in praedictis operationibus, et ratiocinantes de diversis. Non est igitur possibile quod huiusmodi fiant sola virtute caelestium corporum. Si quis autem dicat quod huiusmodi apparentiae non sunt secundum sensum exteriorem, sed secundum imaginationem tantum: hoc quidem, primo, non videtur verum. Non enim alicui apparent formae imaginatae quasi res verae, nisi fiat alienatio ab exterioribus sensibus: quia non potest esse quod similitudinibus intendatur tanquam rebus, nisi ligato naturali iudicatorio sensus. Huiusmodi autem collocutiones et apparitiones fiunt ad homines qui utuntur libere sensibus exterioribus. Non est igitur possibile quod huiusmodi visa vel audita sint secundum imaginationem tantum.

Deinde, ex quibuscumque formis imaginatis non potest alicui provenire intellectualis cognitio ultra facultatem naturalem vel acquisitam sui intellectus: quod etiam in somniis patet, in quibus, etsi sit aliqua praesignatio futurorum, non tamen quicumque videns somnia, eorum significata intelligit. Per huiusmodi autem visa vel audita quae apparent in operibus magorum, plerumque advenit alicui intellectualis cognitio aliquorum quae sui intellectus facultatem excedunt: sicut revelatio occultorum thesaurorum, manifestatio futurorum, et quandoque etiam de aliquibus documentis scientiae alicuius vera respondentur. Oportet ergo quod vel illi apparentes et colloquentes non videantur secundum imaginationem tantum: vel saltem quod hoc fiat virtute alicuius intellectus superioris, quod homo per huiusmodi imaginationes in

manifestam-se algumas coisas que são obras próprias da natureza racional, pois, por exemplo, dão-se respostas sobre furtos ocultos e sobre outras coisas semelhantes, o que não poderia fazer-se senão pelo intelecto. Portanto, não é verdadeiro que todos esses efeitos sejam causados apenas pela virtude de corpos celestes.

Ademais. A própria linguagem é ato da natureza racional. Ora, aparecem alguns falando aos homens nas mencionadas operações, e raciocinando sobre diversas coisas. Portanto, não é possível que tais coisas sejam feitas apenas pela virtude de corpos celestes. Se, porém, se disser que tais aparências não são segundo o sentido exterior, mas só segundo a imaginação, isso, de início, não parece verdadeiro. Com efeito, as formas imaginadas não se manifestam a alguém como coisas verdadeiras, a não ser que se faça alienação dos sentidos exteriores, porque não pode ser que se tomem as coisas imaginárias como reais, senão suspenso o natural discernimento dos sentidos. Ora, tais falas e aparições são feitas por homens que usam livremente de sentidos exteriores. Portanto, não é possível que coisas semelhantes vistas ou ouvidas sejam apenas segundo a imaginação.

Depois, de quaisquer formas imaginadas não pode vir o conhecimento intelectual a alguém, além da faculdade natural ou adquirida de seu intelecto, o que também se manifesta nos sonhos, nos quais, embora haja certa predição de coisas futuras, contudo quem vê sonhos, não conhece seus significados. Ora, por essas coisas vistas ou ouvidas que se manifestam nas obras dos mágicos, muitas vezes acontece a alguém o conhecimento intelectual de outras coisas que excedem a faculdade do seu intelecto, como a revelação de tesouros ocultos, a manifestação de coisas futuras, e às vezes são dadas respostas verdadeiras sobre algumas doutrinas da ciência. É necessário, pois, ou que os que aparecem e falam não sejam vistos apenas segundo a imaginação, ou ao menos que se dê isso por virtude de algum intelecto superior, que o homem, por seme-

cognitionem talium adducatur; et non fiat hoc virtute solum caelestium corporum.

Adhuc. Quod virtute caelestium corporum fit, est effectus naturalis: nam formae naturales sunt quae in inferioribus causantur ex virtute caelestium corporum. Quod igitur nulli rei potest esse naturale, non potest fieri virtute caelestium corporum. Quaedam autem talia fieri dicuntur per operationes praedictas: sicut quod ad praesentiam alicuius quaecumque sera ei pandatur, quod aliquis invisibilis reddatur, et multa huiusmodi narrantur. Non est igitur possibile hoc fieri virtute caelestium corporum.

Amplius. Cuicumque virtute caelestium corporum confertur quod posterius est, confertur et ei quod prius est. Moveri autem ex se consequitur ad habere animam: animatorum enim proprium est quod moveant seipsa. Impossibile est igitur fieri virtute caelestium corporum quod aliquod inanimatum per se moveatur. Fieri autem hoc per magicas artes dicitur, quod aliqua statua per se moveatur, aut vocem emittat. Non est ergo possibile quod effectus magicarum artium fiat virtute caelesti. Si autem dicatur quod statua illa sortitur aliquod principium vitae virtute caelestium corporum, hoc est impossibile.

Principium enim vitae in omnibus viventibus est forma substantialis: vivere enim est esse viventibus, ut Philosophus dicit, in II de anima. Impossibile est autem quod aliquid recipiat aliquam formam substantialem de novo nisi amittat formam quam prius habuit: generatio enim unius est corruptio alterius. In fabricatione autem alicuius statuae non abiicitur aliqua forma substantialis, sed fit transmutatio solum secundum figuram, quae est accidens: manet enim forma cupri, vel alicuius huiusmodi. Non est igitur possibile quod huiusmodi statuae sortiantur aliquod principium vitae.

lhantes imaginações, seja conduzido ao conhecimento de tais coisas, e não se faça isso apenas por virtude de corpos celestes.

Ainda. O que se faz por virtude de corpos celestes, é efeito natural, pois as formas naturais são as que são causadas nos inferiores por virtude dos corpos celestes. Portanto, o que não pode ser natural à coisa alguma, não pode ser feito por virtude de corpos celestes. Ora, diz-se que algumas dessas coisas são feitas pelas mencionadas operações; por exemplo, que só pela presença de alguém um ferrolho se lhe abra, que alguém se torne invisível, e muitas coisas semelhantes são contadas. Portanto, não é possível que isso se faça por virtude de corpos celestes.

Ademais. A qualquer um, por virtude dos corpos celestes, confere-se depois o que também lhe é conferido antes. Ora, mover-se por si mesmo segue o ter alma, pois é próprio das coisas animadas que se movam a si mesmas. Portanto, é impossível dar-se, por virtude de corpos celestes, que algo inanimado se mova por si. Ora, diz-se que se faz por artes mágicas que uma estátua se mova por si, ou emita voz. Não é, portanto, possível que o efeito de artes mágicas seja produzido por virtude celeste. Entretanto, se se diz que tal estátua recebe um princípio de vida por virtude de corpos celestes, isso é impossível.

Com efeito, princípio de vida em todos os viventes é a forma substancial, pois *viver é ser para os viventes*, como diz o Filósofo[355]. Mas, é impossível que algo receba novamente uma forma substancial se não perder a forma que antes teve: *A geração de uma coisa, é a corrupção de outra*[356]. Ora, na fabricação de uma estátua não se perde uma forma substancial, mas se faz a transmutação apenas segundo a figura, que é um acidente: pois permanece a forma do cobre, ou outra semelhante. Não é, portanto, possível que semelhantes estátuas recebam algum princípio de vida.

---

[355] Aristóteles (384-322 a.C.), em Sobre a Alma II, 4, 415b-13.
[356] Aristóteles (384-322 a.C.), em Física III, 8, 208a, 9-10.

Adhuc. Si aliquid per principium vitae moveatur, necesse est quod habeat sensum: movens enim est sensus vel intellectus. Intellectus autem in generabilibus et corruptibilibus non est sine sensu. Sensus autem non potest esse ubi non est tactus: nec tactus sine organo medie temperato. Talis autem temperies non invenitur in lapide vel cera vel metallo, ex quo fit statua. Non est igitur possibile quod huiusmodi statuae moveantur per principium vitae.

Amplius. Viventia perfecta non solum generantur virtute caelesti, sed etiam ex semine: homo enim generat hominem et sol. Quae vero ex sola virtute caelesti sine semine generantur, sunt animalia generata ex putrefactione, quae inter alia ignobiliora sunt. Si igitur per virtutem caelestem solam huiusmodi statuae sortiuntur principium vitae, per quod moveant seipsa, oportet ea esse ignobilissima inter animalia. Quod tamen esset falsum, si per principium vitae intrinsecum operarentur: nam in earum actibus apparent nobiles operationes, cum respondeant de occultis. Non est igitur possibile quod operentur vel moveantur per principium vitae.

Item. Effectum naturalem virtute caelestium corporum productum contingit inveniri absque artis operatione: etsi enim aliquo artificio aliquis operetur ad generationem ranarum, vel aliquorum huiusmodi, contingit tamen generari ranas absque omni artificio. Si ergo virtute caelestium corporum huiusmodi statuae, quae per artem nigromanticam fiunt, sortiantur principium vitae, erit invenire generationem talium absque huiusmodi arte. Hoc autem non invenitur. Manifestum est igitur quod huiusmodi statuae non habent principium vitae, neque moventur virtute caelestis corporis.

Per haec autem excluditur positio Hermetis, qui sic dixit, ut Augustinus refert, VIII de

Ainda. Se uma coisa é movida pelo princípio da vida, é necessário que tenha sentido, pois o movente é sentido ou intelecto. Ora, não há intelecto, nas coisas geráveis e corruptíveis, sem o sentido. Mas, o sentido não pode ser onde não há tato, nem o tato sem o órgão medianamente proporcionado. Ora, tal proporção não se encontra na pedra, na cera ou do metal, de que se faz a estátua. Portanto, não é possível que tais estátuas se movam por um princípio de vida.

Ademais. Os viventes perfeitos não são gerados apenas por virtude celeste, mas também do sêmen, pois o homem e o sol geram o homem. O que é, pois, gerado só pela virtude celeste sem o sêmen, são os animais gerados da putrefação, que são os mais ignóbeis entre todos. Se, portanto, só pela virtude celeste tais estátuas recebem o princípio de vida, pelo qual movem a si mesmas, é necessário que elas sejam as mais ignóbeis entre os animais. O que, porém, é falso, se são operadas por princípio intrínseco de vida, pois em seus atos aparecem operações nobres, já que respondem sobre coisas ocultas. Portanto, não é possível que sejam operadas ou movidas por princípio de vida.

Igualmente. O efeito natural, produzido por virtude dos corpos celestes, acontece dar-se sem operação da arte; com efeito, embora por algum artifício alguém opere para a geração de rãs, ou de algumas coisas semelhantes, acontece, porém, que as rãs são geradas sem nenhum artifício. Se, pois, por virtude de corpos celestes semelhantes estátuas, que são produzidas por arte nigromântica, recebem o princípio de vida, dever-se-á dar-se a geração dessas coisas sem semelhante arte. Ora, isso não se dá. Portanto, é manifesto que semelhantes estátuas não têm o princípio da vida, nem são movidas por virtude de corpo celeste.

Por essas afirmações exclui-se a opinião de Hermes[357], que assim disse, como refere

---

[357] Hermes Trimegistos (séc. I-III) — A ele é atribuída uma coleção de escritos religiosos e filosóficos em grego e latim, que representam uma fusão de Platonismo, de Estoicismo, de Pitagorismo na forma dos diálogos de Platão.

civitate Dei: Deus sicut effector est deorum caelestium, ita homo fictor est deorum qui in templis sunt, humana proximitate contenti: statuas dico animatas, sensu et spiritu plenas, tantaque facientes et talia; statuas futurorum praescias; easdem de somniis et multis aliis rebus praedicentes; imbecillitates hominibus facientes, eosque curantes; tristitiam laetitiamque dantes pro meritis.

Haec etiam positio auctoritate divina destruitur. Dicitur enim in Psalmo: simulacra gentium argentum et aurum, opera manuum hominum. Os habent et non loquentur: neque enim est spiritus in ore ipsorum.

Non videtur autem omnino negandum quin in praedictis ex virtute caelestium corporum aliquid virtutis esse possit: ad illos tamen solos effectus quos virtute caelestium corporum aliqua inferiora corpora producere possunt.

Capitulum CV
Unde magorum operationes efficaciam habeant

Investigandum autem relinquitur unde artes magicae efficaciam habeant. Quod quidem facile perpendi potest si modus operationis earum attendatur.

In suis enim operationibus utuntur vocibus quibusdam significativis ad determinatos effectus producendos. Vox autem, inquantum est significativa, non habet virtutem nisi ex aliquo intellectu: vel ex intellectu proferentis; vel ex intellectu eius ad quem profertur. Ex proferentis quidem intellectu, sicut si aliquis intellectus sit tantae virtutis quod sua conceptione res possit causare, quam quidem conceptionem vocis officio producendis effectibus quodammodo praesentat. Ex intellectu autem eius ad quem sermo dirigitur, sicut cum per significationem vocis in intellectu receptam, audiens inducitur ad aliquid faciendum. Non autem potest dici quod voces illae significativae a magis prolatae efficaciam habeant ex

Agostinho[358]: *Deus, como é o criador dos deuses celestes, assim o homem é o produtor dos deuses que estão nos templos, contidos na proximidade humana; digo: as estátuas animadas, cheias de sentido e espírito, fazendo tantas e tais coisas; estátuas que preveem o futuro, predizendo elas por sonhos e muitas outras coisas, produzindo as fraquezas aos homens, e os curando; dando pelos méritos a tristeza e a alegria.*

Essa opinião é destruída também pela autoridade divina. Com efeito, diz-se no Salmo[359]: *Os ídolos dos povos são prata e ouro, obras de mãos dos homens. Têm boca e não falam, pois nem há espírito na sua boca.*

Entretanto, não parece que se deve negar totalmente nas coisas mencionadas que pela virtude dos corpos celestes possa haver algo de virtude, mas só para esses efeitos que podem produzir alguns corpos inferiores, pela virtude de corpos celestes.

Capítulo 105
De onde as operações dos magos têm eficácia

Resta, porém, a investigar de onde as artes mágicas têm eficácia. O que facilmente se pode verificar, se se considera o modo de sua operação.

Com efeito, em suas operações usam de vozes significativas para produzir determinados efeitos. Ora, a voz, enquanto é significativa, não tem poder senão por algum intelecto: ou pelo intelecto de quem profere, ou do intelecto daquele a quem é proferida. Do intelecto de quem profere; por exemplo, se um intelecto é de tanto poder que por sua concepção pode causar a coisa, concepção essa que pelo oficio da voz manifesta de algum modo os efeitos a produzir-se. Pelo intelecto daquele a quem se dirige a palavra; por exemplo, quando pela significação da voz recebida no intelecto, o ouvinte é induzido a fazer algo. Entretanto, não se pode dizer que essas vozes significativas, proferidas pelos mágicos, tenham eficácia

---

[358] Santo Agostinho (354-431) em Cidade de Deus, VIII, 23, 1, ML 41,247-248.
[359] Salmo 136,15.

intellectu proferentis. Cum enim virtus essentiam consequatur, virtutis diversitas essentialium principiorum diversitatem ostendit. Intellectus autem communiter hominum huius dispositionis invenitur quod eius cognitio ex rebus causatur, magis quam sua conceptione res causare possit. Si igitur sint aliqui homines qui verbis conceptionem sui intellectus exprimentibus res possint transmutare propria virtute, erunt alterius speciei, et dicentur aequivoce homines.

Amplius. Virtus faciendi non acquiritur per disciplinam, sed solum cognitio aliquid faciendi. Per disciplinam autem aliqui acquirunt quod huiusmodi operationes magicas efficiant. Non igitur est in eis ad huiusmodi effectus producendos virtus aliqua, sed cognitio sola. — Si quis autem dicat quod huiusmodi homines sua nativitate, ex virtute stellarum, sortiuntur prae ceteris virtutem praedictam, ita quod, quantumcumque alii instruantur, qui hoc ex nativitate non habent, efficaces in huiusmodi operibus esse non possunt: primo quidem dicendum est quod corpora caelestia super intellectum imprimere non possunt, ut supra ostensum est. Non igitur ex virtute stellarum sortiri potest intellectus alicuius hanc virtutem quod repraesentatio suae conceptionis per vocem sit alicuius effectiva. — Si autem dicatur quod etiam imaginatio aliquid in prolatione vocum significativarum operatur, super quam possunt corpora caelestia imprimere, cum eius operatio sit per organum corporale: hoc non potest esse quantum ad omnes effectus qui per huiusmodi artes fiunt. Ostensum est enim quod non possunt omnes huiusmodi effectus virtute stellarum produci. Ergo neque ex virtute stellarum aliquis sortiri potest hanc virtutem ut eosdem effectus producat.

Relinquitur igitur quod effectus huiusmodi compleantur per aliquem intellectum ad quem sermo proferentis huiusmodi voces dirigitur. Huius autem signum est: nam huius-

pelo intelecto de quem profere. Com efeito, como o poder segue a essência, a diversidade de poder manifesta a diversidade dos princípios essenciais. Ora, comumente, o intelecto dos homens acha-se nessa disposição que seu conhecimento é causado pelas coisas, mais do que, por sua concepção, possa causar as coisas. Se, portanto, certos homens que, exprimindo por palavras a concepção de seu intelecto, podem transmudar as coisas pelo poder próprio, serão de outra espécie, e se dirão equivocadamente homens.

Ademais. Não se adquire o poder do fazer pelo ensino, mas somente o conhecimento do fazer. Ora, pelo ensino alguns adquirem o que tais operações mágicas fazem. Portanto, eles não têm um poder para produzir tais efeitos, mas só o conhecimento. — Se se disser que esses homens, mais do que os outros, pelo poder das estrelas, obtêm o mencionado poder desde seu nascimento, de modo que, por mais que sejam instruídos os outros, que não têm isso de nascimento, não podem ser eficazes em semelhantes obras: primeiramente, deve-se responder que os corpos celestes não podem influenciar sobre o intelecto, como foi mostrado[360]. Portanto, pelo poder das estrelas não pode o intelecto de alguém obter esse poder de modo que a representação de sua concepção seja efetiva pela voz. — Ora, se se disser que também a imaginação opera no pronunciamento das vozes significativas, sobre a qual podem os corpos celestes influenciar, uma vez que sua operação se dá por órgão corporal, isso não pode dar-se quanto a todos os efeitos que são produzidos por semelhantes artes. Com efeito, foi mostrado que não podem todos esses efeitos ser produzidos pelo poder das estrelas. Portanto, nem pelo poder das estrelas pode alguém obter *esse poder*, de modo a produzir tais efeitos.

Resta, portanto, que tais efeitos sejam realizados por algum intelecto para o qual se dirige a palavra de quem profere tais vozes. Ora, sinal disso é: tais vozes significativas das

---

[360] Cf. cap. 84.

modi significativae voces quibus magi utuntur, invocationes sunt, supplicationes, adiurationes, aut etiam imperia, quasi ad alterum colloquentis.

Item. In observationibus huius artis utuntur quibusdam characteribus et figuris determinatis. Figura autem nullius actionis principium est neque passionis: alias, mathematica corpora essent activa et passiva. Non ergo potest per figuras determinatas disponi materia ad aliquem effectum naturalem suscipiendum. Non ergo utuntur magi figuris aliquibus quasi dispositionibus. Relinquitur ergo quod utantur eis solum quasi signis: non enim est aliquid tertium dare. Signis autem non utimur nisi ad alios intelligentes. Habent igitur magicae artes efficaciam ab alio intelligente, ad quem sermo magi dirigitur.

Si quis autem dicat quod figurae aliquae appropriantur aliquibus caelestium corporum; et ita corpora inferiora determinantur per aliquas figuras ad aliquorum caelestium corporum impressiones suscipiendas: videtur non rationabiliter dici.

Non enim ordinatur aliquod patiens ad suscipiendam impressionem agentis nisi per hoc quod est in potentia. Illa ergo tantum determinant ipsum ad specialem impressionem suscipiendum, per quae in potentia fit quodammodo. Per figuras autem non disponitur materia ut sit in potentia ad aliquam formam: quia figura abstrahit, secundum suam rationem, ab omni materia et forma sensibili, cum sit quoddam mathematicum. Non ergo per figuras vel characteres determinatur aliquod corpus ad suscipiendam aliquam influentiam caelestis corporis.

Praeterea. Figurae aliquae appropriantur corporibus caelestibus ut effectus ipsorum: nam figurae inferiorum corporum causantur a corporibus caelestibus. Praedictae autem artes non utuntur characteribus aut figuris quasi effectibus caelestium corporum, sed sunt effectus hominis operantis per artem. Appropriatio igitur figurarum ad aliqua caelestia corpora nihil ad propositum facere videtur.

quais mais usam, *são invocações, suplicações, esconjuros*, ou mesmo *ordens*, como de quem fala a outro.

Igualmente. Nas observações dessa arte usa-se de alguns caracteres e figuras determinados. Ora, a figura não é princípio de nenhuma ação, nem de paixão; do contrário, os corpos matemáticos seriam ativos e passivos. Não pode, pois, por determinadas figuras, a matéria ser disposta para receber algum efeito natural. Não usam, pois, os mágicos de algumas figuras como de disposições. Resta, portanto, que delas usem apenas como de sinais: com efeito, não se dá uma terceira explicação. Ora, não usamos de sinais senão em relação a outros inteligentes. Portanto, as artes mágicas têm eficácia de outro inteligente, ao qual a palavra do mágico é dirigida.

Mas, se alguém disser que umas figuras são apropriadas a alguns dos corpos celestes, e assim os corpos inferiores são determinados por certas figuras para receber as influências de alguns corpos celestes, não parece que se fala racionalmente.

Com efeito, um paciente não é ordenado a receber a influência do agente senão porque está em potência. Portanto, somente o determinam para receber a influência especial aquelas coisas, pelas quais, de certo modo, está em potência. Ora, por figuras não é disposta a matéria de modo a estar em potência para uma forma, porque a figura abstrai, segundo sua razão, de toda matéria e forma sensível, dado que é algo matemático. Portanto, por figuras e caracteres, um corpo não é determinado para receber a influência de um corpo celeste.

Além disso. Certas figuras são apropriadas aos corpos celestes, como efeitos deles, pois as figuras dos corpos inferiores são causadas por corpos celestes. Ora, as mencionadas artes não usam de caracteres ou de figuras como de efeitos de corpos celestes, mas são efeitos de um homem que opera por arte. Portanto, a apropriação das figuras para alguns corpos celestes não parece nada fazer a propósito.

Item. Per figuras non disponitur aliqualiter materia naturalis ad formam, ut ostensum est. Corpora igitur in quibus sunt impressae huiusmodi figurae, sunt eiusdem habilitatis ad recipiendam influentiam caelestem cum aliis corporibus eiusdem speciei.

Quod autem aliquid agat in unum eorum quae sunt aequaliter disposita, propter aliquid sibi appropriatum ibi inventum, et non in aliud, non est operantis per necessitatem naturae, sed per electionem. Patet ergo quod huiusmodi artes figuris utentes ad effectus aliquos producendos, non habent efficaciam ab aliquo agente per naturam, sed ab aliqua intellectuali substantia per intellectum agente. Hoc etiam demonstrat et ipsum nomen quod talibus figuris imponunt, characteres eos dicentes. Character enim signum est. In quo datur intelligi quod figuris huiusmodi non utuntur nisi ut signis exhibitis alicui intellectuali naturae.

Quia vero figurae in artificialibus sunt quasi formae specificae, potest aliquis dicere quod nihil prohibet quin constitutionem figurae, quae dat speciem imagini, consequatur aliqua virtus ex influentia caelesti, non secundum quod figura est, sed secundum quod causat speciem artificiati, quod adipiscitur virtutem ex stellis.

Sed de litteris quibus inscribitur aliquid in imagine, et aliis characteribus, nihil aliud potest dici quam quod signa sunt. Unde non habent ordinem nisi ad aliquem intellectum. Quod etiam ostenditur per sacrificia, prostrationes, et alia huiusmodi quibus utuntur, quae non possunt esse nisi signa reverentiae exhibitae alicui intellectuali naturae.

Capitulum CVI
Quod substantia intellectualis quae praestat efficaciam magicis operibus, non est bona secundum virtutem

Est autem ulterius inquirendum quae sit haec intellectualis natura, cuius virtute tales operationes fiunt.

Et primo quidem apparet quod non sit bona et laudabilis. Praestare enim patrocinium

Igualmente. A matéria natural não é disposta, por figuras, para a forma, como foi mostrado. Portanto, os corpos nos quais foram impressas figuras, tais figuras são da mesma capacidade para receber a influência celeste que os outros corpos da mesma espécie. Ora, que produza algo em uma daquelas coisas que são igualmente dispostas, por causa de algo a si apropriado, encontrado aí, e não em outro, não é de quem opera por necessidade, mas por escolha. Evidencia-se, portanto, que semelhantes artes que usam de figuras para produzir certos efeitos, não têm eficácia de um agente por natureza, mas de alguma substância intelectual pelo intelecto agente. Isso também demonstra o próprio nome que impõem a tais figuras, chamando-as de caracteres. Com efeito, o caráter é um sinal. Nele se dá a entender que não usam de tais figuras senão como sinais exibidos de uma natureza intelectual.

Por outro lado, porque as figuras nas coisas artificiais são como formas específicas, pode alguém dizer que nada proíbe que à constituição da figura, que dá a espécie à imagem, siga-se um poder por influência celeste, não enquanto é figura, mas enquanto causa a espécie do artefato, que recebe o poder das estrelas.

Entretanto, das letras nas quais se inscreve algo em imagem e de outros caracteres nada diverso se pode dizer de que são sinais. Donde, não têm ordem senão a um intelecto. O que também se mostra pelos sacrifícios, prostrações, e outras coisas semelhantes de que usam, as quais não podem ser senão sinais da reverência exibidas a alguma natureza intelectual.

Capítulo 106
A substância intelectual que empresta eficácia às obras mágicas não é moralmente boa

Deve-se investigar, em seguida, qual é essa natureza intelectual, por cuja virtude tais operações se produzem.

Em primeiro lugar, manifesta-se que não é boa e louvável. Com efeito, emprestar pa-

aliquibus quae sunt contraria virtuti, non est alicuius intellectus bene dispositi. Hoc autem fit in huiusmodi artibus: fiunt enim plerumque ad adulteria, furta, homicidia, et alia huiusmodi maleficia procuranda; unde utentes his artibus malefici vocantur. Non est ergo bene disposita secundum virtutem intellectualis natura cuius auxilio huiusmodi artes innituntur.

Item. Non est intellectus bene dispositi secundum virtutem familiarem esse et patrocinium exhibere sceleratis, et non quibuslibet optimis viris. Huiusmodi autem artibus utuntur plerumque homines scelerati. Non igitur intellectualis natura cuius auxilio hae artes efficaciam habent, est bene disposita secundum virtutem.

Adhuc. Intellectus bene dispositi est reducere homines in ea quae sunt hominum propria bona, quae sunt bona rationis. Abducere igitur ab istis, pertrahendo ad aliqua minima bona, est intellectus indecenter dispositi. Per huiusmodi autem artes non adipiscuntur homines aliquem profectum in bonis rationis, quae sunt scientiae et virtutes: sed in quibusdam minimis, sicut in inventione furtorum et deprehensione latronum, et his similibus. Non igitur substantiae intellectivae quarum auxilio hae artes utuntur, sunt bene dispositae secundum virtutem.

Amplius. In operationibus praedictarum artium illusio quaedam videtur, et irrationabilitas: requirunt enim huiusmodi artes hominem re venerea non attrectatum, cum tamen plerumque adhibeantur ad illicitos concubitus conciliandos. In operatione autem intellectus bene dispositi nihil irrationabile et sibi diversum apparet. Non igitur huiusmodi artes utuntur patrocinio intellectus bene dispositi secundum virtutem.

Praeterea. Non est bene dispositus secundum intellectum qui per aliqua scelera commissa provocatur ad auxilium alicui ferendum. Hoc autem fit in istis artibus: nam aliqui in executione earum leguntur innocentes pueros occidisse. Non igitur sunt boni intellectus quorum auxilio ista fiunt.

trocínio a coisas que são contrárias à virtude não é de um intelecto bem disposto. Ora, isso se produz em semelhantes artes, pois são muitas vezes para produzir adultérios, furtos, homicídios, e outros malefícios semelhantes, Donde, os que usam dessas artes se dizem *maléficos*. Não é, pois, bem disposta, segundo a virtude, a natureza intelectual em cuja ajuda semelhantes artes se fundamentam.

Igualmente. Não é de um intelecto bem disposto, segundo a virtude, ser familiar e dar patrocínio a celerados, e não a quaisquer homens ótimos. Ora, de semelhantes artes usam muitas vezes os homens celerados. Portanto, uma natureza intelectual, por cuja ajuda essas artes têm eficácia, não é bem disposta, segundo a virtude.

Ainda. É de um intelecto bem disposto conduzir os homens para aqueles bens que são próprios dos homens, que são os bens da razão. Portanto, afastar-se desses, arrastando para outros bens menores, é de um intelecto disposto indecentemente. Ora, por semelhantes artes não recebem os homens nenhum progresso nos bens da razão, que são as ciências e as virtudes, mas em alguns menores; por exemplo, na descoberta de furtos, prisão de ladrões, e coisas semelhantes. Portanto, as substâncias intelectivas, de cuja ajuda essas artes usam, não são dispostas segundo a virtude.

Ademais. Nas operações das mencionadas artes, parece haver certa ilusão e irracionalidade, pois tais artes requerem um homem não afeito ao sexo, e, no entanto, são empregadas muitas vezes para proporcionar encontros ilícitos. Ora, na operação do intelecto bem disposto não se manifesta nada de irracional e a ele diverso. Portanto, tais artes não usam do patrocínio de um intelecto bem disposto segundo a virtude.

Além disso. Não está bem disposto, segundo o intelecto, aquele que é provocado, por alguns crimes cometidos, a levar ajuda a alguém. Ora, isso se faz nessas artes, pois se lê que na execução delas alguns matam crianças inocentes. Portanto, não são bons os intelectos por cuja ajuda se fazem essas coisas.

Item. Bonum proprium intellectus est veritas. Cum igitur boni sit bonum adducere, cuiuslibet intellectus bene dispositi esse videtur alios perducere ad veritatem.

In operationibus autem magorum pleraque fiunt quibus ludificentur homines et decipiantur. Intellectus igitur cuius auxilio utuntur, non est bene dispositus secundum morem.

Adhuc. Intellectus bene dispositus veritate allicitur, in qua delectatur, non autem mendaciis. Magi autem in suis invocationibus utuntur quibusdam mendaciis, quibus alliciant eos quorum auxilio utuntur: comminantur enim quaedam impossibilia, sicut quod, nisi ille qui invocatur opem ferat, invocans caelum comminuet, aut sidera deponet; ut narrat Porphyrius in epistola ad Anebontem. Illae igitur intellectuales substantiae quibus adiuvantibus operationes magorum perficiuntur, non videntur bene dispositae secundum intellectum.

Amplius. Non videtur esse habentis intellectum bene dispositum ut, si sit superior, imperanti sibi subdatur sicut inferior: aut si sit inferior, ut sibi ab eo quasi superiori supplicari patiatur. Magi autem invocant eos quorum auxilio utuntur suppliciter, quasi superiores: cum autem advenerint, imperant eis quasi inferioribus. Nullo igitur modo videntur bene dispositi secundum intellectum.

Per haec autem excluditur gentilium error, qui huiusmodi operationes diis attribuebant.

Igualmente. A verdade é o bem próprio do intelecto. Como, pois, é próprio do bem levar ao bem, parece ser de qualquer intelecto bem disposto levar os outros à verdade. Entretanto, nas operações dos mágicos fazem-se muitas coisas pelas quais os homens são iludidos e enganados. Portanto, o intelecto de cuja ajuda se utilizam, não está bem disposto segundo o bem moral.

Ainda. O intelecto bem disposto é atraído pela verdade, com a qual se compraz, não, porém, com mentiras. Ora, os mágicos, em suas invocações, se utilizam de algumas mentiras, pelas quais atraem aqueles de cuja ajuda se utilizam, pois são cominadas algumas coisas impossíveis; por exemplo, que, a não ser que aquele que é invocado preste o auxílio, quem invoca destruirá o céu, ou fará cair os astros, como relata Porfírio na carta a Anebonte[361]. Portanto, aquelas substâncias intelectuais, com a ajuda das quais são realizadas as obras dos mágicos, não parecem bem dispostas segundo o intelecto.

Ademais. Não parece ser de quem tem o intelecto bem disposto, que, se é superior, se sujeite ao que manda, como inferior: ou se é inferior, que suporte ser suplicado por aquele que é superior. Ora, os mágicos invocam aqueles de cuja ajuda se utilizam, suplicando-os como superiores, mas quando são atendidos, dão-lhes ordens como a inferiores. Portanto, de nenhum modo parecem bem dispostos segundo o intelecto.

Por essas razões exclui-se o erro dos gentios, que atribuíam semelhantes operações aos deuses.

---

[361] Porfírio (233-305 a.C.), companheiro de Plotino (205-270), filósofo neoplatônico. Uma carta sua a Anebonte (séc. III), sacerdote egípcio, pede explicações sobre a diversidade de demônios. Cf. Santo Agostinho (354-431) em Cidade de Deus X, 11,1, ML 41,288-289.

Capitulum CVII
Quod substantia intellectualis cuius auxilio magicae artes utuntur, non est mala secundum suam naturam

Non est autem possibile quod sit naturalis malitia in substantiis intelligentibus quarum auxilio magicae artes operantur.

In illud enim in quod aliquid tendit secundum suam naturam, non tendit per accidens, sed per se: sicut grave deorsum. Sed si huiusmodi intellectuales substantiae sint secundum suam naturam malae, naturaliter in malum tendent. Non igitur per accidens, sed per se tendent ad malum. Hoc autem est impossibile: ostensum est enim supra quod omnia per se tendunt ad bonum, et nihil tendit ad malum nisi per accidens. Non igitur huiusmodi intellectuales substantiae sunt secundum suam naturam malae.

Adhuc. Quicquid est in rebus, oportet quod vel causa vel causatum sit: alioquin ad alia ordinem non haberet. Aut igitur huiusmodi substantiae sunt causae tantum, aut etiam causata. — Si autem causae; malum autem non potest esse causa alicuius nisi per accidens, ut supra ostensum est; omne autem quod est per accidens, oportet reduci ad id quod est per se: oportet quod in eis sit aliquid prius quam eorum malitia, per quod sint causae. Primum autem in unoquoque est eius natura et essentia. Non igitur secundum suam naturam sunt malae huiusmodi substantiae. — Idem etiam sequitur si sunt causata. Nam nullum agens agit nisi intendens ad bonum. Malum ergo non potest esse effectus alicuius causae nisi per accidens. Quod autem causatur per accidens tantum, non potest esse secundum naturam: cum omnis natura determinatum modum habeat quo procedit in esse. Non est igitur possibile quod huiusmodi substantiae sint malae secundum suam naturam.

Amplius. Unumquodque entium habet proprium esse secundum modum suae naturae. Esse autem, inquantum huiusmodi, est

Capítulo 107
A substância intelectual, de cuja ajuda as artes mágicas se utilizam, não é má, segundo sua natureza

Não é possível que haja malicia natural nas substâncias inteligentes com a ajuda das quais as artes mágicas operam.

Com efeito, para o que algo tende segundo sua natureza, não tende por acidentes, mas por si, como o pesado para baixo. Mas, se semelhantes substâncias intelectuais são más segundo sua natureza, naturalmente tendem para o mal. Portanto, não tendem para o mal por acidente, mas por si. Ora, isso é impossível, pois foi mostrado[362] que todas as coisas tendem para o bem, e nada tende para o mal, senão por acidente. Portanto, semelhantes substâncias intelectuais não são más, segundo sua natureza.

Ainda. É necessário que tudo o que está nas coisas, seja causa ou causado, caso contrário não teria ordem às demais coisas. Portanto, ou semelhantes substâncias são causas somente, ou são também causadas. — Ora, se causas, o mal não pode ser causa de algo, senão por acidente, como foi mostrado[363]; ora, é necessário que tudo, que é por acidente, seja reduzido ao que é por si: é necessário que nelas esteja algo anterior à sua malicia, por meio do qual são causas. Ora, o primeiro em qualquer coisa é sua natureza e essência. Portanto, tais substâncias não são más, por sua natureza. — Segue-se a mesma coisa, se são causadas. Com efeito, nenhum agente age senão tendendo para o bem. O mal, portanto, não pode ser efeito de uma causa, senão por acidente. Mas, o que é causado apenas por acidente, não pode ser segundo a natureza, dado que toda natureza tem determinado modo pelo qual procede no ser. Portanto, não é possível que tais substâncias sejam más segundo sua natureza.

Ademais. Cada um dos entes tem o próprio ser segundo o modo de sua natureza. Ora, o ser, enquanto tal, é bom: sinal disso é

---

[362] Cf. cap. 3.
[363] Cf. cap. 14.

bonum: cuius signum est quod omnia esse appetunt. Si igitur huiusmodi substantiae secundum suam naturam essent malae, nullum esse haberent.

Item. Ostensum est supra quod nihil potest esse quin a primo ente esse habeat; et quod primum ens est summum bonum. Cum autem omne agens, inquantum huiusmodi, agat sibi simile, oportet quod ea quae a primo ente sunt, bona sint. Praedictae igitur substantiae, secundum quod sunt et naturam aliquam habent, non possunt esse malae.

Adhuc. Impossibile est aliquid esse quod sit universaliter privatum participatione boni: cum enim idem sit appetibile et bonum, si aliquid esset omnino expers boni, nihil haberet in se appetibile; unicuique autem est appetibile suum esse. Oportet igitur quod, si aliquid secundum suam naturam dicatur malum, quod hoc non sit quasi simpliciter malum, sed quia est malum huic, vel quantum ad hoc: sicut venenum non est simpliciter malum, sed huic, cui est nocivum; unde quod est uni venenum, est alteri cibus.

Hoc autem contingit ex eo quod bonum particulare quod est proprium huius, est contrarium bono particulari quod est proprium alterius: sicut calor, qui est bonum ignis, est contrarium frigori, quod est bonum aquae, et destruit ipsum. Illud igitur quod secundum suam naturam ordinatur in bonum non particulare, sed simpliciter, impossibile est quod neque secundum hunc modum possit naturaliter dici malum. Tale autem est omnis intellectus: nam eius bonum est in propria operatione, quae est universalium, et eorum quae sunt simpliciter. Non est igitur possibile quod aliquis intellectus sit secundum suam naturam malus, non solum simpliciter, sed nec secundum quid.

Item. In unoquoque habente intellectum, naturali ordine intellectus movet appetitum: proprium enim obiectum voluntatis est bonum intellectum. Bonum autem voluntatis

que *todas as coisas desejam ser*[364]. Se, pois, tais substâncias fossem más segundo sua natureza, não teriam ser nenhum.

Igualmente. Foi mostrado[365] que nada pode ser que não tenha o ser do primeiro ente, e que *o primeiro ente é o sumo bem*[366]. Mas, como todo agente, enquanto tal, produz um semelhante a si, é necessário que aquelas coisas que procedem do primeiro ente, sejam boas. Portanto, as mencionadas substâncias, enquanto são e têm uma natureza, não podem ser más.

Ainda. É impossível que exista algo que é universalmente privado da participação do bem, pois, como é a mesma coisa o apetecível e o bom, se algo fosse totalmente desprovido de bem, não teria nada em si apetecível; ora, a cada um é apetecível o seu ser. É necessário, pois, se algo se diz mau segundo sua natureza, que isso não seja como simplesmente mau, mas porque é mau para este, ou quanto a isto, como o veneno não é simplesmente mau, mas para este a quem é nocivo; donde, o que é veneno para um, é alimento para outro.

Entretanto, isso acontece porque o bem particular que é próprio deste, é contrário ao bem particular que é próprio do outro, como o calor, que é o bem do fogo, é contrário ao frio, que é o bem da água, e o destrói. Aquilo, pois, que, segundo sua natureza, se ordena ao bem não particular, mas simplesmente, é impossível que nem segundo este modo possa ser naturalmente mau. Ora, tal é todo intelecto, pois seu bem está na operação própria, que é dos universais, e daquelas coisas que são simplesmente. Portanto, não é possível que um intelecto seja mau segundo sua natureza, não apenas simplesmente, mas nem segundo algo.

Igualmente. Em todo aquele que tem intelecto, na ordem natural o intelecto move o apetite, pois o objeto próprio da vontade é o bem conhecido. Ora, o bem da vontade está

---

[364] Aristóteles (384-322 a.C.), em Ética IX, 7, 1168a, 5-6.
[365] Livro II, cap. 15.
[366] Livro I, cap. 41.

est in eo quod sequitur intellectum: sicut in nobis bonum est quod est secundum rationem, quod autem est praeter hoc, malum est. Naturali igitur ordine substantia intellectualis vult bonum. Impossibile est igitur quod illae substantiae intellectuales quarum auxilio magicae artes utuntur, sint naturaliter malae.

Praeterea. Cum voluntas tendat in bonum intellectum naturaliter, sicut in proprium obiectum et finem, impossibile est quod aliqua intellectualis substantia malam secundum naturam habeat voluntatem, nisi intellectus eius naturaliter erret circa iudicium boni. Nullus autem intellectus talis potest esse: falsa enim iudicia in operationibus intellectus sunt sicut monstra in rebus naturalibus, quae non sunt secundum naturam, sed praeter naturam; nam bonum intellectus, et eius finis naturalis est cognitio veritatis. Impossibile est igitur quod aliquis intellectus sit qui naturaliter in iudicio veri decipiatur. Non igitur possibile est quod sit aliqua substantia intellectualis habens naturaliter malam voluntatem.

Adhuc. Nulla potentia cognoscitiva deficit a cognitione sui obiecti nisi propter aliquem defectum aut corruptionem suam, cum secundum propriam rationem ad cognitionem talis obiecti ordinetur: sicut visus non deficit a cognitione coloris nisi aliqua corruptione circa ipsum existente. Omnis autem defectus et corruptio est praeter naturam: quia natura intendit esse et perfectionem rei. Impossibile est igitur quod sit aliqua virtus cognoscitiva quae naturaliter deficiat a recto iudicio sui obiecti. Proprium autem obiectum intellectus est verum. Impossibile est igitur quod sit aliquis intellectus naturaliter circa cognitionem veri oberrans. Neque igitur voluntas aliqua naturaliter potest a bono deficere.

Hoc etiam auctoritate Scripturae firmatur. Dicitur enim I Tim. 4,4: omnis creatura Dei bona. Et Gen. 1,31: vidit Deus cuncta quae fecerat, et erant valde bona.

no que segue o intelecto, como em nós o bem é o que é segundo a razão, mas o que está fora disso é mau. Portanto, na ordem natural a substância intelectual quer o bem. É, pois, impossível que aquelas substâncias intelectuais, de cuja ajuda as artes mágicas se utilizam, sejam naturalmente más.

Além disso. Como a vontade tende naturalmente ao bem conhecido, como ao objeto próprio e fim, é impossível que uma substância intelectual tenha uma vontade má segundo a natureza, a não ser que seu intelecto erre acerca do julgamento do bem. Ora, nenhum intelecto pode ser tal, pois os falsos julgamentos nas operações do intelecto são como os monstros nas coisas naturais, que não são segundo a natureza, mas fora da natureza, pois o bem do intelecto, e seu fim natural, é o conhecimento da verdade. É, portanto, impossível que haja um intelecto que naturalmente se engane no julgamento do verdadeiro. Logo, não é possível que haja uma substância intelectual que tenha naturalmente uma vontade má.

Ainda. Nenhuma potência cognoscitiva falha no conhecimento de seu objeto a não ser por causa de um seu defeito ou corrupção, dado que, segundo a própria razão, ordena-se ao conhecimento de tal objeto, como a vista não falha no conhecimento da cor, a não ser havendo alguma corrupção relativa a isso. Ora, todo defeito e corrupção são fora da natureza, porque a natureza busca o ser e a perfeição da coisa. É, pois, impossível que haja uma virtude cognoscitiva que naturalmente falhe no julgamento correto de seu objeto. Ora, o objeto próprio do intelecto é o verdadeiro. Portanto, é impossível que haja um intelecto que naturalmente erre acerca do conhecimento. Nem, portanto, pode uma vontade naturalmente falhar no bem.

Isso também é confirmado pela autoridade da Escritura. Diz-se, com efeito, em I Timóteo[367]: *Toda criatura de Deus é boa*. E em Gênese[368]: *Viu Deus todas as coisas que fizera e eram muito boas*.

---

[367] 1 Timóteo 4,4.
[368] Gênese 1,31.

Per haec autem excluditur error Manichaeorum ponentium huiusmodi substantias intellectuales, quas Daemones consueto nomine dicimus vel diabolos, esse naturaliter malas.

Excluditur etiam opinio quam Porphyrius narrat, in epistola ad Anebontem, dicens quosdam opinari esse quoddam spirituum genus, cui exaudire magos sit proprium, natura fallax, omniforme, simulans deos et Daemones et animas defunctorum. Et hoc est quod efficiat haec omnia quae videntur esse vel bona vel prava. Ceterum circa ea quae vere sunt bona, nihil opitulari: immo vero ista nec nosse. Sed et mala conciliare et insimulare, atque impedire nonnunquam virtutis sedulos sectatores, et plenum esse temeritatis et fastus, gaudere nidoribus, adulationibus capi. Haec quidem Porphyrii verba malitiam Daemonum, quorum auxilio artes magicae utuntur, satis aperte declarant. In hoc autem solo reprehensibilia sunt, quod hanc malitiam naturaliter eis dicit inesse.

Por essas razões é excluído o erro dos Maniqueus, que afirmam que semelhantes substâncias intelectuais, que chamamos pelo costumeiro nome de Demônios ou diabos, são naturalmente más.

É excluída também a opinião que relata Porfírio, na carta a Anebonte[369], *afirmando que alguns opinam haver um gênero de espíritos, ao qual é próprio atender aos mágicos, de natureza falaz, oniforme, simulando os deuses, Demônios e almas dos defuntos. E é esse gênero que opera todas as coisas que parecem ser boas ou más. De resto, acerca das coisas que são verdadeiramente boas nada ajuda, mesmo porque não conhece tais coisas. Mas concilia e simula as más, e às vezes impede os zelosos seguidores da virtude, e é cheio de temeridade e de orgulho, alegra-se com o incenso e recebem adulações.* Essas palavras de Porfírio esclarecem bastante abertamente a malícia dos Demônios, de cuja ajuda as artes mágicas se utilizam. São repreensíveis apenas no que diz que essa malícia neles está naturalmente.

Capitulum CVIII
Rationes quibus probari videtur quod in Daemonibus non possit esse peccatum

Si autem in Daemonibus non est naturalis malitia; ostensum autem est eos esse malos: necessario relinquitur quod sint voluntate mali. Oportet igitur inquirere quomodo hoc possibile sit. Videtur enim omnino hoc impossibile esse.

Ostensum est enim in secundo nullam substantiam intellectualem esse corpori naturaliter unitam nisi animam humanam: vel secundum quosdam, animas corporum caelestium, de quibus inconveniens est aestimare quod sint malae, cum motus caelestium corporum sit ordinatissimus, et totius ordinis naturalis quodammodo principium. Omnis autem alia cognoscitiva potentia praeter intellectum utitur organis corporalibus animatis. Non est

Capítulo 108
Razões que parecem provar que nos Demônios não pode haver pecado

Se não há malícia natural nos Demônios; e se se mostrou[370] que eles são maus, resta necessariamente que sejam maus na vontade. Portanto, é necessário inquirir como isso é possível. Com efeito, parece que é totalmente impossível.

Com efeito, foi mostrado[371] que não há nenhuma substância intelectual unida naturalmente ao corpo senão a alma humana, ou segundo alguns, as almas dos corpos celestes, das quais é inconveniente pensar que são más, dado que o movimento dos corpos celestes é ordenadíssimo, e, de certo modo, princípio de toda a ordem natural. Ora, toda outra potência cognoscitiva, fora do intelecto, usa de órgãos corporais animados. Não é, portanto,

---

[369] Cf. capítulo anterior.
[370] Cf. cap. 106.
[371] Livro II, cap. 90.

ergo possibile quod in huiusmodi substantiis sit aliqua virtus cognoscitiva nisi intellectus. Quicquid igitur cognoscunt, intelligunt. In eo autem quod quis intelligit, non errat: ex defectu enim intelligendi provenit omnis error. Non potest igitur esse aliquis error in cognitione substantiarum talium. Nullum autem voluntatis peccatum potest esse absque errore: quia voluntas semper tendit in bonum apprehensum; unde, nisi in apprehensione boni erretur, non potest esse in voluntate peccatum. Videtur igitur quod in huiusmodi substantiis non possit esse voluntatis peccatum.

Adhuc. In nobis peccatum voluntatis accidit circa ea de quibus in universali scientiam veram habemus, per hoc quod in particulari impeditur iudicium rationis ex aliqua passione rationem ligante. Hae autem passiones in Daemonibus esse non possunt: quia hae passiones sunt partis sensitivae, quae nullam habet operationem sine organo corporali. Si igitur huiusmodi substantiae separatae habent rectam scientiam in universali, impossibile est quod per defectum cognitionis in particulari voluntas in malum tendat.

Amplius. Nulla virtus cognoscitiva circa proprium obiectum decipitur, sed solum circa extraneum: visus enim non decipitur in iudicio colorum; sed, dum homo per visum iudicat de sapore vel de specie rei, in hoc deceptio accidit. Proprium autem obiectum intellectus est quidditas rei. In cognitione igitur intellectus deceptio accidere non potest, si puras rerum quidditates apprehendat, sed omnis deceptio intellectus accidere videtur ex hoc quod apprehendit formas rerum permixtas phantasmatibus, ut in nobis accidit. Talis autem modus cognoscendi non est in substantiis intellectualibus corpori non unitis: quia phantasmata non possunt esse absque corpore. Non est igitur possibile quod in substantiis separatis accidat error in cognitione. Ergo neque peccatum voluntatis.

Item. In nobis falsitas accidit in operatione intellectus componentis et dividentis, ex hoc

possível que em semelhantes substâncias haja uma potência cognoscitiva senão o intelecto. Portanto, tudo o que conhecem, conhecem pelo intelecto. Ora, no que alguém conhece, não erra, pois, todo erro provém de falha do conhecer. Portanto, não pode haver algum erro no conhecimento de tais substâncias. Ora, nenhum pecado da vontade pode ser sem erro, porque a vontade sempre tende ao bem apreendido; donde, a menos que erre na apreensão do bem, não pode haver pecado na vontade. Portanto, parece que em semelhantes substâncias não pode haver pecado da vontade.

Ainda. Em nós acontece o pecado da vontade acerca daquelas coisas das quais em universal temos verdadeira ciência, porque em particular o julgamento da razão é impedido por alguma paixão que escraviza a razão. Ora, não pode haver nos Demônios essas paixões, porque elas são da parte sensitiva, que não tem nenhuma operação sem um órgão corporal. Se, pois, semelhantes substâncias separadas têm a reta ciência em universal, é impossível que, por falha de conhecimento no particular, a vontade tenda para o mal.

Ademais. Nenhuma potência cognoscitiva se engana acerca do objeto próprio, mas só acerca do estranho, pois a vista não se engana no julgamento das cores, mas enquanto o homem pela vista julga sobre o sabor ou sobre a espécie da coisa, nisso o engano acontece. Ora, o objeto próprio do intelecto é a quididade da coisa. Portanto, no conhecimento, o engano do intelecto não pode acontecer, se apreende as puras quididades das coisas, mas todo engano do intelecto parece acontecer enquanto apreende as formas das coisas misturadas aos fantasmas, como em nós acontece. Ora, não há tal modo de conhecer nas substâncias intelectuais não unidas a corpos, porque não pode haver os fantasmas sem o corpo. Não é, portanto, possível que, nas substâncias separadas, aconteça o erro no conhecimento. Logo, nem o pecado da vontade.

Igualmente. Em nós a falsidade acontece na operação do intelecto que compõe e divide,

quod non absolute rei quidditatem apprehendit, sed rei apprehensae aliquid componit. In operatione autem intellectus qua apprehendit quod quid est, non accidit falsum nisi per accidens, secundum quod in hac etiam operatione permiscetur aliquid de operatione intellectus componentis et dividentis. Quod quidem contingit inquantum intellectus noster non statim, sed cum quodam inquisitionis ordine ad cognoscendam quidditatem alicuius rei pertingit: sicut cum primo apprehendimus animal, et dividentes per oppositas differentias, altera relicta, unam generi apponimus, quousque perveniamus ad definitionem speciei. In quo quidem processu potest falsitas accidere, si accipiatur ut differentia generis quod non est generis differentia. Sic autem procedere ad cognoscendum de aliquo quid est, est intellectus ratiocinando discurrentis de uno ad aliud. Quod non competit substantiis intellectualibus separatis, ut supra ostensum est. Non videtur igitur quod possit aliquis error accidere in cognitione huiusmodi substantiarum. Unde nec in voluntate earum peccatum accidere potest.

Praeterea. Cum nullius rei appetitus tendat nisi in proprium bonum, impossibile videtur id cuius est singulariter unum solum bonum, quod in suo appetitu erret. Et propter hoc, etsi peccatum accidat in rebus naturalibus propter defectum contingentem in executione appetitus, nunquam peccatum accidit in appetitu naturali: semper enim lapis tendit deorsum, sive perveniat sive impediatur. In nobis autem peccatum accidit in appetendo, quia, cum sit natura nostra composita ex spirituali et corporali, sunt in nobis plura bona: aliud enim est bonum nostrum secundum intellectum, et aliud secundum sensum, vel etiam secundum corpus. Horum autem diversorum quae sunt hominis bona, ordo quidam est, secundum quod id quod est minus principale, ad principalius referendum est. Unde peccatum voluntatis in nobis accidit cum, tali ordine non servato, appetimus id quod est nobis bonum

enquanto não apreende de modo absoluto a quididade da coisa, mas compõe algo da coisa apreendida. Ora, na operação do intelecto, pela qual apreende o que é, não acontece o falso senão por acidente, enquanto também nessa operação se mistura algo da operação do intelecto que compõe e divide. O que certamente acontece enquanto nosso intelecto não imediatamente, mas, com certa ordem de inquisição, chega ao conhecimento da quididade de alguma coisa, como quando primeiro apreendemos o animal, e dividindo por diferenças opostas, deixada uma, acrescentamos outra ao gênero, até chegarmos à definição da espécie. Nesse processo pode acontecer a falsidade, se se toma como diferença do gênero o que não é diferença de gênero. Ora, proceder assim para conhecer de alguma coisa o que ela é, é próprio do intelecto que, raciocinando, discorre de um a outro. O que não compete às substâncias separadas, como foi mostrado[372]. Portanto, não parece que possa acontecer algum erro no conhecimento de semelhantes substâncias. Donde, nem o pecado pode acontecer na vontade delas.

Além disso. Dado que a nenhuma coisa o apetite tende a não ser para o próprio bem, parece impossível que aquilo de que há singularmente um só bem, erre em seu apetite. E por causa disso, embora aconteça o pecado nas coisas naturais em razão do defeito contingente na execução do apetite, jamais o pecado acontece no apetite natural, pois sempre a pedra tende para baixo, quer caia, quer seja impedida. Ora, em nós o pecado acontece ao apetecer, porque, como nossa natureza é composta do espiritual e do corporal, há em nós muitos bens; com efeito, um é o bem segundo o intelecto, outro segundo o sentido, ou também segundo o corpo. Entretanto, dessas coisas diversas que são bens do homem, há uma ordem, enquanto o que é menos principal deve ser referido ao mais principal. Donde, o pecado da vontade em nós acontece quando, não preservada tal ordem, desejamos o que

---

[372] Livro II, cap. 101.

secundum quid, contra id quod est bonum simpliciter. Talis autem compositio et diversitas bonorum non est in substantiis separatis: quinimmo omne eorum bonum est secundum intellectum. Non est igitur in eis possibile quod sit peccatum voluntatis, ut videtur.

Adhuc. In nobis peccatum voluntatis accidit ex superabundantia vel defectu, in quorum medio virtus consistit. Unde in his in quibus non est accipere superabundantiam et defectum, sed solum medium, non contingit voluntatem peccare: nullus enim peccare potest in appetendo iustitiam, nam ipsa iustitia medium quoddam est. Substantiae autem intellectuales separatae non possunt appetere nisi bona intellectualia: ridiculum enim est dicere quod bona corporalia appetant qui secundum suam naturam incorporei sunt, aut bona sensibilia quibus non est sensus. In bonis autem intellectualibus non est accipere superabundantiam: nam secundum se media sunt superabundantiae et defectus; sicut verum medium est inter duos errores, quorum unus est secundum plus, alter secundum minus; unde et sensibilia et corporalia bona in medio sunt prout secundum rationem sunt. Non videtur igitur quod substantiae intellectuales separatae secundum voluntatem peccare possint.

Amplius. Magis a defectibus remota videtur substantia incorporea quam corporalis. In substantiis autem corporeis quae sunt a contrarietate remotae, nullus defectus accidere potest: scilicet in corporibus caelestibus. Multo igitur minus in substantiis separatis, et a contrarietate remotis, et a materia, et a motu, ex quibus videtur defectus aliquis posse contingere, aliquod peccatum contingere potest.

nos é um bem segundo um aspecto, contra o que é bom simplesmente. Ora, tal composição e diversidade dos bens não há nas substâncias separadas, mesmo porque todo bem delas é segundo o intelecto. Portanto, não é possível que haja nelas pecado da vontade, como parece.

Ainda. Em nós acontece o pecado da vontade pelo excesso ou deficiência, e no meio deles consiste a virtude. Donde, naquelas coisas em que não há excesso e deficiência, mas só o meio, não acontece que a vontade peque, pois ninguém pode pecar ao desejar a justiça, dado que a própria justiça é um meio. Ora, as substâncias intelectuais separadas não podem desejar senão os bens intelectuais, pois é ridículo dizer que desejam os bens corporais aqueles que são segundo sua natureza incorpóreos, ou os bens sensíveis naqueles em que não há sentido. Entretanto, nos bens intelectuais, não se dá haver excesso, pois são, por si mesmos, meios entre o excesso e a deficiência, como há verdadeiro meio entre dois erros, dos quais um é segundo o mais, outro segundo o menos; donde, os bens sensíveis e corporais estão no meio, enquanto são segundo a razão. Portanto, não parece que as substâncias intelectuais separadas. possam pecar segundo a vontade.

Ademais. A substância incorpórea parece mais afastada dos defeitos que a corporal. Ora, nas substâncias corpóreas que são afastadas da contrariedade, nenhum defeito pode acontecer, ou seja, nos corpos celestes. Portanto, muito menos pode acontecer algum pecado nas substâncias separadas, e afastadas da contrariedade, da matéria e do movimento, a partir dos quais parece que um defeito pode acontecer.

Capitulum CIX
Quod in Daemonibus possit esse peccatum, et qualiter

Quod autem in Daemonibus sit peccatum voluntatis, manifestum est ex auctoritate sacrae Scripturae. Dicitur enim I Ioan. 3,3, quod diabolus ab initio peccat.

Capítulo 109
Pode haver pecado nos Demônios, e qual?

É manifesto pela autoridade da Sagrada Escritura que possa haver pecado da vontade nos Demônios.

Et Ioan. 8,44, de diabolo dicitur quod est mendax, et pater mendacii et quod homicida erat ab initio. Et Sap. 2,24 dicitur quod invidia diaboli mors introivit in orbem terrarum.

Si quis autem sequi vellet Platonicorum positiones, facilis esset via ad solvendum praedicta. Dicunt enim Daemones esse animalia corpore aerea: et sic, cum habeant sibi corpora unita, potest in eis etiam esse pars sensitiva. Unde et passiones, quae nobis sunt causa peccati, eis attribuunt, scilicet iram, odium, et alia huiusmodi: propter quod dicit Apuleius quod sunt animo passiva. Praeter hoc etiam quod uniti corporibus esse perhibentur, secundum positiones Platonis forte posset in eis aliud genus cognitionis poni quam intellectus. Nam secundum Platonem, etiam anima sensitiva incorruptibilis est. Unde oportet quod habeat operationem cui non communicet corpus. Et sic nihil prohibet operationem sensitivae animae inveniri in substantia aliqua intellectuali, quamvis corpori non unita: et per consequens passiones. Et sic manet in eis eadem radix peccandi quae est in nobis. Sed utrumque praemissorum est impossibile. Quod enim non sint aliquae aliae substantiae intellectuales unitae corporibus praeter animas humanas, ostensum est supra. Quod autem operationes sensitivae animae non possint esse sine corpore, hinc apparet quod, corrupto aliquo organo sentiendi, corrumpitur operatio una sensus: sicut, corrupto oculo, visio deficit. Propter quod et, corrupto organo tactus, sine quo non potest esse animal, oportet quod animal moriatur.

Ad evidentiam igitur praemissae dubitationis, considerandum est quod, sicut est

Com efeito, diz-se em I João[373] que *o diabo peca desde o início*. E em João[374], diz-se *do diabo que é mentiroso, e pai da mentira e que era homicida desde o início*. E em Sabedoria[375], se diz *que a inveja do diabo introduziu a morte no orbe das terras*.

Se alguém quisesse seguir as opiniões dos Platônicos, seria fácil a via para resolver o que foi dito[376]. Com efeito, afirmam que os Demônios são *animais de corpo aéreo* e assim, como têm corpos unidos a eles, pode haver neles também a parte sensitiva. Donde, também lhes atribuem as paixões, que em nós são a causa de pecado, ou seja, a ira, o ódio, e coisas semelhantes; por causa disso, diz Apuleio[377] que são *de animo passivo*. Além de que se atribua o ser unidos a corpos, talvez se pudesse, segundo as opiniões de Platão, afirmar neles algum gênero de conhecimento diverso do intelecto. Com efeito, segundo Platão, a alma sensitiva também é incorruptível. Donde, é necessário que tenha operação da qual não participe o corpo. E assim nada proíbe que a operação da alma sensitiva se ache nalguma substância intelectual, embora não unida ao corpo, e, por conseguinte, as paixões. E assim neles permanece a mesma raiz de pecar que está em nós. Mas qualquer uma das afirmações é impossível. Com efeito, foi mostrado[378] que não há outras substâncias intelectuais unidas ao corpo, fora das almas humanas, Que não pode haver operações sensitivas da alma sem o corpo, manifesta-se pelo fato de que, corrompido algum órgão de sentir, corrompe-se a operação junta com o sentido; por exemplo, corrompido o olho, falha a visão. Por causa disso, é necessário que o animal morra, corrompido o órgão do tato, sem o qual o animal não pode ser[379].

Portanto, para evidência da dúvida anterior, deve-se considerar que, assim como há

---

[373] 1 João 3,3.
[374] João 8,44.
[375] Sabedoria 2,24.
[376] Cf. capítulo anterior.
[377] Apuleio (125-180), discípulo de Platão.
[378] Livro II, cap. 90.
[379] Aristóteles (384-322 a.C.), em Sobre a Alma, II, 2, 413b -8-9.

ordo in causis agentibus, ita etiam in causis finalibus: ut scilicet secundarius finis a principali dependeat, sicut secundarium agens a principali dependet. Accidit autem peccatum in causis agentibus quando secundarium agens exit ab ordine principalis agentis: sicut, cum tibia deficit propter suam curvitatem ab executione motus quem virtus appetitiva imperabat, sequitur claudicatio. Sic igitur et in causis finalibus, cum finis secundarius non continetur sub ordine principalis finis, est peccatum voluntatis, cuius obiectum est bonum et finis.	ordem nas causas agentes, assim também nas causas finais, ou seja, como o fim secundário depende do principal, assim o agente secundário depende do principal. Ora, acontece o pecado nas causas agentes quando o agente secundário sai da ordem do agente principal; por exemplo, segue-se a claudicação quando a tíbia falha, em razão de sua curvatura, na execução do movimento que ordenava a potência apetitiva. Assim, também nas causas finais, quando o fim secundário não é contido sob a ordem do fim principal, há o pecado da vontade, cujo objeto é o bem e o fim.
Quaelibet autem voluntas naturaliter vult illud quod est proprium volentis bonum, scilicet ipsum esse perfectum, nec potest contrarium huius velle. In illo igitur volente nullum potest voluntatis peccatum accidere cuius proprium bonum est ultimus finis, quod non continetur sub alterius finis ordine, sed sub eius ordine omnes alii fines continentur. Huiusmodi autem volens est Deus, cuius esse est summa bonitas, quae est ultimus finis. In Deo igitur peccatum voluntatis esse non potest.	Ora, qualquer vontade quer naturalmente aquilo que é o bem próprio de quem quer, ou seja, o próprio ser perfeito, nem pode querer o seu contrário. Portanto, naquele que quer não pode acontecer pecado algum da vontade, cujo bem próprio é o fim último, que não é contido sob a ordem de outro fim, mas todos os outros fins estão contidos sob sua ordem. Ora, esse que quer é Deus, cujo ser é a suma bondade, que é o fim último. Portanto, em Deus não pode haver pecado da vontade.
In quocumque autem alio volente, cuius proprium bonum necesse est sub ordine alterius boni contineri, potest peccatum accidere voluntatis, si in sua natura consideratur. Licet enim naturalis inclinatio voluntatis insit unicuique volenti ad volendum et amandum sui ipsius perfectionem, ita quod contrarium huius velle non possit; non tamen sic est ei inditum naturaliter ut ita ordinet suam perfectionem in alium finem quod ab eo deficere non possit: cum finis superior non sit suae naturae proprius, sed superioris naturae. Relinquitur igitur suo arbitrio quod propriam perfectionem in superiorem ordinet finem.	Em qualquer outro que quer, cujo bem próprio é necessário que seja contido sob a ordem de outro bem, pode acontecer o pecado da vontade, se é considerado em sua natureza. Com efeito, embora a inclinação natural da vontade esteja em cada um que quer, para querer e amar sua própria perfeição, de maneira que não possa querer o contrário desse querer, entretanto, ela não lhe é assim naturalmente dada de sorte que ordene sua perfeição para outro fim do qual não possa falhar, já que o fim superior não é próprio de sua natureza, mas de uma natureza superior. Portanto, resta a seu arbítrio que ordene a própria perfeição para o fim superior.
In hoc enim differunt voluntatem habentia ab his quae voluntate carent, quod habentia voluntatem ordinant se et sua in finem, unde et liberi arbitrii esse dicuntur: quae autem voluntate carent, non ordinant se in finem, sed ordinantur a superiori agente, quasi ab alio acta in finem, non autem a seipsis.	Com efeito, diferem os que têm vontade dos que dela carecem em que os que têm vontade ordenam-se e as suas coisas ao fim, Donde, se diz que são de livre-arbítrio, mas os que carecem de vontade não se ordenam ao fim, mas são ordenados por agente superior, e como levados por outro para o fim, mas não por si mesmos.

Potuit igitur in voluntate substantiae separatae esse peccatum ex hoc quod proprium bonum et perfectionem in ultimum finem non ordinavit, sed inhaesit proprio bono ut fini. Et quia ex fine necesse est quod regulae actionis sumantur, consequens est ut ex seipsa, in qua finem constituit, alia regulari disponeret, et ut eius voluntas ab alio superiori non regularetur. Hoc autem soli Deo debetur. Et secundum hoc intelligendum est quod appetiit Dei aequalitatem: non quidem ut bonum suum esset divino bono aequale; hoc enim in intellectu cadere non poterat; et hoc appetendo appeteret se non esse, cum distinctio specierum secundum diversos gradus rerum proveniat, ut ex supra dictis apparet.

Velle autem alios regulare, et voluntatem suam a superiori non regulari, est velle praeesse, et quodammodo non subiici, quod est peccatum superbiae. Unde convenienter dicitur quod primum peccatum Daemonis fuit superbia. Sed quia ex uno errore circa principium varius et multiplex error consequitur, ex prima inordinatione voluntatis quae fuit in Daemone, consecutum est multiplex peccatum in voluntate ipsius: et odii ad Deum, ut resistentem suae superbiae, et punientem iustissime suam culpam; et invidiae ad hominem; et multa alia huiusmodi.

Considerandum est etiam quod, cum proprium alicuius bonum habet ordinem ad plura superiora, liberum est volenti ut ab ordine alicuius superiorum recedat et alterius ordinem non derelinquat, sive sit superior sive inferior: sicut miles, qui ordinatur sub rege et sub duce exercitus, potest voluntatem suam ordinare in bonum ducis et non regis, aut e converso. Sed si dux ab ordine regis recedat, bona erit voluntas militis recedentis a voluntate ducis et dirigentis voluntatem suam in regem, mala autem voluntas militis sequentis voluntatem ducis contra voluntatem regis: ordo enim inferioris principii dependet ab ordine superioris. Subs-

Portanto, pôde haver pecado na vontade da substância separada, enquanto não ordenou o bem próprio e a perfeição para o fim último, mas apegou-se ao bem próprio como fim. E porque é necessário que se tomem as regras de ação do fim, é consequente que, ela se disponha a regular as outras coisas por si mesma, no que constituiu o fim, de modo que sua vontade não seja regulada por outro superior. Ora, isso é devido a Deus. E por isso deve-se entender que deseja a igualdade com Deus[380], não certamente de modo que seu bem seja igual ao bem divino, pois isso não poderia cair sob o intelecto; e, desejando isso, desejaria que ele não fosse, dado que a distinção das espécies provém segundo os graus diversos das coisas, como fica claro do que foi dito[381].

Ora, querer regular os outros, e não regular-se sua vontade por um superior, é querer estar acima e de certo modo não sujeitar-se, o que é o pecado de soberba. Donde, se diz convenientemente que o primeiro pecado do Demônio foi a *soberba*. Entretanto, porque de um só erro acerca do princípio segue-se vário e múltiplo erro, da primeira desordem da vontade que houve no Demônio, seguiu-se múltiplo pecado na sua vontade: o ódio a Deus, como quem resistiu à sua soberba e puniu justissimamente sua culpa, e a inveja do homem, e muitos outros semelhantes.

Deve-se considerar, também, que, como o bem próprio de alguém é ordenado a muitos bens superiores, é livre ao que quer afastar-se da ordem de algum dos bens superiores, sem deixar a ordem de outro, quer seja superior quer inferior; por exemplo, o soldado, que está ordenado sob o rei, e sob o comandante do exército, pode ordenar sua vontade para o bem do comandante e não do rei, ou ao contrário. Mas, se o comandante se afasta da ordem do rei, será boa a vontade do soldado que se afasta da vontade do comandante e dirige sua vontade para o rei, porém má é a vontade do soldado que segue a vontade do coman-

---

[380] Isaías 14,14.
[381] Cf. cap. 97 e Livro II, cap. 95.

tantiae autem separatae non solum ordinantur sub Deo, sed una etiam earum ordinatur sub alia, a prima usque ad ultimam, ut in secundo ostensum est. Et quia in quolibet volente sub Deo potest esse peccatum voluntatis, si in sua natura consideretur, possibile fuit quod aliqua de superioribus, aut etiam suprema inter omnes, peccaret secundum voluntatem. Et hoc quidem satis probabile est: non enim in suo bono quievisset sicut in fine nisi suum bonum valde perfectum esset. Potuit igitur fieri quod de inferioribus aliquae, per propriam voluntatem, bonum suum ordinarent in ipsam, recedentes a divino ordine, quae similiter peccaverunt: aliae vero, servantes in motu suae voluntatis divinum ordinem, ab ordine peccantis, quamvis superioris secundum naturae ordinem, recte recederent. Quomodo vero in bonitate vel malitia immobiliter utrorumque voluntas perseverat, ostendetur in quarto: hoc enim pertinet ad poenas vel praemia bonorum vel malorum.

Hoc autem differt inter hominem et substantiam separatam, quod in uno homine sunt plures appetitivae virtutes, quarum una sub altera ordinatur. Quod quidem in substantiis separatis non contingit: una tamen earum est sub altera.

Peccatum autem in voluntate contingit qualitercumque appetitus inferior deflectatur. Sicut igitur peccatum in substantiis separatis esset vel per hoc quod deflecteretur ab ordine divino, vel per hoc quod aliqua earum inferior deflecteretur ab ordine alicuius superioris sub ordine divino manentis; ita in homine uno contingit peccatum dupliciter: uno modo, per hoc quod voluntas humana bonum proprium non ordinat in Deum: quod quidem peccatum est commune et sibi et substantiae separatae.

Alio modo, per hoc quod bonum inferioris appetitus non regulatur secundum superiorem: puta quando delectabilia carnis, in

dante contra a vontade do rei, pois a ordem do princípio inferior depende da ordem do superior. Ora, as substâncias separadas não apenas se ordenam sob Deus, mas também uma se ordena sob outra, da primeira à última, como foi mostrado[382]. E porque em qualquer querer, sob Deus, pode haver pecado da vontade, se é considerado em sua natureza, foi possível que uma das superiores, ou mesmo a suprema entre todas, pecasse segundo a vontade. E isso é bastante provável, pois não descansaria em seu bem como no fim, se não fosse seu bem muito perfeito. Pôde, portanto, dar-se que algumas das inferiores, por vontade própria, ordenassem seu bem para ela, afastando-se da ordem divina, as quais semelhantemente pecaram, já outras, conservando no movimento de sua vontade a ordem divina, retamente se afastaram da ordem da que pecava, embora superior segundo a ordem da natureza. Como a vontade de ambas persevera na bondade ou malícia imovelmente, mostrar-se-á adiante[383] pois isso pertence às penas ou prêmios dos bons ou dos maus.

A diferença entre o homem e a substância separada está em que num só homem há muitas virtudes apetitivas, das quais uma se subordina a outra. O que não acontece nas substâncias separadas, mas uma está sob a outra.

Ora, o pecado na vontade acontece da maneira como o apetite inferior se desvia de seu objeto. Portanto, assim como haveria o pecado nas substâncias separadas ou enquanto desviasse da ordem divina, ou enquanto uma inferior se desviasse da ordem de uma superior, que permanecia sob a ordem divina, assim num homem acontece o pecado duplamente: de um modo, enquanto a vontade humana não ordena o bem próprio para Deus, pecado que é comum tanto a si quanto à substância separada.

De outro modo, enquanto o bem do apetite inferior não é regulado segundo o superior, por exemplo, quando queremos, não segundo

---

[382] Livro II, cap. 95.
[383] Livro IV, caps. 92 ss.

quae concupiscibilis tendit, volumus non secundum ordinem rationis. Huiusmodi autem peccatum non contingit in substantiis separatis esse.

Capitulum CX
Solutio praemissarum rationum

Sic ergo quae obiecta sunt non difficile est solvere.

Non enim cogimur dicere quod error fuerit in intellectu substantiae separatae iudicando bonum quod bonum non sit: sed non considerando bonum superius, ad quod proprium bonum referendum erat. Cuius quidem inconsiderationis ratio esse potuit voluntas in proprium bonum intense conversa: est enim liberum voluntati in hoc vel illud converti.

Patet etiam quod non appetiit aliquod bonum nisi unum, quod est sibi proprium: sed in hoc fuit peccatum, quod praetermisit superius bonum, in quod debuit ordinari. Sicut enim in nobis peccatum est ex hoc quod bona inferiora, scilicet corporis, appetimus absque ordine rationis, ita in diabolo peccatum fuit ex hoc quod proprium bonum non retulit ad divinum bonum.

Patet etiam quod medium virtutis praetermisit, inquantum se superioris ordini non subdidit, et sic sibi plus dedit quam debuit, Deo autem minus quam ei deberetur, cui omnia debent esse subiecta ut primae regulae ordinanti. Manifestum igitur est quod in peccato illo non est praetermissum medium per superabundantiam passionis, sed solum per inaequalitatem iustitiae, quae est circa operationes. In substantiis enim separatis operationes esse possunt, passiones vero nequaquam.

Non etiam oportet, si in superioribus corporibus nullus potest esse defectus, quod propter hoc in substantiis separatis peccatum esse non possit. Corpora enim, et omnia quae ratione carent, aguntur tantum, non autem agunt seipsa: non enim sui actus dominium habent.

a ordem da razão, as deleitações da carne, para as quais tende o apetite concupiscível. Entretanto, semelhante pecado não acontece haver nas substâncias separadas.

Capítulo 110
Solução das razões expostas

Assim, não é difícil resolver as objeções feitas[384].

Com efeito, não somos obrigados a dizer que tenha havido erro no intelecto da substância separada, ao julgar bem o que não era bem, mas não considerando o bem superior, ao qual o bem próprio devia ser referido. A razão dessa inconsideração pôde ter sido a vontade convertida intensamente para o bem próprio, pois a vontade é livre de converter-se para este ou aquele bem.

Evidencia-se, também, que ela não deseja senão um único bem, que lhe é próprio, mas houve o pecado em que abandonou o bem superior, para o qual devia ter-se ordenado. Como, pois, há pecado em nós porque desejamos, sem a ordem da razão, os bens inferiores, isto é, do corpo, assim houve pecado no Diabo porque não dirigiu seu bem próprio para o bem divino.

Evidencia-se, também, que abandonou o meio termo da virtude, enquanto não se sujeitou à ordem superior, e assim se deu mais que devia e a Deus menos que lhe era devido, a Ele a quem todas as coisas devem estar sujeitas como a primeira regra ordenadora. Portanto, é manifesto que naquele pecado não foi abandonado o meio termo pela superabundância da paixão, mas só pela desigualdade da justiça, que se refere às operações. Com efeito, nas substâncias separadas pode haver operações, mas nunca paixões.

Também não é necessário, se nos corpos superiores não pode haver nenhum defeito, que, por causa disso, não possa haver pecado nas substâncias separadas. Com efeito, os corpos, e todos os entes que carecem de razão, apenas são operados, mas não operam a si mesmos,

---

[384] Cf. cap. 108.

Unde non possunt exire a regula prima ipsa agentis et moventis, nisi per hoc quod rectitudinem primae regulae sufficienter suscipere non possunt. Quod quidem contingit ex indispositione materiae. Et propter hoc superiora corpora, in quibus indispositio materiae locum non habet, nunquam a rectitudine primae regulae deficere possunt. Substantiae vero rationales, sive intellectuales, non tantum aguntur, sed etiam agunt se ad proprios actus. Quod quidem tanto magis invenitur in eis quanto perfectior est ipsarum natura: quorum enim natura perfectior est, est et perfectior virtus in agendo. Unde naturae perfectio non impedit quin peccatum in eis accidere possit modo praedicto: ex hoc scilicet quod seipsis inhaerent, ordinem superioris agentis non attendentes.

pois não têm domínio sobre seu ato. Donde não poderem desviar-se da própria regra primeira que opera e move, senão enquanto não podem receber, suficientemente, a retidão da regra primeira, O que certamente acontece pela indisposição da matéria. E por causa disso os corpos superiores, nos quais não tem lugar a indisposição da matéria, jamais podem falhar da retidão da regra primeira. Já as substâncias racionais, ou intelectuais, não apenas são operadas, mas também operam a si mesmas nos próprios atos. O que tanto mais se encontra nelas quanto mais perfeita é sua natureza, pois daquelas cuja natureza é mais perfeita, é também mais perfeita a virtude no operar. Donde a perfeição da natureza não impede que o pecado nelas aconteça, pelo modo mencionado, isto é, enquanto aderem a si mesmas, não atendendo à ordem do agente superior.

DEUS GOVERNA AS NATUREZAS INTELIGENTES (111 a 163)

Capitulum CXI
Quod speciali quadam ratione creaturae rationales divinae providentiae subduntur

Ex his quidem quae supra determinata sunt, manifestum est quod divina providentia ad omnia se extendit. Oportet tamen aliquam rationem providentiae specialem observari circa intellectuales et rationales naturas, prae aliis creaturis.

Praecellunt enim alias creaturas et in perfectione naturae, et in dignitate finis. — In perfectione quidem naturae, quia sola creatura rationalis habet dominium sui actus, libere se agens ad operandum; ceterae vero creaturae ad opera propria magis aguntur quam agant; ut ex supra dictis patet. — In dignitate autem finis, quia sola creatura intellectualis ad ipsum finem ultimum universi sua operatione pertingit, scilicet cognoscendo et amando Deum: aliae vero creaturae ad finem ultimum pertingere non possunt nisi per aliqualem similitudinis ipsius participationem.

Omnis autem ratio operis variatur secundum diversitatem finis, et eorum quae operationi subiiciuntur: sicut ratio operandi per artem diversa est secundum diversitatem finis et materiae; aliter enim operatur medicus ad aegritudinem pellendam, et ad sanitatem confirmandam; atque aliter in corporibus diversimode complexionatis.

Et similiter oportet in regimine civitatis diversam rationem ordinis observari secundum diversas conditiones eorum qui subiiciuntur regimini, et secundum diversa ad quae ordinantur: oportet enim aliter disponi milites, ut sint praeparati ad pugnam; et artifices, ut bene se habeant circa sua opera.

Capítulo 111
Por uma razão especial, as criaturas racionais estão sujeitas à providência divina

Do que foi determinado, é manifesto que a providência divina se estende a todas as coisas. Entretanto, é necessário que se considere uma razão especial da providência acerca das naturezas intelectuais e racionais, além das demais criaturas.

Com efeito, sobressaem sobre as outras criaturas tanto na perfeição da natureza, quanto na dignidade do fim. — Na perfeição da natureza, porque só a criatura racional tem o domínio de seu ato, agindo livremente e por si mesma para operar. Já as restantes criaturas são mais operadas para as obras próprias, do que operam, como se evidencia do acima dito[1]. — Na dignidade do fim também, porque só a criatura intelectual atinge, por sua operação, o próprio fim último do universo, isto é, conhecendo e amando a Deus; já as demais criaturas não podem atingir o fim último senão por alguma participação de sua semelhança.

Ora, toda razão da obra varia segundo a diversidade do fim e daquelas coisas que são sujeitas à operação, como a razão de operar pela arte é diversa segundo a diversidade do fim e da matéria; pois diferentemente opera o médico para debelar a doença e para confirmar a saúde, e diferentemente nos corpos de diversa compleição.

E, semelhantemente, é necessário, no governo da cidade, que seja observada razão diversa de ordem, segundo as condições diversas daqueles que estão sujeitos ao governo, e segundo as coisas diversas para as quais são ordenados, pois, por exemplo, é necessário que diferentemente sejam dispostos os soldados, enquanto se preparam para a guerra, e os artífices, para que se disponham bem acerca de suas obras.

---

[1] Cf. cap. 47.

Sic igitur et alia est ordinis ratio secundum quam creaturae rationales providentiae divinae subduntur: et alia secundum quam ordinantur ceterae creaturae.

Assim, portanto, outra é a razão de ordem segundo a qual as criaturas racionais estão sujeitas à providência divina, e outra segundo a qual se ordenam as demais criaturas.

Capitulum CXII
Quod creaturae rationales gubernantur propter seipsas, aliae vero in ordine ad eas

Capítulo 112
As criaturas racionais são governadas em razão de si mesmas, mas as demais em ordem às racionais

Primum igitur, ipsa conditio intellectualis naturae, secundum quam est domina sui actus, providentiae curam requirit qua sibi propter se provideatur: aliorum vero conditio, quae non habent dominium sui actus, hoc indicat, quod eis non propter ipsa cura impendatur, sed velut ad alia ordinatis.

Em primeiro lugar, portanto, a própria condição da natureza intelectual, segunda a qual é senhora de seu ato, requer o cuidado da providência, em que seja atendida por causa de si mesma, mas a condição das outras naturezas que não têm o domínio de seu ato, indica que não lhes é dado o cuidado por causa delas mesmas, mas enquanto ordenadas a outras.

Quod enim ab altero tantum agitur, rationem instrumenti habet: quod vero per se agit, habet rationem principalis agentis. Instrumentum autem non quaeritur propter seipsum, sed ut eo principale agens utatur. Unde oportet quod omnis operationis diligentia quae circa instrumenta adhibetur, ad principale agens referatur sicut ad finem: quod autem circa principale agens vel ab ipso vel ab alio adhibetur, inquantum est principale agens, propter ipsum est. Disponuntur igitur a Deo intellectuales creaturae quasi propter se procuratae, creaturae vero aliae quasi ad rationales creaturas ordinatae.

Com efeito, o que age somente por outro, tem razão de instrumento, mas o que age por si, tem razão de agente principal. Ora, não se busca o instrumento por causa d'Ele mesmo, mas para que d'Ele use o agente principal. Donde é necessário que toda diligência de operação, que se emprega acerca dos instrumentos, seja referida ao agente principal como ao fim, mas o que se emprega acerca do agente principal ou por ele ou por outro, enquanto é agente principal, é por causa d'Ele mesmo. Portanto, as criaturas intelectuais são dispostas por Deus como cuidadas por elas mesmas, já as outras criaturas, como ordenadas às criaturas racionais.

Adhuc. Quod dominium sui actus habet, liberum est in agendo, liber enim est qui sui causa est: quod autem quadam necessitate ab alio agitur ad operandum, servituti subiectum est. Omnis igitur alia creatura naturaliter servituti subiecta est: sola intellectualis natura libera est. In quolibet autem regimine, liberis providetur propter seipsos: servis autem ut sint in usum liberorum. Sic igitur per divinam providentiam intellectualibus creaturis providetur propter se, ceteris autem creaturis propter ipsas.

Ainda. O que tem o domínio de seu ato, é livre no agir, pois *é livre quem é causa de si*[2], mas o que, por alguma necessidade, age por outro para operar, é sujeito à servidão. Portanto, toda outra criatura é sujeita naturalmente à servidão, só a natureza intelectual é livre. Ora, em qualquer governo, aos livres se provê por causa deles mesmos, mas aos servos, para que sejam para o uso dos livres. Assim, portanto, pela providência divina, provê-se às criaturas intelectuais por causa delas, mas às restantes criaturas por causa daquelas.

---

[2] Aristóteles (384-322 a.C.), em Metafísica I, 2, 982b,26.

Amplius. Quandocumque sunt aliqua ordinata ad finem aliquem, si qua inter illa ad finem pertingere non possunt per seipsa, oportet ea ordinari ad illa quae finem consequuntur, quae propter se ordinantur in finem: sicut finis exercitus est victoria, quam milites consequuntur per proprium actum pugnando, qui soli propter se in exercitu quaeruntur; omnes autem alii, ad alia officia deputati, puta ad custodiendum equos, ad parandum arma, propter milites in exercitu quaeruntur. Constat autem ex praemissis finem ultimum universi Deum esse, quem sola intellectualis natura consequitur in seipso, eum scilicet cognoscendo et amando, ut ex dictis patet. Sola igitur intellectualis natura est propter se quaesita in universo, alia autem omnia propter ipsam.

Item. In quolibet toto partes principales propter se exiguntur ad constitutionem totius: aliae vero ad conservationem, vel ad aliquam meliorationem earum. Inter omnes autem partes universi, nobiliores sunt intellectuales creaturae: quia magis ad similitudinem divinam accedunt. Naturae ergo intellectuales sunt propter se a divina providentia procuratae, alia vero omnia propter ipsas.

Praeterea. Manifestum est partes omnes ordinari ad perfectionem totius: non enim est totum propter partes, sed partes propter totum sunt. Naturae autem intellectuales maiorem habent affinitatem ad totum quam aliae naturae: nam unaquaeque intellectualis substantia est quodammodo omnia, inquantum totius entis comprehensiva est suo intellectu: quaelibet autem alia substantia particularem solam entis participationem habet. Convenienter igitur alia propter substantias intellectuales providentur a Deo.

Adhuc. Sicut agitur unumquodque cursu naturae, ita natum est agi. Sic autem videmus

Ademais. Sempre que há coisas para um fim, e se umas entre elas não podem por si mesmas atingir o fim, é necessário que essas sejam ordenadas àquelas que alcançam o fim, as quais, por causa de si mesmas, ordenam-se ao fim; por exemplo, o fim do exército é a vitória, que os soldados alcançam por ato próprio lutando, os quais, no exército, só se buscam, por causa de si, enquanto todos os outros, deputados a outros ofícios, por exemplo para cuidar dos cavalos, preparar as armas, se buscam por causa dos soldados no exército. Ora, consta do exposto[3] que o fim último do universo é Deus, que é alcançado em si mesmo só pela natureza intelectual, ou seja, conhecendo e amando, como se evidencia do que foi dito[4]. Portanto, só a natureza intelectual é buscada, no universo, por causa de si mesma, mas todas as outras por causa dela.

Igualmente. Em qualquer todo, as partes principais são exigidas, por causa de si mesmas, para a constituição do todo, já as demais, para a conservação ou para alguma melhoria daquelas. Ora, entre todas as partes do universo, as mais nobres são as criaturas intelectuais, pois mais se aproximam da semelhança divina. Logo, as naturezas intelectuais são cuidadas por causa de si mesmas pela providência divina, mas todas as demais por causa daquelas.

Ademais. É manifesto que todas as partes se ordenam para a perfeição do todo, pois o todo não é por causa das partes, mas as partes são por causa do todo. Ora, as naturezas intelectuais têm maior afinidade com o todo que as outras naturezas, pois toda substância intelectual é, de certo modo, todas as coisas, enquanto, por seu intelecto, é compreensiva de todo ente, mas qualquer outra substância tem uma participação só particular do ente. Portanto, convenientemente, as outras são providenciadas por Deus por causa das substâncias intelectuais.

Ainda. No curso da natureza, cada coisa age como está determinada a agir. Ora, vemos que

---

[3] Cf. cap. 17.
[4] Cf. cap. 25.

res cursu naturae currere quod substantia intellectualis omnibus aliis utitur propter se: vel ad intellectus perfectionem, quia in eis veritatem speculatur; vel ad suae virtutis executionem et scientiae explicationem, ad modum quo artifex explicat artis suae conceptionem in materia corporali; vel etiam ad corporis sustentationem, quod est unitum animae intellectuali, sicut in hominibus patet. Manifestum est ergo quod propter substantias intellectuales omnia divinitus providentur.

Amplius. Quod aliquis propter se quaerit, semper illud quaerit: quod enim per se est, semper est; quod vero aliquis propter aliud quaerit, non oportet quod semper illud quaerat, sed secundum quod competit ei propter quod quaeritur. Esse autem rerum ex divina voluntate profluxit, ut ex superioribus est manifestum. Quae igitur semper sunt in entibus, sunt propter se a Deo volita: quae autem non semper, non propter se, sed propter aliud. Substantiae autem intellectuales maxime accedunt ad hoc quod sint semper, quia sunt incorruptibiles. Sunt etiam immutabiles, nisi solum secundum electionem. Ergo substantiae intellectuales gubernantur quasi propter se, aliae vero propter ipsas.

Non est autem ei quod praemissis rationibus est ostensum contrarium, quod omnes partes universi ad perfectionem totius ordinantur: sic enim ad perfectionem totius omnes partes ordinantur, inquantum una deservit alteri. Sicut in corpore humano apparet quod pulmo in hoc est de perfectione corporis, quod deservit cordi: unde non est contrarium pulmonem esse propter cor, et propter totum animal. Et similiter non est contrarium alias naturas esse propter intellectuales, et propter perfectionem universi: si enim deessent ea quae requirit substantiae intellectualis perfectio, non esset universum completum.

as coisas correm, no curso da natureza, de modo tal que a substância intelectual usa de todas as outras por causa de si: ou para a perfeição do intelecto, enquanto nelas investiga a verdade, ou para a execução de sua virtude e desenvolvimento da ciência, ao modo pelo qual o artífice desenvolve a concepção de sua arte na matéria corporal, ou também para sustento do corpo, que é unido à alma intelectual, como se evidencia nos homens. Logo, é manifesto que todas as coisas são divinamente providenciadas por causa das substâncias intelectuais.

Ademais. O que alguém busca por causa de si, sempre o busca, pois o que é por si, sempre é, mas o que alguém busca por causa de outra coisa, não é necessário que sempre o busque, mas segundo convém àquilo por causa de que se busca. Ora, o ser das coisas procede da vontade divina, como ficou manifesto das afirmações superiores[5]. Portanto, as coisas que sempre foram nos entes, são queridas, por si mesmas, por Deus, mas as que não são sempre, não são queridas por causa delas, mas por causa de outra coisa. Ora, as substâncias intelectuais maximamente se aproximam a que sejam sempre, porque são incorruptíveis. São também imutáveis, exceto quando fazem escolha. Logo, as substâncias intelectuais são governadas como por causa de si mesmas, já as outras por causa daquelas.

Entretanto, não é contrário ao que foi mostrado nas razões expostas, que todas partes do universo se ordenam à perfeição do todo, pois para a perfeição do todo todas as partes assim se ordenam, enquanto uma serve a outra. Assim como no corpo humano é manifesto que o pulmão pertence à perfeição do corpo, enquanto serve ao coração; donde, não é contrário que o pulmão seja por causa do coração, e por causa do animal todo. E, semelhantemente, não é contrário que as outras naturezas sejam por causa das intelectuais, e por causa da perfeição do universo, pois se faltassem as que a perfeição da substância intelectual exige, o universo não seria completo.

---

[5] Livro II, cap. 23.

Similiter etiam praedictis non obviat quod individua sunt propter proprias species. Per hoc enim quod ad suas species ordinantur, ordinem habent ulterius ad intellectualem naturam. Non enim aliquod corruptibilium ordinatur ad hominem propter unum individuum hominis tantum, sed propter totam humanam speciem. Toti autem humanae speciei non posset aliquod corruptibilium deservire nisi secundum suam speciem totam. Ordo igitur quo corruptibilia ordinantur ad hominem, requirit quod individua ordinentur ad speciem.

Per hoc autem quod dicimus substantias intellectuales propter se a divina providentia ordinari, non intelligimus quod ipsa ulterius non referantur in Deum et ad perfectionem universi. Sic igitur propter se procurari dicuntur et alia propter ipsa, quia bona quae per divinam providentiam sortiuntur, non eis sunt data propter alterius utilitatem; quae vero aliis dantur, in eorum usum ex divina ordinatione cedunt.

Hinc est quod dicitur Deut. 4,19: ne videas solem et lunam et cetera astra, et errore deceptus, adores ea quae creavit Dominus Deus tuus in ministerium cunctis gentibus quae sub caelo sunt. Et in Psalmo dicitur: omnia subiecisti sub pedibus eius; oves et boves universas, insuper et pecora campi. Et Sap. 12,18 dicitur: tu autem, dominator virtutis, cum tranquillitate iudicas, et cum magna reverentia disponis nos.

Per haec autem excluditur error ponentium homini esse peccatum si animalia bruta occidat. Ex divina enim providentia naturali ordine in usum hominis ordinantur.

Unde absque iniuria eis utitur homo, vel occidendo, vel quolibet alio modo.

Semelhantemente, não se opõe ao que foi dito também, que os indivíduos sejam por causa das espécies próprias. Com efeito, pelo que se ordenam a suas espécies, têm, posteriormente, ordem à natureza intelectual. De fato, uma coisa corruptível não se ordena ao homem por causa de um indivíduo humano só, mas a toda a espécie humana. Ora, uma coisa corruptível não poderia servir a toda espécie humana senão segundo toda sua espécie. Portanto, a ordem na qual as coisas corruptíveis se ordenam ao homem exige que os indivíduos se ordenem à espécie.

Ao dizermos que as substâncias intelectuais, por causa delas mesmas, são ordenadas pela providência divina, não entendemos que elas posteriormente não se refiram a Deus e à perfeição do universo. Assim, portanto, se diz que são providenciadas por causa de si mesmas e as outras, por causa delas, porque os bens que recebem da providência divina, não lhes são dados por causa da utilidade de outro; já aqueles que são dados às outras, destinam-se, pela ordenação divina, ao uso daquelas.

Daí é que se diz em Deuteronômio[6]: *Que não vejas o sol e a lua e os outros astros, e enganado pelo erro, adores estas coisas que o Senhor teu Deus criou para o serviço de todos os povos que estão sob o sol.* E diz-se no Salmo[7]: *Sujeitaste todas as coisas aos seus pés; todas as ovelhas e bois, e ainda os rebanhos do campo.* E em Sabedoria[8] se diz: *Tu, porém, dominador da virtude, julgas com tranquilidade, e nos dispões com grande atenção.*

Por essas razões exclui-se o erro dos que afirmam que há pecado no homem, se mata os animais irracionais. Com efeito, pela providência divina, são ordenados ao uso do homem, na ordem natural. Donde, o homem usa deles, sem injúria, ou matando, ou de qualquer outro modo. Por causa disso também o

---

[6] Deuteronômio 4,19.
[7] Salmo 8,8.
[8] Sabedoria 12,18.

Disso se manifesta, também, que só a criatura racional é dirigida por Deus para seus atos, não apenas segundo a conveniência da espécie, mas também segundo a conveniência do indivíduo.

Com efeito, toda coisa parece ser por causa de sua operação, pois a operação é a perfeição última da coisa. Portanto, assim cada coisa é ordenada para seu ato, enquanto está sujeita à providência divina. Ora, a criatura racional está sujeita à providência divina como governada e cuidada por si mesma, não só por causa da espécie, como as outras criaturas corruptíveis, porque o indivíduo, que é governado só segundo a espécie, não é governado por causa de si mesmo, mas a criatura racional é governada por causa de si mesma, como é manifesto do que foi dito[11]. Assim, pois, só as criaturas racionais recebem de Deus a direção para seus atos, não só por causa da espécie, mas segundo o indivíduo.

Senhor disse a Noé, em Gênese[9]: *Assim como as verduras, dei-vos toda carne.*

Entretanto, se na Sagrada Escritura se encontram passagens proibindo que se cometa algo de crueldade nos animais irracionais, como não matar a ave com filhotes, isso se dá ou para afastar o espírito do homem de praticar a crueldade para com homens, para que alguém, praticando atos cruéis acerca de animais, com isso proceda com homens, ou porque a lesão feita a animais não provoque o dano moral do homem, quer de quem o faz, quer de outro, ou por causa de alguma significação, como o Apóstolo expõe: *Não atarás pela boca o boi que debulha*[10].

Capítulo 113
A criatura racional é dirigida por Deus para seus atos não só segundo a ordem à espécie, mas também segundo o que convém ao indivíduo

Disso se manifesta, também, que só a criatura racional é dirigida por Deus para seus atos, não apenas segundo a conveniência da espécie, mas também segundo a conveniência do indivíduo.

Com efeito, toda coisa parece ser por causa de sua operação, pois a operação é a perfeição última da coisa. Portanto, assim cada coisa é ordenada para seu ato, enquanto está sujeita à providência divina. Ora, a criatura racional está sujeita à providência divina como governada e cuidada por si mesma, não só por causa da espécie, como as outras criaturas corruptíveis, porque o indivíduo, que é governado só segundo a espécie, não é governado por causa de si mesmo, mas a criatura racional é governada por causa de si mesma, como é manifesto do que foi dito[11]. Assim, pois, só as criaturas racionais recebem de Deus a direção para seus atos, não só por causa da espécie, mas segundo o indivíduo.

---

[9] Gênese 9,13.
[10] 1 Coríntios 9,9; Deuteronômio 25,4.
[11] Cf. capítulo anterior.

Adhuc. Quaecumque directionem habent in suis actibus solum secundum quod pertinent ad speciem, non est in ipsis agere vel non agere: quae enim consequuntur speciem, sunt communia et naturalia omnibus individuis sub specie contentis; naturalia autem non sunt in nobis. Si igitur homo haberet directionem in suis actionibus solum secundum congruentiam speciei, non esset in ipso agere vel non agere, sed oporteret quod sequeretur inclinationem naturalem toti speciei communem, ut contingit in omnibus irrationalibus creaturis. Manifestum est igitur quod rationalis creaturae actus directionem habet non solum secundum speciem, sed etiam secundum individuum.

Amplius. Sicut supra ostensum est, divina providentia ad omnia singularia se extendit, etiam minima. Quibuscumque igitur sunt aliquae actiones praeter inclinationem speciei, oportet quod per divinam providentiam regulentur in suis actibus praeter directionem quae pertinet ad speciem. Sed in rationali creatura apparent multae actiones ad quas non sufficit inclinatio speciei: cuius signum est quod non similes sunt in omnibus, sed variae in diversis. Oportet igitur quod rationalis creatura dirigatur a Deo ad suos actus non solum secundum speciem, sed etiam secundum individuum.

Item. Deus unicuique naturae providet secundum ipsius capacitatem: tales enim singulas creaturas condidit quales aptas esse cognovit ut per suam gubernationem pervenirent ad finem. Sola autem creatura rationalis est capax directionis qua dirigitur ad suos actus non solum secundum speciem, sed etiam secundum individuum: habet enim intellectum et rationem, unde percipere possit quomodo diversimode sit aliquid bonum vel malum secundum quod congruit diversis individuis, temporibus et locis. Sola igitur creatura rationalis dirigitur a Deo ad suos actus non solum secundum speciem, sed etiam secundum individuum.

Ainda. Quaisquer coisas que tenham direção em seus atos, apenas segundo pertencem à espécie, nelas não está o agir ou o não agir, pois as que decorrem da espécie são comuns e naturais a todos os indivíduos contidos sob a espécie, mas as naturais não dependem de nós. Se, portanto, o homem tivesse a direção em suas ações segundo apenas a conveniência da espécie, não estaria nele o agir ou o não agir, mas seria necessário que seguisse a inclinação natural comum a toda a espécie, como acontece em todas as criaturas irracionais. É manifesto, portanto, que o ato da criatura racional tem direção não só segundo a espécie, mas também segundo o indivíduo.

Ademais. Como foi mostrado[12], a providência divina estende-se a todos os singulares, até aos mínimos. Em todas as coisas, pois, em que há ações, além da inclinação da espécie, é necessário que sejam reguladas pela providência divina em seus atos, além da direção que pertence à espécie. Mas na criatura racional manifestam-se muitas ações para as quais não basta a inclinação da espécie, sinal disso é que não são semelhantes em todos, mas várias em diversos indivíduos. Portanto, é necessário que a criatura racional seja dirigida por Deus para seus atos, não apenas segundo a espécie, mas também segundo o indivíduo.

Igualmente. Deus provê a cada natureza segundo sua capacidade, pois criou as criaturas singulares, tais quais conheceu ser aptas a que, por seu governo, chegassem ao fim. Ora, só a criatura racional é capaz de direção na qual é dirigida para seus atos não só segundo a espécie, mas também segundo o indivíduo, pois tem intelecto e razão, donde pode perceber como algo diversamente seja bom ou mau, segundo convém a diversos indivíduos, tempos e lugares. Portanto, só a criatura racional é dirigida por Deus para seus atos, não só segundo a espécie, mas também segundo o indivíduo.

---

[12] Cf. caps. 75 ss.

Praeterea. Creatura rationalis sic providentiae divinae subiacet quod non solum ea gubernatur, sed etiam rationem providentiae utcumque cognoscere potest: unde sibi competit etiam aliis providentiam et gubernationem exhibere. Quod non contingit in ceteris creaturis, quae solum providentiam participant inquantum providentiae subduntur. Per hoc autem quod aliquis facultatem providendi habet, potest etiam suos actus dirigere et gubernare. Participat igitur rationalis creatura divinam providentiam non solum secundum gubernari, sed etiam secundum gubernare: gubernat enim se in suis actibus propriis, et etiam alia. Omnis autem inferior providentia divinae providentiae subditur quasi supremae. Gubernatio igitur actuum rationalis creaturae inquantum sunt actus personales, ad divinam providentiam pertinet.

Item. Actus personales rationalis creaturae sunt proprie actus qui sunt ab anima rationali. Anima autem rationalis non solum secundum speciem est perpetuitatis capax, sicut aliae creaturae, sed etiam secundum individuum. Actus ergo rationalis creaturae a divina providentia diriguntur non solum ea ratione qua ad speciem pertinent, sed etiam inquantum sunt personales actus.

Hinc est quod, licet divinae providentiae omnia subdantur, tamen in Scripturis sacris specialiter ei hominum cura attribuitur: secundum illud Psalmi 8,5: quid est homo quod memor es eius? et I Cor. 9,9: nunquid Deo cura est de bobus? quae quidem ideo dicuntur, quia de humanis actibus Deus curam habet non solum prout ad speciem pertinent, sed etiam secundum quod sunt actus personales.

Além disso. A criatura racional sujeita-se à providência divina de tal modo que não só é por ela governada, mas também pode conhecer, de algum modo, a razão da providência; donde compete-lhe também mostrar a providência e o governo com relação às outras. O que não acontece nas demais criaturas, que só participam da providência, enquanto à providência se sujeitam. Ora, pelo fato de que alguém tem a faculdade de prover, pode também dirigir e governar seus atos. Portanto, a criatura racional participa da providência divina, não apenas conforme é governada, mas também conforme governa, pois governa a si mesma em seus atos próprios, e também as outras. Entretanto, toda providência inferior se sujeita à providência divina, como à suprema. Portanto, o governo dos atos da criatura racional enquanto são atos pessoais, pertence à providência divina.

Igualmente. Os atos pessoais da criatura racional são propriamente atos que dependem de uma alma racional. Ora, a alma racional é capaz de perpetuidade não só segundo a espécie, como as outras criaturas, mas segundo o indivíduo. Logo, os atos da criatura racional são dirigidos pela providência divina não só pela razão que pertencem à espécie, mas também enquanto são atos pessoais.

Daí é que, embora todas as coisas se sujeitem à providência divina, entretanto nas Sagradas Escrituras, de modo especial, atribui-se a ela o cuidado dos homens, segundo aquilo do Salmo[13]: *Que é o homem para que eu me lembre d'Ele?* E em 1 Coríntios[14]: *Por acaso é de Deus o cuidado dos bois?*, coisas que são ditas, porque tem Deus o cuidado dos atos humanos, não apenas enquanto pertencem à espécie, mas também segundo são atos pessoais.

Capitulum CXIV
Quod divinitus hominibus leges dantur

Ex hoc autem apparet quod necessarium fuit homini divinitus legem dari.

Capítulo 114
Que leis são dadas divinamente aos homens

Disso se manifesta ter sido necessário que a lei fosse dada divinamente ao homem.

---

[13] Salmo 8,5.
[14] 1 Coríntios 9,9.

Sicut enim actus irrationalium creaturarum diriguntur a Deo ea ratione qua ad speciem pertinent, ita actus hominum diriguntur a Deo secundum quod ad individuum pertinent, ut ostensum est. Sed actus creaturarum irrationalium, prout ad speciem pertinent, diriguntur a Deo quadam naturali inclinatione, quae naturam speciei consequitur. Ergo, supra hoc, dandum est aliquid hominibus quo in suis personalibus actibus dirigantur. Et hoc dicimus legem.

Adhuc. Rationalis creatura, ut dictum est, sic divinae providentiae subditur quod etiam similitudinem quandam divinae providentiae participat, inquantum se in suis actibus et alia gubernare potest. Id autem quo aliquorum actus gubernantur, dicitur lex. Conveniens igitur fuit hominibus a Deo legem dari.

Item. Cum lex nihil aliud sit quam quaedam ratio et regula operandi, illis solum convenit dari legem qui sui operis rationem cognoscunt. Hoc autem convenit solum rationali creaturae. Soli igitur rationali creaturae fuit conveniens dari legem.

Praeterea. Illis danda est lex in quibus est agere et non agere. Hoc autem convenit soli rationali creaturae. Sola igitur rationalis creatura est susceptiva legis.

Amplius. Cum lex nihil aliud sit quam ratio operis; cuiuslibet autem operis ratio a fine sumitur: ab eo unusquisque legis capax suscipit legem a quo ad finem perducitur; sicut inferior artifex ab architectore, et miles a duce exercitus. Sed creatura rationalis finem suum ultimum in Deo et a Deo consequitur, ut ex superioribus patet. Fuit igitur conveniens a Deo legem hominibus dari.

Com efeito, como os atos das criaturas irracionais são dirigidos por Deus pela razão pela qual pertencem à espécie, assim os atos dos homens são dirigidos por Deus segundo pertencem ao indivíduo, como foi mostrado[15]. Ora, os atos das criaturas irracionais, enquanto pertencem à espécie, são dirigidos por Deus por uma inclinação natural, que segue a natureza da espécie. Logo, acima disso, deve-se dar algo aos homens em que sejam dirigidos em seus atos pessoais. E a isso chamamos lei.

Ainda. A criatura racional, como foi dito, sujeita-se de tal modo à providência divina que também participa de certa semelhança da providência divina, enquanto pode em seus atos governar-se e a outras. Ora, diz-se lei aquilo pelo que os atos de outros são governados. Portanto, foi conveniente que a lei fosse dada por Deus aos homens.

Igualmente. Dado que a lei não é outra coisa que certa razão e regra de operação, convém dar-se lei só àqueles que conhecem a razão de sua obra. Ora, isso convém só à criatura racional. Portanto, só à criatura racional foi conveniente dar-se a lei.

Além disso. A lei deve ser dada àqueles aos quais pertence agir e não agir. Ora, isso convém só à criatura racional. Portanto, só a criatura racional é susceptível de lei.

Ademais. Dado que a lei não é outra coisa que a razão da obra, e a razão de qualquer obra se toma do fim: cada um, capaz de lei, recebe a lei daquele pelo qual é conduzido ao fim; assim como o artífice inferior recebe do arquiteto, e o soldado, do comandante do exército. Ora, a criatura racional alcança seu fim último em Deus e por Deus, como se evidencia das afirmações superiores[16]. Portanto, foi conveniente que a lei fosse dada por Deus aos homens.

---

[15] Cf. capítulo anterior.
[16] Cf. caps. 37 e 52.

Hinc est quod dicitur Ierem. 31,33: dabo legem meam in visceribus eorum et Oseae 8,12: Scribam eis multiplices leges meas.

Capitulum CXV
Quod lex divina principaliter hominem ordinat in Deum

Ex hoc autem sumi potest ad quid lex divinitus data principaliter tendat.

Manifestum est enim quod unusquisque legislator ad suum finem principaliter per leges homines dirigere intendit: sicut dux exercitus ad victoriam et rector civitatis ad pacem. Finis autem quem Deus intendit, est ipsemet Deus. Lex igitur divina hominem principaliter in Deum ordinare intendit.

Adhuc. Lex, sicut dictum est, est quaedam ratio divinae providentiae gubernantis rationali creaturae proposita. Sed gubernatio providentis Dei singula ad proprios fines ducit. Per legem igitur divinitus datam homo ad suum finem praecipue ordinatur. Finis autem humanae creaturae est adhaerere Deo: in hoc enim felicitas eius consistit, sicut supra ostensum est. Ad hoc igitur principaliter lex divina hominem dirigit, ut Deo adhaereat.

Amplius. Intentio cuiuslibet legislatoris est eos quibus legem dat, facere bonos: unde praecepta legis debent esse de actibus virtutum. Illi igitur actus a lege divina praecipue intenduntur qui sunt optimi. Sed inter omnes humanos actus illi sunt optimi quibus homo adhaeret Deo, utpote fini propinquiores. Ergo ad hos actus praecipue lex divina homines ordinat.

Item. Illud praecipuum debet esse in lege ex quo lex efficaciam habet. Sed lex divinitus data ex hoc apud homines efficaciam habet quod homo subditur Deo: non enim aliquis alicuius regis lege artatur qui ei subditus non est. Hoc igitur praecipuum in divina lege esse debet, ut mens humana Deo adhaereat.

Daí é que se diz em Jeremias: *Darei minha lei nas vísceras deles*[17], e em Oseias: *Escrever-lhes-ei minhas numerosas leis*[18].

Capítulo 115
A lei divina ordena, principalmente, o homem para Deus

Disso pode-se depreender para que fim tende a lei, divinamente dada.

Com efeito, é manifesto que cada legislador pretende pelas leis dirigir os homens, principalmente, para seu fim, como o comandante do exército para a vitória, e o governante da cidade, para a paz. Ora, o fim que Deus visa, é Ele mesmo. Portanto, a lei divina visa ordenar o homem principalmente para Deus.

Ainda. A lei, como foi dito[19], é certa razão da providência divina que governa, proposta à criatura racional. Mas, o governo de Deus providente leva cada coisa aos próprios fins. Portanto, pela lei divinamente dada, o homem ordena-se precipuamente a seu fim. Ora, o fim da criatura humana é unir-se a Deus, pois nisso consiste a sua felicidade, como foi mostrado[20]. Portanto, a lei divina dirige o homem, principalmente, para unir-se a Deus.

Ademais. A intenção de qualquer legislador é fazer bons aqueles aos quais dá a lei; donde os preceitos da lei devem ser sobre atos das virtudes[21]. Portanto, são visados pela lei divina os atos que são os melhores. Mas, entre todos os atos humanos, os melhores são aqueles nos quais o homem se une a Deus, como mais próximos do fim. Logo, a esses atos a lei divina precipuamente ordena os homens.

Igualmente. Na lei, o principal deve ser aquilo pelo qual a lei recebe eficácia. Mas, a lei, dada divinamente, recebe eficácia junto dos homens enquanto o homem se sujeita a Deus, pois não é sujeito à lei de um rei alguém que não é seu súdito. Portanto, o principal na lei divina deve ser que a mente humana se una a Deus.

---

[17] Jeremias 31,33.
[18] Oseias 8,12.
[19] Cf. capítulo anterior.
[20] Cf. cap. 37.
[21] Aristóteles (384-322 a.C.), em Ética X, 13, 1102a-7, 13.

Hinc est quod dicitur Deut. 10,12: et nunc, Israel, quid Dominus Deus tuus petit a te, nisi ut timeas Dominum Deum tuum, et ambules in viis eius, et diligas eum, ac servias Domino Deo tuo in toto corde tuo et in tota anima tua?

Capitulum CXVI
Quod finis legis divinae est dilectio Dei

Quia vero intentio divinae legis ad hoc principaliter est ut homo Deo adhaereat; homo autem potissime adhaeret Deo per amorem: necesse est quod intentio divinae legis principaliter ordinetur ad amandum. Quod autem per amorem homo maxime Deo adhaereat, manifestum est.

Duo enim sunt in homine quibus Deo potest adhaerere, intellectus scilicet et voluntas: nam secundum inferiores animae partes Deo adhaerere non potest, sed inferioribus rebus. Adhaesio autem quae est per intellectum, completionem recipit per eam quae est voluntatis: quia per voluntatem homo quodammodo quiescit in eo quod intellectus apprehendit. Voluntas autem adhaeret alicui rei vel propter amorem, vel propter timorem: sed differenter. Nam ei quidem cui inhaeret propter timorem, inhaeret propter aliud: ut scilicet evitet malum quod, si non adhaereat ei, imminet. Ei vero cui adhaeret propter amorem, adhaeret propter seipsum. Quod autem est propter se, principalius est eo quod est propter aliud. Adhaesio igitur amoris ad Deum est potissimus modus ei adhaerendi. Hoc igitur est potissime intentum in divina lege.

Item. Finis cuiuslibet legis, et praecipue divinae, est homines facere bonos. Homo autem dicitur bonus ex eo quod habet voluntatem bonam, per quam in actum reducit quicquid boni in ipso est. Voluntas autem est bona ex eo quod vult bonum: et praecipue maximum bonum, quod est finis. Quanto igitur huiusmodi bonum magis voluntas vult,

Daí é que se diz em Deuteronômio: *E agora, Israel, o que o Senhor teu Deus te pede, senão que temas o Senhor teu Deus, e andes em seus caminhos, e o ames, e sirvas ao Senhor teu Deus, de todo o teu coração e de toda a tua alma?*[22]

Capítulo 116
O fim da lei divina é o amor de Deus

Uma vez que a intenção da lei divina é, principalmente, para que o homem se una a Deus, e o homem une-se a Deus, sobretudo, pelo amor, é necessário que a intenção da lei divina ordene principalmente para amar. Ora, que pelo amor o homem maximamente se une a Deus, é manifesto.

Com efeito, duas coisas há no homem pelas quais pode unir-se a Deus, a saber, o intelecto e a vontade, pois, segundo as partes inferiores da alma, não pode unir-se a Deus, mas às coisas inferiores. Ora, a união que é pelo intelecto, recebe o complemento pela união que é da vontade, porque, pela vontade, o homem de certo modo repousa naquilo que o intelecto apreende. E a vontade se une a alguma coisa ou por causa do amor, ou por causa do temor, mas diferentemente. De fato, àquilo a que se une por causa do temor, une-se por causa de outra coisa, ou seja, para evitar o mal, que, se não se unir a ele, torna-se iminente. Àquilo, porém, a que se une por causa do amor, une-se por causa de si mesmo. Ora, o que é por causa de si, é mais principal do que aquilo que por causa de outro. Portanto, a união de amor a Deus é o modo mais elevado de se unir a ele. Portanto, essa é a principal intenção na lei divina.

Igualmente. O fim de qualquer lei, e precipuamente da divina, é fazer os homens bons. Ora, o homem se diz bom enquanto tem vontade boa, pela qual reduz a ato tudo de bom que há em si. E a vontade é boa enquanto quer o bem, e precipuamente o bem máximo, que é o fim. Portanto, quanto mais a vontade quer semelhante bem, tanto mais o homem é bom.

---

[22] Deuteronômio 19,12.

tanto magis homo est bonus. Sed magis vult homo id quod vult propter amorem, quam id quod vult propter timorem tantum: nam quod vult propter timorem tantum, dicitur mixtum involuntario; sicut aliquis vult in mari proiectionem mercium propter timorem. Ergo amor summi boni, scilicet Dei, maxime facit bonos, et est maxime intentum in divina lege.

Praeterea. Bonitas hominis est per virtutem: virtus enim est quae bonum facit habentem. Unde et lex intendit homines facere virtuosos; et praecepta legis sunt de actibus virtutum. Sed de conditione virtutis est ut virtuosus et firmiter et delectabiliter operetur. Hoc autem maxime facit amor: nam ex amore aliquid firmiter et delectabiliter facimus. Amor igitur boni est ultimum intentum in lege divina.

Adhuc. Legislatores imperio legis editae movent eos quibus lex datur. In omnibus autem quae moventur ab aliquo primo movente, tanto aliquid perfectius movetur quanto magis participat de motione primi moventis, et de similitudine ipsius. Deus autem, qui est legis divinae dator, omnia facit propter suum amorem. Qui igitur hoc modo tendit in ipsum, scilicet amando, perfectissime movetur in ipsum. Omne autem agens intendit perfectionem in eo quod agit. Hic igitur est finis totius legislationis, ut homo Deum amet.

Hinc est quod dicitur I Tim. 1,5: finis praecepti caritas est. Et Matth. 22, dicitur quod primum et maximum mandatum in lege est, diliges Dominum Deum tuum. Inde est etiam quod lex nova, tanquam perfectior, dicitur lex amoris: lex autem vetus, tanquam imperfectior, lex timoris.

Mas, o homem quer mais o que quer por causa do amor do que o que quer apenas por causa do temor, pois o que quer apenas por temor, diz-se misturado de involuntário; por exemplo, alguém quer, por temor, o lançamento ao mar das mercadorias. Logo, o amor do sumo bem, ou seja, Deus, faz maximamente bons, e é maximamente visado na lei divina.

Além disso. A bondade do homem é pela virtude, pois a virtude é que faz bom a quem a tem. Donde, também a lei visa a fazer os homens virtuosos e os preceitos da lei são acerca dos atos das virtudes. Mas, é da condição da virtude que *o virtuoso opere firme e prazerosamente*[23]. Ora, isso faz maximamente o amor, pois por amor fazemos algo firme e prazerosamente. Portanto, o amor do bem é a intenção última da lei.

Ainda. Os legisladores movem, pelo comando da lei promulgada, aqueles aos quais a lei é dada. Em todas as coisas que são movidas por um primeiro movente, tanto mais perfeitamente algo é movido quanto mais participa da moção do primeiro movente, e da semelhança d'Ele. Ora, Deus, que é o dador da lei divina, tudo faz por causa de seu amor. Portanto, quem desse modo tende para Ele, isto é, amando, é movido para Ele de modo perfeitíssimo. Ora, todo agente visa à perfeição no que age. Portanto, esse é o fim de toda a legislação, que o homem ame a Deus.

Daí é que se diz em I *Timóteo*: *O fim do preceito é a caridade*[24]. E em Mateus se diz que *o primeiro e maior mandamento na lei é: amarás ao Senhor teu Deus*[25]. Daí é que também a lei nova, enquanto mais perfeita, se diz lei do amor, enquanto a lei antiga, enquanto mais imperfeita, lei do temor[26].

---

[23] Aristóteles (384-322 a.C.), em Ética II, 5, 1106a,22-24.
[24] 1 Timóteo 1,5.
[25] Mateus 22,37.38.
[26] Santo Agostinho (354-431) em Contra Adimanto 17, 2 ML 42, 159.

Capitulum CXVII
Quod divina lege ordinamur ad dilectionem proximi

Ex hoc autem sequitur quod divina lex dilectionem proximi intendat.

Oportet enim esse unionem affectus inter eos quibus est unus finis communis. Communicant autem homines in uno ultimo fine beatitudinis, ad quem divinitus ordinantur. Oportet igitur quod uniantur homines ad invicem mutua dilectione.

Adhuc. Quicumque diligit aliquem, consequens est ut etiam diligat dilectos ab eo, et eos qui coniuncti sunt ei. Homines autem dilecti sunt a Deo, quibus sui ipsius fruitionem quasi ultimum finem praedisposuit. Oportet igitur ut, sicut aliquis fit dilector Dei, ita etiam fiat dilector proximi.

Amplius. Cum homo sit naturaliter animal sociale, indiget ab aliis hominibus adiuvari ad consequendum proprium finem. Quod convenientissime fit dilectione mutua inter homines existente. Ex lege igitur Dei, quae homines in ultimum finem dirigit, praecipitur in nobis mutua dilectio.

Item. Ad hoc quod homo divinis vacet, indiget tranquillitate et pace. Ea vero quae pacem perturbare possunt, praecipue per dilectionem mutuam tolluntur. Cum igitur lex divina ad hoc ordinet homines ut divinis vacent, necessarium est quod ex lege divina in hominibus mutua dilectio procedat.

Praeterea. Lex divina profertur homini in auxilium legis naturalis. Est autem omnibus hominibus naturale ut se invicem diligant. Cuius signum est quod quodam naturali instinctu homo cuilibet homini, etiam ignoto, subvenit in necessitate, puta revocando ab errore viae, erigendo a casu, et aliis huiusmodi: ac si omnis homo omni homini esset natura-

Capítulo 117
Pela lei divina somos ordenados ao amor do próximo

Disso se segue que a lei divina visa ao amor do próximo.

Com efeito, é necessário que haja a união de afeto entre aqueles para os quais há um único fim comum. Ora, os homens comungam num só fim último da bem-aventurança, para a qual são ordenados divinamente. Portanto, é necessário que se unam os homens por mutuo amor.

Ainda. Todo aquele que ama alguém, é consequente que também ame os que são por ele amados, e os que a ele estão unidos. Ora, os homens são amados por Deus, que os predispôs para a fruição d'Ele, como do fim último. É necessário, portanto, que, assim como alguém se torna amador de Deus, assim também se torne amador do próximo.

Ademais. Dado que o *homem é um animal social*[27], necessita ser ajudado por outros homens para alcançar o fim próprio. O que se faz, de modo convenientíssimo, pelo amor mútuo existente entre os homens. Portanto, pela lei de Deus, que dirige os homens ao último fim, preceitua-se para nós o amor mútuo.

Igualmente. Para que o homem se dedique às coisas divinas, necessita da tranquilidade e da paz. As coisas, que podem perturbar a paz, são afastadas principalmente pelo amor mútuo. Portanto, como a lei divina ordena os homens para que se dediquem às coisas divinas, é necessário que o amor mútuo nos homens proceda da lei divina.

Além disso. A lei divina é levada ao homem em auxílio da lei natural. Ora, é natural a todos os homens que se amem reciprocamente. Sinal disso é que, por algum instinto natural, o homem ajuda a qualquer homem, mesmo desconhecido, na necessidade; por exemplo, afastando-o do erro do caminho, levantando da queda, e de outras formas, *como se todo ho-*

---

[27] Aristóteles (384-322 a.C.), em Ética I, 5, 1097b,11.

liter familiaris et amicus. Igitur ex divina lege mutua dilectio hominibus praecipitur.

Hinc est quod dicitur Ioan. 15,12: hoc est praeceptum meum, ut diligatis invicem; et I Ioan. 4,21: hoc mandatum habemus a Deo, ut qui diligit Deum, diligat et fratrem suum. Et Matth. 22,39 dicitur secundum mandatum est, diliges proximum tuum.

Capitulum CXVIII
Quod per divinam legem homines ad rectam fidem obligantur

Ex hoc autem apparet quod per divinam legem homines ad rectam fidem obligantur.

Sicut enim amationis corporalis principium est visio quae est per oculum corporalem, ita etiam dilectionis spiritualis initium esse oportet visionem intelligibilem diligibilis spiritualis. Visio autem illius spiritualis diligibilis quod est Deus, in praesenti haberi non potest a nobis nisi per fidem: eo quod naturalem rationem excedit; et praecipue secundum quod in eius fruitione nostra beatitudo consistit. Oportet igitur quod ex lege divina in fidem rectam inducamur.

Item. Lex divina ad hoc ordinat hominem ut sit totaliter subditus Deo.

Sed sicut homo subditur Deo amando quantum ad voluntatem, ita subditur Deo credendo quantum ad intellectum. Non autem credendo aliquid falsum: quia a Deo, qui est veritas, nullum falsum homini proponi potest; unde qui credit aliquod falsum, non credit Deo. Ex lege igitur divina ordinantur homines ad fidem rectam.

Adhuc. Quicumque errat circa aliquid quod est de essentia rei, non cognoscit illam rem: sicut si aliquis apprehenderet animal irrationale aestimans hoc esse hominem, non cognosceret hominem. Secus autem esset si erraret circa aliquod accidentium eius. Sed

mem fosse a todo homem naturalmente familiar e amigo[28]. Portanto, por lei divina o amor mútuo é preceituado aos homens.

Daí é que se diz em João[29]: *Este é o meu preceito, que ameis uns aos outros*; e em 1 João: *Temos este mandamento de Deus, que quem ama a Deus, ame também seu irmão*[30]. E em Mateus se diz: *o segundo mandamento é: ama teu próximo*[31].

Capítulo 118
Os homens são obrigados pela lei divina à verdadeira fé

Disso se manifesta que, pela lei divina, os homens são obrigados à verdadeira fé.

Com efeito, assim como o princípio da afeição corpórea é a visão que é pelo olho corporal, assim também é necessário que o início do amor espiritual seja a visão inteligível do amável espiritual. Ora, a visão desse amável espiritual, que é Deus, não podemos ter no presente senão pela fé: porque excede a razão natural, e, sobretudo, enquanto na sua fruição consiste nossa bem-aventurança. Portanto, é necessário que sejamos levados pela lei divina à fé verdadeira.

Igualmente. A lei divina ordena o homem a que seja totalmente sujeito a Deus.

Mas, como o homem se sujeita a Deus, amando quanto à vontade, assim se sujeita a Deus, crendo quanto ao intelecto. Não crendo, porém, em algo falso, porque nada de falso pode ser proposto ao homem por Deus, que é a verdade; donde, aquele que crê em algo falso, não crê em Deus. Portanto, por lei divina os homens são ordenados à fé verdadeira.

Ainda. Todo aquele que erra sobre algo que é da essência da coisa, não conhece essa coisa, assim como, se alguém apreendesse um animal irracional, pensando que fosse um homem, não conheceria o homem. Ora, não seria assim se errasse sobre algum acidente d'Ele. Nos

---

[28] Aristóteles (384-322 a.C.), em Ética VIII, 1, 1155a,21-22.
[29] João 15,12.
[30] 1 João 4,21.
[31] Mateus 22,39.

in compositis, qui errat circa aliquod principiorum essentialium, etsi non cognoscat rem simpliciter, tamen cognoscit eam secundum quid: sicut qui existimat hominem esse animal irrationale, cognoscit eum secundum genus suum. In simplicibus autem hoc non potest accidere, sed quilibet error totaliter excludit cognitionem rei.

Deus autem est maxime simplex. Ergo quicumque errat circa Deum, non cognoscit Deum: sicut qui credit Deum esse corpus, nullo modo cognoscit Deum, sed apprehendit aliquid aliud loco Dei. Secundum autem quod aliquid cognoscitur, secundum hoc amatur et desideratur. Qui ergo errat circa Deum, nec amare potest Deum, nec desiderare ipsum ut finem. Cum igitur lex divina ad hoc tendat ut homines ament et desiderent Deum, oportet quod ex lege divina homines obligentur ad rectam fidem habendam de Deo.

Amplius. Falsa opinio ita se habet in intelligibilibus sicut vitium virtuti oppositum in moralibus: nam bonum intellectus est verum. Sed ad legem divinam pertinet vitia prohibere. Ergo ad eam etiam pertinet falsas opiniones de Deo, et de his quae sunt Dei, excludere.

Hinc est quod dicitur Hebr. 11,6: sine fide impossibile est placere Deo. Et exodi 20,2, antequam alia praecepta legis ponantur, praestituitur recta fides de Deo, cum dicitur: audi Israel: Dominus Deus tuus unus est.

Per hoc autem excluditur error quorundam dicentium quod nihil refert ad salutem hominis cum quacumque fide serviat Deo.

Capitulum CXIX
Quod per quaedam sensibilia mens nostra dirigitur in Deum

Quia vero connaturale est homini ut per sensus cognitionem accipiat, et difficillimum est sensibilia transcendere, provisum est divinitus homini ut etiam in sensibilibus rebus

compostos, porém, quem erra sobre algum dos princípios essenciais, embora não conheça a coisa simplesmente, entretanto conhece-a segundo um aspecto, como quem pensa que o homem é animal irracional, conhece-o segundo o seu gênero. Nos simples, porém, isso não pode acontecer, mas qualquer erro exclui totalmente o conhecimento da coisa.

Ora, Deus é maximamente simples. Logo, todo aquele que erra sobre Deus, não conhece Deus, como quem crê que Deus é um corpo, de modo algum conhece a Deus, mas apreende algo em lugar de Deus. Mas, algo é amado e desejado segundo é conhecido. Aquele, pois, que erra sobre Deus, não pode nem amar a Deus, nem desejá-lo como fim. Portanto, dado que a lei divina tende a que os homens amem e desejem a Deus, é necessário que, por lei divina, os homens sejam obrigados a ter a verdadeira fé a respeito de Deus.

Ademais. A falsa opinião, de tal modo, se tem nos inteligíveis, como o vício oposto à virtude, na moral, *pois o bem do intelecto é o verdadeiro*[32]. Ora, pertence à lei divina proibir os vícios. Logo, a ela também pertence excluir as falsas opiniões a respeito de Deus e das coisas que são de Deus.

Daí é que se diz em Hebreus[33]: *Sem a fé é impossível agradar a Deus*. E no Êxodo[34] antes de serem dados os outros preceitos, estabelece-se a verdadeira fé sobre Deus, quando se diz: *Ouve, Israel, um só é o Senhor teu Deus*.

Por isso se exclui o erro de alguns que disseram que nada se refere à salvação do homem, pois ele serve a Deus com qualquer fé.

Capítulo 119
Por meio de algumas coisas sensíveis nossa mente é dirigida para Deus

Uma vez que é conatural ao homem receber o conhecimento pelos sentidos, e é dificílimo transcender os sensíveis, foi divinamente providenciado ao homem que, também nas

---

[32] Aristóteles (384-322 a.C.), em Ética VI, 2, 1139a, 27-28.
[33] Hebreus 11,6.
[34] Êxodo 20,2.

divinorum ei commemoratio fieret, ut per hoc hominis intentio magis revocaretur ad divina, etiam illius cuius mens non est valida ad divina in seipsis contemplanda.

Et propter hoc instituta sunt sensibilia sacrificia: quae homo Deo offert, non propter hoc quod Deus eis indigeat, sed ut repraesentetur homini quod et seipsum et omnia sua debet referre in ipsum sicut in finem, et sicut in creatorem et gubernatorem et Dominum universorum.

Adhibentur etiam homini quaedam sanctificationes per quasdam res sensibiles, quibus homo lavatur aut ungitur, aut pascitur vel potatur, cum sensibilium verborum prolatione: ut homini repraesentetur per sensibilia intelligibilium donorum processum in ipso ab extrinseco fieri et a Deo, cuius nomen sensibilibus vocibus exprimitur.

Exercentur etiam ab hominibus quaedam sensibilia opera, non quibus Deum excitet, sed quibus seipsum provocet in divina: sicut prostrationes, genuflexiones, vocales clamores, et cantus. Quae non fiunt quasi Deus his indigeat, qui omnia novit, et cuius voluntas est immutabilis, et affectum mentis, non motum corporis propter se acceptat: sed ea propter nos facimus, ut per haec sensibilia opera intentio nostra dirigatur in Deum, et affectio accendatur. Simul etiam per haec Deum profitemur animae et corporis nostri auctorem, cui et spiritualia et corporalia obsequia exhibemus.

Propter hoc non est mirum si haeretici qui corporis nostri Deum esse auctorem negant, huiusmodi corporalia obsequia Deo exhibita reprehendunt. In quo etiam apparet quod se homines esse non meminerunt, dum sensibilium sibi repraesentationem necessariam non iudicant ad interiorem cognitionem et affectionem. Nam experimento apparet quod per corporales actus anima excitatur ad aliquam

coisas sensíveis, se fizesse a comemoração do divino, de modo que por meio disso a intenção do homem fosse mais reconduzida às coisas divinas, mesmo que a mente d'Ele não seja capaz para contemplar as coisas divinas em si mesmas.

E, por causa disso, foram instituídos sacrifícios sensíveis, que o homem oferece a Deus, não porque Deus deles necessite, mas para que seja representado ao homem que deve referir tanto a si próprio quanto todas as suas coisas a Deus como ao fim, e como ao criador, governador e Senhor do universo.

Dão-se, também, ao homem algumas santificações por meio de algumas coisas sensíveis, pelas quais o homem é lavado ou ungido, ou come e bebe, com citações de palavras sensíveis, de modo que seja representado ao homem, pelas coisas sensíveis, o processo dos dons inteligíveis que se faz nele por fora e por Deus, cujo nome se exprime em palavras sensíveis.

Também são executadas pelos homens algumas obras sensíveis, não que Deus por elas seja movido, mas pelas quais o homem mesmo seja provocado às coisas divinas, como as prostrações, genuflexões, clamores vocais, e cantos. Coisas que não se fazem como se Deus delas necessite, Ele que conhece todas as coisas, e cuja vontade é imutável, aceita por causa de si o afeto da mente, não o movimento do corpo; mas fazemos essas coisas, por causa de nós, de modo que por essas obras sensíveis nossa intenção se dirija a Deus e se inflame nosso afeto. Simultaneamente, também por meio dessas coisas, professamos Deus como autor de nossa alma e corpo, e a ele rendemos obséquios espirituais e corporais.

Por causa disso, não é de admirar se os heréticos, que negam ser Deus o autor de nosso corpo, reprovam semelhantes obséquios corporais, prestados a Deus. Nisso também se manifesta que se esquecem de que são homens, enquanto não julgam que a representação para si das coisas sensíveis é necessária para o conhecimento interior e o afeto. Com efeito, manifesta-se pela experiência que a al-

cogitationem vel affectionem. Unde manifestum est convenienter etiam corporalibus quibusdam nos uti ad mentis nostrae elevationem in Deum.

In his autem corporalibus Deo exhibendis cultus Dei consistere dicitur. Illa enim colere dicimur quibus per nostra opera studium adhibemus. Circa Deum autem adhibemus studium nostrum actu, non quidem ut proficiamus ei, sicut cum alias res nostris operibus colere dicimur: sed quia per huiusmodi actus proficimur in Deum. Et quia per interiores actus directe in Deum tendimus, ideo interioribus actibus proprie Deum colimus. Sed tamen et exteriores actus ad cultum Dei pertinent, inquantum per huiusmodi actus mens nostra elevatur in Deum, ut dictum est.

Hinc etiam Dei cultus religio nominatur: quia huiusmodi actibus quodammodo se homo ligat, ut ab eo non evagetur. Et quia etiam quodam naturali instinctu se obligatum sentit ut Deo suo modo reverentiam impendat, a quo est sui esse et omnis boni principium. — Hinc etiam est quod religio etiam nomen accipit pietatis. Nam pietas est per quam honorem debitum parentibus impendimus. Unde convenienter quod Deo, parenti omnium, honor exhibeatur, pietatis esse videtur. Propter quod, qui his quae ad Dei cultum pertinent adversantur, impii dicuntur.

Quia vero Deus non solum est nostri esse causa et principium, sed totum nostrum esse in potestate ipsius est; et totum quod in nobis est, ipsi debemus; ac per hoc vere Dominus noster est: id quod in honorem Dei exhibemus, servitium dicitur. Est autem Deus Dominus non per accidens, sicut hominis homo, sed per naturam. Et ideo aliter debetur servitium Deo: et aliter homini, cui per accidens subdimur, et qui habet aliquod particulare in rebus dominium, et a Deo derivatum. Unde

ma é excitada por atos corporais para algum conhecimento ou afeto. Donde, é manifesto que, convenientemente, usamos de algumas coisas corporais para a elevação de nosso mente para Deus.

Diz-se que *o culto de Deus* consiste nas coisas corporais apresentadas a Deus. Com efeito, dizemos cultivar aquelas coisas nas quais, por nossas obras, mostramos cuidado. A respeito de Deus, porém, manifestamos cuidado em nosso ato, não certamente para lhe sermos úteis, como quando dizemos cultivar com nossas obras as outras coisas, mas porque, por semelhantes atos, aproximamo-nos de Deus. E porque por atos interiores tendemos diretamente para Deus, assim cultuamos propriamente a Deus, nos atos interiores. Entretanto, também os atos exteriores pertencem ao culto de Deus, enquanto, por semelhantes atos, nossa mente é elevada para Deus, como foi dito.

Daí, também, é que se chame o culto de Deus de *religião*, porque por tais atos, de certo modo, o homem se liga a Deus, de modo a não se afastar d'Ele. E ainda porque, por algum instinto natural, sente-se obrigado a prestar, do seu modo, reverência a Deus, do qual provém seu ser e princípio de todo bem. — Daí, ainda, é que a religião recebe também o nome de *piedade*. Com efeito, a piedade é a virtude pela qual prestamos a devida honra aos pais. Donde, parece conveniente que seja próprio da piedade que se preste honra a Deus, pai de todas as coisas. Por causa disso, aqueles que são contrários a essas coisas que pertencem ao culto de Deus, se chamam *ímpios*.

Por outro lado, porque Deus não só é causa e princípio de nosso ser, mas todo nosso ser está no seu poder, e tudo o que está em nós, a Ele devemos, e por isso é nosso Senhor, o que prestamos para a honra de Deus, se diz serviço. Ora, Deus é Senhor não por acidente, como o homem ao homem, mas por natureza. E assim, de modo diferente, se deve o serviço a Deus e o serviço ao homem, ao qual nos submetemos por acidente, e, se tem algum particular domínio nas coisas, é derivado de Deus. Donde,

servitium quod Deo debetur, specialiter apud Graecos latria vocatur.

Capitulum CXX
Quod latriae cultus soli Deo est exhibendus

Fuerunt autem aliqui qui latriae cultum non solum primo rerum principio exhibendum aestimaverunt, sed omnibus etiam creaturis quae supra hominem sunt.

Unde quidam, licet opinarentur Deum esse unum primum et universale rerum principium, latriam tamen exhibendam aestimaverunt, primo quidem post summum Deum, substantiis intellectualibus caelestibus, quas deos vocabant: sive essent substantiae omnino a corporibus separatae; sive essent animae orbium aut stellarum.

Secundo, etiam quibusdam substantiis intellectualibus quas unitas credebant corporibus aereis, quas Daemones esse dicebant: et tamen, quia supra homines eas esse credebant, sicut corpus aereum est supra terrestre, huiusmodi etiam substantias colendas divino cultu ab hominibus ponebant; et in comparatione ad homines deos illas esse dicebant, quasi medias inter homines et deos.

Et quia animas bonorum, per hoc quod a corpore separantur, in statum altiorem quam sit status praesentis vitae transire credebant, etiam animabus mortuorum, quas heroas aut Manes vocabant, divinum cultum exhibendum esse opinabantur.

Quidam vero, Deum esse animam mundi aestimantes, crediderunt quod toti mundo et singulis eius partibus esset cultus divinitatis exhibendus: non tamen propter corpus, sed propter animam, quam Deum esse dicebant; sicut et homini sapienti honor exhibetur non propter corpus, sed propter animam.

Quidam vero etiam ea quae infra hominem sunt secundum naturam, homini tamen colenda esse dicebant divino cultu, inquantum in eis participatur aliquid virtutis superioris naturae. Unde, cum quasdam imagines per homines factas sortiri crederent aliquam

o serviço que é devido a Deus, é chamado de modo especial entre os Gregos de *latria*.

Capítulo 120
O culto de latria deve ser prestado só a Deus

Houve alguns que pensaram que o culto de latria devia ser prestado não só ao primeiro princípio das coisas, mas também a todas as criaturas que estão acima do homem.

Donde, alguns, embora opinassem que Deus era o único princípio primeiro e universal das coisas, pensaram, porém, que a latria devia ser prestada, em primeiro lugar, após o sumo Deus, *às substâncias intelectuais celestes*, que chamavam de deuses, ou fossem substâncias totalmente separadas dos corpos, ou fossem almas dos mundos ou das estrelas.

Em segundo lugar, *a algumas substâncias intelectuais*, que acreditavam unidas a corpos aéreos, que diziam ser Demônios, e, entretanto, porque acreditavam que elas estivessem acima dos homens, como o corpo aéreo está acima do terrestre, também pensavam que semelhantes substâncias deviam ser cultuadas pelos homens por culto divino e, em comparação com os homens, diziam que elas eram deuses, como intermediárias entre os homens e os deuses.

E porque acreditavam que as almas dos bons, ao se separarem do corpo, passavam a um estado mais elevado do que o da vida presente, opinavam que também *às almas dos mortos*, que chamavam de heróis ou Manes, se devia prestar o culto divino.

Já alguns, pensando ser Deus a alma do mundo, acreditaram que se devia prestar o culto da divindade *a todo o mundo e a cada uma de suas partes*, não, porém, por causa do corpo, mas por causa da alma, que diziam ser Deus, como se presta honra ao homem sábio, não por causa do corpo, mas por causa da alma.

Outros ainda diziam que deviam também ser cultuadas pelo *homem as coisas que estão sob o homem, segundo a natureza, enquanto nelas algo participa da virtude da natureza superior*. Donde, como acreditassem que algumas imagens, feitas pelos homens, tivessem

virtutem supernaturalem, vel ex influentia caelestium corporum, vel ex praesentia aliquorum spirituum, dicebant huiusmodi imaginibus divinum cultum esse exhibendum. Quas etiam imagines deos vocabant. Propter quod et idololatrae sunt dicti: quia latriae cultum idolis, idest imaginibus, impendebant.

Est autem irrationabile ponentibus unum tantum primum principium separatum, cultum divinum alteri exhibere. Cultum enim Deo exhibemus, ut dictum est, non quia ipse hoc indigeat, sed ut in nobis firmetur etiam per sensibilia opinio vera de Deo. Opinio autem de hoc quod Deus sit unus, supra omnia exaltatus, per sensibilia firmari non potest in nobis nisi per hoc quod ei aliquid separatim exhibemus, quod dicimus cultum divinum. Patet ergo quod vera opinio de uno principio debilitatur si cultus divinus pluribus exhibeatur.

Praeterea. Sicut dictum est supra, huiusmodi cultus exterior homini necessarius est ad hoc quod anima hominis excitetur in spiritualem reverentiam Dei. Ad hoc autem quod animus hominis ad aliquid moveatur, multum operatur consuetudo: nam ad consueta facilius movemur. Habet autem hoc humana consuetudo, quod honor qui exhibetur ei qui summum locum in republica tenet, puta regi vel imperatori, nulli alii exhibetur. Est igitur animus hominis excitandus ad hoc quod aestimet esse unum summum rerum principium, per hoc quod ei aliquid exhibeat quod nulli alteri exhibetur. Et hoc dicimus latriae cultum.

Item. Si cultus latriae alicui deberetur quia est superior, et non quia est summus; cum hominum unus alio sit superior, et etiam Angelorum, sequeretur quod unus homo exhibere latriam alteri deberet, et Angelo Angelus. Et cum ille inter homines qui superior est quantum ad unum, sit inferior quantum ad aliud, sequeretur quod mutuo sibi homines latriam exhiberent. Quod est inconveniens.

Adhuc. Secundum hominum consuetudinem, pro speciali beneficio specialis retributio

alguma virtude sobrenatural, ou por influência de corpos celestes, ou pela presença de alguns espíritos, diziam que se devia prestar a tais imagens o culto divino. Imagens que também chamavam de deuses. Por causa disso, foram chamados de idólatras, pois prestavam o culto de latria a ídolos, isto é, a imagens.

É irracional para os que afirmam um só primeiro princípio separado, prestar a outro o culto divino. Com efeito, prestamos culto a Deus, como foi dito, não porque Ele necessite disso, mas para que em nós se firme também, pelas coisas sensíveis, a opinião verdadeira sobre Deus, Ora, a opinião de que Deus seja uno, exaltado sobre todas nas coisas não pode firmar-se pelas coisas sensíveis em nós, se não enquanto prestamos a Ele algo separadamente, o que chamamos de culto divino. Evidencia-se, pois, que a opinião verdadeira do princípio uno se enfraquece, se o culto divino é prestado a muitos.

Além disso. Assim como foi dito, semelhante culto exterior é necessário ao homem para que sua alma se excite à reverência espiritual de Deus. Ora, para que o ânimo do homem seja movido para algo, muito opera o costume, pois mais facilmente somos movidos para as coisas do costume. Mas é costume humano que a honra que é prestada àquele que tem o posto mais elevado na república, por exemplo, ao rei ou imperador, a nenhum outro seja prestada. Portanto, o ânimo do homem deve ser excitado para pensar que é uno o sumo princípio das coisas, enquanto se presta a Ele algo que a nenhum outro é prestado. E a isso chamamos culto de latria.

Igualmente. Se se devesse o culto de latria a alguém, porque é superior, e não porque é sumo, dado que um homem seja superior a outro, e também os Anjos, seguir-se-ia que um homem devesse a latria a outro, e o Anjo ao Anjo. E como aquele entre os homens, que é superior quanto a um, é inferior quanto a outro, seguir-se-ia que se prestariam latria mutuamente. O que é inconveniente.

Ainda. Segundo o costume dos homens, por um benefício especial se deve uma espe-

debetur. Est autem quoddam speciale beneficium quod homo a Deo summo percipit, scilicet creationis suae: ostensum enim est in secundo libro quod solus Deus creator est. Debet ergo homo aliquid Deo speciale reddere in recognitionem beneficii specialis. Et hoc est latriae cultus.

Amplius. Latria servitium dicitur. Servitium autem Domino debetur. Dominus autem est proprie et vere qui aliis praecepta operandi dispensat, et a nullo regulam operandi sumit: qui enim exequitur quod a superiori fuerit dispositum, magis est minister quam Dominus. Deus autem, qui est summum rerum principium, per suam providentiam omnia ad debitas actiones disponit, ut supra ostensum est: unde et in sacra Scriptura et Angeli et superiora corpora ministrare dicuntur et Deo, cuius ordinationem exequuntur, et nobis, in quorum utilitatem eorum actiones proveniunt. Non est igitur cultus latriae, qui summo debetur Domino, exhibendus nisi summo rerum principio.

Item. Inter alia quae ad latriam pertinent, singulare videtur esse sacrificium: nam genuflexiones, prostrationes, et alia huiusmodi honoris indicia, etiam hominibus exhiberi possunt, licet alia intentione quam Deo; sacrificium autem nullus offerendum censuit alicui nisi quia eum Deum aestimavit, aut aestimare se finxit. Exterius autem sacrificium repraesentativum est interioris veri sacrificii, secundum quod mens humana seipsam Deo offert. Offert autem se mens nostra Deo quasi suae creationis principio, quasi suae operationis actori, quasi suae beatitudinis fini. Quae quidem conveniunt soli summo rerum principio: ostensum enim est supra quod animae rationalis causa creatrix solus Deus summus est; ipse etiam solus voluntatem hominis potest inclinare ad quodcumque voluerit, ut supra ostensum est; patet etiam ex superioribus

cial retribuição. Ora, é um benefício especial que o homem recebe do sumo Deus, ou seja, o de sua criação, pois foi mostrado[35] que só Deus é criador. Logo, deve o homem retribuir algo especial, em reconhecimento do benefício especial. E isso é o culto de latria.

Mais. A latria se diz *serviço*. Ora, o serviço é devido a Deus. E o Senhor é própria e verdadeiramente quem dispensa a outros os preceitos de operar, e não toma de ninguém a regra de operar, pois aquele que executa o que foi disposto pelo superior é mais ministro que Senhor. Ora, Deus, que é o sumo princípio das coisas, por sua providência dispõe todas as coisas para as devidas ações, como foi mostrado[36]; donde, na Sagrada Escritura se diz que Anjos *administram* os corpos superiores para Deus, cuja ordenação executam, e para nós, em cuja utilidade as ações deles se realizam[37]. Portanto, o culto de latria, que se deve ao sumo Deus, não deve ser prestado senão ao sumo princípio das coisas.

Igualmente. Entre as outras coisas que pertencem à latria, parece ser singular o sacrifício, pois genuflexões, prostrações, e os outros semelhantes sinais de honra, também podem ser prestados aos homens, embora por diferente intenção do que a Deus, mas o sacrifício, ninguém entendeu que deva ser oferecido a alguém se não fosse tido como Deus, ou se imaginara. Exteriormente, porém, o sacrifício é representativo do verdadeiro sacrifício interior, enquanto a mente humana se oferece a si mesma a Deus. Ora, nossa mente se oferece a Deus como ao princípio de sua criação, como autor de sua operação, como fim de sua bem-aventurança. Coisas que somente convêm ao sumo princípio das coisas, pois foi mostrado[38] que a causa criadora da alma racional é só o sumo Deus e somente Ele pode inclinar a vontade do homem para qualquer coisa que

---

[35] Livro II, cap. 21.
[36] Cf. cap. 64.
[37] Salmo 102,21; Hebreus 1,14.
[38] Livro II, cap. 87.

quod in eius solius fruitione ultima hominis consistit felicitas. Soli igitur summo Deo homo sacrificium et latriae cultum offerre debet, non autem substantiis quibuscumque spiritualibus.

Licet autem positio quae ponit Deum summum non esse aliud quam animum mundi, a veritate recedat, ut supra ostensum est; illa vero quae ponit Deum esse separatum, et ab ipso existere omnes alias intellectuales substantias, sive separatas sive corpori coniunctas, sit vera: haec tamen positio rationabilius movetur ad exhibendum latriae cultum rebus diversis. Exhibendo enim diversis rebus latriae cultum, videtur uni summo Deo latriam exhibere, ad quem, secundum eorum positionem, diversae partes mundi comparantur sicut ad animam hominis diversa corporis membra. Sed etiam ei ratio obviat. Dicunt enim mundo non esse exhibendum latriae cultum ratione corporis, sed ratione animae, quam Deum esse dicunt. Licet autem corpus mundi divisibile sit in partes diversas, anima tamen indivisibilis est. Non est igitur divinitatis cultus exhibendus diversis rebus, sed uni tantum.

Adhuc. Si mundus ponitur animam habere quae totum animet et omnes partes ipsius, non potest hoc intelligi de anima nutritiva vel sensitiva: quia harum partium animae operationes non competunt omnibus partibus universi. Et dato etiam quod haberet mundus animam sensitivam vel nutritivam, non propter huiusmodi animam deberet ei latriae cultus: sicut nec brutis animalibus nec plantis. Relinquitur ergo quod hoc quod dicunt Deum, cui debetur latria, esse animam mundi, intelligatur de anima intellectuali.

queira, como foi mostrado[39]; evidencia-se também das afirmações superiores[40] que só na fruição d'Ele consiste a última felicidade do homem. Portanto, só a Deus o homem deve oferecer o sacrifício e o culto de latria, mas não a quaisquer substâncias espirituais.

Embora a afirmação que defende que o sumo Deus não é outra coisa que a alma do mundo, se afaste da verdade, como foi mostrado[41]; já aquela que defende que Deus é separado, e d'Ele é o existir de todas as outras substâncias intelectuais, quer separadas quer unidas ao corpo, seja verdadeira, no entanto, a primeira procede mais racionalmente ao prestar o culto de latria a diversas coisas. Com efeito, prestando a diversas coisas o culto de latria, parece prestar latria a um só sumo Deus, ao qual, segundo a afirmação deles, as diversas partes do mundo se relacionam, como os diversos membros do corpo com a alma humana. Mas também a ela a razão se opõe. Com efeito, dizem que não se deve prestar ao mundo o culto de latria em razão do corpo, mas em razão da alma, que dizem ser Deus. Ora, embora o corpo do mundo seja divisível em partes diversas, a alma, porém, é indivisível. Portanto, não se deve prestar o culto da divindade a diversas coisas, mas a uma somente.

Ainda. Se se afirma que o mundo tem alma, a qual o anima todo e todas as suas partes, isso não pode ser entendido a respeito da alma nutritiva ou sensitiva, porque as operações dessas partes da alma não pertencem a todas as partes do universo. E dado também que tivesse o mundo uma alma sensitiva ou nutritiva, não por causa de semelhante alma se lhe deveria o culto de latria, assim como nem aos animais brutos nem às plantas. Resta, pois, que se entenda da alma intelectual a alma do mundo que chamam Deus, ao qual se deveria a latria.

---

[39] Cf. cap. 88.
[40] Cf. cap. 37.
[41] Livro I, cap. 27.

Essa alma não é a perfeição de determinadas partes do corpo, mas, de algum modo, diz respeito ao todo. O que se evidencia também de nossa alma, que é mais ignóbil, pois o intelecto não tem um órgão corporal, como se prova no livro Sobre a Alma[42]. Portanto, não se deveria prestar o culto da divindade a diversas partes do mundo, mas a todo o mundo, por causa de sua alma, segundo o fundamento deles.

Ademais. Se, segundo a afirmação deles, só há uma alma, que anima o mundo todo e todas as suas partes, mas o mundo não se diz Deus senão por causa da alma, haverá, logo, só um Deus, E assim o culto da divindade não se deve senão a um só. Se, porém, há uma só alma do todo, e as diversas partes por sua vez têm diversas almas, é necessário que digam que as almas das partes se ordenam sob a alma do todo, pois é a mesma a proporção das perfeições e dos perfectíveis. Existindo, porém, várias substâncias intelectuais ordenadas, deve-se o culto de latria só àquelas que têm o lugar mais elevado entre elas, como foi mostrado contra a outra afirmação. Portanto, não se deverá prestar o culto de latria às partes do mundo, mas só ao todo.

Além disso. É manifesto que algumas partes do mundo não têm alma própria.

Portanto, a elas não se deverá prestar culto. E, contudo, eles mesmos cultuavam todos os elementos do mundo, ou seja, a terra, a água, o fogo, e os outros semelhantes corpos inanimados.

Igualmente. É manifesto que o superior não deve culto de latria ao inferior. Ora, o homem é superior, na ordem da natureza, pelo menos a todos os corpos inferiores, enquanto tem forma mais perfeita. Portanto, não deve o culto de latria ser prestado pelo homem aos corpos inferiores, se o culto a eles devesse ser prestado por causas de suas almas. — É necessário seguir-se a mesma inconveniência, se alguém diz que as partes singulares do mundo têm almas próprias, mas o todo não tem uma alma comum. Com efeito, será necessário que

---

[42] Aristóteles (384-322 a.C.), em Sobre a Alma III, 4, 429a-24-25.

pars mundi habeat animam nobiliorem, cui soli, secundum praemissa, debebitur latriae cultus.

His autem positionibus irrationabilior, est illa quae dicit imaginibus esse latriae cultum exhibendum. Si enim huiusmodi imagines habent virtutem aut aliquam dignitatem ex corporibus caelestibus, non propter hoc eis debetur latriae cultus: cum nec ipsis corporibus debeatur, nisi forte propter eorum animas, ut quidam posuerunt. Hae autem imagines ponuntur virtutem aliquam consequi ex corporibus caelestibus secundum eorum corporalem virtutem.

Praeterea. Manifestum est quod non consequuntur ex corporibus caelestibus tam nobilem perfectionem sicut est anima rationalis. Sunt ergo infra gradum dignitatis cuiuslibet hominis. Non igitur ab homine debetur eis aliquis cultus.

Amplius. Causa potior est effectu. Harum autem imaginum factores sunt homines. Non igitur homo debet eis aliquem cultum. Si autem dicatur, quod huiusmodi imagines habent aliquam virtutem aut dignitatem ex hoc quod eis adhaerent aliquae spirituales substantiae hoc etiam non sufficit: cum nulli spirituali substantiae debeatur latriae cultus nisi soli summae.

Praeterea. Nobiliori modo anima rationalis adhaeret hominis corpori quam aliqua spiritualis substantia adhaereat praedictis imaginibus. Adhuc igitur homo remanet in maiori dignitate quam praedictae imagines.

Adhuc. Cum huiusmodi imagines interdum ad aliquos noxios effectus fiant, manifestum est quod, si per aliquas spirituales substantias effectum sortiantur, quod illae spirituales substantiae sunt vitiosae. Quod etiam manifestius probatur per hoc: in responsionibus decipiunt, et aliqua contraria virtuti exigunt a suis cultoribus. Et sic sunt bonis hominibus inferiores. Non ergo eis debetur latriae cultus. Manifestum est ergo ex dictis quod latriae cultus soli uni summo Deo debetur.

a parte mais elevada do mundo tenha uma alma mais nobre, à qual somente se deverá, segundo o que foi dito, o culto de latria.

Entre essas afirmações, porém, a mais irracional é a que diz que se deve prestar o culto de latria às imagens. Com efeito, se as imagens têm virtude ou alguma dignidade pelos corpos celestes, não se lhes deve, por causa disso, o culto de latria, dado que nem a esses corpos se deve, a não ser, talvez, por causa de suas almas, como alguns afirmaram. Ora, afirma-se que essas imagens alcançam alguma virtude dos corpos celestes, segundo a virtude corporal desses.

Além disso. É manifesto que elas não alcançam dos corpos celestes tão nobre perfeição, como é a alma racional. Logo, estão abaixo do grau de dignidade de qualquer homem. Portanto, nenhum culto é devido a elas pelo homem.

Ademais. A causa é superior ao efeito. Ora, são os homens os fabricantes dessas imagens. Portanto, a elas o homem não deve culto. Se, porém, se disser que tais imagens têm alguma virtude ou dignidade pelo fato de que a elas se unem algumas substâncias espirituais, isso também não basta, já que a nenhuma substância espiritual se deve o culto de latria, a não ser à suprema.

Além disso. A alma racional une-se ao corpo do homem de modo mais nobre do que outra substância espiritual às mencionadas imagens. Portanto, o homem ainda permanece em dignidade maior que as mencionadas imagens.

Ainda. Dado que semelhantes imagens muitas vezes são produzidas para alguns efeitos nocivos, é manifesto que, se por algumas substâncias espirituais logram efeitos, essas substâncias espirituais são viciosas. O que também é mais manifestamente provado por isto: enganam nas respostas, e exigem de seus cultores algumas coisas contrárias à virtude. E assim são inferiores aos homens bons. Logo, não se lhes deve o culto de latria. Logo é manifesto do que foi dito que o culto de latria se deve ao único sumo Deus.

Hinc est quod dicitur Exod. 22,20: qui immolat diis occidetur, praeter Domino soli. Et Deut. 6,13: Dominum Deum tuum adorabis, et illi soli servies. Et Rom. 1, dicitur de gentilibus: docentes enim se esse sapientes, stulti facti sunt, et mutaverunt gloriam incorruptibilis Dei in similitudinem imaginis corruptibilis hominis et volucrum et quadrupedum et serpentum. Et infra: qui commutaverunt veritatem Dei in mendacium, et coluerunt et servierunt creaturae potius quam creatori, qui est super omnia Deus benedictus in saecula.

Quia ergo indebitum est quod latriae cultus alteri exhibeatur quam primo rerum principio, ad indebita autem incitare non est nisi rationalis creaturae male dispositae: manifestum est quod ad praedictas indebitas culturas instinctu Daemonum homines provocati fuerunt, qui se etiam loco Dei hominibus colendos exhibuerunt, divinum appetentes honorem. Hinc est quod dicitur in Psalmo: omnes dii gentium Daemonia. Et I Cor. 10,20: quae immolant gentes Daemoniis, et non Deo.

Quia igitur haec est principalis legis divinae intentio ut homo Deo subdatur, et ei singularem reverentiam exhibeat non solum corde, sed etiam ore et opere corporali; ideo primitus, Exod. 20, ubi lex divina proponitur, interdicitur cultus plurium deorum, ubi dicitur: 3 non habebis deos alienos coram me, et non facies tibi sculptile, neque omnem similitudinem. — Secundo, indicitur homini ne irreverenter divinum nomen ore pronuntiet, ad confirmationem scilicet alicuius falsi: et hoc est quod dicitur: 7 non assumes nomen Dei in vanum. — Tertio, indicitur requies secundum aliquod tempus ab exterioribus exercitiis, ut mens divinae contemplationi vacet: et ideo dicitur: 8 memento ut diem sabbati sanctifices.

Daí é que se diz em Êxodo: *Seja morto quem imola aos deuses, e não só ao Senhor*[43]. E em Deuteronômio: *Adorarás ao Senhor teu Deus, e a ele só servirás*[44]. E em Romanos se diz dos gentios: *Com efeito, dizendo-se ser sábios, tornaram-se estultos, e mudaram a glória do Deus incorruptível em semelhança da imagem do homem corruptível e de pássaros, quadrúpedes e serpentes.* E abaixo: *Os que mudaram a verdade de Deus em mentira, e cultuaram e serviram à criatura antes que ao criador, que é sobre todas as coisas, Deus bendito pelos séculos*[45].

Portanto, porque é indevido que o culto de latria seja prestado a outro que não ao primeiro princípio das coisas, e incitar ao indevido não é senão da criatura racional mal disposta, é manifesto que os homens foram levados aos mencionados cultos indevidos, por instigação dos Demônios, os quais se apresentaram aos homens para ser cultuados em lugar de Deus, desejando a honra divina. Daí é que se diz no Salmo[46]: *Os deuses todos são demônios dos gentios.* E em 1 Coríntios[47]: *Os povos imolam aos Demônios e não a Deus.*

Portanto, dado que esta é a principal intenção da lei divina que o homem se sujeite a Deus, e a Ele preste uma singular reverência não só pelo coração, mas também pela boca e pela obra corporal, assim, em primeiro lugar, no Êxodo, onde a lei divina é proposta, se proíbe o culto de muitos deuses, onde se diz: *Não tenhas deuses estrangeiros em minha presença, e não faças para ti estátua, nem qualquer semelhança.* — Em segundo lugar, lembra-se ao homem não pronunciar pela boca, irreverentemente, o nome divino, por exemplo, para confirmação de algo falso, e isto é o que se diz: *Não tomarás o nome de Deus em vão.* — Em terceiro, lembra-se o repouso dos exercícios exteriores, por algum tempo, para que a mente se entregue à contemplação divina, e assim se diz: *Lembra-te de santificares o dia de sábado*[48].

---

[43] Êxodo 22,20.
[44] Deuteronômio 6,13
[45] Romanos 1,22 e 25.
[46] Salmo 95,5.
[47] 1 Coríntios 10,20.
[48] Êxodo 20,3.7.8.

Capitulum CXXI
Quod divina lex ordinat hominem secundum rationem circa corporalia et sensibilia

Sicut autem per corporalia et sensibilia mens hominis elevari potest in Deum, si quis eis in reverentiam Dei debito modo utatur, ita etiam eorum indebitus usus mentem a Deo vel totaliter abstrahit, dum in inferioribus rebus constituitur voluntatis finis; vel mentis intentionem a Deo retardat, dum ultra quam necesse sit, ad huiusmodi res afficimur. Est autem divina lex ad hoc principaliter data ut homo adhaereat Deo. Pertinet igitur ad legem divinam ordinare hominem circa corporalium et sensibilium affectionem et usum.

Adhuc. Sicut mens hominis ordinatur sub Deo, ita corpus sub anima ordinatur, et inferiores vires sub ratione. Pertinet autem ad divinam providentiam, cuius quaedam ratio homini a Deo proposita divina lex est, ut singula suum ordinem teneant. Est igitur sic homo ordinandus lege divina ut inferiores vires rationi subdantur; et corpus animae; et exteriores res ad necessitatem homini deserviant.

Amplius. Quaelibet lex recte proposita inducit ad virtutem. Virtus autem in hoc consistit, quod tam interiores affectiones, quam corporalium rerum usus, ratione regulentur. Est igitur hoc lege divina statuendum.

Praeterea. Ad unumquemque legislatorem pertinet ea lege statuere sine quibus lex observari non potest. Cum autem lex rationi proponatur, homo legem non sequeretur nisi alia omnia quae pertinent ad hominem, rationi subderentur. Pertinet igitur ad legem divinam praecipere ut omnia quae sunt hominis, rationi subdantur.

Hinc est quod dicitur Rom. 12,1: *rationabile obsequium vestrum*; et I Thess. 4,3: *haec est voluntas Dei, sanctificatio vestra*.

Capítulo 121
A lei divina ordena o homem, segundo a razão, acerca das coisas corporais e sensíveis

Assim como, pelas coisas corporais e sensíveis, a mente do homem pode elevar-se a Deus, se alguém delas usa, no modo devido, para a reverência de Deus, assim também seu uso indevido ou abstrai totalmente a mente de Deus, enquanto o fim da vontade é posto nas coisas inferiores, ou retarda a intenção da mente de Deus, enquanto, além do que é necessário, nós nos afeiçoarmos a semelhantes coisas. Entretanto, a lei divina é dada, sobretudo, para que o homem se una a Deus. Portanto, pertence à lei divina ordenar o homem acerca do uso e afeição das coisas corporais e sensíveis.

Ainda. Assim como a mente do homem se ordena sob Deus, assim o corpo se ordena sob a alma, e as forças inferiores, sob a razão. Ora, pertence à providência divina, da qual certa razão proposta por Deus ao homem é a lei divina, que as coisas singulares tenham sua ordem. Portanto, deve-se ordenar assim o homem pela lei divina que as forças inferiores se sujeitem à razão, o corpo à alma, e as coisas exteriores sirvam à necessidade do homem.

Ademais. Toda lei, retamente proposta, leva à virtude. Ora, a virtude consiste em que tanto as afeições interiores, quanto o uso das coisas corporais, sejam regulados pela razão. Portanto, isso deve ser estabelecido pela lei divina.

Além disso. Pertence a todo legislador estabelecer por lei as coisas sem as quais a lei não pode ser observada. Ora, quando a lei é proposta à razão, o homem não seguiria a lei, se todas as coisas, que ao homem pertencem, não se sujeitassem à razão. Portanto, pertence à lei divina preceituar que todas as coisas que são do homem, se sujeitem à razão.

Daí é que se diz em Romanos[49]: *Vosso obséquio racional*, e em 1 Tessalonicenses[50]: *Esta é a vontade de Deus, a vossa santificação*.

---

[49] Romanos 12,1.
[50] 1 Tessalonicenses 4,3.

Por essas razões se exclui o erro de alguns que dizem que só são pecados aquelas coisas nas quais o próximo ou é ofendido, ou escandalizado.

Capítulo 122
Por que a simples fornicação é pecado contra a lei divina e o matrimônio é natural

Disso manifesta-se que é vã a razão dos que dizem que a fornicação simples não é pecado.

Com efeito, dizem: Seja uma mulher livre de homem, que não está sob o poder de ninguém, como do pai ou de algum outro, se alguém dela se aproxima, desejando-a, não lhe faz injúria, porque lhe agrada, e ela tem poder sobre seu corpo. A outro não faz injúria, porque afirma-se não estar sob o poder de ninguém. Não parece, portanto, ser pecado.

Ora, não parece ser resposta suficiente, se alguém diz que faz injúria a Deus. Com efeito, Deus não é ofendido por nós a não ser enquanto agimos contra nosso bem, como foi dito[51]. Ora, não é manifesto que isso seja contra o bem do homem. Donde, disso não parece que seja feita alguma injúria a Deus.

Semelhantemente, também não parece resposta suficiente que com isso se faz injúria ao próximo, que é escandalizado. Acontece, com efeito, que alguém se escandaliza de alguma coisa que, em si mesma, não é pecado, e assim o pecado se faz por acidente. Mas agora não tratamos da fornicação simples enquanto é pecado por acidente, mas por si mesma.

É necessário, pois, buscar a solução das afirmações superiores. Com efeito, foi dito[52] que Deus tem o cuidado de cada coisa, segundo o que para ela é bem. Ora, é o bem de cada um que alcance seu fim, mas seu mal está em que se desvia de seu fim devido. Assim como no todo, assim também é necessário considerar isso nas partes, ou seja, que cada parte do homem, e qualquer ato d'Ele, alcance seu fim

---

[51] Cf. capítulo anterior.
[52] Cf. caps. 112 ss.

Semen autem, etsi sit superfluum quantum ad individui conservationem, est tamen necessarium quantum ad propagationem speciei. Alia vero superflua, ut egestio, urina, sudor, et similia, ad nihil necessaria sunt: unde ad bonum hominis pertinet solum quod emittantur. Non hoc autem solum quaeritur in semine, sed ut emittatur ad generationis utilitatem, ad quam coitus ordinatur. Frustra autem esset hominis generatio nisi et debita nutritio sequeretur: quia generatum non permaneret, debita nutritione subtracta. Sic igitur ordinata esse seminis debet emissio ut sequi possit et generatio conveniens, et geniti educatio.

Ex quo patet quod contra bonum hominis est omnis emissio seminis tali modo quod generatio sequi non possit. Et si ex proposito hoc agatur, oportet esse peccatum. Dico autem modum ex quo generatio sequi non potest secundum se: sicut omnis emissio seminis sine naturali coniunctione maris et feminae; propter quod huiusmodi peccata contra naturam dicuntur. Si autem per accidens generatio ex emissione seminis sequi non possit, non propter hoc est contra naturam, nec peccatum: sicut si contingat mulierem sterilem esse.

Similiter etiam oportet contra bonum hominis esse si semen taliter emittatur quod generatio sequi possit, sed conveniens educatio impediatur. Est enim considerandum quod in animalibus in quibus sola femina sufficit ad prolis educationem, mas et femina post coitum nullo tempore commanent, sicut patet in canibus.

Quaecumque vero animalia sunt in quibus femina non sufficit ad educationem prolis, mas et femina simul post coitum commanent quousque necessarium est ad prolis educationem et instructionem: sicut patet in quibusdam avibus, quarum pulli non statim postquam nati sunt possunt sibi cibum quaerere. Cum enim avis non nutriat lacte pullos, quod in promptu est, velut a natura praeparatum,

devido. Ora, o sêmen, embora seja supérfluo quando à conservação do indivíduo, é, porém, necessário quanto à propagação da espécie. Já outras coisas supérfluas, como os excrementos, a urina, o suor, e semelhantes, não são necessárias para nada; donde pertence ao bem do homem só que sejam expelidas. Entretanto, isso não apenas se busca no sêmen, mas que seja expelido para utilidade da geração, à qual o coito se ordena. Seria, porém, frustrada a geração do homem, se não se seguisse a devida nutrição, porque o gerado não permaneceria, retirada a nutrição devida. Assim, pois, a emissão do sêmen deve ser ordenada, para que se possa seguir tanto a geração conveniente, quanto a educação do gerado.

Disso se evidencia que é contra o bem do homem toda emissão de sêmen, de modo tal que a geração não possa seguir-se. E se isso se faz de propósito, é necessário que haja pecado. Refiro-me ao modo no qual a geração não pode seguir-se em si mesma, como toda emissão de sêmen sem a união natural de macho e fêmea; por causa disso, tais pecados se dizem contra a natureza. Se, porém, a geração pela emissão do sêmen não pode por acidente seguir-se, não é por causa disso contra a natureza, nem pecado, como acontece quando a mulher é estéril.

Semelhantemente, também é necessário ser contra o bem do homem se o sêmen é de tal modo emitido que a geração pode seguir-se, mas é impedida a educação conveniente. Com efeito, deve-se considerar que nos animais, nos quais só a fêmea basta para a educação da prole, o macho e a fêmea, após o coito, não permanecem juntos por nenhum tempo, como se evidencia nos cães.

Por outro lado, entre aqueles animais nos quais a fêmea não basta para a educação da prole, o macho e a fêmea ficam juntos, após o coito, até quando é necessário para a educação e instrução da prole, como se evidencia em algumas aves, cujos filhotes, imediatamente depois de nascidos, não podem buscar para si o alimento.

Com efeito, a ave não nutre os filhotes com leite, que logo aparece, como preparado pela

sicut in quadrupedibus accidit, sed oportet quod cibum aliunde pullis quaerat, et praeter hoc, incubando eos foveat: non sufficeret ad hoc sola femella. Unde ex divina providentia est naturaliter inditum mari in talibus animalibus, ut commaneat femellae ad educationem fetus.

Manifestum est autem quod in specie humana femina minime sufficeret sola ad prolis educationem: cum necessitas humanae vitae multa requirat quae per unum solum parari non possunt. Est igitur conveniens secundum naturam humanam ut homo post coitum mulieri commaneat, et non statim abscedat, indifferenter ad quamcumque accedens, sicut apud fornicantes accidit. on autem huic rationi obstat quod aliqua mulier suis divitiis potens est ut sola nutriat fetum. Quia rectitudo naturalis in humanis actibus non est secundum ea quae per accidens contingunt in uno individuo, sed secundum ea quae totam speciem consequuntur.

Rursus considerandum est quod in specie humana proles non indiget solum nutritione quantum ad corpus, ut in aliis animalibus; sed etiam instructione quantum ad animam. Nam alia animalia naturaliter habent suas prudentias, quibus sibi providere possunt: homo autem ratione vivit, quam per longi temporis experimentum ad prudentiam pervenire oportet; unde necesse est ut filii a parentibus, quasi iam expertis, instruantur. Nec huius instructionis sunt capaces mox geniti, sed post longum tempus, et praecipue cum ad annos discretionis perveniunt.

Ad hanc etiam instructionem longum tempus requiritur. Et tunc etiam, propter impetus passionum, quibus corrumpitur aestimatio prudentiae, indigent non solum instructione, sed etiam repressione. Ad haec autem mulier sola non sufficit, sed magis in hoc requiritur opus maris, in quo est et ratio perfectior ad

natureza, como acontece nos quadrúpedes, mas é necessário que busque o alimento para os filhotes em outro lugar, e por causa disso, ao chocar, aquece-os: a fêmea sozinha não bastaria para isso. Donde, é pela providência divina naturalmente determinado, entre esses animais, ao macho que permaneça junto com a fêmea para a educação da prole.

Ora, é manifesto que, na espécie humana, a fêmea sozinha não seria suficiente para a educação da prole, pois a necessidade da vida humana requer muitas coisas que não podem ser alcançadas por um só. Portanto, é conveniente, segundo a natureza humana, que o homem permaneça junto com a mulher, após o coito, e não se afaste imediatamente, aproximando-se indiferentemente de qualquer uma, como acontece entre os fornicadores. Entretanto, a essa razão não obsta que alguma mulher, com suas riquezas, possa, sozinha, nutrir a prole. Porque a retidão natural nos atos humanos não é segundo aquilo que acontece por acidente em um indivíduo, mas segundo o que alcança toda a espécie.

Por outro lado. Deve-se considerar que na espécie humana a prole não necessita só da nutrição quanto ao corpo, como nos outros animais, mas também da instrução quanto à alma. Com efeito, os outros animais têm naturalmente suas artes, pelas quais podem cuidar de si, mas o homem vive de razão, que necessita da experiência de um longo tempo para chegar à prudência; donde, é necessário que os filhos sejam instruídos pelos pais, já experimentados. Nem são capazes dessa instrução os apenas gerados, mas após um longo tempo, e sobretudo, quando chegam aos anos de discrição.

Também para essa instrução requer-se um longo tempo. E mesmo então, por causa do impulso das paixões, aqueles em que se corrompe o juízo da prudência[53], precisam não apenas de instrução, mas também de repreensão. Ora, para essas coisas a mulher sozinha não basta, antes nisso mais se requer a ação

---

[53] Aristóteles (384-322 a.C.), em Ética VI, 5, 1140b,11-12.

instruendum, et virtus potentior ad castigandum. Oportet igitur in specie humana non per parvum tempus insistere promotioni prolis, sicut in avibus, sed per magnum spatium vitae. Unde, cum necessarium sit marem feminae commanere in omnibus animalibus quousque opus patris necessarium est proli, naturale est homini quod non ad modicum tempus, sed diuturnam societatem habeat vir ad determinatam mulierem. Hanc autem societatem matrimonium vocamus. Est igitur matrimonium homini naturale et fornicarius coitus, qui est praeter matrimonium, est contra hominis bonum. Et propter hoc oportet ipsum esse peccatum.

Nec tamen oportet reputari leve peccatum esse si quis seminis emissionem procuret praeter debitum generationis et educationis finem, propter hoc quod aut leve aut nullum peccatum est si quis aliqua sui corporis parte utatur ad alium usum quam ad eum ad quem est ordinata secundum naturam, ut si quis, verbi gratia, manibus ambulet, aut pedibus aliquid operetur manibus operandum: quia per huiusmodi inordinatos usus bonum hominis non multum impeditur; inordinata vero seminis emissio repugnat bono naturae, quod est conservatio speciei. Unde post peccatum homicidii, quo natura humana iam in actu existens destruitur, huiusmodi genus peccati videtur secundum locum tenere, quo impeditur generatio humanae naturae.

Haec autem quae praemissa sunt, divina auctoritate firmantur. Quod enim emissio seminis ex qua proles sequi non potest, sit illicita, patet. Dicitur enim Levit. 18,22 cum masculo non commisceberis coitu femineo; et: 23 cum omni pecore non coibis.
Et I Cor. 6,10: neque molles, neque masculorum concubitores, regnum Dei non possidebunt.

do marido, no qual há razão mais perfeita para instruir, e virtude mais forte para castigar. É necessário, portanto, na espécie humana, não demorar por pouco tempo no acompanhamento da prole, como nas aves, mas por grande espaço de vida. Donde, como é necessário que o macho permaneça junto à fêmea, em todos os animais, até quando a ação do pai é necessária à prole, é natural ao homem que tenha, não por pouco tempo, mas diuturna sociedade com determinada mulher Ora, tal sociedade chamamos *matrimônio*. Portanto, o matrimônio é natural ao homem, e a união pela fornicação realizada fora do matrimônio, é contra o bem do homem. E por causa disso é necessário que ele seja pecado.

Entretanto, não é necessário que o pecado seja reputado leve, se alguém procura a emissão de sêmen, fora do fim devido da geração e educação, ou porque seja leve, ou nenhum pecado, se alguém usa de uma parte de seu corpo para outro uso que não para aquele ao qual está ordenada segundo a natureza, como se alguém, por exemplo, anda com as mãos, ou opere com os pés algo a ser realizado com as mãos, pois, por esses usos desordenados, não se impede totalmente o bem do homem; já a desordenada emissão do sêmen repugna ao bem da natureza, que é a conservação da espécie. Donde, após o pecado de homicídio, pelo qual a natureza humana, já existindo em ato, é destruída, tal gênero de pecado parece ter o segundo lugar, no qual se impede a geração da natureza humana.

Ora, essas afirmações que foram feitas, são confirmadas pela autoridade divina. Com efeito, que a emissão de sêmen, da qual não pode seguir-se a prole, seja ilícita, evidencia-se. Diz-se, com efeito, no Levítico: *Não te deitarás com um homem por coito feminino*, e não *te unirás com nenhum animal*[54], E em I Coríntios: *Nem os masturbadores, nem os devassos possuirão o reino de Deus*[55].

---

[54] Levítico 18,22.23.
[55] 1 Coríntios 6,10.

Quod etiam fornicatio, et omnis coitus praeter propriam uxorem, sit illicitus patet. Dicitur enim Deut. 23,17: non erit meretrix de filiabus Israel, nec scortator de filiis Israel. Et tobiae 4,13: attende tibi ab omni fornicatione, et praeter uxorem tuam, non patiaris crimen scire. Et I Cor. 6,18: fugite fornicationem.

Per haec autem excluditur error dicentium in emissione seminis non esse maius peccatum quam in aliarum superfluitatum emissione; et dicentium fornicationem non esse peccatum.

Capitulum CXXIII
Quod matrimonium debet esse indivisibile

Si quis autem recte consideret, praedicta ratio non solum ad hoc perducere videtur ut societas maris et feminae in humana natura, quam matrimonium appellamus, sit diuturna, sed etiam quod sit per totam vitam.

Possessiones enim ad conservationem naturalis vitae ordinantur: et quia naturalis vita, quae conservari non potest in patre perpetuo, quasi quadam successione, secundum speciei similitudinem, conservatur in filio, secundum naturam est conveniens ut in his quae sunt patris, succedat et filius. Naturale est igitur ut sollicitudo patris ad filium maneat usque ad finem vitae suae. Si igitur sollicitudo patris de filio causat etiam in avibus commanentiam maris et feminae, ordo naturalis requirit quod usque ad finem vitae in humana specie pater et mater simul commaneant.

Videtur etiam aequitati repugnare si praedicta societas dissolvatur. Femina enim indiget mare non solum propter generationem, sicut in aliis animalibus, sed etiam propter gubernationem: quia mas est et ratione perfectior, et virtute fortior. Mulier vero ad viri societatem assumitur propter necessitatem generationis. Cessante igitur fecunditate mulieris et decore,

Evidencia-se também que a fornicação e todo coito, sem a esposa própria, é ilícito. Diz-se com efeito em Deuteronômio: *Não haja meretriz entre as filhas de Israel, nem dissoluto entre os filhos de Israel*[56]. E em Tobias: *Tem cuidado com qualquer fornicação, e fora de tua esposa não te aprazas em conhecer o crime*[57]. E em 1 Coríntios: *Foge da fornicação*[58].

Por essas razões também se exclui o erro dos que dizem que não há maior pecado na emissão do sêmen do que na emissão de outras superfluidades. E dos que dizem que a fornicação não é pecado.

Capítulo 123
O matrimônio deve ser indivisível

Se alguém considerar retamente, a mencionada razão parece não só levar a que seja diuturna a sociedade do marido e da mulher, que chamamos matrimônio, mas também que seja por toda a vida.

Com efeito, as possessões se ordenam para a conservação da vida natural, e dado que a vida natural, que não pode ser conservada no pai perpétuo, como por certa sucessão, segundo a semelhança da espécie, conserva-se no filho, segundo a natureza é conveniente que nas coisas que são do pai, o filho também suceda. Portanto, é natural que a solicitude do pai para com o filho permaneça até o fim de sua vida. Se, portanto, a solicitude do pai com respeito ao filho causa, também nas aves, a convivência do macho e da fêmea, requer a ordem natural que, até o fim da vida, na espécie humana, convivam o pai e a mãe.

Parece também que repugna à equidade, se a mencionada sociedade se dissolve. Com efeito, a mulher necessita do homem não só por causa da geração, como nos outros animais, mas também por causa do governo, porque o homem é mais perfeito de razão, e mais forte na virtude. Já a mulher é assumida à sociedade com o homem por causa da

---

[56] Deuteronômio 23,17.
[57] Tobias 4,13.
[58] 1 Coríntios 6,18.

impeditur ne ab alio assumatur. Si quis igitur, mulierem assumens tempore iuventutis, quo et decor et fecunditas ei adsunt, eam dimittere possit postquam aetate provecta fuerit, damnum inferet mulieri, contra naturalem aequitatem.

Item. Manifeste apparet inconveniens esse si mulier virum dimittere possit, cum mulier naturaliter viro subiecta sit tanquam gubernatori; non est autem in potestate eius qui alteri subiicitur, ut ab eius regimine discedat. Contra naturalem igitur ordinem esset si mulier virum deserere posset. Si ergo vir deserere posset mulierem, non esset aequa societas viri ad mulierem, sed servitus quaedam ex parte mulieris.

Praeterea. Hominibus naturalis quaedam sollicitudo inest de certitudine prolis: quod propter hoc necessarium est, quia filius diuturna patris gubernatione indiget. Quaecumque igitur certitudinem prolis impediunt, sunt contra naturalem instinctum humanae speciei. Si autem vir posset mulierem dimittere, vel mulier virum, et alteri copulari, impediretur certitudo prolis, dum mulier a primo cognita, postmodum a secundo cognosceretur. Est igitur contra naturalem instinctum speciei humanae quod mulier a viro separetur. Sic igitur non solum diuturnam, sed etiam individuam oportet esse in humana specie maris et feminae coniunctionem.

Amplius. Amicitia, quanto maior, tanto est firmior et diuturnior. Inter virum autem et uxorem maxima amicitia esse videtur: adunantur enim non solum in actu carnalis copulae, quae etiam inter bestias quandam suavem societatem facit, sed etiam ad totius domesticae conversationis consortium; unde, in signum huius, homo propter uxorem etiam patrem et matrem dimittit, ut dicitur Gen. 2,24.

necessidade da geração. Cessando, portanto, a fecundidade da mulher e a beleza, ela é impedida de ser assumida por outro. Se, pois, alguém, assumindo a mulher no tempo da juventude. em que a beleza e a fecundidade lhe estão presentes, pudesse abandoná-la quando fosse de idade avançada, traria dano à mulher, contra a natural equidade.

Igualmente. É claro, manifestamente, ser inconveniente se a mulher pudesse abandonar o homem, dado que a mulher é naturalmente subordinada ao homem, como governador; não está, porém, no poder de quem está sujeito a outro, que se livre de seu governo. Portanto, seria contra a ordem natural se a mulher pudesse separar-se do homem. Se, pois, o homem pudesse separar-se da mulher, não haveria sociedade equitativa do homem com a mulher, mas uma servidão por parte da mulher.

Além disso. Nos homens está presente uma natural solicitude quanto à certeza da prole, o que, por causa disso, é necessário, porque o filho necessita do governo diuturno do pai. Quaisquer coisas que impeçam a certeza da prole, são contra o instinto natural da espécie humana. Se, porém, o homem pudesse abandonar a mulher, ou a mulher, o homem, e copular com outro, impedir-se-ia a certeza da prole, enquanto a mulher conhecida pelo primeiro, fosse depois conhecida pelo segundo. É, portanto, contra o instinto natural da espécie humana que a mulher se separe do homem. Assim, pois, é necessário que seja não só diuturna, mas também indivisível, na espécie humana, a união do homem e da mulher.

Ademais. Quanto maior a amizade, mais firme e duradoura. Ora, entre o homem e a mulher parece haver máxima amizade, pois unem-se não só no ato da cópula carnal, que também produz entre os animais uma sociedade suave, mas também para o consórcio de toda a convivência doméstica; donde, em sinal disso, o homem abandona, por causa da esposa, o pai e a mãe, como se diz no Gênese[59]

---

[59] Gênese 2,24.

Conveniens igitur est quod matrimonium sit omnino indissolubile.

Ulterius autem considerandum est quod inter naturales actus sola generatio ad bonum commune ordinatur: nam comestio, et aliarum superfluitatum emissio, ad individuum pertinent; generatio vero ad conservationem speciei. Unde, cum lex instituatur ad bonum commune, ea quae pertinent ad generationem, prae aliis oportet legibus ordinari et divinis et humanis. Leges autem positae oportet quod ex naturali instinctu procedant, si humanae sunt: sicut etiam in scientiis demonstrativis omnis humana inventio ex principiis naturaliter cognitis initium sumit. Si autem divinae sunt, non solum instinctum naturae explicant, sed etiam defectum naturalis instinctus supplent: sicut ea quae divinitus revelantur, superant naturalis rationis capacitatem. Cum igitur instinctus naturalis sit in specie humana ad hoc quod coniunctio maris et feminae sit individua, et quod sit una unius, oportuit hoc lege humana ordinatum esse. Lex autem divina supernaturalem quandam rationem apponit ex significatione inseparabilis coniunctionis Christi et ecclesiae, quae est una unius. Sic igitur inordinationes circa actum generationis non solum instinctui naturali repugnant, sed etiam leges divinas et humanas transgrediuntur. Unde circa hoc magis ex inordinatione peccatur quam circa sumptionem cibi, aut alterius huiusmodi.

Quia vero necesse est ad id quod est optimum in homine, alia omnia ordinari, coniunctio maris et feminae non solum sic ordinata est legibus secundum quod ad prolem generandam pertinet, ut est in aliis animalibus, sed etiam secundum quod convenit ad bonos mores, quos ratio recta disponit vel quantum ad hominem secundum se, vel secundum quod homo est pars domesticae familiae, aut civilis societatis. Ad quos quidem bonos mores pertinet individua coniunctio maris et feminae. Sic enim erit fidelior amor unius ad alterum, dum cognoscunt se indivisibiliter coniunctos. Erit etiam utrique sollicitior cura in rebus do-

Portanto, é conveniente que o matrimônio seja totalmente indissolúvel.

Entretanto, deve-se, em seguida, considerar que entre os atos naturais só a geração se ordena para o bem comum, pois a nutrição e a emissão de outras superfluidades pertencem ao indivíduo, enquanto a geração, à conservação da espécie. Donde, como a lei é instituída para o bem comum, o que pertence à geração, é necessário que, antes de tudo, seja ordenado pelas leis tanto divinas quanto humanas. Ora, é necessário que as leis positivas procedam do instinto natural, se são humanas, como também nas ciências demonstrativas toda invenção humana toma início dos princípios conhecidos naturalmente. Se, porém, são divinas, não só desenvolvem o instinto da natureza, mas também suprem o defeito do instinto natural, como aquelas coisas, que são divinamente reveladas, superam a capacidade da razão natural. Como, pois, o instinto natural está na espécie humana para que a união do homem e da mulher seja indivisível, e que seja uma de um, foi necessário ser isso ordenado por lei humana. Ora, a lei divina acrescenta certa razão sobrenatural pela significação da união inseparável de Cristo e da Igreja, que é uma de um. Assim, pois, as desordens acerca do ato da geração não só repugnam ao instinto natural, mas também infringem as leis divinas e humanas. Donde, a respeito disso, peca-se mais pela desordem do que acerca da alimentação ou coisas semelhantes.

Entretanto, porque é necessário que todas as coisas sejam ordenadas para aquilo que é o melhor no homem, a união do homem e da mulher não só é ordenada pelas leis enquanto diz respeito à geração da prole, como é nos outros animais, mas também enquanto convém aos bons costumes, que a reta razão dispõe ou quanto ao homem em si mesmo, ou enquanto o homem é parte da família doméstica ou da sociedade civil. A esses bons costumes pertence a conjunção indivisível do homem e da mulher. Assim, com efeito, será mais fiel o amor de um para com o outro, enquanto se conhecem unidos indivisivelmente.

mesticis, dum se perpetuo commansuros in earundem rerum possessione existimant.

Subtrahuntur etiam ex hoc discordiarum origines, quas oporteret accidere, si vir uxorem dimitteret, inter eum et propinquos uxoris: et fit firmior inter affines dilectio. Tolluntur etiam adulteriorum occasiones, quae darentur si vir uxorem dimittere posset, aut e converso: per hoc enim daretur via facilior sollicitandi matrimonia aliena.

Hinc est quod dicitur Matth. 5,32, et 19,6, et I Cor. 7,10: ego autem dico vobis, uxorem a viro non discedere.

Per hoc autem excluditur consuetudo dimittentium uxores. Quod tamen in veteri lege permissum fuit Iudaeis propter eorum duritiam: quia scilicet proni erant ad occisionem uxorum. Permissum ergo fuit minus malum, ad excludendum maius malum.

Será também mais solícito o cuidado de um e de outro nas coisas domésticas, enquanto se consideram perpetuamente unidos na posse daquelas coisas.

Afastam-se, também, as origens das discórdias, que é necessário acontecer, se o marido abandonasse a esposa, entre ele e os próximos da esposa, e se torna mais firme o amor entre os parentes. Eliminam-se também as ocasiões de adultérios, que se dariam se o marido pudesse abandonar a esposa, ou ao contrário: com efeito, por isso, se daria via mais fácil para buscar outros matrimônios.

Daí é que se diz em Mateus[60] e em 1 Coríntios[61]: *Eu, porém, vos digo, a esposa não se separe do marido.*

Por isso, também se exclui o costume dos que abandonam as esposas. O que foi permitido na lei antiga aos Judeus por causa de sua dureza, ou seja, porque eram inclinados a matar as esposas. Logo, foi permitido um mal menor, para excluir um maior.

Capitulum CXXIV
Quod matrimonium debeat esse unius ad unam

Considerandum etiam videtur quod innatum est mentibus omnium animalium quae coitu utuntur, quod consortium in compari non compatiuntur: unde propter coitum pugnae in animalibus existunt. Et quidem quantum ad omnia animalia est una communis ratio, quia quodlibet animal desiderat libere frui voluptate coitus, sicut et voluptate cibi: quae quidem libertas impeditur per hoc quod ad unam plures accedent, aut e converso; sicut et in libertate fruendi cibo impeditur aliquod animal si cibum quem ipsum sumere cupit, aliud animal usurpet.

Et ideo similiter propter cibum et propter coitum animalia pugnant. In hominibus autem est ratio specialis: quia, ut dictum est, homo naturaliter desiderat certus esse de prole; quae quidem certitudo omnino tolleretur si

Capítulo 124
O matrimônio deve ser de um com uma

Parece que se deve considerar que é inato nas almas de todos os animais que usam do coito, não compartilhar o consórcio com outro; por isso, há lutas nos animais por causa do coito[62]. E há, quanto a todos os animais, uma razão comum, porque qualquer animal deseja fruir livremente do prazer do coito, assim como também do prazer do alimento: essa liberdade é impedida quando muitos se aproximam de uma só, ou ao contrário; como na liberdade de fruir do alimento um animal é impedido, se outro animal usurpa o alimento que ele deseja tomar.

E assim, semelhantemente, por causa do alimento e por causa do coito, os animais lutam. Nos homens, porém, há uma razão especial: porque, como foi dito, o homem deseja naturalmente estar certo da prole, certeza essa

---

[60] Mateus 5,32 e 19,6.
[61] 1 Coríntios 7,10.
[62] Aristóteles (384-322 a.C.), em História dos Animais VI, 18, 571b,572b, 25.

plures essent unius. Ex naturali igitur instinctu procedit quod sit una unius.

Sed in hoc differentia consideranda est. Quantum enim ad hoc quod una femina a pluribus maribus non cognoscatur, utraque praedictarum rationum concurrit. — Sed quantum ad hoc quod unus mas plures feminas non cognoscat, non facit ratio secunda: non enim certitudo prolis impeditur si unus mas plures feminas cognoscat. Facit autem contra hoc ratio prima: nam sicut libertas utendi femina ad libitum a mare tollitur si femina habeat alium, ita et eadem libertas a femina tollitur si mas habeat plures. Et ideo, quia certitudo prolis est principale bonum quod ex matrimonio quaeritur, nulla lex aut consuetudo humana permisit quod una esset plurium uxor. — Fuit etiam hoc inconveniens reputatum apud antiquos Romanos, de quibus refert maximus valerius quod credebant nec propter sterilitatem coniugalem fidem debere dissolvi.

Item. In omni animalis specie in qua patri inest aliqua sollicitudo de prole, unus mas non habet nisi unam feminam, sicut patet in omnibus avibus quae simul nutriunt pullos: non enim sufficeret unus mas auxilium praestare in educatione prolis pluribus feminis. In animalibus autem in quibus maribus nulla est sollicitudo de prole, indifferenter mas habet plures feminas, et femina plures mares: sicut in canibus, gallinis, et huiusmodi. Cum autem masculo inter omnia animalia maior sit cura de prole in specie humana, manifestum est quod naturale est homini quod unus mas unam feminam habeat, et e converso.

Adhuc. Amicitia in quadam aequalitate consistit. Si igitur mulieri non licet habere plures viros, quia hoc est contra certitudinem prolis; liceret autem viro habere plures

que é totalmente tirada, se muitos fossem de uma. Portanto, do instinto natural procede que uma seja de um.

Mas deve-se nisso considerar uma diferença. Com efeito, quanto a que uma mulher não seja conhecida por muitos maridos, concorrem ambas as mencionadas razões. — Mas quanto a que um homem não conheça várias mulheres, não conta a segunda razão, pois não é impedida a certeza da prole, se um homem conhece muitas mulheres. Mas, contra isso conta a primeira razão, pois, assim como a liberdade de usar a mulher pelo marido, livremente, é tirada se a mulher tem outro, assim a mesma liberdade é tirada da mulher, se o marido tem muitas. E assim, porque a certeza da prole é o bem principal que se busca no matrimônio, nenhuma lei ou costume humano permite que uma seja esposa de muitos. — Isso também foi reputado inconveniente entre os Romanos antigos, dos quais refere Máximo Valério[63] que acreditavam que a fé conjugal não devia ser dissolvida nem por causa de esterilidade.

Igualmente. Em toda espécie de animal, em que há no pai alguma solicitude da prole, um macho não tem senão uma fêmea, como se evidencia em todas as aves que simultaneamente nutrem os filhotes, pois não seria suficiente um macho prestar ajuda na educação da prole a várias fêmeas. Ora, nos animais, em cujos machos não há nenhuma solicitude da prole, o macho tem indiferentemente muitas fêmeas, e a fêmea muitos machos, como nos cães, galinhas, e semelhantes. Ora, como, na espécie humana, o cuidado com a prole é maior no macho, do que entre todos os animais, é manifesto ser natural ao homem que um marido tenha uma só mulher, e vice-versa.

Ainda. A amizade consiste em certa igualdade[64]. Se, pois, à mulher não é lícito ter vários homens, porque isso é contra a certeza da prole, mas seria lícito ao homem ter muitas es-

---

[63] Valério Máximo (séc. I a.C.–séc. I d.C.), em Exemplos de Ditos e Fatos Memoráveis para Tibério César II, 1,4.
[64] Aristóteles (384-322 a.C.), em Ética VIII, 7, 1157b,36.

uxores: non esset liberalis amicitia uxoris ad virum, sed quasi servilis. Et haec etiam ratio experimento comprobatur: quia apud viros habentes plures uxores, uxores quasi ancillariter habentur.

Praeterea. Amicitia intensa non habetur ad multos: ut patet per Philosophum in VIII ethicorum. Si igitur uxor habet unum virum tantum, vir autem habet plures uxores, non erit aequalis amicitia ex utraque parte. Non igitur erit amicitia liberalis, sed quodammodo servilis.

Amplius. Sicut dictum est, matrimonium in hominibus oportet ordinari secundum quod competit ad bonos mores. Est autem contra bonos mores quod unus habeat plures uxores: quia ex hoc sequitur discordia in domestica familia, ut experimento patet. Non est igitur conveniens quod unus homo habeat plures uxores.

Hinc est quod dicitur Gen. 2,24: erunt duo in carne una. Per hoc autem excluditur consuetudo habentium plures uxores; et opinio Platonis qui posuit uxores debere esse communes.

Quem in nova lege secutus est Nicolaus, unus ex septem diaconibus.

Capitulum CXXV
Quod matrimonium non debet fieri inter propinquos

Propter huiusmodi etiam causas rationabiles ordinatum est legibus quod certae personae a matrimonio excludantur, quae sunt secundum originem coniunctae.

Nam cum in matrimonio sit diversarum personarum coniunctio, illae personae quae se debent reputare quasi unum propter eandem originem, convenienter a matrimonio excluduntur, ut, dum se per hoc unum esse recognoscunt, ferventius se diligant.

posas, não seria uma amizade livre da esposa com o homem, mas como que uma amizade servil. E essa razão também se comprova pela experiência: porque entre os homens que têm muitas esposas, essas são tidas como criadas.

Além disso. Não se tem amizade intensa com muitos, como se evidencia pelo Filósofo[65]. Se, pois, a esposa tem apenas um homem, mas o homem tem muitas esposas, não será igual a amizade de uma e outra parte. Portanto, não haverá amizade livre, mas de certo modo servil.

Ademais. Como foi dito[66], é necessário que o matrimônio entre os homens seja ordenado, segundo convém aos bons costumes. Ora, é contra os bons costumes que um tenha muitas esposas, porque disso se segue a discórdia na família doméstica, como se evidencia pela experiência. Portanto, não é conveniente que um homem tenha muitas esposas.

Daí é que se diz em Gênese: *Serão dois numa só carne*[67]. Por isso também se exclui o costume dos que têm muitas esposas, e a opinião de Platão[68], que afirmou que as esposas deviam ser comuns.

Seguiu-o na nova lei Nicolau[69], um dos sete diáconos.

Capítulo 125
O matrimônio não deve ser feito entre parentes

Por razão também de causas racionais semelhantes, ordenou-se pelas leis que sejam excluídas do matrimônio determinadas pessoas, que são unidas pela origem.

Com efeito, como no matrimônio a união é de pessoas distintas, as que se devem reputar como uma unidade, por causa da origem idêntica, são excluídas convenientemente do matrimônio, para que, ao reconhecerem-se unidas por ele, mais fervorosamente se amem.

---

[65] Aristóteles (384-322 a.C.), em Ética VIII, 7, 1158a,10-13.
[66] Cf. capítulo anterior.
[67] Gênese 2,24.
[68] Platão (254-184 a.C.), em República V, 7, 457CD.
[69] Cf. Santo Agostinho (354-431), em Sobre as Heresias a Quodvultdeus V, ML 42.

Item. Cum ea quae inter virum et uxorem aguntur, quandam naturalem verecundiam habeant, ab his mutuo agendis illas personas prohiberi oportuit quibus, propter coniunctionem sanguinis, reverentia debetur. Quae quidem ratio videtur in veteri lege inducta per hoc quod dicitur: turpitudinem sororis tuae non discooperias, et similiter de aliis.

Praeterea. Ad corruptionem bonorum morum pertinet quod homines sint nimis dediti voluptatibus coitus: quia, cum haec voluptas maxime mentem absorbeat, impediretur ratio ab his quae recte agenda essent. Sequeretur autem nimius voluptatis usus si liceret homini per coitum coniungi illis personis quibus commorandi habet necessitatem, sicut sororibus et aliis propinquis: quia talibus occasio coitus subtrahi non posset. Conveniens igitur fuit bonis moribus ut talis coniunctio legibus inhiberetur.

Adhuc. Delectatio coitus maxime corrumpit existimationem prudentiae. Multiplicatio igitur talis delectationis repugnat bonos mores. Talis autem delectatio augetur per amorem personarum quae coniunguntur. Esset igitur contrarium bonis moribus propinquis coniungi: quia in eis adiungeretur amor qui est ex communione originis et connutritione, amori concupiscentiae; et, multiplicato amore, necesse esset animam magis delectationibus subdi.

Amplius. In societate humana hoc est maxime necessarium ut sit amicitia inter multos. Multiplicatur autem amicitia inter homines dum personae extraneae per matrimonia colligantur. Conveniens igitur fuit legibus ordinari quod matrimonia contraherentur cum extraneis personis, et non cum propinquis.

Adhuc. Inconveniens est ut illis personis aliquis socialiter iungatur quibus naturaliter debet esse subiectus. Naturale autem est quod aliquis parentibus sit subiectus.

Igualmente. Como as coisas que se fazem entre o homem e a esposa, têm certo recato natural, dessas ações mútuas foi necessário afastar aquelas pessoas, às quais, por causa da comunidade de sangue, se deve reverência. Essa razão se vê aduzida na lei antiga, pelo que é dito: *Não descobrirás a torpeza de tua irmã*[70], e semelhantemente de outros parentes.

Além disso. Pertence à corrupção dos bons costumes que os homens sejam demasiado entregues aos prazeres do coito, porque, como esse prazer absorve maximamente a mente, impedir-se-ia a razão naquelas coisas que deviam ser retamente feitas. Ora, seguir-se-ia, em demasiado, o uso do prazer, se fosse lícito ao homem unir-se pelo coito àquelas pessoas com as quais tem necessidade de morar, como irmãs e outros parentes, pois a ocasião de coito com elas não poderia ser afastada. Portanto, foi conveniente aos bons costumes que tal união fosse inibida pelas leis.

Ainda. O deleite do coito *corrompe maximamente a consideração da prudência*[71]. Portanto, a multiplicação de tal deleite repugna aos bons costumes. Ora, tal deleite é aumentado pelo amor das pessoas que se unem. Seria, pois, contrário aos bons costumes casar-se com parentes, porque se acrescentaria neles o amor, que é da comunhão de origem e convivência, ao amor de concupiscência, e, multiplicado o amor, necessariamente a alma estaria mais sujeita aos deleites.

Ademais. Na sociedade humana, é maximamente necessário que a amizade seja entre muitos. Ora, a amizade se multiplica entre os homens enquanto pessoas estranhas se ligam por matrimônios. Portanto, foi conveniente ser ordenado por leis que os matrimônios fossem contraídos com pessoas estranhas, e não com parentes.

Ainda. É inconveniente que alguém se una em sociedade a pessoas às quais se deve naturalmente estar sujeito. Ora, é natural que alguém esteja sujeito a parentes. Logo, seria

---

[70] Levítico 18,9.
[71] Aristóteles (384-322 a.C.), em Ética VI, 5, 1140b, 13-21.

Ergo inconveniens esset quod cum parentibus aliquis matrimonium contraheret: cum in matrimonio sit quaedam coniunctio socialis.

Hinc est quod dicitur Levit. 18,6: *omnis homo ad proximam sanguinis sui non accedat.* Per haec autem excluditur consuetudo eorum qui propinquis suis se carnaliter commiscent.

Sciendum est autem quod, sicut naturalis inclinatio est ad ea quae sunt ut in pluribus, ita et lex posita est secundum id quod in pluribus accidit. Non est praedictis rationibus contrarium si in aliquo aliter possit accidere: non enim propter bonum unius debet praetermitti bonum multorum, cum bonum multitudinis semper sit divinius quam bonum unius. Ne tamen defectus qui in aliquo uno posset accidere, omnino absque medela remaneat, residet apud legislatores, et eis similes, auctoritas dispensandi in eo quod communiter est statutum, secundum quod est necessarium in aliquo casu particulari. Et si quidem lex sit humana, per homines similem potestatem habentes dispensari potest. Si autem lex sit divinitus posita, auctoritate divina dispensatio fieri potest: sicut in veteri lege ex dispensatione indultum videtur uxores plures habere et concubinas, et uxoris repudium.

inconveniente que alguém contraísse matrimônio com parentes, pois no matrimônio há alguma união social.

Daí é que se diz no Levítico[72]: *Homem algum se aproxime de mulher próxima de seu sangue.* Por essas afirmações exclui-se o costume dos que se unem carnalmente com seus parentes.

Deve-se saber que, como a inclinação natural é para aquelas coisas que se dão o mais das vezes, assim também a lei positiva é segundo o que acontece a muitos. Não é contrário às mencionadas razões se, em algum caso, pode acontecer diferentemente, pois, não se deve, por causa do bem de um, preterir o bem de muitos, já que *o bem da multidão é mais divino que o bem de um só*[73]. Entretanto, para que o defeito que em um só pode acontecer, não fique totalmente sem correção, reside entre os legisladores e nos semelhantes a eles, a autoridade de dispensar no que foi estatuído para o comum, conforme for necessário em algum caso particular. E se a lei é humana, pode ser dispensada pelos homens que têm semelhante poder. Se, porém, a lei é divinamente estabelecida, pode fazer-se a dispensa pela autoridade divina, como, na antiga lei, parece que, por dispensa, muitas esposas e concubinas tinham o indulto e o repúdio da esposa.

Capitulum CXXVI
Quod non omnis carnalis commixtio est peccatum

Sicut autem contra rationem est ut aliquis carnali coniunctione utatur contra id quod convenit proli generandae et educandae, ita etiam secundum rationem est quod aliquis carnali coniunctione utatur secundum quod congruit ad generationem et educationem prolis. Lege autem divina haec solum prohibita sunt quae rationi adversantur, ut ex supra dictis patet. Inconveniens est igitur dicere quod omnis carnalis coniunctio sit peccatum.

Capítulo 126
Nem toda união carnal é pecado

Assim como é contra a razão que alguém use da união carnal contra o que convém à geração e educação da prole, assim também é segundo a razão que alguém use da união carnal segundo o que é adequado para a geração e educação da prole. Ora, por lei divina, só é proibido o que é contrário à razão, como se evidencia do que foi dito[74]. Portanto, é inconveniente dizer que toda união carnal é pecado.

---

[72] Levítico 18,6.
[73] Aristóteles (384-322 a.C.), em Ética I, 1, 1094b,9-10.
[74] Cf. cap. 121.

Ainda. Como os membros do corpo são instrumentos da alma, o fim de qualquer membro, como também de qualquer outro instrumento, é seu uso. Ora, o uso de alguns membros do corpo é a união carnal. Portanto, a união carnal é o fim de alguns membros do corpo. Ora, o que é fim de algumas coisas naturais não pode ser em si mesmo mau, porque as coisas, que são naturalmente, ordenam-se pela providência divina para o fim, como se evidencia do que foi dito[75]. É impossível, portanto, que a união carnal seja em si má.

Ademais. As inclinações naturais estão nas coisas por Deus, que tudo move. É impossível, portanto, que a inclinação natural de uma espécie seja para o que é em si mau. Ora, em todos os animais perfeitos há a inclinação natural para a união carnal. Portanto, é impossível que a união carnal seja em si má.

Igualmente. Aquilo sem o que uma coisa não pode ser é boa e ótima, não é em si mau. Mas, a perpetuidade da espécie não é conservada nos animais senão por geração, que provém da conjunção carnal. Logo, é impossível que a conjunção carnal seja em si mesma má.

Daí é que se diz em I Coríntios: *Não peca a mulher se se casa*[76]. Por isso exclui-se o erro de alguns que dizem que toda união carnal é ilícita, donde condenam totalmente o matrimônio e as núpcias. Desses, uns dizem que as coisas corporais não procedem do princípio bom, mas do mal[77].

Capítulo 127
O uso de nenhum alimento é em si pecado

Como o uso do sexo é sem pecado, se se faz segundo a razão, assim também o uso dos alimentos. Ora, cada coisa é feita segundo a

---

[75] Cf. cap. 64.
[76] 1 Coríntios 7,28.
[77] Concílio de Braga (563) em Contra os Priscilianistas 11.12.13 — Denzinger 241, 242, 243. E Concílio do Latrão (1215) em Sobre a Fé Católica 1 — Denzinger 430.

que secundum rationem quando ordinatur secundum quod congruit debito fini. Finis autem debitus sumptionis ciborum est conservatio corporis per nutrimentum. Quicumque igitur cibus hoc facere potest, absque peccato potest sumi. Nullius igitur cibi sumptio secundum se est peccatum.

Adhuc. Nullius rei usus secundum se malus est nisi res ipsa secundum se mala sit. Nullus autem cibus secundum naturam malus est: quia omnis res secundum suam naturam bona est, ut supra ostensum est. Potest autem aliquis cibus esse alicui malus inquantum contrariatur salubritati ipsius secundum corpus. Nullius igitur cibi sumptio, secundum quod est talis res, est peccatum secundum se: sed potest esse peccatum si praeter rationem aliquis ipso utatur contra suam salutem.

Amplius. Uti rebus ad hoc ad quod sunt, non est secundum se malum. Sunt autem plantae propter animalia; animalium vero quaedam propter alia; et omnia propter hominem, sicut ex superioribus patet. Uti igitur vel plantis vel animalium carnibus vel ad esum, vel ad quicquid aliud sunt homini utilia, non est secundum se peccatum.

Item. Defectus peccati ab anima derivatur ad corpus, et non e converso: peccatum enim dicimus secundum quod deordinatur voluntas. Cibi autem immediate ad corpus pertinent, non ad animam. Non igitur ciborum sumptio secundum se potest esse peccatum, nisi quatenus repugnat rectitudini voluntatis. — Quod quidem contingit uno modo, propter repugnantiam ad proprium finem ciborum: sicut cum aliquis, propter delectationem quae est in cibis, utitur cibis contrariantibus corporis saluti, vel secundum speciem ciborum, vel secundum quantitatem. — Alio modo, secundum quod repugnat conditioni eius qui utitur cibis, vel eorum cum quibus conversatur: puta cum quis accuratius cibis utitur quam sua facultas sustineat; et aliter quam eorum mores

razão, quando é ordenada segundo o que é adequado ao fim devido. O fim devido da ingestão dos alimentos é a conservação do corpo pela nutrição. Portanto, qualquer alimento que pode fazer isso, pode ser tomado sem pecado. A ingestão, pois, de qualquer alimento não é em si pecado.

Ainda. O uso de uma coisa não é, em si, mau, a não ser que a coisa mesma, em si, seja má. Ora, nenhum alimento, segundo a natureza, é mau, pois qualquer coisa, segundo sua natureza, é boa, como foi mostrado[78]. Mas, pode um alimento ser mau a alguém enquanto contraria a sua salubridade corpórea. Portanto, nenhuma ingestão de alimento, segundo é tal coisa, é pecado em si, mas pode ser pecado, se alguém d'Ele usa contra sua saúde, fora da razão.

Ademais. Usar das coisas para aquilo a que se destinam, não é, em si, mau. Ora, as plantas são por causa dos animais, alguns animais por causa dos outros, e todos por causa do homem, como se evidencia das afirmações superiores[79]. Usar, pois, ou das plantas ou das carnes dos animais para alimento ou para qualquer outra utilidade ao homem, não é em si pecado.

Igualmente. O defeito do pecado deriva da alma para o corpo, e não o contrário, pois dizemos pecado enquanto a vontade se desordena. Ora, os alimentos pertencem imediatamente ao corpo, não à alma. Portanto, a ingestão de alimentos não pode em si ser pecado, senão enquanto repugna à retidão da vontade. — Isso *acontece de um modo*, por causa da contrariedade ao próprio fim dos alimentos, como se alguém, por causa do deleite que há nos alimentos, usa de alimentos que contrariam a saúde do corpo, ou segundo a espécie de alimentos, ou segundo a quantidade. — *De outro modo*, segundo contraria a condição daquele que usa de alimentos, ou daqueles com os quais convive, por exemplo, quando alguém usa mais acuradamente dos alimentos do que

---

[78] Cf. cap. 7.
[79] Cf. cap. 22.

habeant cum quibus convivit. — Tertio modo, secundum quod cibi sunt aliqua lege prohibiti propter aliquam causam specialem: puta in veteri lege quidam cibi prohibebantur propter significationem; et in Aegypto prohibebatur antiquitus comestio carnis bovinae, ne agricultura impediretur. Vel etiam secundum quod aliquae regulae prohibent aliquibus cibis uti, ad concupiscentiam refraenandam.

Hinc est quod Dominus dicit, Matth. 15,11: quod intrat in os, non coinquinat hominem. Et I Cor. 10,25 dicitur: omne quod in macello venit manducate, nihil interrogantes propter conscientiam. Et I Tim. 4,4 dicitur: omnis creatura Dei bona est, et nihil reiiciendum quod cum gratiarum actione percipitur.

Per hoc autem excluditur quorundam error qui usum quorundam ciborum secundum se dicunt esse illicitum. De quibus apostolus dicit ibidem: in novissimis temporibus discedent quidam a fide: prohibentium nubere, abstinere a cibis, quos Deus creavit ad percipiendum cum gratiarum actione.

Quia vero usus ciborum et venereorum non est secundum se illicitus, sed solum secundum quod exit ab ordine rationis illicitus esse potest; ea vero quae exterius possidentur, necessaria sunt ad sumptionem ciborum, ad educationem prolis et sustentationem familiae, et ad alias corporis necessitates: consequens est quod nec secundum se etiam divitiarum possessio est illicita, si ordo rationis servetur; ita scilicet quod iuste homo possideat quae habet; quod in eis finem voluntatis suae non constituat; quod eis debito modo utatur, ad suam et aliorum utilitatem. Hinc est quod apostolus, I Tim. Ult., divites non condemnat, sed eis certam regulam divitiis utendi tradit, dicens: divitibus huius saeculi praecipe non alta sapere, neque sperare in incerto di-

suas posses suportam, e diferentemente dos costumes daqueles com os quais convive. *De um terceiro modo, segundo os alimentos são proibidos por alguma lei, em razão de alguma causa especial, por exemplo, na lei antiga alguns alimentos eram proibidos por causa da significação, e no Egito proibia-se antigamente comer a carne bovina, para não impedir a agricultura. Ou também porque algumas regras proíbem a usar de alguns alimentos, para refrear a concupiscência.*

Daí é que o Senhor diz, em Mateus: O que entra pela boca, não mancha o homem[80]. *E em 1 Coríntios se diz: Comei de tudo que vem no açougue, nada interrogando por causa de consciência*[81]. *E em 1 Timóteo se diz: Toda criatura de Deus é boa, e não deve ser rejeitado nada que se recebe com ação de graças*[82].

Com isso exclui-se o erro de alguns que dizem que o uso de certos alimentos é, em si, ilícito. Desses diz o Apóstolo no mesmo lugar: Nos tempos futuros, alguns se afastarão da fé, os que proíbem casar, abster dos alimentos, que Deus criou para ser recebidos com ação de graças[83].

Porque o uso dos alimentos e do sexo não é em si ilícito, mas pode ser ilícito só segundo sai da ordem da razão, já as coisas que se possuem externamente, são necessárias para a ingestão dos alimentos, para a educação da prole e a sustentação da família, e para outras necessidades do corpo, segue-se que a posse das riquezas não é em si ilícita, se se guarda a ordem da razão, a saber, que o homem, de modo justo, possua as coisas que tem, que nelas não se constitua o fim de sua vontade, que delas use de modo devido, para utilidade sua e de outros. Daí é que o Apóstolo, em 1 Timóteo, não condena os ricos, mas lhes entrega certa regra para usar das riquezas, dizendo: Recomenda aos ricos deste século não cultivarem sentimentos altaneiros nem esperem no incerto

---

[80] Mateus 15,11.
[81] 1 Coríntios 10,25.
[82] 1 Timóteo 4,4.
[83] 1 Timóteo 4,1-3.

vitiarum: bene agere, divites fieri in operibus bonis, facile tribuere, communicare. Et Eccli. 31,8: beatus dives qui inventus est sine macula, et qui post aurum non abiit, nec speravit in pecunia et thesauris.

Per hoc etiam excluditur quorundam error qui, ut Augustinus dicit in libro de haeresibus, apostolicos se arrogantissime vocaverunt, eo quod in suam communionem non acciperent utentes coniugibus, et res proprias possidentes, quales habet catholica ecclesia, et monachos et clericos plurimos.

Sed ideo isti haeretici sunt, quoniam, se ab ecclesia separantes, nullam spem putant eos habere qui utuntur his rebus quibus ipsi carent.

Capitulum CXXVIII
Quomodo secundum legem Dei homo ordinatur ad proximum

Ex his ergo quae dicta sunt, manifestum est quod secundum legem divinam homo inducitur ut ordinem rationis servet in omnibus quae in eius usum venire possunt. Inter omnia autem quae in usum hominis veniunt, praecipua sunt etiam alii homines.

Homo enim naturaliter est animal sociale: indiget enim multis quae per unum solum parari non possunt. Oportet igitur quod ex lege divina instituatur homo ut secundum ordinem rationis se habeat ad alios homines.

Adhuc. Finis divinae legis est ut homo Deo adhaereat. Iuvatur autem unus homo in hoc ex alio tam quantum ad cognitionem, quam etiam quantum ad affectionem: iuvant enim se homines mutuo in cognitione veritatis; et unus alium provocat ad bonum, et retrahit a malo. Unde Prov. 27,17 dicitur: ferrum ferro acuitur, et homo exacuit faciem amici sui. Et Eccle. 4 dicitur: 9 melius est duos esse quam unum: habent enim emolumentum societatis;

das riquezas: agir bem torna-se ricos em boas obras, dando com facilidade, comunicando[84]. E em Eclesiástico: *Feliz o rico que foi encontrado sem mácula, e que não andou atrás do ouro, nem esperou no dinheiro e nos tesouros*[85].

Com isso também se exclui o erro de alguns que, como diz Agostinho: *Chamaram-se, com a maior arrogância, apostólicos, porque em sua comunhão não aceitaram os casados, e possuíam coisas próprias, quais tem a igreja católica, e monges e muitos clérigos. Mas, por isso estes são heréticos, porque, separando-se da igreja, julgam que nenhuma esperança têm aqueles que usam dessas coisas das quais eles mesmos carecem*[86].

Capítulo 128
Como, segundo a lei de Deus, o homem se ordena ao próximo

Do que foi dito, é manifesto que, segundo a lei divina, o homem é induzido a conservar a ordem da razão em todas as coisas, que podem vir a seu uso. Ora, entre todas que vêm ao uso do homem, as principais são também os outros homens.

Com efeito, *o homem é naturalmente um animal social*[87], pois necessita de muitas coisas que não podem ser por um só conseguidas. Portanto, é necessário que o homem seja instituído, por lei divina, a se relacionar com os outros homens segundo a ordem da razão.

Ainda. O fim da lei divina é que o homem se una a Deus. Ora, nisso um homem se ajuda de outro, quer quanto ao conhecimento, quer também quanto ao afeto; com efeito, os homens se auxiliam mutuamente no conhecimento da verdade, e um leva o outro para o bem, e o afasta do mal. Donde, se diz em Provérbios: *O ferro é afiado pelo ferro, e o homem anima a face de seu próximo*[88]. E se diz em Eclesiastes: *É melhor ser dois que um, pois*

---

[84] 1 Timóteo 6,17.
[85] Eclesiástico 31,8
[86] Santo Agostinho (354-431) em Sobre as Heresias a Quodvultdeus, 40.
[87] Aristóteles (384-322 a.C.), em Ética I, 5, 1097b.11.
[88] Provérbios 27,17.

si unus ceciderit, ab altero fulcietur. Vae soli: qui cum ceciderit, non habet sublevantem. Et si dormierint duo, fovebunt se mutuo: unus quomodo calefiet? et si quis praevaluerit contra unum, duo resistunt ei. Oportuit igitur lege divina ordinari societatem hominum ad invicem.

Amplius. Lex divina est quaedam ratio divinae providentiae ad homines gubernandos. Ad divinam autem providentiam pertinet singula quae ei subsunt, sub debito ordine continere: ut scilicet suum locum et gradum teneat unumquodque. Lex igitur divina sic homines ad invicem ordinat ut unusquisque suum ordinem teneat. Quod est homines pacem habere ad invicem: pax enim hominum nihil aliud est quam ordinata concordia, ut Augustinus dicit.

Item. Quandocumque aliqua ordinantur sub aliquo, oportet illa concorditer esse ordinata ad invicem: alias se invicem impedirent in consecutione finis communis; sicut patet in exercitu, qui concorditer ordinatur ad victoriam, quae est finis ducis. Unusquisque autem homo per legem divinam ordinatur ad Deum. Oportuit igitur per legem divinam inter homines, ne se invicem impedirent, ordinatam concordiam esse, quod est pax. Hinc est quod in Psalmo dicitur: qui posuit fines tuos pacem. Et Dominus dicit, Ioan. 16,33: haec locutus sum vobis ut in me pacem habeatis.

Tunc autem ordinata concordia inter homines servatur, quando unicuique quod suum est redditur: quod est iustitiae. Et ideo dicitur Isaiae 32,17: opus iustitiae pax. Oportuit igitur per legem divinam iustitiae praecepta dari, ut unusquisque alteri redderet quod suum est,

têm a vantagem da sociedade, se um cair, é amparado pelo outro. Ai do sozinho, quando cair não tem quem o levante. E se os dois dormirem, ajudar-se-ão mutuamente: como um sozinho se aquecerá? E se alguém prevalecer contra um, dois lhe resistem[89]. Portanto, foi necessário que se ordenasse por lei divina a sociedade dos homens entre si.

Ademais. A lei divina é certa razão da providência divina para governar os homens. Ora, pertence à providência divina, sob a devida ordem, conter as coisas singulares que a ela estão sujeitas; por exemplo, que cada um tenha seu lugar e grau.

Portanto, a lei divina ordena de tal modo os homens entre si que cada um tenha sua ordem. O que significa ter os homens a paz entre si, pois *a paz dos homens não é outra coisa que a concórdia ordenada,* como afirma Agostinho[90].

Igualmente. Sempre que umas coisas se ordenam sob outra, é necessário que elas sejam concordemente ordenadas entre si, caso contrário se impediriam mutuamente na consecução do fim comum, como se evidencia no exército, que concordemente se ordena para a vitória, que é o fim do comandante. Ora, cada homem se ordena, por lei divina, a Deus. Portanto, foi necessário, por lei divina, que entre os homens houvesse *a concórdia ordenada, que é a paz,* para que não se impedissem mutuamente. Daí é que se diz no Salmo[91]: *O que pôs a paz nos teus limites.* E o Senhor diz em João[92]: *Falei- vos estas coisas para que tenhais a paz em mim.*

Ora, conserva-se a ordenada concórdia entre os homens quando *a cada qual se dá o que é seu, o que é a justiça*[93]. E assim se diz em Isaías[94]: *A obra da justiça, a paz.* Foi, portanto, necessário que, por lei divina se dessem preceitos de justiça, para que cada um desse

---

[89] Eclesiastes 4,9-12.
[90] Santo Agostinho (354-431) em A Cidade de Deus, XIX, 13, 1; ML 41, 640.
[91] Salmo 147,3.
[92] João 16,33.
[93] Santo Ambrósio (340-397) em Os Ofícios dos Ministros I, 24, 115; ML 16,57AB.
[94] Isaías 32,17.

et abstineret a nocumentis alteri inferendis. Inter homines autem maxime aliquis est parentibus debitor.

Et ideo inter praecepta legis quae nos ad proximum ordinant, Exod. 20, primo ponitur, honora patrem tuum et matrem tuam: in quo intelligitur praecipi ut tam parentibus quam etiam aliis unusquisque reddat quod debet, secundum illud Rom. 13,7: reddite omnibus debita.

Deinde ponuntur praecepta quibus praecipitur abstinendum esse a nocumentis proximo inferendis. Ut neque factis eum offendamus in persona propria, quia dictum est, non occides; neque in persona coniuncta, quia scriptum est, non moechaberis; neque etiam exterioribus rebus, quia scriptum est, non furtum facies. Prohibemur etiam ne contra iustitiam proximum verbo offendamus: quia scriptum est, non loqueris contra proximum tuum falsum testimonium. Et quia Deus etiam cordium iudex est, prohibemur ne corde proximum offendamus, concupiscendo scilicet uxorem, aut aliquam rem eius.

Ad huiusmodi autem iustitiam observandam, quae lege divina statuitur, dupliciter homo inclinatur: uno modo, ab interiori; alio modo, ab exteriori.

Ab interiori quidem, dum homo voluntarius est ad observandum ea quae praecipit lex divina. Quod quidem fit per amorem hominis ad Deum et proximum: qui enim diligit aliquem, sponte et delectabiliter ei reddit quod debet, et etiam liberaliter superaddit. Unde tota legis impletio ex dilectione dependet: secundum illud apostoli Rom. 13,10: plenitudo legis est dilectio. Et Dominus dicit, Matth. 22,40, quod in duobus praeceptis, scilicet in dilectione Dei et proximi, universa lex pendet.

Sed quia aliqui interius non sunt sic dispositi ut ex seipsis sponte faciant quod lex iubet,

ao outro o que é seu, e se abstivesse de causar prejuízos ao outro. Ora, entre os homens, maximamente, alguém é devedor a seus parentes.

E assim entre os preceitos da lei que nos ordenam ao próximo, estabelece-se, *em primeiro lugar*, no Êxodo[95]: *Honra teu pai e tua mãe* — no que se entende ser preceituado que tanto aos pais quando aos outros cada qual dê o que deve, segundo aquilo de Romanos[96]: *Dai a todos o devido*.

Em seguida, são estabelecidos os preceitos pelos quais é ordenado que se deve abster de causar prejuízos ao próximo. Para que nem por fatos o ofendamos em sua própria pessoa, porque foi dito: *não matarás*, nem na pessoa unida, porque foi escrito, *não fornicarás*, nem nas coisas externas, porque foi escrito: *não cometerás furto*. Somos proibidos também que ofendamos, contra a justiça, o próximo por palavra: porque foi escrito, *não pronunciarás contra o próximo falso testemunho*. E porque Deus é também juiz dos corações, somos proibidos de ofender o próximo no coração, isto é, desejando a esposa, ou outra coisa d'Ele.

Para observar semelhante justiça, que é estatuída por lei divina, de duas maneiras inclina-se o homem: de uma, pelo interior; de outra, pelo exterior. — *Interiormente*, enquanto o homem voluntariamente observa aquelas coisas que a lei divina preceitua. O que se faz por amor do homem para com Deus e o próximo, pois quem ama alguém, de modo espontâneo e prazerosamente lhe dá o que deve, e até acrescenta liberalmente. Donde todo cumprimento da lei depende do amor, segundo aquilo do Apóstolo[97]: *A plenitude da lei é o amor*. E o Senhor diz, em Mateus[98], que *em dois preceitos*, a saber, no amor de Deus e do próximo, *toda lei está suspensa*.

Mas, porque alguns interiormente não estão assim dispostos que por si mesmos es-

---

[95] Êxodo 20,12-17.
[96] Romanos 13,7.
[97] Romanos 13,10.
[98] Mateus 22,40.

ab exteriori trahendi sunt ad iustitiam legis implendam. Quod quidem fit dum timore poenarum, non liberaliter, sed serviliter legem implent. Unde dicitur Isaiae 26,9: cum feceris iudicia tua in terra, scilicet puniendo malos, iustitiam discent omnes habitatores orbis.

Primi igitur sibi ipsi sunt lex, habentes caritatem, quae eos loco legis inclinat et liberaliter operari facit. Lex igitur exterior non fuit necessarium quod propter eos poneretur: sed propter illos qui ex seipsis non inclinantur ad bonum.

Unde dicitur I Tim. 1,9: iusto lex non est posita, sed iniustis. Quod non est sic intelligendum quasi iusti non teneantur ad legem implendam, ut quidam male intellexerunt: sed quia isti inclinantur ex seipsis ad iustitiam faciendam, etiam sine lege.

Capitulum CXXIX
Quod in humanis actibus sunt aliqua recta secundum naturam, et non solum quasi lege posita

Ex praemissis autem apparet quod ea quae divina lege praecipiuntur, rectitudinem habent non solum quia sunt lege posita, sed etiam secundum naturam.

Ex praeceptis enim legis divinae mens hominis ordinatur sub Deo; et omnia alia quae sunt in homine, sub ratione. Hoc autem naturalis ordo requirit, quod inferiora superioribus subdantur. Sunt igitur ea quae lege divina praecipiuntur, secundum se naturaliter recta.

Praeterea. Homines ex divina providentia sortiuntur naturale iudicatorium rationis ut principium propriarum operationum. Naturalia autem principia ad ea ordinantur quae sunt naturaliter. Sunt igitur aliquae operationes naturaliter homini convenientes, quae

pontaneamente façam o que a lei ordena, são *exteriormente* levados a cumprir a justiça da lei. O que se faz, enquanto cumprem a lei, por temor das penas, não liberalmente, mas servilmente. Donde se diz em Isaías: *Quando fizeres tua justiça na terra*, ou seja, punindo os maus, *aprendam a justiça todos os habitantes do mundo*[99].

Portanto, os primeiros são para si mesmos a lei, tendo a caridade, que os inclina em lugar da lei, e faz agir liberalmente. Portanto, não foi necessário que a lei exterior fosse por causa deles estabelecida, mas por causa daqueles que, por si mesmos, não se inclinam ao bem.

Donde se diz em 1 Timóteo: *A lei não é promulgada para o justo, mas para os injustos*[100]. O que não se deve entender como se os justos não tivessem de cumprir a lei, como alguns entenderam mal, mas porque esses são inclinados por si mesmos a fazer a justiça, mesmo sem a lei.

Capítulo 129
Nos atos humanos há algumas coisas retas segundo a natureza, e não só porque estabelecidas pela lei

É manifesto, do que foi dito, que as coisas que são preceituadas pela lei divina, têm retidão não só porque são estabelecidas pela lei, mas também segundo a natureza.

Com efeito, pelos preceitos da lei divina, a mente do homem é ordenada para Deus, e, sob a razão, todas as coisas que estão no homem. Ora, a ordem natural requer que as coisas inferiores se sujeitem às superiores. Portanto, aquelas coisas que são preceituadas pela lei divina, são, em si, naturalmente retas.

Além disso. Da providência divina, os homens recebem o juízo natural da razão[101], como princípio das operações próprias. Ora, os princípios naturais ordenam-se às coisas que são naturalmente. Portanto, há algumas operações naturalmente convenientes ao homem,

---

[99] Isaías 26,9.
[100] 1 Timóteo 1,9.
[101] São Basílio (319-379), em Homilia, no princípio dos Provérbios 9; MG 31,405C.

sunt secundum se rectae, et non solum quasi lege positae.

Praeterea. Quorumcumque est natura determinata, oportet esse operationes determinatas, quae illi naturae conveniant: propria enim operatio uniuscuiusque naturam ipsius sequitur. Constat autem hominum naturam esse determinatam. Oportet igitur esse aliquas operationes secundum se homini convenientes.

Adhuc. Cuicumque est aliquid naturale, oportet esse naturale id sine quo illud haberi non potest: natura enim non deficit in necessariis. Est autem homini naturale quod sit animal sociale: quod ex hoc ostenditur, quia unus homo solus non sufficit ad omnia quae sunt humanae vitae necessaria. Ea igitur sine quibus societas humana conservari non potest, sunt homini naturaliter convenientia. Huiusmodi autem sunt, unicuique quod suum est conservare, et ab iniuriis abstinere. Sunt igitur aliqua in humanis actibus naturaliter recta.

Amplius. Supra ostensum est quod homo naturaliter hoc habet, quod utatur rebus inferioribus ad suae vitae necessitatem. Est autem aliqua mensura determinata secundum quam usus praedictarum rerum humanae vitae est conveniens, quae quidem mensura si praetermittatur, fit homini nocivum: sicut apparet in sumptione inordinata ciborum. Sunt igitur aliqui actus humani naturaliter convenientes, et aliqui naturaliter inconvenientes.

Item. Secundum naturalem ordinem corpus hominis est propter animam, et inferiores vires animae propter rationem: sicut et in aliis rebus materia est propter formam, et instrumenta propter principalem agentem. Ex eo autem quod est ad aliud ordinatum, debet ei auxilium provenire, non autem aliquod impedimentum. Est igitur naturaliter rectum quod sic procuretur ab homine corpus, et etiam in-

as quais são em si retas, e não apenas porque estabelecidas por lei.

Além disso. De todas as coisas de natureza determinada, é necessário que as operações, que convêm àquela natureza, sejam determinadas, pois a operação própria de cada coisa segue a sua natureza. Ora, consta que a natureza do homem é determinada. Portanto, é necessário que algumas operações sejam determinadas, enquanto convenientes em si ao homem.

Ainda. A qualquer coisa que algo é natural, é necessário que seja natural aquilo sem o qual esse algo não acontece, pois *a natureza não falha no necessário*[102]. Ora, é natural ao homem que seja animal racional, o que se mostra pelo fato de que um homem sozinho não é suficiente para todas as coisas que são necessárias à vida humana. Portanto, aquelas coisas sem as quais a sociedade humana não pode conservar-se, são naturalmente convenientes ao homem. Ora, tais são: a cada um conservar o que é seu, e abster-se de injúrias. Portanto, há algumas coisas nos atos humanos naturalmente retas.

Ademais. Foi mostrado[103] que o homem naturalmente tem de usar das coisas inferiores para a necessidade de sua vida. Ora, há certa medida determinada, segundo a qual o uso das mencionadas coisas é conveniente à vida humana, que certamente, se é excedida tal medida, torna-se nociva ao homem, como se manifesta na ingestão desordenada de alimentos. Portanto, há certos atos humanos naturalmente convenientes, e outros naturalmente inconvenientes.

Igualmente. Segundo a ordem natural, o corpo do homem é por causa da alma, e as forças inferiores da alma por causa da razão, como também, nas outras coisas, a matéria é por causa da forma, e os instrumentos por causa do agente principal. Ora, porque é ordenado a outra coisa, deve-lhe prestar auxílio, mas não algum impedimento. É, pois, naturalmente reto que assim o corpo seja usado

---

[102] Aristóteles (384-322 a.C.), em Sobre s Alma III, 9, 432b,21-22.
[103] Cf. caps. 121 e 127.

feriores vires animae, quod ex hoc actus rationis et bonum ipsius minime impediatur, magis autem iuvetur: si autem secus acciderit, erit naturaliter peccatum. Vinolentiae igitur et comessationes; et inordinatus venereorum usus, per quem actus rationis impeditur; et subdi passionibus, quae liberum iudicium rationis esse non sinunt, sunt naturaliter mala.

Praeterea. Unicuique naturaliter conveniunt ea quibus tendit in suum finem naturalem: quae autem e contrario se habent, sunt ei naturaliter inconvenientia. Ostensum est autem supra quod homo naturaliter ordinatur in Deum sicut in finem. Ea igitur quibus homo inducitur in cognitionem et amorem Dei, sunt naturaliter recta: quae autem e contrario se habent, sunt naturaliter homini mala. Patet igitur quod bonum et malum in humanis actibus non solum sunt secundum legis positionem, sed secundum naturalem ordinem.

Hinc est quod in Psalmo dicitur, quod iudicia Domini sunt vera, iustificata in semetipsis.

Per haec autem excluditur positio dicentium quod iusta et recta sunt solum lege posita.

Capitulum CXXX
De consiliis quae dantur in lege divina

Quia vero optimum hominis est ut mente Deo adhaereat et rebus divinis; impossibile autem est quod homo intense circa diversa occupetur: ad hoc quod liberius feratur in Deum mens hominis, dantur in divina lege consilia, quibus homines ab occupationibus praesentis vitae retrahantur, quantum possibile est terrenam vitam agenti. Hoc autem non est ita necessarium homini ad iustitiam ut sine eo iustitia esse non possit: non enim virtus et iustitia tollitur si homo secundum ordinem rationis corporalibus et terrenis rebus utatur.

pelo homem, e também as forças inferiores da alma, que o ato da razão e o seu bem não seja minimante impedido, antes seja mais ajudado; se acontece o contrário, será naturalmente pecado. Portanto, a embriaguez e a glutonaria, e o uso desordenado do sexo, pelo qual é impedido o ato da razão, e sujeitar-se às paixões, que não permitem ser reto o juízo da razão, são coisas naturalmente más.

Além disso. A cada coisa naturalmente convém aquilo pelo que tende a seu fim natural, mas o que provoca o contrário, é-lhe naturalmente inconveniente. Ora, foi mostrado[104] que o homem é naturalmente ordenado para Deus, como para o fim. Aquelas coisas, pois, pelas quais o homem é levado ao conhecimento e amor de Deus, são naturalmente retas, mas as que provocam o contrário, são naturalmente más ao homem.

Evidencia-se, portanto, que o bem e o mal nos atos humanos são não apenas segundo o ordenamento da lei, mas segundo a ordem natural.

Daí é que se diz no Salmo: *Os juízos do Senhor são verdadeiros, em si mesmos justificados*[105].

Por isso, se exclui a afirmação dos que dizem que o justo e o reto são só estabelecidos pela lei.

Capítulo 130
Os conselhos que são dados na lei divina

Porque o melhor do homem é que se una pela mente a Deus e às coisas divinas, é impossível que o homem se ocupe intensamente acerca de diversas coisas: para que mais livremente a mente do homem se eleve para Deus, são dados na lei divina conselhos, pelos quais os homens se retraem das ocupações da presente vida, quanto é possível a quem opera a vida terrena. Mas, não é isso assim tão necessário ao homem para a justiça que, sem isso, ela não possa ser, pois a virtude e a justiça não são excluídas, se o homem usa, segundo

---

[104] Cf. caps. 17 e 25.
[105] Salmo 18,10.

Et ideo huiusmodi divinae legis admonitiones dicuntur consilia, non praecepta, inquantum suadetur homini ut, propter meliora, minus bona praetermittat.

Occupatur autem humana sollicitudo, secundum communem modum humanae vitae, circa tria: primo quidem, circa propriam personam, quid agat, aut ubi conversetur; secundo autem, circa personas sibi coniunctas, praecipue uxorem et filios; tertio, circa res exteriores procurandas, quibus homo indiget ad sustentationem vitae.

Ad amputandam igitur sollicitudinem circa res exteriores, datur in lege divina consilium paupertatis: ut scilicet res huius mundi abiiciat, quibus animus eius sollicitudine aliqua implicari posset. Hinc est quod Dominus dicit, Matth. 19,21: si vis perfectus esse, vade, vende omnia quae habes et da pauperibus, et veni, sequere me.

Ad amputandam autem sollicitudinem uxoris et filiorum, datur homini consilium de virginitate vel continentia. Hinc est quod dicitur I Cor. 7,25: de virginibus autem praeceptum Domini non habeo, consilium autem do. Et huius consilii rationem assignans, subdit: qui sine uxore est, sollicitus est quae sunt Domini, quomodo placeat Deo: qui autem cum uxore est, sollicitus est quae sunt mundi, quomodo placeat uxori, et divisus est.

Ad amputandam autem sollicitudinem hominis etiam circa seipsum, datur consilium obedientiae, per quam homo dispositionem suorum actuum superiori committit. Propter quod dicitur Hebr. Ult.: obedite praepositis vestris et subiacete eis: ipsi enim pervigilant, quasi rationem reddituri pro animabus vestris.

Quia vero summa perfectio humanae vitae in hoc consistit quod mens hominis Deo vacet; ad hanc autem mentis vacationem praedicta tria maxime videntur disponere: con-

a ordem da razão, das coisas corporais e terrenas. E assim semelhantes admoestações da lei divina se chamam *conselhos*, não *preceitos*, enquanto o homem a que, por causa dos bens melhores, deixe os menores.

A humana solicitude se ocupa, segundo o modo comum da vida humana, acerca de três coisas: primeiro, acerca da própria pessoa, o que fazer e onde viver; segundo, acerca das pessoas a ele unidas, sobretudo a esposa e os filhos; terceiro, acerca das coisas exteriores a procurar, das quais o homem necessita para o sustento da vida.

Para cortar a solicitude acerca das coisas exteriores, dá-se na lei divina o *conselho de pobreza*: a saber, que renuncie às coisas deste mundo, pelas quais sua alma possa ser enredada. Daí é que diz o Senhor em Mateus: *Se queres ser perfeito, vai, vende todas as coisas que tens e dá aos pobres, vem e segue-me*[106].

Para cortar a solicitude da esposa e filhos, dá-se ao homem o *conselho da virgindade ou continência*. Daí é que se diz em I Coríntios: *Não dou preceito do Senhor a respeito das virgens, mas dou o conselho*[107]. E assinalando a razão desse conselho, acrescenta: *Aquele que está sem esposa, é solícito das coisas que são de Deus, como agradar a Deus. Mas, o que está com esposa, é solícito das coisas do mundo, como agradar à esposa, e está dividido*[108].

Para cortar a solicitude do homem acerca de si mesmo, dá-se o *conselho da obediência*, pela qual o homem entrega ao superior a disposição de seus atos. Por causa disso se diz em Hebreus: *Obedecei aos vossos superiores e submetei-vos a eles, pois eles velam, como tendo de dar razão por vossas almas*[109].

Porque a perfeição suma da vida humana consiste em que a mente do homem se dedique a Deus, as mencionadas três coisas parecem maximamente dispor para essa dedicação

---

[106] Mateus 19,21.
[107] 1 Coríntios 7,25.
[108] 1 Coríntios 7,32-33.
[109] Hebreus 13,17.

venienter ad perfectionis statum pertinere videntur; non quasi ipsae sint perfectiones, sed quia sunt dispositiones quaedam ad perfectionem, quae consistit in hoc quod Deo vacetur. Et hoc expresse ostendunt verba Domini paupertatem suadentis, cum dicit, si vis perfectus esse, vade et vende omnia quae habes et da pauperibus, et sequere me, quasi in sua sequela perfectionem vitae constituens.

Possunt etiam dici perfectionis effectus et signa. Cum enim mens vehementer amore et desiderio alicuius rei afficitur, consequens est quod alia postponat. Ex hoc igitur quod mens hominis amore et desiderio ferventer in divina fertur, in quo perfectionem constare manifestum est, consequitur quod omnia quae ipsum possunt retardare quominus feratur in Deum, abiiciat: non solum rerum curam, et uxoris et prolis affectum, sed etiam sui ipsius.

Et hoc significant verba Scripturae. Dicitur enim Cant. 8,7: si dederit homo omnem substantiam domus suae ad mercandam dilectionem, quasi nihil computabit eam. Et Matth. 13,45 simile est regnum caelorum homini negotiatori quaerenti bonas margaritas: inventa autem una pretiosa margarita, abiit et vendidit omnia quae habuit, et comparavit eam. Et philipp. 3,7 quae mihi aliquando fuerunt lucra, arbitratus sum ut stercora ut Christum lucrifacerem.

Quia igitur praedicta tria dispositiones ad perfectionem sunt, et perfectionis effectus et signa, convenienter qui praedicta tria Deo vovent, in statu perfectionis esse dicuntur. Perfectio autem ad quam praedicta disponunt, in vacatione mentis circa Deum consistit. Unde et praedictorum professores religiosi dicuntur, quasi se Deo et sua in modum cuiusdam sacrificii dicantes: et quantum ad res, per paupertatem; et quantum ad corpus, per continentiam; et quantum ad voluntatem,

da mente. Elas, convenientemente, parecem pertencer ao estado de perfeição, não como se fossem as perfeições, mas porque são certas disposições para a perfeição, que consiste em que se dedique a Deus. E isso expressamente mostram as palavras de Senhor, ao persuadir a pobreza, quando diz: *Se queres ser perfeito, vai, vende tudo o que tens e dá aos pobres, e segue-me*, como constituindo em seu seguimento a perfeição da vida.

Podem ser ditas, também, efeitos e sinais da perfeição. Com efeito, quando a mente se afeiçoa pelo amor e desejo a uma coisa, é consequente que posponha as outras coisas. Portanto, pelo fato de que a mente se eleve às coisas divinas fervorosamente pelo amor e desejo, no que é manifesto constar a perfeição, consegue afastar todas as coisas que a podem retardar em se elevar a Deus, não só o cuidado das coisas, o afeto da esposa e da prole, mas também de si mesmo.

E as palavras da Escritura significam isso. Com efeito, diz-se nos Cânticos: *Se o homem der toda a substância de sua casa para comprar o amor, não lhe dará valor algum*[110]. E em Mateus: *É semelhante o reino dos céus a um homem negociante que buscava pérolas preciosas, mas, encontrada uma, foi e vendeu tudo o que tinha, e a comprou*[111]. E em Filipenses: *O que em certo tempo foi para mim lucro, julgo que é esterco, para ganhar a Cristo*[112].

Portanto, porque as três mencionadas disposições são para a perfeição, e efeitos e sinais da perfeição, diz-se convenientemente que os que prometem a Deus as mencionadas três coisas, estão em estado de perfeição. Ora, a perfeição a que as mencionadas coisas dispõem, consiste na dedicação da mente a Deus. Donde, também os que as professam se chamam *religiosos*, como dedicando a si e suas coisas a Deus, a modo de um sacrifício, quanto às coisas, pela pobreza, quanto ao cor-

---

[110] Cânticos 8,7.
[111] Mateus 13,45.
[112] Filipenses 3,7.

per obedientiam. Religio enim in cultu divino consistit, ut supra dictum est.

Capitulum CXXXI
De errore impugnantium voluntariam paupertatem

Fuerunt autem aliqui paupertatis propositum improbantes, contra evangelicam doctrinam. Quorum primus vigilantius invenitur: quem tamen postmodum aliqui sunt secuti dicentes se esse legis doctores, non intelligentes neque quae loquuntur neque de quibus affirmant. Qui ad hoc his et similibus rationibus sunt inducti.

Naturalis enim appetitus requirit ut unumquodque animal sibi provideat in necessariis suae vitae: unde animalia quae non quolibet tempore anni necessaria vitae invenire possunt, quodam naturali instinctu, ea quae sunt vitae suae necessaria congregant illo tempore quo inveniri possunt, et ea conservant; sicut patet de apibus et formicis. Homines autem ad suae vitae conservationem multis indigent quae non omni tempore inveniri possunt. Inest igitur naturaliter homini quod congreget et conservet ea quae sunt sibi necessaria. Est igitur contra legem naturalem omnia congregata dispergere per paupertatem.

Adhuc. Naturalem affectum habent omnia ad ea quibus esse suum conservatur, inquantum omnia esse appetunt. Sed per substantiam exteriorum bonorum vita hominis conservatur. Sicut igitur ex naturali lege unusquisque suam vitam conservare tenetur, ita et exteriorem substantiam. Sicut igitur est contra legem naturae quod aliquis sibi manus iniiciat, ita et quod aliquis necessaria vitae sibi subtrahat per voluntariam paupertatem.

po, pela continência, e quanto à vontade, pela obediência. Com efeito, a religião consiste no culto divino, como foi dito[113].

Capítulo 131
O erro dos que condenam a pobreza voluntária

Houve alguns que condenaram o voto de pobreza, contra a doutrina evangélica. O primeiro deles é Vigilâncio[114] que depois alguns seguiram[115], *dizendo-se doutores da lei, não entendendo nem o que falam nem daquilo que afirmam*[116]. Eles foram induzidos a isso por estas e semelhantes razões.

Com efeito, o apetite natural requer que cada animal se providencie as coisas necessárias à sua vida, donde os animais que não podem encontrar, em qualquer tempo do ano, as coisas necessárias à vida, por algum instinto natural, ajuntam-nas naquele tempo em que podem encontrá-las, e as conservam, como se evidencia com as abelhas e as formigas. Ora, os homens, para a conservação de sua vida, precisam de muitas coisas que não podem encontrar em qualquer tempo. Portanto, está naturalmente no homem que ajunte e conserve as coisas que são necessárias. Logo, é contra a lei natural desperdiçar, pela pobreza, todas as coisas que foram ajuntadas[117].

Ainda. Todas as coisas têm inclinação natural àquilo pelo que seu ser é conservado, enquanto todas as coisas desejam ser. Mas, a vida do homem é conservada pelo patrimônio dos bens exteriores. Como, pois, cada um tem por lei natural conservar sua vida, assim também o patrimônio exterior. Assim, como é contra a lei da natureza que alguém se suicide, assim também o é que alguém, pela pobreza voluntária, tire de si as coisas necessárias à vida.

---

[113] Cf. cap. 119.
[114] São Jerónimo (347-420) em Livro Contra Vigilâncio 14; ML 23,350CD, 351a.
[115] S. Tomás de Aquino (1225-1274), em Contra Impugnantes Dei Cultum et Religionem V, 6.
[116] 1 Timóteo 1,7.
[117] S. Tomás de Aquino (1225-1274), em Contra Impugnantes IX, 6.

Amplius. Homo naturaliter est animal sociale, ut supra dictum est. Societas autem inter homines conservari non posset nisi unus alium iuvaret. Est igitur naturale hominibus quod unus alium in necessitatibus iuvet. Ab hoc autem auxilio ferendo se faciunt impotentes qui exteriorem substantiam abiiciunt, per quam plurimum aliis auxilium fertur. Est igitur contra naturalem instinctum, et contra misericordiae et caritatis bonum, quod homo per voluntariam paupertatem omnem substantiam mundi abiiciat.

Item. Si habere substantiam huius mundi malum est; bonum est autem proximos liberare a malo, malum autem eos in malum inducere: consequens est quod dare alicui indigenti substantiam huius mundi sit malum, auferre autem habenti sit bonum. Quod inconveniens est. Est igitur bonum habere substantiam huius mundi. Eam igitur per voluntariam paupertatem totaliter abiicere malum est.

Praeterea. Occasiones malorum vitandae sunt. Est autem paupertas occasio mali: quia propter eam ad furta, adulationes et periuria, et his similia, aliqui inducuntur. Non est igitur paupertas voluntate assumenda, sed magis ne adveniat vitanda.

Adhuc. Cum virtus consistat in medio, utroque extremo corrumpitur. Est autem virtus liberalitas, quae dat danda et retinet retinenda. Vitium autem est in minus illiberalitas, quae retinet retinenda et non retinenda. Est autem et vitium in plus quod omnia dentur. Quod faciunt qui voluntarie paupertatem assumunt. Est ergo hoc vitiosum, et prodigalitati simile.

Hae autem rationes auctoritate Scripturae confirmari videntur. Dicitur enim Prov. 30,8 mendicitatem et divitias ne dederis mihi, tribue tantum victui meo necessaria: ne forte, satiatus, illiciar ad negandum, et dicam: quis est Dominus? et egestate compulsus, furer, et periurem nomen Dei mei.

Ademais. *O homem é, naturalmente, um animal social,* como foi dito[118]. Ora, não se pode conservar a sociedade entre os homens a menos que um ajude o outro. É, pois, natural aos homens que um ajude a outro nas necessidades. Ora, tornam-se impotentes para levar esse auxílio os que renunciam ao patrimônio exterior, pelo qual se leva aos outros um grande auxílio. Portanto, é contra o instinto natural, e contra o bem da misericórdia e da caridade, que o homem, pela pobreza voluntária, renuncie a todo o patrimônio do mundo.

Igualmente. Se é mal ter o patrimônio deste mundo, mas é um bem livrar os próximos do mal, é mal induzi-los ao mal: segue-se que dar a um indigente o patrimônio deste mundo é mal, mas tirar do que tem é um bem. O que é inconveniente. Logo é bom ter o patrimônio deste mundo. Portanto, é mal renunciar a ele totalmente, pela pobreza evangélica.

Além disso. Deve ser evitada a ocasião dos males. Ora, a pobreza é ocasião do mal, porque, por causa dela, uns são induzidos aos furtos, adulações e perjúrios, e coisas semelhantes. Portanto, não se deve assumir a pobreza voluntária, mas antes deve-se evitar que venha.

Ainda. Como a virtude consiste no meio, é corrompida por ambos os extremos. Ora, a liberalidade é uma virtude, que dá o que deve ser dado e retém o que deve ser retido. Mas, o vício é, por defeito, avareza, que retém o que deve e o que não deve ser retido. Ora, há também o vício, por excesso, o dar todas as coisas. O que fazem os que assumem a pobreza voluntária. Logo, isso é vicioso, e semelhante à prodigalidade.

Ora, essas razões parecem ser confirmadas pela autoridade da Escritura, Com efeito, diz-se em Provérbios: *Não me deis a mendicidade e as riquezas, concedei-me só o necessário para meu sustento, para que talvez, saciado, seja levado a negar e dizer: quem é o Senhor? E impelido pela fome, furte, e blasfeme o nome de meu Deus*[119].

---

[118] Cf. cap. 128.
[119] Provérbios 30,8.9.

Capitulum CXXXII
De modis vivendi eorum qui voluntariam paupertatem sequuntur

Videtur autem haec quaestio magis urgeri si quis specialius exsequatur modos quibus necesse est vivere eos qui voluntariam paupertatem sectantur.

Est enim unus modus vivendi quod possessiones singulorum vendantur, et de pretio omnes communiter vivant. Quod quidem sub apostolis observatum videtur in ierusalem: dicitur enim Act. 4,34 quotquot possessores agrorum aut domorum, vendentes afferebant pretia eorum quae vendebant, et ponebant ante pedes apostolorum: dividebant autem singulis prout cuique opus erat. Hoc autem modo non videtur efficienter provideri humanae vitae. — Primo quidem, quia non est facile quod plures habentes magnas possessiones hanc vitam assumant. Et si conferatur inter multos pretium quod ex possessionibus paucorum divitum assumptum est, non sufficiet in multum tempus. — Deinde, quia possibile et facile est huiusmodi pretium, vel fraude dispensatorum, vel furto aut rapina, deperire. Remanebunt igitur illi qui paupertatem talem sectantur, absque sustentatione vitae.

Item. Multa accidentia sunt quibus homines coguntur locum mutare. Non igitur erit facile providere his quos oportet forte per diversa loca dispergi, de pretio sumpto ex possessionibus in commune redacto.

Est autem alius modus vivendi ut possessiones habeant communes, ex quibus singulis provideatur prout eis opus fuerit sicut in monasteriis plurimis observatur. Sed nec hic modus videtur conveniens. Possessiones enim terrenae sollicitudinem afferunt: et propter procurationem fructuum; et propter defensionem earum contra fraudes et violentias; et tanto maiorem, et a pluribus oportet habere sollicitudinem, quanto maiores possessiones esse oportet quae sufficiant ad plurium sustentationem. Deperit igitur in hoc modo finis

Capítulo 132
Os modos de viver dos que seguem a pobreza voluntária

Essa questão parece ser mais urgente, se alguém considera especialmente os modos nos quais devem viver aqueles que seguem a pobreza voluntária.

Com efeito, há um modo de viver no qual se vendem as posses de cada um, e todos vivem do produto, em comum. Isso parece ter sido observado pelos apóstolos em Jerusalém, pois diz-se em Atos[120]: *Os que possuíam campos e casas, vendendo, traziam os produtos do que era vendido, e punham ante os pés dos apóstolos, e o dividiam pelas pessoas, segundo era necessidade de cada um.* Entretanto, esse modo não parece atender eficazmente à vida humana. — Em primeiro lugar, porque não é fácil que muitos que tenham grandes posses assumam essa vida. E se se distribui entre muitos o produto que se obteve das posses de poucos ricos, não será suficiente por muito tempo. — Depois, porque é possível e fácil que semelhante produto se perca pela fraude dos administradores, por furto ou rapina. Portanto, aqueles que seguem tal pobreza ficarão sem o sustento da vida.

Igualmente. Há muitas circunstâncias que forçam os homens a mudar de lugar. Não será, portanto, fácil prover os que devem dispersar-se por diversos lugares, com o produto obtido das posses, posto em comum.

Entretanto, há outro modo de viver no qual se têm as posses comuns, das quais cada um se provê conforme delas precisar[121], como se observa em muitos mosteiros. Mas, nem este modo parece conveniente. Com efeito, as posses terrenas trazem solicitude, tanto por causa da administração dos frutos, quanto por causa da defesa delas contra as fraudes e as violências, e será necessário ter uma solicitude tanto maior e por muitos, quanto maiores forem as posses, de modo que sejam suficientes para o sustento de muitos. Portanto, nesse

---

[120] Atos 4,34.
[121] Santo Agostinho (354-431), em Carta CCXI, 5, para as Monjas, ML 33, 960.

voluntariae paupertatis: ad minus quantum ad multos, quos oportet circa procurandas possessiones esse sollicitos.

Item. Communis possessio solet esse causa discordiae. Non enim videntur litigare qui nihil habent commune, ut hispani et Persae, sed qui simul aliquid habent commune: propter quod etiam inter fratres sunt iurgia. Discordia autem maxime impedit vacationem mentis circa divina, ut supra dictum est. Videtur igitur modus iste vivendi impedire finem voluntariae paupertatis.

Adhuc autem est tertius modus vivendi, ut de laboribus manuum suarum vivant qui voluntariam paupertatem sectantur. Quem quidem vivendi modum Paulus apostolus sequebatur, et aliis observandum suo exemplo et institutione dimisit. Dicitur enim II Thess., 3,8 non gratis panem manducavimus ab aliquo, sed in labore et fatigatione, nocte et die operantes, ne quem vestrum gravaremus: non quasi non habuerimus potestatem, sed ut nosmetipsos formam daremus vobis ad imitandum nos. Nam et cum essemus apud vos, hoc denuntiabamus vobis: quoniam si quis non vult operari, non manducet.

Sed nec iste modus vivendi videtur esse conveniens. Labor enim manualis necessarius est ad sustentationem vitae secundum quod per ipsum aliquid acquiritur. Vanum autem videtur quod quis, relinquens illud quod necessarium est, iterum acquirere laboret. Si igitur post voluntariam paupertatem necessarium est iterum acquirere unde aliquis sustentetur per laborem manualem, vanum fuit illa dimittere omnia quae quis habebat ad sustentationem vitae.

Adhuc. Voluntaria paupertas ad hoc consulitur ut per eam aliquis disponatur ad expeditius sequendum Christum, per hoc quod a sollicitudinibus saecularibus liberat. Maiorem autem sollicitudinem requirere videtur quod aliquis proprio labore victum acquirat, quam quod his quae habuit utatur ad sustentationem

modo desaparece o fim da pobreza voluntária, ao menos quanto a muitos, que necessitam ser solícitos quanto à administração das posses.

Igualmente. A posse comum costuma ser causa de discórdia. Com efeito, não parecem litigar os que nada têm em comum, como entre os espanhóis e os persas, mas entre os que têm algo em comum, mesmo que sejam entre si irmãos, há discórdias. Ora, a discórdia maximamente impede a dedicação da mente às coisas divinas, como acima foi dito. Portanto, parece que este modo de viver impede o fim da pobreza voluntária.

Há ainda um terceiro modo de viver, segundo o qual vivem dos trabalhos de suas mãos aqueles que seguem a pobreza voluntária. Esse modo de viver é o que seguia Paulo Apóstolo, e a outros deixou para observar com seu exemplo e instituição. Com efeito, diz aos Tessalonicenses: *Não comemos gratuitamente, o pão de outro, mas no trabalho e na fadiga, trabalhando noite e dia, para que não pesássemos a ninguém de vós; não porque não tivéssemos direito, mas para que nós mesmos vos déssemos o exemplo, para que nos imitásseis. Com efeito, quando estávamos entre vós, vos declaramos que quem não quer trabalhar, não coma*[122].

Mas nem este modo de viver parece ser conveniente. Com efeito, o trabalho manual é necessário para o sustento da vida, enquanto por meio dele se adquire algo. Mas parece vão que alguém, deixando o que é necessário, trabalhe para, de novo, adquirir. Se, portanto, após a pobreza voluntária é necessário adquirir de novo de onde alguém se sustente pelo trabalho manual, foi vão dispensar todas aquelas coisas que se possuía para sustento da vida.

Ainda. A pobreza voluntária é aconselhada para que, por ela, alguém se disponha para, mais facilmente, seguir a Cristo, na medida em que se libera das solicitudes seculares. Parece, contudo, requerer solicitude maior o adquirir alguém pelo próprio trabalho o sustento, do que utilizar-se daquelas coisas que

---

[122] 2 Tessalonicenses 3,8-10.

vitae: et praecipue si habuit possessiones moderatas, aut etiam aliqua mobilia, ex quibus in promptu erat ut sumeret victus necessaria. Non igitur vivere de laboribus manuum videtur esse conveniens proposito assumentium voluntariam paupertatem.

Ad hoc autem accedit quod etiam Dominus, sollicitudinem terrenorum a discipulis removens sub similitudine volucrum et liliorum agri, videtur eis laborem interdicere manualem. Dicit enim: respicite volatilia caeli, quae neque serunt neque metunt neque congregant in horrea. Et iterum: considerate lilia agri quomodo crescunt: non laborant neque nent.

Videtur etiam hic modus vivendi insufficiens. Nam multi sunt perfectionem vitae desiderantes quibus non suppetit facultas aut ars, ut possint labore manuum vitam transigere, quia non sunt in his nutriti nec instructi. Sic enim melioris conditionis essent ad perfectionem vitae capessendam rustici et opifices, quam qui sapientiae studio vacaverunt, et in divitiis et deliciis, quas propter Christum deserunt, sunt nutriti. — Contingit etiam aliquos voluntariam paupertatem assumentes infirmari, aut alias impediri quominus operari possent. Sic ergo remanerent destituti necessariis vitae.

Item. Non modici temporis labor sufficit ad necessaria vitae quaerenda: quod patet in multis qui totum tempus ad hoc expendunt, vix tamen sufficientem sustentationem acquirere possunt. Si autem voluntariam paupertatem sectantes oporteret labore manuali victum acquirere, sequeretur quod circa huiusmodi laborem maius tempus suae vitae consumerent; et per consequens impedirentur ab aliis magis necessariis actionibus, quae etiam magnum tempus requirunt, sicut sunt studium sapientiae, et doctrina, et alia huius-

teve para sustento da vida, e precipuamente se teve posses moderadas, ou mesmo alguns bens móveis com os quais facilmente tomaria o necessário para o sustento. Portanto, viver dos trabalhos manuais não parece ser conveniente ao propósito dos que assumem a pobreza voluntária.

Acrescenta-se a isso que também o Senhor, afastando dos discípulos a solicitude dos bens terrenos, sob a semelhança dos pássaros e lírios do campo, parece proibir-lhes o trabalho manual. Diz, com efeito: *Olhai os pássaros do céu, que nem semeiam, nem colhem, nem ajuntam nos celeiros*[123]. E novamente: *Considerai os lírios do campo como crescem: não trabalham nem tecem*[124].

Parece também insuficiente esse modo de viver. Com efeito, são muitos os que desejam a perfeição da vida, mas neles não está presente a faculdade ou a arte, para que possam levar a vida com o trabalho manual, porque não foram criados e instruídos nessas coisas. Assim seriam de melhor condição para conseguir a perfeição da vida os camponeses e os operários do que aqueles que se dedicam ao estudo da sabedoria, e foram criados nas riquezas e prazeres, que haviam abandonado por causa de Cristo. — Acontece também que adoecem os que assumiram a pobreza voluntária, ou são impedidos de algum modo, embora possam trabalhar. Assim, portanto, ficariam privados das coisas necessárias da vida.

Igualmente. Não basta o trabalho de pouco tempo para adquirir as coisas necessárias à vida, o que se evidencia em muitos que expendem todo o tempo para isso, e podem conseguir apenas o sustento suficiente. Se fosse necessário que os que seguem a pobreza voluntária conseguissem o sustento, pelo trabalho manual, seguir-se-ia que, no referente a tal trabalho, consumiriam o maior tempo de sua vida, e, por conseguinte, seriam impedidos a outras ações mais necessárias, que também exigem muito tempo, como são o estudo da

---

[123] Mateus 6,26.
[124] Mateus 6,28.

modi spiritualia exercitia. Et sic paupertas voluntaria magis impediret perfectionem vitae quam ad ipsam disponeret. Si quis autem dicat quod labor manualis necessarius est ad tollendum otium: hoc non sufficit ad propositum. Melius enim esset tollere otium per occupationes in virtutibus moralibus, quibus deserviunt organice divitiae, puta in eleemosynis faciendis et aliis huiusmodi, quam per laborem manualem.

Praeterea. Vanum esset dare consilium de paupertate ad hoc solum quod homines pauperes facti abstinerent ab otio, vitam suam laboribus manualibus occupantes, nisi ad hoc daretur quod nobilioribus exercitiis vacarent quam illa quae sunt secundum vitam hominum communem. Si vero aliquis dicat quod necessarius est labor manualis ad carnis concupiscentias domandas: hoc non est ad propositum. Quaerimus enim utrum sit necessarium quod victum per manualem laborem voluntariam paupertatem sectantes acquirant.

Praeterea. Possibile est multis aliis modis concupiscentias carnis domare: scilicet per ieiunia, vigilias, et alia huiusmodi. Labore etiam manuali ad hunc finem uti possent etiam divites, qui non habent necesse laborare propter victum quaerendum.

Invenitur autem et alius modus vivendi: ut scilicet voluntariam paupertatem sectantes vivant de his quae ab aliis inferuntur qui ad hanc perfectionem voluntariae paupertatis proficere volunt divitias retinentes. Et hunc modum videtur Dominus cum suis discipulis observasse: legitur enim Lucae 8, quod mulieres quaedam sequebantur Christum, et ministrabant illi de facultatibus suis. Sed iste etiam modus vivendi non videtur conveniens. Non enim videtur rationabile quod aliquis dimittat sua, et vivat de alieno.

sabedoria e a docência, e outros semelhantes exercícios espirituais. E assim a pobreza voluntária impediria a perfeição mais que para ela disporia. Se, entretanto, alguém disser que o trabalho manual é necessário para afastar o ócio[125], isso não basta para o propósito. Com efeito, seria melhor afastar o ócio por ocupações em virtudes morais, às quais instrumentalmente servem as riquezas, por exemplo, dando-se esmolas e coisas semelhantes, do que pelo trabalho manual.

Além disso. Seria vão dar conselho de pobreza apenas para que os homens, convertidos em pobres, se abstivessem do ócio, ocupando sua vida com trabalhos manuais, a menos que para isso se dedicassem a exercícios mais nobres do que aqueles que se fazem, segundo a vida comum dos homens. Se, porém, alguém disser que o trabalho manual é necessário para domar as concupiscências da carne, isso não vem ao propósito. Com efeito, inquirimos se é necessário que adquiram o sustento pelo trabalho manual os que seguem a pobreza voluntária.

Além disso. É possível domar a concupiscência da carne de muitos outros modos, a saber, pelos jejuns, vigílias, e outros modos semelhantes. Também para esse fim podem usar do trabalho manual os ricos, que não têm necessariamente de trabalhar para conseguir o sustento.

Há outro modo de viver, ou seja, que os que seguem a pobreza voluntária vivam daquilo que lhes é trazido pelos outros que querem progredir para essa perfeição da pobreza voluntária, conservando as riquezas. E esse modo parece que o Senhor observou com seus discípulos, pois lê-se em Lucas, que certas mulheres que seguiam a Cristo, *ministravam-lhe de suas posses*[126]. Parece, também, que esse modo de viver não é conveniente. Com efeito, não parece razoável que alguém abandone o seu e viva do alheio.

---

[125] S. Tomás de Aquino (1225-1274), em Questões Quodlibetalias VII, 7, 1.
[126] Lucas 8,2.3.

Praeterea. Inconveniens videtur quod aliquis ab aliquo accipiat, et nihil ei rependat: in dando enim et recipiendo aequalitas iustitiae servatur. Potest autem sustineri quod illi de his quae ab aliis inferuntur vivant, qui eis serviunt in aliquo officio. Propter quod ministri altaris et praedicatores, qui doctrinam et alia divina populo dant, non inconvenienter videntur ab eis sustentationem vitae accipere: dignus enim est operarius cibo suo, ut Dominus dicit, Matth. 10,10. Propter quod apostolus dicit, I Cor. 9, quod Dominus ordinavit his qui evangelium annuntiant, ut de evangelio vivant; sicut et qui altari deserviunt, cum altario participantur. Illi ergo qui in nullo officio populo ministrant, inconveniens videtur si a populo necessaria vitae accipiant.

Item. Iste modus vivendi videtur esse aliis damnosus. Sunt enim quidam quos ex necessitate oportet aliorum beneficiis sustentari, qui propter paupertatem et infirmitatem sibi non possunt sufficere. Quorum beneficia oportet quod minuantur, si illi qui voluntarie paupertatem assumunt, ex his quae ab aliis dantur debeant sustentari: cum homines non sufficiant, nec sint prompti ad subveniendum magnae multitudini pauperum. Unde et apostolus, I Tim. 4, mandat quod, si quis habet viduam ad se pertinentem, eam sustentet, ut ecclesia sufficiat his quae vere viduae sunt. Est igitur inconveniens ut homines paupertatem eligentes hunc modum vivendi assumant.

Adhuc. Ad perfectionem virtutis maxime requiritur animi libertas: hac enim sublata, de facili homines alienis peccatis communicant: vel expresse consentiendo, aut per adulationem laudando, vel saltem dissimulando. Huic autem libertati magnum praeiudicium generatur ex praedicto modo vivendi: non enim potest esse quin homo vereatur offendere eum

Além disso. Parece inconveniente que alguém receba de outro, e nada lhe restitua, pois guarda-se a igualdade da justiça no dar e receber. Pode-se, contudo, sustentar que vivam do que lhes é trazido pelos outros os que servem a esses nalgum ofício. Por causa disso, os ministros do altar e os pregadores, que dão ao povo a doutrina e outros bens divinos, não parece inconveniente que recebam deles o sustento da vida, pois é digno o operário de seu alimento, como diz o Senhor[127]. Por causa disso, o Apóstolo diz que *o Senhor ordenou àqueles que anunciam o Evangelho, que vivam do Evangelho, como também os que servem ao altar, que do altar participem*[128]. Logo, aqueles que não servem ao povo em nenhum ofício, parece inconveniente que recebam do povo o necessário à vida.

Igualmente. Esse modo de viver parece ser nocivo aos outros. Com efeito, há os que necessitam sustentar-se com auxílios de outros, e que não podem bastar-se, por causa da pobreza e doença. E esses auxílios diminuirão necessariamente, se os que assumem a pobreza voluntariamente devam ser sustentados com aquilo que é dado pelos outros, pois não há homens suficientes, nem estão dispostos a auxiliar a uma grande multidão de pobres. Donde, o Apóstolo ordena que, se alguém tem *uma viúva que dele dependa, sustente-a, para que a igreja seja suficiente àquelas que são verdadeiras viúvas*[129]. É, portanto, inconveniente que homens, escolhendo a pobreza, assumam esse modo de viver[130].

Ainda. Requer-se maximamente para a perfeição da virtude a liberdade do espírito, pois, tirada essa, facilmente *os homens participam de pecados alheios*[131] ou consentindo expressamente, ou louvando por adulação, ou ao menos dissimulando. Ora, a essa liberdade causa-se grande prejuízo com esse mencionado modo de viver, pois não pode ocorrer que

---

[127] Mateus 10,10.
[128] 1 Coríntios 9,13.14.
[129] 1 Timóteo 5,16.
[130] S. Tomás de Aquino (1225-1274), em Contra Impugnantes VI, 7.
[131] 1 Timóteo 5,22.

cuius beneficiis vivit. Praedictus igitur modus vivendi impedit perfectionem virtutis, quae est finis voluntariae paupertatis. Et ita non videtur competere voluntarie pauperibus.

Amplius. Eius quod ex alterius voluntate dependet, facultatem non habemus. Sed ex voluntate dantis dependet quod ex propriis det. Non igitur sufficienter providetur in facultate sustentationis vitae voluntariis pauperibus per hunc modum vivendi.

Praeterea. Necesse est quod pauperes qui ex his quae ab aliis dantur sustentari debent, necessitates suas aliis exponant, et necessaria petant. Huiusmodi autem mendicitas reddit contemptibiles mendicantes, et etiam graves: homines enim superiores se aestimant illis qui per eos sustentari necesse habent; et cum difficultate dant plurimi.

Oportet autem eos qui perfectionem vitae assumunt, in reverentia haberi et diligi, ut sic homines eos facilius imitentur, et virtutis statum aemulentur: si autem contrarium accidat, etiam virtus ipsa contemnitur. Est igitur nocivus modus ex mendicitate vivendi in his qui propter perfectionem virtutis voluntarie paupertatem assumunt.

Praeterea. Perfectis viris non solum sunt vitanda mala, sed etiam ea quae mali speciem habent: nam apostolus dicit, Rom. 12: ab omni specie mali abstinete vos. Et Philosophus dicit, quod virtuosus non solum debet fugere turpia, sed etiam quae turpia videntur. Mendicitas autem habet speciem mali: cum multi propter quaestum mendicent. Non est igitur hic modus vivendi perfectis viris assumendus.

Item. Ad hoc datur consilium de paupertate voluntaria ut mens hominis, a sollicitudine terrenorum retracta, liberius Deo vacet. Hic autem modus ex mendicitate vivendi habet

o homem não tema ofender aquele de cujos auxílios vive. Portanto, o mencionado modo de viver impede a perfeição da virtude, que é o fim da pobreza voluntária. E assim não parece convir aos voluntariamente pobres.

Ademais. Não temos a faculdade daquilo que depende da vontade de outro. Mas, depende da vontade do doador que dê de suas coisas. Portanto, por esse modo de viver, não se provê suficientemente aos pobres voluntários a faculdade do sustento da vida.

Além disso. É necessário que os pobres que devem sustentar-se com as coisas que são dadas por outros, exponham a esses suas necessidades, e peçam o necessário. Ora, semelhante mendicidade torna desprezíveis os mendicantes, e também pesados, pois os homens se estimam superiores àqueles que por eles têm necessariamente de ser sustentados, e muitos dão com dificuldade.

Ora, é necessário que sejam tidos em reverência e amados aqueles que assumem a perfeição da vida, de modo que assim os homens os imitem mais facilmente, e sejam estimulados ao estado da virtude, mas se ocorre o contrário, até a própria virtude é desprezada. É nocivo, portanto, o modo de viver pela mendicidade para aqueles que assumem voluntariamente a pobreza, por causa da perfeição da virtude.

Além disso. Homens perfeitos não só devem evitar os males, mas também aquilo que tem aparência de mal, pois o Apóstolo diz: *Abstei-vos de toda aparência de mal*[132]. E o Filósofo diz que o virtuoso não só deve fugir do que é torpe, *mas do que parece torpe*[133]. Ora, a mendicidade tem aparência de mal[134], pois muitos mendigam por causa do lucro. Esse modo de viver, portanto, não deve ser assumido por homens perfeitos.

Igualmente. Dá-se o conselho da pobreza voluntária para que a mente do homem, afastada da solicitude das coisas terrenas, se dedique a Deus mais livremente. Ora, esse

---

[132] Romanos 12,17.
[133] Aristóteles (384-322 a.C.), em Ética IV, 15, 1128b, 23-26.
[134] Cf. S. Tomás de Aquino (1225-1274), em Contra Impugnantes VI, 7.

plurimam sollicitudinem: maioris enim esse videtur sollicitudinis acquirere aliena quam propriis uti. Non ergo videtur esse conveniens hic modus videndi paupertatem voluntariam assumentibus.

Si quis autem mendicitatem laudare velit propter humilitatem videtur omnino irrationabiliter loqui. Laudatur enim humilitas secundum quod contemnitur terrena altitudo, quae consistit in divitiis, honoribus, fama, et huiusmodi: non autem secundum quod contemnitur altitudo virtutis, respectu cuius oportet nos magnanimos esse. Esset igitur vituperanda humilitas si quis propter humilitatem aliquid faceret quod altitudini virtutis derogaret. Derogat autem ei mendicitas: tum quia virtuosius est dare quam accipere; tum quia habet speciem turpis, ut dictum est. Non est igitur propter humilitatem mendicitas laudanda.

Fuerunt etiam aliqui qui perfectionem vitae sectantibus dicebant nullam sollicitudinem esse habendam neque mendicando, neque laborando, neque sibi aliquid reservando, sed oportere eos a solo Deo sustentationem vitae expectare: propter hoc quod dicitur Matth. 6,25: nolite solliciti esse animae vestrae, quid manducetis aut bibatis, aut corpori vestro, quid induamini et iterum: nolite in crastinum cogitare. Hoc autem videtur omnino irrationabile. Stultum enim est velle finem, et praetermittere ea quae sunt ordinata ad finem. Ad finem autem comestionis ordinatur sollicitudo humana, per quam sibi victum procurat. Qui igitur absque comestione vivere non possunt, aliquam sollicitudinem de victu quaerendo debent habere.

Praeterea. Sollicitudo terrenorum non est vitanda nisi quia impedit contemplationem aeternorum. Non potest autem homo mortalem carnem gerens vivere quin multa agat

modo de viver pela mendicidade exige muita solicitude, pois parece ser de solicitude maior adquirir as coisas alheias do que usar das próprias. Não parece, portanto, ser conveniente aos que o assumem esse modo de viver a pobreza voluntária.

Ora, se alguém quer louvar a mendicidade por causa da humildade[135], parece falar de modo totalmente irracional. Com efeito, louva-se a humildade enquanto se despreza a grandeza terrena, que consiste nas riquezas, honras, fama, e semelhantes, mas não enquanto se despreza a grandeza da virtude, a respeito da qual é necessário que sejamos magnânimos. Dever-se-ia, portanto, vituperar a humildade, se alguém fizesse, por causa dela, algo que suprimisse a elevação da virtude. Ora, a mendicidade a suprime, quer porque *é mais virtuoso dar que receber*[136], quer porque tem a aparência de coisa torpe, como foi dito. Portanto, não se há de louvar a mendicidade por causa da humildade.

Houve também aqueles que diziam aos seguidores da perfeição da vida que não se devia ter nenhuma solicitude nem mendigando, nem trabalhando, nem reservando-se algo para si, mas era necessário esperar apenas de Deus o sustento da vida, em vista do que se diz: *Não queirais ser solícitos em vossa alma, do que comereis, ou bebereis, de vosso corpo, do que vos vestireis,* e ainda: *não queirais pensar no amanhã*[137]. Ora, isso parece totalmente irracional. Com efeito, é estulto querer o fim, e omitir o que é ordenado para o fim. Ora, ao fim da alimentação ordena-se a solicitude humana, pela qual se procura para si o sustento. Aqueles, pois, que não podem viver sem comer, devem ter alguma solicitude para buscar o sustento.

Além disso. Não se deve evitar a solicitude das coisas terrenas, a não ser porque impede a contemplação das coisas eternas. Não pode, entretanto, o homem, gerindo a carne mortal,

---

[135] São Boaventura (1221-1274), em Sobre a Pobreza II, 2.
[136] Atos 20,35.
[137] Mateus 6,25.

quibus contemplatio interrumpatur: sicut dormiendo, comedendo, et alia huiusmodi faciendo. Neque igitur praetermittenda est sollicitudo eorum quae sunt necessaria ad vitam, propter impedimentum contemplationis.

Sequitur etiam mira absurditas. Pari enim ratione potest dicere quod non velit ambulare, aut aperire os, ad edendum aut fugere lapidem cadentem aut gladium irruentem, sed expectare quod Deus operetur. Quod est Deum tentare. Non est igitur sollicitudo victus totaliter abiicienda.

Capitulum CXXXIII
Quomodo paupertas sit bona

Ut autem circa praemissa veritas manifestetur, quid de paupertate sentiendum sit, ex divitiis consideremus.

Exteriores quidem divitiae sunt necessariae ad bonum virtutis: cum per eas sustentemus corpus, et aliis subveniamus. Oportet autem quod ea quae sunt ad finem, ex fine bonitatem accipiant.

Necesse ergo est quod exteriores divitiae sint aliquod bonum hominis, non tamen principale, sed quasi secundarium: nam finis principaliter bonum est, alia vero secundum quod ordinantur in finem. Propter hoc quibusdam visum est quod virtutes sint maxima bona hominis, exteriores autem divitiae quaedam minima bona. Oportet autem quod ea quae sunt ad finem, modum accipiant secundum exigentiam finis. In tantum igitur divitiae bonae sunt, in quantum proficiunt ad usum virtutis: si vero iste modus excedatur, ut per eas impediatur usus virtutis, non iam inter bona sunt computanda, sed inter mala. Unde accidit quibusdam bonum esse habere divitias, qui eis utuntur ad virtutem: quibusdam vero malum esse eas habere, qui per eas a virtute retrahuntur, vel nimia sollicitudine, vel nimia affectione ad ipsas, vel etiam mentis elatione ex eis consurgente.

Sed, cum sint virtutes activae vitae et contemplativae, aliter utraeque divitiis exterio-

viver sem que faça muitas coisas nas quais a contemplação é interrompida, como dormindo, comendo, e fazendo coisas semelhantes. Portanto, não se há de omitir a solicitude daquilo que é necessário à vida, por causa do impedimento da contemplação.

Segue-se também um absurdo espantoso. Com efeito, por igual razão pode-se dizer que não quer andar, ou abrir a boca, para comer, ou escapar da pedra que cai ou da espada que ameaça, mas esperar que Deus intervenha. O que é tentar a Deus. Portanto, não se há de abandonar totalmente a solicitude do sustento.

Capítulo 133
Como a pobreza é boa

Para que se manifeste a verdade a respeito do exposto, consideremos o que se deve pensar sobre a pobreza a partir das riquezas.

Com efeito, as riquezas exteriores são necessárias para o bem da virtude, porque por elas sustentamos o corpo, e a outros socorremos. É necessário, porém, que as coisas que são para o fim, recebam a bondade do fim.

É necessário, pois, que as riquezas exteriores sejam um bem do homem, não, porém, o principal, mas como secundário, pois o fim é principalmente o bem, ao passo que outras coisas, enquanto se ordenam ao fim. Por causa disso, pareceu a alguns que as virtudes são os bens máximos do homem, enquanto as riquezas exteriores, bens mínimos. É necessário, contudo, que as coisas que são para o fim, recebam o modo segundo a exigência do fim. Portanto, as riquezas são boas na medida em que aproveitam para o uso da virtude: se, porém, se excede esse modo, de sorte que por elas se impede o uso da virtude, já não devem ser computadas entre os bens, mas entre os males. Donde, a alguns sucede ser um bem o ter riquezas, e eles usam delas para a virtude, mas a alguns é um mal tê-las, pois são por elas afastados da virtude, ou por nímia solicitude, ou nímia afeição para com elas, ou mesmo pela distração da mente, produzida por elas.

Entretanto, como há virtudes da vida ativa e da contemplativa, ambas necessitam, di-

ribus indigent. Nam virtutes contemplativae indigent ad solam sustentationem naturae: virtutes autem activae indigent et ad hoc, et ad subveniendum aliis, cum quibus convivendum est. Unde et contemplativa vita etiam in hoc perfectior est, quod paucioribus indiget. Ad quam quidem vitam pertinere videtur quod totaliter homo divinis rebus vacet: quam perfectionem doctrina Christi homini suadet. Unde hanc perfectionem sectantibus minimum de exterioribus divitiis sufficit, quantum scilicet necesse est ad sustentationem naturae. Unde et apostolus dicit, I timoth. 6,8: habentes alimenta et quibus tegamur, his contenti simus.

Paupertas igitur laudabilis est inquantum hominem liberat ab illis vitiis quibus aliqui per divitias implicantur. Inquantum autem sollicitudinem tollit quae ex divitiis consurgit, est utilis quibusdam, qui scilicet sunt ita dispositi ut circa meliora occupentur: quibusdam vero nociva, qui, ab hac sollicitudine liberati, in peiores occupationes cadunt. Unde Gregorius dicit, in VI Moral.: saepe qui, occupati bene, humanis usibus viverent, gladio suae quietis extincti sunt.

Inquantum vero paupertas aufert bonum quod ex divitiis provenit, scilicet subventionem aliorum et sustentationem propriam, simpliciter malum est: nisi inquantum subventio qua in temporalibus proximis subvenitur, per maius bonum potest recompensari, scilicet per hoc quod homo, divitiis carens, liberius potest divinis et spiritualibus vacare. Bonum autem sustentationis propriae adeo necessarium est quod nullo alio bono recompensari potest: nullius enim boni obtentu debet homo sibi sustentationem vitae subtrahere.

Paupertas igitur talis laudabilis est cum homo, per eam a sollicitudinibus terrenis liberatus, liberius divinis et spiritualibus vacat: ita tamen quod cum ea remaneat facultas homini per licitum modum sustentandi seipsum, ad

ferentemente, das riquezas exteriores. Com efeito, as virtudes contemplativas necessitam para a sustentação apenas da natureza, mas as virtudes ativas para isso e para socorrer a outros, com os quais se há de conviver. Donde, também a vida contemplativa é mais perfeita enquanto necessita de menos bens. Parece que é próprio dessa vida que se dedique o homem, totalmente, às coisas divinas, e a doutrina de Cristo persuade o homem dessa perfeição. Donde, aos que seguem essa perfeição basta o mínimo de riquezas exteriores, ou seja, o quanto é necessário para o sustento da natureza. Por isso, diz o Apóstolo: *Tendo roupa e comida, fiquemos contentes com isso*[138].

Portanto, a pobreza é louvável enquanto liberta o homem daqueles vícios nos quais outros se enredam pelas riquezas. Mas, enquanto afasta a solicitude, que brota das riquezas, é útil a alguns, que estão dispostos a ocupar-se sobre coisas melhores, mas é nociva a outros que, liberados dessa solicitude, caem em ocupações piores. Donde, Gregório diz: *Frequentemente os que, bem ocupados, vivendo dos usos humanos, foram exterminados pela espada de sua ociosidade*[139].

Enquanto, porém, a pobreza afasta o bem que provém das riquezas, ou seja, o socorro dos outros e o próprio sustento, é mal simplesmente, a não ser que o socorro, pelo qual ajuda aos próximos nas coisas temporais, possa ser compensado por bem maior, a saber, enquanto o homem, carente de riquezas, pode mais livremente se dedicar ao divino e espiritual. Ora, o bem do próprio sustento é de tal modo necessário que não pode ser compensado por nenhum outro bem, pois o homem não deve, de nenhum bem obtido, tirar-se o sustento da vida.

Portanto, é louvável tal pobreza, quando o homem, liberado por ela das solicitudes terrenas, dedica-se mais livremente ao divino e espiritual, de tal modo, porém, que permaneça com a pobreza a faculdade do homem, de se susten-

---

[138] 1 Timóteo 6,8.
[139] São Gregório Magno (540-604), em Moral VI, 37, 57, ML 75, 761.

quod non multa requiruntur. Et quanto modus vivendi in paupertate minorem sollicitudinem exigit, tanto paupertas est laudabilior: non autem quanto paupertas fuerit maior. Non enim paupertas secundum se bona est: sed inquantum liberat ab illis quibus homo impeditur quominus spiritualibus intendat. Unde secundum modum quo homo per eam liberatur ab impedimentis praedictis, est mensura bonitatis ipsius. Et hoc est commune in omnibus exterioribus, quod in tantum bona sunt in quantum proficiunt ad virtutem, non autem secundum seipsa.

Capitulum CXXXIV
Solutio rationum supra inductarum contra paupertatem

His autem visis, rationes praemissas quibus paupertas impugnatur, dissolvere non difficile est.

Quamvis enim homini naturaliter insit appetitus congregandi ea quae sunt necessaria ad vitam, ut prima ratio proponebat, non tamen hoc modo quod oporteat quemlibet circa hoc opus occupari. Nec enim in apibus omnes eidem vacant officio: sed quaedam colligunt mel, quaedam ex cera domos constituunt, reges etiam circa haec opera non occupantur. Et similiter necesse est in hominibus esse. Quia enim multa necessaria sunt ad hominis vitam, ad quae unus homo per se sufficere non posset, necessarium est per diversos diversa fieri: puta, ut quidam sint agricultores, quidam animalium custodes, quidam aedificatores, et sic de aliis. Et quia vita hominum non solum indiget corporalibus, sed magis spiritualibus, necessarium est etiam ut quidam vacent spiritualibus rebus, ad meliorationem aliorum: quos oportet a cura temporalium absolutos esse. Haec autem distributio diversorum officiorum in diversas personas fit divina providentia, secundum quod quidam inclinantur magis ad hoc officium quam ad alia.

tar, pelo modo lícito, para o que não se requerem muitas coisas. E quanto menor solicitude o modo de viver na pobreza exige, tanto mais é louvável a pobreza, mas não quanto a pobreza for maior. Com efeito, a pobreza não é boa em si mesma, mas enquanto libera de outras coisas pelas quais o homem é impedido de buscar as coisas espirituais. Donde, ela é a medida da própria bondade segundo o modo pelo qual o homem é por ela liberado dos impedimentos mencionados. E isto é comum a todas as coisas exteriores que são boas na medida em que aproveitam à virtude, não, porém, em si mesmas.

Capítulo 134
Solução das razões acima alegadas contra a pobreza

Vistas essas coisas, não é difícil dissolver as razões expostas, pelas quais é impugnada a pobreza.

Com efeito, embora esteja naturalmente no homem o apetite de reunir as coisas que são necessárias à vida, como propunha a *primeira razão*, contudo não é necessário que, desse modo, cada um se ocupe disso. Entre as abelhas, também, nem todas se empregam ao mesmo trabalho, mas umas recolhem o mel, umas fabricam as casas com a cera, e as rainhas não se ocupam dessas tarefas. E, semelhantemente, é necessário que assim seja nos homens. Com efeito, porque são necessárias muitas coisas para a vida do homem, para as quais um homem só não poderia bastar, é necessário que coisas diversas sejam feitas por diversos; por exemplo, que alguns sejam agricultores, alguns guardas dos animais, alguns construtores, e assim de outros. E porque a vida dos homens não só necessita de coisas corporais, mas, mais ainda, das espirituais, é necessário também que alguns se dediquem às coisas espirituais, para o aperfeiçoamento dos outros, e é necessário que aqueles sejam totalmente livres do cuidado das coisas temporais. Ora, essa distribuição dos diversos ofícios em pessoas diversas se faz pela divina providência, enquanto uns se inclinam mais para este ofício do que para outros.

Assim, pois, evidencia-se que os que deixam as coisas temporais, não suprimem o sustento da vida, como procedia a *segunda razão*. Com efeito, neles permanece a esperança provável de sustentar sua vida, ou pelo próprio trabalho, ou pelos auxílios dos outros, quer os recebam das posses comuns, quer do sustento cotidiano; como diz o Filósofo[140], o *que podemos por meio dos amigos, de algum modo podemos por nós mesmos*, assim o que é tido pelos amigos, de algum modo, é tido por nós mesmos.

É necessário que haja amizade recíproca entre os homens, na medida em que se servem reciprocamente, ou nos ofícios espirituais ou nos terrenos. E tanto mais é servir ao outro no espiritual do que no temporal, quanto mais o espiritual é superior ao temporal, e mais necessário para se conseguir o fim da bem-aventurança. Donde, quem suprime a faculdade de socorrer aos outros no temporal pela pobreza voluntária, para adquirir o espiritual, pelo qual pode mais utilmente socorrer aos outros, não age contra o bem da sociedade humana, como concluía a *terceira razão*.

Ora, evidencia-se do que foi antes dito que as riquezas são um bem do homem, enquanto são ordenadas ao bem da razão, mas não em si mesmas. Donde, nada proíbe que a pobreza seja melhor, se por isso alguém é ordenado mais perfeitamente ao bem. E assim se resolve a *quarta razão*.

E porque nem as riquezas, nem a pobreza, nem algo exterior é, em si mesmo, bem do homem, mas apenas enquanto é ordenado ao bem da razão, nada proíbe que algum vício proceda de qualquer deles, quando não vêm ao uso do homem segundo a regra da razão. Mas nem por causa disso se deve simplesmente tê-las por más, mas o seu mau uso. E assim nem a pobreza deve ser rejeitada por causa de alguns vícios que ocasionalmente dela procedem, como a *quinta razão* se esforçava por mostrar.

---

[140] Aristóteles (384-322 a.C.), em Ética III, 5, 1112b,22-23.

Daí também é que se deve considerar que o meio da virtude não se toma segundo a quantidade das coisas exteriores, mas segundo a regra da razão. Donde, ocorre às vezes que aquilo que é extremo segundo a quantidade da coisa exterior, é médio segundo a regra da razão. Com efeito, não há ninguém que mais tenda para as coisas maiores do que o magnânimo, ou que supere o magnífico pela grandeza nos gastos. Têm, pois, o meio não tomado da quantidade, ou de algum outro modo, mas enquanto não ultrapassam a regra da razão, nem a abandonam. Essa regra não apenas mede a quantidade da coisa que vem ao uso, mas a condição da pessoa, e sua intenção, a oportunidade do lugar e tempo, e outras coisas semelhantes que se requerem nos atos das virtudes. Portanto, uma pessoa não contraria a virtude pela pobreza voluntária, embora abandone tudo. Nem o faz prodigamente, quando o faz pelo devido fim, e obedecidas as devidas condições. Com efeito, expor-se a si mesmo à morte, o que, uma pessoa faz pela virtude da fortaleza, obedecendo às devidas circunstâncias é mais do que deixar todas as suas coisas, pelo fim devido. E assim se resolve a *sexta razão*.

O que se induz das palavras de Salomão, não é contrário. Com efeito, é manifesto que se fala da pobreza forçada, que costuma ser ocasião de furtos.

Capítulo 135
Solução do que era objetado contra os diversos modos de viver daqueles que assumem a pobreza voluntária

Após essas coisas, deve-se considerar os modos nos quais devem viver aqueles que seguem a pobreza voluntária.

E certamente o *primeiro modo*, ou seja, em que todos vivem em comum do produto das possessões vendidas, é suficiente, mas não por um longo tempo. E assim os Apóstolos estabeleceram esse modo de viver para os fiéis em Jerusalém, pois previam, pelo Espírito Santo, que não deveriam morar juntos em Jerusalém, por muito tempo, quer por causa das perse-

a Iudaeis, tum etiam propter instantem destructionem civitatis et gentis: unde non fuit necessarium nisi ad modicum tempus fidelibus providere. Et propter hoc, transeuntes ad gentes, in quibus firmanda et perduratura erat ecclesia, hunc modum vivendi non leguntur instituisse.

Non est autem contra hunc modum vivendi fraus quae potest per dispensatores committi. Hoc enim est commune in omni modo vivendi in quibus aliqui ad invicem convivunt: in hoc autem tanto minus, quanto difficilius contingere videtur quod perfectionem vitae sectantes fraudem committant. Adhibetur etiam contra hoc remedium per providam fidelium dispensatorum institutionem. Unde sub apostolis electi sunt stephanus et alii, qui ad hoc officium idonei reputabantur.

Est autem et secundus modus vivendi conveniens paupertatem voluntariam assumentibus: ut scilicet de possessionibus communibus vivant. Nec per hunc modum aliquid deperit perfectioni ad quam tendunt paupertatem voluntariam assumentes. Potest enim fieri per unius eorum vel paucorum sollicitudinem ut possessiones modo debito procurentur, et sic alii, absque temporalium sollicitudine remanentes, libere possunt spiritualibus vacare, quod est fructus voluntariae paupertatis. Nec etiam illis deperit aliquid de perfectione vitae qui hanc sollicitudinem pro aliis assumunt: quod enim amittere videntur in defectu quietis, recuperant in obsequio caritatis, in quo etiam perfectio vitae consistit.

Nec etiam per hunc modum vivendi concordia tollitur occasione communium possessionum. Tales enim debent paupertatem voluntariam assumere qui temporalia contemnant; et tales pro temporalibus communibus discordare non possunt; praesertim cum ex temporalibus nihil praeter necessaria vitae debeant expectare; et cum dispensatores oporteat esse fideles. Nec propter hoc quod aliqui

guições futuras pelos Judeus, quer também por causa da iminente destruição da cidade e do povo; donde, não foi necessário prover aos fiéis senão por pouco tempo. E por causa disso, passando aos gentios, entre os quais a igreja devia firmar-se e perdurar, não se lê que estabeleceram esse modo de viver.

Não é contra esse modo de viver a fraude que pode ser cometida pelos administradores. Com efeito, isso é comum, em todo modo de viver no qual uns convivem com outros reciprocamente, mas neste é tanto menor quanto mais difícil parece acontecer que cometam fraude os que seguem a perfeição da vida. Emprega-se, também, contra isso o remédio da prudente instituição de fiéis administradores. Donde, sob os Apóstolos, foram eleitos Estêvão e outros, que foram julgados idôneos para esse ofício[141].

Há também o *segundo modo* de viver, conveniente aos que assumem a pobreza voluntária, a saber, o viver das possessões comuns. Por esse modo nada se perde da perfeição à qual tendem os que assumem a pobreza voluntária. Com efeito, pode ocorrer que, pela solicitude de um deles ou de poucos, sejam administradas as possessões de modo devido, e assim os outros, permanecendo sem a solicitude das coisas temporais, podem livremente dedicar-se às espirituais, o que é fruto da pobreza voluntária. Nem se perde algo da perfeição da vida pelos que assumem essa solicitude para com os outros, pois, o que parecem perder em detrimento do descanso, recuperam no serviço da caridade, em que também consiste a perfeição da vida.

Por esse modo de viver também não é tirada a concórdia por motivo das possessões comuns. Com efeito, devem assumir a pobreza voluntária os que desprezam o temporal, e esses não podem discordar por causa das coisas temporais comuns, sobretudo quando nada devem esperar das coisas temporais, além do necessário à vida, e é necessário que sejam fiéis como administradores. Nem porque al-

---

[141] Atos 6,3 ss.

hoc modo vivendi abutuntur, hic modus vivendi potest improbari: cum etiam bonis male utantur mali, sicut et malis bene utuntur boni.

Tertius etiam modus vivendi paupertatem voluntariam assumentibus convenit: ut scilicet de labore manuum vivant. Non enim vanum est temporalia dimittere ut iterum acquirantur per laborem manuum: sicut prima ratio in contrarium proponebat. Quia divitiarum possessio et sollicitudinem requirebant in procurando, vel saltem custodiendo, et affectum hominis ad se trahebant: quod non accidit dum aliquis per laborem manuum quotidianum victum acquirere studet.

Patet autem quod ad acquirendum per laborem manuum victum quantum sufficit ad naturae sustentationem, modicum tempus sufficit, et modica sollicitudo necessaria est. Sed ad divitias congregandas, vel superfluum victum conquirendum per laborem manuum, sicut saeculares artifices intendunt, oportet multum tempus impendere et magnam sollicitudinem adhibere. In quo patet solutio secundae rationis.

Considerandum autem quod Dominus in evangelio non laborem prohibuit, sed sollicitudinem mentis pro necessariis vitae. Non enim dixit, nolite laborare: sed, nolite solliciti esse. Quod a minori probat. Si enim ex divina providentia sustentantur aves et lilia, quae inferioris conditionis sunt, et non possunt laborare illis operibus quibus homines sibi victum acquirunt; multo magis providebit hominibus, qui sunt dignioris conditionis, et quibus dedit facultatem per proprios labores victum quaerendi; ut sic non oporteat anxia sollicitudine de necessariis huius vitae affligi. Unde patet quod per verba Domini quae inducebantur, huic modo vivendi non derogatur.

Nec etiam iste modus vivendi potest reprobari propter hoc quod non sufficiat. Quia hoc ut in paucioribus accidit, quod aliquis non

guns abusam desse modo de viver, pode ser ele reprovado, uma vez que também os maus usam mal dos bens, assim como os bons usam bem dos males.

O *terceiro modo* de viver também convém aos que assumem a pobreza voluntária, ou seja, o viver do trabalho manual. Com efeito, não é vão dispensar as coisas temporais para que de novo sejam adquiridas pelo trabalho manual, como a *primeira razão* propunha em contrário. Porque a possessão das riquezas requeria solicitude ao procurar, ou ao menos ao guardar, e atraíam a si o afeto do homem, o que não acontece enquanto alguém, pelo trabalho manual, se esforça por adquirir o sustento cotidiano.

É evidente que para adquirir, pelo trabalho manual, quanto é suficiente para o sustento da natureza, basta pouco tempo, e é necessária pouca solicitude. Mas, para ajuntar riquezas, ou conquistar o sustento supérfluo pelo trabalho manual, como pretendem os trabalhadores seculares, é necessário despender muito tempo e empregar grande solicitude. Nisso evidencia-se a solução da *segunda razão*.

Deve-se considerar que o Senhor, no Evangelho, não proibiu o trabalho, mas a solicitude da alma pelas coisas necessárias da vida. Com efeito, não disse: *não queirais trabalhar*, mas: *não queirais ser solícitos*. O que prova com exemplo de inferiores. Com efeito, se pela providência divina são sustentadas as aves e os lírios, que são de condição inferior, e não podem trabalhar nas obras pelas quais adquirem para si o sustento, muito mais providenciará aos homens, que são de condição mais digna, e aos quais deu a faculdade de conseguir o sustento pelos próprios trabalhos, para que assim não fosse necessário serem afligidos por uma solicitude angustiosa quanto às coisas necessárias desta vida. Donde, se evidencia que, pelas palavras do Senhor que eram alegadas, não se condena esse modo de viver.

Nem pode também ser reprovado este modo de viver por não ser suficiente. Porque acontece, poucas vezes, que alguém não

possit tantum labore manuum acquirere quod sufficiat ad necessarium victum, vel propter infirmitatem, vel propter aliquid huiusmodi. Non est autem, propter defectum qui in paucioribus accidit, aliqua ordinatio repudianda: hoc enim et in naturalibus et in voluntariis ordinationibus accidit. Nec est aliquis modus vivendi per quem ita provideatur homini quin quandoque possit deficere: nam et divitiae furto aut rapina possunt auferri, sicut et qui de labore manuum vivit potest debilitari.

Remanet tamen aliquod remedium circa dictum modum vivendi: ut scilicet ei cuius labor ad proprium victum non sufficit, subveniatur vel per alios eiusdem societatis, qui plus possunt laborare quam eis necessarium sit; vel etiam per eos qui divitias possident, secundum legem caritatis et amicitiae naturalis, qua unus homo alteri subvenit indigenti. Unde et, cum apostolus dixisset, II Thess. 3,10, qui non vult operari, non manducet; propter illos qui sibi non sufficiunt ad victum quaerendum proprio labore, subdit admonitionem ad alios, dicens: vos autem nolite deficere benefacientes.

Cum etiam ad necessarium victum pauca sufficiant, non oportet eos qui modicis sunt contenti, magnum tempus occupare in necessariis quaerendis labore manuum. Et ita non impediuntur multum ab aliis operibus spiritualibus, propter quae paupertatem voluntariam assumpserunt: et praecipue cum, manibus operando, possint de Deo cogitare et eum laudare, et alia huiusmodi facere quae singulariter sibi viventes observare oportet. Sed et, ne omnino in spiritualibus operibus impediantur, possunt etiam aliorum fidelium beneficiis adiuvari.

Licet autem voluntaria paupertas non assumatur propter otium tollendum aut carnem macerandam opere manuali, quia hoc etiam

possa adquirir pelo trabalho manual o que baste ao sustento necessário, ou por causa da enfermidade, ou por causa de algo semelhante. Entretanto, não se há de reprovar alguma ordenação, por causa de um defeito que acontece poucas vezes, pois isso acontece tanto nas coisas naturais quanto nas voluntárias. Nem há um modo de viver pelo qual assim se providencie ao homem que não possa faltar um dia, pois também as riquezas podem ser tiradas pelo furto ou rapina, assim como pode enfraquecer-se o que vive, pelo trabalho manual.

Permanece, porém, um remédio sobre o mencionado modo de viver, a saber, que àquele cujo trabalho não basta para o próprio sustento, se socorra ou por outros da mesma sociedade, que podem trabalhar mais do que lhes é necessário; ou também por aqueles que possuem riquezas, segundo a lei da caridade e da amizade natural, pela qual um homem socorre a outro que precisa. Donde também, ao dizer o Apóstolo: *Quem não quer trabalhar, não coma*[142], por causa daqueles que não se bastam para buscar o sustento pelo trabalho próprio, acrescenta o aviso para aqueles, dizendo: *Vós, porém, não queirais deixar de fazer o bem*[143].

Uma vez que poucas coisas bastam para o sustento, não é necessário que aqueles, que estão contentes com pouco, ocupem grande tempo para adquirir o necessário, com o trabalho manual. E, assim, não se veem muito impedidos para outras obras espirituais, por causa das quais assumiram a pobreza voluntária, e, sobretudo, quando, trabalhando com as mãos, podem pensar em Deus e louvá-lo, e fazer outras coisas semelhantes que devem observar especialmente os que vivem para Ele. Além disso, podem ser ajudados com os auxílios de outros fiéis, para que não sejam impedidos totalmente nas obras espirituais.

Embora a pobreza voluntária não seja assumida para evitar o ócio ou mortificar a carne com o trabalho manual, porque isso po-

---

[142] 2 Tessalonicenses 3,10.
[143] 2 Tessalonicenses 3,13.

divitias possidentes facere possent; non est tamen dubium quin labor manualis ad praedicta valeat, etiam submota victus necessitate. Tamen otium per alias occupationes utiliores potest auferri, et carnis concupiscentia validioribus remediis edomari. Unde propter huiusmodi causas non imminet necessitas laborandi his qui alias habent, vel habere possunt, unde licite vivant. Sola enim necessitas victus cogit manibus operari: unde et apostolus dicit, II Thess. 3,10: qui non vult operari, non manducet.

Quartus etiam modus vivendi, de his quae ab aliis inferuntur, est conveniens illis qui paupertatem voluntariam assumunt. Non enim hoc est inconveniens, ut qui sua dimisit propter aliquid quod in utilitatem aliorum vergit, de his quae ab aliis dantur sustentetur. Nisi enim hoc esset, societas humana permanere non posset: si enim aliquis circa sua propria tantum sollicitudinem gereret, non esset qui communi utilitati deserviret. Opportunum est igitur humanae societati quod illi qui, praetermissa propriorum cura, utilitati communi deserviunt, ab his quorum utilitati deserviunt, sustententur: propter hoc enim et milites de stipendiis aliorum vivunt, et rectoribus reipublicae de communi providetur. Qui autem voluntariam paupertatem assumunt ut Christum sequantur, ad hoc utique omnia dimittunt ut communi utilitati deserviant, sapientia et eruditione et exemplis populum illustrantes, vel oratione et intercessione sustentantes. — Ex quo etiam patet quod non turpiter vivunt de his quae ab aliis dantur, ex quo ipsi maiora rependunt, ad sustentationem temporalia accipientes, et in spiritualibus aliis proficientes. Unde et apostolus dicit, II Cor. 8,14: vestra abundantia, scilicet in temporalibus, illorum inopiam suppleat, in eisdem: ut et illorum abundantia, scilicet in spiritualibus, vestrae inopiae sit supplementum. Qui enim alterum iuvat, particeps fit operis eius et in bono et in malo.

dem fazer também os que possuem riquezas, não há dúvida, entretanto, que o trabalho manual vale para as coisas mencionadas, mesmo prescindida a necessidade do sustento. Entretanto, o ócio pode ser afastado por outras ocupações mais úteis, e domada a concupiscência da carne com remédios mais válidos. Donde, por causa de semelhantes causas não urge a necessidade de trabalhar àqueles que têm outras coisas ou podem ter, de que vivam licitamente. Com efeito, só a necessidade do sustento obriga a trabalhar com as mãos, por isso o Apóstolo diz: *Quem não quer trabalhar, não coma.*

O *quarto modo* de viver, a saber, do que é oferecido pelos outros, é também conveniente aos que assumem a pobreza voluntária. Com efeito, não é inconveniente que aquele que deixou suas coisas, por causa de algo que se destina à utilidade dos outros, seja sustentado com o que é dado pelos outros. Com efeito, se não fosse assim, a sociedade humana não poderia permanecer, pois se alguém só cuidasse do que é seu, não haveria quem servisse à utilidade comum. Portanto, é oportuno à sociedade humana que aqueles que, deixado o cuidado das próprias coisas, servem à utilidade comum, sejam sustentados por aqueles a cuja utilidade servem, pois, por causa disso, também os soldados vivem dos estipêndios dos outros, e aos governantes da coisa pública se sustenta com o comum. Ora, aqueles que assumem a pobreza voluntária para seguir a Cristo, deixam, para isso, tudo, para servir à utilidade comum, pela sabedoria e erudição, e ilustrando o povo com exemplos, ou sustentando com a oração e a intercessão. — Por isso é evidente também que não vivem indignamente das coisas que lhes são dadas, porque retribuem com maiores bens, recebendo para a sustentação bens temporais, e sendo úteis aos outros nas coisas espirituais. Donde, o Apóstolo diz: *Vossa abundância*, a saber, nas coisas temporais, *supra a carência dos outros*, nas mesmas coisas, *para que também a abundância desses*, a saber, nas coisas espirituais, *seja o suplemento para*

Dum autem exemplis suis alios provocant ad virtutem, fit ut hi qui eorum exemplis proficiunt, minus ad divitias afficiantur, dum vident alios propter perfectionem vitae divitias omnino deserere. Quanto autem aliquis minus divitias amat, et est virtuti magis intentus, tanto facilius divitias in aliorum etiam necessitates distribuit. Unde qui, paupertatem voluntariam assumentes, de his quae ab aliis dantur vivunt, magis fiunt aliis pauperibus utiles, alios ad misericordiae opera verbis et exemplis provocando, quam fiant damnosi, ad sustentationem vitae aliorum beneficia accipientes.

Patet etiam quod homines in virtute perfecti, quales esse oportet qui voluntariam paupertatem sectantur, divitias contemnentes, libertatem animi non perdunt propter aliqua modica quae ad sustentationem vitae ab aliis accipiunt: cum homo libertatem animi non perdat nisi propter ea quae in affectu suo dominantur. Unde propter ea quae homo contemnit, si sibi dentur, libertatem non perdit. Licet autem sustentatio eorum qui vivunt de his quae ab aliis dantur, ex voluntate dantium dependeat, non tamen propter hoc insufficiens est ad sustentandam vitam pauperum Christi. Non enim dependet ex voluntate unius, sed ex voluntate multorum. Non est autem probabile quod in multitudine fidelis populi non sint multi qui prompto animo subveniant necessitatibus eorum quos in reverentia habent propter perfectionem virtutis.

Non est autem inconveniens si etiam necessitates suas exponant et necessaria petant, vel pro aliis vel pro se. Hoc enim apostoli fecisse leguntur: non solum ab illis quibus praedicabant necessaria accipientes, quod magis potestatis erat quam mendicitatis, propter

vossa carência[144]. Quem, com efeito, ajuda o outro, torna-se participante de sua obra tanto no bem quanto no mal.

E enquanto, por seus exemplos, estimulam à virtude, ocorre que aqueles que, por seus exemplos, progridem, se apegam menos às riquezas, enquanto veem os outros, por causa da perfeição da vida, abandonar totalmente as riquezas. Ora, quanto menos alguém ama as riquezas, e é mais inclinado à virtude, tanto mais facilmente distribui as riquezas para as necessidades dos outros. Donde, os que, assumindo a pobreza voluntária, vivem do que é dado pelos outros, tornam-se mais úteis aos outros pobres, estimulando outros por palavras e exemplos para as obras de misericórdia, do que nocivos, recebendo os auxílios dos outros para a sustentação da vida.

É evidente também que os homens perfeitos em virtude, como é necessário que sejam os que seguem a pobreza voluntária, desprezando as riquezas, não perdem a liberdade do espírito, por causa de algumas coisas pequenas que recebem dos outros para a sustentação da vida, pois o homem não perde a liberdade do espírito senão quando as coisas o dominam em seu afeto. Donde, por causa das coisas que o homem despreza, se lhe são dadas, não perde a liberdade. Ora, embora a sustentação dos que vivem daquilo que se lhes dá, depende da vontade dos que dão, não, porém, por causa disso, é insuficiente para sustentar a vida dos pobres de Cristo. Com efeito, não depende da vontade de um só, mas da vontade de muitos. Portanto, não é provável que, na multidão do povo fiel, não haja muitos que, espontaneamente, socorram às necessidades dos que reverenciam, por causa da perfeição da virtude.

Entretanto, não é inconveniente se expõem suas necessidades e pedem o necessário, ou para outros ou para si mesmos. Com efeito, lê-se que os Apóstolos fizeram isso, não apenas recebendo o necessário daqueles a quem pregavam, o que era mais por autoridade que

---

[144] 2 Coríntios 8,14.

ordinationem Domini ut qui evangelio deserviunt, de evangelio vivant; sed etiam pro pauperibus qui erant in ierusalem, qui sua dimittentes, in paupertate vivebant, nec tamen gentibus praedicabant; sed eorum spiritualis conversatio poterat illis valere a quibus sustentabantur.

Unde apostolus talibus, non ex necessitate sed ex voluntate dantium, persuadet in eleemosynis subveniendum: quod nihil est aliud quam mendicare. Haec autem mendicitas non reddit homines contemptibiles si moderate fiat, ad necessitatem, non ad superfluitatem, et sine importunitate: considerata conditione personarum a quibus petitur, et loci et temporis; quod necesse est observari ab his qui perfectionem vitae sectantur. Ex quo etiam patet quod talis mendicitas non habet aliquam speciem turpis. Quam haberet si cum importunitate et indiscrete fieret, ad voluptatem vel superfluitatem.

Manifestum est autem quod mendicitas cum quadam abiectione est. Sicut enim pati ignobilius est quam agere, ita accipere quam dare, et regi et obedire quam gubernare et imperare: quamvis, propter aliquid adiunctum, possit recompensatio fieri. Ea vero quae abiectionis sunt sponte assumere, ad humilitatem pertinet: non quidem simpliciter, sed secundum quod necessarium est. Cum enim humilitas sit virtus, nihil indiscrete operatur. Non est igitur humilitatis, sed stultitiae, si quis quodcumque abiectum assumpserit: sed si id quod necessarium est fieri propter virtutem, aliquis propter abiectionem non recusat; puta si caritas, exigit quod proximis aliquod abiectum officium impendatur, hoc per humilitatem aliquis non recuset. Si igitur necessarium est ad perfectionem pauperis vitae sectandam quod aliquis mendicet, hanc abiectionem ferre humilitatis est.

por mendicidade, por causa da determinação do Senhor que *os que servem ao Evangelho, do Evangelho vivam*[145], mas também pelos pobres, que estavam em Jerusalém[146], os quais, renunciando a suas coisas, viviam na pobreza, embora não pregassem aos gentios, mas a convivência espiritual deles poderia ser útil àqueles pelos quais eram sustentados.

Por isso, o Apóstolo persuade que a eles se socorra com esmolas, não por necessidade, mas voluntariamente, o que não é outra coisa que mendigar. Ora, essa mendicidade não torna os homens desprezíveis, se é feita moderadamente, por necessidade, não por superfluidade, e sem importunação, considerada a condição das pessoas às quais se pede, e do lugar e do tempo, o que deve ser observado por aqueles que seguem a perfeição da vida. Disso também se evidencia que tal mendicidade não tem espécie de indignidade. O que teria, se fosse feita com importunidade e indiscretamente, para o prazer ou superfluidade.

Entretanto, é manifesto que a mendicidade implica alguma abjeção. Com efeito, assim como sofrer é menos nobre do que agir, assim receber é menos que dar, e ser regido e obedecer menos do que governar e mandar, embora, possa dar-se uma recompensa, por causa de alguma circunstância. Por outro lado, assumir espontaneamente as coisas que são abjetas, corresponde à humildade, não simplesmente, mas segundo o que é necessário. Como a humildade é uma virtude, nada opera indiscretamente. Não é, portanto, humildade, mas tolice, se alguém assume qualquer coisa abjeta, mas se alguém, por causa da abjeção, não recusa o que deve ser feito em razão da virtude; por exemplo, se a caridade exige que se faça aos próximos um ofício abjeto, é por humildade que alguém não recusa isso,. Se, portanto, é necessário para seguir a perfeição da vida pobre que uma pessoa mendigue, suportar essa abjeção é próprio da humildade.

---

[145] 1 Coríntios 9,14.
[146] Atos 11,27 ss.

Quandoque etiam abiecta assumere virtutis est, etsi nostrum officium non requirat, ut alios nostro exemplo provocemus quibus incumbit, ut id facilius ferant: nam et dux interdum militis officio fungitur ut alios provocet. — Quandoque etiam abiectis utimur secundum virtutem ut medicina quadam. Puta, si alicuius animus ad immoderatam extollentiam sit pronus, utiliter, debita moderatione servata, abiectis utitur, vel sponte vel ab aliis impositis, ad elationem animi comprimendam: dum per haec quae gerit, sibi ipsi quodammodo parificat etiam infimos homines, qui circa vilia officia occupantur.

Est autem omnino irrationabilis error illorum qui putant omnem sibi sollicitudinem a Domino interdictam de victu quaerendo. Omnis enim actus sollicitudinem requirit. Si igitur homo nullam sollicitudinem de rebus corporalibus habere debet, sequitur quod nihil corporale agere debeat: quod neque possibile, neque rationabile est observari. Deus enim unicuique rei ordinavit actionem secundum proprietatem suae naturae. Homo autem ex spirituali et corporali natura conditus est. Necessarium est igitur, secundum divinam ordinationem, ut et corporales actiones exerceat et spiritualibus intendat: et tanto perfectior est quanto plus spiritualibus intendit. Non est tamen hic modus perfectionis humanae quod nihil corporale agatur quia, cum corporales actiones ordinentur ad ea quae sunt necessaria ad conservationem vitae, si quis eas praetermittit, vitam suam negligit, quam quilibet conservare tenetur.

Expectare autem a Deo subsidium in his in quibus aliquis se potest per propriam actionem iuvare, praetermissa propria actione, est insipientis et Deum tentantis. Hoc enim ad divinam bonitatem pertinet, ut rebus provideat, non immediate omnia faciendo, sed alia movendo ad proprias actiones, ut supra ostensum est. Non ergo est expectandum a Deo ut,

Às vezes, assumir coisas abjetas é, também, próprio da virtude, embora nosso ofício não o requeira, para que com nosso exemplo estimulemos outros aos quais incumbe fazê-lo, a fim de que o suportem mais facilmente, pois também o chefe às vezes exerce o ofício de soldado, para estimular os outros. — Às vezes, também, usamos de coisas abjetas por virtude, como certo remédio. Por exemplo, se o espírito de alguém é inclinado para uma imoderada exaltação, usa, utilmente, mantida a devida moderação, de coisas abjetas, ou espontaneamente ou impostas por outros, para reprimir a soberba do espírito, enquanto, por essas coisas que faz, iguala-se, de certo modo, a homens inferiores, que se ocupam de ofícios vis.

É, contudo, totalmente irracional o erro dos que julgam que lhes foi proibida pelo Senhor toda solicitude no adquirir o sustento. Com efeito, todo ato requer solicitude. Se, pois, o homem não deve ter nenhuma solicitude a respeito das coisas corporais, segue-se que não deve fazer nada de corporal, o que nem é possível, nem racional de ser observado. Deus, com efeito, ordenou a ação de cada coisa segundo a propriedade de sua natureza. O homem é constituído de natureza espiritual e corporal. É necessário, portanto, segundo a ordenação divina, que exerça tanto ações corporais quanto busque as espirituais, e tanto mais perfeito é quanto mais busca as espirituais. Esse modo de perfeição humana, porém, não é que nada se faça de corporal, porque, dado que as ações corporais se ordenam para o que é necessário para a conservação da vida, se alguém não as faz, negligencia sua vida, que qualquer um tem de conservar.

E esperar de Deus o auxilio nas coisas, em que uma pessoa pode ajudar-se pela própria ação, omitida a própria ação, é próprio do insensato e de quem tenta a Deus. Pertence à bondade divina providenciar às coisas, não fazendo tudo imediatamente, mas movendo-as para as próprias ações, como acima foi mostrado[147]. Não se deve, pois, esperar de Deus que,

---

[147] Cf. cap. 77.

omni actione qua sibi aliquis subvenire potest praetermissa, Deus ei subveniat: hoc enim divinae ordinationi repugnat, et bonitati ipsius.

Sed quia, licet in nobis sit agere, non tamen in nobis est ut actiones nostrae debitum finem sortiantur, propter impedimenta quae possunt contingere; hoc dispositioni divinae subiacet, quid cuique ex actione sua proveniat. Praecipit ergo Dominus nos non debere esse sollicitos de eo quod ad Deum pertinet, scilicet de eventibus nostrarum actionum: non autem prohibuit nos esse sollicitos de eo quod ad nos pertinet, scilicet de nostro opere. Non igitur contra praeceptum Domini agit qui de iis quae ab ipso agenda sunt sollicitudinem habet: sed ille qui sollicitus est de his quae possunt emergere etiam si ipse proprias actiones exequatur, ita quod debitas actiones praetermittat ad obviandum huiusmodi eventibus, contra quos debemus in Dei providentia sperare, per quam etiam aves et herbae sustentantur; talem enim sollicitudinem habere, videtur pertinere ad errorem gentilium, qui divinam providentiam negant. Propter quod Dominus concludit quod non simus sollicti in crastinum. Per quod non prohibuit quin conservemus ea quae sunt nobis in crastinum necessaria suo tempore, sed ne de futuris eventibus sollicitaremur, cum quadam desperatione divini auxilii: vel ne praeoccupet hodie sollicitudinem quae erit habenda in crastino, quia quilibet dies suam sollicitudinem habet; unde subditur, sufficit diei malitia sua.

Sic igitur patet quod diversis modis convenientibus vivere possunt qui voluntariam paupertatem sectantur. Inter quos tanto aliquis laudabilior est, quanto magis a sollicitudine temporalium, et occupatione circa ea, hominis animum reddit immunem.

omitida qualquer ação na qual alguém pode socorrer-se, Deus o socorra, pois isso repugna à ordenação divina e à bondade de Deus.

Entretanto, porque, embora esteja em nós o agir, mas não que nossas ações atinjam o fim devido, por causa dos impedimentos que podem acontecer, se submete à disposição divina o resultado da ação de cada um. O Senhor, portanto, preceitua que não devemos ser solícitos daquilo que a Deus pertence, isto é, dos resultados de nossas ações, mas não proibiu que sejamos solícitos com aquilo que nos pertence, ou seja, com nossa obra. Não age, pois, contra o preceito do Senhor aquele que tem solicitude com aquelas coisas que devem ser feitas por ele, mas aquele que é solícito com as coisas que podem sobrevir, mesmo que ele realize as próprias ações, de modo tal que omita as ações devidas, para impedir tais resultados, contra os quais devemos esperar na providência de Deus, que sustenta as aves e as ervas, porque ter tal solicitude parece corresponder ao erro dos gentios, que negam a providência divina. Por causa disso, o Senhor determinou que *não sejamos solícitos com o amanhã*[148]. Com isso, não proibiu que conservemos aquilo que nos é necessário para o amanhã, em seu tempo, mas que não sejamos solícitos dos resultados futuros, sem esperança do auxílio divino, ou que não se preocupe hoje com a solicitude que se deverá ter amanhã, porque cada dia tem sua solicitude, donde acrescenta: *A cada dia basta sua malícia*[149].

Assim, portanto, evidencia-se que os que seguem a pobreza voluntária podem viver diversos modos de vida convenientes. Entre eles, um é tanto mais louvável, quanto mais torna o espírito do homem imune da solicitude das coisas temporais e da ocupação a respeito delas.

---

[148] Mateus 6,34.
[149] Mateus 6,34.

Capitulum CXXXVI et CXXXVII
De errore eorum qui perpetuam continentiam impugnant

Sicut autem contra paupertatis perfectionem, ita et contra continentiae bonum quidam perversi sensus homines sunt locuti. Quorum quidam bonum continentiae his et similibus rationibus excludere nituntur.

Viri enim et mulieris coniunctio ad bonum speciei ordinatur. Divinius autem est bonum speciei quam bonum individui. Magis ergo peccat qui omnino abstinet ab actu quo conservatur species quam peccaret si abstineret ab actu quo conservatur individuum, sicut sunt comestio et potus, et alia huiusmodi.

Adhuc. Ex divina ordinatione dantur homini membra ad generationem apta; et etiam vis concupiscibilis incitans; et alia huiusmodi ad hoc ordinata. Videtur igitur contra divinam ordinationem agere qui omnino ab actu generationis abstinet.

Item. Si bonum est quod unus contineat, melius est quod multi, optimum autem quod omnes. Sed ex hoc sequitur quod genus humanum deficiat. Non igitur bonum est quod aliquis homo omnino contineat.

Amplius. Castitas, sicut et aliae virtutes, in medietate consistunt. Sicut igitur contra virtutem agit qui omnino concupiscentias insequitur, et intemperatus est; ita contra virtutem agit qui omnino a concupiscentiis abstinet, et insensibilis est.

Praeterea. Non est possibile quin in homine concupiscentiae venereorum aliquae oriantur: cum naturales sint. Resistere autem omnino concupiscentiis, et quasi continuam pugnam habere, maiorem inquietudinem animo tribuit quam si aliquis moderate concupiscentiis uteretur. Cum igitur inquietudo animi maxime perfectioni virtutis repugnet, videtur perfectioni virtutis adversari quod aliquis perpetuam continentiam servet.

Haec igitur contra perpetuam continentiam obiici videntur. Quibus etiam adiungi

Capítulos 136 e 137
O erro dos que impugnam a continência perpétua

Assim como contra a perfeição da pobreza, também alguns homens de sentido perverso falaram contra o bem da continência. Alguns deles se esforçaram por excluir o bem da continência com estas e semelhantes razões.

Com efeito, a união do homem e da mulher ordena-se ao bem da espécie. Ora, *é mais divino o bem da espécie que o bem do indivíduo*[150]. Logo, peca mais quem totalmente se abstém do ato pelo qual se conserva a espécie do que pecaria se abstivesse do ato pelo qual se conserva o indivíduo, como são a alimentação e a bebida, e outras coisas semelhantes.

Ainda. Por ordenação divina são dados ao homem membros aptos para a geração, e também a força concupiscível que incita, e outras coisas semelhantes ordenadas ao ato. Parece, pois, agir contra a ordenação divina quem totalmente se abstém do ato da geração.

Igualmente. Se é bom que um se abstenha, é melhor que muitos, e ótimo que todos. Mas, disso se segue que desapareceria o gênero humano. Não é bom, portanto, que um homem se abstenha totalmente.

Ademais. A castidade, assim como as outras virtudes, consiste num justo meio. Portanto, assim como age contra a virtude quem segue inteiramente as concupiscências, e é intemperante, assim age contra a virtude quem totalmente se abstém dos prazeres e é insensível.

Além disso. Não é possível que não nasçam no homem algumas concupiscências sexuais, pois são naturais. Ora, resistir totalmente às concupiscências, e ter como que uma luta contínua, traz ao homem inquietude maior do que se alguém usa moderadamente das concupiscências. Como, pois, a inquietude de espírito repugna maximamente à perfeição da virtude, parece contrariar a perfeição da virtude que uma pessoa mantenha continência perpétua.

Essas razões parecem objetar contra a continência perpétua. A elas também se pode

---

[150] Aristóteles (384-322 a.C.), em Ética I, 1, 1094b, 9-10.

potest praeceptum Domini, quod primis parentibus legitur esse datum, Genesis 1,28 et 9,1: crescite et multiplicamini, et replete terram. Quod non est revocatum, sed magis videtur esse a Domino in evangelio confirmatum, Matth. 19,6, ubi dicitur: quod Deus coniunxit, homo non separet, de coniunctione matrimonii loquens. Contra hoc autem praeceptum expresse faciunt qui perpetuam continentiam servant. Videtur igitur esse illicitum perpetuam continentiam servare.

Haec autem non difficile est solvere secundum ea quae praemissa sunt.

Considerandum enim est quod alia ratio est habenda in his quae ad necessitatem uniuscuiusque hominis pertinent: atque alia in his quae pertinent ad multitudinis necessitatem. — In his enim quae ad uniuscuiusque hominis necessitatem pertinent, oportet quod cuilibet provideatur. Huiusmodi autem sunt cibus et potus, et alia quae ad sustentationem individui pertinent. Unde necessarium est quod quilibet cibo et potu utatur. — In his autem quae necessaria sunt multitudini, non oportet quod cuilibet de multitudine attribuatur: neque etiam est possibile. Patet enim multa esse necessaria multitudini hominum, ut cibus, potus, vestimentum, domus, et alia huiusmodi, quae impossibile est quod per unum procurentur. Et ideo oportet diversorum esse diversa officia: sicut et in corpore diversa membra ad diversos actus ordinantur. Quia ergo generatio non est de necessitate individui, sed de necessitate totius speciei, non est necessarium quod omnes homines actibus generationis vacent; sed quidam, ab his actibus abstinentes, aliis officiis mancipentur, puta militiae vel contemplationi.

Ex quo patet solutio ad secundum. Ex divina enim providentia dantur homini ea quae

ajuntar o preceito do Senhor, que se lê ter sido dado aos primeiros pais: *Crescei e multiplicai-vos, e enchei a terra*[151]. O que não foi revogado, mas antes parece ser confirmado no Evangelho pelo Senhor, onde se diz, falando da união do matrimônio: *O que Deus uniu, o homem não separe*[152]. Ora, contra esse preceito agem expressamente os que guardam a continência perpétua. Parece, pois, ser ilícito guardar a continência perpétua.

Ora, não é difícil resolver essas objeções, segundo o que foi exposto[153].

Com efeito, deve-se considerar que uma razão se há de ter nas coisas que pertencem à necessidade de cada homem, e outra naquelas que pertencem à necessidade da sociedade. — Naquelas, com efeito, que pertencem à necessidade de cada homem, é necessário que se providencie a cada um. Ora, tais são a comida e a bebida, e outras coisas que pertencem à sustentação do indivíduo. Donde, é necessário que qualquer um use de alimento e da bebida. — Nas coisas que são necessárias à sociedade, não é necessário que se atribua a cada um o que é da sociedade, nem isso é possível. É evidente, com efeito, que muitas coisas são necessárias à sociedade humana, como o alimento, a bebida, a vestimenta, a casa, e outras coisas semelhantes, que é impossível que sejam adquiridas por um só. E assim é necessário que ofícios diversos sejam de diversas pessoas, assim como no corpo os diversos membros se ordenam para atos diversos. Portanto, uma vez que a geração não é da necessidade do indivíduo, mas da necessidade de toda a espécie, não é necessário que todos os homens se entreguem aos atos da geração, mas alguns, abstendo-se desses atos, se entreguem a outros ofícios, por exemplo, à milícia ou à contemplação.

Disso se evidencia a solução para a *segunda objeção*. Com efeito, pela providência di-

---

[151] Gênese 1,28–9,1.
[152] Mateus 19,6.
[153] Cf. capítulo anterior.

sunt toti speciei necessaria: nec tamen oportet quod quilibet homo quolibet illorum utatur. Data est enim homini industria aedificandi, virtus ad pugnandum: nec tamen oportet quod omnes sint aedificatores aut milites. Similiter, licet homini divinitus sint provisa virtus generativa et ea quae ad actum eius ordinantur, non tamen oportet quod quilibet actui generationis intendat.

Unde etiam patet solutio ad tertium. Ab his enim quae multitudini sunt necessaria, quamvis quantum ad singulos melius sit quod abstineat, melioribus deditus; non tamen est bonum quod omnes abstineant. Sicut et in ordine universi apparet: quamvis enim substantia spiritualis sit melior quam corporalis, non tamen esset melius universum in quo essent solae substantiae spirituales, sed imperfectius. Et quamvis sit melior oculus pede in corpore animalis, non tamen esset perfectum animal nisi haberet et oculum et pedem. Ita etiam nec multitudo humani generis haberet statum perfectum nisi essent aliqui intendentes generationis actibus, et aliqui ab his abstinentes et contemplationi vacantes.

Quod autem quarto obiicitur, quod necesse est virtutem in medio esse: solvitur per id quod supra iam de paupertate dictum est. Medium enim virtutis non accipitur semper secundum quantitatem rei quae ordinatur ratione, sed secundum regulam rationis, quae debitum finem attingit, et circumstantias convenientes metitur. Et sic, ab omnibus venereorum delectationibus abstinere praeter rationem, vitium insensibilitatis dicitur. Si autem secundum rationem fiat, virtus est, quae communem hominis modum excedit: facit enim homines esse in quadam divinae similitudinis participatione; unde virginitas Angelis dicitur esse cognata.

vina são dadas ao homem as coisas que são necessárias a toda a espécie, mas não é necessário que cada homem use de todas elas. Foi dada, com efeito, ao homem a indústria de construir, a virtude para lutar, mas não é necessário que todos sejam construtores ou soldados. Semelhantemente, embora ao homem sejam divinamente providenciadas a virtude generativa e as coisas que se ordenam para seu ato, não é, porém, necessário que cada um tencione o ato de geração.

Donde, também se evidencia a solução para a *terceira objeção*. Com efeito, das coisas que são necessárias à sociedade, embora seja melhor a cada um que se abstenha, dedicando-se a coisas melhores, não é bom, porém, que todos se abstenham. Assim como também se manifesta na ordem do universo, pois, embora a substância espiritual seja melhor que a corporal, não seria melhor o universo no qual só houvesse substâncias espirituais, mas mais imperfeito. E embora seja melhor o olho que o pé no corpo do animal, não seria, porém, perfeito o animal se não tivesse tanto o olho quanto o pé. Assim também a sociedade do gênero humano não teria estado perfeito se não houvesse alguns que buscassem os atos da geração, e outros abstendo-se deles e entregando-se à contemplação.

O que se objeta em *quarto lugar*, que é necessário estar a virtude num justo meio, resolve-se pelo que já foi dito acima sobre a pobreza[154]. Com efeito, o meio da virtude não se toma sempre segundo a quantidade da coisa que é ordenada pela razão, mas segundo a regra da razão, que atinge o fim devido, e mede as circunstâncias convenientes. E assim, abster-se de todas as deleitações sexuais além da razão, diz-se vício de insensibilidade. Se, porém, se faz segundo a razão, é virtude, que excede o modo comum do homem, pois faz que os homens participem de semelhança divina; donde, a virgindade se diz ser aparentada com os Anjos[155].

---

[154] Cf. cap. 134.
[155] Mateus 22,30.

Ad quintum dicendum quod sollicitudo et occupatio quam habent hi qui coniugio utuntur, de uxoribus, filiis, et necessariis vitae acquirendis, est continua.

Inquietatio autem quam homo patitur ex pugna concupiscentiarum, est ad aliquam horam. Quae etiam minoratur per hoc quod ei aliquis non consentit: nam quanto aliquis magis delectabilibus utitur, tanto magis crescit in eo delectabilis appetitus. Debilitantur etiam concupiscentiae per abstinentias, et alia exercitia corporalia quae conveniunt his qui continentiae propositum habent.

Usus etiam corporalium delectabilium magis abducit mentem a sua altitudine et impedit a contemplatione spiritualium, quam inquietudo quae provenit resistendo concupiscentiis horum delectabilium: quia per usum delectabilium, et maxime venereorum, mens maxime carnalibus inhaeret; cum delectatio faciat quiescere appetitum in re delectabili. Et ideo his qui ad contemplationem divinorum, et cuiuscumque veritatis, intendunt, maxime nocivum est venereis deditos esse, et maxime utile ab eis abstinere.

Nihil autem prohibet, quamvis universaliter dicatur uni homini melius esse continentiam servare quam matrimonio uti, quin alicui illud melius sit. Unde et Dominus, facta de continentia mentione, dicit: non omnes capiunt verbum hoc, sed qui potest capere capiat.

Ad id etiam quod de praecepto primis parentibus dato ultimo positum est, patet responsio per ea quae dicta sunt. Praeceptum enim illud respicit inclinationem naturalem quae est in hominibus ad conservandum speciem per actum generationis: quod tamen non est necessarium per omnes exequi, sed per aliquos, ut dictum est.

Sicut autem non expedit cuilibet a matrimonio abstinere, ita etiam nec expedit omni tempore, quando necessaria est multiplicatio

Para a *quinta objeção* deve-se dizer que a solicitude e ocupação que têm os que usam da união com as esposas, com os filhos, e com a aquisição do necessário à vida, são contínuas.

Ora, a inquietação que o homem sofre pela guerra das concupiscências, é por alguma hora. Ela também é minorada enquanto a ela a pessoa não consente, pois, quanto uma pessoa usa mais do deleitável, tanto mais cresce nela o desejo deleitável[156]. As concupiscências também se enfraquecem pelas abstinências, e outros exercícios corporais, que convêm aos que têm o propósito da continência.

Também o uso das coisas deleitáveis corporais afasta a alma de sua elevação e impede a contemplação das coisas espirituais mais que a inquietude, que provém do resistir às concupiscências dessas coisas deleitáveis, porque, pelo uso das coisas deleitáveis, e sobretudo sexuais, a alma adere maximamente às carnais; uma vez que a deleitação faz descansar o apetite na coisa deleitável. E, assim, aos que buscam a contemplação do divino e de qualquer verdade, é maximamente nocivo estarem entregues ao prazer do sexo, e maximamente útil dele se absterem.

Entretanto, nada proíbe, embora universalmente se diga que para um homem é melhor guardar a continência do que usar do matrimônio, e que para outro seja melhor o matrimônio. Donde o Senhor, feita a menção sobre a continência, diz: *Nem todos entendem essa palavra, mas quem pode entender, entenda*[157].

Para o que foi afirmado, em *último lugar*, a respeito do preceito dado aos primeiros pais, evidencia-se a resposta pelo que foi dito. Com efeito, aquele preceito relaciona-se com a inclinação natural, que está nos homens, para conservar a espécie pelo ato da geração, mas não é necessário que seja realizado por todos, mas por alguns, como foi dito.

Assim como não convém a qualquer um abster-se do matrimônio, assim também não convém abster-se para sempre, quando é ne-

---

[156] Aristóteles (384-322 a.C.), em Ética III, 15, 1119b, 8-10.
[157] Mateus 19,11.

generis: vel propter hominum paucitatem, sicut in principio quo humanum genus coepit multiplicari; sive propter paucitatem fidelis populi, quando oportebat ipsum per carnalem generationem multiplicari, ut fuit in veteri testamento. Et ideo consilium de continentia perpetua observanda reservatum est temporibus novi testamenti, quando fidelis populus per spiritualem generationem multiplicatur.

[Capitulum 137]
Fuerunt autem et alii qui, licet continentiam perpetuam non improbarent, tamen ei statum matrimonii adaequabant: quod est haeresis Ioviniani. Sed huius erroris falsitas satis ex praedictis apparet: cum per continentiam homo reddatur habilior ad mentis elevationem in spiritualia et divina; et quodammodo supra statum hominis ponatur, in quadam similitudine Angelorum.

Nec obstat quod aliqui perfectissimae virtutis viri matrimonio usi sunt, ut Abraham, Isaac et Iacob: quia quanto virtus mentis est fortior, tanto minus potest per quaecumque a sua altitudine deiici. Nec tamen, quia ipsi matrimonio usi sunt, minus contemplationem veritatis et divinorum amaverunt: sed, secundum quod conditio temporis requirebat, matrimonio utebantur ad multiplicationem populi fidelis.

Nec tamen perfectio alicuius personae est sufficiens argumentum ad perfectionem status: cum aliquis perfectiori mente possit uti minori bono quam alius maiori. Non igitur, quia Abraham vel Moyses perfectior fuit multis qui continentiam servant, propter hoc status matrimonii est perfectior quam status continentiae, vel ei aequalis.

cessária a multiplicação do gênero, quer por causa da escassez de homens, como no princípio quando o gênero humano começou a multiplicar-se, quer por causa da escassez do povo fiel, quando era necessário que ele se multiplicasse pela geração carnal, como sucedeu no Antigo Testamento. E assim, o conselho de observar a continência perpétua foi reservado aos tempos do novo testamento, quando o povo fiel se multiplica pela geração espiritual.

[Capítulo 137]
Ora, houve também alguns que, embora não reprovassem a continência perpétua, entretanto a ela igualavam o estado do matrimônio, o que é a heresia de Joviniano[158]. Mas, a falsidade desse erro manifesta-se bastante pelo que foi dito, dado que, pela continência, o homem se torna mais hábil para a elevação da alma às coisas espirituais e divinas, e de certo modo se coloca acima do estado de homem, numa semelhança dos Anjos.

Nem obsta que alguns homens de perfeitíssima virtude tenham usado do matrimônio, como Abraão, Isaac e Jacó, porque quanto mais forte é a virtude da alma, tanto menos pode ser afastada de sua elevação por quaisquer coisas. Entretanto, porque eles usaram do matrimônio, não amaram menos a contemplação da verdade e das coisas divinas, mas, enquanto requeria a condição do tempo, usavam do matrimônio para a multiplicação do povo fiel.

Entretanto, a perfeição de uma pessoa não é argumento suficiente para a perfeição do estado, pois alguém, de alma mais perfeita, pode usar de um bem menor que outro de um maior. Portanto, porque Abraão ou Moisés foram mais perfeitos que muitos que guardam a continência, nem por isso o estado do matrimônio é mais perfeito que o estado de continência, ou a ele igual.

---

[158] São Jerónimo (347-420), em Contra Joviniano, ML 23, 211.

Capítulo 138
Contra os que combatem os votos

Ora, a alguns pareceu ser estulto obrigar-se por voto a obedecer a alguém, ou a observar qualquer coisa. Com efeito, parece que qualquer bem, quanto mais livremente é feito, tanto mais é virtuoso. Ora, quanto por necessidade maior alguém é forçado a observar alguma coisa, tanto menos livremente parece que o faz. Portanto, parece cercear a louvabilidade dos atos virtuosos enquanto são feitos por necessidade da obediência ou do voto.

Parece que semelhantes homens ignoram a noção de necessidade. Com efeito, há dupla necessidade. — Uma de coação. E essa diminui o louvor dos atos virtuosos, porque contraria ao voluntário, pois o coagido é aquilo que é contrário à vontade. — E há certa necessidade proveniente de inclinação interior. E essa não diminui o louvor do ato virtuoso, mas aumenta, pois faz a vontade tender mais intensamente ao ato da virtude.

Evidencia-se, com efeito, que o hábito da virtude, quanto mais perfeito for, tanto mais veementemente faz tender a vontade para o bem da virtude, e menos dele se afasta. O que, se chegar ao fim da perfeição, traz certa necessidade para praticar o bem, como se dá nos bem-aventurados, que não podem pecar, como abaixo se evidenciará[159], mas nem por causa disso algo prejudica a liberdade da vontade, ou a bondade do ato.

Há, também, outra necessidade provinda do fim, por exemplo, quando se diz que a alguém é necessário ter um navio para atravessar o mar. Ora, evidencia-se que nem essa necessidade diminui a liberdade da vontade, nem a bondade dos atos. Melhor, quando alguém pratica como algo necessário para o fim, por isso mesmo é louvável, e tanto mais louvável, quanto for melhor o fim.

Evidencia-se, porém, que a necessidade de observar as coisas que alguém votou, ou de obedecer àquele que lhe é preposto, não é uma necessidade de coação, nem também

---

[159] Livro IV, cap. 92.

dine ad finem: est enim necessarium voventi hoc vel illud agere, si debet votum impleri, aut obedientia servari. Cum igitur hi fines laudabiles sint, utpote quibus homo Deo se subiicit, necessitas praedicta nihil diminuit de laude virtutis.

Est autem ulterius considerandum quod, dum implentur aliqua quae quis vovit, vel quae sibi praecipiuntur ab eo cui se subdidit propter Deum, maiori laude et remuneratione sunt digna. Contingit enim unum actum duorum vitiorum esse, dum actus unius vitii ad finem alterius vitii ordinatur: ut, cum quis furatur ut fornicetur, actus quidem secundum speciem suam est avaritiae, secundum intentionem vero luxuriae. Eodem autem modo et in virtutibus contingit quod actus unius virtutis ad aliam virtutem ordinatur: sicut, cum quis sua dat ut cum altero amicitiam habeat caritatis, actus quidem ex sua specie est liberalitatis, ex fine autem caritatis. Huiusmodi autem actus maiorem laudem habet ex maiore virtute, scilicet ex caritate, quam ex liberalitate. Unde, etsi remittatur in eo quod liberalitatis est ex eo quod ad caritatem ordinatur, laudabilior, et maiori mercede dignus erit quam si liberalius ageretur non in ordine ad caritatem.

Ponamus ergo aliquem opus aliquod virtutis agentem, puta ieiunantem, vel continentem se a venereis: — et quidem si absque voto haec faciat, erit actus vel castitatis vel abstinentiae; si autem ex voto, referetur ulterius ad aliam virtutem, cuius est Deo aliquid vovere, scilicet ad religionem, quae potior est castitate vel abstinentia, utpote faciens nos recte habere ad Deum. Erit ergo actus abstinentiae vel continentiae laudabilior in eo qui ex voto facit, etiam si non ita delectetur in abstinentia vel continentia, ex eo quod delectatur in potiori virtute, quae est religio.

Item. Id quod potissimum est in virtute, est debitus finis: nam ex fine principaliter ratio boni manat. Si ergo finis fuerit eminentior,

proveniente de uma inclinação interior, mas da ordem ao fim, pois é necessário ao que vota praticar isso ou aquilo, se deve cumprir o voto, ou guardar a obediência. Como, portanto, esses fins são louváveis, pois por eles o homem se sujeita a Deus, a mencionada necessidade nada diminui do louvor da virtude.

Deve-se considerar ulteriormente que, enquanto são cumpridas as coisas que alguém vota, ou as que lhe são preceituadas por aquele ao qual se submete por causa de Deus, elas são dignas de maior louvor e recompensa. Com efeito, acontece que um ato dá lugar a dois vícios, enquanto o ato de um vício se ordena ao fim do outro vício, como quando alguém furta para fornicar, o ato, segundo sua espécie, é de avareza, mas segundo a intenção é de luxúria. Entretanto, do mesmo modo acontece também nas virtudes, o ato de uma virtude se ordena a outra virtude, por exemplo, quando alguém dá o seu para ter com o outro a amizade de caridade, o ato, de sua espécie, é de liberalidade, mas pelo fim, de caridade. Ora, semelhante ato tem maior louvor pela virtude maior, ou seja, pela caridade, do que pela liberalidade. Donde, embora se prescinda nele o que é da liberalidade, enquanto se ordena à caridade, será mais louvável e digno de maior recompensa do que se praticasse mais liberalmente, não em ordem à caridade.

Pensemos, pois, em alguém praticando uma obra de virtude, por exemplo, jejuando, ou abstendo-se do sexo — se faz essas coisas sem o voto, será um ato ou de castidade ou de abstinência; mas se faz por voto, refere-se ainda a outra virtude, cujo objeto é votar algo a Deus, ou seja, por religião, que é mais elevada do que a castidade ou a abstinência, dado que nos faz relacionar-nos diretamente com Deus. Será, pois, mais louvável o ato de abstinência ou de continência naquele que faz por voto, mesmo se não se agrade na abstinência ou continência, enquanto se agrada na virtude mais elevada, que é a religião.

Igualmente. O que há de mais elevado na virtude, é o fim devido, pois a razão de bem emana principalmente do fim. Se, pois, o fim

etiam si in actu aliquis se remissius habeat, erit eius actus virtuosior: sicut, si aliquis proponat propter bonum virtutis longam viam agere, alius autem brevem, laudabilior erit qui maius aliquid propter virtutem intendit, licet in progressu viae lentius procedat. Si autem aliquis facit aliquid propter Deum, illum actum Deo offert: sed si ex voto hoc faciat, non solum actum, sed etiam potentiam offert Deo. Et sic patet quod propositum suum est ad aliquid maius Deo exhibendum. Erit ergo actus eius virtuosior ratione maioris boni intenti, etiam si in executione alius videatur ferventior.

Praeterea. Voluntas praecedens actum manet virtute in tota prosecutione actus, et ipsum laudabilem reddit, etiam quando de proposito voluntatis propter quod actum incipit, in executione operis non cogitabit: non enim oportet ut qui propter Deum aliquod iter arripit, in qualibet parte itineris de Deo cogitet actu. Patet autem quod ille qui vovet se aliquid facturum, intensius illud voluit quam qui simpliciter facere disponit: quia non solum facere voluit, sed voluit se firmare ut non deficeret a faciendo. Ex hac igitur voluntatis intentione redditur executio voti cum intensione quadam laudabilis, etiam quando voluntas vel non actu fertur in opus, vel fertur remisse.

Sic ergo laudabilius fit quod e voto fit, quam quod fit sine voto: ceteris tamen paribus.

Capitulum CXXXIX
Quod neque merita neque peccata sint paria

Ex his autem manifestum est quod neque omnia bona opera, neque omnia peccata sunt paria.

Consilium enim non datur nisi de meliori bono. Dantur autem consilia in lege divina de

for mais eminente, mesmo que a pessoa aja mais debilmente, seu ato será mais virtuoso; por exemplo, se alguém se propõe, por causa do bem da virtude, fazer um longo caminho, e outra pessoa um mais breve, será mais louvável o que busca algo maior por causa da virtude, embora proceda mais lentamente no andar pelo caminho. Se, contudo, alguém faz algo por causa de Deus, oferece a Deus aquele ato, mas se por voto faz isso, oferece a Deus não só o ato, mas também o seu poder de agir. E assim, evidencia-se que seu propósito é de apresentar a Deus algo maior. Será, pois, seu ato mais virtuoso em razão do maior bem-intencionado, mesmo que na execução o outro pareça mais fervoroso.

Além disso. A vontade que precede o ato permanece na virtude em todo o prosseguimento do ato, e o torna louvável, mesmo quando não cogitar, na execução da obra, do propósito da vontade por causa do qual começou o ato, pois não é necessário que aquele que, por causa de Deus, iniciou um caminho, pense em ato sobre Deus, em qualquer parte do caminho. Ora, evidencia-se que aquele que vota fazer algo futuro, mais intensamente o quer do que o que se dispõe simplesmente a fazer, porque não só quis fazer, mas quis firmar-se, para não fraquejar ao fazer. Portanto, por essa intenção da vontade a execução do voto com certa intensidade se torna louvável, mesmo quando a vontade não se inclina em ato para a obra, ou se inclina fracamente.

Assim, pois, o que se faz por voto faz-se, de modo mais louvável, do que o que se faz sem voto, em igualdade de circunstâncias.

Capítulo 139
Nem os méritos, nem os pecados são iguais

Pelo que foi dito é manifesto que nem todas as boas obras, nem todos os pecados são iguais[160].

Com efeito, o conselho não é dado senão sobre o bem melhor[161]. Ora, na lei divina, os

---

[160] Santo Agostinho de Hipona (354-431), em Sobre as Heresias a Quodvultdeus, ML 42, 82.
[161] Cf. cap. 130.

paupertate, continentia, et aliis huiusmodi, ut supra dictum est. Haec igitur meliora sunt quam matrimonio uti et temporalia possidere: secundum quae tamen contingit virtuose agere, ordine rationis servato, ut supra ostensum est. Non igitur omnes actus virtutum sunt pares.

Adhuc. Actus speciem recipiunt ex obiectis. Quanto igitur obiectum est melius, tanto et actus erit virtuosior secundum speciem suam. Finis autem melior est his quae sunt ad finem: quorum tanto aliquid melius est, quanto est fini propinquius. Inter actus igitur humanos ille est optimus qui in ultimum finem, scilicet Deum, immediate fertur. Post quem, tanto actus melior est secundum suam speciem, quanto obiectum est Deo propinquius.

Amplius. Bonum in actibus humanis est secundum quod ratione regulantur. Contingit autem aliquos aliis ad rationem magis accedere: quanto actus qui sunt ipsius rationis, magis habent de bono rationis quam actus inferiorum virium, quibus ratio imperat. Sunt igitur inter actus humanos aliqui aliis meliores.

Item. Praecepta legis optime ex dilectione implentur, ut supra dictum est. Contingit autem aliquem alio ex maiori dilectione quod faciendum est facere. Erit igitur virtuosorum actuum unus alio melior.

Praeterea. Si ex virtute actus hominis boni redduntur; contingit autem intensiorem esse eandem in uno quam in alio: oportet quod humanorum actuum sit unus alio melior.

Item. Si ex virtutibus actus humani boni redduntur, oportet meliorem esse actum qui est melioris virtutis. Contingit autem virtutem unam altera meliorem esse: puta magnificentiam liberalitate, et magnanimitatem moderantia. Erit igitur humanorum actuum unus alio melior.

conselhos são dados sobre a pobreza, continência e semelhantes, como foi dito[162]. Essas coisas, portanto, são melhores do que usar do matrimônio e possuir as coisas temporais, as quais, se se guarda a ordem da razão, podem se considerar atos virtuosos, como foi mostrado[163]. Portanto, os atos das virtudes não são iguais.

Ainda. Os atos recebem a espécie dos objetos. Portanto, quanto melhor é o objeto, tanto mais virtuoso será o ato segundo sua espécie. Ora, o fim é melhor naquelas coisas que são para o fim; delas algo é tanto melhor quanto mais próximo é do fim. Entre os atos humanos, pois, é ótimo o que é levado imediatamente ao fim último, isto é, Deus. Após Ele, um ato é tanto melhor segundo sua espécie, quanto mais próximo o objeto é de Deus.

Ademais. Os atos humanos são bons enquanto são regulados pela razão. Ora, acontece que alguns estão mais próximos da razão do que outros, enquanto os atos que são da mesma razão têm mais de bem da razão que os atos das forças inferiores, sobre as quais a razão tem o império. Entre os atos humanos, portanto, uns são melhores que outros.

Igualmente. Os preceitos da lei são cumpridos, otimamente, por amor, como foi dito[164]. Ora, acontece que alguém faz, por amor maior que o outro, o que deve fazer. Entre os atos virtuosos, portanto, um será melhor do que outro.

Além disso. Se pela virtude os atos do homem se tornam bons, e acontece que a mesma virtude é mais intensa em um que em outro, é necessário que, entre os atos humanos, um seja melhor que outro.

Igualmente. Se pela virtude os atos do homem se tornam bons, é necessário que seja melhor o ato da melhor virtude. Acontece, porém, que uma virtude é melhor do que outra, por exemplo, a magnificência é melhor que a liberalidade, e a magnanimidade, que a moderação. Haverá, portanto, entre os atos humanos um melhor que outro.

---

[162] Ibidem.
[163] Cf. caps. 126-127.
[164] Cf. caps. 116 e 128.

Hinc est quod dicitur I Cor. 7,38: qui matrimonio iungit virgines suas, bene facit: qui autem non iungit, melius facit.

Ex eisdem etiam rationibus apparet quod non omnia peccata sunt paria: cum per unum peccatum magis discedatur a fine quam per aliud; et magis pervertatur ordo rationis; et maius nocumentum proximo inferatur.

Hinc est quod dicitur Ezech. 16,47: sceleratiora fecisti illis in omnibus viis tuis. Per hoc autem excluditur quorundam error dicentium omnia merita et peccata paria esse. Quod tamen omnes virtuosi actus sint aequales, ex hoc videbatur aliquam rationem habere, quia omnis actus virtuosus est ex fine boni. Unde, si omnium bonorum actuum est idem finis boni, oportet omnes aequaliter bonos esse.

Licet autem sit unus finis ultimus boni, actus tamen qui ex illo bonitatem habent, diversum bonitatis gradum accipiunt. Est enim in his bonis quae ad ultimum finem ordinantur, differentia gradus, secundum quod quaedam sunt aliis meliora, et fini ultimo propinquiora. Unde et in voluntate et actibus eius gradus bonitatis erit, secundum diversitatem bonorum ad quae terminatur voluntas et eius actus, licet ultimus finis sit idem.

Similiter etiam quod omnia peccata sint paria, videtur ex hoc habere rationem, quia peccatum in actibus humanis accidit ex hoc solo quod aliquis praeterit regulam rationis. Ita autem praeterit regulam rationis qui in modico a ratione recedit, sicut qui in magno. Videtur igitur peccatum esse aequale sive in modico sive in magno peccetur.

Huic autem rationi videtur suffragari quod in humanis iudiciis agitur. Nam si alicui statuatur limes quem non transgrediatur, nihil refert apud iudicem sive multum sive modicum sit transgressus: sicut non refert, ex quo pugil limites campi exivit, utrum longius progrediatur. Ex quo igitur aliquis regulam rationis pertransiit, non refert utrum in modico vel in magno ipsam transiverit.

Daí é que se diz: *O que entrega em matrimônio suas virgens faz bem; o que, porém, não entrega faz melhor*[165].

Dessas razões também se manifesta que nem todos os pecados são iguais, pois por um pecado afasta-se mais do fim do que por outro, e mais se perverte a ordem da razão. E maior prejuízo se traz ao próximo.

Daí é que se diz: *Fizeste coisas mais criminosas do que eles, em todos os teus caminhos*[166]. Ora, por isso se exclui o erro de alguns que dizem que são iguais todos os méritos e pecados. Parece, contudo, que têm alguma razão em que todos os atos virtuosos são iguais, porque todo ato virtuoso provém de um fim bom. Donde, se de todos os atos bons é o mesmo o fim bom, é necessário que todos sejam igualmente bons.

Embora seja um o fim último do bem, os atos, porém, que têm a bondade dele, recebem grau diverso de bondade. Com efeito, há nesses bens que se ordenam ao fim último, diferença de grau, enquanto alguns são melhores que outros, e mais próximos do fim último. Donde, também na vontade e seus atos haverá graus de bondade, segundo a diversidade de bens nos quais termina a vontade e seu ato, embora o fim último seja o mesmo.

Semelhantemente, que todos os pecados sejam iguais, parece terem razão os que isso afirmam, porque acontece o pecado nos atos humanos só porque alguém se afasta da regra da razão. Ora, afasta-se da regra da razão tanto o que se afasta pouco dela, como o que se afasta muito. Parece, portanto, que o pecado é igual quer se peque em pouco, quer em muito.

Com essa razão parece concordar o que se dá nos julgamentos humanos. Com efeito, se se determina a alguém que não ultrapasse o limite, não interessa ao juiz se se ultrapassou muito ou pouco, assim como não interessa se um atleta ultrapassou os limites do campo, ou se avançou mais longe. Se alguém ultrapassou a regra da razão, não interessa se a ultrapassou em pouco ou em muito.

---

[165] 1 Coríntios 7,38.
[166] Ezequiel 16,47.

Sed si quis diligenter inspiciat, in omnibus quorum perfectio et bonum in quadam commensuratione consistit, quanto magis a debita commensuratione receditur, tanto maius erit malum. Sicut sanitas consistit in debita commensuratione humorum; et pulchritudo in debita proportione membrorum; veritas autem in commensuratione intellectus vel sermonis ad rem. Patet autem quod quanto est maior inaequalitas in humoribus, tanto est maior infirmitas; et quanto est maior inordinatio in membris, tanto est maior turpitudo; et quanto magis a veritate receditur, tanto est maior falsitas; non enim est tam magna falsitas aestimantis tria esse quinque, sicut eius qui aestimat tria esse centum. Bonum autem virtutis in quadam commensuratione consistit: est enim medium, secundum debitam limitationem circumstantiarum, inter contraria vitia constitutum. Quanto igitur magis ab hac harmonia receditur, tanto est maior malitia.

Non est autem simile virtutem transgredi, et terminos a iudice positos transire. Nam virtus est secundum se bonum: unde virtutem transgredi est secundum se malum. Et ideo oportet quod magis a virtute recedere sit maius malum. Transgredi autem terminum hunc a iudice positum, non est secundum se malum, sed per accidens, inquantum scilicet est prohibitum. In his autem quae sunt per accidens, non est necessarium quod, si simpliciter sequitur ad simpliciter, et magis sequatur ad magis, sed solum in his quae sunt per se: non enim sequitur, si album est musicum, quod magis album sit magis musicum; sequitur autem, si album est disgregativum visus, quod magis album sit magis disgregativum visus.

Est autem hoc inter peccatorum differentias attendendum, quod quoddam est mortale, et quoddam veniale. Mortale autem est quod animam spirituali vita privat. Cuius quidem vitae ratio ex duobus sumi potest, secundum similitudinem vitae naturalis. Vivit enim corpus naturaliter per hoc quod animae unitur, quae est ei principium vitae. Corpus autem,

Entretanto, se se repara diligentemente, em todas as coisas cuja perfeição e o bem consistem em certa medida, quanto mais se afastam da medida devida, tanto mais serão más. Como a saúde consiste na devida medida dos humores, e a beleza na proporção devida dos membros, assim a verdade consiste na medida do intelecto ou da palavra com relação à coisa. Ora, evidencia-se que quanto maior é a desigualdade nos humores, tanto maior é a enfermidade; e quanto maior é a desordem nos membros, tanto maior é a torpeza, e quanto mais se afasta da verdade, tanto maior é a falsidade, pois não é tão a falsidade de quem pensa que três são cinco, como daquele que pensa que três são cem. Ora, o bem da virtude consiste em certa medida, pois é o meio, constituído entre os vícios contrários, segundo a limitação devida das circunstâncias. Portanto, quanto mais se afasta dessa harmonia, tanto maior é a malícia.

Ademais, não é semelhante transgredir a virtude, e ultrapassar os termos estabelecidos pelo juiz. Com efeito, a virtude é em si mesma um bem, donde transgredir a virtude é em si mesmo um mal. E assim é necessário que o afastar-se mais da virtude é em si mesmo maior mal. Ora, ultrapassar este limite estabelecido pelo juiz não é um mal em si, mas por acidente, isto é, enquanto é proibido. Ora, naquelas coisas que são por acidente, não é necessário que, *se o absoluto segue o absoluto, o mais siga o mais*[167], mas só nas coisas que são por si, pois não se segue, se o branco é músico, que mais branco seja mais músico, mas segue-se, se o branco confunde a vista, que o mais branco confunda mais a vista.

Deve-se atender, entre as diferenças dos pecados, que um é mortal, e outro venial. Ora, mortal é o que priva a alma da vida espiritual. A razão dessa vida pode ser tomada de dois modos, segundo a semelhança com a vida natural. Com efeito, o corpo vive naturalmente enquanto se une à alma, que lhe é princípio de vida. E, vivificado pela alma, o corpo move-

---

[167] Aristóteles (384-322 a.C.), em Tópicos V, 8, 137b, 20-27.

vivificatum per animam, ex seipso movetur: sed corpus mortuum vel immobile manet, vel ab exteriori tantum movetur. Sic igitur et voluntas hominis, cum per rectam intentionem ultimo fini coniungitur, quod est eius obiectum et quodammodo forma, et vivida est; et, cum per dilectionem Deo et proximo inhaeret, ex interiori principio movetur ad agendum recta. Intentione autem ultimi finis et dilectione remota, anima fit velut mortua: quia non movetur ex seipsa ad agendum recta, sed vel omnino ab eis agendis desistit, vel ad ea agenda solum ab exteriori inducitur, scilicet metu poenarum. Quaecumque igitur peccata intentioni ultimi finis et dilectioni opponuntur, mortalia sunt. Si vero, his salvis, aliquis in aliquo recto ordine rationis deficiat, non erit mortale peccatum, sed veniale.

se por si mesmo, mas o corpo dos mortos ou permanece imóvel, ou é movido somente do exterior. Assim, pois, também a vontade do homem, quando se une pela intenção reta ao fim último, que é seu objeto e de certo modo a sua forma, é vivificada. E quando a vontade une-se a Deus e ao próximo pelo amor, é movida por princípio interior para agir retamente. Removida, porém, a intenção do fim último e o amor, a alma se torna como morta, porque não se move por si mesma para fazer as coisas retas, mas ou totalmente desiste de realizá-las, ou para praticá-las só é induzida do exterior, ou seja, pelo medo das penas. Portanto, quaisquer pecados que se opõem à intenção do fim último e ao amor, são mortais. Se, pois, excetuados esses pecados, alguém falha em algo da ordem reta da razão, isso não será pecado mortal, mas venial.

Capitulum CXL
Quod actus hominis puniuntur vel praemiantur a Deo

Ex praemissis autem manifestum est quod actus hominis puniuntur vel praemiantur a Deo.

Eius enim est punire vel praemiare cuius est legem imponere: legis enim latores per praemia et poenas ad observantiam legis inducunt. Sed ad divinam providentiam pertinet ut legem hominibus poneret, ut ex supra dictis patet. Ergo ad Deum pertinet homines punire vel praemiare.

Praeterea. Ubicumque est aliquis debitus ordo ad finem, oportet quod ordo ille ad finem ducat, recessus autem ab ordine finem excludat: ea enim quae sunt ex fine, necessitatem sortiuntur ex fine; ut scilicet ea necesse sit esse, si finis debeat sequi; et eis absque impedimento existentibus, finis consequatur. Deus autem imposuit actibus hominum ordinem aliquem in respectu ad finem boni, ut ex praedictis patet. Oportet igitur quod, si ordo ille recte positus est, quod incedentes per illum

Capítulo 140
Os atos humanos são punidos ou premiados por Deus

Do exposto manifesta-se que os atos do homem são punidos ou premiados por Deus.

Com efeito, punir ou premiar cabe àquele a quem compete impor a lei, pois os legisladores induzem por prêmios e penas à observância da lei. Ora, pertence à providência divina estabelecer a lei aos homens, como se evidencia do acima dito[168]. Logo, pertence a Deus punir ou premiar os homens.

Além disso. Onde quer que haja a ordem devida ao fim, é necessário que tal ordem conduza ao fim, e o afastamento da ordem exclui o fim, pois as coisas que são para o fim, obtêm do fim a sua necessidade, isto é, é necessário que elas existam para seguir-se o fim, e as coisas que existem sem impedimento conseguem o fim. Ora, Deus impõe aos atos dos homens uma ordem com relação ao fim do bem, como se evidencia do que foi dito[169]. Portanto, é necessário que, se aquela ordem foi estabelecida

---

[168] Cf. cap. 114.
[169] Cf. cap. 115.

ordinem finem boni consequantur, quod est praemiari: recedentes autem ab illo ordine per peccatum, a fine boni excludi, quod est puniri.

Adhuc. Sicut res naturales ordini divinae providentiae subduntur, ita et actus humani, ut ex praedictis patet. Utrobique autem contingit debitum ordinem servari, vel etiam praetermitti: hoc tamen interest, quod observatio vel transgressio debiti ordinis est in potestate humanae voluntatis constituta; non autem in potestate naturalium rerum est quod a debito ordine deficiant vel ipsum sequantur. Oportet autem effectus causis per convenientiam respondere. Sicut igitur res naturales, cum in eis debitus ordo naturalium principiorum et actionum servatur, sequitur ex necessitate naturae conservatio et bonum in ipsis, corruptio autem et malum cum a debito et naturali ordine receditur; ita etiam in rebus humanis oportet quod, cum homo voluntarie servat ordinem legis divinitus impositae, consequatur bonum, non velut ex necessitate, sed ex dispensatione gubernantis, quod est praemiari; et e converso malum, cum ordo legis fuerit praetermissus, et hoc est puniri.

Amplius. Ad perfectam Dei bonitatem pertinet quod nihil in rebus inordinatum relinquat: unde in rebus naturalibus videmus contingere quod omne malum sub ordine alicuius boni concluditur; sicut corruptio aeris est ignis generatio, et occisio ovis est pastus lupi. Cum igitur actus humani divinae providentiae subdantur, sicut et res naturales; oportet malum quod accidit in humanis actibus, sub ordine alicuius boni concludi. Hoc autem convenientissime fit per hoc quod peccata puniuntur. Sic enim sub ordine iustitiae, quae ad aequalitatem reducit, comprehenduntur ea quae debitam quantitatem excedunt. Excedit autem homo debitum suae quantitatis gra-

retamente, os que caminham por ela consigam o fim do bem, o que é ser premiado; os que se afastam, porém, daquela ordem pelo pecado, são excluídos do fim do bem, o que é ser punido.

Ainda. Assim como as coisas naturais são sujeitas à providência divina, assim também os atos humanos, como se evidencia do que foi dito[170]. De um e outro lado, contudo, acontece que a devida ordem é guardada, ou também preterida, mas o que interessa é que a observação ou a transgressão da ordem devida estão constituídas no poder da vontade humana, e não está no poder das coisas naturais que possam afastar-se da ordem devida, ou segui-la. É necessário, assim, que os efeitos correspondam às causas. Assim como nas coisas naturais, quando nelas é guardada a ordem devida dos princípios naturais e ações, segue-se, por necessidade da natureza, a conservação e o bem, mas segue-se a corrupção e o mal, quando as coisas naturais são afastadas da ordem natural devida. Assim também, nas coisas humanas é necessário que, quando o homem guarda voluntariamente a ordem da lei divinamente imposta, ele consiga o bem, não como por necessidade, mas por disposição do governante, o que é ser premiado; e ao contrário o mal, quando a ordem da lei for preterida, e isso é ser punido.

Ademais. Pertence à perfeita bondade de Deus que nada de desordenado fique nas coisas; donde, nas coisas naturais vemos acontecer que todo o mal se encerra sob a ordem de algum bem, como a corrupção do ar é a geração do fogo, e a morte da ovelha é o alimento do lobo. Como, pois, os atos humanos estão sujeitos à providência divina, assim como as coisas naturais, é necessário que o mal que acontece nos atos humanos se encerre sob a ordem de algum bem. Isso se faz de modo muito conveniente enquanto os pecados são punidos. Com efeito, assim sob a ordem da justiça, que reduz à igualdade, são compreendidas as coisas que excedem a devida quanti-

---

[170] Cf. cap. 90.

dum dum voluntatem suam divinae voluntati praefert, satisfaciendo ei contra ordinationem Dei. Quae quidem inaequalitas tollitur dum, contra voluntatem suam, homo aliquid pati cogitur secundum ordinationem divinam. Oportet igitur quod peccata humana puniantur divinitus: et, eadem ratione, bona facta remunerationem accipiant.

Item. Divina providentia non solum disponit rerum ordinem, sed etiam movet omnia ad ordinis ab eo dispositi executionem, ut supra ostensum est. Voluntas autem a suo obiecto movetur, quod est bonum vel malum. Ad divinam igitur providentiam pertinet quod hominibus bona proponat in praemium, ut voluntas ad recte procedendum moveatur: et mala proponat in poenam, ad hoc quod inordinationem vitet.

Praeterea. Divina providentia hoc modo res ordinavit quod una alteri prosit. Convenientissime autem homo proficit ad finem boni tam ex bono alterius hominis quam ex malo, dum excitatur ad bene agendum per hoc quod videt bene operantes praemiari; et dum revocatur a male agendo per hoc quod videt male agentes puniri. Ad divinam igitur providentiam pertinet quod mali puniantur, et boni praemientur.

Hinc est quod dicitur Exod. 20,5 ego sum Deus tuus, visitans iniquitatem patrum in filios, et faciens misericordiam his qui diligunt me et custodiunt praecepta mea. Et in Psalmo: tu reddes unicuique iuxta opera sua. Et Rom. 2,6 reddet unicuique secundum opera sua: his quidem qui sunt secundum patientiam boni operis, gloriam et honorem; his autem qui non acquiescunt veritati, credunt autem iniquitati, iram et indignationem.

dade. Ora, o homem excede o devido grau de sua quantidade, enquanto prefere sua vontade á vontade divina, satisfazendo-a contra a ordenação de Deus. Essa desigualdade é afastada, quando, contra sua vontade, o homem se obriga a sofrer algo, segundo a ordenação divina. Portanto, é necessário que os pecados humanos sejam divinamente punidos e, pela mesma razão, os bens feitos recebam a recompensa.

Igualmente. A providência divina não só dispõe a ordem das coisas, mas também as move todas para a execução da ordem por Deus disposta, como acima foi mostrado[171]. Ora, a vontade é movida por seu objeto, que é o bem ou o mal. Portanto, pertence à providência divina que proponha aos homens os bens para prêmio, para que a vontade seja movida a proceder retamente, e proponha os males como pena, para que evite a desordem.

Além disso. A providência divina ordenou de tal modo as coisas que uma ajuda a outra[172]. Ora, o homem, de modo conveniente, se aproveita para o fim do bem, tanto do bem de outro homem quanto do mal, enquanto é incitado a fazer o bem ao ver que os que agem bem são premiados e, assim, são dissuadidos de agir mal porque veem que aqueles que agem mal são punidos. Pertence, pois, à providência divina que os maus sejam punidos, e os bons sejam premiados.

Daí é que se diz: *Eu sou o teu Deus, que pune a iniquidade dos pais nos filhos, e faz misericórdia àqueles que me amam e guardam os meus preceitos*[173]. E no Salmo: *Tu retribuis a cada um segundo suas obras*[174]. E: *Retribui a cada um segundo suas obras: Àqueles que perseveram na prática do bem, a glória e a honra, mas àqueles que não concordam com a verdade, mas creem na iniquidade, a ira e a indignação*[175].

---

[171] Cf. cap. 67.
[172] Cf. caps. 77 ss.
[173] Êxodo 20,5.
[174] Salmo 61,13.
[175] Romanos 2,6.

Per hoc autem excluditur error quorundam dicentium quod Deus non punit. Dicebant enim Marcion et valentinus alium esse Deum bonum: et alium esse Deum iustum, qui punit.

Capitulum CXLI
De differentia et ordine poenarum

Quia vero, sicut ex dictis patet, praemium est quod voluntati proponitur quasi finis quo excitatur ad bene agendum; e contrario poena voluntati proponitur ut a malo retrahatur, quasi aliquid fugiendum malum: sicut de ratione praemii est quod sit bonum voluntati consonum, ita de ratione poenae est quod sit malum et contrarium voluntati. Malum autem est privatio boni. Unde oportet quod secundum differentiam et ordinem bonorum, sit etiam differentia et ordo poenarum.

Est autem summum bonum hominis felicitas, quae est ultimus finis eius: quantoque aliquid est huic fini propinquius, tanto praeeminet inter hominis bonum. Huic autem propinquissimum est virtus, et si quid est aliud quod ad bonam operationem hominem proficiat, qua pervenitur ad beatitudinem. Consequitur autem et debita dispositio rationis, et virium ei subiectarum. Post hoc autem et corporis incolumitas, quae necessaria est ad expeditam operationem. Demum autem ea quae exterius sunt, quibus quasi adminiculantibus utimur ad virtutem.

Erit igitur maxima poena hominem a beatitudine excludi. Post hanc autem, virtute privari, et perfectione quacumque naturalium virtutum animae ad bene agendum. Dehinc autem, naturalium potentiarum animae deordinatio. Post hoc autem, corporis nocumentum. Demum autem, exteriorum bonorum sublatio.

Sed quia de ratione poenae est non solum quod sit privativa boni, sed etiam quod sit contraria voluntati; non autem cuiuslibet

Ora, por isso se exclui o erro de alguns que dizem que Deus não pune. Diziam, com efeito, Marcião e Valentino que um era o Deus bom e outro o Deus justo, que pune[176].

Capítulo 141
A diferença e ordem das penas

Porque o prêmio, como se evidencia do que foi dito[177], é o que se propõe à vontade como fim pelo qual ela é incitada a bem agir, ao contrário a pena é proposta à vontade para que se afaste do mal, como sendo o mal algo de que se deve fugir; como é da razão do prêmio que seja o bem conforme à vontade, assim é da razão da pena que seja um mal e contrário à vontade. Ora, o mal é privação do bem. Portanto, é necessário que, segundo a diferença e ordem dos bens, seja também a diferença e ordem das penas.

Ora, o sumo bem do homem é a felicidade, que é seu fim último, e quanto mais próxima do fim uma coisa está, tanto mais se sobressai entre os bens do homem. Ora, a virtude é o que está mais próximo do fim, e tudo o que favoreça o homem na boa operação, pela qual chega à bem-aventurança. Ora, consegue-se tanto a devida disposição da razão, quanto das forças a ela sujeitas. Depois disso, contudo, também a saúde do corpo, que é necessária para a pronta operação. Finalmente as coisas que são do exterior, das quais usamos como de instrumentos para a virtude.

Será, portanto, a pena máxima ser o homem excluído da bem-aventurança. Depois dessa, porém, ser privado da virtude, e de qualquer perfeição das virtudes naturais da alma para bem agir. Depois, a desordem das potências naturais da alma. Depois disso, o prejuízo do corpo. Por fim, a perda dos bens exteriores.

Mas, porque é da razão da pena não apenas que seja privativa do bem, e também que seja contrária à vontade, e como a vontade de

---

[176] Santo Agostinho de Hipona (354-431), em Sobre as Heresias a Quodvultdeus.
[177] Cf. capítulo anterior.

hominis voluntas existimat bona secundum quod sunt: contingit interdum quod id quod est maioris boni privativum, est minus contrarium voluntati, et propter hoc minus poenale esse videtur. Et inde est quod plures homines, qui bona sensibilia et corporalia magis aestimant et cognoscunt quam intellectualia et spiritualia, plus timent corporales poenas quam spirituales. Secundum quorum aestimationem, contrarius ordo videtur poenarum ordini supradicto. Apud hos enim maxima poena aestimantur laesiones corporis, et damna rerum exteriorum: deordinatio autem animae, et damnum virtutis, et amissio fruitionis divinae, in qua consistit ultima hominis felicitas, aut modicum aut nihil reputatur ab eis.

Hinc autem procedit quod hominum peccata a Deo puniri non aestimant: quia vident plerumque peccatores incolumitate corporis vigere, et exteriori fortuna potiri, quibus interdum homines virtuosi privantur.

Quod recte considerantibus mirum videri non debet. Cum enim bona exteriora ad inferiora ordinentur, corpus autem ad animam; in tantum exteriora et corporalia bona sunt homini bona, in quantum ad bonum rationis proficiunt; secundum vero quod bonum rationis impediunt, homini vertuntur in mala. Novit autem rerum dispositor Deus mensuram virtutis humanae. Unde interdum homini virtuoso corporalia et exteriora bona ministrat in adiutorium virtutis: et in hoc ei beneficium praestat. Interdum vero ei praedicta subtrahit, eo quod considerat huiusmodi esse sibi ad impedimentum virtutis et fruitionis divinae: ex hoc enim exteriora bona vertuntur homini in mala, ut dictum est; unde et eorum amissio, eadem ratione, homini vertitur in bonum. Si ergo omnis poena malum est; non est autem malum hominem exterioribus et corporalibus bonis privari secundum quod expedit ad profectum virtutis: non erit hoc homini virtuoso poena si privetur exterioribus bonis in adiumentum virtutis. E contrario autem erit malis in poenam si eis exteriora bona concedantur, quibus provocantur ad malum. Unde et Sap.

qualquer homem nem sempre julga os bens segundo o que são, acontece às vezes que o que é privativo do bem maior, é menos contrário à vontade, e por causa disso parece ser menos penal. E daí é que muitos homens, que julgam e conhecem mais os bens sensíveis e corporais do que os intelectuais e espirituais, temem mais as penas corporais do que as espirituais. Segundo seu julgamento, parece contrária a ordem das penas à ordem acima mencionada. Com efeito, para eles as lesões do corpo e a perda das coisas exteriores são julgadas penas máximas; mas, a desordem da alma, o dano das virtudes, a perda da fruição divina, em que consiste a felicidade última do homem, são julgados por eles pouca coisa ou nada.

Ora, daqui procede que não julgam que os pecados dos homens são punidos por Deus, porque veem frequentemente que os pecadores têm a saúde do corpo e gozam da fortuna exterior, de que às vezes os homens virtuosos são privados.

O que não deve causar admiração aos que retamente consideram. Com efeito, como os bens exteriores se ordenam aos inferiores, e o corpo à alma, são bons ao homem os bens exteriores e corporais na medida em que servem ao bem da razão, mas, enquanto impedem o bem da razão, convertem-se em males para o homem. Deus, que dispõe as coisas, conhece a medida da virtude humana. Donde, às vezes concede ao homem virtuoso os bens corporais e exteriores, em ajuda da virtude, e nisso lhe presta um benefício. Mas, às vezes, lhe tira os bens mencionados, porque considera que tais bens são para ele impedimento da virtude e fruição divina: daí, pois, que os bens exteriores se convertem para o homem em males, como foi dito; donde, a sua perda, pela mesma razão, converte-se para o homem em bem. Se, pois, toda pena é mal, mas não é mal que o homem seja privado dos bens exteriores e corporais, enquanto facilita para o progresso da virtude, não será uma pena ao homem virtuoso se for privado dos bens exteriores, para aumento da virtude. Ao contrário, porém, para os maus será uma pena se são a

14,11 dicitur quod creaturae Dei in odium factae sunt, et in tentationem animae hominum, et in muscipulam pedibus insipientium. Quia vero de ratione poenae est non solum quod sit malum, sed quod sit contrarium voluntati; amissio corporalium et exteriorum bonorum, etiam quando est homini in profectum virtutis et non in malum, dicitur poena abusive, ex eo quod est contra voluntatem.

Ex inordinatione autem hominis contingit quod homo non aestimet res secundum quod sunt, sed corporalia spiritualibus praeferat. Inordinatio autem talis aut est culpa, aut ex aliqua culpa praecedente procedit. Unde consequenter patet quod poena non sit in homine, etiam secundum quod est contra voluntatem, nisi culpa praecedente. — Hoc etiam ex alio patet. Quia ea quae sunt secundum se bona, non verterentur homini in malum per abusum, nisi aliqua inordinatione in homine existente.

Item, quod oporteat ea quae voluntas acceptat eo quod sunt naturaliter bona, homini subtrahi ad profectum virtutis, provenit ex aliqua hominis deordinatione, quae vel est culpa, vel sequitur culpam. Manifestum enim est quod per peccatum praecedens fit quaedam inordinatio in affectu humano, ut facilius postmodum ad peccatum inclinetur. Non ergo est absque culpa etiam quod oportet hominem adiuvari ad bonum virtutis per id quod est ei quodammodo poenale, inquantum est absolute contra voluntatem ipsius, licet quandoque sit volitum secundum quod ratio respicit finem. Sed de hac inordinatione in natura humana existente ex peccato originali, posterius dicetur. Nunc autem intantum manifestum sit quod Deus punit homines pro peccatis: et quod non punit absque culpa.

eles concedidos os bens exteriores, pelos quais são estimulados ao mal. Portanto, também se diz que *as criaturas de Deus foram feitas em ódio, e em tentação da alma dos homens, e em armadilhas aos pés dos insensatos*[178]. Dado que é da razão da pena não só que seja um mal, mas que seja contrária à vontade, a perda dos bens exteriores e corporais, mesmo quando é para o homem em progresso da virtude e não para o mal, diz-se abusivamente pena, pelo fato de ser contra a vontade.

Pela desordem do homem acontece que ele não julga as coisas segundo são, mas prefere as corporais às espirituais. Ora, tal desordem ou é uma culpa, ou procede de alguma culpa anterior. Donde se evidencia, em consequência, que não há pena no homem, mesmo enquanto é contra a vontade, se não há uma culpa precedente. — Isso também se evidencia por outra razão. Porque as coisas que são em si mesmas boas, não se convertem por abuso em mal para o homem, senão por alguma desordem que nele existe.

Igualmente, que seja necessário que aquelas coisas que a vontade aceita porque são naturalmente boas, sejam tiradas ao homem para o progresso da virtude, provém de alguma desordem do homem, que ou é culpa, ou é consequência da culpa. Com efeito, é manifesto que, por um pecado precedente, advém certa desordem no afeto humano, de modo que se inclina mais facilmente, depois, ao pecado. Portanto, tampouco sucede sem culpa ser necessário que o homem seja ajudado ao bem da virtude por aquilo que lhe é, de certo modo, penal, enquanto é absolutamente contra sua vontade, embora às vezes seja querido, enquanto a razão vê o fim. Mas, posteriormente, se dirá dessa desordem existente na natureza humana pelo pecado original[179]. Agora, porém, fica manifesto que Deus pune os homens pelos pecados e que não pune sem culpa.

---

[178] Sabedoria 14, 11.
[179] Livro IV, cap. 1.

Capitulum CXLII
Quod non omnia praemia et poenae sunt aequales

Cum autem divina iustitia id exigat quod, ad aequalitatem in rebus servandam, pro culpis poenae reddantur, et pro bonis actibus praemia; oportet, si est gradus in virtuosis actibus et in peccatis, ut ostensum est, quod sit etiam gradus praemiorum et poenarum. Aliter enim non servaretur aequalitas, si non plus peccanti maior poena, aut melius agenti maius praemium redderetur: eiusdem enim rationis esse videtur quod differenter retribuatur secundum differentiam boni et mali, et secundum differentiam boni et melioris, vel mali et peioris.

Praeterea. Talis est aequalitas distributivae iustitiae, ut inaequalia inaequalibus reddantur. Non ergo esset iusta recompensatio per poenas et praemia, si omnia praemia et omnes poenae essent aequales.

Adhuc. Praemia et poenae a legislatore proponuntur ut homines a malis ad bona trahantur, ut ex supra dictis patet. Oportet autem homines non solum trahi ad bona et retrahi a malis, sed etiam bonos allici ad meliora, et malos retrahi a peioribus. Quod non fieret si praemia et poenae essent aequalia. Oportet igitur et poenas et praemia inaequalia esse.

Amplius. Sicut per dispositiones naturales aliquid disponitur ad formam, ita per opera bona et mala aliquis disponitur ad poenas et praemia. Sed hoc habet ordo quem divina providentia statuit in rebus, quod magis disposita perfectiorem formam consequuntur. Ergo, secundum diversitatem bonorum operum vel malorum, oportet quod sit diversitas poenarum et praemiorum.

Item. Contingit excessum esse in operibus bonis et malis dupliciter: uno modo, secundum numerum, prout unus alio plura habet

Capítulo 142
Nem todos os prêmios e penas são iguais

Como a justiça divina exige que, para guardar-se a igualdade nas coisas, sejam atribuídas penas para as culpas e prêmios para os atos bons, é necessário, se há grau nos atos virtuosos e nos pecados, como foi mostrado[180], que haja também grau de prêmios e de penas. Com efeito, de outra maneira não se guardaria a igualdade, se não se atribuísse ao que mais peca maior pena, ou ao que age melhor, maior prêmio, pois parece ser da mesma razão que se retribua diferentemente, segundo a diferença de bem e de mal, e segundo a diferença do bom e do melhor, ou do mal e do pior.

Ademais. Tal é a igualdade da justiça distributiva que coisas desiguais sejam atribuídas a desiguais. Logo, a recompensa não seria justa, se todos os prêmios e todas as penas fossem iguais.

Ainda. Os prêmios e as penas são propostos pelo legislador para que os homens sejam conduzidos do mal para o bem, como se evidencia do que foi dito[181]. Ora, é necessário que os homens não apenas sejam conduzidos para o bem e afastados do mal, mas também que os bons sejam estimulados para as coisas melhores, e os maus afastados das piores. O que não se faria se os prêmios e as penas fossem iguais. Portanto, é necessário que as penas e os prêmios sejam desiguais.

Ademais. Assim como pelas disposições naturais uma coisa é disposta para a forma, assim pelas boas e más obras alguém é disposto para as penas e os prêmios. Ora, a ordem que a providência divina estabeleceu nas coisas, é que as mais dispostas recebam a forma mais perfeita. Logo, segundo a diversidade das boas e más obras, é necessário que haja diversidade de penas e prêmios.

Igualmente. Acontece haver o excesso nas obras boas e más, de duplo modo: de um, segundo o número, enquanto um tem mais do

---

[180] Cf. cap. 139.
[181] Cf. cap. 140.

opera bona vel mala; alio modo, secundum qualitatem operum, prout unus alio vel melius vel peius opus habet. Oportet autem quod excessui qui est secundum numerum operum, respondeat excessus praemiorum vel poenarum: alias non fieret recompensatio in divino iudicio pro omnibus quae quis agit, si aliqua mala remanerent impunita et aliqua bona irremunerata. Pari ergo ratione, excessui qui est secundum inaequalitatem operum, inaequalitas praemiorum et poenarum respondet.

Hinc est quod dicitur Deut. 25,2: *pro mensura peccati erit et plagarum modus*. Et Isaiae 27,8: *in mensura contra mensuram, cum abiecta fuerit, vindicabo eam*. Per hoc autem excluditur error quorundam dicentium in futuro omnia praemia et poenas esse aequales.

Capitulum CXLIII
De poena quae debetur peccato mortali et veniali per respectum ad ultimum finem

Est autem ex praedictis manifestum quod dupliciter contingit peccare.

Uno modo, sic quod totaliter intentio mentis abrumpatur ab ordine ad Deum, qui dicitur ultimus finis bonorum: et hoc est peccatum mortale.

Alio modo, sic quod, manente ordine humanae mentis ad ultimum finem, impedimentum aliquod afferatur quo retardatur ne libere tendat in finem: et hoc dicitur peccatum veniale.

Si ergo secundum differentiam peccatorum oportet esse differentiam poenarum, consequens est quod ille qui mortaliter peccat, sit puniendus sic quod excidat ab hominis fine: qui autem peccat venialiter, non ita quod excidat, sed ita quod retardetur, aut difficultatem patiatur, in adipiscendo finem. Sic enim iustitiae servatur aequalitas: ut quo modo homo peccando voluntarie a fine divertit, ita

que o outro obras boas ou más; de outro modo, segundo a qualidade das obras, enquanto um tem a obra melhor ou pior que o outro. Ora, é necessário que ao excesso, que é segundo o número das obras, corresponda o excesso dos prêmios ou das penas; do contrário, não se faria a recompensa no julgamento divino para todas que alguém pratica, se algumas obras más ficassem impunes e algumas boas não remuneradas. Logo, por igual razão, ao excesso que é segundo a desigualdade das obras, corresponderá a desigualdade dos prêmios e penas.

Daí é que se diz: *Pela medida do pecado será o modo das pragas*[182]. E: *Na medida contra a medida, quando for desprezada, a vingarei*[183]. Por isso também se exclui o erro de alguns que dizem que no futuro todos os prêmios e penas serão iguais.

Capítulo 143
Sobre a pena que é devida ao pecado mortal e venial em relação ao fim último

Do que foi dito[184] é manifesto que se pode pecar de duplo modo.

De um modo, quando a intenção da mente rompe totalmente a ordem de Deus, que se diz fim último dos bens, e isso é o pecado mortal.

De outro modo, quando, permanecendo a ordem da mente humana para o fim último, se interpõe algum impedimento, pelo qual se retarda que tenda livremente ao fim, e isso se diz pecado venial.

Se, pois, é necessário que haja diferença das penas segundo a diferença dos pecados, em consequência aquele que peca mortalmente deve ser punido em sendo afastado do fim do homem, mas o que peca venialmente, não para ser afastado, mas retardado, ou sofrer dificuldade, na consecução do fim. Com efeito, assim se guarda a igualdade da justiça, para que, do modo como o homem, pecando,

---

[182] Deuteronômio 25,2.
[183] Isaías 27,8 (Vulgata).
[184] Cf. cap. 139.

poenaliter, contra suam voluntatem, in finis adeptione impediatur.

Adhuc. Sicut est voluntas in hominibus, ita est inclinatio naturalis in rebus naturalibus. Si autem ab aliqua re naturali tollatur inclinatio eius ad finem, omnino finem illum consequi non potest: sicut corpus grave, cum gravitatem amiserit per corruptionem et factum fuerit leve, non perveniet ad medium. Si autem fuerit in suo motu impeditum, inclinatione ad finem manente, remoto prohibente, perveniet ad finem. In eo autem qui peccat mortaliter, omnino avertitur intentio voluntatis a fine ultimo: in illo autem qui venialiter peccat, manet intentio conversa ad finem, sed aliqualiter impeditur, ex hoc quod plus debito inhaeret his quae sunt ad finem. Igitur ei qui peccat mortaliter, haec poena debetur, ut omnino excludatur a consecutione finis: ei autem qui peccat venialiter, quod difficultatem aliquam patiatur antequam ad finem perveniat.

Amplius. Cum aliquis consequitur aliquod bonum quod non intendebat, est a fortuna et casu. Si igitur ille cuius intentio est aversa a fine ultimo, finem ultimum assequatur, erit hoc a fortuna et casu. Hoc autem est inconveniens. Quia ultimus finis est bonum intellectus. Fortuna autem intellectui repugnat: quia fortuita absque ordinatione intellectus proveniunt. Inconveniens autem est quod intellectus suum finem consequatur non per viam intelligibilem. Non ergo consequetur finem ultimum qui, peccans mortaliter, habet intentionem aversam ab ultimo fine.

Item. Materia non consequitur formam ab agente nisi fuerit ad formam disposita. Finis autem et bonum est perfectio voluntatis sicut forma materiae. Voluntas igitur non consequetur ultimum finem nisi fuerit disposita convenienter. Disponitur autem ad finem voluntas per intentionem et desiderium finis.

se desvia voluntariamente do fim, assim penalmente, contra sua vontade, seja impedido da consecução do fim.

Ainda. Assim como há a vontade nos homens, assim há a inclinação natural nas coisas naturais. Ora, se de alguma coisa natural se tira a sua inclinação ao fim, ela não pode de modo algum conseguir esse fim; por exemplo, o corpo pesado, quando perde a gravidade por corrupção e se faz leve, não chegará ao meio. Se, porém, for impedido em seu movimento, permanecendo a inclinação para o fim, removido o que proíbe, chegará ao fim. Naquele, porém, que peca mortalmente, é desviada totalmente a intenção da vontade do fim último, mas naquele que peca venialmente, permanece a intenção dirigida para o fim, mas é impedida de algum modo, porque adere, mais do que o devido, às coisas que são para o fim. Portanto, àquele que peca mortalmente, é devida esta pena, de modo a ser totalmente excluído da consecução do fim e ao que peca venialmente, que sofra alguma dificuldade antes de chegar ao fim.

Ademais. Quando alguém alcança algum bem que não intencionava, é por fortuna ou acaso[185]. Se, pois, aquele cuja intenção é desviada do fim último, alcança o fim último, isso será por fortuna ou acaso. Ora, isso é inconveniente. Porque o fim último é bem do intelecto. Ora, a fortuna repugna ao intelecto, porque as coisas fortuitas ocorrem sem a ordenação do intelecto. Mas, não é conveniente que o intelecto não alcance seu fim por via não inteligível. Portanto, não alcança o fim último aquele que, pecando mortalmente, tem a intenção desviada do fim último.

Igualmente. A matéria não alcança a forma pelo agente, se não estiver disposta para a forma. Ora, o fim e o bem são a perfeição da vontade, como a forma, da matéria. Portanto, a vontade não alcança o fim último se não estiver disposta convenientemente. Ora, a vontade se dispõe ao fim pela intenção e desejo do

---

[185] Cf. caps. 74.92.

Non igitur consequetur finem cuius intentio a fine avertitur.

Praeterea. In his quae sunt ordinata ad finem, talis habitudo invenitur quod, si finis est vel erit, necesse est ea quae sunt ad finem fore; si autem ea quae sunt ad finem non sunt, nec finis erit: si enim finis esse potest etiam non existentibus illis quae sunt ad finem, frustra per huiusmodi media quaeritur finis. Confessum est autem apud omnes quod homo per opera virtutum, in quibus praecipuum est intentio finis debiti, consequitur ultimum finem suum, qui est felicitas. Si ergo aliquis contra virtutem agat, ab intentione ultimi finis aversus, conveniens est quod ultimo fine privetur.

Hinc est quod dicitur Matth. 7,23: discedite a me, omnes qui operamini iniquitatem.

Capitulum CXLIV
Quod per peccatum mortale ultimo fine aliquis in aeternum privatur

Oportet autem hanc poenam qua quis privatur ultimo fine, esse interminabilem.

Privatio enim alicuius non est nisi quando natum est haberi: non enim catulus mox natus dicitur visu privatus. Ultimum autem finem consequi non est homo aptus natus in hac vita, ut probatum est. Privatio ergo huiusmodi finis oportet quod sit poena post hanc vitam. Sed post hanc vitam non remanet homini facultas adipiscendi ultimum finem. Anima enim indiget corpore ad consecutionem sui finis: inquantum per corpus perfectionem acquirit et in scientia et in virtute. Anima autem, postquam a corpore fuerit separata, non redit iterum ad hunc statum quod per corpus perfectionem accipiat, sicut dicebant transcorporationem ponentes, contra quos superius, disputatum est. Necesse est igitur quod ille qui hac poena punitur ut ultimo fine privetur, in aeternum privatus remaneat.

fim. Portanto, não alcançará o fim aquele cuja intenção é desviada do fim.

Além disso. Nas coisas que são ordenadas ao fim, há tal relação que, se há o fim ou se houver, é necessário que elas, que são para o fim, sejam; se, porém, as coisas que são para o fim, não são, nem o fim será, pois se o fim pode ser também não existindo as coisas que são para o fim, em vão se busca o fim por semelhantes meios. Ora, acreditou-se em geral que o homem, pelas obras das virtudes, nas quais o principal é a intenção do fim devido, alcança seu fim último, que é a felicidade. Se, pois, alguém age contra a virtude, desviado pela intenção do fim último, é conveniente que seja privado do fim último.

Daí é que se diz: *Afastai-vos de mim, todos vós que praticais a iniquidade*[186].

Capítulo 144
Pelo pecado mortal a pessoa é privada eternamente do fim último

É necessário que essa pena, pela qual alguém é privado do fim último, seja interminável.

Com efeito, não há a privação de algo senão quando se é destinado a tê-lo, pois não se diz que o cachorrinho, ao nascer, é privado de vista. Ora, o homem não nasceu apto nesta vida para conseguir, por sua natureza, o fim último, como foi provado[187]. Portanto, é necessário que a privação de semelhante fim seja pena após esta vida. Mas, após esta vida, não permanece no homem a faculdade de alcançar o fim último. A alma, com efeito, necessita do corpo para a consecução de seu fim, enquanto pelo corpo adquire a perfeição na ciência e na virtude. Ora, a alma, depois que foi separada do corpo, não volta de novo a esse estado para receber a perfeição pelo corpo, como diziam os que afirmavam a transcorporeidade, contra os quais se disputou acima[188]. É necessário, portanto, que aquele que é punido pela pena de ser privado do fim último, permaneça privado pela eternidade.

---

[186] Mateus 7,23.
[187] Cf. cap. 47 ss.
[188] Livro II, cap. 44.

Adhuc. Si aliquid privatur eo quod est in natura eius ut habeatur, impossibile est illud reparari nisi fiat resolutio in praeiacentem materiam, ut iterum aliud de novo generetur: sicut cum animal amittit visum aut alium sensum. Impossibile est autem quod id quod iam generatum est, iterum generetur, nisi prius corrumpatur: et tunc ex eadem materia poterit aliud integrum generari, non idem numero, sed specie. Res autem spiritualis, ut anima vel Angelus, non potest resolvi per corruptionem in aliquam praeiacentem materiam, ut iterum generetur aliud idem specie. Si igitur privetur eo quod est in natura ipsius ut habeat, oportet quod in perpetuum maneat talis privatio. Est autem in natura animae et Angeli ordo ad ultimum finem, qui est Deus. Si ergo ab hoc ordine decidat per aliquam poenam, in perpetuum talis poena manebit.

Item. Naturalis aequitas hoc habere videtur, quod unusquisque privetur bono contra quod agit: ex hoc enim reddit se tali bono indignum. Et inde est quod, secundum civilem iustitiam, qui contra rempublicam peccat, societate reipublicae privatur omnino, vel per mortem vel per exilium perpetuum: nec attenditur quanta fuerit mora temporis in peccando, sed quid sit contra quod peccavit. Eadem autem est comparatio totius vitae praesentis ad rempublicam terrenam, et totius aeternitatis ad societatem beatorum, qui, ut supra ostensum est, ultimo fine aeternaliter potiuntur. Qui ergo contra ultimum finem peccat, et contra caritatem, per quam est societas beatorum et tendentium in beatitudinem, in aeternum debet puniri, quamvis aliqua brevi temporis mora peccaverit.

Praeterea. Apud divinum iudicium voluntas pro facto computatur: quia, sicut homines vident ea quae exterius aguntur, ita Deus inspicit hominum corda. Qui autem propter aliquod temporale bonum aversus est ab ultimo

Ainda. Se alguma coisa é privada daquilo que é de sua natureza possuir, é impossível que isso seja reparado, a menos que se volte à matéria preexistente, para que seja gerado de novo; por exemplo, quando o animal perde a vista ou outro sentido. Ora, é impossível que aquilo que já foi gerado, seja de novo gerado, a não ser que primeiro se corrompa, e então outro poderá ser gerado, íntegro, da mesma matéria, não o mesmo em número, mas em espécie. Entretanto, a coisa espiritual, como a alma ou o Anjo, não pode retornar por corrupção a outra matéria preexistente, para de novo ser gerada outra idêntica na espécie. Se, pois, é privada daquilo que em sua natureza deve possuir, é necessário que tal privação permaneça para sempre. Ora, há na natureza da alma e do Anjo ordem para o fim último, que é Deus. Se, pois, se afasta dessa ordem por alguma pena, tal pena permanecerá para sempre.

Igualmente. A equidade natural parece exigir que cada um seja privado do bem contra o qual age, pois com isso torna-se indigno dele. E daí é que, segundo a justiça civil, quem peca contra a nação, é privado totalmente da sociedade da nação, ou pela morte ou pelo exílio perpétuo, nem se atende a quanto de tempo se demorou pecando, mas àquilo contra o qual pecou. Ora, a mesma comparação se dá toda a vida presente com a nação terrena, e de toda a eternidade para a sociedade dos bem-aventurados, que, como foi mostrado[189] gozam eternamente do fim último. Aquele, pois, que peca contra o fim último, e contra a caridade, pela qual existe a sociedade dos bem-aventurados e dos que tendem à beatitude, deve ser punido eternamente, embora tenha pecado por um breve lapso de tempo.

Além disso. *Segundo o julgamento divino computa-se a vontade pelo fato*[190]*, porque, assim como os homens veem as coisas que são feitas exteriormente, assim Deus vê os corações dos homens*[191]. Quem por causa de um bem

---

[189] Cf. cap. 62.
[190] Santo Agostinho de Hipona (354-431), em Sobre os Salmos, 57, 3, ML 36, 677.
[191] 1 Reis 16, 7.

fine, qui in aeternum possidetur, praeposuit fruitionem temporalem illius boni temporalis aeternae fruitioni ultimi finis. Unde patet quod multo magis voluisset in aeternum illo bono temporali frui. Ergo, secundum divinum iudicium, ita puniri debet ac si aeternaliter peccasset. Nulli autem dubium est quin pro aeterno peccato aeterna poena debeatur. Debetur igitur ei qui ab ultimo fine avertitur, poena aeterna.

Adhuc. Eadem iustitiae ratione poena peccatis redditur, et bonis actibus praemium. Praemium autem virtutis est beatitudo. Quae quidem est aeterna, ut supra ostensum est. Ergo et poena qua quis a beatitudine excluditur, debet esse aeterna.

Hinc est quod dicitur Matth. 25,46: ibunt hi in supplicium aeternum, iusti autem in vitam aeternam.

Per hoc autem excluditur error dicentium poenas malorum quandoque esse terminandas. Quae quidem positio ortum habuisse videtur a positione quorundam Philosophorum, qui dicebant omnes poenas purgatorias esse, et ita quandoque terminandas.

Videbatur autem hoc persuasibile: — tum ex humana consuetudine. Poenae enim humanis legibus inferuntur ad emendationem vitiorum: unde sicut medicinae quaedam sunt. — Tum etiam ratione. Si enim poena non propter aliud infertur a puniente, sed propter se tantum, sequitur quod in poenis propter se delectetur: quod bonitati divinae non congruit. Oportet igitur poenas propter aliud inferri. Nec videtur alius convenientior finis quam emendatio vitiorum. — Videtur igitur convenienter dici omnes poenas purgatorias esse, et per consequens quandoque terminandas: cum illud quod est purgabile, accidentale sit rationi creaturae, et possit removeri absque consumptione substantiae.

temporal se afastou do fim último, que se possui eternamente, preferiu a fruição temporal daquele bem temporal à fruição eterna do fim último. Donde se evidencia que teria querido muito mais fruir para sempre daquele bem temporal. Logo, segundo o julgamento divino, deve assim ser punido como se pecasse eternamente. A ninguém deve subsistir dúvida de que pelo pecado eterno se deve uma pena eterna. Portanto, é devida àquele que se desviou do fim último, a pena eterna.

Ainda. Pela mesma razão de justiça, a pena é atribuída aos pecados, e o prêmio aos atos bons[192]. Ora, *o prêmio da virtude é a bem-aventurança*[193]. Essa é eterna, como foi mostrado. Logo, também a pena, pela qual alguém é excluído da bem-aventurança, deve ser eterna.

Daí é que se diz: *Esses irão para o suplício eterno, e os justos para a vida eterna*[194].

Com isso, é excluído o erro dos que dizem que as penas dos maus deverão ter um fim, algum dia. Essa afirmação parece ter nascido da opinião de alguns Filósofos, que diziam que todas as penas são purgativas, e assim algum dia haveriam de terminar.

Via-se isso como persuasivo — quer pelo costume humano. Com efeito, as penas são impostas pelas leis humanas para a emenda dos vícios, donde são como certos remédios. — Quer também pela razão. Com efeito, se a pena é imposta por aquele que pune não por outra coisa, mas só por si mesmo, segue-se que se deleitaria nas penas por si mesmo, o que não convém à bondade divina, Portanto, é necessário que as penas sejam impostas por causa de outra coisa. Nem parece mais conveniente outro fim que a emenda dos vícios. — Parece, pois, que se diz convenientemente que todas as penas são purgativas e, por conseguinte, devem, um dia, ter um termo, pois aquilo que é purgável, é acidental à razão de criatura, e pode ser removido sem a destruição da substância.

---

[192] Cf. cap. 140.
[193] Aristóteles (384-322 a.C.), em Ética I, 10, 1099b, 16-18.
[194] Mateus 25,46.

Est autem concedendum quod poenae inferuntur a Deo non propter se, quasi Deus in ipsis delectetur, sed propter aliud: scilicet propter ordinem imponendum creaturis, in quo bonum universi consistit. Exigit autem hoc ordo rerum, ut proportionaliter omnia divinitus dispensentur: propter quod dicitur in libro sapientiae, quod Deus omnia facit in pondere, numero et mensura. Sicut autem praemia proportionaliter respondent actibus virtuosis, ita poenae peccatis. Et quibusdam peccatis proportionantur poenae sempiternae, ut ostensum est. Infligit igitur Deus pro quibusdam peccatis poenas aeternas, ut debitus ordo servetur in rebus, qui eius sapientiam demonstrat.

Si quis tamen concedat omnes poenas ad emendationem morum induci, et non propter aliud: non tamen propter hoc cogitur ponere omnes poenas purgatorias et terminabiles esse.

Nam et secundum leges humanas aliqui morte puniuntur, non quidem ad emendationem sui, sed aliorum. Hinc est quod Prov. 19,25 dicitur: pestilente flagellato, stultus sapientior erit. Quidam etiam, secundum humanas leges, a civitate perpetuo exilio excluduntur, ut, eis subtractis, civitas purior reddatur. Unde dicitur Prov. 22,10: eiice derisorem, et exibit cum eo iurgium, cessabuntque causae et contumeliae.

Nihil igitur prohibet, etiam si poenae non nisi ad emendationem morum adhibeantur, quin, secundum divinum iudicium, aliqui debeant a societate bonorum perpetuo separari et in aeternum puniri, ut ex perpetuae poenae timore homines peccare desistant, et bonorum societas purior ex eorum separatione reddatur: sicut dicitur Apoc. 22,27: non intrabit in eam, idest in ierusalem caelestem, per quam designatur societas bonorum, aliquid

Deve-se conceder que as penas são impostas por Deus não por causa de si mesmo, como se Deus se deleitasse nelas, mas por causa de outra coisa, a saber, por causa da ordem a ser imposta às criaturas, no que consiste o bem do universo. Exige essa ordem que, proporcionalmente, todas as coisas sejam divinamente dispensadas, em razão do que se diz no livro da Sabedoria[195] que Deus fez todas as coisas *com peso, número e medida*. Ora, assim como os prêmios correspondem proporcionalmente aos atos virtuosos, assim as penas aos pecados. E a alguns pecados se proporcionam penas eternas, como foi mostrado. Portanto, Deus inflige para alguns pecados penas eternas, para que se guarde a ordem devida nas coisas, o que demonstra sua sabedoria.

Mas se alguém admite que todas as penas são aplicadas para a emenda dos costumes, e não por causa de outra coisa, não é coagido, por causa disso, a afirmar que todas as penas são purgativas e termináveis.

Com efeito, também segundo as leis humanas alguns são punidos com a morte, não certamente para sua emenda, mas de outros. Daí é que se diz: *Castigado o petulante, o estulto será mais sábio*[196]. Alguns também, segundo as leis humanas, são excluídos da cidade, com o exílio perpétuo, de modo que, retirados eles, a cidade se torne mais limpa. Donde se diz: *Lança fora o cínico, e as causas e as discórdias cessarão*[197].

Portanto, nada proíbe, mesmo se as penas só se empreguem para emenda dos costumes, que, segundo o julgamento divino, devem uns ser separados perpetuamente da sociedade dos bons e punidos pela eternidade, para que, pelo temor da pena perpétua, os homens deixem de pecar, e a sociedade dos bons se torne mais pura com a separação deles, como se diz: *Não entrará nela*[198], isto na Jerusalém celeste, pela qual se designa a sociedade dos

---

[195] Sabedoria 11,21.
[196] Provérbios 19,25.
[197] Provérbios 22,10.
[198] Apocalipse 22,27.

coinquinatum, aut faciens abominationem et mendacium.

Capitulum CXLV
Quod peccata puniuntur etiam per experientiam alicuius nocivi

Non solum autem qui contra Deum peccant, puniendi sunt per hoc quod a beatitudine perpetuo excluduntur, sed per experimentum alicuius nocivi. Poena enim debet proportionaliter culpae respondere, ut supra ostensum est. In culpa autem non solum avertitur mens ab ultimo fine, sed etiam indebite convertitur in alia quasi in fines. Non solum ergo puniendus est qui peccat per hoc quod excludatur a fine, sed etiam per hoc quod ex aliis rebus sentiat nocumentum.

Amplius. Poenae inferuntur pro culpis ut timore poenarum homines a peccatis retrahantur, ut supra dictum est. Nullus autem timet amittere id quod non desiderat adipisci. Qui ergo habent voluntatem aversam ab ultimo fine, non timent excludi ab illo. Non ergo per solam exclusionem ab ultimo fine a peccando revocarentur. Oportet igitur peccantibus etiam aliam poenam adhiberi, quam timeant peccantes.

Item. Si quis eo quod est ad finem inordinate utitur, non solum fine privatur, sed etiam aliud nocumentum incurrit: ut patet in cibo inordinate assumpto, qui non solum firmitatem non confert, sed etiam aegritudinem inducit. Qui autem in rebus creatis finem constituit, eis non utitur secundum quod debet, referendo scilicet ad ultimum finem. Non ergo solum debet puniri per hoc quod beatitudine careat, sed etiam per hoc quod aliquod nocumentum ab ipsis experiatur.

Praeterea. Sicut recte agentibus debentur bona, ita perverse agentibus debentur mala. Sed illi qui recte agunt, in fine ab eis intento percipiunt perfectionem et gaudium. E con-

bens, *algo impuro, ou o que faz a abominação e a mentira.*

Capítulo 145
Os pecados são também punidos pela experiência de algo nocivo

Os que pecam contra Deus devem não apenas ser punidos pela exclusão da bem-aventurança perpétua, mas pela experiência de algo nocivo. Com efeito, a pena deve corresponder proporcionalmente à culpa, como acima foi mostrado[199]. Ora, na culpa a alma não só se afasta do fim último, mas volta-se indevidamente para outras coisas como fins. Portanto, não apenas deve ser punido aquele que peca com a exclusão do fim, mas também com a experiência do prejuízo causado pelas outras coisas.

Ademais. As penas são impostas pelas culpas, para que, pelo temor das penas, os homens sejam afastados dos pecados, como acima foi dito[200]. Ora, ninguém teme perder o que não deseja possuir. Os que têm, pois, a vontade desviada do fim último, não temem ser excluídos dele. Não seriam, pois, afastados de pecar, apenas pela exclusão do fim último. Portanto, é necessário também infligir aos que pecam outra pena, que temam ao pecar.

Igualmente. Se alguém usa, desordenadamente, do que é para um fim, não só é privado do fim, mas também incorre em outro dano, como se evidencia no alimento desordenadamente tomado, que não só não confere a força, mas também produz a doença. Ora, quem constitui o fim nas coisas criadas, delas não usa segundo deve, isto é, referindo ao fim último. Logo, não só deve ser punido com a privação da bem-aventurança, mas também com a experiência do prejuízo causado pelas outras coisas.

Além disso. Assim como bens são devidos aos que agem retamente, assim aos que agem perversamente são devidos males. Ora, os que agem retamente recebem a perfeição e a ale-

---

[199] Cf. cap. 42.
[200] Cf. capítulo anterior.

trario ergo debetur haec poena peccantibus, ut ex his in quibus sibi finem constituunt, afflictionem accipiant et nocumentum.

Hinc est quod divina Scriptura peccatoribus comminatur non solum exclusionem a gloria, sed etiam afflictionem ex aliis rebus. Dicitur enim Matth. 25,41: discedite a me, maledicti, in ignem aeternum, qui paratus est diabolo et Angelis eius. Et in Psalmo 10,7: pluet super peccatores laqueos: ignis, sulphur, et spiritus procellarum pars calicis eorum.

Per hoc autem excluditur opinio Algazelis, qui posuit quod peccatoribus haec sola poena reddetur, quod affligentur amissione ultimi finis.

Capitulum CXLVI
Quod iudicibus licet poenas inferre

Quia vero poenas a Deo inflictas aliqui parvipendunt, propter hoc quod, sensibilibus dediti, solum ea quae videntur curant; ideo per divinam providentiam ordinatum est ut in terris sint homines qui per poenas sensibiles et praesentes aliquos ad observantiam iustitiae cogant. Quos manifestum est non peccare dum malos puniunt. Nullus enim peccat ex hoc quod iustitiam facit. Iustum autem est malos puniri: quia per poenam culpa ordinatur, ut ex supra dictis patet. Non igitur iudices peccant malos puniendo.

Adhuc. Homines qui in terris super alios constituuntur, sunt quasi divinae providentiae executores: Deus enim, per suae providentiae ordinem, per superiora inferiora exequitur, ut ex supra dictis patet. Nullus autem ex hoc quod exequitur ordinem divinae providentiae, peccat. Habet autem hoc ordo divinae providentiae, ut boni praemientur et mali puniantur, ut ex supra dictis patet. Non igitur ho-

gria no fim por eles intencionado. Ao contrário, portanto, deve-se aos que pecam a pena de modo que recebam aflição e dano daquelas coisas nas quais constituem o fim

Daí é que a Escritura divina ameaça os pecadores não só com a exclusão da glória, mas também com a aflição causadas por outras coisas. Com efeito, diz-se: *Afastai-vos de mim, malditos, para o fogo eterno, que foi preparado para o diabo e seus Anjos*[201]. E: *Chovam sobre os pecadores brasas de fogo, enxofre e o vento das tempestades como parte de seu cálice*[202].

Por isso se exclui também a opinião de Algazel[203], que afirmou que aos pecadores só uma pena se inflige, a de serem afligidos pela perda do fim último.

Capítulo 146
É lícito aos juízes infligir penas

Porque alguns desprezam as penas infligidas por Deus, pelo fato de que, entregues às coisas sensíveis, só cuidam das coisas que veem, assim foi ordenado pela providência divina que haja na terra homens que, por penas sensíveis e presentes, forcem outros para a observância da justiça. É manifesto que eles não pecam enquanto punem os maus. Com efeito, ninguém peca pelo fato de fazer justiça. Ora, é justo que os maus sejam punidos, porque pela pena a culpa é corrigida, como se evidencia do que acima foi dito[204]. Portanto, os juízes não pecam ao punir os maus.

Ainda. Os homens que na terra são constituídos sobre outros, são como executores da providência divina. Deus, com efeito, por ordem de sua providência, realiza as coisas superiores pelas inferiores, como se evidencia do foi dito[205]. Ora, ninguém peca porque realiza a ordem da providência divina. Ora, esta ordem da providência divina estabelece que os bons sejam premiados e os maus,

---

[201] Mateus 25,41.
[202] Salmo 10,7.
[203] Algazel [ou Al Ghazali] (1053-1111), em Filosofia II, Tratado 5, cap. 5.
[204] Cf. cap. 140.
[205] Cf. cap. 77 ss.

mines qui aliis praesunt, peccant ex hoc quod bonos remunerant et puniunt malos.

Amplius. Bonum non indiget malo, sed e converso. Illud igitur quod est necessarium ad conservationem boni, non potest esse secundum se malum. Ad conservationem autem concordiae inter homines necessarium est quod poenae malis infligantur. Punire igitur malos non est secundum se malum.

Item. Bonum commune melius est quam bonum particulare unius. Subtrahendum est igitur bonum particulare ut conservetur bonum commune. Vita autem quorundam pestiferorum impedit commune bonum, quod est concordia societatis humanae. Subtrahendi igitur sunt huiusmodi homines per mortem ab hominum societate.

Praeterea. Sicut medicus in sua operatione intendit sanitatem, quae consistit in ordinata concordia humorum, ita rector civitatis intendit in sua operatione pacem, quae consistit in civium ordinata concordia. Medicus autem abscindit membrum putridum bene et utiliter, si per ipsum immineat corruptio corporis. Iuste igitur et absque peccato rector civitatis homines pestiferos occidit, ne pax civitatis turbetur.

Hinc est quod apostolus dicit, I Cor. 5,6: nescitis quia modicum fermentum totam massam corrumpit? et post pauca subdit: auferte malum ex vobis ipsis. Et Rom. 13,4, dicitur de potestate terrena quod non sine causa gladium portat: Dei enim minister est, vindex in iram ei qui male agit. Et I Petr. 2, dicitur: subiecti estote omni humanae creaturae propter Deum: sive regi, quasi praecellenti; sive ducibus, quasi Missis ad vindictam malefactorum, laudem vero bonorum.

punidos, como se evidencia do que foi dito[206]. Portanto, os homens que a outros presidem, não pecam porque remuneram os bons e punem os maus.

Ademais. O bem não necessita do mal, mas ao contrário. Logo, o que é necessário para a conservação do bem, não pode ser em si mesmo mal. Ora, para a conservação da concórdia entre os homens é necessário que penas sejam infligidas aos maus. Portanto, punir os maus não é em si mesmo mal.

Igualmente. O bem comum é melhor do que o bem de um só. Deve ser, pois, tirado o bem particular, para que se conserve o bem comum. Ora, a vida de alguns perniciosos impede o bem comum, que é a concórdia da sociedade humana. Portanto, esses homens devem ser tirados pela morte da sociedade dos homens.

Além disso. Assim como o médico, em sua operação, visa a saúde, que consiste na ordenada concórdia dos humores, assim o governante da cidade visa, em sua operação, à paz, que consiste na concórdia ordenada dos cidadãos. Ora, o médico amputa bem e utilmente o membro pútrido se com ele é iminente a corrupção do corpo. Portanto, justamente e sem pecado, o governante da cidade mata os perniciosos, para que não se perturbe a paz da cidade.

Daí é que diz o Apóstolo: *Não sabeis que um pouco de fermento corrompe toda a massa?* E pouco depois acrescenta: *tirai o mal de vosso meio*[207]. E diz do poder terreno *que leva a espada não sem causa, pois é ministro de Deus, vingador na ira para aquele que faz o mal*[208]. E em Pedro, se diz: *sede sujeitos a toda criatura humana por causa de Deus, quer ao rei, como soberano, ou aos chefes, como Enviados para o castigo dos malfeitores, mas para louvor dos bons*[209].

---

[206] Cf. cap. 140.
[207] 1 Coríntios 5,6
[208] Romanos 13,4.
[209] 1 Pedro 2,13-14.

Ora, com isso se exclui o erro de alguns que dizem que não é lícito impor-se castigos corporais. Esses alegam, para fundamento de seu erro, o que se diz: *Não matarás*[210] O que se resume em Mateus[211]. Alegam também o que se diz em Mateus, que o Senhor responde aos servos que queriam recolher a cizânia do trigo: *deixai que ambos cresçam até a messe*[212]. Por cizânia, porém, se entendem os filhos do maligno, por messe o fim do século, como aí se diz. Portanto, os maus não devem ser tirados, pela morte, do meio dos bons. Alegam também que o homem, enquanto está no mundo, pode mudar-se para melhor. Portanto, ele não deve ser tirado do mundo, mas reservado para a penitência.

Ora, são frívolas essas razões. Com efeito, na lei que diz: *não matarás*, acrescenta-se a seguir: *Não sofrerás que os maléficos vivam*[213]. Com isso se dá a entender que é proibida a morte injusta dos homens. O que também fica claro das palavras do Senhor: com efeito, como dissera: *ouvistes o que foi dito aos antigos, não matarás*[214], acrescenta: *Eu, porém, vos digo, o que se ira contra seu irmão*[215] etc. Do que dá a entender que é proibida aquela morte que procede da ira, mas não a que procede do zelo da justiça.

O que também diz o Senhor: *deixai que ambos cresçam até a messe*, como deve ser entendido fica claro pelo que segue: *para que, ao colher a cizânia, não arranqueis ao mesmo tempo o trigo*. Aí, pois, se proíbe a morte dos maus, onde isso não pode ser feito sem o perigo dos bons. O que muitas vezes acontece, quando os maus ainda não são distinguidos dos bons pelos pecados manifestos, ou quando se teme o perigo de que os maus arrastem após si muitos bons.

Que, porém, os maus, enquanto vivem, podem emendar-se, não proíbe que justa-

---

[210] Êxodo 20,13.
[211] Mateus 5,21.
[212] Mateus 13,30.
[213] Êxodo 22,18.
[214] Mateus 5,22.
[215] Mateus 5,29

occidi: quia periculum quod de eorum vita imminet, est maius et certius quam bonum quod de eorum emendatione expectatur. Habent etiam in ipso mortis articulo facultatem ut per poenitentiam convertantur ad Deum. Quod si adeo sunt obstinati quod etiam in mortis articulo cor eorum a malitia non recedit, satis probabiliter aestimari potest quod nunquam a malitia resipiscant.

Capitulum CXLVII
Quod homo indiget divino auxilio ad beatitudinem consequendam

Quia vero ex superioribus manifestum est quod divina providentia aliter disponit creaturas rationales quam res alias secundum quod in conditione naturae propriae ab aliis differunt, restat ostendendum quod etiam ex dignitate finis altior gubernationis modus a divina providentia eis adhibetur.

Manifestum est autem quod secundum convenientiam suae naturae, ad altiorem participationem finis perveniunt. Quia enim intellectualis naturae sunt, per suam operationem intelligibilem veritatem attingere possunt: quod aliis rebus non competit, quae intellectu carent. Et quidem secundum quod ad intelligibilem veritatem naturali operatione perveniunt, manifestum est eis aliter provideri divinitus quam aliis rebus: inquantum homini datus est intellectus et ratio, per quae veritatem et discernere et investigare possit; datae sunt etiam ei vires sensitivae, et interiores et exteriores, quibus ad investigandam veritatem adiuvetur; datus est etiam ei loquelae usus, per cuius officium veritatem quam aliquis mente concipit, alteri manifestare possit; ut sic homines seipsos iuvent in cognitione veritatis, sicut et in aliis rebus necessariis vitae, cum sit homo animal naturaliter sociale.

Sed ulterius ultimus finis hominis in quadam veritatis cognitione constitutus est quae

mente possam ser mortos, porque o perigo que é iminente da vida deles, é maior e mais certo que o bem que se espera de sua emenda. Têm também, no próprio momento da morte, a faculdade de se converterem a Deus pela penitência. E se ainda estão obstinados a tal ponto que mesmo no momento da morte seu coração não se afasta da malícia, pode-se pensar, bastante provavelmente, que jamais se corrigirão dela.

Capítulo 147
O homem necessita do auxílio divino para alcançar a bem-aventurança

Dado que das afirmações superiores[216] é manifesto que a providência divina dispõe as criaturas racionais diferentemente das outras coisas, porque diferem segundo a condição da própria natureza, resta para mostrar que também, pela dignidade do fim, emprega-se nelas, pela providência divina. um modo superior de governo.

É manifesto que, segundo a conveniência de sua natureza, elas chegam a uma participação mais alta do fim. Com efeito, dado que são de natureza intelectual, podem, por sua operação inteligível, atingir a verdade, o que não compete às outras coisas, que carecem de intelecto. E segundo chegam à verdade inteligível por operação natural, é manifesto que divinamente se lhes prové de modo diferente que às outras coisas, enquanto ao homem foi dado o intelecto e a razão, pelos quais pode investigar e discernir a verdade; foram lhe dadas também forças sensitivas, interiores e exteriores, pelas quais é ajudado na investigação da verdade; também lhe foi dado o uso da fala, por cujo ofício a verdade que alguém concebe em mente, pode manifestar a outro, de modo que, assim, os homens se ajudam mutuamente no conhecimento da verdade, assim como nas outras coisas necessárias à vida, já que o homem é naturalmente animal social.

E, ademais, o último fim do homem consiste em certo conhecimento da verdade, que

---

[216] Cf. cap. 112.

naturalem facultatem ipsius excedit: ut scilicet ipsam primam veritatem videat in seipsa, sicut supra ostensum est. Hoc autem inferioribus creaturis non competit, ut scilicet ad finem pervenire possint qui eorum facultatem naturalem excedat. Oportet igitur ut etiam ex hoc fine attendatur diversus gubernationis modus circa homines, et alias inferiores creaturas. Ea enim quae sunt ad finem, necesse est fini esse proportionata. Si igitur homo ordinatur in finem qui eius facultatem naturalem excedat, necesse est ei aliquod auxilium divinitus adhiberi supernaturale, per quod tendat in finem.

Adhuc. Res inferioris naturae in id quod est proprium superioris naturae non potest perduci nisi virtute illius superioris naturae: sicut luna, quae ex se non lucet, fit lucida virtute et actione solis; et aqua, quae per se non calet, fit calida virtute et actione ignis. Videre autem ipsam primam veritatem in seipsa ita transcendit facultatem humanae naturae, quod est proprium solius Dei, ut supra ostensum est. Indiget igitur homo auxilio divino ad hoc quod in dictum finem perveniat.

Item. Unaquaeque res per operationem suam ultimum finem consequitur. Operatio autem virtutem sortitur ex principio operante: unde per actionem seminis generatur aliquid in determinata specie, cuius virtus in semine praeexistit. Non potest igitur homo per operationem suam pervenire in ultimum finem suum, qui transcendit facultatem naturalium potentiarum, nisi eius operatio ex divina virtute efficaciam capiat perducendi ad finem praedictum.

Amplius. Nullum instrumentum secundum virtutem propriae formae perducere potest ad ultimam perfectionem, sed solum secundum virtutem principalis agentis: quamvis secundum propriam virtutem aliquam dispositionem facere possit ad ultimam perfectionem. A serra enim secundum rationem pro-

excede sua faculdade natural, ou seja, para que veja a própria verdade primeira em si mesma, como foi mostrado[217]. Ora, isso não compete às criaturas inferiores, isto é, que possam chegar ao fim que excede sua faculdade natural. Portanto, é necessário que também, por esse fim, se considere o modo de governo com relação aos homens diverso do das outras criaturas. Com efeito, é necessário que as coisas que são para o fim sejam proporcionadas ao fim. Se, portanto, o homem se ordena ao fim, que lhe excede a faculdade natural, é necessário que se lhe conceda divinamente um auxílio sobrenatural, pelo qual tenda ao fim.

Ainda. A coisa de natureza inferior não pode ser elevada ao que é próprio da natureza superior, a não ser pela virtude dessa natureza superior; por exemplo, a lua, que não brilha por si mesma, faz-se lúcida por virtude e ação do sol, e a água, que por si não aquece, torna-se quente por ação do fogo. Ora, ver que a verdade primeira em si mesma transcende a faculdade da natureza humana, o que é próprio só de Deus, como foi mostrado[218]. Portanto, o homem necessita do auxílio divino para chegar ao mencionado fim.

Igualmente. Cada coisa alcança o fim último por sua operação. Ora, a operação recebe virtude do princípio operante; donde, pela ação do sêmen, algo é gerado em determinada espécie, cuja virtude preexiste no sêmen. Não pode, portanto, o homem chegar por sua operação a seu fim último, que transcende a faculdade das potências naturais, a não ser que sua operação receba, por virtude divina, a eficácia de levar ao fim mencionado.

Ademais. Instrumento algum, segundo a virtude da própria forma, pode levar à última perfeição, mas apenas segundo a virtude do agente principal, embora possa, segundo a própria virtude, produzir certa disposição para a perfeição última. Com efeito, é da serra, segundo a razão da própria forma, o corte

---

[217] Cf. cap. 50.
[218] Cf. cap. 52.

priae formae est sectio ligni, sed forma scamni est ab arte, quae utitur instrumento: similiter resolutio et consumptio in corpore animalis est a calore ignis, sed generatio carnis, et determinatio augmenti, et alia huiusmodi, sunt ab anima vegetabili, quae utitur calore igneo sicut instrumento. Sub Deo autem, qui est primus intellectus et volens, ordinantur omnes intellectus et voluntates sicut instrumenta sub principali agente. Oportet igitur quod eorum operationes efficaciam non habeant respectu ultimae perfectionis, quae est adeptio finalis beatitudinis, nisi per virtutem divinam. Indiget igitur rationalis natura divino auxilio ad consequendum ultimum finem.

Praeterea. Homini adsunt impedimenta plurima perveniendi ad finem. Impeditur enim debilitate rationis, quae de facili trahitur in errorem, per quem a recta via perveniendi in finem excluditur. Impeditur etiam ex passionibus partis sensitivae, et ex affectionibus quibus ad sensibilia et inferiora trahitur, quibus quanto magis inhaeret, longius ab ultimo fine distat: haec enim infra hominem sunt, finis autem hominis superior eo existit. Impeditur etiam plerumque corporis infirmitate ab executione virtuosorum actuum, quibus ad beatitudinem tenditur. Indiget igitur auxilio divino homo ne per huiusmodi impedimenta totaliter ab ultimo fine deficiat.

Hinc est quod dicitur Ioan. 6,44: nemo potest venire ad me nisi pater, qui misit me, traxerit illum; et 15,4: sicut palmes non potest ferre fructum a semetipso nisi manserit in vite, sic nec vos nisi in me manseritis.

Per hoc autem excluditur error pelagianorum qui dixerunt quod per solum liberum arbitrium homo poterat Dei gloriam promereri.

da madeira, mas a forma de um banco vem da arte, que usa do instrumento: semelhantemente, a dissolução e a corrupção no corpo do animal procedem do calor do fogo, mas a geração da carne, e determinação do crescimento, e outras coisas semelhantes, procedem da alma vegetal, que usa do calor do fogo como instrumento. Ora, sob Deus, que é o intelecto primeiro e vontade, ordenam-se todos os intelectos e vontades, como instrumentos sob o agente principal. Portanto, é necessário que suas operações não tenham eficácia com relação à perfeição última, que é a posse da bem-aventurança final, a não ser pela virtude divina. Necessita, pois, a natureza racional do auxílio divino para alcançar o fim último.

Além disso. Estão presentes no homem muitos impedimentos para chegar ao fim. Com efeito, é impedido pela fraqueza da razão, que facilmente é arrastada ao erro, pelo qual é excluída da reta via para chegar ao fim. É impedido também pelas paixões da parte sensitiva, e pelos afetos, pelos quais é arrastado às coisas sensíveis e inferiores, às quais quanto mais adere, mais longe dista do fim último, pois essas coisas estão abaixo do homem, mas o fim do homem é nele superior. É impedido também, muitas vezes, pela fraqueza do corpo, para a execução dos atos virtuosos, pelos quais tende à bem-aventurança. Portanto, o homem necessita do auxílio divino, para não se afastar totalmente, por esses impedimentos, do fim último.

Daí é que se diz em João: *Ninguém pode vir a mim a não ser que o Pai, que me enviou, o trouxer*[219], e mais adiante: *Como o ramo não pode por si mesmo dar fruto se não permanecer na videira, assim tampouco vós, se não permanecerdes em mim*[220].

Por isso, se exclui o erro dos Pelagianos[221], que disseram que o homem, só pelo livre-arbítrio, podia merecer a glória de Deus.

---

[219] João 6,44.
[220] João 15,5.
[221] Santo Agostinho de Hipona (354-431), em Sobre as Heresias a Quodvultdeus, ML 32.

Capítulo 148
O homem, pelo auxílio da graça divina, não é coagido à virtude

Poderia parecer a alguém que, pelo auxílio divino, implicava-se no homem certa coação para agir bem, pelo que foi dito: *Ninguém pode vir a mim a não ser que o pai, que me enviou, o trouxer*[222]; e pelo que se diz em Romanos, *os que agem pelo espírito de Deus, esses são filhos de Deus*[223], e em Coríntios: *A caridade de Cristo nos urge*[224]. Com efeito, ser trazido, agido e urgido parecem implicar coação.

Entretanto, mostra-se manifestamente que isso não é verdade. Com efeito, a providência divina provê a todas as coisas segundo o modo delas, como foi mostrado[225]. Ora, é próprio do homem, e de toda natureza racional, agir voluntariamente e dominar seus atos, como se evidencia do que foi dito[226]. Ora, a coação é contrária a isso. Logo, Deus, por seu auxílio, não coage o homem para agir retamente.

Ainda. Ser o auxílio divino prestado ao homem para agir bem entende-se no sentido de que opera em nós nossas obras, como a causa primeira opera as operações das causas segundas, e o agente principal opera a ação do instrumento, donde se diz em Isaías: *Operaste em nós, Senhor, todas as nossas obras*[227]. Com efeito, a causa primeira causa a operação da causa segunda, segundo o modo dessa. Logo, também Deus causa em nós nossas obras, segundo nosso modo, que é agirmos voluntariamente e não por coação. Portanto, ninguém é coagido, pelo auxílio divino, a agir retamente.

Ademais. O homem ordena-se pela vontade ao fim, pois o objeto da vontade é o bem e o fim. Ora, o auxílio divino nos é dado principalmente para que atinjamos o fim. Logo, o auxílio de Deus não exclui de nós o ato da vontade, mas o faz em nós principalmente, donde diz o Apóstolo: *É Deus, por sua boa*

---

[222] João 6,44.
[223] Romanos 8,14.
[224] 2 Coríntios 5,14.
[225] Cf. cap. 71.
[226] Livro II, cap. 47.
[227] Isaías 26,12.

qui operatur in nobis velle et perficere, pro bona voluntate. Coactio autem excludit in nobis actum voluntatis: coacte enim agimus cuius contrarium volumus. Non ergo Deus suo auxilio nos cogit ad recte agendum.

Item. Homo pervenit ad ultimum suum finem per actus virtutum: felicitas enim virtutis praemium ponitur. Actus autem coacti non sunt actus virtutum: nam in virtute praecipuum est electio, quae sine voluntario esse non potest, cui violentum contrarium est. Non igitur divinitus homo cogitur ad recte agendum.

Praeterea. Ea quae sunt ad finem, debent esse fini proportionata. Finis autem ultimus, qui est felicitas, non competit nisi voluntarie agentibus, qui sunt Domini sui actus: unde neque inanimata, neque bruta animalia felicia dicimus, sicut nec fortunata aut infortunata, nisi secundum metaphoram. Auxilium igitur quod homini datur divinitus ad felicitatem consequendam, non est coactivum.

Hinc est quod Deut. 30 dicitur: *considera quod hodie proposuerit Dominus in conspectu tuo vitam et bonum, et e contrario mortem et malum: ut diligas Dominum Deum tuum, et ambules in viis eius. Si autem aversum fuerit cor tuum et audire nolueris, praedico tibi hodie quod pereas.*

Et Eccli. 15,18 dicitur: *ante hominem est vita et mors, bonum et malum. Quod placuerit ei, dabitur illi.*

Capitulum CXLIX
Quod divinum auxilium homo promereri non potest

Ex dictis autem manifeste ostenditur quod auxilium divinum homo promereri non potest.

Quaelibet enim res ad id quod supra ipsam est, materialiter se habet. Materia autem non movet seipsam ad suam perfectionem sed

vontade, que opera em nós o querer e o fazer[228]. Ora, a coação exclui em nós o ato da vontade, pois fazemos por coação aquilo cujo contrário queremos. Logo, Deus não nos coage por seu auxílio para agir retamente.

Igualmente. O homem chega a seu fim último por atos das virtudes, pois a felicidade é posta como prêmio da virtude. Ora, os atos coagidos não são atos de virtudes, pois na virtude está principalmente a escolha, que não pode ser sem o voluntário, ao qual o violento é contrário. Portanto, o homem não é divinamente coagido para agir retamente.

Além disso. As coisas que são para o fim, devem ser proporcionadas ao fim. Ora, o fim último, que é a felicidade, não compete senão aos que agem voluntariamente, que são senhores de seu ato; donde, não dizemos felizes nem os inanimados, nem os animais irracionais, como não tampouco os afortunados e os infortunados, senão metaforicamente. Portanto, o auxílio que é dado divinamente ao homem para conseguir a felicidade, não é coativo.

Daí é que diz o Deuteronômio: *Considera que hoje o Senhor pôs diante de ti a vida e o bem, e no oposto a morte e o mal, para que ames o Senhor teu Deus, e andes em seus caminhos. Se, porém, for desviado teu coração e não quiseres ouvir, anuncio-te hoje que perecerás*[229].

E em Eclesiástico se diz: *Diante do homem está a vida e a morte, o bem e o mal. O que lhe agradar, lhe será dado*[230].

Capítulo 149
O homem não pode merecer o auxílio divino

Ora, do que foi dito claramente se mostra que o homem não pode merecer o auxílio divino.

Com efeito, qualquer coisa se comporta materialmente com relação àquilo que está acima dela. Ora, a matéria não move a si mes-

---

[228] Filipenses 2,13.
[229] Deuteronômio 30,15-18.
[230] Eclesiástico 15,18 (Vulgata).

oportet quod ab alio moveatur. Homo igitur non movet seipsum ad hoc quod adipiscatur divinum auxilium, quod supra ipsum est, sed potius ad hoc adipiscendum a Deo movetur. Motio autem moventis praecedit motum mobilis ratione et causa. Non igitur propter hoc nobis datur auxilium divinum quia nos ad illud per bona opera promovemus, sed potius ideo nos per bona opera proficimus, quia divino auxilio praevenimur.

Adhuc. Agens instrumentale non disponit ad perfectionem inducendam a principali agente nisi secundum quod agit ex virtute principalis agentis: sicut calor ignis non magis praeparat materiam ad formam carnis quam ad aliam formam, nisi inquantum agit in virtute animae. Sed anima nostra operatur sub Deo sicut agens instrumentale sub principali agente. Non igitur potest se anima praeparare ad suscipiendum effectum divini auxilii nisi secundum quod agit ex virtute divina. Praevenitur igitur divino auxilio ad bene operandum, magis quam divinum auxilium praeveniat, quasi merendo illud vel se praeparando ad illud.

Amplius. Nullum agens particulare potest universaliter praevenire actionem primi universalis agentis: eo quod omnis actio particularis agentis originem habet ab universali agente; sicut in istis inferioribus omnis motus praevenitur a motu caelesti. Sed anima humana ordinatur sub Deo sicut particulare agens sub universali. Impossibile est ergo esse aliquem rectum motum in ipsa quem non praeveniat actio divina. Unde et Ioan. 15,5, Dominus dicit: sine me nihil potestis facere.

Item. Merces proportionatur merito: cum in retributione mercedis aequalitas iustitiae observetur. Effectus autem divini auxilii, qui facultatem naturae excedit, non est proportionatus actibus quos homo ex naturali facultate producit. Non igitur per huiusmodi actus potest homo praedictum auxilium mereri.

ma para sua perfeição, mas é necessário que por outro seja movida. O homem, portanto, não move a si mesmo para conseguir o auxílio divino, que está acima dele, mas antes para o conseguir é movido por Deus[231]. Entretanto, a moção do motor precede, em razão e causa, o movimento do móvel. Portanto, não nos é dado o auxílio divino porque nos movemos a ele por boas obras, mas, antes, nós progredimos pelas boas obras porque somos predispostos pelo auxílio divino.

Ainda. O agente instrumental não dispõe para a perfeição a ser induzida pelo agente principal, senão enquanto age por virtude do agente principal; por exemplo, o calor do fogo não prepara a matéria para a forma de carne mais que para outra forma, senão enquanto age em virtude da alma. Mas, nossa alma opera sob a ação de Deus, como o agente instrumental sob a ação do principal. Portanto, não pode a alma se preparar para receber o efeito do auxílio divino senão enquanto age por virtude divina. Logo, é predisposta pelo auxílio divino para bem operar, mais que predispõe o auxílio divino, como merecendo-o ou se preparando para ele.

Ademais. Nenhum agente particular pode universalmente predispor a ação do primeiro agente universal, porque toda ação do agente particular tem origem pelo agente universal, como nesses seres inferiores todo movimento é predisposto pelo movimento celeste. Mas, a alma humana é ordenada sob a ação de Deus, como o agente particular sob o universal. É impossível, pois, haver nela um movimento reto, que a ação divina não predisponha. Donde, diz o Senhor: *Sem mim nada podeis fazer*[232].

Igualmente. A recompensa é proporcionada ao mérito, dado que, na retribuição da recompensa, observa-se a igualdade da justiça. Ora, o efeito do auxílio divino, que excede a faculdade da natureza, não é proporcionado aos atos que o homem produz por faculdade natural. Portanto, não pode o homem, por semelhantes atos, merecer o mencionado auxílio.

---

[231] Cf. cap. 147.
[232] João 15,5.

Praeterea. Cognitio praecedit voluntatis motum. Cognitio autem supernaturalis finis est homini a Deo: cum per rationem naturalem in ipsum attingere homo non possit, eo quod facultatem naturalem excedit. Oportet ergo quod motus voluntatis nostrae in ultimum finem auxilium divinum praeveniat.

Hinc est quod dicitur Tit. 3,5: non ex operibus iustitiae quae fecimus nos, sed secundum suam misericordiam salvos nos fecit. Et Rom. 9,16: non est volentis, scilicet velle, nec currentis scilicet currere, sed miserentis Dei: quia scilicet oportet quod ad bene volendum et operandum homo divino praeveniatur auxilio; sicut consuetum est quod effectus aliquis non attribuitur proximo operanti, sed primo moventi; attribuitur enim victoria duci, quae labore militum perpetratur. Non ergo per huiusmodi verba excluditur liberum voluntatis arbitrium, sicut quidam male intellexerunt, quasi homo non sit Dominus suorum actuum interiorum et exteriorum: sed ostenditur Deo esse subiectum. Et Thren. 4 dicitur: converte nos, Domine, ad te, et convertemur: per quod patet quod conversio nostra ad Deum praevenitur auxilio Dei nos convertentis.

Legitur tamen Zach. 1,3, ex persona Dei dictum, convertimini ad me, et convertar ad vos: non quin Dei operatio nostram conversionem praeveniat, ut dictum est, sed quia conversionem nostram, qua ad ipsum convertimur, adiuvat subsequenter, eam roborando ut ad effectum perveniat, et stabiliendo ut finem debitum consequatur.

Per hoc autem excluditur error pelagianorum, qui dicebant huiusmodi auxilium propter merita nobis dari; et quod iustificationis nostrae initium ex nobis sit, consummatio autem a Deo.

Além disso. O conhecimento precede o movimento da vontade. Ora, o conhecimento do fim sobrenatural provém ao homem de Deus: pois, por razão natural, o homem não poderia atingi-lo, porque excede a faculdade natural. É necessário, pois, que o movimento de nossa vontade para o fim último predisponha o auxílio divino.

Daí é que se diz: *Fez-nos salvos não pelas obras de justiça que fizemos, mas segundo sua misericórdia*[233]. E em Romanos: *Não é do que quer, isto é, do querer, nem do que corre, isto é, do correr, mas de Deus misericordioso*[234], ou seja, porque é necessário que para querer bem e operar, o homem seja predisposto pelo auxílio divino, como é de costume que um efeito não seja atribuído ao operante próximo, mas ao primeiro motor, pois a vitória é atribuída ao comandante, a qual é realizada pelo esforço dos soldados. Portanto, não se exclui, por semelhantes palavras, o livre-arbítrio da vontade, como alguns interpretaram mal, como se o homem não fosse o senhor de seus atos internos e externos, mas mostra-se que ele é sujeito a Deus. E nas Lamentações se diz: *Converte-nos a ti, Senhor, e seremos convertidos*[235], pelo que se evidencia que a nossa conversão a Deus é predisposta pelo auxílio de Deus que nos converte.

Entretanto, lê-se em Zacarias: *Dito pela pessoa de Deus, convertei-vos a mim, e me converterei a vós*[236], não que a operação de Deus predisponha nossa conversão, como foi dito, mas porque auxilia subsequentemente nossa conversão, na qual nos convertemos a ele, fortalecendo-a para chegar ao efeito, e determinando para alcançar o fim devido.

Por isso também se exclui o erro dos Pelagianos, que diziam que semelhante auxílio nos é dado por causa dos méritos, e que o início de nossa justificação está em nós, mas a consumação em Deus.

---

[233] Tito 3,5.
[234] Romanos 9,16.
[235] Lamentações 5,21.
[236] Zacarias 1,3.

Capítulo 150
O mencionado auxílio divino se chama graça. E o que é a graça gratificante

Uma vez que o que é dado a alguém sem seus méritos precedentes, se diz que lhe é dado *gratuitamente,* como o auxílio divino concedido ao homem predispõe a todo mérito humano, como foi mostrado[237], segue-se que esse auxílio é dado ao homem gratuitamente, e por isso recebe convenientemente o nome de *graça.* Donde diz o Apóstolo: *Se é graça, já não é pelas obras, caso contrário a graça já não é graça*[238].

Há, porém, uma outra razão pela qual o mencionado auxílio de Deus recebe o nome de *graça.* Com efeito, diz-se que alguém é *grato,* porque é amado; donde aquele que é amado por outro, se diz que *tem sua graça.* É, pois, da razão do amor que aquele que ama queira o bem àquele que ama, e o realize. E, certamente, Deus quer o bem e realiza a respeito de toda criatura, pois o próprio ser da criatura, e toda a sua perfeição, vem de Deus, que quer e realiza, como foi mostrado[239]; donde se diz: *Amas todas as coisas que são, e nada odeias das coisas que fizeste*[240]. Mas, considera-se a razão especial do amor divino para com aqueles aos quais dá auxílio para conseguirem o bem, que excede a ordem de sua natureza, ou seja, a fruição perfeita, não de algum bem criado, mas d'Ele mesmo. Portanto, esse auxílio se diz convenientemente *graça,* não só porque é dado gratuitamente, como foi mostrado, mas também porque, por esse auxílio, o homem, por uma especial prerrogativa, torna-se *grato* para Deus. Donde também diz o Apóstolo: *Predestinou-nos para a adoção de filhos, segundo o propósito de sua vontade, para louvor da glória de sua graça, na qual nos gratificou em seu filho amado*[241].

Ora, é necessário que essa graça seja algo no homem gratificado, como certa forma

---

[237] Cf. capítulo anterior.
[238] Romanos 11,6.
[239] Livro II, cap. 15.
[240] Sabedoria 11,25.
[241] Efésios 1,5.

mam et perfectionem ipsius. Quod enim in aliquem finem dirigitur, oportet quod habeat continuum ordinem in ipsum: nam movens continue mutat quousque mobile per motum finem sortiatur. Cum igitur auxilio divinae gratiae homo dirigatur in ultimum finem, ut ostensum est, oportet quod continue homo isto auxilio potiatur, quousque ad finem perveniat. Hoc autem non esset si praedictum auxilium participaret homo secundum aliquem motum aut passionem, et non secundum aliquam formam manentem, et quasi quiescentem in ipso: motus enim et passio talis non esset in homine nisi quando actu converteretur in finem; quod non continue ab homine agitur, ut praecipue patet in dormientibus. Est ergo gratia gratum faciens aliqua forma et perfectio in homine manens, etiam quando non operatur.

Adhuc. Dilectio Dei est causativa boni quod in nobis est: sicut dilectio hominis provocatur et causatur ex aliquo bono quod in dilecto est. Sed homo provocatur ad specialiter aliquem diligendum propter aliquod speciale bonum in dilecto praeexistens. Ergo ubi ponitur specialis dilectio Dei ad hominem, oportet quod consequenter ponatur aliquod speciale bonum homini a Deo collatum. Cum igitur, secundum praedicta, gratia gratum faciens designet specialem dilectionem Dei ad hominem, oportet quod aliqua specialis bonitas et perfectio per hoc homini inesse designetur.

Amplius. Unumquodque ordinatur in finem sibi convenientem secundum rationem suae formae: diversarum enim specierum diversi sunt fines. Sed finis in quem homo dirigitur per auxilium divinae gratiae, est supra naturam humanam. Ergo oportet quod homini superaddatur aliqua supernaturalis forma et perfectio, per quam convenienter ordinetur in finem praedictum.

Item. Oportet quod homo ad ultimum finem per proprias operationes perveniat.

e perfeição dele. Com efeito, o que se dirige a algum fim, é necessário que tenha ordem contínua para ele, pois o motor muda continuamente até que o móvel receba o fim, pelo movimento. Portanto, como pelo auxílio da graça divina o homem se dirige ao fim último, como foi mostrado[242], é necessário que continuamente o homem seja ajudado por esse auxílio, até chegar ao fim. Ora, isso não se daria, se o homem participasse do mencionado auxílio segundo certo movimento ou paixão, e não segundo alguma forma que permanecesse, e como nele fixada, pois tal movimento e paixão não estariam no homem senão quando em ato se convertesse para o fim, o que não é feito continuamente pelo homem, como se evidencia, sobretudo, nos que dormem. É, pois, a *graça gratificante* certa forma e perfeição que permanece no homem, mesmo quando não opera.

Ainda. O amor de Deus é causativo do bem que está em nós, como o amor do homem é estimulado e causado por algum bem que está no amado. Mas, o homem é estimulado para, de modo especial, amar alguém, por causa de algum bem especial preexistente no amado. Logo, onde se põe um amor especial de Deus ao homem, é necessário que consequentemente se ponha um bem especial conferido por Deus ao homem. Portanto, como, segundo o que foi dito, a *graça gratificante* designa o amor especial de Deus ao homem, é necessário que se indique estar presente no homem uma bondade especial e perfeição.

Ademais. Cada coisa ordena-se ao fim a si conveniente, segundo a razão de sua forma, pois de espécies diversas são diversos os fins. Mas, o fim ao qual o homem se dirige pelo auxílio da graça divina, está acima da natureza humana. Logo, é necessário que ao homem se acrescente uma forma e perfeição sobrenatural, pela qual se ordene convenientemente ao fim mencionado.

Igualmente. É necessário que o homem chegue ao fim último por operações próprias.

---

[242] Cf. cap. 147.

Cada coisa, porém, opera segundo a forma própria. Logo, é necessário, para que o homem seja levado ao fim último pelas operações próprias, que se acrescente a ele alguma forma, pela qual suas operações recebam alguma eficácia para merecer o fim último.

Além disso. A providência divina a todos provê segundo o modo de sua natureza, como se evidencia do que foi dito[243]. Mas, é modo próprio dos homens que estejam neles, para a perfeição de suas operações, além das potências naturais, algumas perfeições e hábitos, pelas quais como natural, fácil e prazerosamente operem perfeitamente o bem. Portanto, o auxílio da graça, que o homem alcança de Deus para chegar ao fim último, designa que há no homem certa forma e perfeição.

Daí é que a graça de Deus é designada na Escritura como uma luz: diz, com efeito, o Apóstolo: *Fostes um dia trevas, mas agora luz no Senhor*[244]. Ora, a perfeição pela qual o homem é impulsionado ao fim último, que consiste na visão de Deus, se diz adequadamente luz, que é o princípio do ver.

Ora, por isso se exclui a opinião de alguns que dizem que a graça de Deus não põe nada no homem, como nada se põe em alguém pelo fato de que se diz ter a graça do rei, mas só no rei que ama. Evidencia-se, pois, que eles foram enganados porque não consideraram a diferença entre o amor divino e o humano. Com efeito, o amor divino é causativo do bem que ama em alguém, mas o amor humano nem sempre.

Capítulo 151
A graça gratificante causa em nós o amor de Deus

Das afirmações anteriores, faz-se manifesto que, pelo auxílio da graça divina gratificante, o homem consegue amar a Deus.

---

[243] Cf. cap. 71.
[244] Efésios 5,8.

Gratia enim gratum faciens est in homine divinae dilectionis effectus. Proprius autem divinae dilectionis effectus in homine esse videtur quod Deum diligat. Hoc enim est praecipuum in intentione diligentis, ut a dilecto reametur: ad hoc enim praecipue studium diligentis tendit, ut ad sui amorem dilectum attrahat; et nisi hoc accidat, oportet dilectionem dissolvi. Igitur ex gratia gratum faciente hoc in homine sequitur, quod Deum diligat.

Adhuc. Eorum quorum est unus finis, oportet aliquam unionem esse inquantum ordinantur ad finem: unde et in civitate homines per quandam concordiam adunantur ut possint consequi reipublicae bonum; et milites in acie oportet uniri et concorditer agere ad hoc quod victoriam, quae est communis finis, consequantur. Finis autem ultimus, ad quem homo per auxilium divinae gratiae perducitur, est visio Dei per essentiam, quae propria est ipsius Dei: et sic hoc finale bonum communicatur homini a Deo. Non potest igitur homo ad hunc finem perduci nisi uniatur Deo per conformitatem voluntatis. Quae est proprius effectus dilectionis: nam amicorum proprium est idem velle et nolle, et de eisdem gaudere et dolere. Per gratiam ergo gratum facientem homo constituitur Dei dilector: cum per eam homo dirigatur in finem ei communicatum a Deo.

Amplius. Cum finis et bonum sit proprium obiectum appetitus sive affectus, oportet quod per gratiam gratum facientem, quae hominem dirigit in ultimum finem, affectus hominis principaliter perficiatur. Principalis autem perfectio affectus est dilectio. Cuius signum est, quod omnis motus affectus ab amore derivatur: nullus enim desiderat, aut sperat, aut gaudet, nisi propter bonum amatum; similiter autem neque aliquis refugit, aut timet, aut tristatur, aut irascitur, nisi propter id quod contrariatur bono amato. Principalis ergo effectus gratiae gratum facientis est ut homo Deum diligat.

Com efeito, a graça gratificante é o efeito no homem do amor divino. Ora, o efeito próprio do amor divino no homem parece ser que ame a Deus. É principal na intenção de quem ama, que seja correspondido pelo amado, pois a isso, sobretudo, tende o cuidado de quem ama, atrair o amado para o amor de si, e se não acontece isso, é necessário que desapareça o amor. Portanto, segue-se pela graça gratificante no homem que ame a Deus.

Ainda. Daqueles cujo fim é um, é necessário que haja certa união enquanto se ordenam ao fim; donde também os homens se reúnem na cidade por certa concórdia, de modo a poder alcançar o bem do país, e é necessário que os soldados em batalha se unam e ajam concordemente, para alcançarem a vitória, que é o fim comum. Ora, o fim último, ao qual o homem é levado pelo auxílio da graça divina, é a visão de Deus por essência, que é própria do mesmo Deus, e assim esse bem final é comunicado por Deus ao homem. Portanto, não pode o homem ser levado a esse fim, se não se une a Deus pela conformidade da vontade. O que é o efeito próprio do amor, pois *é próprio dos amigos querer e não querer a mesma coisa, e das mesmas coisas gozar e sofrer*[245]. Portanto, pela graça gratificante o homem se constitui amigo de Deus, enquanto por ela é dirigido ao fim, a ele comunicado por Deus.

Ademais. Como o fim e o bem são o objeto próprio do apetite ou afeto, é necessário que, pela graça gratificante, que dirige o homem ao fim último, o afeto do homem principalmente seja aperfeiçoado. Ora, a principal perfeição do afeto é o amor. Sinal disso é que todo movimento do afeto deriva do amor, pois ninguém deseja, ou espera, ou goza, a não ser por causa do bem amado, mas, semelhantemente, ninguém foge, ou teme, ou se entristece, ou se ira, senão por causa daquilo que contraria o bem amado. Logo, o principal efeito da graça gratificante é que o homem ame a Deus.

---

[245] Aristóteles (384-322 a.C.), em Ética IX, 3, 1165b, 27-30.

Igualmente. A forma pela qual uma coisa se ordena a um fim, assemelha-se, de certo modo, àquela coisa em relação ao fim, assim como o corpo, pela forma da gravidade, adquire a semelhança e a conformidade ao lugar para o qual naturalmente se move. Ora, foi mostrado[246] que a graça gratificante é no homem uma forma pela qual ele se ordena ao fim último, que é Deus. Logo, pela graça o homem alcança a semelhança de Deus. Ora, a semelhança é causa do amor, pois *todo semelhante ama o semelhante a si*[247]. Logo, pela graça o homem se torna amigo de Deus.

Além disso. Requer-se, para a perfeição da operação, que alguém opere constantemente e de modo fácil. Isso, sobretudo, faz o amor, por causa do qual também as coisas difíceis parecem leves. Portanto, como pela graça gratificante é necessário tornar-se perfeitas as operações do homem, como se evidencia do que foi dito[248], é necessário que, pela mesma graça, o amor de Deus se constitua em nós.

Daí é que diz o Apóstolo: *Difundiu-se a caridade de Deus em nossos corações pelo Espírito Santo, que nos foi dado*[249]. O Senhor prometeu também aos que o amam sua visão, dizendo: *Quem me ama, será amado por meu pai e eu o amarei, e me manifestarei a ele*[250]. Donde se evidencia que a graça, que dirige ao fim da visão divina, causa em nós o amor de Deus.

Capítulo 152
A graça divina causa em nós a fé

Dado que a graça divina causa em nós a caridade, é necessário que também a fé seja causada em nós.

Com efeito, o movimento no qual, pela graça, somos dirigidos ao fim último, é voluntário, não violento, como foi mostrado[251]. Ora, não pode haver o movimento voluntá-

---

[246] Cf. capítulo anterior.
[247] Eclesiástico 13,19 (Vulgata).
[248] Cf. capitulo anterior.
[249] Romanos 5,5.
[250] João 14,21.
[251] Cf. cap. 148.

tum. Oportet igitur quod per gratiam in nobis cognitio ultimi finis praestituatur, ad hoc quod voluntarie dirigamur in ipsum. Haec autem cognitio non potest esse secundum apertam visionem in statu isto, ut supra probatum est. Oportet igitur quod sit cognitio per fidem.

Amplius. In quolibet cognoscente modus cognitionis consequitur modum propriae naturae: unde alius modus cognitionis est Angeli, hominis, et bruti animalis, secundum quod eorum naturae diversae sunt, ut ex praemissis patet. Sed homini, ad consequendum ultimum finem, additur aliqua perfectio super propriam naturam, scilicet gratia, ut ostensum est. Oportet igitur quod etiam super cognitionem naturalem hominis, addatur in eo aliqua cognitio quae rationem naturalem excedat. Et haec est cognitio fidei, quae est de his quae non videntur per rationem naturalem.

Item. Quandocumque ab aliquo agente movetur aliquid ad id quod est proprium illi agenti, oportet quod a principio ipsum mobile subdatur impressionibus agentis imperfecte, quasi alienis et non propriis sibi, quousque fiant ei propriae in termino motus: sicut lignum ab igne primo calefit, et ille calor non est proprius ligno, sed praeter naturam ipsius; in fine autem, quando iam lignum ignitum est, fit ei calor proprius et connaturalis. Et similiter, cum aliquis a magistro docetur, oportet quod a principio conceptiones magistri recipiat non quasi eas per se intelligens, sed per modum credulitatis, quasi supra suam capacitatem existentes: in fine autem, quando iam edoctus fuerit, eas poterit intelligere. Sicut autem ex dictis patet, auxilio divinae gratiae dirigimur in ultimum finem. Ultimus autem finis est manifesta visio primae veritatis in

rio para alguma coisa se não for conhecida. Portanto, é necessário que, pela graça, o conhecimento do fim último seja em nós antes apresentado, para que voluntariamente nos dirijamos a ele. Ora, esse conhecimento não pode ser segundo a visão aberta neste estado, como foi provado[252]. Portanto, é necessário que o conhecimento seja pela fé.

Ademais. Em todo sujeito que conhece, o modo de conhecimento segue o modo da própria natureza; donde é diferente o modo de conhecimento do Anjo, do homem, e do animal irracional, enquanto as naturezas deles são diversas, como se evidencia das afirmações anteriores[253]. Mas, ao homem, para conseguir o fim último, se acrescenta uma perfeição sobre a própria natureza, ou seja, a graça, como foi mostrado[254]. Portanto, é necessário que também sobre o conhecimento natural do homem se acrescente nele um conhecimento que exceda a razão natural. E esse é o conhecimento da fé, que é sobre aquelas coisas que não são vistas pela razão natural.

Igualmente. Sempre que uma coisa é movida por um agente para aquilo que é próprio a esse agente, é necessário que, de princípio, o próprio móvel se sujeite às impressões do agente imperfeitamente, como alheias e não próprias dele, até que se tornem próprias dele no termo do movimento, como a madeira, primeiro, é aquecida pelo fogo, e esse calor não é próprio da madeira, mas fora de sua natureza, mas no fim, quando a madeira já for queimada, torna-se-lhe o calor próprio e conatural. E, semelhantemente, quando alguém é ensinado pelo mestre, é necessário que, no princípio, receba as concepções do mestre não como as conhecendo por si mesmo, mas por modo de crença, como sendo acima de sua capacidade, mas, no fim, quando já tiver aprendido, poderá compreendê-las. Ora, como se evidencia do que foi dito[255], somos diri-

---

[252] Cf. caps. 48, 52.
[253] Livro II, caps. 68, 92, 96.
[254] Cf. cap. 150.
[255] Cf. cap. 147.

seipsa: ut supra ostensum est. Oportet igitur quod, antequam ad istum finem veniatur, intellectus hominis Deo subdatur per modum credulitatis, divina gratia hoc faciente.

Praeterea. In principio huius operis positae sunt utilitates propter quas necessarium fuit divinam veritatem hominibus per modum credulitatis proponi. Ex quibus etiam concludi potest quod necessarium fuit fidem esse divinae gratiae effectum in nobis.

Hinc est quod apostolus dicit, ad Ephes. 2,8: gratia salvati estis per fidem. Et hoc non ex vobis: Dei enim donum est.

Per hoc autem excluditur error pelagianorum, qui dicebant quod initium fidei in nobis non erat a Deo, sed a nobis.

Capitulum CLIII
Quod divina gratia causat in nobis spem

Ex eisdem etiam ostendi potest quod oportet in nobis per gratiam spem futurae beatitudinis causari.

Dilectio enim quae est ad alios, provenit in homine ex dilectione hominis ad seipsum, inquantum ad amicum aliquis se habet sicut ad se. Diligit autem aliquis seipsum inquantum vult sibi bonum: sicut alium diligit inquantum vult ei bonum. Oportet igitur quod homo, per hoc quod circa proprium bonum afficitur, perducatur ad hoc quod afficiatur circa bonum alterius. Per hoc igitur quod aliquis ab alio sperat bonum, fit homini via ut illum diligat a quo bonum sperat, secundum seipsum: diligitur enim aliquis secundum seipsum quando diligens bonum eius vult, etiam si nihil ei inde proveniat. Cum igitur per gratiam gratum facientem causetur in homine quod Deum propter se diligat, consequens fuit ut etiam per gratiam homo spem de Deo adipisceretur.

gidos pelo auxílio da graça divina para o fim último. Ora, o fim último é a manifesta visão da primeira Verdade em si mesma, como foi mostrado[256]. Portanto, é necessário que, antes de chegar a esse fim, o intelecto do homem se sujeite a Deus por modo de crença, fazendo isso a graça divina.

Além disso. No começo desta obra[257], foram apresentadas as utilidades por causa das quais foi necessário propor-se a verdade divina aos homens, por modo de crença. Delas também se pode concluir que foi necessário ser a fé o efeito da graça divina em nós.

Daí é que diz o Apóstolo: *Na graça fostes salvos pela fé. E isso não por nós, pois é dom de Deus*[258].

Por isso também se exclui o erro dos Pelagianos, que diziam que o início da fé em nós não vinha de Deus, mas de nós.

Capítulo 153
A graça divina causa em nós a esperança

Das mesmas afirmações também pode-se mostrar que é necessário que seja causada em nós, pela graça, a esperança da bem-aventurança futura.

Com efeito, o amor que é para os outros, provém no homem do amor dele para consigo, enquanto alguém se relaciona com o amigo, como consigo. Ora, alguém ama a si mesmo enquanto quer o bem para si, como ama o outro, enquanto lhe quer o bem. Logo, é necessário que o homem, por apegar-se ao próprio bem, se leve a apegar-se ao bem do outro. Portanto, por alguém esperar o bem do outro, torna-se ao homem caminho para que ame, como a si mesmo, aquele de quem espera o bem, pois alguém é amado, quando o que ama quer o bem dele, mesmo que a ele nada provenha. Como, pois, pela graça gratificante é causado no homem o amar-se Deus por si mesmo, resultou que também, pela graça, o homem fosse provido da esperança em Deus.

---

[256] Cf. cap. 50.
[257] Livro I, cap. 3 ss.
[258] Efésios 2,8.

Amicitia vero, qua quis alium secundum se diligit, etsi non sit propter propriam utilitatem, habet tamen multas utilitates consequentes, secundum quod unus amicorum alteri subvenit ut sibi ipsi. Unde oportet quod, cum aliquis alium diligit, et cognoscit se ab eo diligi, quod de eo spem habeat. Per gratiam autem ita constituitur homo Dei dilector, secundum caritatis affectum, quod etiam instruitur per fidem quod a Deo praediligatur: secundum illud quod habetur 1 Ioan. 4,10: in hoc est dilectio, non quasi nos dilexerimus Deum, sed quoniam ipse prior dilexit nos. Consequitur igitur ex dono gratiae quod homo de Deo spem habeat. Ex quo etiam patet quod, sicut spes est praeparatio hominis ad veram Dei dilectionem, ita et e converso ex caritate homo in spe confirmatur.

Amplius. In omni diligente causatur desiderium ut uniatur suo dilecto inquantum possibile est: et hinc est quod delectabilissimum est amicis convivere. Si ergo per gratiam homo Dei dilector constituitur, oportet quod in eo causetur desiderium unionis ad Deum, secundum quod possibile est. Fides autem, quae causatur ex gratia, declarat possibilem esse unionem hominis ad Deum secundum perfectam fruitionem, in qua beatitudo consistit. Huius igitur fruitionis desiderium in homine consequitur ex Dei dilectione. Sed desiderium rei alicuius molestat animam desiderantis nisi adsit spes de consequendo. Conveniens igitur fuit ut in hominibus in quibus Dei dilectio et fides causatur per gratiam, quod etiam causetur spes futurae beatitudinis adipiscendae.

Item. In his quae ordinantur ad aliquem finem desideratum, si aliqua difficultas emerserit, solatium affert spes de fine consequendo: sicut amaritudinem medicinae aliquis leviter fert propter spem sanitatis. In processu autem quo in beatitudinem tendimus, quae est finis

A amizade, na qual alguém ama a outro como a si mesmo, embora não seja por causa da utilidade própria, tem, porém, muitas utilidades consequentes, enquanto um dos amigos ajuda ao outro como a si próprio. Donde é necessário que, quando alguém ama a outro, e conhece que é por ele amado, tenha nele esperança. Ora, pela graça, o homem se constitui assim amigo de Deus, segundo o afeto da caridade, de modo que é até instruído pela fé que foi antes amado por Deus, segundo o que se tem: *Nisto está o amor, não como tenhamos amado Deus, mas porque ele mesmo nos amou primeiro*[259]. Segue-se, portanto, do dom da graça que o homem tenha de Deus a esperança. Disso também se evidencia que, como a esperança é preparação do homem para o verdadeiro amor de Deus, assim, em câmbio, pela caridade o homem é confirmado na esperança.

Ademais. Em todo o que ama é causado o desejo de unir a seu amado, enquanto é possível, e daí é que conviver é a coisa mais deleitável para amigos. Se, portanto, pela graça o homem se constitui amador de Deus, é necessário que nele seja causado o desejo de união com Deus, segundo é possível. Ora, a fé, que é causada pela graça, declara ser possível a união do homem com Deus, segundo a perfeita fruição, em que consiste a bem-aventurança. Portanto, o desejo dessa fruição provém no homem do amor de Deus. Mas, o desejo de uma coisa inquieta a alma do que deseja, a menos que esteja presente a esperança de o conseguir. Portanto, foi conveniente que em todos os homens nos quais o amor de Deus e a fé são causados pela graça, que também seja causada a esperança de conseguir a futura bem-aventurança.

Igualmente. Nas coisas que se ordenam para um fim desejado, se alguma dificuldade ocorrer, a esperança de alcançar o fim traz um auxílio, como, por exemplo, alguém suporta o amargor do remédio por causa da esperança da saúde. Ora, no processo, no qual tendemos

---

[259] 1 João 4,10.

omnium desideriorum nostrorum, multa difficilia imminent sustinenda: nam virtus, per quam ad beatitudinem itur, circa difficilia est. Ad hoc igitur ut levius et promptius homo in beatitudinem tenderet, necessarium fuit ei spem de obtinenda beatitudine adhibere.

Praeterea. Nullus movetur ad finem ad quem aestimat esse impossibile perveniri. Ad hoc igitur quod aliquis pergat in finem aliquem, oportet quod afficiatur ad finem illum tanquam possibilem haberi: et hic est affectus spei. Cum igitur per gratiam dirigatur homo in ultimum finem beatitudinis, necessarium fuit ut per gratiam imprimeretur humano affectui spes de beatitudine consequenda.

Hinc est quod dicitur 1 Petri 1,3 regeneravit nos in spem vivam, in hereditatem immarcescibilem, conservatam in caelis. Et Rom. 8,24 dicitur: spe salvi facti sumus.

Capitulum CLIV
De donis gratiae gratis datae; in quo de divinationibus Daemonum

Quia vero ea quae homo per se non videt, cognoscere non potest nisi ea recipiat ab eo qui videt; fides autem est de his quae non videmus: oportet cognitionem eorum de quibus est fides, ab eo derivari qui ea ipse videt. Hic autem Deus est, qui seipsum perfecte comprehendit, et naturaliter suam essentiam videt: de Deo enim fidem habemus. Oportet igitur ea quae per fidem tenemus, a Deo in nos pervenire. Cum autem quae a Deo sunt, ordine quodam agantur, ut supra ostensum est, in manifestatione eorum quae sunt fidei, ordinem quendam observari oportuit: scilicet ut quidam immediate a Deo reciperent, alii vero ab his, et sic per ordinem usque ad ultimos.

à bem-aventurança, que é o fim de todos os nossos desejos, muitas coisas difíceis surgem a ser enfrentadas, pois a virtude, pela qual se vai à bem-aventurança, *versa sobre coisas difíceis*[260]. Portanto, para que mais leve e facilmente o homem tendesse para a bem-aventurança, foi necessário que se lhe acrescentasse a esperança de alcançá-la.

Além disso. Ninguém se move ao fim que julga ser impossível atingir. Portanto, para que alguém se dirija a algum fim, é necessário que se afeiçoe àquele fim como possível de se ter, e isto é o afeto da esperança. Como, pois, pela graça, o homem é dirigido ao fim último da bem-aventurança, foi necessário que pela graça se imprimisse ao afeto humano a esperança de alcançar a bem-aventurança.

Daí é que se diz em Pedro: *Regenerou-nos na esperança viva, na herança inacessível, conservada nos céus*[261]. E se diz em Romanos: *Tornamo-nos salvos pela esperança*[262].

Capítulo 154
Sobre os dons da graça gratuitamente dada e sobre as adivinhações dos Demônios

Uma vez que as coisas que o homem não vê por si mesmo, não pode conhecer a menos que as receba de quem vê, e a fé versa sobre coisas que não vemos, é necessário que o conhecimento das coisas, que pertencem à fé, sejam derivadas daquele mesmo que as vê. Ora, este é Deus, que se compreende a si mesmo perfeitamente, e naturalmente vê sua essência, pois de Deus temos a fé. Portanto, é necessário que as coisas que temos pela fé, cheguem a nós por Deus. Como, porém, as coisas que vêm de Deus são tratadas em alguma ordem, como se mostrou[263], na manifestação das coisas que são de fé, foi necessário observar-se certa ordem, ou seja, que uns recebessem imediatamente de Deus, e outros deles, e assim, por ordem, até os últimos.

---

[260] Aristóteles (384-322 a.C.), em Ética II, 2, 1105a, 9.
[261] 1 Pedro 1,3.
[262] Romanos 8,24.
[263] Cf. cap. 77.

In quibuscumque autem est aliquis ordo, oportet quod, quanto aliquid est propinquius primo principio, tanto virtuosius inveniatur. Quod in hoc ordine manifestationis divinae apparet. Invisibilia enim, quorum visio beatos facit, de quibus fides est, primo a Deo revelantur Angelis beatis per apertam visionem, ut ex supra dictis patet. — Deinde, Angelorum interveniente officio, manifestantur quibusdam hominibus, non quidem per apertam visionem, sed per quandam certitudinem provenientem ex revelatione divina.

Quae quidem revelatio fit quodam interiori et intelligibili lumine mentem elevante ad percipiendum ea ad quae per lumen naturale intellectus pertingere non potest. Sicut enim per lumen naturale intellectus redditur certus de his quae lumine illo cognoscit, ut de primis principiis; ita et de his quae supernaturali lumine apprehendit, certitudinem habet. Haec autem certitudo necessaria est ad hoc quod aliis proponi possint ea quae divina revelatione percipiuntur: non enim cum securitate aliis proferimus de quibus certitudinem non habemus.

Cum praedicto autem lumine mentem interius illustrante, adsunt aliquando in divina revelatione aliqua exteriora vel interiora cognitionis auxilia: utpote aliquis sermo, vel exterius sensibiliter auditus, qui divina virtute formetur; aut etiam interius per imaginationem, Deo faciente, perceptus; sive etiam aliqua corporaliter visa exterius a Deo formata, vel etiam interius in imaginatione descripta; ex quibus homo, per lumen interius menti impressum, cognitionem accipit divinorum. Unde huiusmodi auxilia sine interiori lumine ad cognitionem divinorum non sufficiunt: lumen autem interius sufficit sine istis.

Haec autem invisibilium Dei revelatio ad sapientiam pertinet, quae proprie est cognitio divinorum. Et ideo dicitur Sap. 7 quod

Em quaisquer coisas em que há certa ordem, é necessário que, quanto mais uma coisa é próxima do princípio primeiro, tanto mais seja virtuosa. O que aparece nessa ordem de manifestação divina. Com efeito, as coisas invisíveis, cuja visão faz os bem-aventurados, das quais é a fé, por primeiro são reveladas por Deus aos Anjos bem-aventurados por visão clara, como se evidencia do que foi dito. — Em seguida, por ministério dos anjos que interveem, são manifestadas a alguns homens, não certamente por visão clara, mas por certa certeza, proveniente da revelação divina.

Essa revelação se faz por uma luz interior e inteligível que eleva a mente a perceber aquelas coisas que não pode atingir pela luz natural. Com efeito, como pela luz natural o intelecto se torna certo das coisas que conhece por essa luz, como dos primeiros princípios, assim também tem certeza das coisas que apreende por luz sobrenatural. Ora, essa certeza é necessária para que a outros possam propor-se as coisas que se percebem por revelação divina, pois a outros não ensinamos, com segurança, as coisas de que não temos certeza.

Com a mencionada luz iluminando a mente, estão presentes, por vezes, na revelação divina, alguns auxílios exteriores ou interiores de conhecimento, por exemplo, quer uma palavra, ouvida exteriormente de modo sensível, que é formada por virtude divina, ou, também, percebida interiormente pela imaginação por ação de Deus; quer também algumas coisas vistas exteriormente, formadas por Deus, ou também descritas interiormente na imaginação; das quais o homem, pela luz impressa interiormente na mente, recebe o conhecimento das coisas divinas. Donde, semelhantes auxílios não são suficientes, sem a luz interior, para o conhecimento das coisas divinas, mas a luz interior é suficiente sem eles.

Essa revelação de Deus das coisas invisíveis pertence *à sabedoria*, a qual é propriamente o conhecimento das coisas divinas. E assim se

sapientia Dei per nationes in animas sanctas se transfert: neminem enim diligit Deus nisi eum qui cum sapientia inhabitat. Et Eccli. 15,5 dicitur: implevit eum Dominus spiritu sapientiae et intellectus.

Sed quia invisibilia Dei per ea quae facta sunt intellecta conspiciuntur, per divinam gratiam non solum revelantur hominibus divina, sed etiam aliqua de rebus creatis: quod ad scientiam pertinere videtur. Unde dicitur Sap. 7,17: ipse dedit mihi horum quae sunt scientiam veram: ut sciam dispositionem orbis terrarum, et virtutes elementorum. Et II Paralip. 1,12, Dominus dixit ad Salomonem: scientia et sapientia data sunt tibi.

Ea vero quae homo cognoscit, in notitiam alterius producere convenienter non potest nisi per sermonem. Quia igitur illi qui a Deo revelationem accipiunt, secundum ordinem divinitus institutum, alios instruere debent; necessarium fuit ut etiam his gratia locutionis daretur, secundum quod exigeret utilitas eorum qui erant instruendi. Unde dicitur Isaiae 50,4: Dominus dedit mihi linguam eruditam, ut sciam sustentare eum qui lapsus est verbo. Et Dominus discipulis dicit, Luc. 21,15: ego dabo vobis os et sapientiam, cui non poterunt resistere et contradicere omnes adversarii vestri.

Et propter hoc etiam, quando oportuit per paucos veritatem fidei in diversis gentibus praedicari, instructi sunt quidam divinitus ut linguis variis loquerentur: sicut dicitur Act. 2,4: repleti sunt omnes spiritu sancto, et coeperunt loqui variis linguis, prout spiritus sanctus dabat eloqui illis.

Sed quia sermo propositus confirmatione indiget ad hoc quod recipiatur, nisi sit per se

diz em Sabedoria[264], que *a sabedoria de Deus, pelas nações, se transfere para as almas santas, pois Deus não ama ninguém, senão aquele que habita na sabedoria*. E no Eclesiástico se diz: *O Senhor encheu-o do espírito da sabedoria e do intelecto*[265].

Mas, porque as coisas invisíveis de Deus são conhecidas por aquelas que foram feitas, não só pela graça divina são reveladas aos homens, mas também algumas das coisas criadas, o que parece pertencer *à ciência*. Donde se diz em Sabedoria: *Ele me deu das coisas que são ciência verdadeira, para que eu saiba da disposição do universo, e as virtudes dos elementos*[266]. E diz o Senhor a Salomão: *Foram dadas a ti a ciência e a sabedoria*[267].

Já as coisas que o homem conhece, não pode levar convenientemente ao conhecimento de outro senão pela palavra. Portanto, porque aqueles que recebem a revelação de Deus devem instruir a outros, segundo a ordem divinamente estabelecida, foi necessário que também se desse a eles a *graça da palavra*, segundo o exigia a utilidade dos que deviam ser instruídos. Donde se diz em Isaías: *O Senhor me deu uma língua erudita, para que eu saiba sustentar aquele que caiu pela palavra*[268]. E o Senhor diz aos discípulos: *Eu vos darei linguagem e sabedoria, a que não poderão resistir e contradizer todos os vossos adversários*[269].

E também por causa disso, quando foi necessário que fosse pregada por poucos a verdade da fé às diversas nações, foram instruídos alguns para que falassem *em várias línguas*, como se diz nos Atos: *Todos foram cheios do Espírito Santo, e começaram a falar em várias línguas, como o Espírito Santo lhes dava de falar*[270].

Entretanto, porque a palavra proposta precisa de confirmação para ser recebida, a

---

[264] Sabedoria 7,27.28.
[265] Eclesiástico 15,5 (Vulgata).
[266] Sabedoria 7,17.
[267] 2 Crônicas 1,12.
[268] Isaías 50,4.
[269] Lucas 21,15.
[270] Atos 2,4.

manifestus; ea autem quae sunt fidei, sunt humanae rationi immanifesta: necessarium fuit aliquid adhiberi quo confirmaretur sermo praedicantium fidem. Non autem confirmari poterat per aliqua principia rationis, per modum demonstrationis: cum ea quae sunt fidei, rationem excedant. Oportuit igitur aliquibus indiciis confirmari praedicantium sermonem quibus manifeste ostenderetur huiusmodi sermonem processisse a Deo, dum praedicantes talia operarentur, sanando infirmos, et alias virtutes operando, quae non posset facere nisi Deus. Unde Dominus, discipulos ad praedicandum mittens, dixit, matth. Cap. 10,8: infirmos curate, mortuos suscitate, leprosos mundate, Daemones eiicite. Et marci ult. Dicitur: illi autem profecti praedicaverunt ubique, Domino cooperante, et sermonem confirmante sequentibus signis.

Fuit autem et alius confirmationis modus: ut, dum praedicatores veritatis vera invenirentur dicere de occultis quae postmodum manifestari possunt, eis crederetur vera dicentibus de his quae homines experiri non possunt. Unde necessarium fuit donum prophetiae, per quod futura, et ea quae communiter homines latent, Deo revelante, possent cognoscere et aliis indicare: ut sic, dum in his invenirentur vera dicere, in his quae sunt fidei eis crederetur. Unde apostolus dicit I Cor. 14,24 si omnes prophetent, intret autem quis infidelis vel idiota convincitur ab omnibus, diiudicatur ab omnibus: occulta enim cordis eius manifesta fiunt, et ita cadens in faciem adorabit Deum, pronuntians quod Deus vere in vobis sit.

Non autem per hoc prophetiae donum sufficiens testimonium fidei adhiberetur, nisi esset de his quae a solo Deo cognosci possunt:

menos que seja por si mesma manifesta, e as coisas que são da fé, não são manifestas à razão humana, foi necessário empregar-se alguma coisa pela qual se confirmasse a palavra dos que pregavam a fé. Ora, não poderia ser confirmada por alguns princípios da razão, pelo modo de demonstração, uma vez que as coisas que são de fé, excedem a razão. Portanto, foi necessário que a palavra dos que pregavam se confirmasse *por alguns sinais* pelos quais se mostrasse manifestamente que tal palavra procedia de Deus, enquanto os pregadores tais coisas operavam, sarando os enfermos, e operando outras virtudes, que não poderia fazer senão Deus. Donde, o Senhor, enviando os discípulos a pregar, disse: *Curai os enfermos, ressuscitai os mortos, limpai os leprosos, expulsai os demônios*[271]. E em Marcos se diz: *Partindo, eles pregaram por toda parte, cooperando o Senhor, e confirmando a palavra pelos sinais que se seguiam*[272].

Houve também um outro modo de confirmação, para que, quando os pregadores da verdade buscassem dizer o verdadeiro a respeito de coisas ocultas que podiam depois ser manifestadas, se acreditasse que eles diziam o verdadeiro sobre as coisas que os homens não podiam experimentar. Donde, foi necessário o dom da *profecia*, com o qual, Deus revelando, pudessem conhecer e a outros indicar as coisas futuras e as que comumente estão ocultas aos homens, de modo que, assim, enquanto se comprovasse que eles diziam a verdade, se acreditaria nas coisas que eram de fé. Donde diz o Apóstolo: *Se profetizarem todos, entra um infiel ou não iniciado, ele é arguido por todos, é julgado por todos. As coisas ocultas de seu coração se tornam manifestas, e assim, prostrando, adorará a Deus, confessando que Deus está verdadeiramente em vós*[273].

Entretanto, por esse dom de profecia, não se prestaria um testemunho suficiente de fé, a não ser que tratasse sobre coisas que só podem

---

[271] Mateus 10,8.
[272] Marcos 16,20.
[273] 1 Coríntios 14,24.

sicut et miracula talia sunt quod solus Deus ea potest operari.

Huiusmodi autem praecipue sunt in rebus inferioribus occulta cordium, quae solus Deus cognoscere potest, ut supra ostensum est; et futura contingentia, quae etiam soli divinae cognitioni subsunt, quia ea in seipsis videt, cum sint ei praesentia ratione suae aeternitatis, ut supra ostensum est. Possunt tamen aliqua futura contingentia etiam ab hominibus praecognosci: non quidem inquantum futura sunt, sed inquantum in causis suis praeexistunt; quibus cognitis, vel secundum seipsas, vel per aliquos effectus earum manifestos, quae signa dicuntur, de aliquibus effectibus futuris potest ab homine praecognitio haberi; sicut medicus praecognoscit mortem vel sanitatem futuram ex statu virtutis naturalis, quam cognoscit pulsu, urina, et huiusmodi signis.Huiusmodi autem cognitio futurorum partim quidem certa est: partim vero incerta.

Sunt enim quaedam causae praeexistentes ex quibus futuri effectus ex necessitate consequuntur: sicut, praeexistente compositione ex contrariis in animali, ex necessitate sequitur mors. Quibusdam vero causis praeexistentibus, sequuntur futuri effectus non ex necessitate, sed ut frequenter: sicut ex semine hominis in matricem proiecto, ut in pluribus, sequitur homo perfectus; quandoque tamen monstra generantur, propter aliquod impedimentum superveniens operationi naturalis virtutis. Primorum igitur effectuum praecognitio certa habetur: horum autem qui posterius dicti sunt, non est praecognitio infallibiliter certa.

Praecognitio autem quae de futuris habetur ex revelatione divina, secundum gratiam prophetalem, est omnino certa: sicut et divina praecognitio est certa. Non enim Deus praecognoscit futura solum prout sunt in suis causis, sed infallibiliter, secundum quod sunt

ser conhecidas por Deus, como também *os milagres* que são tais que só Deus os pode fazer.

Essas coisas ocultas dos corações que só Deus pode conhecer estão principalmente nas coisas inferiores, como foi mostrado[274], e os futuros contingentes, que são sujeitos também apenas ao conhecimento de Deus, porque os vê em si mesmo, dado que lhe são presentes em razão de sua eternidade, como foi mostrado[275]. Entretanto, alguns futuros contingentes podem ser também pré-conhecidos pelos homens, não, certamente, enquanto são futuros, mas enquanto preexistem em suas causas, que conhecidas, ou em si mesmas, ou em alguns efeitos seus manifestos, que se dizem sinais; por eles o homem pode ter uma pré-cognição de alguns efeitos futuros, como, por exemplo, o médico pré-conhece a morte ou a saúde futura pelo estado da disposição natural, que conhece pelo pulso, urina, e semelhantes sinais. Ora, semelhante conhecimento dos futuros é, em parte, certo, e em parte incerto.

Há, com efeito, certas causas pré-existentes das quais seguem por necessidade efeitos futuros; por exemplo, preexistindo a composição de contrários no animal, segue-se por necessidade a morte. Mas, de algumas causas preexistentes seguem-se efeitos futuros não por necessidade, mas como frequentemente; por exemplo, do sêmen do homem, lançado no útero, na maioria das vezes, segue-se o homem perfeito, mas às vezes geram-se monstros, por causa de algum impedimento superveniente à operação da disposição natural. O pré-conhecimento dos efeitos primeiros, portanto, tem-se certo; dos que, porém, são mencionados posteriormente, não há pré-conhecimento infalivelmente certo.

Ora, o pré-conhecimento que se tem dos futuros por revelação divina, segundo a graça da profecia, é totalmente certo, assim como é certo o pré-conhecimento divino. Com efeito, Deus não pré-conhece os futuros somente enquanto estão em suas causas, mas infalivel-

---

[274] Livro I, cap. 68.
[275] Cf. cap. 67.

in seipsis, sicut superius ostensum est. Unde et cognitio prophetica per eundem modum datur homini de futuris cum certitudine perfecta. Nec tamen haec certitudo repugnat contingentiae futurorum, sicut nec certitudo scientiae divinae, ut supra ostensum est.

Revelantur tamen aliquando aliqui futuri effectus prophetis, non secundum quod sunt in seipsis, sed secundum quod sunt in causis suis. Et tunc nihil prohibet, si causae impediantur ne perveniant ad suos effectus, quin etiam prophetae praenuntiatio immutetur: sicut Isaias praenuntiavit ezechiae aegrotanti, dispone domui tuae, quia morieris et non vives, qui tamen sanatus est; et ionas propheta praenuntiavit quod post quadraginta dies Ninive subverteretur, nec tamen est subversa. Praenuntiavit igitur Isaias mortem futuram ezechiae secundum ordinem dispositionis corporis et aliarum causarum inferiorum ad istum effectum; et ionas subversionem Ninive secundum exigentiam meritorum; utrobique tamen aliter evenit secundum operationem Dei liberantis et sanantis.

Sic igitur prophetica denuntiatio de futuris sufficiens est fidei argumentum: quia, licet homines aliqua de futuris praecognoscant, non tamen de futuris contingentibus est praecognitio cum certitudine, sicut est praecognitio prophetiae. Etsi enim aliquando fiat prophetae revelatio secundum ordinem causarum ad aliquem effectum, simul tamen, vel postea, fit eidem revelatio de eventu futuri effectus, qualiter sit immutandus: sicut Isaiae revelata fuit sanatio ezechiae, et ionae liberatio Ninivitarum.

Maligni autem spiritus, veritatem fidei corrumpere molientes, sicut abutuntur operatione miraculorum ut errorem inducant et argumentum verae fidei debilitent, tamen non

mente, em si mesmos, como foi mostrado[276]. Donde também, pelo mesmo modo, o conhecimento profético é dado ao homem sobre os futuros, com certeza perfeita. Entretanto, essa certeza não repugna à contingência dos futuros, como tampouco a certeza da ciência divina, como foi mostrado[277].

Entretanto, às vezes, são revelados alguns efeitos futuros aos profetas, não em si mesmos, mas enquanto estão em suas causas. E então nada proíbe, se as causas são impedidas de chegarem a seus efeitos, que também seja mudada a prenunciação do profeta, como Isaías prenunciou a Ezequias doente: *Dispõe de tua casa, porque morrerás e não viverás*[278], e ele, porém, sarou; e o profeta Jonas prenunciou que, *depois de 40 dias, Nínive seria destruída*[279], mas ela não o foi. Portanto, Isaías prenunciou a morte futura de Ezequias segundo a ordem de disposição do corpo e de outras causas inferiores a este efeito, e Jonas, a destruição de Nínive, segundo a exigência dos méritos; em ambos os casos, porém, aconteceu de modo diferente, segundo a operação de Deus que liberta e sara.

Assim, pois, a manifestação profética sobre futuros é argumento suficiente de fé, porque, embora os homens pré-conheçam alguns futuros, não é, porém, o conhecimento, com certeza, dos futuros contingentes, como é o pré-conhecimento da profecia. Com efeito, embora algumas vezes se faça a revelação ao profeta segundo a ordem das causas para algum efeito, simultaneamente, porém, ou depois, se lhe faz a revelação de como se mudará o efeito do acontecimento futuro, como a Isaías foi revelada a cura de Ezequias, e a Jonas, a libertação dos Ninivitas.

Entretanto, os espíritos malignos, querendo corromper a verdade da fé, assim como abusam da operação de milagres para induzir em erro e enfraquecer o argumento da verdadeira

---

[276] Livro I, cap. 67.
[277] Ibidem.
[278] Isaías 38,1.
[279] Jonas 3,4.

vere miracula faciendo, sed ea quae hominibus miraculosa apparent, ut supra ostensum est: ita etiam abutuntur prophetica praenuntiatione, non quidem vere prophetando, sed praenuntiando aliqua secundum ordinem causarum homini occultarum, ut videantur futura praecognoscere in seipsis. Et licet ex causis naturalibus effectus contingentes proveniant, praedicti tamen spiritus, subtilitate intellectus sui, magis possunt cognoscere quam homines quando et qualiter effectus naturalium causarum impediri possint: et ideo in praenuntiando futura mirabiliores et veraciores apparent quam homines quantumcumque scientes.

Inter causas autem naturales, supremae, et a cognitione nostra magis remotae, sunt vires caelestium corporum: quas praedictis spiritibus cognitas esse secundum proprietatem suae naturae, ex superioribus patet. Cum ergo omnia inferiora corpora secundum vires et motum superiorum corporum disponantur, possunt praedicti spiritus multo magis quam aliquis astrologus, praenuntiare ventos et tempestates futuras, corruptiones aeris, et alia huiusmodi quae circa mutationes inferiorum corporum accidunt ex motu superiorum corporum causata. Et licet caelestia corpora super partem intellectivam animae directe non possint imprimere, ut supra ostensum est, plurimi tamen sequuntur impetus passionum et inclinationes corporales, in quas efficaciam habere caelestia corpora manifestum est: solum enim sapientum, quorum parvus est numerus, est huiusmodi passionibus ratione obviare. Et inde est quod etiam de actibus hominum multa praedicere possunt: licet quandoque et ipsi in praenuntiando deficiant, propter arbitrii libertatem.

fé, não fazem verdadeiramente milagres, mas as coisas que parecem aos homens milagrosas, como foi mostrado[280]; assim, abusam, também, da manifestação profética, não certamente profetizando de verdade, mas prenunciando algumas coisas, segundo a ordem das causas ocultas ao homem, de modo que pareçam pré-conhecer as coisas futuras em si mesmas. E, embora os efeitos contingentes provenham de causas naturais, os mencionados espíritos, porém, pela sutileza de seu intelecto, podem conhecer mais que os homens quando e de qual modo os efeitos das causas naturais podem ser impedidos, e assim, prenunciando os futuros, pareçam mais admiráveis e verdadeiros que os homens, por mais sábios que sejam.

Ora, entre as causas naturais, as supremas, e mais afastadas de nosso conhecimento, são as forças dos corpos celestes, as quais são conhecidas aos mencionados espíritos segundo a propriedade de sua natureza, como se evidencia nas afirmações superiores[281]. Como, pois, todos os corpos inferiores são dispostos segundo as forças e movimento dos corpos superiores[282], podem os mencionados espíritos, muito mais que um astrólogo, prenunciar ventos e tempestades futuras, corrupções do ar, e outras coisas semelhantes que acontecem a respeito das mutações dos corpos inferiores, causadas pelo movimento dos corpos superiores. Embora os corpos celestes não possam influenciar diretamente sobre a parte intelectiva da alma, como foi mostrado[283], muitos, entretanto, seguem o ímpeto das paixões e as inclinações corporais, nas quais é manifesto que os corpos celestes têm eficácia, pois é próprio só dos sábios, cujo número é pequeno, opor-se pela razão a semelhantes paixões. E daí é que também podem predizer muitas coisas sobre os atos dos homens, embora às vezes também eles se enganem ao prenunciar, por causa da liberdade de arbítrio.

---

[280] Cf. cap. 103.
[281] Livro II, cap. 99.
[282] Cf. cap. 82.
[283] Cf. cap. 84.

Ea vero quae praecognoscunt, praenuntiant quidem non mentem illustrando, sicut fit in revelatione divina: non enim eorum intentio est ut mens humana perficiatur ad veritatem cognoscendam, sed magis quod a veritate avertatur. Praenuntiant autem quandoque quidem secundum imaginationis immutationem, vel in dormiendo, sicut cum per somnia aliquorum futurorum indicia monstrant; sive in vigilando, sicut in arreptitiis et phreneticis patet, qui aliqua futura praenuntiant; aliquando vero per aliqua exteriora indicia, sicut per motus et garritus avium, et per ea quae apparent in extis animalium, et in punctorum quorundam descriptione, et in similibus, quae sorte quadam fieri videntur; aliquando autem visibiliter apparendo, et sermone sensibili praenuntiando futura.

Et licet horum ultimum manifeste per malignos spiritus fiat, tamen alia quidam reducere conantur in aliquas causas naturales. Dicunt enim quod, cum corpus caeleste moveat ad aliquos effectus in istis inferioribus, ex eiusdem corporis impressione in aliquibus rebus illius effectus signa quaedam apparent: caelestem enim impressionem diversae res diversimode recipiunt. Secundum hoc ergo dicunt quod immutatio quae fit a corpore caelesti in aliqua re, potest accipi ut signum immutationis alterius rei. Et ideo dicunt quod motus qui sunt praeter deliberationem rationis, ut visa somniantium et eorum qui sunt mente capti, et motus et garritus avium, et descriptiones punctorum cum quis non deliberat quot puncta debeat describere, sequuntur impressionem corporis caelestis. Et ideo dicunt quod huiusmodi possunt esse signa effectuum futurorum qui ex motu caeli causantur.

Sed quia hoc modicam rationem habet, magis aestimandum est quod praenuntiationes quae ex huiusmodi signis fiunt, ab aliqua intellectuali substantia originem habeant, cuius virtute disponuntur praedicti motus praeter deliberationem existentes, secundum quod congruit observationi futurorum. Et

As coisas que pré-conhecem, prenunciam certamente, não ilustrando a mente, como se faz na revelação divina, pois sua intenção não é de que a mente humana se aperfeiçoe para conhecer a verdade, mas, antes, que se desvie da verdade. Prenunciam, contudo, às vezes segundo a mudança da imaginação, ou no dormir, como quando por sonhos mostram indícios de alguns futuros, ou durante a vigília, como se evidencia nos possessos e alucinados, os quais prenunciam alguns futuros; às vezes, porém, por alguns indícios exteriores, como pelo movimento e pios das aves, e pelo que aparece nas vísceras dos animais, e na descrição de alguns pontos, e em coisas semelhantes, que parecem fazer-se por alguma sorte, mas algumas vezes aparecendo visivelmente, e prenunciando por palavra sensível futuros.

Embora essas coisas sejam feitas claramente pelos espíritos malignos, entretanto, alguns esforçam-se por reduzi-las a causas naturais. Dizem, com efeito, que, como o corpo celeste produz alguns efeitos nos corpos inferiores, é pela influência do mesmo corpo em algumas coisas que aparecem sinais do seu efeito, pois coisas diversas recebem, a influência celeste de modo diverso. Segundo isso, portanto, dizem que a mudança que se faz pelo corpo celeste em alguma coisa, pode ser entendida como sinal da mudança de outra coisa. E, assim, dizem que seguem a influência do corpo celeste os movimentos que existem fora da deliberação da razão, como as coisas que são vistas pelos que sonham e pelos mentecaptos, e o movimento e pios das aves, e as descrições dos pontos, quando alguém não delibera quantos pontos deve descrever. E, por isso, dizem que essas coisas podem ser sinais de efeitos futuros, que são causados pelo movimento do céu.

Mas, porque isso tem pouco fundamento, há de se pensar melhor que os prenúncios, que se fazem por semelhantes sinais, provêm de alguma substância intelectual, por cuja virtude são dispostos os mencionados movimentos que ocorrem fora da deliberação, enquanto convém para observação dos futuros. Embo-

licet quandoque haec disponantur voluntate divina, ministerio bonorum spirituum, quia et a Deo multa per somnia revelantur, sicut Pharaoni et Nabuchodonosor; et sortes quae mittuntur in sinu, quandoque etiam a Domino temperantur, ut Salomon dicit: tamen plerumque ex operatione spirituum malignorum accidunt; ut et sancti doctores dicunt, et etiam ipsi gentiles censuerunt; dicit enim maximus valerius quod observatio auguriorum et somniorum et huiusmodi ad religionem pertinent, qua idola colebantur. Et ideo in veteri lege, simul cum idololatria, haec omnia prohibebantur: dicitur enim Deut. 18,9 ne imitari velis abominationes illarum gentium, quae scilicet idolis serviebant; nec inveniatur in te qui lustret filium suum aut filiam ducens per ignem; aut qui ariolos sciscitetur, et observet somnia atque auguria; nec sit maleficus neque incantator; neque qui Pythones consulat nec divinos, et quaerat a mortuis veritatem.

Attestatur autem praedicationi fidei prophetia per alium modum: inquantum scilicet aliqua fide tenenda praedicantur quae temporaliter aguntur, sicut nativitas Christi, passio et resurrectio, et huiusmodi; et ne huiusmodi ficta a praedicantibus esse credantur, aut casualiter evenisse, ostenduntur longe ante per prophetas praedicta. Unde apostolus dicit, Rom. 1,1 Paulus, servus Iesu Christi, vocatus apostolus, segregatus in evangelium Dei, (quod ante promiserat per prophetas suos in Scripturis sanctis) de filio suo, qui factus est ei ex semine David secundum carnem.

Post gradum autem illorum qui immediate revelationem a Deo recipiunt, est necessarius alius gratiae gradus. Quia enim homines revelationem a Deo accipiunt non solum pro

ra, às vezes, essas coisas sejam dispostas pela vontade divina, por ministério dos espíritos bons, porque também muitas coisas são reveladas em sonhos por Deus, como ao Faraó[284] e a Nabucodonosor[285], e como diz Salomão, *as sortes lançam-se no regaço, são decididas às vezes pelo Senhor*[286], entretanto, muitas vezes acontecem por operação dos espíritos malignos, como também dizem os santos doutores, e mesmo os próprios gentios julgaram, pois diz Máximo Valério[287] que a observação dos augúrios e sonhos e coisas semelhantes pertencem à religião, na qual os ídolos são celebrados. E assim na Lei Antiga, simultaneamente com a idolatria, todas essas coisas são proibidas, pois é dito no Deuteronômio: *Não queiras imitar as abominações daqueles povos*, a saber, que servem aos ídolos, *nem em ti se ache quem faça passar pelo fogo seu filho ou filha, ou quem se entregue às adivinhações, e observe os sonhos e augúrios, nem seja feiticeiro, nem encantador, nem quem consulte os espíritos nem adivinhos, e interrogue aos mortos a verdade*[288].

Ora, a profecia confirma a pregação da fé, de outro modo, ou seja, enquanto são pregadas coisas da fé a realizar-se temporalmente, como o nascimento de Cristo, a paixão e a ressurreição, e coisas semelhantes, e para que essas coisas não sejam como inventadas pelos pregadores, ou terem acontecidas por acaso, mostra-se que foram preditas, muito tempo antes, pelos profetas. Donde diz o Apóstolo em Romanos: *Paulo, servo de Jesus Cristo, chamado apóstolo, separado para o evangelho de Deus (o que antes prometera pelos seus profetas nas santas Escrituras) sobre seu filho, que lhe foi feito do sêmen de Davi, segundo a carne*[289].

Depois do grau dos que imediatamente recebem a revelação por Deus, é necessário outro grau de graça. Com efeito, porque os homens recebem de Deus a revelação não

---

[284] Gênese 41,25.
[285] Daniel 2,28.
[286] Provérbios 16,33.
[287] Valério Máximo (séc. I a.C.-séc. I d.C.), em Fatos e Ditos Memoráveis I, 1.
[288] Deuteronômio 18,9.
[289] Romanos 1,1

apenas para o tempo presente, mas também para a instrução de todos os tempos futuros, foi necessário que não só as coisas que a eles são reveladas, fossem narradas em palavra aos presentes, mas também fossem escritas para instrução dos homens futuros. Donde, também foi necessário que houvesse alguns que *interpretassem* semelhantes escritos. O que é necessário ser pela graça divina, assim como a própria revelação foi dada pela graça de Deus. Donde também se diz: *Por acaso a interpretação não é de Deus?*[290]

Segue-se ainda um último grau, a saber, daqueles que creem fielmente naquelas coisas que a outros são reveladas e por outros interpretadas. Ora, que isso é um dom de Deus foi mostrado anteriormente[291].

Entretanto, porque são feitas pelos espíritos malignos algumas coisas semelhantes àquelas pelas quais a fé é confirmada, tanto na operação de sinais quanto na revelação dos futuros, como foi dito, é necessário, para que os homens, enganados por semelhantes coisas, não acreditassem na mentira, que fossem instruídos, com a ajuda da graça divina, para *discernir tais espíritos*, segundo se diz: *Não acrediteis em todo espírito, mas provai os espíritos, se são de Deus*[292].

Esses efeitos da graça, ordenados para a instrução e confirmação da fé, o Apóstolo enumera, dizendo: *A uns o Espírito dá a palavra da sabedoria, a outros a palavra da ciência, segundo o mesmo Espírito; a outros a fé, no mesmo Espírito; a outros a graça das curas, no mesmo Espírito, a outros a operação das virtudes, a outros a profecia, a outros o discernimento dos espíritos, a outros os gêneros das línguas, a outros a interpretação das palavras*[293].

Por isso também é excluído o erro de alguns Maniqueus, que dizem que os milagres corporais não são feitos por Deus. Simultaneamente, também, se exclui o erro daqueles

---

[290] Gênese 40, 8.
[291] Cf. cap. 152.
[292] 1 João 4,1.
[293] 1 Coríntios 12,8-10.

dicunt prophetas non esse spiritu Dei locutos. Excluditur etiam error Priscillae et montani, qui dicebant prophetas, tanquam arreptitios, non intellexisse quae loquebantur. Quod divinae revelationi non congruit, secundum quam mens principalius illuminatur.

In praemissis autem gratiae effectibus consideranda est quaedam differentia. Nam etsi omnibus gratiae nomen competat, quia gratis, absque praecedenti merito, conferuntur; solus tamen dilectionis effectus ulterius nomen gratiae meretur ex hoc quod gratum Deo facit: dicitur enim Proverb. 8,17: ego diligentes me diligo. Unde fides et spes, et alia quae ad fidem ordinantur, possunt esse in peccatoribus, qui non sunt Deo grati: sola autem dilectio est proprium donum iustorum, quia qui manet in caritate, in Deo manet, et Deus in eo, ut dicitur I Ioan. 4,16.

Est autem et alia differentia in praedictis effectibus gratiae consideranda. Nam quidam eorum sunt ad totam vitam hominis necessarii, utpote sine quibus salus esse non potest: sicut credere, sperare, diligere, et praeceptis Dei obedire. Et ad hos effectus necesse est habituales quasdam perfectiones hominibus inesse, ut secundum eas agere possint cum fuerit tempus. Alii vero effectus sunt necessarii, non per totam vitam, sed certis temporibus et locis: sicut facere miracula, praenuntiare futura, et huiusmodi. Et ad hos non dantur habituales perfectiones, sed impressiones quaedam fiunt a Deo quae cessant actu cessante, et eas oportet iterari cum actus iterari fuerit opportunum: sicut prophetae mens in qualibet revelatione novo lumine illustratur; et in qualibet miraculorum operatione oportet adesse novam efficaciam divinae virtutis.

que dizem que os profetas não falaram pelo Espírito de Deus. Exclui-se também o erro de Priscila e Montano[294], que diziam que os profetas, como os possessos, não entendiam o que falavam. O que não concorda com a revelação divina, segundo a qual a mente é, antes de tudo, iluminada.

Entretanto, deve-se considerar certa diferença nos mencionados efeitos da graça. Com efeito, embora a todos convenha o nome de *graça*, porque *gratuitos*, são conferidos sem mérito precedente, mas somente o efeito do amor merece o nome de graça, porque *faz grato a Deus*, pois diz-se: *Eu amo os que me amam*[295]. Donde a fé e a esperança, e outras coisas que se ordenam à fé, podem estar nos pecadores, que não são gratos a Deus, mas só o amor é dom próprio dos justos, *porque quem permanece na caridade, em Deus permanece, e Deus nele*[296].

Há, também, uma outra diferença a ser considerada nos mencionados efeitos. De fato, alguns deles são necessários para toda a vida do homem, de modo que sem eles não pode dar-se a salvação, como crer, esperar, amar e obedecer aos preceitos de Deus. E para esses efeitos é necessário haver nos homens algumas perfeições habituais, de modo que, segundo elas, possam agir, quando for o tempo. Já outros efeitos são necessários, não para toda a vida, mas em certos tempos e lugares, como fazer milagres, prenunciar coisas futuras, e semelhantes. E para esses não são dadas perfeições habituais, mas algumas impressões são feitas por Deus, que cessam, cessando o ato, e é necessário repeti-las quando for oportuno repetir os atos, como a mente do profeta é, em qualquer revelação, ilustrada por nova luz, e em qualquer operação de milagres é necessário estar presente nova eficácia da virtude divina.

---

[294] Montano (157-212), religioso frígio, fundador do movimento chamado Montanismo que se estendeu por toda a Ásia. Dizia-se profeta. Duas mulheres que o acompanhavam, Priscila (ou Prisca) e Maximila, afirmavam que o Espírito Santo falava através delas. Cf. Eusébio de Cesareia (263-337), em sua História Eclesiástica.
[295] Provérbios 8,17.
[296] 1 João 4,16.

Capitulum CLV
Quod homo indiget auxilio gratiae ad perseverandum in bono

Indiget etiam homo divinae gratiae auxilio ad hoc quod perseveret in bono.

Omne enim quod de se est variabile, ad hoc quod figatur in uno, indiget auxilio alicuius moventis immobilis. Homo autem variabilis est et de malo in bonum, et de bono in malum. Ad hoc igitur quod immobiliter perseveret in bono, quod est perseverare, indiget auxilio divino.

Adhuc. Ad illud quod excedit vires liberi arbitrii, indiget homo auxilio divinae gratiae. Sed virtus liberi arbitrii non se extendit ad hunc effectum qui est perseverare finaliter in bono. Quod sic patet. Potestas enim liberi arbitrii est respectu eorum quae sub electione cadunt. Quod autem eligitur, est aliquod particulare operabile. Particulare autem operabile est quod est hic et nunc. Quod igitur cadit sub potestate liberi arbitrii, est aliquid ut nunc operandum. Perseverare autem non dicit aliquid ut nunc operabile, sed continuationem operationis per totum tempus. Iste igitur effectus qui est perseverare in bono, est supra potestatem liberi arbitrii. Indiget igitur homo ad perseverandum in bono auxilio divinae gratiae.

Amplius. Licet homo per voluntatem et liberum arbitrium sit Dominus sui actus, non tamen est Dominus suarum naturalium potentiarum. Et ideo, licet liber sit ad volendum vel ad non volendum aliquid, non tamen volendo facere potest quod voluntas in eo quod vult, ad id quod vult vel eligit immobiliter se habeat. Hoc autem requiritur ad perseverantiam: ut scilicet voluntas in bono immobiliter permaneat. Perseverantia igitur non est in potestate liberi arbitrii. Oportet igitur adesse homini auxilium divinae gratiae ad hoc ut perseveret.

Praeterea. Si sunt plura agentia successive, quorum scilicet unum agat post actionem alterius; continuitas actionis istorum non potest causari ex aliquo uno ipsorum, quia nullum eorum semper agit; nec ex omnibus, quia non

Capítulo 155
O homem precisa do auxílio da graça para perseverar no bem

O homem necessita também do auxílio da graça para perseverar no bem.

Com efeito, tudo aquilo que é de si variável, para que se fixe numa coisa só, precisa do auxílio de algum motor imóvel. Ora, o homem é variável, do mal para o bem e do bem para o mal. Portanto, para que persevere imovelmente no bem, o que é *perseverar*, precisa do auxílio divino.

Ainda. Para aquilo que excede as forças do livre-arbítrio, precisa o homem do auxílio da graça divina. Mas, a virtude do livre-arbítrio não se estende ao efeito que é perseverar finalmente no bem. O que assim se evidencia. Com efeito, o poder do livre-arbítrio versa sobre aquelas coisas que caem sob escolha. Ora, o que se escolhe, é um particular operável. E o particular operável é o que é aqui e agora. Portanto, o que cai sob o poder do livre-arbítrio é algo para ser operado agora. Ora, perseverar não significa algo operável agora, mas a continuação da operação por todo o tempo. Portanto, este efeito que é perseverar no bem, está acima do poder do livre-arbítrio. Logo, o homem precisa, para perseverar no bem, do auxílio da graça divina.

Ademais. Embora o homem seja senhor de seu ato, pela vontade e livre-arbítrio, não é, porém, senhor de suas potências naturais. E assim, embora seja livre para querer ou não querer uma coisa, não pode fazer, ao querer, que a vontade se mantenha imóvel com relação àquilo que quer ou escolhe. Ora, isso se requer para a perseverança, ou seja, que a vontade permaneça no bem imovelmente. Portanto, a perseverança não está em poder do livre-arbítrio. É necessário, pois, estar presente no homem o auxílio da graça divina para que persevere.

Além disso. Se há sucessivamente vários agentes, isto é, dos quais um age após a ação do outro, a continuidade da ação desses não pode ser causada só por um deles, porque nenhum deles age sempre, nem por todos,

simul agunt; unde oportet quod causetur ab aliquo superiori quod semper agat: sicut Philosophus probat, in VIII phys., quod continuitas generationis in animalibus causatur ab aliquo superiori sempiterno. Ponamus autem aliquem perseverantem in bono. In eo igitur sunt multi motus liberi arbitrii tendentes in bonum, sibi invicem succedentes usque ad finem. Huius igitur continuationis boni, quod est perseverantia, non potest esse causa aliquis istorum motuum: quia nullus eorum semper durat. Nec omnes simul: quia non simul sunt, non possunt igitur simul aliquid causare. Relinquitur ergo quod ista continuatio causetur ab aliquo superiori. Indiget igitur homo auxilio superioris gratiae ad perseverandum in bono.

Item. Si sint multa ordinata ad unum finem, totus ordo eorum quousque pervenerint ad finem, est a primo agente dirigente in finem. In eo autem qui perseverat in bono, sunt multi motus et multae actiones pertingentes ad unum finem. Oportet igitur quod totus ordo istorum motuum et actionum causetur a primo dirigente in finem. Ostensum est autem quod per auxilium divinae gratiae diriguntur in ultimum finem. Igitur per auxilium divinae gratiae est totus ordo et continuatio bonorum operum in eo qui perseverat in bono.

Hinc est quod dicitur ad philipp. 1,6: qui coepit in vobis opus bonum, perficiet usque in diem Iesu Christi; et I Petri ult.: Deus omnis gratiae, qui vocavit nos in aeternum gloriam suam, modicum passos ipse perficiet, confirmabit solidabitque. Inveniuntur etiam in sacra Scriptura multae orationes quibus a Deo petitur perseverantia: sicut in Psalmo, perfice gressus meos in semitis tuis, ut non moveantur vestigia mea; et II ad Thess. 2,16, Deus, pater noster, exhorte-

porque não agem simultaneamente; donde é necessário que seja causada por um agente superior, que aja sempre, como prova o Filósofo[297] que a continuidade da geração nos animais é causada por um superior sempiterno. Ora, suponhamos alguém perseverando no bem. Nele, portanto, há muitos movimentos do livre-arbítrio tendentes ao bem, sucedendo-se mutuamente até o fim. Dessa continuidade do bem, que é a perseverança, não pode ser causa algum desses movimentos, porque nenhum deles dura para sempre. Nem todos simultaneamente, porque não ocorrem simultaneamente; não podem, portanto, causar algo ao mesmo tempo. Resta, pois, que essa continuidade seja causada por algo superior. Portanto, o homem precisa do auxílio da graça superior, para perseverar no bem.

Igualmente. Se muitas coisas são ordenadas a um único fim, toda a ordem delas provém do primeiro agente que dirige para o fim. Naquele, porém, que persevera no bem, há muitos movimentos e muitas ações pertencentes a um único fim. É necessário, portanto, que toda a ordem desses movimentos e ações seja causada pelo primeiro agente que dirige para o fim. Ora, foi mostrado[298] que são dirigidos para o fim último pelo auxílio da graça divina. Logo, pelo auxílio da graça divina, toda a ordem e continuidade das boas obras estão naquele que persevera no bem.

Daí é que se diz: *Quem começou em vós a boa obra, que a aperfeiçoe até o dia de Jesus Cristo*[299], e em Pedro: *Deus de toda graça, que nos chamou para sua glória na eternidade, aperfeiçoará, depois de breves sofrimentos, confirmará e solidificará*[300].

Acham-se também na Sagrada Escritura muitas orações nas quais se pede a Deus a perseverança, como no Salmo: *Completa meus passos nos teus caminhos, de modo que não se desviem meus vestígios*[301], e: *Deus, nosso pai,*

---

[297] Aristóteles (384-322 a.C.), em Física VIII, 6, 258b, 32- 259a, 8.
[298] Cf. cap. 147.
[299] Filipenses 1,6.
[300] 1 Pedro 5,10.
[301] Salmos 16,5.

tur corda vestra, et confirmet in omni opere et sermone bono. Hoc etiam ipsum in oratione dominica petitur, maxime cum dicitur, adveniat regnum tuum: non enim nobis adveniet regnum Dei nisi in bono fuerimus perseverantes. Derisorium autem esset aliquid a Deo petere cuius ipse dator non esset. Est igitur perseverantia hominis a Deo.

Per hoc autem excluditur error pelagianorum, qui dixerunt quod ad perseverandum in bono sufficit homini liberum arbitrium, nec ad hoc indiget auxilio gratiae.

Sciendum tamen est quod, cum etiam ille qui gratiam habet, petat a Deo ut perseveret in bono; sicut liberum arbitrium non sufficit ad istum effectum qui est perseverare in bono, sine exteriori Dei auxilio, ita nec ad hoc sufficit aliquis habitus nobis infusus. Habitus enim qui nobis infunduntur divinitus, secundum statum praesentis vitae, non auferunt a libero arbitrio totaliter mobilitatem ad malum: licet per eos liberum arbitrium aliqualiter stabiliatur in bono. Et ideo, cum dicimus hominem indigere ad perseverandum finaliter auxilio gratiae, non intelligimus quod, super gratiam habitualem prius infusam ad bene operandum, alia desuper infundatur ad perseverandum: sed intelligimus quod, habitis omnibus habitibus gratuitis, adhuc indiget homo divinae providentiae auxilio exterius gubernantis.

Capitulum CLVI
Quod ille qui decidit a gratia per peccatum, potest iterum per gratiam reparari

Ex his autem apparet quod per auxilium gratiae homo, etiam si non perseveraverit, sed in peccatum ceciderit, potest reparari ad bonum.

Eiusdem enim virtutis est continuare salutem alicuius, et interruptam reparare: sicut enim per virtutem naturalem continuatur sanitas in corpore, ita per eandem virtutem

exorte os vossos corações, e confirme em toda obra e boa palavra[302]. Isso mesmo se pede também na oração dominical, sobretudo quando se diz: *Venha o vosso reino*[303], pois não nos virá a nós o reino de Deus a não ser que perseveremos no bem. Ora, seria ridículo pedir algo de Deus de que ele não fosse o doador. Portanto, a perseverança do homem vem de Deus.

Por isso, também se exclui o erro dos Pelagianos, que disseram que para perseverar no bem basta ao homem o livre-arbítrio, não precisa para isso do auxílio da graça.

Entretanto, deve-se saber que, quando mesmo aquele que tem a graça, pede de Deus que persevere no bem, e como o livre-arbítrio não é suficiente para esse efeito que é perseverar no bem, sem o auxílio exterior de Deus, também não é suficiente algum hábito infuso em nós. Com efeito, os hábitos que nos são infusos divinamente, segundo o estado da presente vida, não retiram do livre-arbítrio, totalmente, a propensão para o mal, embora por eles, de certo modo, o livre-arbítrio é estabilizado no bem. E assim, quando dizemos que o homem necessita, para perseverar até o fim, do auxílio da graça, não entendemos que, sobre a graça habitual antes infusa para bem agir, outra seja infusa ainda para perseverar, mas entendemos que, possuídos todos os hábitos gratuitos, ainda necessita o homem do auxílio da providência divina, que governa exteriormente.

Capítulo 156
Aquele que se afastou da graça pelo pecado pode novamente ser reparado pela graça

Dessas afirmações, fica claro que, pelo auxílio da graça, o homem, mesmo que não perseverar, mas cair em pecado, pode ser reparado para o bem.

Com efeito, é próprio da virtude continuar a salvação de alguém, e reparar a interrompida, pois assim como pela virtude natural continua a saúde no corpo, assim, pela mesma virtude

---

[302] 2 Tessalonicenses 2,16.
[303] Mateus 6,10.

naturalem sanitas interrupta reparatur. Homo autem perseverat in bono auxilio divinae gratiae, ut ostensum est. Igitur, si per peccatum lapsus fuerit, eiusdem gratiae auxilio poterit reparari.

Adhuc. Agens quod non requirit dispositionem in subiecto, potest suum effectum imprimere in subiectum qualitercumque dispositum: et propter hoc Deus, qui in agendo non requirit subiectum dispositum, potest absque dispositione subiecti formam naturalem inducere; utpote dum caecum illuminat, mortuum vivificat, et sic de similibus. Sed sicut non requirit dispositionem naturalem in subiecto corporeo, ita non requirit meritum in voluntate ad gratiam conferendam: quia sine meritis datur, ut ostensum est. Ergo gratiam gratum facientem, per quam peccata tolluntur, Deus alicui conferre potest etiam postquam a gratia cecidit per peccatum.

Amplius. Haec sola homo recuperare amissa non potest quae per generationem ei adveniunt, sicut potentias naturales et membra: eo quod homo non potest iterum generari. Auxilium autem gratiae datur homini non per generationem, sed postquam iam est. Potest igitur post amissionem gratiae per peccatum, iterum reparari ad peccata delenda.

Item. Gratia est quaedam habitualis dispositio in anima, ut ostensum est. Sed habitus acquisiti per actus, si amittantur, possunt iterum reacquiri per actus per quos acquisiti sunt. Multo igitur magis gratia Deo coniungens et a peccato liberans, si amittatur, divina operatione reparari potest.

Praeterea. In operibus Dei non est aliquid frustra, sicut nec in operibus naturae: hoc enim et natura habet a Deo. Frustra autem aliquid moveretur, nisi posset pervenire ad finem motus. Necessarium est ergo quod id

natural, a saúde interrompida é reparada. Ora, o homem persevera no bem com o auxílio da graça divina, como foi mostrado[304]. Portanto, se houve a queda pelo pecado, pelo auxílio da mesma graça, pode ser reparado.

Ainda. O agente que não requer a disposição no sujeito, pode imprimir seu efeito no sujeito disposto de qualquer maneira, e por causa disso Deus, que no agir não requer um sujeito disposto, pode, sem disposição do sujeito, induzir a forma natural, por exemplo, quando ilumina a um cego, dá vida a um morto, e assim por diante. Mas, assim como não requer a disposição natural num sujeito corpóreo, assim também não requer o mérito na vontade para conferir a graça, porque ela é dada sem méritos, como foi mostrado[305]. Logo, a graça gratificante, pela qual os pecados são tirados, Deus pode conferir a alguém, mesmo depois que se afastou da graça pelo pecado.

Ademais. O homem só não pode recuperar as coisas perdidas que lhe advêm pela geração, como as potências naturais e os membros, porquanto o homem não pode ser novamente gerado[306]. Ora, o auxílio da graça divina é dado ao homem não pela geração, mas depois que já existe. Portanto, pode, após a perda da graça pelo pecado, ser de novo reparado, para destruição dos pecados.

Igualmente. A graça é certa disposição habitual na alma, como foi mostrado[307]. Mas, os hábitos adquiridos pelos atos, se são perdidos, podem de novo ser reparados pelos atos pelos quais foram adquiridos. Portanto, muito mais pode ser reparada, por operação divina, a graça que une a Deus e liberta do pecado, se é perdida.

Além disso. Nas obras de Deus não há nada em vão, como tampouco nas obras da natureza[308], pois isso também a natureza tem de Deus. Ora, uma coisa se moveria em vão, se não pudesse chegar ao fim do movimen-

---

[304] Cf. capítulo anterior.
[305] Cf. cap. 149.
[306] Cf. cap. 144.
[307] Cf. cap. 150.
[308] Aristóteles (384-322 a.C.), em Sobre o Céu e o Mundo I, 4, 271a, 33.

quod natum est moveri ad aliquem finem, sit possibile venire in finem illum. Sed homo postquam in peccatum cecidit, quandiu status huius vitae durat, remanet in eo aptitudo ut moveatur ad bonum: cuius signa sunt desiderium de bono, et dolor de malo, quae adhuc in homine remanent post peccatum. Est igitur possibile hominem post peccatum iterum redire ad bonum quod gratia in homine operatur.

Amplius. Nulla potentia passiva invenitur in rerum natura quae non possit reduci in actum per aliquam potentiam activam naturalem. Multo igitur minus est aliqua potentia in anima humana quae non sit reducibilis in actum per potentiam activam divinam. Manet autem in anima humana, etiam post peccatum potentia ad bonum: quia per peccatum non tolluntur potentiae naturales, quibus anima ordinatur ad suum bonum. Potest igitur per divinam potentiam reparari in bono. Et sic auxilio gratiae homo potest consequi remissionem peccatorum.

Hinc est quod dicitur Isaiae 1,18, si fuerint peccata vestra ut coccinum, quasi nix dealbabuntur; et Proverb. 10,12, universa delicta operit caritas. Hoc etiam quotidie a Domino non frustra petimus, dicentes: dimitte nobis debita nostra.

Per hoc autem excluditur error Novatianorum, qui dixerunt quod de peccatis quae homo post baptismum peccat, homo veniam consequi non potest.

Capitulum CLVII
Quod homo a peccato liberari non potest nisi per gratiam

Ex eisdem etiam ostendi potest quod homo a peccato mortali resurgere non potest nisi per gratiam.

to. É necessário, pois, que o que é destinado a mover-se para um fim, tenha a possibilidade de vir a esse fim. Mas, o homem, depois que caiu em pecado, enquanto dura o estado desta vida, nele permanece a aptidão para mover-se ao bem, os sinais disso são o desejo do bem, e a dor do mal, que ainda permanecem no homem, após o pecado. Portanto, é possível que o homem, após o pecado, volte ao bem, que no homem é operado pela graça.

Ademais. Não há na natureza das coisas nenhuma potência passiva que não possa ser reduzida a ato por alguma potência ativa natural. Portanto, muito menos há alguma potência na alma humana que não seja reduzível a ato pela potência ativa divina. Ora, permanece na alma humana, mesmo depois do pecado, a potência para o bem, porque pelo pecado não são tiradas as potências naturais, pelas quais a alma se ordena a seu bem. Portanto, pode, pela potência divina, ser reparada no bem. E assim, pelo auxílio da graça, o homem pode alcançar a remissão dos pecados.

Daí é que se diz: *Se vossos pecados forem como escarlate, serão branqueados como a neve*[309], e: *A caridade cobre todos os delitos*[310]. Não pedimos em vão, todos os dias, ao Senhor, dizendo: *Perdoai-nos as nossas ofensas*[311].

Por isso, também se exclui o erro dos Novacianos[312], que disseram que dos pecados que o homem comete após o batismo, não pode alcançar o perdão.

Capítulo 157
O homem não pode ser libertado do pecado a não ser pela graça

Dessas afirmações também se pode mostrar que o homem não pode levantar-se do pecado mortal a não ser pela graça.

---

[309] Isaías 1,18.
[310] Provérbios 10,12.
[311] Mateus 6,12.
[312] Novaciano (séc. III), revoltado com a eleição do sacerdote Cornélio para papa inicia um cisma. Prega um rigorismo intransigente que vem a ser o Novacionismo. Cf. Santo Agostinho de Hipona (354-431), em Sobre as Heresias a Quodvultdeus, 38.

Per peccatum enim mortale homo ab ultimo fine avertitur. In ultimum autem finem homo non ordinatur nisi per gratiam. Per solam igitur gratiam homo potest a peccato resurgere.

Adhuc. Offensa non nisi per dilectionem tollitur. Sed per peccatum mortale homo Dei offensam incurrit: dicitur enim quod Deus peccatores odit, inquantum vult eos privare ultimo fine, quem his quos diligit praeparat. Non ergo homo potest a peccato mortali resurgere nisi per gratiam, per quam fit quaedam amicitia inter Deum et hominem. Ad hoc etiam induci possunt omnes rationes superius positae de gratiae necessitate.

Hinc est quod dicitur Isaiae 43,25: ego sum ipse qui deleo iniquitates tuas propter me; et in Psalmo: remisisti iniquitatem plebis tuae: operuisti omnia peccata eorum.

Per hoc autem excluditur error pelagianorum, qui dixerunt hominem posse a peccato resurgere per liberum arbitrium.

Capitulum CLVIII
Qualiter homo a peccato liberatur

Quia vero homo non potest ad unum oppositorum redire nisi recedat ab alio, ad hoc quod homo auxilio gratiae ad statum rectitudinis redeat, necessarium est quod a peccato, per quod a rectitudine declinaverat, recedat.

Et quia homo in ultimum finem dirigitur et ab eo avertitur praecipue per voluntatem, non solum necessarium est quod homo exteriori actu a peccato recedat, peccare desinens, sed etiam quod recedat voluntate, ad hoc quod per gratiam a peccato resurgat. Voluntate autem homo a peccato recedit dum et de praeterito poenitet, et futurum vitare proponit. Necessarium est igitur quod homo a peccato resurgens et de peccato praeterito

Com efeito, pelo pecado mortal, o homem desvia-se do fim último. Ora, o homem não se ordena ao fim último a não ser pela graça[313]. Logo, só pela graça pode o homem levantar-se do pecado.

Ainda. A ofensa não se tira senão pelo amor. Mas, pelo pecado mortal o homem incorre na ofensa de Deus, pois se diz que Deus *odeia os pecadores*[314], enquanto quer privá-los do fim último, para o qual prepara os que ama. Logo, o homem não pode levantar-se do pecado mortal a não ser pela graça, pela qual se faz certa amizade entre Deus e o homem. Para isso também podem ser aduzidas todas as razões sobre a necessidade da graça, acima expostas[315].

Daí é que se diz: *Sou eu mesmo que apago as tuas iniquidades por causa de mim*[316]; e no Salmo: *Perdoaste a iniquidade de teu povo, cobriste todos os seus pecados*[317].

Por isso também se exclui o erro dos Pelagianos, que disseram que o homem pode levantar-se do pecado pelo livre-arbítrio.

Capítulo 158
Como o homem é liberado do pecado

Uma vez que o homem não pode voltar-se a um dos opostos, se não se afasta do outro, para que, com o auxílio da graça divina, o homem volte ao estado de retidão, é necessário que se afaste do pecado, pelo qual abandonara a retidão.

E uma vez que o homem se dirige ao fim último e dele se afasta principalmente pela vontade, não só é necessário que ele, por um ato exterior, se afaste do pecado, desistindo de pecar, mas também que se afaste por vontade, para que pela graça se levante do pecado. Ora, pela vontade, o homem, se afasta do pecado, quer penitenciando-se do passado, quer propondo-se evitar o futuro. Portanto, é necessário que o homem, afastando-se do pecado, se

---

[313] Cf. cap. 147.
[314] Eclesiástico 12,3.7.
[315] Cf. cap. 147 ss.
[316] Isaías 43,25.
[317] Salmo 84,3.

poeniteat, et futura vitare proponat. Si enim non proponeret desistere a peccato, non esset peccatum secundum se contrarium voluntati. Si vero vellet desistere a peccato, non tamen doleret de peccato praeterito, non esset illud idem peccatum quod fecit, contrarium voluntati.

Est autem contrarius motus quo ab aliquo receditur, motui quo ad illud pervenitur: sicut dealbatio contraria est denigrationi. Unde oportet quod per contraria voluntas recedat a peccato his per quae in peccatum inclinata fuit. Fuit autem inclinata in peccatum per appetitum et delectationem circa res inferiores. Oportet igitur quod a peccato recedat per aliqua poenalia, quibus affligatur propter hoc quod peccavit: sicut enim per delectationem tracta fuit voluntas ad consensum peccati, sic per poenas confirmatur in abominatione peccati.

Item. Videmus quod etiam bruta animalia a maximis voluptatibus retrahuntur per dolores verberum. Oportet autem eum qui a peccato resurgit, non solum detestari peccatum praeteritum, sed etiam vitare futurum. Est igitur conveniens ut affligatur pro peccato, ut sic magis confirmetur in proposito vitandi peccata.

Praeterea. Ea quae cum labore et poena acquirimus, magis amamus, et diligentius conservamus: unde illi qui per proprium laborem acquirunt pecunias, minus eas expendunt quam qui sine labore accipiunt, vel a parentibus, vel quocumque alio modo. Sed homini resurgenti a peccato hoc maxime necessarium est ut statum gratiae et Dei amorem diligenter conservet, quem negligenter peccando amisit. Est ergo conveniens ut laborem et poenam sustineat pro peccatis commissis.

Adhuc. Ordo iustitiae hoc requirit ut peccato poena reddatur. Ex hoc autem quod ordo servatur in rebus, sapientia Dei gubernantis apparet. Pertinet igitur ad manifestationem divinae bonitatis et Dei gloriam quod pro

penitencie do pecado passado, e se proponha evitar os futuros. Com efeito, se não se propuser desistir do pecado, não seria pecado, em si, contrário à vontade. Se, contudo, quer desistir do pecado, mas não se arrepende do pecado passado, não será aquele mesmo pecado que fez, contrário à vontade.

O movimento pelo qual se afasta de uma coisa é contrário ao movimento pelo qual a ela se chega, como a ação de branquear é contrária à ação de escurecer. Donde é necessário que a vontade se afaste do pecado por atos contrários àqueles pelos quais se inclinou ao pecado. Ora, inclinou-se ao pecado pelo apetite e deleite das coisas inferiores. Logo, é necessário que se afaste do pecado por algumas penas, pelas quais é afligido por ter pecado, pois, como a vontade foi arrastada, pelo deleite, para o consentimento do pecado, assim seja confirmada, pelas penas, na abominação do pecado.

Igualmente. Vemos que também os animais irracionais são apartados dos máximos prazeres pelas dores do açoite. Ora, é necessário que aquele, que se levantou do pecado, não só deteste o pecado passado, mas também evite o futuro. Portanto, é conveniente que seja afligido por causa do pecado, de modo que, assim, mais se confirme no propósito de evitar os pecados.

Além disso. As coisas que adquirimos com esforço e sofrimento, mais amamos, e mais diligentemente conservamos; donde aqueles que, por próprio esforço, adquirem dinheiro, o gastam menos do que aqueles que receberam sem esforço, ou dos pais, ou de qualquer outro modo. Mas ao homem, que se levanta do pecado, é maximamente necessário que conserve diligentemente o estado de graça e o amor de Deus, que negligentemente perdeu, ao pecar. É, pois, conveniente que suporte o esforço e a pena pelos pecados cometidos.

Ainda. A ordem da justiça requer que a pena seja dada pelo pecado. Ora, pela ordem que se conserva nas coisas, fica clara a sabedoria de Deus que governa. Portanto, pertence à manifestação da bondade divina e glória de

peccato poena reddatur. Sed peccator peccando contra ordinem divinitus institutum facit, leges Dei praetergrediendo. Est igitur conveniens ut hoc recompenset in seipso puniendo quod prius peccaverat: sic enim totaliter extra inordinationem constituetur.

Per hoc ergo patet quod, postquam homo per gratiam remissionem peccati consecutus est, et ad statum gratiae reductus, remanet obligatus, ex Dei iustitia, ad aliquam poenam pro peccato commisso. Quam quidem poenam si propria voluntate a se exegerit, per hoc Deo satisfacere dicitur: inquantum cum labore et poena ordinem divinitus institutum consequitur, pro peccato se puniendo, quem peccando transgressus fuerat propriam voluntatem sequendo. — Si autem a se hanc poenam non exigat, cum ea quae divinae providentiae subiacent, inordinata remanere non possint, haec poena infligetur ei a Deo. Nec talis poena satisfactoria dicetur, cum non fuerit ex electione patientis: sed dicetur purgatoria, quia, alio puniente, quasi purgabitur, dum quicquid inordinatum fuit in eo, ad debitum ordinem reducetur.

Hinc est quod apostolus dicit, I ad Cor. 11,31 si nosmetipsos diiudicaremus, non utique iudicaremur: cum autem iudicamur, a Domino corripimur, ut non cum hoc mundo damnemur.

Considerandum tamen quod, cum mens a peccato avertitur, tam vehemens potest esse peccati displicentia, et inhaesio mentis ad Deum, quod non remanebit obligatio ad aliquam poenam. Nam, ut ex praedictis colligi potest, poena quam quis patitur post peccati remissionem, ad hoc necessaria est ut mens firmius bono inhaereat, homine per poenas castigato, poenae enim medicinae quaedam sunt; et ut etiam ordo iustitiae servetur, dum qui peccavit, sustinet poenam. Dilectio autem ad Deum sufficit mentem hominis firmare in bono, praecipue si vehemens fuerit: displicentia autem culpae praeteritae, cum fuerit intensa, magnum affert dolorem. Unde per

Deus que se dê uma pena pelo pecado. Mas o pecador, ao pecar, age contra a ordem divinamente instituída, andando fora das leis de Deus. É conveniente, pois, que compense, punindo em si mesmo o que antes pecara, e assim totalmente se situe fora da desordem.

Por isso se evidencia que o homem, depois que obteve a remissão do pecado pela graça, e voltou ao estado de graça, permanece obrigado, por justiça de Deus, a alguma pena pelo pecado cometido. E se se impuser uma pena, pela própria vontade (e por isso se diz que *satisfaz* a Deus), punindo-se assim pelo pecado com esforço e sofrimento, alcançará a ordem divinamente instituída, que, ao pecar, transgrediu seguindo a própria vontade. — Mas, se não se impuser essa pena, uma vez que as coisas que se sujeitam à providência divina, não podem permanecer desordenadas, tal pena lhe será infligida por Deus. Nem tal pena se diz *satisfatória*, quando não for da escolha de quem a sofre, mas se diz *purgativa*, porque, outro punindo, será como purgado, enquanto tudo de desordenado que estiver nele, será reduzido à ordem devida.

Daí é que diz o Apóstolo: *Se julgarmos a nós mesmos, não seremos julgados, mas se somos julgados, pelo Senhor seremos corrigidos, para não sermos condenados com este mundo*[318].

Entretanto, deve-se considerar que, quando a mente se desvia do pecado, tão veemente pode ser o desprezo do pecado, e a adesão a Deus, que não permanecerá a obrigação a alguma pena. Com efeito, como se pode concluir do que foi dito, a pena que alguém sofre após a remissão do pecado, é necessária para que a mente mais firmemente adira ao bem, punido o homem pelas penas, pois essas são remédios, e para que também se guarde a ordem da justiça, enquanto aquele que pecou, suporte a pena. Ora, o amor a Deus é suficiente para firmar a mente do homem no bem, sobretudo se for veemente, e o desprezo da culpa passada, quando for intenso, traz grande dor.

---

[318] 1 Coríntios 11,31,32.

vehementiam dilectionis Dei, et odii peccati praeteriti, excluditur necessitas satisfactoriae vel purgatoriae poenae: et, si non sit tanta vehementia quod totaliter poenam excludat, tamen, quanto vehementius fuerit, tanto minus de poena sufficiet.

Quae autem per amicos facimus, per nos ipsos facere videmur: quia amicitia ex duobus facit unum per affectum, et praecipue dilectio caritatis. Et ideo, sicut per seipsum, ita et per alium potest aliquis satisfacere Deo: praecipue cum necessitas fuerit. Nam et poenam quam amicus propter ipsum patitur, reputat aliquis ac si ipse pateretur: et sic poena ei non deest, dum patienti amico compatitur; et tanto amplius, quanto ipse est ei causa patiendi. Et iterum affectio caritatis in eo qui pro amico patitur, facit magis satisfactionem Deo acceptam quam si pro se pateretur: hoc enim est promptae caritatis, illud autem est necessitatis. Ex quo accipitur quod unus pro alio satisfacere potest, dum uterque in caritate fuerit. Hinc est quod apostolus dicit, Galat. 6,2: alter alterius onera portate, et sic adimplebitis legem Christi.

Donde, pela veemência do amor de Deus, e do ódio ao pecado passado, é excluída a necessidade da pena satisfatória ou purgativa, e, se não é tanta a veemência de modo a excluir totalmente a pena, entretanto, quanto mais veemente for, tanto menos pena será exigida.

As coisas que fazemos pelos amigos, parecem que para nós mesmos fazemos[319], porque a amizade de dois faz um só pelo afeto, e sobretudo o amor de caridade. E, como por si mesmo, assim também pode alguém satisfazer a Deus por outro, sobretudo quando houver necessidade. Com efeito, a pena que o amigo sofre por causa do outro, esse julga como se sofresse ele próprio, e assim a pena não lhe falta, enquanto é compartilhada com o amigo que sofre, e tanto mais, quanto ele próprio é para o outro causa de sofrer. E ademais o amor de caridade naquele que sofre pelo amigo, torna mais recebida a satisfação a Deus do que se por si mesmo sofresse, pois isto é próprio da caridade espontânea, já aquilo é próprio da necessidade. Disso se entende que um pode satisfazer por outro, enquanto um e outro estiverem na caridade. Daí é que o Apóstolo diz: *Carregue um os fardos do outro, e assim cumprireis a lei de Cristo*[320].

Capitulum CLIX
Quod rationabiliter homini imputatur si ad Deum non convertatur, quamvis hoc sine gratia non possit

Cum autem, sicut ex praemissis habetur, in finem ultimum aliquis dirigi non possit nisi auxilio divinae gratiae; sine qua etiam nullus potest habere ea quae sunt necessaria ad tendendum in ultimum finem, sicut est fides, spes, dilectio, et perseverantia: potest alicui videri quod non sit homini imputandum si praedictis careat; praecipue cum auxilium divinae gratiae mereri non possit, nec ad Deum converti nisi Deus eum convertat; nulli enim imputatur quod ab alio dependet. Quod si hoc

Capítulo 159
Racionalmente é imputado ao homem o não converter-se a Deus, embora o converter-se não possa ocorrer sem a graça

Uma vez que, como se tem das afirmações anteriores[321], alguém não pode dirigir-se ao fim último a não ser com o auxílio da graça divina, sem a qual também ninguém pode ter as coisas que são necessárias para tender ao fim último, como é a fé, a esperança, o amor, e a perseverança, pode parecer a alguém que não é de se imputar ao homem, se carece do que foi dito, sobretudo, quando não pode merecer o auxílio da graça divina, nem converter-se a Deus, a não ser que Deus o converta, pois a

---

[319] Aristóteles (384-322 a.C.), em Ética III, 5, 1112b, 22-23.
[320] Gálatas 6,2.
[321] Cf. cap. 147 ss.

concedatur, plura inconvenientia consequi manifestum est.

Sequetur enim quod ille qui fidem non habet, nec spem, nec dilectionem Dei, nec perseverantiam in bono, non sit poena dignus: cum expresse dicatur, ioann. 3,36: qui incredulus est filio, non videbit vitam, sed ira Dei manet super eum. — Et cum nullus ad beatitudinis finem sine praemissis perveniat, sequetur ulterius quod aliqui homines sint qui nec beatitudinem consequantur, nec poenam patiantur a Deo. Cuius contrarium ostenditur ex eo quod dicitur Matth. 25, quod omnibus in divino iudicio existentibus dicetur, venite, possidete paratum vobis regnum; vel, discedite in ignem aeternum.

Ad huius dubitationis solutionem considerandum est quod, licet aliquis per motum liberi arbitrii divinam gratiam nec promereri nec advocari possit, potest tamen seipsum impedire ne eam recipiat: dicitur enim de quibusdam, Iob 21,14, dixerunt Deo: recede a nobis, scientiam viarum tuarum nolumus; et iob 24,13, ipsi fuerunt rebelles lumini. Et cum hoc sit in potestate liberi arbitrii, impedire divinae gratiae receptionem vel non impedire, non immerito in culpam imputatur ei qui impedimentum praestat gratiae receptioni. Deus enim, quantum in se est, paratus est omnibus gratiam dare, vult enim omnes homines salvos fieri, et ad cognitionem veritatis venire, ut dicitur I ad Tim. 2,4: sed illi soli gratia privantur qui in seipsis gratiae impedimentum praestant; sicut, sole mundum illuminante, in culpam imputatur ei qui oculos claudit, si ex hoc aliquod malum sequatur, licet videre non possit nisi lumine solis praeveniatur.

ninguém se imputa o que de outro depende. Se se concede isso, é manifesto que se seguem muitos inconvenientes.

Com efeito, segue-se que aquele que não tem a fé, nem a esperança, nem o amor de Deus, nem a perseverança no bem, não é digno de pena, quando expressamente se diz: *Quem não crê no Filho, não verá a vida, mas sobre ele permanece a ira de Deus*[322]. — E como ninguém sem as mencionadas coisas chega ao fim da bem-aventurança, segue-se depois que há alguns homens que não alcançam nem a bem-aventurança, nem sofrem de Deus a pena. O contrário disso se mostra naquilo que é dito em Mateus, que se dirá no juízo divino a todos os viventes: *Vinde, possuí o reino preparado para vós*, ou: *Afastai-vos para o fogo eterno*[323].

Para a solução dessa dúvida, deve-se considerar que, embora alguém, pelo movimento do livre-arbítrio, não pode nem merecer nem exigir a graça divina, pode, entretanto, impedir-se a si mesmo de a receber, pois diz-se de alguns, em Jó: *Disseram a Deus: afasta de nós, não queremos o conhecimento de teus caminhos*[324]; e: *Eles foram rebeldes à luz*[325]. E como está em poder do livre-arbítrio, impedir a recepção da graça divina ou não impedir, não sem mérito imputa-se culpa àquele que põe impedimento à recepção da graça. Com efeito, Deus, quanto nele está, está preparado para dar a graça a todos, pois *quer que todos os homens se salvem, e venham ao conhecimento da verdade*[326], como se diz em Timóteo, mas só são privados da graça aqueles que oferecem em si mesmos impedimento à graça, assim como, iluminando o sol o mundo, imputa-se culpa àquele que fecha os olhos, se daí se segue algum mal, embora não possa ver se não conta com luz do sol.

---

[322] João 3,36.
[323] Mateus 25,34.41.
[324] Jó 21,14.
[325] Jó 24,13.
[326] 1 Timóteo 2,4.

Capitulum CLX
Quod homo in peccato existens sine gratia peccatum vitare non potest

Quod autem dictum est, in potestate liberi arbitrii esse ne impedimentum gratiae praestet, competit his in quibus naturalis potentia integra fuerit. Si autem per inordinationem praecedentem declinaverit ad malum, non erit omnino in potestate eius nullum impedimentum gratiae praestare. Etsi enim, ad aliquod momentum, ab aliquo peccati actu particulari possit abstinere propria potestate: si tamen diu sibi relinquitur, in peccatum cadet, per quod gratiae impedimentum praestatur.

Cum enim mens hominis a statu rectitudinis declinaverit, manifestum est quod recessit ab ordine debiti finis. Illud igitur quod deberet esse in affectu praecipuum, tanquam ultimus finis, efficitur minus dilectum illo ad quod mens inordinate conversa est sicut in ultimum finem. Quandocumque igitur occurrerit aliquid conveniens inordinato fini, repugnans autem fini debito, eligetur, nisi reducatur ad debitum ordinem, ut finem debitum omnibus praeferat, quod est gratiae effectus. Dum autem eligitur aliquid quod repugnat ultimo fini, impedimentum praestat gratiae, quae dirigit in finem. Unde manifestum est quod, post peccatum, non potest homo abstinere ab omni peccato, antequam per gratiam ad debitum ordinem reducatur.

Praeterea. Cum mens inclinata fuerit ad aliquid, non se iam habet aequaliter ad utrumque oppositorum, sed magis ad illud ad quod est inclinata. Illud autem ad quod mens magis se habet, eligit, nisi per rationis discussionem ab eo quadam sollicitudine abducatur: unde et in repentinis signum interioris habitus praecipue accipi potest. Non est autem possibile mentem hominis continue in ea vigilantia esse ut per rationem discutiat quicquid debet velle vel agere. Unde consequitur quod mens aliquando eligat id ad quod est inclinata, in-

Capítulo 160
O homem, que está em pecado, não pode, sem a graça, evitar o pecado

O que foi dito[327], a saber, que está no poder do livre-arbítrio não pôr impedimento à graça, corresponde àqueles nos quais estiver íntegra a potência natural. Entretanto, se por desordem precedente ele se inclinar para o mal, não estará totalmente em seu poder não pôr algum impedimento à graça. Com efeito, embora, momentaneamente, possa, para algum ato particular de pecado, abster-se do próprio poder, entretanto, se por muito tempo é deixado a si mesmo, cairá em pecado, e por isso haverá impedimento à graça.

Quando, pois, a mente do homem afastar-se do estado de retidão, é manifesto que se afastou da ordem do fim devido. Portanto, o que deveria ser principal no afeto, como fim último, torna-se menos amado do que aquilo para o que a mente se converte desordenadamente, como fim último. Entretanto, às vezes ocorre que seja escolhido algo conveniente ao fim desordenado, mas repugnando ao fim devido, a menos que a mente se volte à ordem devida, de modo que prefira a todas as coisas o fim devido, que é efeito da graça. Enquanto, porém, se escolhe alguma coisa que repugna ao fim último, impede-se a graça, que dirige ao fim. Donde, é manifesto que, após o pecado, o homem não pode abster-se de todo pecado, antes de ser reconduzido pela graça à ordem devida.

Além disso. Quando a mente for inclinada a alguma coisa, já não se tem igualmente para um ou outro dos opostos, mas antes para aquele a que é inclinada. Ora, a mente escolhe aquilo a que está mais inclinada, a não ser que, por ponderação da razão, se renuncie a ele, com alguma solicitude, donde também nos atos repentinos mais se pode verificar sinal do hábito interior. Ora, não é possível que a mente humana esteja continuamente naquela vigilância, de modo a pesar tudo que deve querer ou fazer. Donde se segue que a mente,

---

[327] Cf. capítulo anterior.

clinatione manente. Et ita, si inclinata fuerit in peccatum, non stabit diu quin peccet, impedimentum gratiae praestans, nisi ad statum rectitudinis reducatur.

Ad hoc etiam operantur impetus corporalium passionum; et appetibilia secundum sensum; et plurimae occasiones male agendi; quibus de facili homo provocatur ad peccandum, nisi retrahatur per firmam inhaesionem ad ultimum finem, quam gratia facit.

Unde apparet stulta pelagianorum opinio, qui dicebant hominem in peccato existentem sine gratia posse vitare peccata. Cuius contrarium apparet ex hoc quod Psalmus petit: dum defecerit virtus mea, ne derelinquas me. Et Dominus orare nos docet: et ne nos inducas in tentationem, sed libera nos a malo.

Quamvis autem illi qui in peccato sunt, vitare non possint per propriam potestatem quin impedimentum gratiae ponant, ut ostensum est, nisi auxilio gratiae praeveniantur; nihilominus tamen hoc eis imputatur ad culpam, quia hic defectus ex culpa praecedente in eis relinquitur; sicut ebrius ab homicidio non excusatur quod per ebrietatem committit, quam sua culpa incurrit.

Praeterea, licet ille qui est in peccato, non habeat hoc in propria potestate quod omnino vitet peccatum, habet tamen in potestate nunc vitare hoc vel illud peccatum, ut dictum est. Unde quodcumque committat, voluntarie committit. Et ita non immerito ei imputatur ad culpam.

Capitulum CLVI
Quod Deus aliquos a peccato liberat, et aliquos in peccato relinquit

Licet autem ille qui peccat impedimentum gratiae praestet, et, quantum ordo rerum exigit, gratiam non deberet recipere: tamen, quia Deus praeter ordinem rebus inditum operari

algumas vezes, escolhe aquilo a que está inclinada, permanecendo a inclinação. E assim, se estiver inclinada ao pecado, não ficará muito tempo sem pecar, impedindo a graça, a menos que seja reconduzida ao estado de retidão.

A isso também operam os ímpetos das paixões corporais, e os apetecíveis segundo os sentidos, e muitas ocasiões de fazer o mal, nas quais, facilmente, o homem é estimulado a pecar, a menos que retorne por adesão firme, que a graça opera, ao fim último.

Donde fica clara a tola opinião dos Pelagianos, que diziam que o homem, vivendo em pecado, não pode sem a graça evitar os pecados. O contrário disso se manifesta do que diz o Salmo: *Quando faltar minha virtude, não me abandones*[328]. E o Senhor nos ensina a orar: *Não nos deixes cair em tentação, mas livra-nos do mal*[329].

Embora os que estão em pecado não possam evitar, pelo poder próprio, de pôr impedimento à graça, como foi mostrado, a não ser que sejam prevenidos com o auxílio da graça, não obstante, isso lhe é imputado em culpa, porque esse defeito é deixado neles pela culpa precedente; por exemplo, o ébrio não é escusado de homicídio cometido por embriaguez, no qual incorreu por sua culpa.

Além disso, embora aquele que está em pecado, não tenha em seu poder o evitar totalmente o pecado, tem, entretanto, no seu poder evitar este ou aquele pecado, como foi dito. Donde, qualquer que cometa, comete por vontade. E assim imputa-se-lhe a culpa, não imerecidamente.

Capítulo 161
Deus a uns liberta do pecado, e a outros deixa no pecado

Embora aquele que peca põe impedimento à graça, e pelo que exige a ordem das coisas não deveria receber a graça, entretanto, porque Deus pode agir nas coisas, fora da ordem

---

[328] Salmo 70,9.
[329] Mateus 6,13.

potest, sicut cum caecum illuminat vel mortuum resuscitat; interdum, ex abundantia bonitatis suae, etiam eos qui impedimentum gratiae praestant, auxilio suo praevenit, avertens eos a malo et convertens ad bonum. Et sicut non omnes caecos illuminat, nec omnes languidos sanat, ut et in illis quos curat, opus virtutis eius appareat, et in aliis ordo naturae servetur; ita non omnes qui gratiam impediunt, auxilio suo praevenit ut avertantur a malo et convertantur ad bonum, sed aliquos, in quibus vult suam misericordiam apparere, ita quod in aliis iustitiae ordo manifestetur.

Hinc est quod apostolus dicit, Rom. 9,22: volens Deus ostendere iram, et notam facere potentiam suam, sustinuit in multa patientia vasa irae apta in interitum, ut ostenderet divitias gloriae suae in vasa misericordiae, quae praeparavit in gloriam.

Cum autem Deus hominum qui in eisdem peccatis detinentur, hos quidem praeveniens convertat, illos autem sustineat, sive permittat secundum ordinem rerum procedere, non est ratio inquirenda quare hos convertat et non illos. Hoc enim ex simplici voluntate eius dependet: sicut ex simplici eius voluntate processit quod, cum omnia fierent ex nihilo, quaedam facta sunt aliis digniora; et sicut ex simplici voluntate procedit artificis ut ex eadem materia, similiter disposita, quaedam vasa format ad nobiles usus, et quaedam ad ignobiles. Hinc est quod apostolus dicit, ad Rom. 9,21: an non habet potestatem figulus luti ex eadem massa facere aliud quidem vas in honorem, aliud vero in contumeliam?

Per hoc autem excluditur error Origenis, qui dicebat hos ad Deum converti et non alios, propter aliqua opera quae animae eorum fecerant antequam corporibus unirentur. Quae

estabelecida[330]; por exemplo, quando ilumina ao cego ou ressuscita um morto, às vezes, pela abundância de sua bondade, previne, com seu auxílio, mesmo aqueles que põem impedimento à graça, afastando-os do mal e convertendo ao bem. E assim como não ilumina a todos os cegos, nem sara a todos os doentes, para que naqueles que cura, se manifeste o efeito de sua virtude, e nos outros se guarde a ordem da natureza, assim nem todos que impedem a graça, previne com seu auxílio de modo a que se afastem do mal e se convertam ao bem, mas em alguns quer que apareça sua misericórdia, e em outros que se manifeste a ordem da justiça.

Daí é que diz o Apóstolo: *Querendo Deus mostrar sua ira e fazer conhecido seu poder, suportou com muita paciência os vasos da ira aptos para a morte, de modo a manifestar as riquezas de sua glória em vasos de misericórdia, que preparou para a glória*[331].

Como Deus, quanto aos homens que persistem nos mesmos pecados, uns, prevenindo, converte, mas outros suporta, ou permite que procedam segundo a ordem das coisas, não há razão para perguntar por que a um converte e não a outros. Com efeito, isso depende de sua simples vontade, assim como de sua simples vontade procedeu que, quando fez todas as coisas do nada, umas foram feitas mais dignas do que outras, e assim como de simples vontade do artífice procede que, da mesma matéria, semelhantemente disposta, forma alguns vasos para usos nobres, e outros para usos inferiores. Daí é que diz o Apóstolo: *Por acaso o oleiro não tem poder de fazer da mesma massa de lama um vaso para a honra, e outro para o uso indecoroso?*[332]

Por isso também se exclui o erro de Orígenes, que dizia que uns se convertem a Deus e outros não, por causa de algumas obras que fizeram suas almas antes de unir aos cor-

---

[330] Cf. cap. 99.
[331] Romanos 9,22.
[332] Romanos 9,21.

quidem positio in secundo libro diligentius improbata est.

Capitulum CLXII
Quod Deus nemini est causa peccandi

Quamvis autem quosdam peccatores Deus ad se non convertat, sed in peccatis, secundum eorum merita, eos relinquat, non tamen eos ad peccandum inducit.

Homines enim peccant per hoc quod deviant ab ipso, qui est ultimus finis, ut ex superioribus patet. Cum autem omne agens agat ad proprium finem et sibi convenientem, impossibile est quod, Deo agente, aliqui avertantur ab ultimo fine, qui Deus est. Impossibile igitur est quod Deus aliquos peccare faciat.

Item. Bonum causa mali esse non potest. Sed peccatum est hominis malum: contrariatur enim proprio hominis bono, quod est vivere secundum rationem. Impossibile est igitur quod Deus sit alicui causa peccandi.

Praeterea. Omnis sapientia et bonitas hominis derivatur a sapientia et bonitate divina, sicut quaedam similitudo ipsius. Repugnat autem sapientiae et bonitati humanae quod aliquem peccare faciat. Igitur multo magis divinae.

Adhuc. Peccatum omne ex aliquo defectu provenit proximi agentis, non autem ex influentia primi agentis: sicut peccatum claudicationis provenit ex dispositione tibiae, non autem ex virtute motiva; cum tamen ex ea sit quicquid de perfectione motus in claudicatione apparet. Proximum autem agens peccati humani est voluntas. Est igitur defectus peccati ex voluntate hominis, non autem a Deo, qui est primus agens: a quo tamen est quicquid ad perfectionem actionis pertinet in actu peccati.

Hinc est quod dicitur Eccli. 15,12: non dicas, ille me implanavit. Non enim neces-

pos. Essa opinião foi refutada mais diligentemente no Livro Segundo[333].

Capítulo 162
Deus não é causa do pecado de ninguém

Embora Deus não converta a si alguns pecadores, mas os deixe nos pecados, segundo seus méritos, entretanto não os induz a pecar.

Com efeito, os homens pecam porque se desviam d'Ele, que é o fim último, como se evidencia das afirmações anteriores[334]. Ora, como todo agente age para o próprio fim e a si conveniente, é impossível que, agindo Deus, alguns se desviem do fim último, que é Deus. Portanto, é impossível que Deus faça alguns pecar.

Igualmente. O bem não pode ser causa do mal. Mas, o pecado é o mal do homem, pois contraria ao bem próprio do homem, que é viver segundo a razão. Logo, é impossível que Deus seja para alguém causa de pecar.

Além disso. Toda a sabedoria e bondade do homem derivam da sabedoria e bondade divina, como uma semelhança d'Ele. Ora, repugna à sabedoria e à bondade humana que faça alguém pecar. Portanto, repugna muito mais à sabedoria e bondade divina.

Ainda. Todo pecado provém de alguma deficiência do agente próximo, mas não por influência do agente primeiro, assim como a deficiência da claudicação provém da disposição da tíbia, mas não da potência motora; pois dessa provém o que há de perfeição do movimento que aparece na claudicação. Ora, o agente próximo do pecado humano é a vontade. Portanto, o defeito do pecado provém da vontade do homem, mas não de Deus, que é o agente primeiro, do qual, porém, provém o que de perfeição da ação pertence ao ato do pecado.

Daí é que se diz: *Não digas, ele me seduziu, porque não lhe são necessários os homens*

---

[333] Livro II, caps. 44, 83 ss.
[334] Cf. caps. 139, 143.

sarii sunt ei homines impii. Et infra: 21 nemini mandavit impie agere, et nemini dedit spatium peccandi. Et Iac. 1,13 dicitur: nemo, cum tentatur, dicat quoniam a Deo tentetur: Deus enim intentator malorum est.

Inveniuntur tamen quaedam in Scripturis ex quibus videtur quod Deus sit aliquibus causa peccandi. Dicitur enim exodi 10,1, ego induravi cor Pharaonis et servorum illius et Isaiae 6,10, excaeca cor populi huius, et aures eius aggrava: ne forte videant oculis suis et convertantur, et sanem eos et Isaiae 63,17, errare nos fecisti de viis tuis, indurasti cor nostrum, ne timeremus te. Et Rom. 1,28, dicitur: tradidit illos Deus in reprobum sensum, ut faciant quae non conveniunt. Quae omnia secundum hoc intelligenda sunt, quod Deus aliquibus non confert auxilium ad vitandum peccatum, quod aliis quibusdam confert.

Hoc autem auxilium non solum est infusio gratiae, sed etiam exterior custodia, per quam occasiones peccandi homini ex divina providentia tolluntur, et provocantia ad peccatum comprimuntur. Adiuvat etiam Deus hominem contra peccatum per naturale lumen rationis, et alia naturalia bona quae homini confert. Cum ergo haec auxilia aliquibus subtrahit, pro merito suae actionis, secundum quod eius iustitia exigit, dicitur eos obdurare vel excaecare, vel aliquid eorum quae dicta sunt.

Capitulum CLXIII
De praedestinatione, reprobatione, et electione divina

Quia ergo ostensum est quod divina operatione aliqui diriguntur in ultimum finem per gratiam adiuti, aliqui vero, eodem auxilio gratiae deserti, ab ultimo fine decidunt;

ímpios[335]. E abaixo: *A ninguém mandou agir impiamente, e a ninguém deu espaço para pecar*[336]. E em Tiago se diz: *Ninguém, ao ser tentado, diga que é por Deus tentado, pois Deus não é tentador dos maus*[337].

Há, entretanto, nas Escrituras, passagens pelas quais parece que Deus é para alguns causa de pecar. Com efeito, diz-se: *Eu endureci o coração do Faraó e de seus servos*[338], e em Isaías: *Cega o coração deste povo, e tapa-lhes os ouvidos, para que acaso não vejam por seus olhos e se convertam, e sejam curados*[339], e: *Fizeste-nos desviar de teus caminhos, endureceste nosso coração, para que não te temêssemos*[340]. E se diz: *Deus os entregou ao sentimento reprovável, para que façam o que não convém*[341]. Todas essas coisas devem ser entendidas no sentido de que Deus não confere a alguns o auxílio para evitar o pecado, auxílio que a outros concede.

Ora, esse auxílio não é só a infusão da graça, mas também a guarda exterior pela qual se tiram ao homem, pela providência divina, as ocasiões de pecar, e se freiam os estímulos ao pecado. Deus também ajuda o homem contra o pecado, pela luz natural da razão, e outros bens naturais que confere ao homem. Como, pois, tira esses auxílios a alguns, pelo mérito de sua ação, segundo sua justiça exige, diz-se que os *endurece* ou *cega*, ou alguma coisa das que foram ditas.

Capítulo 163
Sobre a predestinação, reprovação e eleição divina

Como, pois, foi demonstrado[342] que, pela operação divina, alguns são dirigidos ao fim último, ajudados pela graça, e outros, desprovidos do mesmo auxílio da graça, afastam-se

---

[335] Eclesiástico 15,12.
[336] Eclesiástico 15,20.
[337] Tiago 1,13
[338] Êxodo 10,1.
[339] Isaías 6,10.
[340] Isaías 63,17.
[341] Romanos 1,28.
[342] Cf. cap. 161.

do fim último, mas todas as coisas que são feitas por Deus, são desde a eternidade providenciadas e ordenadas por sua sabedoria, como foi mostrado[343], é necessário que a mencionada distinção dos homens seja ordenada por Deus, desde a eternidade.

Conforme, pois, pré-ordenou, desde a eternidade, alguns para se dirigirem ao fim último, diz-se que os *predestinou*. Donde o Apóstolo diz: *Que nos predestinou para adoção de filhos, segundo o propósito de sua vontade*[344].

Já aqueles aos quais dispôs que não daria a graça, diz-se que *reprovou*, ou *odiou*, segundo o que se tem em Malaquias: *Amou a Jacó, e teve ódio a Esaú*[345].

Em razão da mesma distinção, segundo reprovou a alguns e a outros predestinou, considera-se a eleição divina, da qual se diz em Efésios: *Elegeu-nos n'Ele antes da constituição do mundo*[346].

Assim, portanto, se evidencia que a predestinação, a eleição e a reprovação são certa parte da providência divina, enquanto os homens são ordenados pela providência divina ao fim último. Donde, pelas mesmas razões, pode manifestar-se que a predestinação e a eleição não induzem necessidade, e por elas foi mostrado[347] que a providência divina não tira a contingência das coisas.

Que a predestinação e a eleição não têm causa em méritos humanos, pode tornar-se manifesto, não só porque a graça de Deus, que é efeito da predestinação, não é posterior aos méritos, mas precede todos os méritos humanos, como foi mostrado[348], mas pode também ser manifestado pelo fato de que a vontade e a providência divina são a causa primeira das coisas que se fazem, nada pode ser causa da vontade e providência divina[349], embora um

omnia autem quae a Deo aguntur, ab aeterno per eius sapientiam provisa et ordinata sunt, ut supra ostensum est: necesse est praedictam hominum distinctionem ab aeterno a Deo esse ordinatam.

Secundum ergo quod quosdam ab aeterno praeordinavit ut dirigendos in ultimum finem, dicitur eos praedestinasse. Unde apostolus dicit ad Ephes. 1,5: qui praedestinavit nos in adoptionem filiorum, secundum propositum voluntatis suae.

Illos autem quibus ab aeterno disposuit se gratiam non daturum, dicitur reprobasse, vel odio habuisse: secundum illud quod habetur Malach. 1,3 Iacob dilexi, esau odio habui.

Ratione vero ipsius distinctionis, secundum quod quosdam reprobavit et quosdam praedestinavit, attenditur divina electio: de qua dicitur Ephes. 1,4: elegit nos in ipso ante mundi constitutionem.

Sic igitur patet quod praedestinatio et electio et reprobatio est quaedam pars divinae providentiae, secundum quod homines ex divina providentia ordinantur in ultimum finem. Unde per eadem manifestum esse potest quod praedestinatio et electio necessitatem non inducunt, quibus et supra ostensum est quod divina providentia contingentiam a rebus non aufert.

Quod autem praedestinatio et electio causam non habent ex aliquibus humanis meritis, potest fieri manifestum, non solum ex hoc quod gratia Dei, quae est praedestinationis effectus, meritis non praevenitur, sed omnia merita praecedit humana, ut ostensum est: sed etiam manifestari potest ex hoc quod divina voluntas et providentia est prima causa eorum quae fiunt, nil autem potest esse causa voluntatis et providentiae divinae, licet effec-

---

[343] Cf. cap. 64.
[344] Efésios 1,5.
[345] Malaquias 1,3
[346] Efésios 1,4.
[347] Cf. cap. 72.
[348] Cf. cap. 149.
[349] Cf. cap. 97.

tuum providentiae, et similiter praedestinationis, unus possit alterius esse causa.

Quis enim, ut apostolus dicit, prior dedit illi, et retribuetur ei? quoniam ex ipso, et in ipso, et per ipsum sunt omnia. Ipsi honor et gloria in saecula saeculorum. Amen.

dos efeitos da providência, e semelhantemente da predestinação, possa ser causa de outro.

Quem, pois, como diz o Apóstolo, lhe deu primeiro, para que se lhe retribua? Porque dele, nele e por ele são todas as coisas. A ele a honra e a glória pelos séculos dos séculos. Amém[350].

---

[350] Romanos 11,35.36.

Autores citados

Albumasar Abalaque (805-885)
Astrônomo árabe, nascido em Balkh no Turquestão. Três obras suas foram traduzidas para o latim: Introdução à Astronomia, Liber de Magnis Conjunctionibus e Tractatus florum astronomiae.
Obra citada: Introdução à Astronomia.

Algazel [ou Al Ghazali] (1053-1111)
Fervoroso peregrino de Jerusalém e da Arábia. Em sua obra Destruição dos Filósofos criticou as doutrinas de Alfarabi e, sobretudo, de Avicena. Apenas essa sua obra, crítica de Avicena, era conhecida no século XIII. Por isso, é tido como discípulo de Avicena. — **Alfarabi**, filósofo árabe do século X. Divulgou a Filosofia de Aristóteles. Foi mestre de Avicena.
Obra citada: Filosofia.

Apuleio (125-180)
Africano, escritor latino, discípulo de Platão, apaixonado por Filosofia, Ciência e Magia.
Obra citada: Santo Tomás conheceu dele o opúsculo De Deo Socratis. CAP 109

Aristóteles (384-322 a.C.)
Nasceu Estagira, na Tácia. Santo Tomás o chama de *O Filósofo*. Em Atenas foi discípulo de Isócrates e depois de Platão, por cerca vinte anos. Em 335 funda a escola do Liceu que durou treze anos, Com o apoio de Alexandre, de quem por dois anos fora preceptor, forma uma biblioteca com importantes documento. Sua obra é vatíssima, mas conhecemos um pouco mais 150. Afastou-se da doutrina das Ideias de Platão e explicou a natureza composta de matéria e forma que se referem como potência e ato. Entender, conhecer, pensar são as atividades mais nobres. Assim, Deus é ato puro, primeiro motor imóvel.
Obras citadas: Analíticos Posteriores, Categorias, Ética a Nicomaco, Ética a Eudemo, Física;, Magna Moral, Metafísica; Política, Predicamentos, Sobre a Alma, Sobre o Céu e o Mundo, Sobre a Geração e a Crrupção, Sobre a História dosAnimais, Sobre o Mal, Sobre o Sono e a Vigília, Tópicos.

Averrois [Ibn Roschd] (1126-1198), o Comentador
Nasceu em Córdoba e faleceu em Marraquesh. Dedicou sua vida ao estudo de Aristóteles. Afirmou que Avicena deformara o pensamento de Aristóteles. Foi condenado pelas autoridades mulçumanas e reabilitado antes da morte. O bispo de Paris, em 1270 e em 1277, condenou o averroismo.
Obras citadas: Comentaria in Opera Aristotelis, Metafísica, Sobre a Alma.

Avicebron [Salomon Ibn Gabirol] (1020-1070), filósofo judeu espanhol
Sua obra principal: A Fonte de Vida, escrita em árabe, foi traduzida no século XII.
Obra citada: A Fonte da Vida

Avicena (980-1037)
Nasceu em Bukhara e faleceu em Hamadan (Irã). Filósofo e médico na Escola de Bagdá. Como filósofo, desenvolveu os estudos sobre Aristóteles com temas platônicos. Como médico, escreveu o Cânon da Medicina, utilizado no Oriente e no Ocidente até o século XVIII como manual de Medicina.
Obras citadas: Metafísica, Sobre a Alma.

Boécio (480-524)
Nasceu em Roma e faleceu em Pavia. Estudou em Atenas onde aprendeu, com Platão, Aristóteles e outros, os elementos da sabedoria antiga. Romano, Boécio é cristão e tentou uma síntese entre os dois mundos culturais, que teve muita influência em toda a Idade Média.
Obras citadas: Aritmética, Consolação Filosófica — Prosa, Consolação — Poesia, Sobre a Trindade.

Cláudio Ptolemeu ou Ptolomeu (90-168)
Astrônomo, matemático e geográfo grego de Alexandria. Escreveu a composição matemática (Almagesto) que descreve o mundo com a Terra no centro (sistema de Ptlomeu).
Obras citadas: Centilóquio ou Cem Sentenças, Tetra Biblos [Obra Quadripartida]

Cerintianos
Seguidores de Cerinto (†140), contemporâneo de São João; propagou o milenarismo nas comunidades cristãs. É considerado um dos primeiros hereges. Cf. Santo Agostinho (354-431), em Sobre as Heresias a Quodvultdeus, ML 42, 8. Este foi discípulo de Agostinho e eleito também bispo de Cártago. Insistiu com Agostinho a que escrevesse o tratado sobre as heresias. Morreu na Campania, em 453, expulso por Genserico.

Cícero, Túlio (106-43 a.C.)
Orador romano, foi cônsul em 63 e assassinado em 43 por ordem de Antônio.
Obras citadas: De Inventione, Sobre a adivinhação.

Concílio de Braga
Um concílio regional, entre 1º de maio de 561 e 563, ordenado pelo rei Ariamiro e presidido por Martinho da Panónia, bispo titular de Braga e de Dume. A ele acudiram bispos da Gallaecia e do norte da Lusitânia. O Papa João III declarou anátema os que acreditassem em doutrinas de tipo maniqueísta, como os priscilianistas. — Prisciilianistas (séc. IV-séc. V) seguidores de Prisciliano (†385) foi bispo de Ávila acusado de heresia, de fanatismo e de ocultismo. Por crime de magia foi decapitado.

Concílio do Latrão (1215)
Convocado pelo Papa Inocêncio III, foi o concílio ecumênico mais importante da Idade Média. Seus 70 cânones estabeleceram não só dogmas teológicos, como também procedimentos de conduta e penalidades contra os hereges, particularmente contra o catarismo e o valdismo, entre outros muitos pontos disciplinares.

Demócrito (470-370 a.C.)
Filósofo grego, refletiu sobre tudo. Sua obra foi perdida quase inteiramente. É representante do Atomismo: O cosmo se forma por um número infinito de corpos eternos e indivisíveis (os átomos) que se movem no vácuo. A causa de todos os movimentos é mecânica e chama-se Necessidade.

Dionísio Areopagita (séc. V-VI), pseudônimo de um autor do Oriente
Suas obras: A Hierquia Celeste, A Hierarquia Eclesiástica, Os Nomes Divinos (que Santo Tomás de Aquino comentou), e a Teologia Mística influenciaram tanto o Oriente como o Ocidente nos estudos sobre os anjos, sobre a liturgia, sobre Deus e sobre o conhecimento e a prática mística.
Obras citadas: Hierarquia Celeste, Os Nomes Divinos, Teologia Mística.

Empédocles (490-430 a.C.), poeta e filósofo grego de Agrigento (Sicília)
Em suas obras ensina que os quatro elementos a água, o ar, o fogo e a terra criam tudo. O mundo resulta do Amor que une os elementos e do Ódio que os separa.
Obra citada: Da Natureza do Universo e Purificação.

Epicuro de Samos (341-270 a.C.), filósofo grego
Fundou em Atenas o Jardim, uma escola que afirmava como critério da moral as sensações e como princípio da felicidade os prazeres delas decorrentes.

Eusébio de Cesareia (263-337), bispo de Cesarea na Palestina
Participou do Concílio de Nicéia. Discípulo de Orígenes, foi um conciliador na controvérsia ariana. Escreveu uma História Eclesiástica em dez livros, apologética, desde a fundação da Igreja até a vitória de Constantino, em 324.
Obra citada: História Eclesiástica.

Hermes Trimegistos (séc. I-séc. III)
A ele é atribuída uma coleção de escritos religiosos e filosóficos em grego e latim, que representam uma fusão de Platonismo, de Estoicismo, de Pitagorismo na forma dos diálogos de Platão. Os medievais conheceram a sua obra Asclépio que trata de Medicina e magia. — Asclépio é o nome grego de Esculápio, o deus da medicina.

Homero (932-898 a.C.)
Poeta épico da Grécia Antiga, ao qual tradicionalmente se atribui a autoria dos poemas épicos Ilíada e Odisseia.
Obra citada: Odisseia.

Josefo, Flávio (35-111)
Historiador judeu, testemunhou a queda de Jerusalém no ano de 70, mudou-se para Roma. Em sua obra A Guerra Judaica apresenta um relato dos acontecimentos de 66-70.
Obra citada: A Guerra Judaica.

Liber de Causis (Anônimo)
O texto latino é uma tradução de autores árabes. Santo Tomás de Aquino (1225-1274) comentou o texto em Exposição sobre o livro De Causis (Cf. Suma Teológica I, questão 14, artigo 6 em Respondo) e Santo Alberto Magno (1193-1280) em O livro De Causis e o processo do universo.

Maimônides [ou Rabi Moisés] (1135-1204),
Nasceu em Córdoba [Espanha]. Rabino judeu, filósofo e médico, viveu em Fez [Marrocos], na Palestina e em Fostat [Velho Cairo] onde se tornou líder da comunidade judia (1171). Em sua obra mais difundida Guia dos Indecisos [Dux Neutrorum seu Dubiorum] propõe um acordo entre a razão [a filosofia de Aristóteles] e a fé [a revelação mosaica].
Obras citadas: Guia dos Indecisos. Refere-se aos Motocálemi [ou Motacálemis]

Maniqueus: seguidores de Mani (250), sacerdote de Ecbátana, na Pérsia
Santo Agostinho (354-431) por um período aderiu ao maniqueísmo, contra ele depois escreveu obras de polêmica e de refutação, por exemplo em De Natura Boni contra Manichaeos Liber unus, ML 42 ou Contra Epistolam Manichaei quam vocant Fundamenti Liber unus, ML 42 etc.

Montano (157-212)
Religioso frígio, fundador do movimento chamado Montanismo que se estendeu por toda a Ásia. Dizia-se profeta. Duas mulheres que o acompanhavam, Priscila (ou Prisca) e Maximila, afirmavam que o Espírito Santo falava através delas. Cf. Eusébio de Cesareia (263-337), em sua História Eclesiástica.

Motocálemi [ou Motacálemis]
Filósofos ortodoxos mulçumanos.

Nemésio de Emessa (séc. V)
Bispo, sucedeu a Eusébio de Cesaréa (263-337).
Obra citada: Sobre a Natureza do Homem.

Novaciano (séc. III)
Revoltado com a eleição do sacerdote Cornélio para papa inicia um cisma. Prega um rigorismo intransigente que vem a ser o Novacionismo.

Orígenes (185-253)
Discípulo de Clemente de Alexandria, foi diretor da Escola Catequética de Alexandria. Resolve os problemas que lhe são colocados pela Escritura. Na perseguição de Décio é torturado e morre pouco depois. Deixou uma obra imensa e, principalmente, o tratado Sobre os Princípios é considerado a primeira Suma Teológica da Antiguidade cristã.
Obra citada: Sobre os Princípios [Períarchon].

Pitágoras (571-496)
Filósofo e matemático grego. Não deixou escrito algum. Foi Euclides de Alexandria (360-295 a.C.), professor e matemático, que ordenou os elementos da Escola Pitagórica. Pg 18

Platão (427-347 a.C)
Nasceu em Atenas. Iniciou os estudos com os ensinamentos de Hieráclito e aos vinte anos fez-se discípulo de Sócrates por oito anos. Após a morte de seu mestre (399 a.C.), vai para Megara e hospeda-se na casa de Euclides. Durante vários ano andou pela Magna Grécia frequentando os Pitagóricos e depois tentando em vão tomar parte em política. Retorna para Atenas e funda uma escola de filosofia, a Academia, que dirigida por ele até a sua morte, durante quarenta anos, ajudou inúmeros jovens a encontrar a verdade que têm em si mesmo. Justiniano a dissolverá em 529. Conhecemos 36 Diálogos e 13 Cartas. Nos primeiros séculos influenciou fortemente o pensamento cristão.
Obra citada: República.

Porfírio (233-305 a.C.)
Companheiro de Plotino (205-270), filósofo neoplatônico.
Uma carta sua à Anebonte (séc. III), sacerdote egípcio, pede explicações sobre a diversidade de demônios. Cf. Santo Agostinho (354-431) em Cidade de Deus X, 11,1, ML 41, 288-289.

Pugio Fidei (O Punhal da Fé)
É uma obra escrita contra os Mouros e os Judeus, que procura mostrar a falsidade da religião dos Judeus. Foi escrita pelo teólogo dominicano **Ramón Martí** (± 1284) que nasceu em Subirat na Catalunha. Estudou línguas orientais. Foi censor do Talmud e não o condenou inteiramente. Escreveu dois livros: Capistrum Judaeorum [o Martelo dos Judeus] e Pugio Fidei. Viveu no convento de Barcelona.

Salústio, Crispo (85-35 a.C.)
Historiador latino. Foi senador no tempo de César e governador da Nomídia. Escreveu A Conjuração de Catilina e A Guerra de Jugurta.
Obra citada: Conjuração de Catilina.

Santo Agostinho de Hipona (354-431)
Nasceu em Tagaste e morreu em Hipona [Argélia]. Batizado por santo Ambrósio em 387, foi ordenado bispo de Hipona em 395. Filósofo, teólogo e escritor tem o título de Doctor Gratiae. Seu pensamento marcou o mundo cristão medieval. Santo Tomás o cita abundantemente.
Obras citadas: Sobre os Salmos, Carta a Paulino e Terásia, Comentário literal ao Gênese, Confissões, Contra Adimanto, Contra Fausto Maniqueu, Contra Maximino Ariano, Enquirídio para Lourenço, Sobre as Heresias a Quodvultdeus, Sobre a Verdadeira Religião, Sobre A Trindade, Solilóquios.

Santo Ambrósio de Milão (339-397)
Nasceu em Tréveris [Tier na Alemanha] e faleceu em Milão. Irmão de santa Marcelina e são Satiro. Diplomata e advogado. Eleito bispo de Milão, em oito dias foi batizado e ordenado sacerdote. Suas obras abrangem comentários da sagrada escritura, textos dogmáticos, morais e éticos, cartas e hinos, que atualmente foram e são utilizados em documentos oficiais da Igeja Católica. Foi um pastor zeloso defensor dos fracos e dos pobres.
Obra citada: Os Ofícios dos Ministros.

São Basílio (319-379)
Sucedeu a Eusébio, bispo de Cesareia da Capadócia. Foi o líder da resistência contra os arianos. Desenvolveu, também, uma obra social, construíndo hospitais e hospícios, favorecendo os fracos e os pobres. Recebeu o título de Magno depois de sua morte, em louvor de suas ideias. Escreveu Um Livro de Regras que foi base do monarquismo no Oriente e suas Homilias são a expressão de sua maneira de governar a Igreja.
Obra citada: Homilia, no princípio dos Provérbios.

São Boaventura (1221-1274)
Teólogo Franciscano italiano. Foi cardeal-bispo de Albano e participou do Concílio de Lion. Inspirado em Agostinho, escreveu muitas obras de Teologia e Filosofia, a editora espanhola BAC publicou as suas obras completas em edição bilíngue. É chamado o Doutor Seráfico.
Obra citada: Sobre a Pobreza.

São Gregório Magno (540-604)
Foi prefeito de Roma e depois tornou-se monge. Em 590 é nomeado bispo de Roma, sofreu a invasão lombarda e a peste. O título de Magno lhe foi dado pela reorganização patrimonial da Igreja e a assistência aos pobres. Reformou a vida e os costumes do clero e defendeu a primazia romana.
Obras citadas: Diálogos, Homilia 34 sobre o Evangelho.

São Gregório de Nissa (335-394)
Irmão de São Basílio que o consagrou bispo de Nissa. Foi um filósofo, um teólogo e um místico. Participou do Concílio de Constantinopla. Sua obra é imensa: tratados dogmáticos, uma Catequese profunda e Comentários da Escritura. Santo Tomás atribuiu-lhe o *Tratado Sobre a Natureza Humana* composto por Nemésio (séc. V), bispo de Emessa.
Obra citada: Sobre a Natureza Humana.

São Jerónimo (347-420)
Padre e apologista cristão ilírio. Dominava o grego e o hebraico. Foi secretário do Papa Damaso e depois da morte do Papa, instala-se em Belém. Funda dois mosteiros e empreende a tradução da Bíblia do hebraico para o latim. Dele temos os comentários sobre as Escrituras, cartas e panfletos.
Obra citada: Livro Contra Vigilancio, Contra Joviniano.

São João Damasceno (675-749)
Nasceu em Damasco, daí o sobrenome. Morreu em Mar Sabas (perto de Jerusalém). Monge, teólogo, combateu os iconoclastas e deixou obras de exegese, de ascética e de moral. Embora se refira apenas aos Padres gregos, ignorando os Padres latinos, influenciou os teólogos do período escolástico. É Doutor da Igreja.
Obra citada: A Fé Ortodoxa.

S. Tomás de Aquino (1225-1274)
Frade dominicano. Nasceu em Aquino, na Itália. Aos dezenove anos, entra na Ordem de Domingos de Gusmão. Formou-se em Paris e Colônia, sendo discípulo de Santo Alberto Magno. Mestre na Universidade de Paris, deixou uma obra filosófica e teológica memorável. Faleceu aos quarenta e nove anos. Entre as suas obras sobressaem a Suma Teológica e os Comentários aos Livros de Aristóteles e aos Textos bíblicos do Antigo e do Novo Testamento.
Obras citadas: Exposição sobre o Livro das Causas, Suma Teológica, Contra Impugnantes Dei Cultum et Religionem.

Sarracenos
Na Idade Média são denominadas as populações mulçumanas da África, da Espanha e do Oriente. Contra eles foram organizadas as Cruzadas, com o apoio dos monarcas e dos Papas.

Temístio (317-387)
Professor de Filosofia em Constantinopla, dedicou-se aos estudos da ética. Seus comentários à Aristóteles foram em forma de paráfrase. Comentou Sobre a Alma (De Anima), Sobre o Céu eo Mundo (De Caelo), e a Física.

Valério Máximo (séc. I a.C.-séc. I d.C.)
Historiador Latino. Escreveu um compêndio de relatos de diversos autores denominado Exemplos de Ditos e Fatos Memoráveis para Tibério César.
Obra citada: Exemplos de Ditos e Fatos Memoráveis para Tibério César.

Referências bíblicas

Para a tradução das referências bíblicas foi utilizada A BÍBLIA — MENSAGEM DE DEUS, Loyola, São Paulo, Brasil, 1994, reedição, janeiro de 2003.

NOVO TESTAMENTO
Apocalipse, Atos; 1 e 2 Coríntios, Colossenses, Efésios; Filipenses, Gálatas Hebreus, João, 1 João, Judas, Lucas, Mateus, I Pedro, Romanos, Tessalonicenses,Tiago, 1 Timóteo.

ANTIGO TESTAMENTO
Amós, Cânticos, 2 Crônicas, Daniel, Deuteronômio, Eclesiastes; Eclesiástico, Êxodo, Ezequiel, Gênese, Isaías, Jeremias, Jó, Joel, Jonas, Judite, Lamentações, Levítico, Malaquias, Números, Oseias, Provérbios, 1 Reis, Sabedoria, Salmos, Tobias, Zacarias.

Índice

Plano geral da obra 5

Tradutores da edição brasileira 7

Ordem e método desta obra 9

LIVRO TERCEIRO

PROÊMIO [c. 1] 13

DEUS ENQUANTO É O FIM DE TODAS AS COISAS [cc. 2 a 63]
  2 Todo agente age **em razão de um fim** 16
  3 Todo agente age **em razão do bem**.. 19
  4 **O mal está** nas coisas fora da intenção 21
  5 e 6 Razões pelas quais **parece provar-se** que o mal não está fora da intenção
    (e a solução delas).. 23
  7 O mal **não é uma essência** 27
  8 e 9 Razões pelas **quais parece provar-se** que o mal é uma natureza ou alguma coisa
    (e solução delas).. 29
  10 **A causa do mal** é o bem 33
  11 O mal **se funda no bem** 39
  12 O mal **não consome** totalmente o bem 40
  13 De certo modo, **o mal tem causa** 43
  14 O mal **é causa por acidente** 44
  15 **Não há o sumo mal**.. 45

  16 **O bem é o fim** de qualquer coisa.. 46
  17 Todas as coisas se ordenam **a um só fim**, que é Deus 47
  18 Como **Deus é o fim** das coisas 50

  19 Todas as coisas **buscam assemelhar-se** a Deus 51
  20 Como as coisas **imitam a bondade divina** 52
  21 As coisas buscam naturalmente assemelhar-se a Deus, **enquanto é causa** 56
  22 Como as coisas **se ordenam diversamente** para seus fins 57

  23 Como **o movimento do céu** vem de um princípio intelectivo 61
  24 Como **aquelas coisas que carecem de conhecimento** desejam o bem 67
  25 Conhecer a Deus é o fim **de toda substância inteligente** 70

  26 Se **a felicidade consiste** em ato da vontade 75
  27 A felicidade humana **não consiste nos deleites carnais** 82
  28 A felicidade não consiste **nas honras** 85
  29 A felicidade do homem não consiste **na glória** 86
  30 A felicidade do homem não consiste **nas riquezas** 87
  31 A felicidade não consiste **no poder mundano** 88

32 A felicidade não consiste **nos bens do corpo** 89
33 A felicidade humana não consiste **no sentido** 90
34 A felicidade última do homem não consiste **nos atos das virtudes morais** 91
35 A felicidade última não está **no ato da prudência** 92
36 A felicidade não consiste **na operação da arte** 93

37 **A felicidade última do homem consiste** na contemplação de Deus 93
38 A felicidade humana **não consiste no conhecimento de Deus,
    que é possuído comumente por muitos** 95
39 A felicidade humana **não consiste no conhecimento de Deus
    que se tem por demonstração** 97
40 A felicidade humana **não consiste no conhecimento de Deus que é pela fé** 100

41 Se pode o homem nesta vida **conhecer as substâncias separadas**,
    pelo estudo e inquisição das ciências especulativas 102
42 **Não podemos** nesta vida conhecer as substâncias separadas, **como afirma Alexandre** 107
43 Nesta vida não podemos conhecer as substâncias separadas, **como afirma Averrois** 112
44 A felicidade última do homem **não consiste no conhecimento
    das substâncias separadas, que as referidas opiniões imaginam** 117
45 Nesta vida **não podemos conhecer as substâncias separadas** 119
46 Nesta vida **a alma não conhece a si mesma por si mesma** 122
47 Nesta vida **não podemos ver a Deus por essência** 125
48 Não está **nesta vida** a felicidade última do homem 129

49 As substâncias separadas não veem a Deus em sua essência
    porque elas o conhecem por suas essências 134
50 No conhecimento natural que as substâncias separadas têm de Deus,
    não se aquieta seu desejo natural 138
51 Como se vê Deus **por essência** 141
52 **Nenhuma substância criada pode**, por sua potência natural,
    chegar a ver a Deus por essência 143
53 **O intelecto criado necessita de alguma influência da luz divina**
    para ver a Deus por essência 145
54 Razões que parecem provar **que não se pode ver a Deus por essência**, e soluções delas 148
55 O intelecto criado **não compreende a substância divina** 151
56 Nenhum intelecto criado, vendo a Deus, **vê todas as coisas que n'Ele podem ser vistas** 153
57 **Todo intelecto, de qualquer grau, pode ser partícipe** da visão divina 156
58 Alguém pode ver a Deus **mais perfeitamente que outro** 157
59 De que modo os que veem a substância divina **veem todas as coisas** 159
60 Os que veem a Deus veem todas as coisas **simultaneamente n'Ele** 163
61 Pela visão de Deus alguém se torna **partícipe da vida eterna** 164
62 Os que veem a Deus o **verão para sempre** 165
63 De que modo, naquela felicidade última, **se realiza todo desejo do homem** 169

O GOVERNO DE DEUS [cc. 64 a 110]
64 Deus governa as coisas **por sua providência** 173
65 Deus **conserva as coisas no ser** 177
66 **Nada dá o ser senão** enquanto opera pela virtude divina 181
67 **Deus é a causa do operar** para todos os que operam 183
68 Deus está em toda parte 185

69 A opinião dos que subtraem das coisas naturais as ações próprias 188
70 De que modo o mesmo efeito **procede de Deus e da natureza agente** 196
71 A providência divina não exclui totalmente **o mal das coisas** 198
72 A providência divina não exclui **a contingência das coisas** 202
73 A providência divina não exclui **a liberdade de arbítrio** 204
74 A providência divina não exclui **a sorte e o acaso** 206
75 A providência de Deus **chega até aos singulares contingentes** 208
76 A providência de Deus **é imediata de todos os singulares** 212
77 **A execução da providência divina** se faz mediante as causas segundas 217

78 **É mediante as criaturas intelectuais** que outras criaturas são regidas por Deus 219
79 As substâncias intelectuais inferiores **são regidas pelas superiores** 221

80 Da ordenação **dos Anjos entre si** 222
81 A ordenação **dos homens entre si e com as outras coisas** 230
82 Os corpos inferiores são regidos por Deus **mediante os corpos celestes** 232
83 Epílogo do que foi dito 235

84 Os corpos celestes **não influenciam em nossos intelectos** 236
85 Os corpos celestes **não são causa de nossas volições e eleições** 241
86 Os efeitos corporais nos corpos inferiores **não provêm por necessidade
   dos corpos celestes** 247
87 O movimento do corpo celeste **não é causa de nossas eleições**
   em virtude da alma motora, como alguns dizem 252
88 **As substâncias separadas criada**s não podem ser diretamente causa
   de nossas eleições e volições, mas só Deus 254
89 **O movimento da vontade é causado por Deus** e não apenas pela potência da vontade 256
90 As eleições e volições humanas **estão sujeitas à providência divina** 258
91 Como as coisas humanas **se reduzem às causas superiores** 260
92 De que modo se diz que alguém **é bem afortunado** e como o homem
   é **ajudado por causas superiores** 262

93 **A fatalidade:** se existe e o que é 269
94 **A certeza** da providência divina 271
95 e 96 A imobilidade da providência divina **não exclui a utilidade da oração** 277
97 Como a disposição da providência **tem razão** 285
98 Como **pode Deus fazer fora** da ordem da sua providência, e como **não pode** 291
99 Deus **pode operar fora da ordem imposta às coisas,**
   produzindo efeitos sem causas próximas 293
100 As coisas que Deus faz fora da ordem da natureza **não são contra a natureza** 297
101 Sobre os **milagres** 299
102 **Somente Deus** faz milagres 300
103 Como as substâncias espirituais produzem algumas coisas maravilhosas,
   que, porém, **não são verdadeiramente milagres** 303
104 **As obras dos magos** não são somente por influência dos corpos celestes 306
105 De onde as operações dos magos **têm eficácia** 310
106 A substância intelectual que empresta eficácia às obras mágicas **não é moralmente boa**... 313
107 A substância intelectual, de cuja ajuda as artes mágicas se utilizam,
   não é má, segundo sua natureza 316

108 Razões que parecem provar que **nos Demônios não pode haver pecado** 319
109 **Pode haver pecado** nos Demônios, e qual? 322
110 Solução das razões expostas 327

DEUS GOVERNA AS NATUREZAS INTELIGENTES [cc. 111 a 163]
111 **Por uma razão especial**, as criaturas racionais estão sujeitas à providência divina 329
112 As criaturas racionais são governadas em razão de si mesmas,
    mas as demais em ordem às racionais 330
113 A criatura racional é dirigida por Deus para seus atos não só segundo a ordem à espécie,
    mas também **segundo o que convém ao indivíduo** 334

114 **Que leis** são dadas divinamente aos homens 336
115 A lei divina **ordena, principalmente**, o homem para Deus 338
116 **O fim da lei divina** é o amor de Deus 339

117 Pela lei divina **somos ordenados ao amor do próximo** 341
118 Os homens são obrigados pela lei divina **à verdadeira fé** 342
119 **Por meio de algumas coisas sensíveis** nossa mente é dirigida para Deus 343
120 **O culto de latria** deve ser prestado só a Deus 346
121 A lei divina ordena o homem, segundo a razão, **acerca das coisas corporais e sensíveis** 353
122 Por que a simples **fornicação é pecado** contra a lei divina e **o matrimônio é natural** 354
123 O matrimônio **deve ser indivisível** 358
124 O matrimônio **deve ser de um com uma** 361
125 O matrimônio **não deve ser feito entre parentes** 363
126 **Nem toda união carnal** é pecado 365
127 **O uso de nenhum alimento** é em si pecado 366
128 **Como**, segundo a lei de Deus**, o homem se ordena ao próximo** 369
129 Nos atos humanos há algumas **coisas retas segundo a natureza**,
    e não só porque estabelecidas pela lei 372

130 **Os conselhos** que são dados na lei divina 374
131 O erro dos que condenam **a pobreza voluntária** 377
132 **Os modos de viver** dos que seguem a pobreza voluntária 379
133 **Como a pobreza é boa** 386
134 **Solução** das razões acima alegadas contra a pobreza 388
135 **Solução** do que era objetado contra os diversos modos de viver daqueles
    que assumem a pobreza voluntária 390
136 e 137 O erro dos que impugnam **a continência perpétua** 399
138 Contra os que combatem **os votos** 404

139 Nem **os méritos**, nem **os pecados** são iguais 406
140 Os atos humanos **são punidos ou premiados** por Deus 410
141 **A diferença e ordem das penas** 413
142 Nem todos **os prêmios e penas** são iguais 416
143 Sobre **a pena que é devida ao pecado mortal e venial** em relação ao fim último 417
144 **Pelo pecado mortal a pessoa é privada** eternamente do fim último 419
145 Os pecados são também **punidos pela experiência de algo nocivo** 423
146 **É lícito aos juízes infligir penas** 424

147 O homem necessita do auxílio divino **para alcançar a bem-aventurança** 427
148 O homem, pelo auxílio da graça divina, **não é coagido à virtude** 430

149 **O homem não pode merecer** o auxílio divino 431
150 O mencionado auxílio divino se chama **graça**. E o que é a graça gratificante 434
151 A graça gratificante **causa em nós o amor de Deus** 436
152 A graça divina **causa em nós a fé** 438
153 A graça divina **causa em nós a esperança** 440
154 Sobre os dons **da graça gratuitamente dada** e sobre **as adivinhações dos Demônios** 442
155 O homem precisa do auxílio da graça **para perseverar no bem** 453
156 Aquele que se afastou da graça pelo pecado **pode novamente ser reparado pela graça** 455
157 O homem não pode ser libertado do pecado **a não ser pela graça** 457
158 **Como o homem é liberado do pecado** 458
159 Racionalmente é imputado ao homem **o não converter-se a Deus**, embora **o converter-se** não possa ocorrer sem a graça 461
160 O homem, que está em pecado, **não pode, sem a graça, evitar o pecado** 463
161 Deus **a uns liberta** do pecado, e **a outros deixa** no pecado 464
162 **Deus não é causa do pecado de ninguém** 466
163 Sobre **a predestinação, reprovação e eleição divina** 467

Autores citados 471

Referências bíblicas 477

Suma
teológica

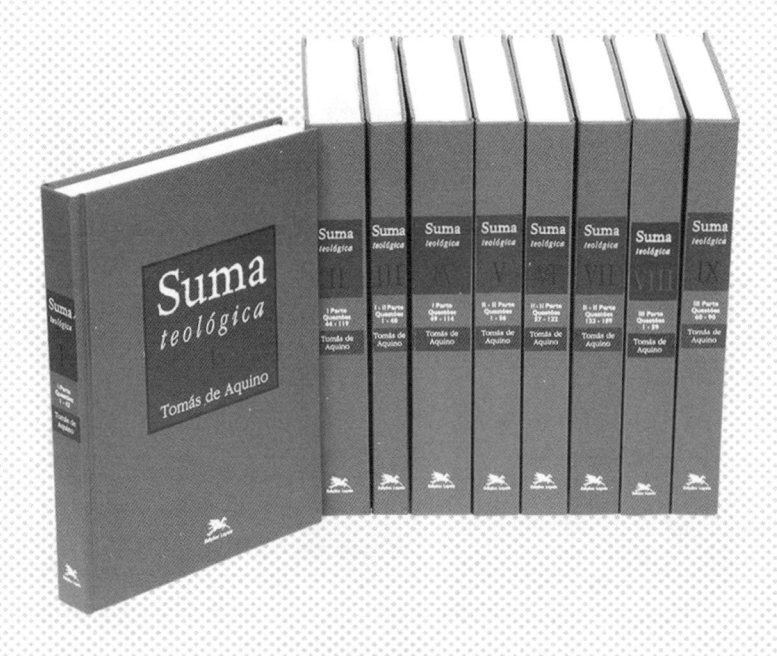

Reunindo em forma de compêndio importantes tratados filosóficos, religiosos e místicos, Santo Tomás de Aquino, através da Suma teológica, procurou estabelecer parâmetros a todos os que se iniciam no estudo do saber da teologia. Dividida em nove volumes, a obra permanece como um dos mais relevantes escritos do cristianismo de todos os tempos.

Para adquirir:
11 3385.8500
vendas@loyola.com.br
www.loyola.com.br

COLEÇÃO
ABC da BÍBLIA

Esta coleção é uma verdadeira "caixa de ferramentas" que ajudará o leitor a fazer uma abordagem sistemática e esclarecida dos livros da bíblia.

Confira o que cada volume oferece a respeito do tema tratado:

- identifica o(s) autor(es) do livro bíblico ou de um conjunto de escritos;
- apresenta seu contexto histórico, cultural e redacional;
- permite uma análise literária, mostrando a estrutura do livro bíblico;
- oferece um resumo, abordando os grandes temas presentes no texto;
- estuda sua recepção, influência e atualidade;
- fornece um léxico de lugares e pessoas;
- contém tabelas cronológicas, mapas e bibliografia.

Para adquirir:
(11)3385.8500 | vendas@loyola.com.br | www.loyola.com.br

Edições Loyola é uma obra da Companhia de Jesus do Brasil e foi fundada em 1958. De inspiração cristã, tem como maior objetivo o desenvolvimento integral do ser humano. Atua como editora de livros e revistas e também como gráfica, que atende às demandas internas e externas. Por meio de suas publicações, promove fé, justiça e cultura.

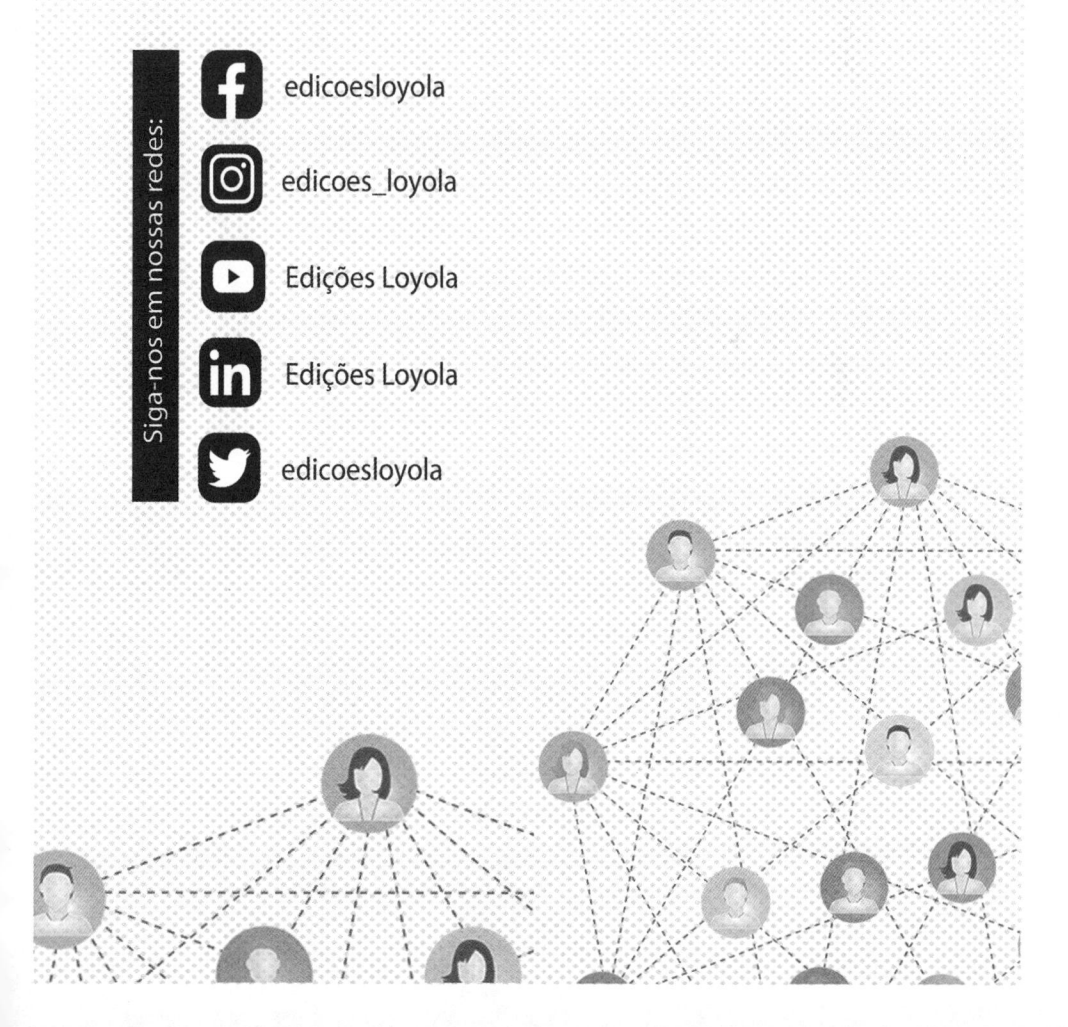

Siga-nos em nossas redes:

- edicoesloyola
- edicoes_loyola
- Edições Loyola
- Edições Loyola
- edicoesloyola

Edições Loyola

editoração impressão acabamento
rua 1822 n° 341
04216-000 são paulo sp
T 55 11 3385 8500/8501 • 2063 4275
www.loyola.com.br